2025

공무원 | 군무원

정호 국어

신유형 기본서

문법과 사고·추론

머리말

2025년 공무원 시험을 준비하는 수험생을 위해 『정호국어』 기본서를 개정하였습니다.

공무원 국어 시험을 준비하려는 수험생에게 시험에 대한 전반적이고 자세한 이해를 제공하는 수험서입니다. 많은 개정을 거치면서 잘못된 점을 수정하고 부족한 부분을 채워 넣었습니다. 항상 바뀌는 공무원 시험의 방향과 현실에 능동적으로 대처하고자 2025년 대비 공무원 국어 수험서도 많은 부분을 고쳤습니다. 특히 2025년에는 국가직과 지방직 국어 시험에 많은 변화가 있습니다. 독해, 추론, 언어논리 등이 반영된 '2025년 예시문항'을 바탕으로 교재의 많은 부분에 변화를 주었습니다.

현재 공무원 국어 시험은 '국가직과 지방직', '군무원', '국회직', '법원직' 정도가 있습니다. 2024년과 비교하면 가장 많이 바뀌는 시험은 '국가직과 지방직'입니다. 그리고 '군무원' 시험도 2020년 시험 문제를 공개한 이후로 많은 변화가 드러났습니다. 『정호국어』 기본서는 이러한 변화를 종합적이고도 구체적으로 반영한 교재입니다. 저자는 많은 수험생들을 접하면서 교재와 강의라는 두 가지 과제를 놓고 많은 시간을 노력하며 준비합니다. 그리고 드디어 공무원 수험생에게 적합한 교재와 강의를 선보이게 되었습니다.

공무원 시험을 준비하는 수험생에게 꼭 당부하는 말은 국어의 전 영역을 세밀히 공부해야 한다는 것입니다. 특정 부분에만 치우쳐 전반적인 공부를 소홀히 하면 시험에서 좋은 결과를 얻을 수 없습니다. 가령 군무원 국어는 특별히 자주 출제되는 영역이 있습니다. 이 부분은 보다 집중적인 학습이 필요합니다. 어문규정의 경우 군무원 국어는 맞춤법, 띄어쓰기, 표준어, 복수 표준어, 표준 발음법, 문장부호, 외래어 표기법, 로마자 표기법 등을 모두 다루고 있습니다. 다시 말해 어문규정은 전반적인 영역이 모두 출제될 수 있으므로 자세한 학습이 필요하다는 것입니다. 그리고 2020년 문제가 공개되면서 비문학, 어법, 생활국어 등이 확대 출제되었습니다. 결국 위의 내용을 정리하여 말씀드리면, 국어의 모든 영역을 공부하되 자신의 약점을 파악하여 특정 부분에 대한 집중이 필요하다는 것입니다.

법원직의 경우 지문이 길고 문제를 하나의 지문에 묶어 출제하는 경향이 있습니다. 물론 보기도 길게 출제하고, 선택지의 설명도 길게 출제합니다. 따라서 문제의 정답을 파악하는 과정에서 읽기 능력이 필요합니다. 국회직은 법원직과 같이 지문이 길기는 하지만 지방직이나 국가직 문제의 유형을 따르고 있습니다. 비문학이 많이 출제되며, 비문학 지문의 순서를 파악하는 문제를 꼭 출제합니다. 국가직과 지방직 시험의 경우는 '2025년 예시문항'에서 구체적인 변화 방향을 드러냈습니다. 가장 중요한 부분은 독해, 추론, 언어논리 등입니다. 단순히 암기하고 정리하는 시험에서 벗어나 이해하고 연습하는 과정이 중요합니다.

2025년 대비 『정호국어』 기본서는 공무원 시험을 준비하는 모든 수험생에게는 가장 적합한 교재입니다. 방대한 국어의 내용을 모두 담고 있으며, 다양한 예시 문항과 핵심 내용에 대한 중요사항을 모두 수록하여 놓았습니다. 대한민국의 공무원 국어 교재 중에서 단연코 최고의 교재가 되리라 생각합니다.

공무원 국어 시험을 준비하기 위해서는 중요한 부분에 대한 집중적인 학습이 필요합니다. 『정호국어』 기본서는 중요한 내용을 중심 개념으로 삼고 이에 대한 구체적인 예문을 함께 실어 놓았습니다. 저자의 강의와 교재의 개념을 함께 공부하면 어렵지 않게 중요한 내용을 암기할 수 있습니다. 또한 『정호국어』 기본서는 저자의 최신 온라인 강의로 정확하고 쉽게 공부할 수 있습니다. 교재로만 공부를 한다면 공부에 많은 시간이 필요하지만 강의를 듣는다면 더 빠른 시간에 학습을 마무리할 수 있습니다. 『정호국어』 기본서를 가지고 공무원 국어에 최적화된 저자의 직강을 듣고 공부할 수 있습니다. 여러 가지 사정으로 인해 실강을 듣기 어려운 수험생들은 동영상 강의를 꼭 수강하길 권합니다.

현장에서 강의를 하며 제가 지켜본 바로는, 공무원 시험을 준비하는 수험생은 약 1년의 과정을 공부합니다. 2025년 대비 『정호국어』 기본서는 수험생의 고뇌와 열정이 합격이라는 결과를 얻을 수 있도록 준비하여 만든 교재입니다. 이 책으로 공부를 하고, 강의를 듣는 수험생들에게 반드시 합격의 기쁨을 드리도록 노력했습니다.

마지막으로, 이 책이 나올 수 있도록 도움을 주신 출판사 임직원 여러분께 고마움을 전합니다. 그리고 항상 저만을 사랑해 주는 가족들께도 감사의 마음을 전합니다. 사랑하는 아내를 생각합니다.

2024년 7월
문 정 호 씀

구성과 특징

철저한 출제경향 분석과 체계적인 이론 정리

수년 치의 기출문제를 기반으로 출제경향을 철저히
분석하여 공무원 합격을 위한 맞춤형 교재를 완성하
였습니다. 방대한 국어의 전체적인 틀을 이해할 수
있도록 체계적이고 모범적으로 이론을 정리하여 초
보 수험생부터 N수생까지 부족함 없이 학습할 수 있
습니다.

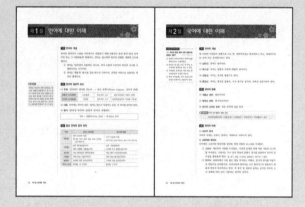

이해를 돕는 풍부한 예시와 다양한 도표,
점수향상을 돕는 참고자료 수록

풍부한 예시와 도표를 제시하여 더욱 쉽게 이해하고
암기할 수 있도록 하였습니다. 같이 알아두어야 할
내용들을 꼼꼼하게 참고자료로 제시하여 필수 이론
만으로는 부족한 부분을 보완하여 고득점에 대비할
수 있습니다.

'기출문제 따라잡기'로 바로바로 자가진단

학습한 내용을 확실하게 이해하기 위해서는 문제풀
이 과정이 꼭 필요합니다. 이론의 진행에 맞추어 수
록해놓은 '기출문제 따라잡기'를 통해 해당 이론이 어
떠한 유형으로 출제되는지 파악하여 문제해결능력을
기를 수 있고 본인의 실력과 이해도를 점검할 수 있
습니다.

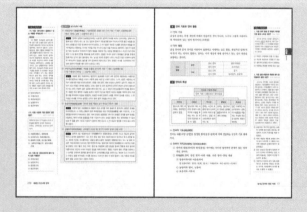

다양한 작품 제시, 꼼꼼한 첨삭설명, 작품별 탄탄한 핵심정리

국어과목의 시험문제에는 수많은 작품이 예문으로 등장합니다. 필수적으로 알아야 할 작품들을 엄선하여 다양하게 제시하였고, 지문을 읽으면서 바로 이해할 수 있도록 꼼꼼하게 첨삭설명을 달았습니다. 또한 주요작품별로 핵심정리를 수록하여 수험생의 효율적인 학습을 돕고자 하였습니다.

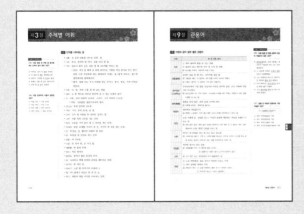

편리하고 효과적인 학습을 위한 분권 구성과 효율적인 학습을 위한 권말 해설

학습의 편리성과 효율성을 높이기 위하여 대주제별로 나누어 편집하였습니다. 또한 기출·예제의 해설은 각 권의 권말에 별도로 모아 편집하였기 때문에 본문 이론 학습과 병행하여 효과적으로 활용할 수 있습니다.

동영상 강의로 합격 플러스

개념과 실전을 동시에 준비하는 이해 중심의 강의로 합격의 가능성을 높이세요. 머리에 쏙쏙 들어오는 명쾌한 강의는 수강생들의 꿈을 여는 열쇠가 될 것입니다.

공무원 국어 기출 분석

▶▶ 2024년도 공무원 국어 기출 분석

	국가직	지방직	국회직	서울시
독해 (비문학)	순서배열 / 내용 추론(4) / 빈칸 추론(2) / 내용 일치	내용 일치 / 내용 추론(2) / 빈칸 추론 / 주제 파악 / 순서 배열	내용 이해(5) / 내용 추론 / 순서 배열 / 내용 일치 / 빈칸 추론 / 내용 추론	내용 일치(2) / 빈칸 추론 / 순서 배열(2) / 내용 이해
화법, 작문	갑과 을의 대화 분석 / 진행자의 말하기 방식	강연자 말하기 방식 / 글쓰기 방식 / 대화 분석		
문법	파생어 분석	음운 변동	파생어 찾기 / 본용언과 보조용언 차이	음운 변동 / 동사와 형용사 품사 구별 / 훈민정음 제자 원리 / 문장의 짜임
어문 규정, 어법	표준어＋맞춤법 / 고쳐쓰기	'옥죄다', '쇠다', '들르다', '짜깁기'의 맞춤법 / 고쳐쓰기	외래어 표기 / 어법(2) / 복수 표준어 / 띄어쓰기 / '졸이다'와 '조리다' 구별 / 사이시옷 표기	올바른 문장(어법 종합) / '장대비[장때비]'의 발음 / 사이시옷 표기 / '부치다'와 '붙이다'
어휘	'알다'의 다의어 분석 / 한자어 '度外視', '食言', '矛盾' / 한자어와 고유어 바꿔쓰기	'듣다'의 다의어 분석 / 한자어 '公文書', '空間', '日常', '省察'	'백안시(白眼視)' 뜻풀이 / 한자어와 고유어 구별 / 법률 용어	'소정', '질정', '비등하다', '호도하다'의 뜻 / '복선(伏線)' / 한자성어 '백척간두', '백해무익' / 속담
논리	인과관계	인과관계		
현대 문학	박용래 '울타리 밖' / '소설가 구보 씨의 일일'	박목월 '불국사' / 박태원 '피로'	장만영 '달 포도 잎사귀' / 오정희 '불의 강'	
고전 문학	'장화홍련전' 분석 / '정과정' 분석	시조 4수 분석 / '심청가'와 '수궁가' 분석		'홍길동전'의 문학사적 설명 / 윤선도 시조 '보리밥 풋ᄂᆞ물을'

▶▶ 2025년도 공무원 국어 출제기조 전환 예시문항(국가직과 지방직)

공무원 1차 시험은 객관식이다. 그렇다면 가장 중요한 것은 의사소통 능력을 측정하는 일이어야 한다.

인사혁신처도 이에 주목하여 2023년에 공무원 국어 시험의 출제기조를 전환하고자 예시문항을 공개했다. 20 문제를 20분에 풀어야 하는 기본적인 상황은 변함이 없다. 그러나 '독해', '작문', '언어논리', '추론' 등의 사고와 의사소통 능력을 위한 부분이 강화되었다.

2024년 국가직과 지방직 국어 시험보다는 어렵고 이러한 난도는 전체 문항에 주게 되는 것이 아니라 특정 문제에 집중되고 있다. 그중에서 어려운 문제는 언어논리와 추론 문제에 집중되고 있다. 2~3 문제의 언어 논리와 추론 문제가 당락을 가르게 될 것으로 본다. 또한 지문 길이 증가로 인해 세트형이 도입될 것이고, 이는 국회직 문제나 군무원 문제와도 동일한 양상을 보일 수 있다.

독해(비문학)	빈칸 추론(독해, 어휘) / 순서 배열 / 사례에 적용 / 내용 이해
화법, 작문	개요 작성 / 내용 고쳐쓰기 / 대화 분석
문법	합성어와 파생어(지문, 예시, 추론) / 간접높임(지문, 예시)
어법	조건에 맞게 고쳐쓰기
어휘	'돌아가다'의 다의어 분석 / 유사한 어휘 바꿔쓰기
언어 논리	역, 이, 대우를 활용한 추론 / 정언3단논법 추론 / 전제 추론
현대문학	이육사의 시 '절정' 분석(지문, 분석) / 이광수의 소설 분석(지문, 추론, 분석)

군무원 국어 기출 분석(9급, 7급)

▶▶ 9급

	2018	2019 1차	2019 2차	2020	2021	2022	2023	2024	계	비율
문학	6	5	7	3	5	4	6	4	40	20%
문법	2	4	4	4	1	2	2	2	21	10.5%
비문학	5	2	2	4	5	7	7	7	39	19.5%
어문 규정	5	10	9	4	6	5	6	5	50	25%
어휘	1		2	1	3	1		1	9	4.5%
관용어, 속담	(1)				1		1	1	3	1.5%
한자어, 한자	1		1	2	2	3	1	1	11	5.5%
한자 성어	1	1		1	1	2	1	1	8	4%
고전문법	2	2		1			1		6	3%
어법, 생활 국어	2	1		5	1	1		3	13	6.5%
계	25	25	25	25	25	25	25	25	200	100%

전반적으로 중간 수준의 문제들이 출제되었다. 지엽적이고 지식형의 문제에서 벗어나 국어에 대한 기본적인 지식을 바탕으로 문제를 이해하는 능력에 중점을 둔 문제들이 출제되었다. 국가직이나 지방직 시험과 비교하면 문법을 비롯하여 문학 등 여러 국어 관련 지식이 필요하다. 그러나 기본적인 이론을 익혔다면 문제에 이 지식을 적용하는 능력이 매우 중요한 시험이다. 출제 범위도 과거의 군무원 국어 시험과 고려한다면 골고루 출제되었다고 본다. 군무원 시험의 특성상 문법(문법, 어문규정, 어법)의 비중이 높은 것은 맞다. 그러나 나머지 단원인 비문학, 한자성어, 어휘 등도 골고루 출제되었다. 이러한 경향은 2020년부터 시험이 공개된 이후에 두드러진 특징이다. 수험생은 모든 영역의 공부를 해 두는 것이 좋다. 이번 시험에서 특히 중요한 사항은 비문학이다. 계속 비문학이 중요하게 부각되고 있다. 독해 영역의 공부는 짧은 시간에 끝낼 수 없다. 최소 6개월 이상 지문을 읽고 이해하는 연습이 필요하다. 또한 한자 공부는 선택이 아니라 필수이다. 직접적인 한자 문제는 1개이지만 한자 능력을 갖춘 수험생들은 문학과 비문학의 이해가 더 쉬웠을 것이다. 적절한 수준의 변별력을 갖춘 문제이다. 60점보다 낮은 점수를 받은 수험생들이라면 자신의 공부를 점검해야 한다. 1년 공부를 했다면 80점 이상을 충분히 받을 수 있다고 본다.

▶ 7급

	2020	2021	2022	2023	2024	계	비율
문학	5	8	5	7	7	32	25.6%
문법	4		5	3	3	15	12%
비문학	4	3	8	6	4	25	20%
어문 규정	3	8	1	5	6	23	18.4%
어휘	1	3	1	1		6	4.8%
관용어, 속담	1	1			1	3	2.4%
한자어, 한자	4	1	2	2	1	10	8%
한자 성어		1	1	1	1	4	3.2%
고전문법							0%
어법, 생활 국어	3		2		2	7	5.6%
계	25	25	25	25	25	125	100%

최종 평가는 9급과 같다. 적절한 수준의 변별력을 갖춘 문제이다. 9급 시험과 비교하면 직접 어휘 문제가 출제되지 않았지만 다른 문제들 곳곳에 어휘를 이해해야 해결할 수 있는 문제들이 출제되어 있다. 60점보다 낮은 점수를 받은 수험생들이라면 자신의 공부를 점검해야 한다. 1년 공부를 했다면 80점 이상을 충분히 받을 수 있다고 본다.

저자의 블로그와 유튜브, 하이클래스군무원 학원, 공시누리 공무원 학원 등을 통해 질문을 할 수 있고 추가 해설도 공부할 수 있습니다. 수년간 수험생의 어려움을 함께 겪으며 조금이나마 더 공부에 도움이 될 수 있도록 다양한 국어 콘텐츠를 준비하고 있으니 적극적으로 학습에 활용하시길 권합니다.

- 블로그: blog.naver.com/mjh721
- 유튜브: "정호는국어왕" 검색
- 하이클래스군무원: army.daebanggosi.com
- 공시누리: http://gongsinuri.com

차례

문법과 사고·추론

PART 01

문법 편

▌단원 길잡이

공무원 국어 공부의 시작이자 기초인 단원이다. 다양한 이론을 이해하고 정리해야 하기에 처음 국어 공부를 시작하는 수험생이 가장 어려워하는 단원이기도 하다. 문법 단원의 내용은 중·고등 학생 시기에 공부했던 문법과 같다. 공부 방법은 교재의 순서와 같이, 언어와 국어에 대한 이해를 시작으로 가장 작은 단원인 음운론부터 공부한다. 그리고 고전문법으로 마무리를 짓는다. 각 소단원의 개념을 세밀하게 공부하여 이해하는 것이 중요하다.

언어와 국어

제 1 절 언어에 대한 이해

1 언어의 개념

언어란 생각이나 느낌을 나타내거나 전달하기 위해 사용하는 음성·문자·몸짓 등의 수단 또는 그 사회관습적 체계이다. 언어는 창조력이 있으며 무한한 개방적 기호체계이다.

① 언어는 '인간'만이 사용하는 것으로, 의사 소통의 수단이자 인간의 사고를 구체화하는 도구이다.

② 언어는 '내용'과 '형식'을 갖춘 하나의 기호이며, 규칙을 바탕으로 운용되는 하나의 체계이다.

2 언어의 일반적 요소

(1) **주체**: 인간만이 언어를 갖는다. → 호모 로퀜스(Homo loquens, 언어적 동물)

동물의 소리(음향)	비분절음	본능적인 소리	감탄사(감정의 직접적 표현)
인간의 소리(음성)	분절음	창조적인 소리	상징적(음성으로 의미를 기호화)

(2) **내용**: 언어에는 의미가 있다. 언어는 반드시 사상이나 감정, 즉 의미를 담아야 한다.

(3) **형식**: 말(음성 언어)과 글(문자 언어)로 표현된다.

> 언어 = 내용[의미(사상, 감정)] + 형식[음성, 문자]

3 언어 기호와 언어 활동

(1) **언어 기호**

음성과 문자는 특정 개인에 의해서 만들어진 것이 아니라, 누구나 그렇게 사용하도록 약속되어 있는 언어 형식이다.(사회성)

(2) **언어 활동**

음성 언어와 문자 언어를 이용하여 표현하고 이해하는 모든 활동, 현실적인 담화(이야기)가 되는 언어로 말한다. 말하는 이가 대상에 대해 생각하고 있는 심리 내용을 표현하는 것이다.

플러스

언어는 '인간에 의해 발화되는 형식과 내용의 결합체'라고 할 수 있다. 이처럼 형식 속에 내용을 담고 있는 표현 형식을 '기호'라고 한다. 언어의 형식과 내용은 동전의 양면과도 같아서 둘 중에 어느 하나라도 결여되면 언어라고 할 수 없다.

언어 활동	표현	음성 언어	말하기(화법)
		문자 언어	쓰기(작문)
	이해	음성 언어	듣기
		문자 언어	읽기(문학, 비문학)

4 언어의 특성

(1) 언어의 기호성(記號性)

언어는 내용[사상·감정]을 일정한 형식[음성·문자]에 의해 전달하는 상징적 기호 체계이다.

(2) 언어의 자의성(恣意性) [임의성(任意性)]

① 언어의 내용[의미]과 형식[음성] 사이에는 아무런 필연적인 관계가 없는 임의적인 것이다.

② 자의성의 근거: 동일 형식-다른 내용, 다른 형식-동일 내용

  ㉠ 동음이의어와 이음동의어

   예 동음이의어: 말[言], 말[馬], 말[斗] / 이음동의어: 죽다-숨지다-사망하다

  ㉡ 동일한 내용에 대해 각 언어마다 형식이 다르다.

   예 사람 ⇒ [sa:ram](한국어), [mæn](영어), [ren](중국어)

  ㉢ 옛말과 현대어의 의미 변화가 있다.(언어의 역사성)

  ㉣ 시대 흐름에 따라 언어의 형식과 내용의 변화가 따로따로 일어난다.(언어의 역사성)

   예 말소리만 변한 경우(더품 > 거품) / 의미만 변한 경우(어리다: 愚 > 幼)

(3) 언어의 사회성(社會性) [불역성(不易性), 불가역성(不可易性)]

① "언어는 언중(言衆) 간의 사회적 약속"이므로 개인이 임의대로 바꾸지 못한다. – 소쉬르

② 언어는 한 사회 공동체가 공유하는 것이므로, 그 집단의 묵계가 성립되지 않은 변개(變改: 바꾸어 고침)는 의사소통을 이룰 수 없다.

   예 '밥'을 '법'이라 한다면 '나는 법을 먹었다'란 말처럼 의사소통이 잘 되지 않는다.

(4) 언어의 역사성(歷史性) [가역성(可易性)]

언어는 항상 고정되어 불변한 것이 아니라 시간의 경과에 따라 단어의 소리와 의미가 변하거나, 문법 요소에 변화가 생기면서 끊임없이 변화한다.

① 생성: 인공위성, 지하철, 컴퓨터, 원자로, 토큰, 우주선, 변호사, 콜라, 인터넷

② 성장(발전)

  ㉠ 기호 변화: ᄀᆞ슬 > 가을 / 불휘 > 뿌리 / 믈 > 물 / 거츨다 > 거칠다 / 바를 > 바다 / 곶 > 꽃

  ㉡ 의미 변화: 어리다(어리석다 > 나이가 어리다), 어엿브다(불쌍하다 > 예쁘다), 얼굴(모습 > 안면), ᄉᆞ랑ᄒᆞ다(생각하다 > 사랑하다,) 졈다(어리다 > 청춘)

PART 01

언어의 특성

기출 | 따라잡기

1. 다음 글을 바탕으로 추론한 생각 중 적절하지 않은 것은? 2018. 국가직7급

소쉬르는 언어를, 기호의 형식에 상응하는 기표(記標)와 기호의 의미에 상응하는 기의(記意)의 기호적 조합이라고 전제한다. 예를 들어 '흑연과 점토의 혼합물을 구워 만든 가느다란 심을 속에 넣고, 겉은 나무로 둘러싸서 만든 필기도구'라는 의미를 표시하는 기표는 한국어에서 '연필'이다. 그런데 '연필'의 기의에 대응되는 영어 기표는 'pencil'이다. 각기 다른 기표가 동일한 기의를 표현한 것이다. 소쉬르는 이처럼 하나의 기의가 서로 다른 기표에 대응되는 것을 두고 기호적 관계가 자의적이라고 주장하는 한편, 이러한 자의성은 사회적 약속과 문화적 약호(code)에 따라 조율된다고 보았다.

① 표준어로 '부추'에 상응하는 표현이 지역에 따라 달리 나타나는 현상에서 기호의 자의성을 엿볼 수 있겠군.

② 어떤 개념을 새롭게 표현한 단어가 널리 쓰이려면 그 개념을 쓰는 사회 성원들의 공통된 합의가 필요하겠군.

③ 같은 종교를 믿으면서 문화적 약호가 유사한 지역에서는 같은 기표에 대응되는 개념이 비슷할 가능성이 높겠군.

④ '사랑'이나 '진리'와 같이 사회 문화적으로 보편적인 개념을 지시하는 각각의 기표들에서 유사한 형식을 도출할 수 있겠군.

2. 다음 중 괄호 안에 들어갈 말로 가장 적절한 것은? 2017. 사회복지직 9급

'·'가 현대 국어에서 더 이상 사용되지 않고, '믈[水]'이 현대 국어에 와서 '물'로 형태가 바뀌었으며, '어리다'가 '어리석다[愚]'로 쓰이다가 현대 국어에 와서 '나이가 어리다[幼]'의 뜻으로 바뀌어 쓰이는 것 등과 같은 예에서 알 수 있는 언어의 특성을 언어의 (　　　)이라고 한다.

① 사회성　　② 역사성

③ 자의성　　④ 분절성

ⓒ 표기 변화: 연철(스미) > 혼철(십미) > 분철(십이)

③ **소멸**: 스뭇다[通하다], 뫼[山], 즈믄[千], 온[百], 나조[夕], 슈룹[雨傘], ᄀᆞ룸 [江], 미리내[銀河水], 잣[城]

기출 | 따라잡기

3. 다음에서 알 수 있는 언어 기호의 특성으로 적절한 것은?

2013. 국가직 9급

• 언어는 문장, 단어, 형태소, 음운으로 쪼개어 나눌 수 있다. 특히 한정된 음운을 결합하여서 수많은 형태소, 단어를 만들고 무한한 문장을 만들 수 있다.
• 언어는 외부 세계를 반영할 때 있는 그대로 반영하지 않고 연속적으로 이루어져 있는 세계를 불연속적인 것으로 끊어서 표현한다. 실제로 무지개 색깔 사이의 경계를 찾아볼 수 없는데도 우리는 무지개 색깔이 일곱 가지라고 말한다.

① 추상성   ② 자의성
③ 분절성   ④ 역사성

(5) 언어의 분절성(分節性) [불연속성(不連續性)]

언어는 연속적으로 이루어져 있는 외부 세계를 불연속적인 것으로 끊어서 표현한다. (현실 세계는 연속적, 언어 세계는 불연속적)

예 • 무지개의 빛깔: 무지개는 빨강에서 보라로 이어지는 연속적인 색깔이나, 언어로 표현할 때에는 '빨, 주, 노, 초, 파, 남, 보'라고 끊어서 이야기한다.
   • 사계절: 계절은 정확히 구분할 수 없는데, 봄·여름·가을·겨울이라고 표현한다.
   • 강의 위치, 얼굴의 모습, 물의 온도, 시간의 흐름 등.

(6) 언어의 개방성(開放性) [창조성(創造性)]

언어는 무한한 생각들뿐만 아니라, 상상의 산물이나 관념적인 개념까지도 표현할 수 있다.

① 인간은 길이와 수에 제한 없이 무한정의 문장을 만들어 낼 수 있다.

   예 방란장 주인(芳蘭莊主人) - 박태원(朴泰遠): 5558자에 이르는 소설을 단 하나의 문장으로 완성

② 언어는 실재하지 않는 상상의 산물이나 관념적 개념까지 표현할 수 있다.

   예 • 상상의 산물을 표현: 봉황, 용, 손오공, 유토피아, ……
      • 관념적인 개념을 표현: 사랑, 희망, 용기, 평화, 의문, 효과, 실효성, ……

(7) 언어의 추상성(抽象性)

언어의 의미는 같은 부류의 사물들에서 공통적 속성을 뽑아내는 추상화의 과정을 거쳐서 형성된다.

예 무궁화, 개나리, 진달래, 목련…

   ① 뿌리와 줄기가 있다.
   ② 향기가 있다.   → [공통점] → [추상화] → 꽃[花]
   ③ 흙에서 자란다.
   ④ 씨를 통해 이어진다.

➕ 플러스   추상화

같은 부류의 사물에게서 공통적 속성을 뽑아내는 과정을 추상화라고 한다. 추상화의 과정을 거쳐 형성된 생각을 '개념'이라고 하는데, 언어 기호는 개념과 청각 영상의 결합으로 이루어진다고도 볼 수 있다.

➕ 플러스

'세종, 이순신, 나폴레옹' 같은 고유 명사들은 지시 대상이 하나로 공통적인 속성을 뽑아 추상화의 과정을 거친 것이 아니므로 추상성을 거쳤다고 할 수 없다.

5 언어의 기능

언어의 기능은 말하는 사람(화자)과 듣는 사람(청자), 그리고 문장이 실현되는 구체적 현실 세계 등의 상호 관계 속에서 기능이 결정된다.

(1) 표현적 기능

① 대상에 대한 객관적 사실을 나타낸다.

② 언어의 개념적 의미뿐만 아니라 지시 대상에 대한 화자의 감정이나 태도를 나타낸다.

    ㉠ 말하는 사람의 사실적인 판단 표현

       예 버스 정류장까지는 500m나 된다. 이 금은 무게가 5g이다. (사실 확인)

    ㉡ 듣는 사람에 대한 말하는 사람의 태도 표현

       예 맛있게 드세요. 어서 출발하시지요. (요청)

    ㉢ 지시 대상에 대한 말하는 사람의 태도 표현

       예 이 집은 참 예쁘다. 이 책은 참 재미있다. (호감)

    ㉣ 자신의 판단에 대한 확신성 여부 표현

       예 내일은 비가 올 것이다. 철수는 공부를 열심히 하는 것 같다. (확신)

(2) 감화적 기능(지령적, 환기적, 지시적 기능) → 행동화(行動化)

① 미래의 특정 행위나 사건이 일어나게 하거나 일어나지 않게 하며, 그 성격이나 방향을 조정하여 사람으로 하여금 특정 행동을 하도록 하는 기능이다.

② 말하는 사람의 마음을 표현한다는 점에서 표현의 기능과 다르지는 않으나, 듣는 사람에게 감화 작용을 하여 실제 행동에 옮기도록 한다는 점에서 표현의 기능과 차이가 있다.

    ㉠ 직접지령: 명령문, 청유문

       예 • 좀 더 일찍 일어나라.

          • 우리 얘기 좀 해 보자.

          • 쓰레기를 버리지 마시오.

    ㉡ 간접지령: 의문문, 평서문, 감탄문, 격언, 광고, 교통 표지판, 법률, 선거 유세, 완곡 어법 등

       예 • 좀 더 일찍 일어날 수 없겠니? (의문문이지만 지령)

          • 우리 얘기 좀 해 보지 않겠니? (의문문이지만 지령)

          • 일방 통행 (교통 표지판)

          • 침묵은 금이다. (격언)

          • 일찍 일어나는 것은 건강을 위하여 좋다. (권고)

          • 그는 유능한 정치인이며 훌륭한 인격자입니다. (선거 유세)

          • 이 자동차는 성능이 뛰어나며, 가격 또한 저렴합니다. (광고)

          • 아름다운 사람은 머문 자리도 아름답습니다. (화장실 문구)

기출 | 따라잡기

4. 다음 중 언어의 지령적 기능은?
2006. 대구시 소방직

① 오늘은 날씨가 참 좋구나.

② (넘어지면서) 아이쿠!

③ 김 선생은 정말로 훌륭한 사람이다.

④ 이 제품은 만 명이 넘는 소비자들이 선택한 상품입니다. (광고)

나흘 전 감자 쪼간만 하더라도 나는 저에게 조금도 잘못한 것은 없다.

계집애가 나물을 캐러 가면 갔지 남 울타리 엮는 데 쌩이질을 하는 것은 다 뭐냐. 그것도 발소리를 죽여 가지고 등 뒤로 살며시 와서.

"얘! 너 혼자만 일하니?"

하고 긴치 않은 수작을 하는 것이다.

어제까지도 저와 나는 이야기도 잘 않고 서로 만나도 본척만척하고 이렇게 점잖게 지내던 터이련만, 오늘로 갑작스레 대견해졌음은 웬일인가. 항차 망아지만한 계집애가 남 일하는 놈보구……

"그럼 혼자 하지 떼루 하디?"
– 김유정, 〈동백꽃〉 중에서 –

① 미학적 기능
② 지령적 기능
③ 친교적 기능
④ 표현적 기능

(폭우를 보면서) "오늘은 날씨가 참 사납군요."의 경우, 일반적인 인사말인 경우는 친교적 기능으로 보지만 낚시를 하러 가는 남편에게 아내가 '가지 말라'는 간접적인 표현으로 사용할 때는 지령적 기능으로 본다.

---

(3) **친교적 기능(사교적 기능)**

화자와 청자와의 우호적 유대 관계를 유지하기 위하여 상호 의사소통의 통로를 열어 놓는 기능으로 의례적으로 하는 말들을 지시한다.

① 말하는 사람과 듣는 사람의 친교 확보 및 친밀한 관계를 확인하는 기능이다.

② 이는 원만한 사회 생활을 유지하는데 윤활유와 같은 기능으로 인사말들이 대표적이다.

③ 언어 기호의 관습적(개념적) 의미는 중시하지 않고, 발화(언어 행위) 자체를 중시한다. (의례적인 인사말, 인사 차원의 날씨에 대한 발화 등)

> 예 • 날씨 참 사납군요. (폭우를 보면서)
> • 진지 잡수셨습니까? (인사치레로)
> • 밤새 안녕하셨습니까? (인사말)

(4) **표출적 기능**

① 화자의 표현 의도나 전달 의도가 없이, 본능적으로 언어를 사용하는 기능이다.

② 놀라거나 위험할 때, 현장에 듣는 사람이 있거나 없거나 관계없는 무의식적으로 나오는 소리를 말한다. (감탄사)

③ 언어를 기호 이전의 용법으로 사용하는 것이다.

> 예 "에그머니나!", "아이구 아파!", "아차차!"

(5) **지식과 정보의 보존 기능**

지식을 보존하고 축적해 가는 기능으로 언어의 전달 기능과도 밀접히 관련되어 있다.

> 예 책, 테이프, CD, 이동용 디스켓 등

(6) **미적 기능(시적 기능)**

예술 작품에 주로 사용되는 것으로 언어의 미적 가치를 추구하는 기능이다.

> 예 • 모든 수령 도망할 제 거동 보소, 인궤(印櫃) 잃고 과줄 들고, 병부(兵符) 잃고 송편 들고, 탕건(宕巾) 잃고 용수 쓰고, 갓 잃고 소반(小盤) 쓰고, 칼집 쥐고 오줌누기, 부서지니 거문고요, 깨지느니 북, 장고라. ('춘향전')
> • 산에는 꽃 피네 / 꽃이 피네 / 갈 봄 여름 없이 꽃이 피네. (김소월, '산유화')

(7) **관어적 기능**

언어 수행에 필요한 매체로서 새로운 말을 학습하고 지식을 증진시키는 기능이다.

> 예 • 영어의 'father'는 우리말의 '아버지'라는 말이다.
> • '선친(先親)'이란 말은 '돌아가신 자기의 아버지'를 말한다.

6 언어의 분류

(1) 형태상

분류	성격	보기
첨가어 [교착어(膠着語)]	뜻을 나타내는 실질 형태소와 문법적 관계를 나타내는 형식 형태소의 구별이 분명한 언어이다. 예 나+가(주격), 나+의(소유격), 나+를(목적격)	한국어, 일본어, 만주어, 몽고어, 튀르키예어 등의 알타이어, 우랄어, 말레이어 등
굴절어(屈折語)	낱말에 다른 말을 첨가하지 않고, 어형(語形)의 일부를 변화시키거나 또는 접사를 붙여, 단어가 문장 속에서 가지는 여러 가지 관계를 나타내는 언어를 말한다. 예 I(주격) my(소유격) me(목적격)	영어, 독어, 불어
고립어(孤立語)	어미의 변화나 접사 등 문법적 관계를 나타내는 요소의 발달이 없고, 낱말의 실현 위치에 의하여 단어가 문장 속에서 가지는 여러 가지 관계가 결정되는 언어를 말한다. 예 高山(높은산) – 山高(산이 높다)	중국어, 타이어, 베트남어
포합어(抱合語)	동사를 중심으로 그 전후에 인칭을 나타내는 접사나 목적을 나타내는 말이 결합 또는 삽입 되어서 한 말로써 한 문장을 나타낼 수 있는 언어를 말한다.	아메리카 인디언의 말, 아이누 말, 에스키모어 등

➕ 플러스 첨가어의 문법적 설명

첨가어(添加語)[= 교착어(膠着語)]는 실질적인 뜻을 가진 형태소에 조사, 어미 같은 문법적 관계를 나타내는 형식 형태소가 붙음으로써 문법적 기능을 하는 언어이다. 한국어를 포함하여 일본어, 만주어, 몽고어, 핀란드어, 터키어 등이 첨가어에 속한다.

> 오늘(실질)은(형식) 날씨(실질)가(형식) 참(실질) 좋(실질)다(형식).

이와 같이 실질적인 의미를 가지고 있는 형태소에 형식적인 의미, 즉 문법적 관계를 나타내는 형식 형태소가 첨가되거나 붙기 때문에 국어와 같은 형태의 언어를 첨가어 혹은 교착어라고 하는 것이다. 이러한 첨가어는 하나의 단어에서 실질 형태소와 형식 형태소를 명확히 분류해 낼 수 있지만, 영어와 같은 굴절어는 이것이 불가능하다.

예 영어의 'went'를 보면 무엇이 '가다'의 의미를 나타내고, 무엇이 과거의 의미를 나타내는 지를 구체적으로 알 수 없다. 그러나 한국어의 '갔다'를 보면 가('가다'의 의미)+았다(과거의 의미)로 분석하여 과거의 의미를 분명히 알 수 있다.

참고로 영어에서도 'walked'와 같이 실질 형태소와 형식 형태소를 명확히 분류할 수 있는 경우도 있어 첨가어적인 속성도 가지고 있다. 이는 고대 영어에서 현대 영어로 변하는 과정에서 영어가 첨가어적인 속성을 많이 가지게 된 역사적인 변천과 관련이 있다.

(2) 계통상

① **알타이어족 [첨가어]**: 한국어, 일본어, 몽고어, 만주어, 터키어 등
② **인도–게르만어족 [굴절어]**: 범어, 힌두어, 이란어, 불어, 영어, 독어 등
③ **햄–셈어족 [굴절어]**: 이집트어, 아라비아어, 앗시리아어, 헤브라이어 등
④ **인도–지나어족 [고립어]**: 티베트어, 타이어, 미얀마어, 중국어 등
⑤ **아프리카어족 [포합어]**: 수단어, 반투어 등
⑥ **아메리카어족 [포합어]**: 아메리카 인디언어, 에스키모어

기출 따라잡기

6. 국어의 특성이 아닌 것은?
2006. 서울시 9급

① 파열음 계열의 자음이 예사소리, 된소리, 거센소리의 세 가지 대립을 보인다.
② 굴절어로 문법적 관계를 나타내는 말인 조사와 어미가 발달하였다.
③ 문장을 구성하고 있는 요소들의 자리바꿈이 가능하다.
④ 꾸미는 말은 꾸밈을 받는 말 앞쪽에 위치하며, 주어+목적어+서술어의 형식을 나타낸다.

7. 한국어의 특성으로 맞지 않는 것은?
2009. 국가직 9급

① 한국어는 첨가어이므로 접사나 어미가 발달되었다.
② 한국어에서는 주어가 잇달아 나타나는 문장 구성이 가능하다.
③ 한국에서의 관형어는 항상 체언 앞에 온다.
④ 한국어의 관형사는 형용사처럼 활용한다.

(3) 문자상

① **표음 문자[소리 글자]**

  ㉠ 단음 문자: 1음절을 자음과 모음을 분석할 수 있는 문자 ⇒ 음운 문자, 음소 문자 **예** 한글, 유럽의 로마 문자 등

  ㉡ 음절 문자: 1글자로 1음절만 나타내는 문자

    예 일본의 가나[假名]문자, 크레타문자, 아라비아의 셈(Sem)문자 등

② **표의 문자[뜻 글자]**

  ㉠ 상형 문자(象形文字): 사물의 모양을 본떠 만든 문자

    예 한자의 상형 문자, 설형 문자(楔形文字)

  ㉡ 부호 문자(符號文字): 추상적 개념을 일정한 부호로 나타내는 문자

    예 한자의 지사(指事)문자인 一, 二, 三, 上, 下와 맹인들을 위한 맹인 점자

  ㉢ 회화 문자(繪畫文字): 그림으로 의사를 나타내는 문자

    예 고대 이집트 문자, 고대 중국 문자, 에스키모 문자, 미국 인디언의 문자

  ㉣ 결승 문자(結繩文字): 끈이나 띠의 매듭으로 의사를 나타내는 문자

    예 페루 잉카족의 키푸스 문자, 티벳 문자

7 언어와 사고

(1) 언어 우위론적 관점

언어가 사고보다 먼저라는 견해로, 인간의 사고 능력은 언어의 명명 능력에 의해 제약을 받는다는 관점이다.

예 • 아이들이 뜻도 모르면서 어른의 말을 흉내내거나, 가사 내용을 모르면서 외국 노래를 따라 부르기도 한다.

  • 광선이 프리즘을 통과했을 때 나타나는 색깔이 일곱 가지라고 생각하는 것은 우리가 색깔을 분류하는 말이 일곱 가지이기 때문이다.

  • '푸른 숲', '푸른 바다', '푸른 하늘'처럼 우리말에서는 초록, 청색, 남색을 '푸르다'고 한다. 이러한 현상 때문에 우리는 숲, 바다 하늘을 한 가지 색깔로 생각하게 된다.

  • 나는 오직 그것에 이름 붙일 수 있는 한에서만 세계를 통제할 수 있을 뿐이다.

    ─ 라이블리(Lively, P.) '문 타이거(Moon tiger)'에서 ─

(2) 사고 우위론적 관점

사고가 언어보다 우위라는 관점으로, 언어의 제약을 어느 정도 벗어나서도 사고가 가능하다는 관점이다. 즉 명명(命名)의 과정이 없어도 대상이 실재한다는 입장이다.

예 • 우리말에 형용사가 많다고 해서 우리 민족이 다른 민족보다 특별히 감정적인 것은 아니다. 또한 우리말에 한자어가 많다고 해서 우리가 중국인과 같은 세계관과 가치관을 가진 것은 아니다.

  • 사랑하는 사람에게 마음을 어떻게 표현해야 할지, 음악을 들으면서 그것이 왜 좋은지 모르는 것처럼 생각을 언어로 표현하기 힘든 경우가 있다.

  • 우리말에는 명사나 형용사에 성을 구별하는 문법적 장치가 없다. 그렇다고 해서 우리말을 쓰는 사람들이 성을 구별하지 못한다고 할 수는 없다.

  • 아버지, 할아버지 등 우리가 이름을 붙이지 않아도 그 사물에 대한 인식을 할 수 있다.

  • 장미는 우리가 그것을 장미라 이름 붙이지 않아도 충분히 향기로울 텐데

    ─ 셰익스피어(Shakespeare, W.) '로미오와 줄리엣(Romeo and Juliet)'에서 ─

➕ 플러스

훔볼트(Humboldt)는 언어가 인간의 사고와 밀접한 관계를 유지할 뿐만 아니라, 인간이 세상을 인식하는 방법, 즉 세계관까지 결정한다고 주장하였다. "한 민족의 언어는 곧 그 민족의 정신"이라는 그의 말은 언어와 그 언어를 사용하는 사람들의 사고 방식 사이에 깊은 관계가 있다는 뜻이다. 그리고 사피어(Sapir)는 "인간은 보통 생각하듯이 객관적인 세계에 살고 있는 것이 아니고, 언어를 매개로 해서 살고 있는 것이다. 언어는 단순히 표현만의 수단이 아니다. 실세계라고 하는 것은 언어 습관의 기초 위에 세워져 있다. 우리는 언어가 노출시키고 분절시켜 놓은 세계를 보고 듣고 경험하는 것이다."라고 하였다. 또한 워프(Whorf)도 "언어는 우리의 행동과 사고의 양식을 주조(鑄造)한다."라 주장하였다.

제 **2** 절 국어에 대한 이해

1 국어의 개념

한 나라의 국민들이 공통으로 쓰는 말. 대외적으로는 한국어라고 하고, 대내적으로는 국어 또는 우리말이라고 한다.

(1) **일반성**: 국어는 언어이다.

(2) **특수성**: 국어는 일종의 구체적·개별적 언어이다.

(3) **공용성**: 국어는 국가를 배경으로 한다.

(4) **통일성**: 국어는 정치상 공용어, 국가 통치상 공식어, 교육상 표준어라야 한다.

2 국어의 분류

(1) **계통상 분류**: 알타이어족

(2) **형태상 분류**: 첨가어(교착어)

(3) **문자의 갈래상 분류**: 표음 문자의 단음 문자

3 국어의 어휘

(1) **어휘의 체계**

국어의 어휘는 고유어, 한자어, 외래어로 이루어져 있다.

1) **고유어와 한자어**

국어에서 고유어와 한자어를 합하면 전체 어휘의 80% 이상을 차지한다.

① **고유어**: 예로부터 사용한 우리말로, 사전에 등재된 전체 어휘 가운데 25.9%를 차지한다. 고유어는 우리 민족 특유의 문화나 정서를 표현하며 정서적 감수성을 풍요롭게 한다. **예** 생각, 손방, 시나브로, 푼푼하다, 후미지다, 가멸다

② **한자어**: 외래어에서 가장 많은 양을 차지하는 어휘로, 중국의 한자를 바탕으로 만들어진 단어들이다. 우리나라의 한자어는 모두 한국식으로 발음되기 때문에 한국식 한자어라고 한다. 즉 중국 및 일본과 문자는 같지만 각국의 소리 체계에 따라 달리 사용하는 단어인 것이다.

   예 우리나라에서 만든 한자어: 감기(感氣), 고생(苦生), 복덕방(福德房), 편지(便紙), 사돈(査頓), 식구(食口), 행차(行次)

기출 | 따라잡기

8. 우리의 말과 글에 대한 설명으로 알맞은 것은? 2012. 지방직 7급

① 한글은 유네스코에서 세계기록문화유산으로 지정되었다.

② 한글은 개 짖는 소리, 학 우는 소리까지도 완벽하게 적을 수 있다.

③ 우리말을 로마자로 적을 때는 한글맞춤법의 규정에 따른다.

④ 현재 우리말에는 과거 몽골로부터 유입된 외래어도 포함되어 있다.

➕ **플러스** 우리 글 명칭의 변천 과정

훈민정음(訓民正音)
↓
정음(正音)
↓
언문(諺文) 반절(半切)
↓
국문(國文)
↓
한글

① 하늘, 바람, 심지어, 어차피, 주전자와 같은 단어들은 한자로 적을 수 없는 고유어이다.

② 학교, 공장, 도로, 자전거, 자동차와 같은 단어들은 모두 한자로도 적을 수 있는 한자어이다.

③ 고무, 담배, 가방, 빵, 냄비와 같은 단어들은 외국에서 들어온 말이지만 우리말처럼 되어 버린 귀화어이다.

④ 눈깔, 아가리, 주둥아리, 모가지, 대가리와 같이 사람의 신체 부위를 점잖지 못하게 낮추어 부르는 단어들은 비어(卑語)에 속한다.

➕ 플러스 ▌한자어 사용 확대 과정

(1) 왕명: 신라 22대 지증왕 때
　예 마립간, 이사금, 차차웅
　　> 왕(王)
(2) 신라 35대 경덕왕 때
　예 매홀 > 수성(水城)
(3) 고려 시대 불교의 융성과 과거 제도의 실시
(4) 조선 시대 유학의 융성
(5) 갑오개혁 이후 신문물을 가리키는 개념어들의 대부분을 한자로 표현

③ 고유어와 한자어의 대응 관계: 한 개의 고유어와 둘 이상의 한자어들이 폭넓은 대응 관계를 형성하는 것이 일반적이다.

> 깊은 생각에 빠져 있다. ➔ 사색(思索), 사유(思惟), 명상(冥想), 상념(想念) 등
> 새로운 발명품을 생각해 내었다. ➔ 창안(創案), 고안(考案), 궁리(窮理), 연구(研究) 등
> 생각을 잘 더듬어 보세요. ➔ 기억(記憶), 추억(追憶) 등
> 도대체 그 사람의 생각을 모르겠다. ➔ 의사(意思), 의향(意向), 의도(意圖) 등
> 그거 참 좋은 생각이구나. ➔ 착상(着想), 발상(發想), 구상(構想) 등

2) 외래어

① 귀화어: 한국어 속에 들어온 지 오래되어 외래어 느낌이 없이 우리말처럼 쓰이는 말.

　예 • 한자어에서 온 말: 붓(筆), 먹(墨), 종이(紙), 배추(白菜), 고추(苦草), 짐승(衆生), 구역질(嘔逆-), 고약(怪惡)하다, 마냥(每常), 김치(沈菜)
　　• 몽고어에서 온 말: 가라말(黑馬), 구렁말(밤색 말), 보라매, 송골매(매의 일종), 수라(御飯, 임금이 먹는 밥)
　　• 만주어 · 여진어에서 온 말: 호미, 수수, 메주, 가위, 두만(豆萬, 투먼)
　　• 범어에서 온 말: 부처[佛陀], 열반(涅槃), 찰나(刹那), 미륵(彌勒)
　　• 일본어에서 온 말: 고구마(> 고코이모), 구두
　　• 네덜란드에서 온 말: 남포(lamp = '남포등')
　　• 프랑스에서온 말: 고무(gomme)
　　• 포루투갈에서 온 말: 담배(tobacco)

② 차용어: 사용할 때 외국어라는 의식이 남아 있는 외래어.

　예 타이어, 다다미, 오뎅, 밀크, 아편, 덴뿌라 등

(2) 어휘의 양상(사회성에 따른 갈래)

1) 표준어

① 표준어 제정 이유: 언어의 변화에 따른 지리적 · 사회적 요인으로 인해 생긴 방언의 차이가 클수록 상호 의사 소통이 상대적으로 어렵게 된다. 이러한 문제점을 해결하기 위해 국가적으로 표준어를 제정하여 사용한다.

㉠ 표준어는 교양 있는 사람들이 두루 쓰는 현대 서울말로 정함을 원칙으로 한다.

㉡ 제정: 1933년 10월 29일, 한글학회의 전신인 조선어학회에서 지정, 공포한 것을 근간으로 하여 현재에는 1988년 1월에 개정한 것을 1989년 3월 1일부터 사용하고 있다.

㉢ 표준어의 조건

㉮ 시대적 조건: 현대

㉯ 계층적 조건: 교양 있는 사람들

㉰ 지역적 조건: 서울말

② 표준어의 기능

    ⊙ 통일(統一)의 기능: 표준어는 원활한 의사소통을 통해 한 나라 국민을 하나로 뭉치게 해 주는 한편, 같은 국민으로서의 일체감을 가지도록 해 주는 기능을 한다.

    ⊙ 준거(準據)의 기능: 표준어는 끊임없이 변화하고 있는 언어를 인위적으로 표준국어대사전에 기록하여 때론 어형(語形)뿐만 아니라 그 의미까지도 규범화하여 사람들의 공적인 언어 생활의 기준이 되도록 한다. 또 규범을 바르게 따르도록 하는 태도를 길러주는 기능도 가진다.

    ⊙ 우월(優越)의 기능: 표준어는 그것을 쓰는 사람이 쓰지 않는 사람보다 교양인으로서의 자부를 느끼게 하여 우월한 사람임을 드러내주는 기능을 한다.

    ⊙ 독립(獨立)의 기능: 표준어는 대외적으로 한 민족임을 확인하는 기능을 한다.

2) 방언(지방어 또는 사투리)

① 개념: 같은 언어권에 속하지만 지역이나 계층에 따라 특수한 언어적 특성을 지닌 말이다. 방언은 쓰는 집단 및 지역에 따라 분화가 일어난다.

② 방언의 가치: 언어 발전의 원동력

    ⊙ 표준어를 보충하는 자료가 된다. (언어 생활을 풍부하게 하는 밑거름)

    ⊙ 고어(古語) 연구의 자료가 된다.

       예 제주방언에 '흑를'이란 단어가 남아 있어, 'ㆍ'의 음가, '하루'의 어원 연구에 뒷받침이 된다.

    ⊙ 방언은 생활 언어로서 지역성, 민속성을 지닌다.

    ⊙ 문학 작품에서 사실성·향토성·지방색을 부여한다.

3) 은어·비어·속어

① 은어(隱語): 은어란 어떤 폐쇄적 집단에 속한 사람들이 다른 집단으로부터 자신을 방어하려는 목적으로 발생한 어휘로, 비밀어라고도 한다.

    예 쫄쫄이(술), 왕초(우두머리), 심마니(산삼 캐는 사람), 데구레(웃옷), 똘마니(졸개), 히데기[雪], 동강(동영상 강의) 등

② 비어(卑語): 점잖지 못하고 천한 말

    예 눈깔(눈), 주둥아리(입), 촌놈(시골 사람), 쪼갠다(웃는다), 쪽 팔린다, 방방 뜬다.

③ 속어(俗語): 통속적이고 저속한 말

    예 귀빈(귀찮은 빈대), 큰집(교도소), 동그라미(돈), 짝퉁(가짜), 토끼다(도망가다)

4) 금기어, 완곡어

① 금기어: 불쾌하고 두려운 것을 입 밖에 내기 주저하는 말이다.

    예 천연두, 홍역, 쥐, 변소

② 완곡어: 금기어 대신 불쾌감이 덜 하도록 만든 말로, 기본적으로 금기어와 같은 대상을 가리킨다. 상대방에게 불쾌감을 주지 않기 위해서 사용한다.

    예 천연두(마마), 홍역(손님), 쥐(서생원, 양상군자), 변소(뒷간, 화장실, 해우소)

기출 따라잡기

10. 다음 글을 읽고 ⊙과 ⓒ의 특징을 가장 잘 대조한 것은?

2017. 국가직 7급 추가채용

> 일반적으로 ⊙입말은 규범적인 문법 규칙의 적용을 그리 많이 받지 않으므로 사회적 변동이나 시대적 변화에 따라서 ⓒ글말보다 비교적 빠른 속도로 변화한다. 그러므로 새 말이 생성되기도 하고 어떤 낱말은 사멸되기도 한다. 이와는 반대로 글말은 규범적인 문법 규칙의 적용을 많이 받기 때문에 급작스러운 사회적 변동이나 시대적 변천에도 불구하고 비교적 서서히 변화한다.

	⊙	ⓒ
①	多彩性	規範性
②	動態性	靜態性
③	模糊性	明示性
④	生成性	死滅性

11. (가)~(라)를 논리적 순서로 배열할 때 가장 적절한 것은? 2011. 지방직 9급

　　'국어 순화'를 달리 이르는 말로 이제는 '우리말 다듬기'라는 말이 쓰이고 있다. '국어 순화'라는 말부터 순화해야 한다는 지적이 있었던 상황에서 '우리말 다듬기'라는 말은, 그 의미를 대강 짐작할 수 있는 쉬운 우리말이라는 점에서, 국어 순화의 기본 정신에 걸맞은 말이라 할 수 있다.

(가) 우리말 다듬기는 국어 속에 있는 잡스러운 것을 없애고 순수성을 회복하는 것과 복잡한 것을 단순하게 하는 것으로 이해된다.

(나) 또한, 그것을 복잡한 것으로 알려진 어려운 말을 쉬운 말로 고치는 일도 포함한다.

(다) 이렇게 볼 때, 우리말 다듬기란 한마디로 고운 말, 바른 말, 쉬운 말을 가려 쓰는 것을 말한다.

(라) 따라서 우리말 다듬기는 잡스러운 것으로 알려진 들어온 말 및 외국어를 가능한 한 고유어로 재정리하는 것과 비속한 말이나 틀린 말을 고운 말, 표준말로 바르게 하는 것이다.

　　즉, 우리말 다듬기는 '순 우리말(토박이말)'이 아니거나 '쉬운 우리말'이 아닌 말을 순 우리말이나 쉬운 우리말로 바꾸어 쓰는 '순 우리말 쓰기'나 '쉬운 우리말 쓰기'를 두루 아우르는 말이다. 그러나 우리말 다듬기의 범위를 넓게 잡으면 '순 우리말 쓰기'와 '쉬운 우리말 쓰기'까지도 포함할 수 있다. '바른 우리말 쓰기'는 규범이나 어법에 맞지 않는 말이나 표현을 바르게 고치는 일을 가리키고, '고운 우리말 쓰기'는 비속한 말이나 표현을 우아하고 아름다운 말로 고치는 일을 가리킨다.
　　　　－ 김형배, 〈우리말 다듬기〉 중에서 －

① (가) → (나) → (다) → (라)
② (가) → (다) → (라) → (나)
③ (가) → (라) → (나) → (다)
④ (가) → (라) → (다) → (나)

5) 전문어

① 전문어의 정의: 전문 분야의 일을 효과적으로 수행하기 위하여 도구처럼 사용되는 말이다.

② 전문어의 특징: 의미가 매우 정밀하고 다의성이 적으며, 그에 대응하는 일반 어휘가 없다.

　예 궁중어(마마, 상궁, 수라), 군대어(진지, 참호, 병장)

4 국어의 특징

(1) 음운상의 특징

① 국어 자음 중 파열음 계열(파열음, 파찰음)은 예사소리, 된소리, 거센소리의 세 갈래의 대립을 통해서 삼중 체계를 이룬다. 삼지적 상관속(三肢的 相關束)

구분	파열음			파찰음	마찰음
예사소리(평음)	ㄱ	ㄷ	ㅂ	ㅈ	ㅅ
된소리(경음)	ㄲ	ㄸ	ㅃ	ㅉ	ㅆ
거센소리(격음)	ㅋ	ㅌ	ㅍ	ㅊ	없음

＋ 플러스

영어, 독어, 불어 등과 같은 인도-유럽 계통의 언어는 파열음 계열에서 안울림소리(무성음)와 울림소리(유성음)의 이중체계로 되어 있다.

② 모음 조화 현상이 있다. (양성모음은 양성모음끼리, 음성모음은 음성모음끼리 결합하는 음운 현상)

　예 양성모음: ㅏ, ㅗ, ㅑ, ㅛ 등(알록달록) / 음성모음: ㅓ, ㅜ, ㅔ, ㅕ, ㅠ 등(얼룩덜룩)

③ 두음법칙이 있다. (첫소리에 둘 이상의 자음, 즉 어두자음군(語頭子音群)이나 'ㄹ, ㄴ'이 오지 못한다.)

　예 로인(老人) → 노인 / 녀자(女子) → 여자 / 뉴대(紐帶) → 유대

④ 음절 끝 위치에 오는 파열음들이 닫힌 상태로 발음된다. → 음절 끝소리 규칙

　예 단독 발음: 밭[받], 꽃[꼳], 넋 → [넉] / 자음과 연결: 값과 → [갑꽈]
　　　모음과 연결: 흙 위 → [흐귀]

⑤ 음상의 차이와 소리의 길이로 인하여 어감(語感)이 달라지거나 의미가 분화되는 경우가 있다.

　예 감감<캄캄<깜깜 / 모락모락<무럭무럭 (어감 분화)
　　　덜다 – 털다 / 맛 – 멋 (의미 분화)
　　　눈:[雪] – 눈[眼] / 밤:[栗] – 밤[夜] (의미 분화)

⑥ 음운상 설전음[r]과 설측음[l]의 구별이 불분명하다. 영어에서는 설전음은 R, 설측음은 L로 표기와 발음의 구분이 있지만, 국어에서는 초성에서의 'ㄹ'은 설전음이고 종성에서의 'ㄹ'은 설측음이다.

　예 달 → ㄹ[l], 사랑 → ㄹ[r] / light → [l], right → [r]

⑦ 발음을 연장해도 입술이나 혀에 변화가 없는 모음인 단모음의 수가 10개(ㅏ, ㅓ, ㅗ, ㅜ, ㅡ, ㅣ, ㅐ, ㅔ, ㅚ, ㅟ)나 될 정도로 많다.

⑧ 자음동화 현상이 있다. (이웃하고 있는 자음들이 서로 닮는 현상)

> 예 비음화: 속는다 → [송는다] / 유음화: 신라 → [실라]

⑨ 모음동화 현상이 있다. ('ㅣ'모음 앞뒤의 모음이 'ㅣ'모음을 닮아 'ㅣ'모음과 비슷한 전설모음으로 변하는 현상)

> 예 순행: 살리어 → 살리여 / 역행: 손잡이 → 손잽이

⑩ 다른 언어에 비해 마찰음(ㅅ, ㅆ, ㅎ)이 많지 않다.

⑪ 매개자음이나 매개모음이 있다.

　㉠ 매개자음: 모음충돌을 피하기 위해 사용하는 자음

> 예 쇼+ㅇ+아지 > 송아지 / 철수+(반자음)+아 > 철수야

　㉡ 매개모음: 자음충돌을 피하기 위해 사용하는 모음

> 예 먹+(으)니 > 먹으니 / 믿+(으)니 > 믿으니

⑫ 다른 나라에서 쓰이지만 우리말에서는 쓰이지 않는 말소리도 있다.

> 예 영어의 [f, v] 등

⑬ 한국인이 발음할 수 있는 음운의 수도 시대마다 달랐고, 지역마다 차이를 보이기도 한다.

> 예 중세국어의 'ㅔ, ㅐ, ㅚ, ㅟ'가 이중 모음이었으며, 영남 방언에서는 'ㅅ, ㅆ'이 구분되지 않는다.

(2) 어휘상의 특징

① 국어의 어휘는 고유어, 한자어, 외래어의 삼중 체계를 이루고 있다.

② 다량의 한자어 유입과 구미어(歐美語)의 유입으로 차용어가 많다.

③ 오랜 역사를 통해 우리의 음운 체계에 맞추어진 한국 한자음이 따로 존재한다.

④ 상하 관계가 중시되고, 예(禮)와 효(孝)를 중시했던 유교적인 사회 구조의 영향으로 높임말과 높임 표현이 발달하였다.

> 예 · 하십시오 / 하오 / 하게 / 해라, 나 / 저 / 본인 / 이 사람. 너 / 자네 / 당신 / 댁 / 제군 / 이 사람
> · 밥 / 진지, 말 / 말씀. 이름 / 성명 / 성함 / 존함 / 함자
> · 받다 / 받으시다. 자다 / 주무시다. 주다 / 드리다 / 올리다. 보다 / 뵙다 / 알현하다

⑤ 풍류를 즐기는 낙천적 · 정서적 · 감각적인 민족의 특성으로 감각어가 발달하였다.

> 예 노랗다. 노르께하다. 노르끄레하다. 노르무레하다. 노르스름하다. 노릇하다.
> (영어에서는 'yellow' 정도)

⑥ 감각어가 정서적 유사성에 의해 비유 표현으로까지 전용(轉用)된다.

> 예 '짜다(인색하다). 싱겁다(언행이 멋쩍다). 가볍다(침착하지 못하거나 진득하지 못하다). 맵다(성질이 독하거나 사납다). 텁텁하다(성미가 청탁을 가림이 없다)'

⑦ 음성상징어가 발달되어 있다. 음성상징어는 소리, 형태, 동작을 모사(模寫)하는 말로 의성어와 의태어가 있다. 또한 상징어에 접미사가 붙어 그 소리를 내는 사물이나 동물의 명칭을 나타내기도 하여 국어의 어휘를 더욱 풍성하게 한다.

　㉠ 의성어: 철썩철썩, 딸랑딸랑, 졸졸, 따르릉, 멍멍

　㉡ 의태어: 아장아장, 곰실곰실, 뭉게뭉게, 보글보글, 모락모락

➕ 플러스

영어에는 'f, v, θ' 등의 마찰음이 더 있다.

기출 | 따라잡기

12. 다음은 한국인 교사가 외국인들에게 설명한 한국어의 특질이다. 다음 중 옳지 않은 것은? 2012. 국회직 9급

> ㉠ 한국어의 특질 중의 하나는 교착어로서 문법적 관계를 나타내는 조사와 어미가 발달되어 있다는 것입니다.
> ㉡ 한국어의 특질 중의 하나는 상하관계를 중시하던 사회구조 때문에 높임법이 발달되어 있다는 점입니다.
> ㉢ 한국어의 특질 중의 하나는 서술어가 문장 끝에 오는 어순이라 끝까지 들어야 뜻을 제대로 이해할 수 있다는 것입니다.
> ㉣ 한국어의 특질 중의 하나는 어두에 특정 자음이 오는 것을 피하는 현상이 있다는 것입니다.
> ㉤ 한국어의 특질 중의 하나는 음절 끝에 오는 자음도 음절의 첫소리와 같이 모두 제 음가대로 발음되어야 한다는 점입니다.

① ㉠　　　　② ㉡

③ ㉢　　　　④ ㉣

⑤ ㉤

우리말에는 감각어가 많이 발달되어 있다. 우리 민족은 본래 풍류를 즐기는 낙천적인 민족으로, 정서적이고 감각적인 편이었다. 이러한 특징이 언어에 반영되어 우리말에 감각적인 어휘가 풍부하게 발달하게 되었다고 생각할 수 있다. ㉠이와 같은 감각어는 정서적 유사성에 의해 비유 표현으로까지 전용되어 일반 언어생활에 애용되기도 한다. 사람의 특징을 표현할 때, 아무개는 '짜다, 싱겁다, 가볍다, 무겁다, 맵다, 텁텁하다' 등과 같이 감각적으로 표현하는 것이 그 보기이다.

① 꽃 중에 붉은 장미만큼 아름다운 꽃은 없다.
② 영희는 차가운 시선으로 철수를 쏘아 보았다.
③ 그가 새까만 후배라는 것을 알고는 기가 막혔다.
④ 그의 눈초리에서는 시퍼렇게 독기가 뿜어져 나왔다.

14. 국어의 특질에 대한 설명으로 적절한 것은? 2017. 경찰직(1차) 9급

① 장애음(특히 파열음과 파찰음)이 '평음-경음-유성음'의 3항 대립을 보인다.
② 조사와 어미가 발달한 굴절어적 특성을 보인다.
③ 음절 초에 'ㄲ', 'ㄸ', 'ㅃ' 등 둘 이상의 자음이 함께 올 수 있다.
④ 화용론적으로 소유 중심의 언어가 아니라 존재 중심의 언어이다.

㉢ 의성어에서 나온 사물의 명칭: 기러기, 개구리, 꾀꼬리, 귀뚜라미, 매미, 뻐꾸기, 쓰르라미

㉣ 의태어에서 나온 사물의 명칭: 깜빡이, 누더기, 반짝이, 뾰쭉이, 살살이

⑧ 친족 관계를 나타내는 어휘가 발달하여 있다.

> **예** 영어의 'uncle'이 우리말에서는 '아저씨, 큰아버지, 작은아버지, (외)삼촌, 이모부, 고모부' 등으로 분화되어 쓰인다.

⑨ 여러 음절이 결합되어 이루어진 다음절어(多音節語)가 많다.

⑩ 조어 과정에서 배의성(配意性)에 의지하는 경향이 있다.

> 배의성(配意性)
> 기본어를 바탕으로 하여 새로운 말이 합성되거나 파생되는 성질
> **예** 손: 손등, 손가락, 손톱
> ┌ 국어: 눈물(눈 + 물)
> └ 영어: tear(새로운 어휘)

(3) 문법상의 특징(통사적 특징)

① 첨가어로 조사와 어미가 발달되어 있어서 대부분의 문법 기능이 이들에 의해 실현된다.

> **예** 정호가, 정호를, 정호에게, 정호만(체언 + 조사)
> 먹었다, 먹으니, 먹어서, 먹자, 먹어라(어간 + 어미)

② 단어 형성법(파생법, 합성법)이 발달되어 있다. → 파생어, 합성어가 많다.

> **예** 오르내리다, 검푸르다, 늦여름, 덮밥

③ '주어 + 목적어 + 서술어'의 구조의 어순이다. 서술어가 문장의 맨 끝에 오므로 청자(聽者)는 처음부터 비판적으로 들을 수 없다.

④ 수식어(꾸미는 말 - 관형어, 부사어)는 피수식어의 앞에 놓인다. 이는 중심이 되는 말을 뒤에 위치시키는 경향이 있음을 보여주는 것이다.

> **예** 예쁜 꽃, 빨리 달린다.

⑤ 문장의 요소가 생략되는 일이 많다. 특히 주어와 조사가 생략되는 경우가 많다.

> **예** "왜 왔어?", "먹었니?", "어디 가니?", 상미(는) 어디(에) 갔니?
> "언제 왔어?" "조금 전에."

⑥ 어순이 엄격하지 않고 비교적 자유롭다. 서술어는 주로 문장의 맨 뒤에 오지만, 다른 성분들은 비교적 자유롭게 위치를 바꿀 수 있다. 특히 구어에서는 어순이 더 자유롭다.

> **예** 나는 오늘 축구를 했다. / 나는 축구를 오늘 했다. / 오늘 나는 축구를 했다.

⑦ 관사, 관계대명사, 전치사 및 접속사가 없다.

⑧ 단어에 성(性)의 구별이 없고, 명사에 수(數)의 개념도 없다.

⑨ 형용사에 비교급과 최상급이 없다.

⑩ 시제의 표시가 불분명하다.

⑪ 능동과 피동, 주동과 사동의 개념이 막연한 점이 있다.

⑫ 공동체 의식을 중시하는 사고의 반영으로 단어의 단수·복수 개념이 엄격하지 않다.

　　예 우리 아내, 우리 남편

⑬ 주어가 한 문장에 두 번 나타나는 이중주어문(二重主語文)이 있다.

　　예 • 나는 배가 고프다.
　　　　• '토끼가 귀가 크다'

5 한글의 명칭

(1) 한글 명칭의 변화

① **훈민정음(訓民正音)**: '백성을 가르치는 올바른 소리'란 뜻으로, 국자(國字)의 최초의 명칭이다.

② **정음(正音)**: 성종 때부터 훈민정음을 줄여서 명명한 것이다.

③ **언문(諺文)**: 한문을 '진서(眞書)'라 부르는 데 대한 대조적인 명칭으로 우리글을 낮추어 부른 이름이다.

④ **반절(反切)**: 최세진의 《훈몽자회》의 범례(凡例)에서 '諺文字母俗所謂反切二十七字(언문 자모, 속세에서 이른바 반절 27자)'라 하여 여기서 비롯된 명칭이다.

⑤ **국서(國書)**: 김만중의 《서포만필》에서 처음 보이며, 숙종 말엽까지 쓰였던 이름이다.

⑥ **국문(國文)**: 영조 때에 홍계희가 처음 쓴 명칭인데, 갑오경장 이후 국어의 존엄성을 자각하기 시작한 후부터 본격적으로 쓰인 이름이다.

⑦ **한글**: 한글이라는 명칭은 대한제국이 멸망하자 '국문'이라는 용어의 사용이 금지되면서 주시경이 새롭게 창안한 것이다. 주시경이 처음으로 명명한 이래 오늘날까지 사용되어 오는 이름으로 '한글'은, '큰 글'('한'은 옛말에서 '크다'라는 의미를 지니고 있음), '세상에서 첫째가는 글'이란 뜻을 가지고 있다.

(2) 한글 자모의 명칭

중종 때 역관이었던 최세진의 저서인 《훈몽자회》(1527)에서 처음으로 자모의 명칭이 제시되었는데, 현재의 명칭은 1933년 '한글 맞춤법 통일안' 제정 때 명명한 것이다.

자음	ㄱ	ㄴ	ㄷ	ㄹ	ㅁ	ㅂ	ㅅ
명칭	기역	니은	디귿	리을	미음	비읍	시옷
자음	ㅇ	ㅈ	ㅊ	ㅋ	ㅌ	ㅍ	ㅎ
명칭	이응	지읒	치읓	키읔	티읕	피읖	히읗

기출 │ 따라잡기

15. 다음 중 국어의 '형태적' 특징은?
　　　　　　2015. 서울시 9급

① 수식어는 반드시 피수식어 앞에 온다.

② 동사와 형용사의 활용이 유사하다.

③ 문장 성분의 순서를 비교적 자유롭게 바꿀 수 있다.

④ 언어 유형 중 '주어-목적어-동사'의 어순을 갖는 'SOV'형 언어이다.

기출 │ 따라잡기

16. 훈민정음에 대한 설명으로 옳지 않은 것은?
　　　　　　2010. 국가직 9급

① 초성자는 훈민정음 해례본의 설명에 따르면 발음기관의 모양을 본떠 만들었다.

② 중성자는 훈민정음 해례본의 설명에 따르면 천지인(天地人) 삼재(三才)를 기본으로 만들었다.

③ 현대 한글맞춤법에 제시된 한글 자모의 순서는 '훈몽자회(訓蒙字會)'의 자모 순서와 같다.

④ 훈민정음이 처음 만들어졌을 때는 'ㄱ'을 '기역'이라 부르지 않았던 것으로 보인다.

17. 다음에 제시된 단어를 사전 등재 순서에 맞게 배열한 것은?

2012. 국가직 9급

ㄱ. 갸름하다
ㄴ. 개울
ㄷ. 게
ㄹ. 까다
ㅁ. 겨울

① ㄱ-ㄴ-ㄷ-ㄹ-ㅁ
② ㄱ-ㄴ-ㄹ-ㄷ-ㅁ
③ ㄴ-ㄱ-ㄷ-ㅁ-ㄹ
④ ㄴ-ㄱ-ㅁ-ㄷ-ㄹ

18. 사전 등재 순서에 맞게 배열된 것은?   2014. 지방직 9급

① 두다, 뒤켠, 뒤뜰, 따뜻하다
② 냠냠, 네모, 넘기다, 늴리리
③ 얇다, 앳되다, 여름, 에누리
④ 괴롭다, 교실, 구름, 귀엽다

① 훈민정음은 창제 당시에는 모두 스물여덟 자였는데,《훈몽자회》에서 'ㆆ(여린 히읗)'이 없어진 스물일곱 자로 정리되었다. 참고로 훈몽자회에서 제시한 자음의 순서는 'ㄱ, ㄴ, ㄷ, ㄹ, ㅁ, ㅂ, ㅅ, ㆁ, ㅋ, ㅌ, ㅍ, ㅈ, ㅊ, ㅿ, ㅇ, ㅎ'으로 현행 한글 맞춤법의 자음의 순서와는 약간 다르다. 임진왜란을 전후로 하여 'ㅿ(반치음)', 'ㆁ(옛이응)'이 사라졌다. 그리고 1933년 '한글 맞춤법 통일안'에서 'ㆍ(아래아)'가 없어져 총 24자가 되었다

② 현행 맞춤법에서 사전에 올릴 적의 자모의 순서는 자음의 경우 'ㄱ, ㄲ, ㄴ, ㄷ, ㄸ, ㄹ, ㅁ, ㅂ, ㅃ, ㅅ, ㅆ, ㅇ, ㅈ, ㅉ, ㅊ, ㅋ, ㅌ, ㅍ, ㅎ'의 순서로, 모음의 경우는 'ㅏ, ㅐ, ㅑ, ㅒ, ㅓ, ㅔ, ㅕ, ㅖ, ㅗ, ㅘ, ㅙ, ㅚ, ㅛ, ㅜ, ㅝ, ㅞ, ㅟ, ㅠ, ㅡ, ㅢ, ㅣ'의 순서로 배열된다.

현대문법

1 음성과 음운

(1) 음성

음성은 사람의 발음 기관을 통하여 나는 구체적이고 개별적이고 물리적인 소리이다. 음성은 말의 뜻을 구별해 주지 못한다(비변별적).

(2) 음운

머릿속에 기억되는 추상적이고 심리적이고 관념적인 소리. 음운은 말의 뜻을 구별해 주는 '소리'의 최소 단위이다.

(3) 음성적 실현

같은 음운이라도 발음하는 때마다, 그리고 그 앞뒤에 어떤 소리가 이어 나느냐에 따라 조금씩 달라지는데, 그것을 그 음운의 음성적 실현이라고 한다.

> 예 '고기'에서의 '고'의 'ㄱ'은 안울림소리이지만, '기'의 'ㄱ'은 울림소리로 발음되는 것으로, 이들은 'ㄱ'이라는 한 음운이 음성적으로 실현된 것이다. 그리고 첫 음절의 'ㄱ'과 둘째 음절의 'ㄱ'을 변이음이라고 한다. 이 때 첫 음절의 'ㄱ'과 둘째 음절의 'ㄱ'은 음운은 같지만, 음성은 다르다.

2 국어의 음운(분절음운: 자음과 모음)

(1) 자음

목 안 또는 입안의 어떤 자리가 완전히 막히거나, 공기가 간신히 지나갈 만큼 좁혀지거나 하여 발음 기관의 장애를 받고 나는 소리(우리말로는 '닿소리')

1) 소리를 내는 자리에 따라: 입술소리, 혀끝소리, 센입천장소리, 여린입천장소리, 목청소리

2) 소리를 내는 방법에 따라: 파열음, 파찰음, 마찰음, 비음, 유음(설전음, 설측음)

3) 소리의 울림에 따라

① 울림소리(유성음): 비음(ㅁ, ㄴ, ㅇ), 유음(ㄹ)
   – 모든 모음은 유성음에 속한다.
② 안울림소리(무성음): 나머지 15개 자음

➕ 플러스 유성음화(울림소리되기)

'ㅂ, ㄷ, ㄱ, ㅈ'은 본래 안울림소리이지만, 울림소리와 울림소리 사이에서 울림소리로 발음된다. 이를 유성음화(울림소리되기)라 한다. 그러나 'ㅅ'은 울림소리로 변이되지 않는다.

예 바보[pabo]: 두 번째 'ㅂ'이 모음과 모음 사이에서 울림소리로 발음된다. 여기서 [p]와 [b]는 변이음 관계이다.

4) 어감에 따라

① 예사소리(평음): ㄱ, ㄴ, ㄷ, ㄹ, ㅁ, ㅂ, ㅅ, ㅇ, ㅈ, ㅎ

② 된소리(경음): ㄲ, ㄸ, ㅃ, ㅆ, ㅉ

③ 거센소리(격음): ㅋ, ㅌ, ㅍ, ㅊ

5) 자음 체계

조음방법		조음위치	두입술 (순음)	윗잇몸,혀끝 (설음)(치조음)	경구개, 혓바닥 (구개음)	연구개, 혀뒤 (연구개음)	목청 (후음)
안울림 소리	파열음	예사소리	ㅂ	ㄷ		ㄱ	
		된소리	ㅃ	ㄸ		ㄲ	
		거센소리	ㅍ	ㅌ		ㅋ	
	파찰음	예사소리			ㅈ		
		된소리			ㅉ		
		거센소리			ㅊ		
	마찰음	예사소리		ㅅ			ㅎ
		된소리		ㅆ			
울림 소리	비음(鼻音)		ㅁ	ㄴ		ㅇ	
	유음(流音)			ㄹ			

(2) 모음

날숨으로 목청을 울려 내는 소리로 장애 없이 순하게 나오는 소리

1) 단모음: 모음 중에서 그 소리를 발음하는 도중에 입술이나 혀가 고정되어 움직이지 않는 모음(10개: ㅏ, ㅓ, ㅗ, ㅜ, ㅡ, ㅣ, ㅐ, ㅔ, ㅚ, ㅟ)

① 혀의 앞뒤 위치에 따라: 전설 모음, 후설 모음

② 혀의 높낮이에 따라(입천장에 가까워지는 정도에 따라): 고모음(폐모음), 중모음, 저모음(개모음)

③ 입술 모양에 따라

    ㉠ 원순 모음 ⇨ ㅚ, ㅜ, ㅗ, ㅟ

    ㉡ 평순 모음 ⇨ ㅏ, ㅓ, ㅡ, ㅣ, ㅐ, ㅔ

혀의 높이	혀의 앞뒤	전설모음		후설 모음	
	입술의 모양	평순	원순	평순	원순
고모음		ㅣ	ㅟ	ㅡ	ㅜ
중모음		ㅔ	ㅚ	ㅓ	ㅗ
저모음		ㅐ		ㅏ	

기출 | 따라잡기

22. 설명이 옳지 않은 것은?

2017. 국가직 9급

① 'ㄴ, ㅁ, ㅇ'은 유음이다.

② 'ㅅ, ㅆ, ㅎ'은 마찰음이다.

③ 'ㅡ, ㅓ, ㅏ'는 후설 모음이다.

④ 'ㅟ, ㅚ, ㅗ, ㅜ'는 원순 모음이다.

23. 주어진 단어의 자음 두 개를 〈보기〉의 조건에 따라 순서대로 나타낼 때, 모두 옳은 것은?

2017. 사회복지직 9급

보기

하나의 음운이 가진 조음 위치의 특성을 +라고 하고, 가지고 있지 않은 특성을 −로 규정한다. 예컨대 'ㅌ'은 [+치조음, −양순음, −경구개음, −연구개음, −후음]으로 나타낼 수 있다.

① 가로: [+경구개음], [−후음]

② 미비: [−경구개음], [+후음]

③ 부고: [+양순음], [−치조음]

④ 효과: [−후음], [−연구개음]

24. 국어의 모음 체계에 대한 설명으로 잘못된 것은? 2005. 서울시 7급

① 국어의 모음은 단모음 10개와 이중모음 11개 모두 21개이다.

② 발음하는 방법에 따라 이중모음과 단모음으로 나뉜다.

③ 입술의 모양에 따라 원순모음과 평순모음으로 나뉜다.

④ 혀의 위치에 따라 전설모음과 후설모음으로 나뉜다.

⑤ 혀의 높이에 따라 양성모음과 음성모음으로 나뉜다.

25. 모음을 발음할 때 혀의 위치가 가장 높은 것으로만 묶은 것은? 2016. 기상직 9급

① 위, 수, 그

② 죄, 너, 도

③ 개, 라, 네

④ 이, 베, 가

26. 국어의 비분절 음운에 대한 설명으로 가장 적절하지 않은 것은? 2018. 경찰직 9급

① 국어의 비분절 음운에는 장단과 억양이 있다.

② 국어에서 장단의 문제는 모음과 자음 모두에 해당된다.

③ 국어의 비분절 음운은 자음, 모음처럼 정확히 소리마디의 경계를 그을 수 없지만 말소리 요소로서 의미를 변별하는 기능을 한다.

④ 국어에서 장음은 일반적으로 단어의 첫째 음절에 나타나는데, 특이하게 둘째 음절 이하에 오면 장음이 단음으로 발음되는 경향이 있다.

---

2) **이중 모음**: 소리를 내는 도중에 입술 모양이나 혀의 위치가 처음과 나중에 달라지는 모음

'ㅣ' 선행 모음	'ㅗ/ㅜ' 선행 모음	'ㅣ' 후행 모음
ㅑ, ㅕ, ㅛ, ㅠ, ㅒ, ㅖ	ㅘ, ㅙ, ㅝ, ㅞ	ㅢ

➕ 플러스 반모음

음성의 성질로 보면 모음에 가깝지만, 모음처럼 홀로 발음되지 못하고 반드시 다른 모음에 붙어야만 발음될 수 있다는 점에서 반모음이라고 부른다. 반달표(˘)를 하여 'ĭ / ㅗ̆/ㅜ̆'로 표시한다. 이중모음은 발음할 때 입술 모양이나 혀의 위치가 달라지는 모음으로, 반모음과 단모음이 결합하여 만들어진다.

반모음 'ĭ'[j]	ㅑ, ㅕ, ㅒ, ㅖ, ㅛ, ㅠ, ㅢ
반모음 'ㅗ̆/ㅜ̆'[w]	ㅘ, ㅝ, ㅙ, ㅞ

이중모음 'ㅢ'는 'ㅣ'를 반모음으로 보아, 'ㅢ'는 단모음 'ㅡ'와 반모음 'ㅣ'가 결합한 것으로 분석해야 한다. [2015년 개정 고등 교과서 설명 참고]

3 소리의 길이(비분절 음운)

① 소리의 길이는 의미를 분별하는 역할을 한다.

② 긴 소리와 짧은 소리는 서로 뜻을 달리한다.

짧은 소리	긴 소리	짧은 소리	긴 소리
가정[家庭]	가:정(假定)	발[足]	발:[簾]
굴[貝類, 생굴]	굴:[窟, 동굴]	밤[夜]	밤:[栗]
눈[眼]	눈:[雪]	배[梨]	배:[倍]
말[馬, 斗]	말:[言]	벌[罰]	벌:[蜂]
무력[無力]	무:력(武力)	성인(成人)	성:인(聖人)
묻다[埋]	묻:대[問]	솔[松]	솔:(옷솔)

③ 본래 길게 나던 단어도, 둘째 음절 이하에 오면 짧게 발음되는 경향이 있다.

📕 한국+말: ⇨ 한국말, 함박+눈: ⇨ 함박눈, 구두+솔: ⇨ 구둣솔

✤ 분절 음운과 비분절 음운

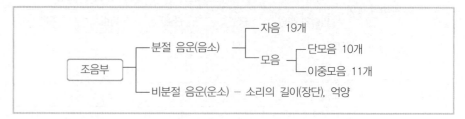

➕ 플러스 음운

(1) 자음과 모음은 각각 하나의 음운이다.

(2) 초성의 'ㅇ'은 음가가 없으므로 하나의 기호이지 음운이 아니다.
   예 아기 ⇨ 3개의 음운(ㅏ, ㄱ, ㅣ)

(3) 음운은 소리 단위이기 때문에 발음되는 것을 기준으로 음운의 개수를 분석한다.
   예 끊임없는[끄니멈는] ⇨ 10개의 음운

(4) 사이시옷은 음운이 아니라 기호이다.
   예 촛불[초뿔] ⇨ 5개의 음운

(5) 된소리는 하나의 음운이다.
   예 코끼리 ⇨ 6개의 음운(ㅋ, ㅗ, ㄲ, ㅣ, ㄹ, ㅣ)

(6) 이중 모음은 하나의 음운이다.
   예 과수원 댁 ⇨ 9개의 음운(ㄱ, ㅘ, ㅅ, ㅜ, ㅝ, ㄴ, ㄷ, ㅐ, ㄱ)

4 음절

(1) 개념

한 뭉치로 적힌 '소리의 덩어리'로 가장 작은 '발음'의 단위이다. 음절은 의미상의 단위가 아니라 발음상의 단위다. 따라서 표의적 표기를 원칙으로 삼고 있는 국어에서 음절을 물을 때는 표음적 표기를 기준으로 답해야 한다.

예 집 앞으로 맑은 물이 흐른다. [지.바.프로.말.근.무.리.흐른다] ⇨ 음절의 중심은 모음으로 11개 음절이다.

(2) 음절의 구조

① 모음 단독 **예** 아, 야, 어, 여, 오, 요……

   ⇨ 초성에서의 'ㅇ'은 음가가 없고, 음운이 아니라 기호임

② 모음+자음 **예** 악, 앝, 엍, 열, 옮, 없, 읽 ……

③ 자음+모음 **예** 바, 다, 로, 가, 세, 까, 따, 빠 ……

④ 자음+모음+자음 **예** 강, 논, 돛, 밭, 산, 값, 넋, 깎, 떡 ……

(3) 음절 형성의 규칙

① 어떤 경우에나 모음이 있어야 음절이 형성된다. 따라서, 우리 국어에서 모음은 단독으로 음절을 형성하나, 자음은 혼자서 음절을 형성하지 못한다.

② 우리 국어의 끝소리에 올 수 있는 자음은 'ㄱ, ㄴ, ㄷ, ㄹ, ㅁ, ㅂ, ㅇ'의 7개뿐이므로 '자음+모음+자음+자음'의 음절 구조는 존재하지 않는다.

5 음운의 변화

(1) 음운 변화의 유형

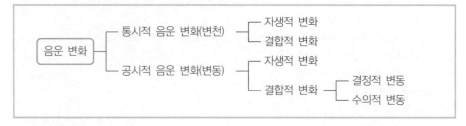

1) 변천과 변동

① **변천(통시적 변화)**: 시간의 흐름에 따라 변화하는 것으로 '음운, 어휘, 문법, 의미'의 전 범주에서 일어난다.

② **변동(공시적 변화)**: 동일한 시기의 음운 체계 안에서 한 음운이 다른 음운으로 바뀌는 현상이다.

2) 자생적 변화와 결합적 변화

① **자생적 변화**: 음운 자체의 성격으로 말미암아 스스로 변하는 것으로 즉 변하는 조건이 따로 없다. ⇨ 음절의 끝소리 규칙

② **결합적 변화**: 음운의 환경이나 음운이 결합되는 조건 등으로 변하는 것이다.

  ㉠ **결정적 변동**: 일정한 조건 아래에서 필연적으로 일어나는 변동

    예 규칙 활용, 된소리 되기, 비음화

  ㉡ **수의적(隨意的)변동**: 같은 조건 아래에서도 일어나기도 하고 일어나지 않기도 하는 임의적(任意的) 변동

    예 불규칙 활용, 사잇소리 현상, 연구개음화

➕ **플러스** 음운 변화 기본 개념

(1) 음운 변화의 종류
 ① 교체(대치): 음절의 끝소리 규칙, 비음화, 유음화, 구개음화
 ② 축약: 자음 축약, 모음 축약
 ③ 탈락: 자음군 단순화, 'ㅎ' 탈락, 'ㄹ' 탈락, 'ㅡ' 탈락
 ④ 첨가: 사잇소리 현상 등

(2) 변이음
 '변동'이란 음절 사이에서 다르게 실현되는 음운의 목록을 말한다. 가령 '신라'에서 'ㄴ'이 'ㄹ'로 발음되어 [실라]가 되는 것이다. 이와는 달리 '변이'란 한 음운 안에서 갈음되는 음성의 목록을 말한다. 음운은 발음하는 환경에 따라 여러 변이음(變異音)으로 실현된다. 예를 들어 '바보'라는 단어에서 첫 소리의 'ㅂ'은 [p]로, 두 번째 소리의 'ㅂ'은 [b]로 발음되지만, 한국어의 화자는 이를 잘 인식하지 못한다. 이렇듯 같은 음운이 발음되는 자리에 따라 다르게 실현되는 것을 변이음이라고 한다.

기출 | 따라잡기

27. 국어의 음운 현상에는 대치, 탈락, 첨가, 축약, 도치가 있다. 다음에 제시된 단어들 중 동일한 음운 현상이 나타나는 것끼리 묶인 것은?

2015. 서울시 7급

㉠ 굳이	㉡ 끊더라
㉢ 뒷일	㉣ 무릎
㉤ 배꼽(빗복)	㉥ 싫어도
㉦ 있지	㉧ 잡히다

① ㉠, ㉢, ㉤
② ㉠, ㉣, ㉦
③ ㉡, ㉥, ㉧
④ ㉢, ㉤, ㉧

(2) 음운 변화의 종류

1) 음절의 끝소리 규칙

국어 음절의 끝에서 발음될 수 있는 자음은 'ㄱ, ㄴ, ㄷ, ㄹ, ㅁ, ㅂ, ㅇ'의 일곱 개이다. 이 밖의 나머지 자음이 음절 끝에 오면 이 일곱 자음 중의 하나로 발음 되는 현상이다. 'ㄱ, ㄴ, ㄷ, ㄹ, ㅁ, ㅂ, ㅇ'에 속하지 않는 다른 자음들은 'ㄱ, ㄷ, ㅂ' 중 하나로 교체되어 발음된다. 이러한 현상은 음절의 끝에서 나타나기 때문에 음절의 끝소리 규칙이라고 한다.

예 앞[압] / 옷[옫] / 밖[박] / 부엌[부억] / 낫[낟], 낮[낟], 낮[낟], 낱[낟] / 무릎[무릅]

2) 자음 동화

자음과 자음이 충돌할 때 어느 한 쪽이 다른 쪽 자음을 닮아서 그와 같은 소리 또는 비슷한 소리로 바뀌거나 서로 동화되어 두 소리가 같거나 비슷한 소리로 바뀌는 현상이다.

① 비음화: 비음이 아닌 소리가 비음(ㄴ, ㅁ, ㅇ)을 만나 같은 비음으로 변하는 현상이다.

  예 밥물 ⇨ [밤물] / 앞날 ⇨ [압날 ⇨ 암날] / 부엌문 ⇨ [부억문 ⇨ 부엉문] / 남루 ⇨ [남누] / 종로 ⇨ [종노] / 섭리 ⇨ [섭니 ⇨ 섬니] / 백로 ⇨ [백노 ⇨ 뱅노] / 몇 리 ⇨ [멷리 ⇨ 면니]

② 유음화: 유음이 아닌 말소리가 유음을 닮아 유음으로 바뀌는 현상으로 'ㄴ'이 'ㄹ'의 위나 아래에서 'ㄹ'로 바뀐다.

  예 대관령[대ː괄령], 삼천리[삼철리]

3) 모음 조화

① 양성 모음은 양성 모음끼리, 음성 모음은 음성 모음끼리 어울리는 현상이다.
② 모음 동화의 일종으로 국어의 중요한 특질 중의 하나이다.
③ 양성 모음: ㅏ, ㅑ, ㅗ, ㅛ(ㅐ, ㅒ, ㅚ, ㅘ)
  음성 모음: ㅓ, ㅕ, ㅜ, ㅠ, ㅡ(ㅔ, ㅖ, ㅟ, ㅝ, ㅢ)
  중성 모음: ㅣ(현대 국어에서는 거의 음성 모음으로 쓰임)
④ 15세기에는 엄격했으나, 임진왜란 전후 혼란해지다가 'ㆍ'(아래아)의 소멸로 파괴된다.
⑤ 현대 국어에서는 다음과 같은 경우에 지켜진다.
  ㉠ 용언의 어간+보조적 연결 어미(아/어) 예 잡+아, 먹+어
  ㉡ 과거 시제 선어말 어미(았/었) 예 보+았+다, 죽+었+다
  ㉢ 의성 부사와 의태 부사에서 뚜렷이 나타난다. 예 졸졸, 살랑살랑
  ㉣ 명령형 어미(아라/어라) 예 막+아라, 먹+어라
⑥ 다음과 같은 단어는 모음 조화가 파괴된 표기를 표준어로 삼는다.
  ㉠ 깡충깡충(깡총깡총×), 오뚝이(오똑이×), 소꿉질(소꼽질×)
  ㉡ 어간의 끝 'ㅂ'이 'ㅗ/ㅜ'로 바뀌어 '와/워'로 될 적에는 모음 조화의 적용 을 받지 않고 모두 '-워'로 표기한다. 다만 '고와/도와'만 '와'로 표기한다.
    예 괴로워(괴로와×), 고마워(고마와×), 가까워(가까와×), 외로워(외로와×)

기출 따라잡기

28. 밑줄 그은 부분과 같은 형태로 적합하지 않은 것은?
2006. 국가직 9급

국어에서 음절의 끝소리로 발음 될 수 있는 자음은 ㄱ, ㄴ, ㄷ, ㄹ, ㅁ, ㅂ, ㅇ 일곱 소리뿐이다. 따라서 음절 끝에 일곱 소리 이외의 자음이 오면, 이 일곱 자음 중의 하나로 바 꾸어 발음한다. 이러한 음운 교체 현상을 음절 끝소리 규칙이라 한다. 가령 우리나라 사람들에게 낟, 낫, 낮, 낯, 낱과 같은 단어들을 읽어보 라고 하면 다 똑같이 [낟]이라고 발 음한다. 꽃 위[꼬뒤]처럼 받침 뒤에 <u>모음으로 시작하는 실질형태소가 오면 위 규칙을 따른다.</u> 그러나 다 시 이 단어들 뒤에 모음으로 시작하 는 형식형태소가 오면 낫으로[나스 로]와 같이 앞 단어의 받침에 있던 소리들을 살려낸다.

① 무릎이[무르피]
② 늪 앞[느밥]
③ 흙 위[흐귀]
④ 몇 월[며뒬]

29. 다음의 음운 규칙이 모두 나타나 는 것은?
2015. 사회복지직 9급

• 음절의 끝소리 규칙: 우리말의 음 절의 끝에서는 7개의 자음만이 발 음됨.
• 비음화: 끝소리가 파열음인 음절 뒤에 첫소리가 비음인 음절이 연 결될 때, 앞 음절의 파열음이 비 음으로 바뀌는 현상.

① 덮개[덥깨]
② 문고리[문꼬리]
③ 꽃망울[꼰망울]
④ 광한루[광할루]

30. 음운 변동의 원인을 ㉠과 ㉡으로 구분할 때, 변동의 원인이 이질적인 하나는?
2014. 기상직 9급

> 음운 변동이 일어나는 원인으로는 발음을 좀 더 쉽게 하려는 ㉠경제성의 원리에 의한 것과 표현 강화를 위한 ㉡표현 효과의 원리에 의한 것이 있다. 전자에는 음절의 끝소리 규칙, 음운의 동화, 음운의 축약과 탈락이 있고, 후자에는 된소리되기와 사잇소리 현상 등이 있다.

① 맏누이　　② 굳히다
③ 잡히다　　④ 집비둘기

31. 국어의 주요한 음운 변동을 다음과 같이 유형화할 때, '부엌일'에 일어나는 음운 변동 유형으로 옳은 것은?
2019. 국가직 9급

	변동 전		변동 후
㉠	XaY	→	XbY(교체)
㉡	XY	→	XaY(첨가)
㉢	XabY	→	XcY(축약)
㉣	XaY	→	XY(탈락)

① ㉠, ㉡　　② ㉠, ㉣
③ ㉡, ㉢　　④ ㉡, ㉣

4) 된소리되기(표준발음법 제23항 ~ 제28항)

예사소리가 일정한 조건 아래에서 된소리가 되는 현상이다.

① 안울림소리＋안울림소리: 앞 음절의 끝소리 'ㄱ, ㄷ, ㅂ'에 연결되는 뒤 음절의 'ㄱ, ㄷ, ㅂ, ㅅ, ㅈ'은 된소리(ㄲ, ㄸ, ㅃ, ㅆ, ㅉ)로 발음된다.
> **예** 역도[역또], 옷고름[옫꼬름], 입고[입꼬]

② 어간＋어미: 어간 끝소리 'ㄴ(ㄵ), ㅁ(ㄻ)' 뒤에 결합되는 어미의 첫소리 'ㄱ, ㄷ, ㅅ, ㅈ'은 된소리로 발음된다.
> **예** 신고[신:꼬], 껴안다[껴안따], 삼고[삼:꼬], 더듬지[더듬찌]

③ 한자어에서, 'ㄹ' 받침 뒤에 연결되는 'ㄷ, ㅅ, ㅈ'은 된소리로 발음된다.
> **예** 갈등[갈뜽], 일시[일씨], 갈증[갈쯩]

④ 관형사형 '-(으)ㄹ' 뒤에 연결되는 'ㄱ, ㄷ, ㅂ, ㅅ, ㅈ'은 된소리로 발음된다.
> **예** 할 것을[할꺼슬], 갈 데가[갈떼가], 할 바를[할빠를]

5) 사잇소리(한글맞춤법 제30항)

❖ '사잇소리'에 대한 주의 사항

> '사잇소리현상'이라는 원칙은 2014년에 교육과정이 개정되면서 교과 내용에서 삭제되었다. 음운의 변동 개념에는 더 이상 '사잇소리현상'이라는 개념을 사용할 수 없다. 사잇소리로 인해 된소리로 바뀌는 현상은 된소리되기이며 교체 현상이고, 사잇소리로 인해 'ㄴ' 음이 첨가되는 현상은 'ㄴ' 첨가 현상이다. 각각 '된소리되기'와 'ㄴ 첨가 현상'으로 이해하면 될 부분이어서 '사잇소리'를 교재에서 삭제해도 될 일이지만, 한글맞춤법 제30항에서 설명한 사이시옷 표기를 이해하기 위해서는 '사잇소리'에 대한 이해가 필요하다.

① 사잇소리로 인한 '된소리되기'

두 개의 형태소나 단어가 합쳐져서 합성어가 될 때, 앞말의 끝소리가 울림소리이고 뒷말의 첫소리가 안울림 예사소리일 경우에 뒤의 예사소리가 된소리로 변하는 현상을 사잇소리라고 한다. 사잇소리는 수의적 현상으로 울림소리 뒤에서 사잇소리가 일어나지 않는 단어도 있다. 사잇소리와 관련된 규정은 〈표준발음법〉 제28~30항, 〈한글맞춤법〉 제30항의 사이시옷의 표기 규정을 통해 확인할 수 있다. 사이시옷이 대표음인 'ㄷ'으로 발음되는 것을 허용한다.
> **예** 밤+길 ⇨ [밤낄] / 길+가 ⇨ [길까] / 봄+비 ⇨ [봄삐]

> **예** 뱃사공[배싸공 / 밷싸공], 촛불[초뿔 / 촏뿔], 시냇가[시내까 / 시낻까]

② 'ㄴ' 음의 사잇소리 첨가

합성어를 이룰 때, 앞말이 모음으로 끝나고 뒷말이 'ㅁ, ㄴ'으로 시작하면 'ㄴ' 소리가 첨가된다. 또한 앞말의 음운과 관계없이 뒷말이 모음 'ㅣ'나 반모음 'ㅣ(야, 여, 요, 유)'로 시작될 때에는 'ㄴ'이 하나나 둘 첨가된다.
> **예** • 시냇물[시낸물], 잇몸[인몸], 콧날[콘날], 훗날[훈날]
> • 나뭇잎[나문닙], 논일[논닐], 댓잎[댄닙], 아랫니[아랜니]

③ 한자가 모여서 단어를 이룰 때 뒷말의 첫소리가 된소리로 발음된다.
> **예** 個數(개수)[개쑤], 庫間(곳간)[고깐], 貰房(셋방)[세빵], 文法(문법)[문뻡], 物價(물가)[물까], 焦點(초점)[초쩜]

④ 사잇소리는 특정한 환경에서 반드시 일어나지 않아서, 예외가 많은 수의적 현상이다. 다시 말해, 비슷한 조건에서도 어떤 때에는 사잇소리가 발생하기도 하고 어떤 때에는 발생하지 않을 수도 있다. 이러한 현상에 대한 체계적인 설명은 불가능하다. 따라서 사잇소리 현상이 일어나느냐, 그렇지 않느냐에 따라 뜻이 달라지기도 한다.

> 예 • 나무+집>나무집[나무집]: 나무로 만든 집
> 　　나무+집>나뭇집[나무찝]: 나무를 파는 집
> • 고기+배>고기배[고기배]: 고기의 배
> 　　고기+배>고깃배[고기빼]: 고기를 잡는 배
> • 기와집, 잠자리 등

⑤ 사잇소리 현상이 일어나지 않는 고유어가 많다.

> 예 고래기름(고래끼름×), 머리기사(머리끼사×), 인사말(인산말×), 해님(핸님×), 말방울(말빵울×), 오리발(오리빨×), 콩밥(콩빱×)

⑥ 한자어의 경우 사잇소리 현상의 유무가 다양하다.

> 예 간단(簡單)[간딴×], 등기(謄記)[등끼×], 방법(方法)[방뻡×], 창구(窓口)[창꾸×], 고가(古家)[고:가] / 고가(高架)[고가] / 고가(高價)[고까], 관건(關鍵)[관건/관껀], 교과서(敎科書)[교:과서 / 교:꽈서], 효과(效果)[효:과 / 효:꽈]

➕ 플러스　음운의 첨가(사잇소리 현상)

(1) 사이시옷을 적는 경우
사이시옷은 고유어로 된 합성어나 고유어와 한자어로 된 합성어로서 앞말이 모음으로 끝난 경우에 적는다.

(2) 사이시옷을 적지 않는 경우
① 사잇소리 현상이 일어나지 않는 단어　예 머리말[머리말], 해님[해님]
② 한자어 사이에서　예 초점(焦點)[초쩜], 개수(個數)[개쑤]
③ 앞 어근이 받침을 가졌을 때　예 밤길[밤낄], 등불[등뿔]
④ 된소리나 거센소리 앞에서　예 위층, 뒤뜰

(3) 예외적으로 다음 6개 단어는 한자어이지만 사이시옷을 표기한다.
➡ 곳간(庫間), 찻간(車間), 툇간(退間), 횟수(回數), 숫자(數字), 셋방(貰房)

(4) 사잇소리 현상의 불규칙성
사잇소리 현상은 특정한 환경에서 반드시 일어나는 현상이 아니라, 예외가 많은 수의적 현상이다. 다시 말해, 비슷한 조건에서도 어떤 때에는 사잇소리 현상이 발생하고 어떤 때에는 발생하지 않을 수도 있다는 것이다. 이러한 현상에 대한 체계적인 설명은 불가능하다.

> 예 • 콩밥[콩밥], 인사말[인사말], 머리말[머리말], 기와집[기와집], 오리발[오리발], 효과[효:과], 교과서[교:과서], 농사일[농사일], 열병[열병], 등기(謄記)[등기], 간단[간단], 체증[체증], 유리잔[유리잔], 유리병[유리병]
> • 김밥[김:밥/김:빱], 불법(不法)[불법/불뻡], 관건(關鍵)[관건/관껀]

6) 구개음화

① 끝소리 'ㄷ, ㅌ'이 'ㅣ'나 반모음 'ㅣ'로 시작되는 형식 형태소를 만나서 구개음 'ㅈ, ㅊ'으로 발음되는 현상이다.

> 예 굳이 ➡ [구지] / 해돋이 ➡ [해도지] / 붙이다 ➡ [부치다]

② 'ㄷ'이 형태소 '히'를 만나면 'ㄷ'과 'ㅎ'이 축약되어 'ㅌ'으로 변동된 뒤에 구개음화 된다.　예 굳히다 [구티다 ➡ 구치다]

➕ 플러스　주의해야 할 사이시옷 표기

(1) '해님'에서 '-님'은 접미사이므로 사이시옷을 표기하지 않는다.
(2) '전세방(傳貰房)', '마구간(馬廏間)', '기차간(汽車間)', '제사상(祭祀床)', '우유병(牛乳瓶)', '화병(火病)'은 한자어이기 때문에 사이시옷을 표기하지 않는다.
(3) '사글셋방'에서 '사글'은 우리말화되었다. '셋방'은 사이시옷을 표기하는 6개의 한자어 중 하나이다.
(4) '뒷간', '방앗간', '푸줏간'은 접미사가 붙었지만 사이시옷을 표기한 단어가 표준어이다.
(5) 'ㄱ, ㄷ, ㅂ, ㅅ, ㅈ'으로 시작하는 단어 앞에 사이시옷이 올 때는 사이시옷을 [ㄷ]으로 발음하는 것도 허용한다. (표준발음법 제30항)
> 예 냇가 [내:까 / 낻:까], 햇살 [해쌀 / 핻쌀], 촛불 [초뿔 / 촏뿔]

기출 | 따라잡기

32. 단어의 표준 발음으로 가장 옳지 않은 것은?　2024. 서울시 9급

① 장대비 [장대삐 / 장댇삐]
② 장맛비 [장마삐 / 장맏삐]
③ 안간힘 [안깐힘 / 안간힘]
④ 효과 [효:과 / 효:꽈]

33. 다음에서 설명하고 있는 음운 변동의 예로 적절하지 않은 것은?

2014. 사회복지직 9급

음운 변동은 그 결과에 따라 한 음운이 다른 음운으로 바뀌는 교체(交替), 원래 있던 음운이 없어지는 탈락(脫落), 없던 음운이 추가되는 첨가(添加), 두 개의 음운이 합쳐져서 하나로 되는 축약(縮約) 등으로 분류할 수 있다.

① 교체 – 부엌[부억]
② 탈락 – 굳이[구지]
③ 첨가 – 솜이불[솜니불]
④ 축약 – 법학[버팍]

③ 한 형태소 안에서는 이런 현상이 일어나지 않는다.

> 예 잔디[잔지(×)], 느티나무[느치나무(×)]
>
> ※ 중세어에서는 한 형태소 안에서도 일어났다.
>
> 예 디다 > 지다, 둏다 > 죻다 > 좋다, 뎌 > 져 > 저

④ 합성어의 '어근＋어근'에는 구개음화가 일어나지 않는다.

> 예 밭이랑[바치랑(×)] ⇨ [반니랑]

7) 모음 동화

① 'ㅣ' 모음 역행 동화: 'ㅣ'모음의 앞뒤의 모음이 'ㅣ' 모음을 닮아 'ㅣ' 모음과 비슷한 전설모음으로 변하는 현상이다. 즉, 'ㅏ, ㅓ, ㅗ, ㅜ' 모음이 앞뒤 음절에 전설 모음 'ㅣ'가 오면 이에 끌려서 전설 모음 'ㅐ, ㅔ, ㅚ, ㅟ'로 변한다.

② 모음 동화 현상은 일어나지만, 동화된 결과를 표준어로 인정하지 않고 표준 발음으로도 인정하지 않는다.

ⓐ 순행 동화: 'ㅣ' 모음이 앞에 와서 뒤의 모음에 영향을 주는 경우

> 예 기어[기여], 먹이었다[머기엳따], 미시오[미시요], 당기시오[당기시요]

ⓑ 역행 동화(Umlaut 현상): 뒤에 있는 'ㅣ' 모음이 앞의 모음에 영향을 주는 경우

> 예 어미[에미] / 고기[괴기] / 가자미[가재미] / 먹이다[멕이다 ⇨ 메기다] /
> 잡히다[잽히다 ⇨ 재피다] / 아기[애기] / 손잡이[손잽이 ⇨ 손재비] /
> 속이다[쇡이다 ⇨ 쇠기다] / 아지랑이[아지랭이]

③ 변하여 아주 굳어진 것들은 표준어로 인정하기도 한다.

> 예 •냄비, 동댕이치다, 서울내기, 시골내기, 풋내기, 신출내기, 골목쟁이, 멋쟁이, (불을)댕기다, 담쟁이덩굴
>
> •삿기 > 새끼 / 자미 > 재미 / 차비 > 채비 / 나리다 > 내리다 / 사기다 > 새기다 / 가난방이 > 가난뱅이 / 올창이 > 올챙이

8) 축약: 두 형태소가 만나 한 음운 또는 한 음절로 되는 현상이다.

① 자음 축약(거센소리 되기): ㅎ＋ㄱ, ㄷ, ㅂ, ㅈ ⇨ ㅋ, ㅌ, ㅍ, ㅊ

> 예 좋고[조코], 좋다[조타], 잡히다[자피다], 낙하[나카], 끊기다[끈키다]

② 모음 축약

> 예 사이 > 새 / 거이 > 게 / 가지어 > 가져 / 하지오 > 하죠 / 보았다 > 봤다 / 나의 > 내 /
> 너의 > 네 / 보이다 > 뵈다 / 오＋아서 > 와서 / 두＋었다 > 뒀다

③ 다만 용언의 활용형에 나타나는 '져, 쪄, 쳐'는 발음할 때 반모음이 탈락하고 장모음화도 일어나지 않아 [저, 쩌, 처]로 발음한다.(〈표준 발음법〉 제5항 참고)

> 예 가지어 ⇨ 가져[가저] / 다치어 ⇨ 다쳐[다처] / 지어라 ⇨ 져라[저라]

9) 탈락: 두 개의 음운이 만날 때 어느 한 음운이 발음되지 않는 현상이다.

① **자음군 단순화:** 음절 끝의 겹받침 가운데 하나가 탈락하고 나머지 하나만 발음되는 현상이다. 앞에 있는 자음이 탈락하는 경우도 있고, 뒤에 있는 자음이 탈락하는 경우도 있다.

앞 자음이 탈락	ㄺ, ㄼ, ㄿ → [ㄱ, ㅁ, ㅂ] 예 밝다[박따], 젊다[점:따], 읊다[읍따]
뒤 자음이 탈락	ㄱㅅ, ㄵ, ㄵ, ㄼ, ㄾ, ㅄ → [ㄱ, ㄴ, ㄹ, ㅂ] 예 넋[넉], 앉다[안따], 얇다[얄:따], 곬[골], 핥다[할따], 값[갑]

② **'ㄹ' 탈락**

예 울+ㄴ ⇨ 운 / 둥글+ㄴ ⇨ 둥근 / 날+는 ⇨ 나는 / 불+나비 ⇨ 부나비 / 바늘+질 ⇨ 바느질 / 솔+나무 ⇨ 소나무

③ **'ㅎ' 탈락**

예 낳+은[나은], 쌓이다[싸이다], 끓이다[끄리다], 넣어서[너어서]

④ **동음 생략:** 같은 음절이나 음운이 맞설 때 하나를 생략한다.

예 간난(艱難) ⇨ 가난 / 목과(木瓜) ⇨ 모과 / 종용(從容) ⇨ 조용 / 출렴(出斂) ⇨ 추렴 / 밥보 ⇨ 바보 / 움물 ⇨ 우물 / 서었다 ⇨ 섰다 / 가아 ⇨ 가

10) 동화(同化)

① **동화의 방향에 따라**

㉠ **순행 동화:** 앞 음운의 영향을 받아 뒤의 음운이 변하는 동화

예 칼날[칼랄], 믈 > 물(원순 모음화), 넌즈시 > 넌지시(전설 모음화)

㉡ **역행 동화:** 뒤 음운의 영향을 받아 앞 음운이 변하는 동화

예 신라[실라], 굳이[구지], 디다 > 지다(구개음화)

㉢ **상호 동화:** 두 음운이 다 변하는 동화

예 섭리[섬니], 독립[동닙]

② **동화의 정도에 따라**

㉠ **완전 동화:** 동화 결과 두 음운이 같게 되는 동화(서로 같은 음운)

예 천리[철리], 신라[실라], 믿는[민는]

㉡ **불완전 동화:** 동화 결과 두 음운이 비슷하게 닮는 동화(서로 다른 음운)

예 먹는[멍는], 믈 > 물(원순 모음화), 즛 > 짓(전설 모음화), 굳이[구지](구개음화)

➕ 플러스 연음은 음운 변동이라고 하지 않는다.

음절 말의 자음이 뒤에 모음으로 시작하는 음절의 첫소리로 옮겨 발음되는 것을 '연음(連音)'이라고 한다. '꽃이'를 [꼬치]로 발음하고 '닭을'을 [달글]로 발음하는 것이 이에 해당된다. 여기서 'ㅇ'은 음가가 없기 때문에 '자음+모음'으로 구성된 음절에서 앞의 자음이 뒤의 모음으로 이어 발음하는 것은 소리의 단위인 음운의 차원에서 볼 때 특별한 변동 현상이 일어나는 것은 아니다. 따라서 이런 이유로 연음이 일어나는 것에 대해 연음 규칙이나 변동 또는 법칙이라는 표현을 사용하지 않는다.

기출 따라잡기

34. 음운 변동 가운데 음운의 교체가 일어나지 않는 것은? 2024. 서울시 9급

① '낮이' [낟]으로 발음될 때
② '줍다'가 [줍따]로 발음될 때
③ '많다'가 [만:타]로 발음될 때
④ '나뭇잎'이 [나문닙]으로 발음될 때

35. 다음 중 국어의 음운 현상에 대한 설명으로 가장 적절하지 않은 것은? 2017. 경찰직(1차) 9급

① 탈락: 자음군 단순화는 겹받침을 가진 형태소 뒤에 모음으로 시작하는 문법 형태소가 결합할 때 일어나는 현상이다.
② 첨가: 'ㄴ' 첨가는 자음으로 끝나는 말 뒤에 'ㅣ'나 반모음 'ㅣ[j]'로 시작하는 말이 결합할 때 'ㄴ'이 새로 덧붙는 현상이다.
③ 축약: 유기음화는 'ㅎ'과 'ㄱ, ㄷ, ㅂ, ㅈ' 중 하나가 만날 때 이 두 자음이 하나의 음으로 실현되는 현상이다.
④ 교체(대치): 유음화는 'ㄴ'이 앞이나 뒤에 오는 'ㄹ'의 영향을 받아 'ㄹ'로 동화되는 현상이다.

1 문법 단위

음운 < 음절 < 형태소 < 단어 < 어절 < 구 < 절 < 문장 < 이야기(담화)

기출 │ 따라잡기

36. 의존 형태소이면서 실질 형태소인 것만으로 묶인 것은?

2012. 국가직 9급

영희는 책을 집에 놓고 학교에 갔다.

① 놓-, 가-
② -고, -ㅆ-
③ 영희, 책, 집
④ -는, -을, -에

(1) 형태소

'뜻(의미)'을 가진 가장 작은 말의 단위로 여기서 '의미'는 실질적인 의미뿐만 아니라 형식적(문법적) 의미까지 포함한다. [= 최소 유의적(最小有意的) 단위]

① 자립성 유무에 따른 갈래

㉠ 자립 형태소: 다른 형태소와 결합하지 않고 자립하여 쓰일 수 있는 형태소로 체언, 수식언, 감탄사 등이 속한다.

㉡ 의존 형태소: 자립할 수 없고, 다른 형태소에 의존하는 형태소로 조사, 용언의 어간, 어미, 접사 등이 이에 해당한다.

② 의미의 기능 여부에 따른 갈래

㉠ 실질 형태소: 구체적인 대상이나 동작, 상태 같은 실질적 의미를 나타내는 형태소
⇨ 체언, 수식언, 감탄사, 용언의 어간

㉡ 형식 형태소: 말과 말 사이의 문법적 관계를 표시해 주는 형태소 ⇨ 조사, 어미, 접사

> 실질 형태소이며, 의존 형태소 ⇨ 용언의 어근(어간)

㉢ 형태소 분석의 실제

예문	철수	가	이야기	책	을	읽-	-었-	-다
의미상	실질	형식	실질	실질	형식	실질	형식	형식
자립성	자립	의존	자립	자립	의존	의존	의존	의존

(2) 단어

① 자립하거나 자립 형태소에 붙어 쉽게 분리되는 말, 즉 최소 자립어이다. ['자립성'의 최소 단위]

② 명사, 대명사, 수사, 조사, 동사, 형용사, 관형사, 부사, 감탄사의 9품사로 분류되며 단어는 곧 품사의 단위이다.

③ 조사는 자립성은 없으나 자립 형태소에 붙어 쉽게 분리되기 때문에 분리성에 의해 단어로 인정한다.

④ 의존 명사와 보조 용언은 자립성이 결여되어 있으나 일반적인 자립 형태소가 나타나는 환경에서 나타나고, 의미도 완전히 문법적이 아니어서 준자립어라 하여 단어에 포함시킨다.

⑤ 복합어(파생어, 합성어)도 하나의 단어이다.

⑥ 숫자를 우리말로 적을 때에는 만 단위로 띄어 쓰나, 하나의 단어로 취급한다.

⑦ 단어의 **자립성**: 단어 중에서 자립성이 가장 강한 것은 감탄사이다. 다음으로는 체언, 용언, 그 다음으로는 부사와 관형사이다. 관형사까지는 자립어이고, 조사는 의존어이다.

⑧ 단어 분석의 실제

문장	철수가 이야기책을 읽었다.							
어절	철수가		이야기책을			읽었다		
단어	철수	가	이야기책		을	읽었다		
형태소	철수	가	이야기	책	을	읽	었	다
	실질	형식	실질	실질	형식	실질	형식	형식
	자립	의존	자립	자립	의존	의존	의존	의존

➕ **플러스** 이형태

어떤 형태소가 일정한 환경에서 그 형태를 달리할 때, 이들 형태를 동일 형태소에 속하는 이형태(또는 변이 형태)라고 한다.

예를 들어, 목적격 조사 '을/를'은 앞말에 받침이 있을 때 '을', 받침이 없을 때에는 '를'을 쓰지만 다른 차이는 없다. 이때 '을'과 '를'을 이형태라고 한다.

(1) 음운론적 이형태: 음운적 조건에 의한 이형태

① 주격 조사 '이'는 자음 뒤에서 쓰이고, '가'는 모음 뒤에서 쓰인다. **예** 사람<u>이</u> – 영수<u>가</u>

② 과거 시제 선어말 어미는 모음 조화 현상에 의해 양성 모음 뒤에는 '았'이 쓰이고, 음성 모음 뒤에는 '었'이 쓰인다. **예** 막았다 – 먹었다.

(2) 형태론적 이형태: 형태론적 조건에 의한 이형태

하나의 형태소가 다른 형태론적 환경에서 다른 모습을 띠는 것이다. 예컨대, '먹었다'에 쓰인 '–었–'과 '하였다'에 쓰인 '–였–'은 똑같이 과거 시제를 나타내고 있지만, 그 형태는 서로 다르다.

➕ **플러스** 자립성의 정도

감탄사 > 체언 > 용언 > 부사 > 관형사 > 조사

기출 **따라잡기**

37. 〈보기〉의 문장을 형태소로 분석할 때 전체 형태소는 몇 개인가?

2015. 경찰직(2차) 9급

보기

떡볶이를 팔 사람은 어서 가.

① 8개

② 9개

③ 10개

④ 11개

단어는 하나의 실질 형태소로 이루어진 ㉠단일어와 두 개 이상의 형태소가 결합하여 만들어진 복합어로 나눌 수 있다. 복합어는 다시 실질 형태소에 접사가 붙어서 만들어진 ㉡파생어와 둘 이상의 실질 형태소가 결합하여 만들어진 ㉢합성어로 나눌 수 있다. (이하 생략)

	㉠	㉡	㉢
①	아버지	값어치	덮밥
②	바가지	값어치	마중
③	아버지	곧잘	마중
④	바가지	곧잘	덮밥

➕플러스 | 접사와 어미

(1) '어근'과 '접사'는 의미의 중심 여부에 따른 분류이고, '어간'과 '어미'는 활용 여부에 따른 분류이다.

(2) '어근'과 '접사'는 단어를 만드는 요소로 작용하고, '어간'과 '어미'는 용언을 활용할 때 사용하는 개념이다.

---

2 단어의 형성

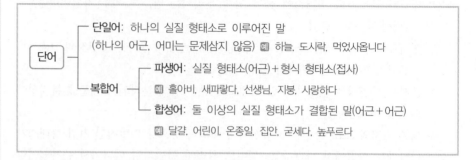

(1) **파생법에 의한 단어의 형성(파생어)**

1) **어근과 접사**

① **어근(語根)**: 실질적 의미를 나타내는 중심이 되는 부분

  ㉠ 자립성 유무에 따라

   ㉮ 자립 형태소 어근 예 날+고기, 잎+사귀

   ㉯ 의존 형태소 어근 예 덮개, 둥글+었+다

  ㉡ 품사 구분 여부에 따라

   ㉮ 규칙적 어근: 품사가 분명한 어근 예 집+웅, 덧+버선

   ㉯ 불규칙적 어근: 품사가 불분명한 어근 예 아름답다, 넉넉하다

② **접사(接辭)**: 어근에 붙어 그 뜻을 제한하거나, 어근의 품사를 바꿔주는 형식 형태소

  ㉠ 위치에 따라

   ㉮ 접두사: 어근의 앞에 붙는 것 예 맨손, 풋사랑

   ㉯ 접미사: 어근의 뒤에 붙는 것 예 마개(막+애), 마음씨

  ㉡ 기능에 따라

   ㉮ 한정적(限定的) 접사: 품사는 그대로 두고 어근의 뜻만 제한하는 것

     예 개살구, 선생님

   ㉯ 지배적(支配的) 접사: 품사를 바꾸는 접사

     예 놀이(동 ⇨ 명), 사람답다(명 ⇨ 형)

➕플러스 | 지배적 접미사와 품사를 바꾸는 접두사

일반적으로 접두사는 어근에 뜻을 더해주는 의미적 기능만을 한다고 알려져 있다. 그러나 접미사 중에서 지배적 접미사(파생접미사)는 어근에 뜻을 더하는 의미적 기능뿐만 아니라 문법적 특성을 바꾸는 기능을 한다고 알려져 있다. 그러나 접두사 중에는 의미적 기능 외에 문법적 특성을 바꾸는 경우가 있다.

예 엄마가 밝게 웃었다. / 영이는 성욱이를 비웃었다.
'웃다'는 자동사이다. 그러나 '비웃다'는 목적어인 '성욱이를'이 필요한 타동사이다. 접두사 '비–'가 어근 '웃다'에 결합하여 문법적 성질을 바꿨다.

그러나 교과서는 접미사만이 문법적 특성을 바꾸는 '지배적' 역할을 한다고 설명하고 있다.

예 날씨가 맑아 빨래가 잘 마른다. / 논바닥이 메말라 쩍쩍 갈라진다.
'물기가 다 날아가서 없어지다.'의 뜻인 '마르다'는 동사이다. 그러나 접두사 '메–'가 붙어 '땅이 물기가 없고 기름지지 아니하다.'의 뜻인 '메마르다'는 형용사이다. 접두사가 붙어 단어의 품사가 바뀐 경우이다.

2) 접두사에 의한 단어의 파생

① 뒤에 오는 어근의 의미를 제한할 뿐이고 품사를 바꾸지 못한다.

② 관형사성 접두사: 명사 앞에 붙는 것

접사	의미	예
개-	함부로 되어 변변치 못함.	개떡, 개살구, 개나리, 개머루
	이치에 맞지 않거나 더러움.	개소리(터무니 없는 소리), 개꿈, 개죽음
군-	쓸데없는	군소리, 군것질, 군일
	가외로 더한, 덧붙은	군사람, 군식구, 군입, 군살, 군불
날-	아직 익지 않은, 생것	날고기, 날계란, 날것, 날고구마
숫-	더럽혀지지 않아 깨끗한	숫처녀, 숫음식
풋-	덜 익음, 미숙한	풋사랑, 풋사과
햇-	당해에 난, 얼마 되지 않은	햇곡식, 햇과일, 햇밤, 햇비둘기
홀-	짝이 없는	홀아비, 홀몸
홑-	한 겹으로 된, 하나인, 혼자인	홑이불, 홑옷, 홑몸

③ 부사성 접두사: 용언 앞에 붙는 것

접사	의미	예
들-	무리하게 힘을 들여, 몹시, 함부로	들끓다, 들쑤시다, 들볶다
	야생으로 자라는	들벌, 들오리, 들국화
새-/시-	빛깔의 짙고 산뜻함.	새하얗다, 시뻘겋다
설-	충분하지 못함.	설익다, 설삶다
짓-	함부로, 흠씬, 마구	짓누르다, 짓밟다
처-	함부로, 심히, 많이	처넣다, 처매다, 처먹다

➕ 플러스 접두사 구별하기

(1) 관형사, 부사는 거의 모든 피수식어와 연결될 수 있으나 접두사는 몇몇 어근에만 결합한다.

  예 • 새 옷, 새 집, 새 연필 ⇨ 관형사
     • 맨 옷(×), 맨 집(×), 맨 연필(×), 맨손(○) ⇨ 접두사

(2) 형태가 같아도 접두사인 경우와 접두사가 아닌 경우들이 있다. 이때 접두사를 구별하기 위해 '접사적 의미로 단어의 의미를 한정하고 있는지의 여부'와 '띄어쓰기' 같은 기준을 적용하면 된다.

	접사인 경우	접사가 아닌 경우
날-	날계란, 날고기	날짐승
맨-	맨주먹, 맨바닥	맨 처음
군-	군식구, 군입	군만두, 군밤

기출 따라잡기

39. 밑줄 친 접두사가 한자에서 온 말이 아닌 것은?   2017. 국가직 9급

① 강염기
② 강타자
③ 강기침
④ 강행군

40. 단어의 형성 방식이 나머지와 다른 하나는?   2005. 중앙소방직

① 개고기
② 개살구
③ 개떡
④ 개죽음

기출 따라잡기

41. 단어의 구조가 다른 것은?   2020. 군무원 9급

① 도시락
② 선생님
③ 날고기
④ 밤나무

(3) 접두사와 어근의 구별

	접두사	어근
개-	개꿈, 개떡	개고기
들-	들국화, 들꽃	들판
불-	불개미, 불호령	불고기, 불장난

(4) 접두사 '늦-'

〈표준국어대사전〉에서는 '늦-'을 '늦은, 늦게'의 뜻인 접두사로 처리하고 있다. 그러나 교과서와 문제에서는 '늦잠'(2015년 경찰직, 2015년 기상직), '늦더위'(2015년 개정 '언어와 매체' 미래엔 교과서) 등을 합성어로 처리하였다. '늦-'과 '설-'이 들어간 단어는 합성어로 보는 관점과 파생어로 보는 관점으로 모두 출제될 수 있으나, 이 때문에 문항의 오류가 발생하도록 문제를 내지는 않았다. 답안이 하나가 나오는 조합으로 해석해서 문제를 해결하면 된다.

기출 | 따라잡기

42. 파생어로만 묶인 것은?
2019. 국회직 8급

① 강추위, 날강도, 온갖, 짓누르다
② 공부하다, 기대치, 되풀다, 들이닥치다
③ 게을러빠지다, 끝내, 참꽃, 한겨울
④ 들개, 어느덧, 움직이다, 한낮
⑤ 들쑤시다, 마음껏, 불호령, 여남은

43. 파생어로만 묶인 것은?
2024. 국회직 8급

① 잠, 덮개, 굳세다, 덧나다
② 기쁨, 크기, 밀치다, 어린이
③ 멀리, 접칼, 곁눈질, 좁히다
④ 웃음, 밝히다, 어녹다, 여닫이
⑤ 많이, 알짜, 돋보기, 철렁거리다

44. 다음 중 〈보기〉의 설명에 해당되지 않는 단어는? 2015. 서울시 9급

> **보기**
> 접미사는 품사를 바꾸거나 자동사를 타동사로 바꾸는 기능을 한다.

① 보기
② 낯섦
③ 낮추다
④ 꽃답다

3) **접미사에 의한 단어의 파생**

① **어휘적 파생법**: 품사는 바꾸지 않고 뜻을 더해 주는 파생법(한정 접사)

접사	의미	예
-꾼	전문적·습관적으로 하는 사람	사냥꾼, 씨름꾼, 나무꾼, 심부름꾼
-꾸러기	버릇이 많은 것	잠꾸러기, 심술꾸러기
-님	남의 이름이나 호칭 뒤에 붙어 높임.	선생님, 사장님, 별님
-다랗다	정도를 의미하는 형용사에 붙음.	굵다랗다, 높다랗다
-질	노릇과 짓	낚시질, 도둑질

② **통사적 파생법**: 품사를 바꿔 주는 파생법(지배 접사)

접사	용법	예
파생 명사	동사 ⇨ 명사	놀-이, 덮-개(덮+개), 마-개(막+애), 크-기, 지우-개
	형용사 ⇨ 명사	슬프-ㅁ, 넓-이, 높-이
	부사 ⇨ 명사	깜박-이, 덜렁-이
파생 동사	명사 ⇨ 동사	위반-하다, 운동-하다
	형용사 ⇨ 동사	밝-히다, 높-이다, 낮-추다, 늦-추다, 넓-히다
	부사 ⇨ 동사	깜박-이다, 꿈틀-거리다, 출렁-거리다, 더-하다
파생 형용사	명사 ⇨ 형용사	가난-하다, 학생-답다, 슬기-롭다, 자연-스럽다, 신사-답다, 복-스럽다
	부사 ⇨ 형용사	반듯반듯-하다, 울퉁불퉁-하다
	관형사 ⇨ 형용사	새-롭다

파생 부사	동사 ⇨ 부사	너무(넘+우), 마주(맞+우), 차마(참+아), 비로소(비롯+오), 하여–금
	형용사 ⇨ 부사	건강–히, 깨끗–이, 급–히, 높–이, 달리(다르+이), 멀–리, 자주(잦+우), 많–이,
	명사 ⇨ 부사	곳곳–이, 나날–이, 정성–껏, 진실–로, 정말–로, 집집–이, 힘–껏
파생 관형사	명사 ⇨ 관형사	우호–적, 정신–적
	대명사 ⇨ 관형사	그–까짓, 이–까짓

(2) 합성법에 의한 단어의 형성(합성어)

둘 이상의 실질 형태소(어근)의 결합으로 형성된 단어이다.

1) 합성법의 유형

① 통사적 합성법(통사적 합성어)

우리말의 일반적 단어 배열과 같은 유형의 합성으로 현대 국어에서 많은 단어를 만들어 낼 수 있는 생산적인 결합 방식이다.

㉠ 관형사＋명사: 수식어인 관형사는 피수식어 앞에 온다.

　예 새아기, 새해, 온종일, 이승, 첫사랑

㉡ 부사＋용언: 수식어인 부사는 피수식어 앞에 온다.

　예 가로막다, 잘되다, 못하다, 더하다, 바로잡다

㉢ 명사＋명사: 일반적인 단어 결합 방식이다.

　예 길바닥, 꽃게, 눈물, 돌부처, 마소, 손발, 이슬비, 집안, 끝물

㉣ 용언의 관형사형＋명사: 수식어인 관형어가 피수식어 앞에 오되 관형사형 어미는 생략할 수 없다.

　예 구린내, 굳은살, 마른신, 빈주먹, 작은형, 젊은이, 큰집

㉤ 용언의 어간＋보조적 연결 어미＋용언: 두 용언이 결합할 때 어미는 생략할 수 없다.　예 돌아가다, 벗어나다, 알아보다, 찾아보다

㉥ 명사＋(조사생략)＋용언: 명사와 용언이 결합할 때 조사는 생략이 가능하다.

　예 본(을)받다, 손(에)쉽다, 앞(에)서다, 힘(이)들다

② 비통사적 합성법(비통사적 합성어)

우리말의 일반적 단어 배열에 어긋나는 합성법으로 구(句)에서 찾아볼 수 없는 특이한 방식으로 두 어근이 결합된 합성어이다.

㉠ 의성·의태 부사＋명사: 일반적으로 부사는 용언을 한정하는데, 명사를 수식했기 때문에 우리말의 일반적인 단어 배열법에 어긋난다.

　예 척척(서슴지 않고)박사, 부슬(부슬 내리는)비, 소쩍(소쩍 우는)새, 오목(오목 들어간)거울, 비틀(쓰러질 듯)걸음, 촐랑(촐랑 거리는)새, 헐떡(헐떡 거리며 오르는)고개

㉡ 용언의 어간＋(관형사형 어미 생략)＋체언: 용언과 체언이 결합하는 과정에서 어미가 생략되었다. 우리말은 일반적으로 어미 생략이 어렵다.

　예 감(은)발, 꺾(어진)쇠, 날(는)틀, 묵(은)밭, 접(는)칼, 덮(은)밥

기출 따라잡기

45. 통사적 합성어로만 묶인 것은?

2015. 국가직 7급

① 흔들바위, 곶감

② 새언니, 척척박사

③ 길짐승, 높푸르다

④ 어린이, 가져오다

46. 〈보기〉의 ㉠~㉣에 대한 설명으로 적절하지 않은 것은?

2018. 법원직 9급

보기

· 그는 ㉠슬픔에 젖어 말을 잇지 못했다.

· 간호사는 환자의 팔뚝에 붕대를 ㉡휘감았다.

· 그 사이 한 해가 저물고 ㉢새해가 왔다.

· 그의 집은 인근에서 ㉣알부자로 소문난 집이다.

① ㉠은 어근과 접미사의 결합으로 이루어진 파생어로 품사가 형용사에서 명사로 바뀌었다.

② ㉡은 접두사와 어근의 결합으로 만들어진 파생어이다.

③ ㉢은 어근과 어근의 결합인 '관형사＋명사' 형태의 통사적 합성어이다.

④ ㉣은 어근과 어근의 결합인 '명사＋명사' 형태의 통사적 합성어이다.

① '우리나라, 우리글, 우리말'은 '우리 동네, 우리 학교, 우리 집'처럼 구(句)로 보아야 한다.

② 접사와 어근, 어근과 어근이 결합하여 만들어진 단어를 합성어(合成語)라 한다.

③ '앞뒤, 손수건, 춘추(春秋)'와 같이 어근이 대등하게 이루어진 것을 대등 합성어라 한다.

④ '덮밥, 부슬비, 높푸르다'와 같은 합성어를 비통사적 합성어라 한다.

48. 다음 밑줄 친 부분에 해당하는 것은?

2013. 국가직 9급

> 합성어는 형성 방식에 있어서 앞의 어근과 뒤의 어근의 의미상 결합 방식이 어떠하냐에 따라 나눌 수 있다. 예를 들어 '앞뒤'는 두 어근의 결합 방식이 대등하므로 대등 합성어, '돌다리'는 앞 어근이 뒤 어근에 의미상 종속되어 있으므로 종속 합성어, '춘추'는 두 어근과는 완전히 다른 제삼의 의미가 도출되므로 융합 합성어라 할 수 있다.

① 손발
② 논밭
③ 책가방
④ 연세

ⓒ 용언의 어간＋(보조적 연결어미 생략)＋용언: 용언과 용언이 결합할 때 어미가 생략되었다.

예 검(고)붉다, 굳(고)세다, 날(고)뛰다, 높(고)푸르다, 얽(어)매다, 우(고)짖다, 잡(아)쥐다

예제 | 따라잡기

49. 다음 글에서 추론한 내용으로 적절하지 않은 것은?

2025 개편 예시문항

> '밤하늘'은 '밤'과 '하늘'이 결합하여 한 단어를 이루고 있는데, 이처럼 어휘 의미를 띤 요소끼리 결합한 단어를 합성어라고 한다. 합성어는 분류 기준에 따라 여러 방식으로 나눌 수 있다. 합성어의 품사에 따라 합성명사, 합성형용사, 합성부사 등으로 나누기도 하고, 합성의 절차가 국어의 정상적인 단어 배열법을 따르는지의 여부에 따라 통사적 합성어와 비통사적 합성어로 나누기도 하고, 구성 요소 간의 의미 관계에 따라 대등합성어와 종속합성어로 나누기도 한다.
>   합성명사의 예를 보자. '강산'은 명사(강)＋명사(산)로, '젊은이'는 용언의 관형사형(젊은)＋명사(이)로, '덮밥'은 용언 어간(덮)＋명사(밥)로 구성되어 있다. 명사끼리의 결합, 용언의 관형사형과 명사의 결합은 국어 문장 구성에서 흔히 나타나는 어 배열법으로, 이들을 통사적 합성어라고 한다. 반면 용언 어간과 명사의 결합은 국어 문장 구성에 없는 단어 배열법인데 이런 유형은 비통사적 합성어에 속한다. '강산'은 두 성분 관계가 대등한 관계를 이루는 대등합성어인데, '젊은이'나 '덮밥'은 앞 성분이 뒤 성분을 수식하는 종속합성어이다.

① 아버지의 형을 이르는 '큰아버지'는 종속합성어이다.
② '흰머리'는 용언 어간과 명사가 결합한 합성명사이다.
③ '늙은이'는 어휘 의미를 지닌 두 요소가 결합해 이루어진 단어이다.
④ 동사 '먹다'의 어간인 '먹'과 명사 '거리'가 결합한 '먹거리'는 비통사적 합성어이다.

2) 합성과 파생의 혼합

합성어에 다시 접사가 붙은 것은 최종적으로 파생어가 되고, 파생어에 어근이 붙은 것은 전체적으로 합성어가 된다.

① **합성어의 파생**: 합성어에 접두사나 접미사 붙어서 다시 파생되는 단어 형성의 절차가 있다.

ㄱ 통사적 합성어에 접사가 붙어 명사로 파생

> 예 • 피돌기, 해돋이
> • 품갚음, 끝맺이, 몸가짐, 팽이치기, 글짓기, 달맞이, 오줌싸개, 장돌뱅이
> • 아래닿기, 같이가기, 감옥살이
> • 손톱묶음, 앞차기, 가을걷이

ㄴ 비통사적 합성어에 접사가 붙어 명사로 파생

> 예 높낮이, 나들이, 여닫이, 미닫이, 꺾꽂이

ㄷ 반복 합성어에 접사가 붙어 부사로 파생

> 예 다달이, 집집이, 틈틈이, 곳곳이, 샅샅이

② **파생어의 합성**: 파생어에 다시 어근이 결합되어 새로운 합성어가 된다.

> 예 눈웃음, 통조림, 오이지무침

3) 합성어의 의미상 갈래

① **융합 합성어**: 의미의 변화가 일어나는 합성어

> 예 밤낮(늘), 춘추(春秋, 나이), 세월(歲月, 시간), 광음(光陰, 시간), 돌아가다(죽다), 사직(社稷, 국가), 회자(膾炙, 사람들의 입에 널리 오르내림), 넘어가다(속다), 손아래(나이, 지위가 아래인 관계), 산수(山水, 자연), 강호(江湖, 자연)

② **종속 합성어**: 두 단어나 어근이 본래의 의미를 가지되, 앞의 성분이 뒤의 성분을 수식하는 관계인 합성어

> 예 디딤돌, 손등, 꽃반지, 마주서다, 책가방, 돌다리

③ **대등 합성어**: 대등한 의미의 어휘가 나열된 합성어

> 예 마소, 높푸르다, 오가다, 여닫다

④ **반복 합성어(첩어)**: 같은 말 또는 비슷한 말이 반복되어 이루어진 합성어

> 예 집집, 곳곳, 구석구석, 하나하나, 도막도막, 넘실넘실, 울울창창, 방방곡곡

➕ 플러스 | 직접구성요소 분석

어떤 언어 단위를 층위를 두고 분석할 때 일차적으로 분석되어 나오는 성분을 직접구성성분이라고 한다. 직접구성성분을 파악하여 문장이나 단어를 분석하는 것을 직접구성요소 분석이라고 한다. 직접구성성분에 의한 분석은 문장을 단어나 어절로 분석하는 데뿐만 아니라 복합어를 분석하여 합성어와 파생어로 구분하는 데에도 매우 유용하다. 합성어인지 파생어인지를 구별하기 위해서는 단어를 형태소로 분석해야 하는데 단어를 이루는 형태소가 둘 이상일 경우 직접구성성분 분석에 의해 일단 둘로 나누어야 한다.

(1) '코웃음'과 '비웃음'

'코웃음'은 '코', '웃-', '-(으)ㅁ'의 세 개의 형태소가 결합한 것인데, '*코웃-'이 존재하지 않고 '코'와 '웃음'만 존재하며 의미상으로도 '코+웃음'의 분석이 자연스럽다. 따라서 직접구성성분은 '코'와 '웃음'이며 이들이 모두 어휘 의미를 강하게 띠는 요소(실질 형태소)들이므로 합성어에 속한다. '비웃음' 역시 '비-', '웃-', '-(으)ㅁ'의 세 개 형태소가 결합한 것인데, 이 경우는 '비웃-'이 존재하며 의미상으로도 '비웃-'에 파생접미사 '-(으)ㅁ'의 분석이 자연스럽다. 따라서 직접구성성분은 '비웃-'과 '-(으)ㅁ'이며 직접구성성분의 하나가 형식 의미를 가지는 요소이므로 파생어에 속한다.

(2) 직접구성성분의 하나가 '명사+관형격 조사'인 단어

• 예 꿩의밥, 닭의난초, 김의털(식물명)

• 예 닭의똥, 닭의장, 닭의해

위의 예는 직접구성성분이 단어 이상인 것이 포함되어 있기는 하지만, 이것이 접두사나 접미사는 아니므로 굳이 파생어와 합성어로 구분하자면 합성어에 가까운 것으로 생각된다. 단어 형성의 관점에서 보면 구성 요소의 하나가 '명사+관형격조사'인 단어는 매우 많다. 중세국어에서 관형격조사가 모음 뒤에서 'ㅣ'가 쓰일 수 있었던 것, 'ㅅ'이 관형격조사였던 것을 고려하면 '나뭇잎, 바닷가'와 같은 이른바 사이시옷을 가진 단어는 모두 이런 유형에 포함될 수 있다. 단어 형성의 관점에서 조어법을 분류하게 되면 이런 유형들은 합성법이나 파생법이 아닌 '통사 구성의 어휘화' 유형에 포함되게 된다.

(3) 종합적 합성어와 파생어

종합합성어는 직접구성성분의 분석으로는 파생어인지 합성어인지 판단하기 어려운 단어이다.

> 예 '해돋이', '눈가림', '가을걷이'

위의 예들은 직접구성성분이 무엇인지 판단하기 어렵다. 형태상으로는 '해+돋이', '눈+가림', '가을+걷이'로 분석할 수 있을 듯하지만(합성어 관점) '*돋이, *가림, *걷이'가 존재하지 않아 이런 분석을 어렵게 한다. 의미상으로는 '해(가) 돋-+-이', '눈(을) 가리-+-ㅁ', '가을(에) 걷-+-이'로 분석하는 것이 자연스럽다. (파생어 관점) 하지만 '해(가) 돋-', '눈(을) 가리-', '가을(에) 걷-'이 단어가 아니라 구로 볼 수 있어 이런 분석을 어렵게 한다. 위의 예들은 문법가에 따라 합성어로 분석하기도 하고 파생어로 분석하기도 한다.

– 고영근 · 구본관(2008), 〈우리말 문법론〉, 집문당. –

〈표준국어대사전〉에서는 '해-돋이', '눈-가림', '가을-걷이'로 분석하고 있어 합성어로 보기도 한다.

기출 | 따라잡기

50. 다음을 참고할 때, 단어의 종류가 같은 것끼리 짝 지어진 것은?

2024. 국가직 9급

> 어떤 구성을 두 요소로만 쪼개었을 때, 그 두 요소를 직접구성요소라 한다. 직접구성요소가 어근과 어근인 단어는 합성어라 하고 어근과 접사인 단어는 파생어라 한다.

① 지우개 – 새파랗다
② 조각배 – 드높이다
③ 짓밟다 – 저녁노을
④ 풋사과 – 돌아가다

3 품사

품사 분류 기준
품사는 성질이 공통된 것끼리 모아 놓은 단어의 갈래를 말한다.

(1) **형식(형태)**: 단어의 형태가 변하는가(활용), 변하지 않는가에 따라 분류한다.

　예 불변어, 가변어

(2) **기능**: 문장에서 단어의 구실(문장 성분)에 따라 분류한다.

　예 체언, 관계언, 수식언, 용언, 독립언

(3) **의미**: 단어들이 갖고 있는 공통적인 의미에 따라 구분한다.

　예 명사, 대명사, 수사, 관형사, 부사, 감탄사, 조사, 동사, 형용사

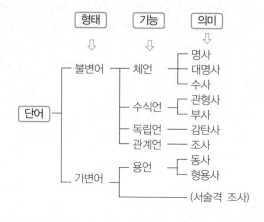

(1) 체언(명사, 대명사, 수사)

① 용언에 대립되는 개념으로, 주로 문장의 주체가 되는 자리에 쓰인다.
② 조사와 결합하여 여러 가지 문장 성분이 되며 이것이 체언의 가장 큰 특징이며 기능이다.
③ 체언은 형태 변화(활용)를 하지 않는다.
④ 단독으로 문장의 주어가 될 수 있다.

1) 명사

① 개념: 사람이나 사물의 명칭을 표시하는 단어
② 성격

　㉠ 단독으로 문장의 주어가 될 수 있다.

　㉡ 조사가 붙어 여러 가지 문장 성분이 된다.

　　예 • 이 연필은 진하다. (주어)

　　　 • 이것은 새 연필이다. (서술어)

　　　 • 어머니가 연필을 사 오셨다. (목적어)

　　　 • 이것은 빨간 연필이 아니다. (보어)

　　　 • 연필의 길이가 짧아 글씨를 쓸 수가 없다. (관형어)

　　　 • 저 새 연필로 써라. (부사어)

　　　 • 연필, 그것은 공부하는 데 꼭 필요한 학용품이다. (독립어)

　㉢ 복수 접미사를 취하여 복수형을 이룰 수 있다.

기출 | 따라잡기

51. 명사의 개수가 가장 많은 것은?

2016. 지방직 9급

① 타율에 관한 한 독보적인 기록도 깨졌다.
② 상자에 이런 것이 깔끔하게 정돈되어 있었다.
③ 친구 외에는 다른 사람에게 항상 못되게 군다.
④ 저 모퉁이에서 얼굴이 하얀 이가 걸어오고 있다.

③ 갈래

기준 분류	종류	뜻	보기
쓰이는 범위	고유 명사	특정한 사람이나 물건에 붙여진 명사	백두산, 한라산, 한강, 충무공, 홍길동
	보통 명사	같은 종류의 사물에 두루 쓰이는 명사	연필, 하늘, 사람
자립성 유무	의존 명사	명사의 성격을 띠고 있으면서도 그 의미가 형식적이어서 다른 말 아래에 기대어 쓰이는 명사	것, 바, 줄, 수, 이, 터, 데, 뿐, 지, 따름, 대로, 만큼
	자립 명사	다른 말의 도움을 받지 않아도 쓰일 수 있는 명사	지구, 교무실, 지하철, 책상
활동성	유정 명사	사람이나 동물을 가리키는 명사	사람, 소, 호랑이
	무정 명사	식물이나 무생물을 가리키는 명사	전화, 꽃, 밤나무

㉠ '서울'은 도시의 명칭이면 고유 명사이고, '수도'라는 의미이면 보통 명사이다.

예 한국의 <u>서울</u>은 <u>서울</u>이다.
　　　 보통 명사　 고유 명사

㉡ 의존 명사는 홀로 쓸 수 없고 반드시 관형어를 요구한다.

예 나는 <u>만큼</u>만 대가를 얻었다.(×) → 나는 <u>노력한 만큼</u>만 대가를 얻었다.(○)
　 '만큼'은 의존 명사이므로 그 앞에 관형어('노력한')가 와야 한다.

㉢ 의존 명사: 단어로 인정되지만 자립성이 없어 관형어의 꾸밈을 받는다. 관형어의 수식을 받고, 조사와 결합이 가능하기 때문에 자립성이 없지만 자립 형태소인 명사로 분류한다.

　㉮ 보편성 의존 명사: 모든 성분으로 두루 쓰이는 것
　　예 • 저 <u>분</u>은 선생님이다.
　　　 • 내가 아는 <u>바</u>는 없다.
　　　 • 가야 할 <u>데</u>부터 정하다.
　　　 • 먹을 <u>것</u>이 없다.

　㉯ 주어성 의존 명사: 주격 조사와 결합하여 주로 주어로 쓰이는 것
　　예 • 여기에 온 <u>지</u>가 일년이 되었다.
　　　 • 그 일을 할 <u>수</u>가 없다.
　　　 • 그럴 <u>리</u>가 있겠느냐?
　　　 • 말할 <u>나위</u>도 없이 가을 산은 아름답다.

　㉰ 서술성 의존 명사: 주로 서술어로 쓰이는 것
　　예 • 오로지 최선을 다할 <u>따름</u>이다.
　　　 • 단지 밖에 나갔을 <u>뿐</u>이다.

기출 따라잡기

52. 밑줄 친 단어 중 명사를 모두 고른 것은?
2014. 지방직 9급

• 십 년 만에 그 친구를 <u>만남</u>으로써 갈등이 다소 해결되었다.
• 가능한 <u>한</u> 깨끗하게 청소하여라.
• 그녀는 웃을 <u>뿐</u> 말이 없었다.
• 나를 <u>보기</u> 위해 왔니?

① 만남, 한, 뿐
② 한, 뿐
③ 한, 뿐, 보기
④ 만남, 보기

PART 01

㉣ 부사성 의존 명사: 주로 부사어로 쓰이는 것

예
- 하고 싶은 <u>대로</u> 해라.
- 나도 지칠 <u>만큼</u> 지쳤다.
- 학생인 <u>양</u> 행동한다.
- 하는 <u>듯</u> 마는 <u>듯</u>

㉤ 단위성 의존 명사: 앞에 있는 명사의 수량을 단위로 표시하는 것으로 수관형사 아래 쓰임.

예 한 <u>개</u>, 두 <u>분</u>, 열 <u>마리</u>, 서 <u>말</u>, 두 <u>섬</u>, 세 <u>자루</u>, 조기 한 <u>손</u>, 열 <u>그루</u>

기출 | 따라잡기

53. 다음 〈보기〉를 참고하였을 때 ㉠ ~㉢의 예로 적절하지 않은 것은?

2021. 경찰직

보기

㉠ 들1 「의존명사」((명사 뒤에 쓰여)) 두 개 이상의 사물을 나열할 때, 그 열거한 사물 모두를 가리키거나, 그 밖에 같은 종류의 사물이 더 있음을 나타내는 말.

㉡ 들4 「조사」((체언, 부사어, 연결 어미 '-아, -게, -지, -고', 합성 동사의 선행 요소, 문장의 끝 따위의 뒤에 붙어)) 그 문장의 주어가 복수임을 나타내는 보조사.

㉢ -들8 「접사」((셀 수 있는 명사나 대명사 뒤에 붙어)) '복수(複數)'의 뜻을 더하는 접미사.

① 책상 위에 놓인 ㉠공책, 신문, 지갑들을 가방에 넣었다.

② 거기 ㉡앉아서들 이야기하세요.

③ ㉢다들 떠나갔구나.

④ 나는 "㉡어서들 오세요."라고 ㉢그들에게 말했다.

➕ **플러스** | 의존 명사의 판별

(1) '대로, 만큼, 뿐'의 품사 구분
- 의존 명사: 용언 뒤에 오면 띄어 쓰면서 의존 명사가 된다.

예 아는 <u>대로</u>, 먹을 <u>만큼</u>, 갔을 <u>뿐</u>이다.

- 조사: 체언과 결합하면 앞 체언에 붙여 쓰면서 조사가 된다.

예 너<u>대로</u>, 수험생<u>만큼</u>, 나<u>뿐</u>이다.

(2) '지'의 품사 구분
- 의존 명사: 시간의 경과를 나타내면 의존 명사로 띄어 쓴다.

예 그녀가 고향을 떠난 <u>지</u> 10년이 지났다.

- 어미: 불확실한 상황이나, 추측, 궁금함의 경우는 어미로 보고 붙여 쓴다.

예 그가 왔는지 확인해 보<u>아야지</u>. 도대체 커서 무엇이 될<u>지</u> 궁금하다.

(3) '들'의 품사 구분
- 의존 명사: 둘 이상의 사물 뒤에 '들'은 의존 명사로 앞말과 띄어 쓴다.

예 그 산에는 비자나무, 잣나무, 전나무 <u>들</u>이 있다. 소, 말, 돼지 <u>들</u>

- 접미사: 하나의 사물 뒤의 '들'은 복수 접미사로 앞 말에 붙여 쓴다.

예 그 산에는 소나무<u>들</u>이 많다. 동물<u>들</u>

(4) 기타
① '만'은 사물을 한정하거나 정도를 나타내는 말이면 조사이므로 붙여 쓰고, 시간의 진행을 나타낼 때에는 의존 명사이므로 띄어 쓴다

예
- 그 곳에는 너<u>만</u> 가거라. (조사)
- 예수는 죽은 후 사흘 <u>만</u>에 부활하였다. (의존 명사)

② '데'는 문장을 연결하는 관계로 보면 어미로 붙여 쓰고, 장소나 경우, 처지 등을 나타내면 의존 명사로 띄어 쓴다.

예
- 머리는 좋은<u>데</u> 몸이 약하다. ('그런데'의 뜻, 어미 활용)
- 노숙자들이 갈 <u>데</u>가 없다. ('곳, 장소'의 뜻)
- 배가 아픈 <u>데</u> 먹는 약이다. ('경우, 처지'의 뜻)
- 사람을 돕는 <u>데</u>에 어디 때가 있겠습니까? ('일, 것'의 뜻)

③ '밖에'는 '안'과 상대되는 '밖'의 의미라면 '밖(명사)+에(조사)'로 분석되지만 '해결할 사람은 그밖에 없다.'의 '그밖에'는 인칭 대명사 '그'에, 조사 '밖에'가 결합된 구성이다. 이 때의 '밖'은 '안'과 상대되는 '밖'의 의미가 아니라, '밖에' 전체가 체언 다음에 쓰여 '오직 ~ 뿐'이라는 의미를 가지는 조사이다. 그러므로 체언에 붙여 써야 한다.

예
- <u>밖에</u> 나가 놀아라. [밖(명사)+에(조사)]
- 그럴 수<u>밖에</u> 없다. [밖에(보조사)]

2) 대명사

① 개념: 사람의 이름, 장소, 사건 등을 대신하여 가리키는 단어

　　예 <u>너</u>는 <u>거기</u>서 <u>무엇</u>을 하느냐.
　　　　(사람) (장소) (사건)

② 성격

　㉠ 조사와 어울려 여러 가지 성분이 된다.

　㉡ 관형사의 수식을 받는 경우가 드물지만 용언의 관형사형은 수식을 받는다.

　　예 헌 그(×), 새 너(×) / <u>그</u> <u>무엇</u>이 좋으냐?
　　　　　　　　　　　　　　(관형사) (대명사)

　㉢ 복수 접미사 '-들, -희, -네'를 취하여 복수형을 이룰 수 있다.

③ 갈래

　㉠ 인칭 대명사

구분		아주 높임	예사 높임	예사 낮춤	아주 낮춤
제1인칭				나, 우리, 여(余)	저, 저희
제2인칭		당신, 어른, 어르신	당신, 임자, 그대	자네, 그대	너, 너희
제3인칭	일반	당신	이분, 그분, 저분	이, 그, 저 (사람)	이, 그, 저 (애, 놈)
	미지칭			누구	
	부정칭	아무	아무	아무, 누구	아무(놈)
	재귀칭	당신	자기	자기, 남	저, 남

　㉡ 지시 대명사

　　㉮ 사물 대명사: 사물을 대신하여 가리키는 단어 예 이것, 무엇, 아무것

　　㉯ 처소 대명사: 처소나 방향을 가리키는 단어 예 거기, 어디, 아무데

④ 대명사의 용법

　㉠ '당신'은 2인칭과 3인칭으로 모두 쓰인다.

　　㉮ 2인칭: <u>당신</u>의 이름은 무엇입니까?

　　㉯ 3인칭: 할아버지께서는 무척 근면하시다. <u>당신</u>께서는 평생을 그렇게 살아오셨다.

　㉡ 재귀 대명사: 앞에 오는 3인칭 주어의 반복을 피할 때 쓰이고, '자기(예사 말), 당신(높임말), 저(낮춤말)' 등이 있다. 또한 '스스로, 자신, 자체' 등의 명사도 재귀적 용법으로 쓰이기도 한다.

　　예 • 철수도 <u>자기</u>(철수)의 잘못은 알고 있다.
　　　 • 할아버지께서는 <u>당신</u>(할아버지)의 건강을 몹시 염려하신다.
　　　 • 중이 <u>제</u>(중) 머리 깎으랴.
　　　 • 사람은 <u>스스로</u>를 알아야 한다.

기출 | 따라잡기

54. 문장의 밑줄 친 부분 중 품사가 다른 것은? 2017. 기상직 9급

① 어머니는 <u>당신</u>께서 기른 채소를 종종 드셨어.

② 벌써 거기까지 갔을 <u>리</u>가 없지 않니?

③ 우리가 다니는 <u>학교</u>는 참 시설이 좋아.

④ 대영아, 조기 한 <u>두름</u>만 사오너라.

55. 밑줄 친 ㉠~㉢에 대한 설명으로 적절하지 않은 것은? 2022. 국가직 9급

1990년생 스페인 청년 보나르도, ㉠<u>그</u>는 어린 나이에 ㉡<u>아무나</u> 조각할 수 없는 훌륭한 작품을 창작하였다. 장애를 지니고 있는 그는 9살 때 처음 조각을 시작했고, 이후 ㉢<u>자기</u>만의 재능을 꽃피웠다. 과연 그의 천재성은 ㉣<u>어디</u>에서 비롯된 것일까?

① ㉠: 3인칭 대명사, 가리키는 대상은 보나르도.

② ㉡: 부정칭 대명사, 가리키는 대상은 특정되지 않음.

③ ㉢: 재귀 대명사, 가리키는 대상은 보나르도.

④ ㉣: 미지칭 대명사, 가리키는 대상은 천재성.

① "제 말씀 좀 들어 보세요."에서의 '말씀'은 '말'을 높여 이르는 단어 이므로 '말'로 바꾸는 것이 바람직 하다.

② "혜정아, 할아버지께서는 생전에 당신의 장서를 진짜 소중히 여기 셨어."에서의 '당신'은 3인칭 '자 기'를 아주 높여 이르는 말이다.

③ 남에게 말할 때는 자기와 관계된 부분을 낮추어 '저희 학과', '저희 학교', '저희 회사', '저희 나라' 등과 같이 표현해야 한다.

④ 요즈음 흔히 들을 수 있는 "그건 만 원이세요.", "품절이십니다."에 서의 '-세요', '-십니다'는 객체 를 높이는 새로운 표현 방식이다.

보기

㉠ 앞말에 특별한 뜻을 더하여 주 는 조사는 보조사이다.
㉡ 상대 높임을 나타낸다.
㉢ 어절이나 문장의 끝에 결합한다.

① 조용히 해 주십시오.
② 인생은 짧고 예술은 길다.
③ 죽은 소와 돼지가 불쌍하지요.
④ 이것은 닭이요, 저것은 돼지입니다.

㉢ 미지칭(未知稱)과 부정칭(否定稱)
  ㉮ 미지칭: 가리키는 사람을 모를 때 쓰는 대명사
    예 누가 다녀갔니?
  ㉯ 부정칭: 특정한 사람을 가리키지 않는 대명사
    예 아무나 그 일을 할 수는 없다. 그 일은 누구라도 할 수 있다.
㉣ 1인칭 복수 대명사 '우리'는 단수적 용법으로 사용하기도 한다.
    예 우리 아버지, 우리 집, 우리 남편, ……

3) 수사

① 개념: 명사의 수량이나 순서를 가리키는 단어
② 성격
  ㉠ 관형사와 형용사의 꾸밈을 받을 수 없다. 예 새(새로운) 하나(×)
  ㉡ 복수 표시를 할 수 없다. 예 셋들(×)
  ㉢ 우리말로 적을 때에는 만 단위로 띄어 쓴다.
    예 123,456 ⇨ 십이만 삼천사백오십육
③ 갈래
  ㉠ 양수사: 수량을 가리키는 단어
    ㉮ 고유어계: 하나, 둘, 셋, 넷, 다섯, 열, 스물, 서른, …….
    ㉯ 한자어계: 일, 이, 삼, 사, 오, 육, 십, 이십, 삼십, …….
  ㉡ 서수사: 순서를 가리키는 수사
    ㉮ 고유어예: 첫째, 둘째, 셋째, 넷째, 서른째, 마흔째, …….
    ㉯ 한자어계: 제일, 제이, 제삼, 제사, 제오, 제육, 제칠, …….
④ 수사의 구별
  ㉠ 수를 나타내는 말에 조사가 붙으면 수사, 조사가 붙지 않으면 관형사이다.
    예 사람 하나가 있다. (수사) / 한 사람, 천 사람 (관형사)
  ㉡ 차례를 나타내는 말이 사람을 지칭하면 명사이다.
    예 첫째는 공무원이고, 둘째는 의사이다.
  ㉢ '하루, 이틀, 연·월·일·요일·시간'은 명사이다.
    예 1997년, 6월 1일, 일요일

(2) 관계언(조사)

1) **개념:** 의존 형태소로서, 자립 형태소에 붙어 그 말과 다른 말과의 문법적 관계를 표시해 주거나 뜻을 더해주는 단어들의 묶음

2) **성격**

① 자립성이 없으나 분리성에 의해 단어로 인정한다.
② 활용하지 않지만 예외적으로 서술격 조사 '이다'는 활용한다. 동사나 형용사 는 단독으로 서술어가 되지만 '이다'는 앞에 오는 체언에 의존한다는 점에서 조사의 성격을 지니면서, 활용한다는 점에서 용언의 속성을 지닌다.

③ 조사는 일반적으로 체언에 붙지만 동사, 형용사, 부사에도 붙을 수 있다. 그러나 관형사, 감탄사와는 결합할 수 없다.

예 • 먹어도 배가 고프다. (먹어 ⇨ 동사)

　• 예쁘지는 않다. (예쁘지 ⇨ 형용사)

　• 너무도 아프다. (너무 ⇨ 부사)

④ 조사는 조사들끼리 결합할 수 있다.

예 • 나에게는 쉽지 않다.

　• 철수까지가 합격이다.

　• 그 책만은 보지 마라.

3) 조사 결합의 제약

의존 명사와 일부의 자립 명사는 격조사와 결합할 때에 제한을 받는 일이 있다.

예 • 떠난 지가 오래다. ('지'는 주격 조사만 취함)

　• 그럴 줄을 몰랐다. ('줄'은 목적격만 취함)

　• 우는 바람에 ('바람'은 부사격만 취함)

　• 불굴의 의지 ('불굴'은 관형격만 취함)

4) 갈래

① **격조사**: 체언으로 하여금 일정한 자격(문법적 관계)을 갖도록 해 주는 조사

㉠ 주격 조사

㉮ 이/가 예 꽃이 피었다. 철수가 오고 있다.

㉯ 께서(높임) 예 할아버지께서 오셨다.

㉰ 에서(단체) 예 우리학교에서 우승을 하였다.

㉱ 이서(사람의 수효를 표시) 예 둘이서 걸었네.

㉡ 서술격 조사: 이다 ⇨ 서술격 조사는 활용한다.

㉢ 보격 조사: 이/가

→ 일반적으로 '이/가'는 주격 조사이지만 '아니다/되다' 앞의 조사 '이/가'는 보격 조사로 쓰인다. 예 나는 바보가 아니다. 그는 공무원이 되었다.

㉣ 목적격 조사: 을/를 예 학생이 공부를 한다.

㉤ 관형격 조사: 의 예 학생의 본분

㉥ 부사격 조사

쓰임		조사	보기
처소	낙착점	에(무정 명사) 에게(유정 명사)	창에 돌을 던지지 마라. 그에게 선물을 주었다.
	출발점	에서, 에게서, 한테서, 로부터	아침에 집에서 출발했다.
	지향점	에, (로), 에게	공부하러 도서관에 갔다.
	소재지	에, 에서	아버지께서는 회사에 계십니다. 학교에서 운동회가 열렸다.
	때	에	여섯 시에 오너라.
도구		(으)로, (으)로써	사랑으로써 어려움을 극복했다.

기출 | 따라잡기

58. 밑줄 친 부분의 문장 성분이 다른 하나는? 2019. 서울시 9급

① 그는 밥도 안 먹고 일만 한다.

② 몸은 아파도 마음만은 날아갈 것 같다.

③ 그는 그녀에게 물만 주었다.

④ 고향의 사투리까지 싫어할 이유는 없었다.

➕ 플러스 '이다'의 품사

(1) 서술격 조사
　예 그는 학생이다.
(2) 동사
　예 머리에 이다. / 지붕을 이다.
(3) 접속 조사
　예 오늘은 예습이다, 복습이다, 바쁘다.
(4) 접미사(동작 또는 상태를 나타내는 일부 어근 뒤에 붙어)
　예 끄덕이다. / 망설이다.

자격	(으)로, (으)로서	철수는 공무원으로서 성실히 일했다.
비교	와/과, 만큼, 처럼, 보다	철수는 영수와 닮았다. 철수도 영수만큼 키가 크다.
함께함	와/과, 하고	철수와 함께 갔다.
원인	에, (으)로	빗소리에 잠이 깨었다.
바뀜(변성)	(으)로	물이 얼음으로 변했다.

기출 | 따라잡기

59. 밑줄 친 조사의 성격이 다른 하나는?
2019. 서울시 7급

① 인생은 과연 뜬구름과 같은 것일까?
② 누구나 영수하고 친하게 지낸다.
③ 고등학교 때 수학과 영어를 무척 좋아했다.
④ 나와 그 친구는 서로 의지하는 사이였다.

➕ 플러스 '동반' 부사격 조사와 접속 조사의 구별

'와/과', '하고', '(이)랑' 등의 동반의 부사격조사가 쓰이는 문장의 서술어는 '만나다, 싸우다, 사랑하다, 친하다, 함께하다, 닮다, …' 등과 같은 이른바 대칭 동사(또는 대칭 형용사)들이다. '과/와', '하고', '(이)랑'이 대칭 동사가 아닌 다른 동사와 쓰이는 경우는 '접속'의 기능을 가지는 것으로 보아 따로 접속 조사로 다룬다. — 고영근·구본관(2008), 〈우리말 문법론〉, 집문당.

(1) '동반'의 부사격 조사
  • 로미오와 줄리엣은 닮았다.(홑문장)
    ⇨ 로미오는 닮았다. / 줄리엣은 닮았다.
  • 줄리엣은 로미오와 함께 죽었다.(홑문장)
(2) 접속 조사
  • 로미오와 줄리엣은 로렌스 신부를 만났다.(겹문장)
    ⇨ 로미오는 로렌스 신부를 만났다.(홑문장) / 줄리엣은 로렌스 신부를 만났다.(홑문장)
(3) '비교'의 부사격 조사
  • 로미오의 생각은 줄리엣의 생각과 달랐다.

ⓢ 호격 조사: 아/야, 여/이시여
  예 호철아, 철수야, 님이여, 하느님이시여

② 접속 조사
  ㉠ 개념: 두 단어를 같은 자격으로 이어주는 기능을 표시하는 조사
  ㉡ 성격: 양쪽의 체언을 대등하게 연결하여 같은 문장 성분이 되게 한다.
  ㉢ 갈래
    ㉮ 문어체: 와/과
    ㉯ 구어체: -하고, (에)다, (이)며, (이)랑, (이)나
      예 아빠{하고, 와, 랑} 내가 만든 꽃밭에 채송화가 피었다.

③ 보조사
  ㉠ 개념: 어떤 특별한 뜻(일정한 의미)을 더해 주는 조사
  ㉡ 성격: 하는 이의 어떤 생각이 전제되어 있을 때 쓴다. 말의 표현을 더 섬세히 하는 데 도움이 되는 조사이다.
  ㉢ 표별 보조사와 협수 보조사
    ㉮ 표별 보조사: 다른 것과 구별된다는 의미를 나타내는 보조사
      예 은/는, (이)나, 만, (이)야말로, 부터, (이)든지, (이)라도, (이)나마, (이)ㄴ들, 밖에, (으)ㄹ랑
    ㉯ 협수 보조사: 다른 것과 유사한 가치를 지녔다는 의미를 나타내는 보조사 예 도, 까지, 마저, 조차, 서껀

기출 | 따라잡기

60. 밑줄 친 것 중 보조사인 것은?
2012. 국가직 9급

① 이 물건은 시장에서 사 왔다.
② 개는 늑대와 비슷하게 생겼다.
③ 그것은 교사로서 할 일이 아니다.
④ 나는 거칠 것 없는 바다의 사나이다.

(3) 용언(동사, 형용사)

① 문장의 주체를 서술하는 기능을 가진 단어들의 묶음으로 동사와 형용사가 있다.

② 어미 활용을 한다.

③ 실질 형태소인 어간과 형식 형태소인 어미로 이루어져 있다.

④ 관형사와 호응하지 않는다. 예 과자는 맛이 새 좋다. (×)

⑤ 시제와 높임법이 있다.

⑥ 용언의 주기능은 서술어가 되는 것이나 관형어나 부사어가 될 수도 있다.

　　예 맑은 물이 흐른다.(관형사형 어미가 붙어 관형어가 된다 ⇨ 품사는 형용사이다)

⑦ 용언은 주어·목적어와 같은 체언의 기능도 가진다.

　　예 "살기가 매우 어려워졌다."에서 '살기'는 동사이지만 주어의 기능을 담당한다.

1) 동사

① 개념: 문장의 주체가 되는 사람의 동작이나 자연의 작용을 표시

② 갈래

　㉠ 형태와 의미에 따라

　　㉮ 동작 동사: 사람의 동작 예 영희를 따라간다.

　　㉯ 작용 동사: 자연물의 움직임 예 강물이 흐른다.

　㉡ 목적어의 필요성 여부

　　㉮ 자동사: 목적어가 필요 없는 동사 예 뛰다. 걷다. 가다. 놀다. 살다

　　㉯ 타동사: 목적어가 필요한 동사 예 잡다. 누르다. 건지다. 태우다

　㉢ 쓰임에 따라: 본동사, 보조 동사

　㉣ 활용의 규칙성에 따라: 규칙동사, 불규칙 동사

　㉤ 어미활용의 결합정도에 따라: 완전동사, 불완전동사

2) 형용사

① 개념: 문장 주체의 성질이나 상태를 표시

② 성격

　㉠ 현재 진행형이 존재하지 않고, 기본형은 현재형이다. 예 예쁘다 ⇨ 예쁜다(×)

　㉡ 명령형이나 청유형으로 활용하지 않는다. 예 예쁘다 ⇨ 예뻐라(×), 예쁘자(×)

➕ 플러스

(1) '-어라/-아라'가 형용사와 결합하면 감탄형 어미이다.

(2) '아름다워라'는 명령형이 아니라 감탄형이다.

③ 갈래

　㉠ 성상 형용사: 성질이나 상태를 나타내는 형용사

　　예 맛이 달다. 배가 고프다. 산이 높다.

　㉡ 지시 형용사: 지시성을 띤 형용사

　　예 그러하다. 이러하다. 어떠하다. 그렇다. 저렇다. 아무렇다

기출 | 따라잡기

61. 밑줄 친 단어의 품사가 나머지와 다른 것은? 2024. 서울시 9급

① 선생님께서는 한동안 집에 머무르셨다.

② 사진으로 젊은 시절의 어머니 모습을 보았다.

③ 음식에는 간을 알맞게 하는 것이 가장 중요하다

④ 오랜 시간 항상 나에게 힘이 되어 주어서 고맙다.

62. 밑줄 친 단어 중 동사만을 모두 고른 것은? 2015. 국가직 7급

> ㄱ. 옥수수는 가만 두어도 잘 큰다.
> ㄴ. 이 규칙을 중시하지 않은 사람은 아무도 없었다.
> ㄷ. 그 연예인도 사람인지라 늙는 것은 어쩔 수 없구나.

① ㄱ, ㄴ　　② ㄱ, ㄷ

③ ㄴ, ㄷ　　④ ㄱ, ㄴ, ㄷ

63. 다음의 ㉠에 해당하는 것은?

2018. 지방교행직 9급

> 국어에는 ㉠자동사와 타동사의 기능을 모두 가지고 있는 동사가 있다. '눈물이 그치다 / 눈물을 그치다'의 '그치다'가 이러한 예이다.

① 뱉다
② 쌓이다
③ 움직이다
④ 읽다

64. 밑줄 친 말의 품사가 같은 것으로만 묶은 것은?

2017. 지방직 9급

> 개나리꽃이 ㉠흐드러지게 핀 교정에서 친구들과 ㉡찍은 사진은, 그때 느꼈던 ㉢설레는 행복감은 물론, 대기 중에 ㉣충만한 봄의 기운, 친구들과의 악의 ㉤없는 농지거리, 벌들의 잉잉거림까지 현장에 있는 것과 다름없이 느끼게 해준다.

① ㉠, ㉢, ㉣
② ㉠, ㉣, ㉤
③ ㉡, ㉢, ㉤
④ ㉢, ㉣, ㉤

활용어가 두 개 이상 이어 있는 경우, 첫째 용언은 모두 본용언으로 본래의 의미를 가지고 서술어로 쓸 수 있다. 그러나 보조 용언은 단독으로 서술어로 쓸 수 없거나, 서술어가 될 수 있어도 본래의 의미를 상실하여 본용언을 도와준다.

예 일이 끝나 가다.
　→ '가다' 의미 ×(보조용언)
　일을 끝내고 가다.
　→ '가다' 의미 ○(본용언)

---

(1) 용언의 현재 시제를 나타내는 '-는다 / -ㄴ다'와의 결합이 가능하면 동사, 결합이 불가능하면 형용사이다.

　예 철수가 밥을 먹는다. 아이가 뛴다. (동사)

　예 삶이 풍요롭다.(○) / 풍요롭는다.(×) (형용사)

(2) 관형사형 어미 '-는'과의 결합이 가능하면 동사, 결합이 불가능하면 형용사이다. 단, '있다'와 '없다'는 예외로 한다.

(3) '-어라'와 같은 명령형 어미, '-자'와 같은 청유형 어미는 동사와만 결합할 수 있으며, 형용사와는 결합할 수 없다.

　예 밖에 나가 놀아라.(○) (동사)

　예 우리는 느리게 걷자.(○) (동사)

　예 내가 없어도 건강해라.(×) (형용사)

　예 이제부터 행복하자.(×) (형용사)

※ '건강하다'는 사물의 상태를 나타내는 형용사이므로 명령형 어미로 쓰인 '-어라'가 결합하는 것은 잘못이다. 따라서 명령형으로 사용하고자 한다면 '건강해라.'가 아닌 '건강하게 지내라.'로 쓰는 것이 맞다.(잘못 사용하기 쉬운 활용의 예이므로 주의)

3) 본용언과 보조 용언

① 본용언: 실질적인 뜻이 담겨 있으며 홀로 서술 기능을 할 수 있다.

② 보조 용언: 본용언에 기대어 그 말의 뜻을 도와주는 용언으로 홀로 서술 기능을 할 수 없다.

③ 보조 동사

종류	형태	보기
부정	아니하다, 못하다, 말다	먹지 아니한다. 하지 못한다. 가지 마라.
사동	하다	그를 가게 한다. 행복하게 한다.
피동	지다, 되다	얼굴이 붉어 진다. 합격하게 되었다.
진행	가다, 오다	잘 되어 간다. 날이 어두워 온다.
종결	버리다, 내다, 나다	떠나 버렸다. 견디어 냈다.
봉사	주다, 드리다	웃어 준다. 알려 드리다.
짐작	보이다	저 그림은 비싸 보인다.
시행	보다	이것을 먹어 보아라.
당위	한다	시험에 반드시 합격해야 한다.
강세	쌓다, 대다	아이가 울어 쌓는다. 마구 던져 댄다.
보유	두다, 놓다, 가지다	받아 두었다. 보고서를 작성해 놓았다.

④ 보조 형용사

종류	형태	보기
희망	싶다	극장에 가고 싶다.
부정	아니하다, 못하다	곱지 못하다.
시인	하다	다소 작기는 하다.
추측	보다	그가 성공했나 보다.

4) 활용

① **개념**: 용언이 일정한 문법적 관계를 표시하기 위하여 그 끝을 여러 형태로 바꾸는 현상

② **어간·어미·기본형**

　㉠ 어간(語幹): 활용할 때 변하지 않는(줄기가 되는) 부분

　㉡ 어미(語尾): 활용할 때 변하는 부분

　　㉮ 어말 어미: 단어의 끝에 오는 어미

　　㉯ 선어말 어미: 어말 어미 앞에 오는 어미로 그 자체만으로는 완성되지 못하고 반드시 어말 어미를 요구한다(높임, 공손, 시제).

　㉢ 기본형: 어간에 어미 '-다'를 붙인 말로 접두사와 접미사는 어간에 포함되기 때문에 기본형은 접사가 포함된 형태를 취한다.

　　예 '짓밟혔다'의 기본형 ⇨ 짓밟히다.

③ **활용형의 갈래**

선어말 어미		㉠ 높임: -(으)시-
		㉡ 공손: -(으)옵/ -(으)오- / -사오- / -삽- / -사옵-, -자오- / -잡- / -자옵-
		㉢ 시제: 과거(-았-/-었-), 현재(-는-/-ㄴ-), 미래(-겠-), 회상(-더-)
어말 어미	종결 어미	평서형, 감탄형, 의문형, 명령형, 청유형
어말 어미	연결 어미	㉠ 대등적 연결어미: -고, -며, -나, -지만
		㉡ 종속적 연결어미: -면, -도록, -러
		㉢ 보조적 연결어미: 본용언과 보조 용언을 연결(아/어, 게, 지, 고)
	전성 어미	㉠ 명사형 어미: -ㅁ, -음, -기
		㉡ 관형사형 어미: -ㄴ, -는, -은, -ㄹ, -를

④ **선어말 어미의 갈래**

　㉠ 높임 선어말 어미: 주체를 높여 주기 위하여 어간과 어말 어미 사이에 들어가는 형태소 예 아버지는 조끼를 입으셨다(입으시었다).

　㉡ 공손 선어말 어미: 말하는 이가 말 듣는 이에게 공손한 뜻을 나타내기 위하여 어간과 어말 사이에 들어가는 형태소

　　예 아버지께서는 만수무강하옵소서.

기출 | 따라잡기

65. 인용 부호 속 문장에 대한 문법적 설명으로 옳지 않은 것은?

2024. 국회직 8급

"동생은 어떤 사람이든지 만나려 한다."

이 문장은 ㉠'만나다'의 주체가 누구냐에 따라 중의적으로 해석된다. 즉, ㉡'동생'이 주체가 되는 경우 '어떤 사람이든지'는 대상으로서 목적어 역할을 하고, 반대로 ㉢'어떤 사람이든지'가 주체가 되는 경우 '동생'은 서술어의 '대상'이 된다. ㉣이 문장에서 '어떤'은 부정칭의 의미를 갖는다. 그리고 ㉤'하다'는 문장의 본동사로 사용되었다.

① ㉠　　② ㉡
③ ㉢　　④ ㉣
⑤ ㉤

66. 밑줄 친 단어의 품사가 다른 것은?

2022. 서울시 1차

① 이야기를 들어 보다.
② 일을 하다가 보면 요령이 생겨서 작업 속도가 빨라진다.
③ 이런 일을 당해 보지 않은 사람은 내 심정을 모른다
④ 식구들이 모두 집에 돌아왔나 보다.

ⓒ 시제 선어말 어미: 어떤 행위가 이루어진 때는 표시하는 선어말 어미로 과거, 현재, 미래를 표시하는 것이 있다.

⑤ **어말 어미의 갈래**

㉠ 종결 어미: 한 문장을 끝맺는 기능을 하는 어미

㉮ 평서형: 어떤 일을 있는 그대로 설명하는 끝맺음

예 철수가 공부를 한다.

㉯ 의문형: 질문을 하거나 의문을 나타내는 끝맺음

예 철수가 공부를 하니?

㉰ 명령형: 상대방에게 어떤 일을 할 것을 명령하는 끝맺음

예 철수야, 공부를 하여라.

㉱ 청유형: 상대방에게 어떤 일을 함께 하기를 요청하는 끝맺음

예 철수야, 공부를 하자.

㉲ 감탄형: 말하는 사람의 느낌이나 놀람을 나타내는 끝맺음

예 철수가 공부를 하는구나!

㉡ 연결 어미: 문장을 끝맺지 않고 다른 낱말이나 다른 문장에 연결하여 주는 기능을 하는 어미

㉮ 대등적 연결 어미: 두 문장을 대등하게 연결하여 주는 어미

• 동류 개념의 연결: -고, -며, -면서
• 반대 개념의 연결: -거나, -든지, -느니, -나, -지만, -락-락, -거니

예 산은 높고 바다는 넓다.

㉯ 종속적 연결 어미: 두 문장을 종속적으로 연결하여 주는 어미

예 봄이 오니까 날씨가 따뜻하다.

㉰ 보조적 연결 어미: 보조 용언을 본용언에 보조적으로 연결하여 주는 어미 예 철수가 공부를 하고 있다.

㉢ 전성 어미: 한 문장의 성질을 임시로 명사나 관형사처럼 바꾸어 주는 기능을 하는 어미

㉮ 명사형: 한 문장의 성질을 임시로 명사처럼 바꾸어 주는 기능을 하는 어미 예 철수는 공부하기를 싫어한다.

㉯ 관형사형: 한 문장의 성질을 임시로 관형사처럼 바꾸어 주는 기능을 하는 어미 예 공부를 하는 영희의 모습이 예쁘다.

㉰ 부사형 어미: 부사절을 만드는 어미 예 꽃이 아름답게 피었다.

⑥ **활용의 성격**

㉠ 형용사와 결합하는 관형사형 어미는 '-은(ㄴ)'이고 동사와 결합하는 관형사형 어미는 '-는'이다. 따라서 형용사 '알맞다'의 활용 형태를 '알맞는'으로 많이 쓰는데, 이는 잘못된 말이다. 형용사인 '알맞다'는 '알맞은 운동, 알맞은 차림새'와 같이 활용해서 써야 하고, 동사인 '맞다'는 '입에 맞는 음식, 맞는 답'과 같이 활용해서 써야 어법에 맞다.

➕ 플러스 전성 어미의 특성

'전성(轉成)'은 기능이나 상태가 바뀌어 다른 것이 된다는 뜻이다. 동사나 형용사의 기능을 하던 단어의 어간에 전성 어미가 붙어 명사, 관형사, 부사의 기능을 하도록 바꿔 주는 것이 전성 어미이다. 그러나 전성 어미가 결합된 단어의 경우 품사는 본래의 것을 그대로 유지한다. 어미는 품사를 바꿀 수 없다. 단어의 품사를 바꾸는 역할은 접미사만 가능하다.
예 '읽다'(동사) / 책 읽기는 즐겁다. (품사는 동사. 명사형 전성 어미 '-기'가 붙어 '읽기는'이 주어의 역할)

ⓛ 용언에 전성 어미가 붙은 경우 품사는 바뀌지 않고 성질만 바뀐다.
- 예 ・ 나 보기가 역겨워
  ⇨ '보기'는 '보다'라는 동사의 어간 '보'에 '기'라는 명사형 어미가 붙은 단어이다. 이때 품사는 동사로서 형태만 명사의 형태를 취하고 있다.
  ・ 예쁜 꽃
  ⇨ '예쁜'도 '예쁘다'라는 형용사의 어간 '예쁘'에 관형사형 어미 'ㄴ'이 붙은 것으로 품사는 형용사로서 형태만 관형사의 형태를 취하고 있다.
ⓒ 작용 동사나 형용사, 서술격 조사는 명령형과 청유형으로 활용할 수 없다.
- 예 흐르다(작용 동사): 흘러라(×), 흐르자(×)
ⓔ 형용사는 '-(으)러', '-(으)려'와 같은 목적이나 의도를 나타내는 연결 어미를 취할 수 없다.
- 예 책을 읽으러 떠났다.(○) 얼굴이 예쁘러 떠났다.(×)

5) 활용의 종류
① 규칙 용언
용언이 활용할 때 어간과 어미의 모습이 바뀌지 않거나, 바뀌어도 국어의 일반적인 음운 규칙으로 설명할 수 있는 용언
ⓐ 'ㄹ' 탈락: 어간이 'ㄹ'로 끝난 용언은 '-ㄴ, -는, -ㄹ, -ㅂ니-, -시-, -오' 앞에서 예외 없이 탈락한다.
- 예 ・살다: 산, 사는, 살, 삽니다, 사시다, 사오
  ・울다: 울+는 > 우는 / 울+오 > 우오 / 울+니 > 우니 / 울+은 > 운
ⓑ '으' 탈락: '으'는 모음 어미를 만날 때 꼭 탈락한다.
- 예 쓰다: 쓰+어 > 써 / 치르다: 치르+어 > 치러 / 끄다: 끄+어 > 꺼
ⓒ 모음 어미가 왔을 때 어간과 어미의 모습이 바뀌지 않는 것은 규칙 용언이다.
- 예 잡다: 잡+아 > 잡아 / 솟다: 솟+아 > 솟아 / 먹다: 먹+어 > 먹어

② 불규칙 용언
용언이 활용할 때 어간과 어미의 모습이 바뀌는 것 중 국어의 일반적인 음운 규칙으로 설명할 수 없는 용언
ⓐ 어간이 바뀌는 불규칙

종류		특성
'ㄷ' 불규칙	바뀜의 양상	어간의 끝소리 'ㄷ'이 모음 앞에서 'ㄹ'로 바뀜. 예 걷다(步): 걷+어 > 걸어
	보기	듣다, 싣다, 붇다, 묻다(問), 일컫다, 긷다. *형용사의 용례 없음.
	규칙용언	묻다(埋), 얻다, 돋다, 믿다, 쏟다, 닫다.
'ㅂ' 불규칙	바뀜의 양상	어간의 끝소리 'ㅂ'이 모음 앞에서 '오/우'로 바뀜. 예 돕+아 > 도와
	보기	돕다, 눕다, 깁다, 굽다(燔), 줍다, 덥다, 춥다, 괴롭다, 무겁다, 사납다.
	규칙활용	뽑다, 잡다, 좁다, 입다, 굽다(曲), 씹다, 접다.

기출 따라잡기

67. 밑줄 친 말이 불규칙 활용 용언이 아닌 것은? 2020. 국가직 7급
① 카페에는 조용한 음악이 흘렀다.
② 하늘이 맑고 파래 한참 동안 바라보았다.
③ 그들은 자정에 이르러서야 집에 도착했다.
④ 외출할 때는 반드시 가스 밸브를 잠가야 한다.

68. 활용 양상이 나머지 셋과 다른 것은? 2009. 정보통신 순경
① 거르다
② 다르다
③ 모르다
④ 치르다

69. 다음 중 불규칙 용언이 아닌 것은? 2009. 서울시 1차
① 푸다 [푸고] [퍼] [푸니]
② 하다 [하고] [하여] [하니]
③ 좋다 [조코] [조아] [조으니]
④ 싣다 [실꼬] [시러] [시르니]
⑤ 이르다 [이르고] [이르러] [이르니]

70. 밑줄 친 단어의 쓰임이 맞는 것은? 2010. 국가직 7급
① 은행잎이 노라니 가을이구나.
② 그는 짐 보따리를 리어카에 실고 떠났다.
③ 그 자동차는 아주 커다랐습니다.
④ 어머니는 밥통에서 밥을 푸었다.

'人' 불규칙	바뀜의 양상	어간의 끝소리 'ㅅ'이 모음 앞에서 탈락 예 짓+어 > 지어
	보기	짓다, 젓다, 붓다, 낫다, 잇다.
	규칙활용	벗다, 빗다, 솟다, 빼앗다.
'ㄹ' 불규칙	바뀜의 양상	어간의 끝소리 '으'가 탈락 하면서 'ㄹ'이 덧생김. 예 흐르+어 > 흘러
	보기	이르다, 흐르다, 가르다, 고르다, 나르다, 누르다, 오르다, 부르다, 그르다.
	규칙활용	치르다, 들르다, 따르다.
'우' 불규칙	바뀜의 양상	모음 앞에서 'ㅜ' 탈락 ㅣ 푸+어 > 퍼
	보기	'푸다' 하나뿐 *형용사의 용례 없음.
	규칙활용	주다, 꾸다.

ⓛ 어미가 바뀌는 불규칙

종류	바뀜의 양상	불규칙 용언	규칙 용언
'러' 불규칙	어미의 첫소리 '-어'가 '-러'로 바뀜 예 이르+어 > 이르러	이르다(至), 푸르다, 누르다(黃), 노르다	치르다, 들르다
'여' 불규칙	어미의 첫소리 '-아/어'가 '-여'로 바뀜 예 하+어 > 하여	사랑하다 ('하다'가 붙는 용언)	막다, 사다, 차다
'오' 불규칙	'달다'의 명령형 어미가 '-오'로 바뀜 예 달+아 > 다오		

ⓒ 어간과 어미가 함께 바뀌는 불규칙

종류	바뀜의 양상	불규칙 용언	규칙 용언
'ㅎ' 불규칙	어간의 'ㅎ'이 탈락하면서 어미도 모습을 바꿈. 일부 형용사에서 어간의 끝 'ㅎ'이 어미 'ㄴ'이나 'ㅁ' 뒤에서 줄어 활용하는 형식. 'ㅎ' 받침을 가진 일부 형용사 예 파랗+아 > 파래 / 까맣+ㄴ > 까만	(형용사에만 있음) 파랗다, 누렇다, 까맣다	좋다, 놓다

(4) 수식언

1) 관형사

① 개념: 체언 앞에 놓여서 그 내용을 자세하게 꾸며 주는 말

② 성격

　　㉠ 조사가 붙지 않으며, 어미가 붙어 활용하지 않는다.

　　㉡ 수사와는 함께 쓰일 수 없고, 관형사와 체언 사이에 다른 말이 들어갈 수도 있다.

　　㉢ 문장에서는 항상 관형어로만 쓰인다.

➕ 플러스

기존에는 용언 '오다'에 '너라' 불규칙을 적용했으나, 국립국어원이 2017년 2/4분기 표준국어대사전 수정 사항에서 기존의 '너라' 불규칙을 삭제했다. 따라서 '오너라'와 '오거라'가 모두 사용이 가능하다.

기출 | 따라잡기

71. 밑줄 친 단어의 품사가 형용사인 것은?
　　　　　　　　　　2022. 소방경력직

① 다른 사람들은 어디 있지?

② 편식하지 말고 다른 음식도 먹어라.

③ 그는 자기 일 밖의 다른 일에는 관심이 없다.

④ 나와 생각이 다른 사람은 함께 가지 않아도 좋다.

③ 갈래

　　㉠ 성상 관형사: 체언이 가리키는 사물의 성질이나 사태를 꾸며 준다.

　　　　예 새 옷, 순(純) 우리말

　　㉡ 지시 관형사: 지시성을 띤다.

　　　　예 이 운동, 저 아이, 다른(他) 분, 전(前) 총리

　　㉢ 수 관형사: 뒤에 오는 명사의 수량이나 순서를 표시한다.

　　　　예 세 사람, 전(全) 생물

➕ 플러스 '지시 대명사'와 '지시 관형사'의 구별

조사와의 결합이 가능하면 지시 대명사이다. 지시 관형사는 조사와 결합할 수 없고 다만 명사를 수식하는 역할을 한다.

┌ 그뿐만 아니라 운동도 잘한다.(지시 대명사 + 조사)
└ 그 책 이리 좀 줘 봐.(지시 관형사)

➕ 플러스 품사와 문장 성분

품사는 문법적 성질이 공통된 것끼리 묶은 단어의 갈래이고, 문장 성분은 그 단어가 문장에서 어떤 기능을 담당하느냐를 밝히는 것이다.

예 아름다운 꽃 ⇒ 품사: 형용사. 문장 성분: 관형어

　　⇨ '아름다운'은 형용사 '아름답다'에서 관형사형 어미가 결합된 것으로 품사는 형용사이고, 문장에서의 기능은 체언을 꾸며 주는 역할을 하기 때문에 '관형어'이다.

(1) '다른', '바른', '어떤'의 품사 구분

　서술어로 쓰이면 용언이다.('절' 속에서 쓰이면 서술어의 기능을 한다)

　　예 • 성격이 다른 사람.(형용사) / 다른 생각 말고 공부나 해라.(관형사)

　　　　• 한자를 바른 유리창.(동사) / 생각이 바른 사람.(형용사)

　　　　왼쪽 다리를 바른 무릎에 올렸다.(관형사)

(2) 접미사 '-적(的)'

　① 조사가 결합되어 있지 않으면 관형사 **예** 적극적 사고(관형사)

　② 조사가 결합되어 있으면 명사 **예** 적극적인 사고(명사)

　③ '비교적, 가급적'

　　예 비교적 쉬운 문제.(부사) / 비교적 고찰.(관형사) / 비교적인 관점.(명사)

　　예 가급적이면 빨리 가도록 해라.(명사) / 가급적 빠른 시일 안에 일을 끝내도록 해라.(부사)

④ 관형사와 용언의 관형사형

관형사	용언의 관형사형
• 시제 표시가 불가능하다. 　**예** 새(시제가 없음)	• 시제 표시가 가능하다. 　**예** 새로운(현재), 새로울(미래)
• 활용하지 않는다.	• 용언의 활용형이다.
• 품사 자체가 관형사이다.	• 품사는 관형사가 아니다.
• 수식 기능만 가진다.	• 수식 기능과 서술 기능을 동시에 가진다.

기출 **따라잡기**

72. 〈보기1〉의 내용을 참고할 때, 〈보기2〉에서 관형사를 모두 골라 바르게 묶은 것은?　2020. 법원직 9급

보기1

관형사는 체언 앞에서 그 체언의 뜻을 분명하게 제한하는 품사이다. 특히 관형사는 체언을 꾸며 주면서도 형태 변화를 하지 않는다는 특징을 가진다. 또한 관형사는 용언이 아니므로 어미를 가지지 않음은 물론 보조사를 포함한 어떤 조사와도 결합하지 않는다.

보기2

㉠ 도대체 무슨 말을 하는 거야?
㉡ 모든 사람들이 너를 보고 있어.
㉢ 빠른 일처리가 무척 맘에 드는군.
㉣ 눈앞에 아름다운 풍경이 펼쳐졌다.

① ㉠, ㉡
② ㉠, ㉣
③ ㉡, ㉢
④ ㉢, ㉣

> 이번에는 가급적 빠른 시일 안에 일을 끝내도록 해라.

① 서해의 장엄한 낙조의 감동은 동해 일출의 감동에 못지않다.
② 요즘의 청소년들은 헌 옷을 거의 입지 않는다.
③ 시간이 급하니 어서 다녀오너라.
④ 춤을 추는 것은 정신 건강에 매우 좋다.

74. 다음 중 품사가 다른 하나는?
2008. 서울시 9급

① 원하는 대로 이루어졌다.
② 예상한 바와 같이 주가가 떨어졌다.
③ 전에는 더러 갔지마는 요새는 그곳에 가지 못 한다.
④ 방 안은 먼지 하나 없이 깨끗했다.
⑤ 놀고 싶을 때 실컷 놀아라.

2) 부사

① 개념: 뒤에 오는 용언을 수식하고 한정하는 단어들의 묶음

② 성격

ㄱ 격조사와 결합하지 않으나, 보조사를 붙이기도 한다.

예 그는 너무도 몸이 약하다.

ㄴ 문장 내에서 그 위치가 비교적 자유롭다.

예 과연, 그는 천재였다. / 그는 과연 천재였다. / 그는 천재였다, 과연

ㄷ 성분은 주로 부사어이지만 문장을 접속하는 경우에는 독립어 구실을 한다.

예 철수는 공부를 열심히 하지 않았다. 그러므로 시험에 합격하지 못했다.

ㄹ 경우에 따라 복수어 표시 접사 '-들'이 붙기도 한다. 예 어서들 오너라.

③ 기능

ㄱ 주로 부사어로 쓰이며, 주로 용언을 수식한다.

예 글씨는 빨리 쓴다. (동사를 한정)
강이 매우 깊다. (형용사를 한정)

ㄴ 부사, 관형사를 한정하기도 한다.

예 몹시 헌 책이다. (관형사를 수식)
매우 빨리 달린다. (부사를 수식)

ㄷ 체언을 꾸미기도 한다.

예 조금 뒤에 보자. (명사를 수식)
바로 그가 범인이다. (대명사를 수식)
겨우 하나를 만들었다. (수사를 수식)

ㄹ 구나 절을 꾸미기도 한다.

예 오로지 그의 덕택으로 살았다.

ㅁ 문장 전체를 꾸민다.

예 제발, 그만두십시오.

④ 갈래

ㄱ 성분 부사: 특정 성분을 한정하는 부사

㉮ 성상(性狀) 부사: '어떻게'의 방식으로 꾸며 주는 부사

예 너무, 자주, 매우, 몹시, 아주, 철썩철썩, 데굴데굴

> 의성어 · 의태어는 부사에 포함된다.

㉯ 지시 부사: 방향, 거리, 시간, 처소 등을 지시하는 부사

예 이리 오너라. 내일 만나자. 그리 말고

㉰ 부정 부사: 용언의 의미를 부정하는 부사

예 못 간다. 안 보았다. 잘못 잡았다

ㄴ 문장 부사: 문장 전체를 한정하는 부사

㉮ 양태 부사: 말하는 이의 마음이나 태도를 표시하는 부사

예 설마 그럴 리가 있겠느냐? 과연, 다행히, 제발

ⓑ 접속 부사: 앞뒤 문장을 이어 주면서 뒷말을 꾸며 주는 부사

　　예 그리고, 그러나, 그러므로, 그래서, 한편, 예컨대, 즉, 및, 또는, 내지

> 접속하는 말은 부사에 포함된다.

ⓒ 파생 부사: 용언의 어근에 부사 파생 접미사를 붙여 만든 부사

　　예 깨끗이(깨끗+이), 넉넉히(넉넉+히)

(5) 독립언: 감탄사

1) 개념: 말하는 이의 본능적 놀람이나 느낌, 부름과 대답, 입버릇으로 내는 단어

　　예 어머나, 흥, 여보게, 예, 어, 저

2) 성격

① 활용하지 않는다.

② 위치가 아주 자유로워서 문장의 아무데나 놓을 수 있다.

③ 조사가 붙지 않고, 언제나 독립어로만 쓰인다.

④ 독립성이 강하여 감탄사 하나로도 한 문장을 이룰 수 있다.

⑤ 주로 문장 앞에 놓이나, 경우에 따라서 문장의 중간이나 문장의 끝에 올 수 있다.

➕ 플러스 | 품사의 통용

품사의 통용이란 하나의 단어 형태가 두 가지의 문법적인 성질을 가져 두 가지 품사 부류에 소속되는 것을 말한다. 이러한 단어들은 사전에서도 두 가지 품사를 가지고 있는 것으로 등재된다. 따라서 품사를 판단할 때는 형태뿐만 아니라 문장에서의 기능과 의미까지도 고려하여야 한다.

(1) 명사와 조사: 관형사형 다음에 오면 의존 명사, 체언이나 조사 다음에 오면 조사이다.

　　예 너를 사랑한 만큼 실망도 크다. (명사)

　　예 그가 그녀만큼 사랑한 사람은 없었다. (조사)

(2) 명사와 부사

　　예 오늘부터 열심히 공부할 것이다. (명사)

　　예 오늘 해야 할 일을 다음 날로 미루어서는 안 된다. (부사)

(3) 명사와 감탄사

　　예 왕이여 만세를 누리소서. (명사)

　　예 만세! 우리가 해냈구나! (감탄사)

(4) 수사와 관형사와 명사: 조사가 붙을 수 있으면 수사, 아니면 수 관형사이다. 차례를 나타내는 말이 사람을 지칭하면 명사이다.

　　예 다섯에 다시 다섯을 더하면 열이다. (수사)

　　예 다섯 사람이 열 사람을 이겼다. (관형사)

　　예 그의 성적은 둘째이다. (수사)

　　예 우리 둘째는 공무원이다. (명사)

(5) 대명사와 관형사: 조사가 붙으면 대명사이고 체언을 직접 꾸며주면 관형사이다.

　　예 그(대명사)야말로 그(지시 관형사) 일에 적임자다.

(6) 조사와 부사: 체언 뒤에 붙으면 조사이다.

　　예 동생이 형보다 키가 크다. (조사)

　　예 보다 나은 미래를 위해 노력하고 있다. (부사)

기출 | 따라잡기

75. 국어의 단어가 둘 이상의 품사로 쓰일 때 '품사의 통용'이라고 한다. '품사의 통용'의 예로 잘못 제시된 것은?

2012. 지방직 9급(하반기)

① 집에서뿐만 아니라 회사에서도 칭찬을 들었다. (조사) / 칼만 안 들었다 뿐이지 순 날강도다. (의존명사)

② 올해는 꽃이 늦게 핀다. (형용사) / 그는 약속 시간에 항상 늦는다. (동사)

③ 친구와 같이 영화관에 갔다. (부사) / 아버지는 항상 소같이 일만 하신다. (조사)

④ 선생님도 많이 늙으셨네요. (형용사) / 사람은 나이가 들면 늙는다. (동사)

(7) 접미사 '-적': 명사, 관형사, 부사

   예 그녀는 대단히 이기적이다. (명사: 조사가 결합한다.)

   예 리처드 도킨스의 〈이기적 유전자〉를 읽었다. (관형사: 조사 없이 체언을 수식한다.)

   예 비교적 낫다. (부사: 조사 없이 용언이나 부사를 수식한다.)

(8) 어미와 조사: 체언 뒤에 붙으면 조사, 용언 뒤에 붙으면 어미이다.

   예 재즈든지 클래식이든지 아무 거나 틀어 봐라. (조사)

   예 하든지 말든지 마음대로 해라. (어미)

(9) 관형사와 형용사: 기본형이 없으면 관형사, 기본형이 있어서 활용하면 형용사이다.

   예 다른 사람 · 다른 나라 (관형사)

   예 쌍둥이도 성격이 다른 경우가 있다. (형용사)

제**3**절 문장론

1 문법 단위

음운 < 음절 < 형태소 < 단어 < 어절 < 구·절 < 문장 < 이야기

(1) **음운**: 말의 뜻을 구별 짓는 최소의 '소리' 단위이다.

(2) **음절**: 한 뭉치의 소리 덩어리로 가장 작은 '발음'의 단위이다.

(3) **형태소**: '뜻(의미)'을 가진 가장 작은 말의 단위이다.

(4) **단어**: 자립하거나 자립 형태소에 붙어 쉽게 분리되는 말로 '자립성'의 최소 단위이다.

(5) **어절**

① 말할 때 꼭 붙여 발음하는 단위이다.
② 문장을 구성하고 있는 도막도막의 단위이다.
③ 띄어쓰기 단위와 대체로 일치한다.
④ 조사는 자립 형태소와 어울려야 어절이 된다.

(6) **구(句)**: 두 개 이상의 어절로 구성된 큰 마디이다.

(7) **문장**: 하나의 완결된 사상과 감정을 담고 있는 문법 단위이다.

(8) **이야기(담화)**: 말하는 이와 듣는 이를 중심으로 문장이 쓰이는 구체적 맥락과 장면을 말한다.

(9) **문장 분석의 실제**

문장	철수가 이야기책을 읽었다.						
어절	철수가		이야기책을		읽었다		
단어	철수	가	이야기책	을	읽었다		
형태소	철수	가	이야기	책	을	읽	었	다
	실질	형식	실질	실질	형식	실질	형식	형식
	자립	의존	자립	자립	의존	의존	의존	의존

기출 따라잡기

76. 〈보기〉의 지문은 설명문의 일종이다. 두괄식 설명문으로 구성하고자 할 때 논리적 전개에 가장 부합하게 배열한 것은? 2019. 서울시 9급

보기

㉠ 문장을 구성하는 기본적인 언어 단위를 어절이라 한다. 띄어 쓴 문장 성분을 각각 어절이라고 하는데, 하나의 어절이 하나의 문장 성분이 되는 것은 문장 구성의 기본적인 성질이다.

㉡ 문장은 인간의 생각을 완결된 형태로 담을 수 있는 언어 단위이다. 문장은 일정한 구성 성분으로 이루어지는데, 맥락을 통해서 알 수 있을 경우에는 문장 성분을 생략할 수도 있다.

㉢ 띄어 쓴 어절이 몇 개 모여서 하나의 문장 성분이 되는 경우가 있다. '그 남자가 아주 멋지다.'라는 문장에서 '그 남자가'와 '아주 멋지다'는 각각 두 어절로 이루어져서 주어와 서술어 역할을 하고 있다.

㉣ 두 개 이상의 어절이 모여서 하나의 문장 성분을 이룬 것을 구(句)라고 한다. 절은 주어와 서술어를 갖고 있다는 점에서 구와 구별되지만, 독립적으로 사용되지 못한다는 점에서 문장과 구별된다.

① ㉠ - ㉡ - ㉣ - ㉢
② ㉠ - ㉣ - ㉢ - ㉡
③ ㉡ - ㉠ - ㉢ - ㉣
④ ㉡ - ㉢ - ㉠ - ㉣

① 인수가 언제 퇴원했니?

② 누가 철수를 때렸니?

③ 소풍 재미있었니?

④ 너는 누구를 제일 좋아하니?

78. 밑줄 친 부분의 문장 성분이 다른 것은?

2015. 국가직 7급

① 어느 학교의 <u>동창회에서</u> 있었던 일이다.

② <u>손에</u> 익은 연장이라서 일이 빨리 끝나겠다.

③ <u>정부에서</u> 실시한 조사 결과가 드디어 발표되었다.

④ 그 고마운 <u>마음에</u> 보답하고자 편지를 드리려고 합니다.

79. 밑줄 친 서술어의 자릿수가 다른 하나는?

2003. 선관위 9급

① 철이는 사과를 맛있게 <u>먹었다</u>.

② 그는 이제 더 이상 어린애가 <u>아니었다</u>.

③ 나는 지금도 너를 제일 친한 친구로 <u>여기고</u> 있다.

④ 이 고장의 온화한 기후는 농사짓기에 <u>적합하다</u>.

80. 다음 문장 중 밑줄 친 서술어의 자릿수가 다른 것은?

2016. 경찰직(1차) 9급

① 어제 만났던 그는 이제 선생님이 <u>아니다</u>.

② 군대에 가는 민수는 후배들에게 책을 <u>주었다</u>.

③ 배가 많이 고팠던 철수는 라면을 맛있게 <u>먹었다</u>.

④ 삶에 관심이 많은 학생들이 도서관에서 책을 <u>읽는다</u>.

---

2 문장 성분

(1) **주성분**: 문장의 골격을 이루는 필수적 성분

1) **주어**: 한 문장의 주체를 나타내며, 서술어에 대하여 '무엇이, 누가'에 해당하는 말

① 성립

ㄱ 체언＋주격 조사(이, 가) 예 <u>꽃이</u> 피었다.

ㄴ 명사절＋주격 조사(이, 가) 예 <u>진이가 시험에 합격했음이</u> 확실하다.

ㄷ 높임의 명사＋주격 조사(께서) 예 <u>할아버지께서</u> 이름을 지어 주셨습니다.

ㄹ 단체의 무정 명사＋주격 조사(에서)

　　예 <u>정부에서</u> 실시한 조사 결과가 발표되었다.

② '에서'를 주격에 쓰려면 단체적 의미를 띠는 무정 명사에 붙인다.

　　예 우리 <u>학교에서</u> 우승을 하였다.

③ 주어는 흔히 구어체에서 생략이 잘 된다.

④ 주격 조사 대신 보조사 '는, 도'를 붙여 주어를 실현할 수 있다.

　　예 <u>영희는</u> 몹시 아팠다. <u>철수도</u> 감기에 걸렸다.

＋ 플러스 | 주격 조사 '이/가'

(1) 주격 조사는 앞말의 끝소리가 자음인 경우에는 '이'로 표시되고 모음인 경우에는 '가'로 표시된다.

(2) 이름이 '박수진'으로 세 글자일 경우 '수진이는 여름을 좋아한다.'로 표현할 때 '수진이'의 '-이'는 접미사이다.

※ '-이' 「접사」 (받침 있는 사람의 이름 뒤에 붙어) 어조를 고르는 접미사. 예 갑순이, 갑돌이

2) **서술어**: 주어를 서술하는 '어찌한다, 어떠하다, 무엇이다'에 해당하는 말

① 성립

㉮ 동사, 형용사의 종결형 예 차가 <u>달린다</u>. 꽃이 <u>예쁘다</u>.

㉯ 체언(명사구 또는 명사절)＋서술격 조사(이다) 예 철수는 <u>학생이다</u>.

㉰ 명사＋'-하다' 예 철수는 정말로 <u>성실하다</u>.

㉱ 용언의 명사형 예 나 <u>보기가</u> 역겨워.

㉲ 서술절 예 저 옷은 <u>소매가 짧다</u>.

② 본용언과 보조 용언은 하나의 서술어이다. 예 나는 영화를 <u>보고 싶다</u>.

③ **서술어의 자릿수**: 서술어가 꼭 필요로 하는 문장 성분의 개수

갈래	꼭 요구하는 문장 성분	예문
한 자리 서술어	주어	새가 <u>운다</u>. 꽃이 <u>핀다</u>.
두 자리 서술어	주어, 목적어	나는 영화를 <u>보았다</u>.
	주어, 보어	나는 바보가 <u>아니다</u>. 철수는 고등학생이 <u>되었다</u>.
	주어, 꼭 필요한 부사어	이 땅은 농사에 <u>적합하다</u>. 철수는 영수와 <u>만났다</u>.
세 자리 서술어	주어, 목적어, 부사어	나는 그녀에게 선물을 <u>주었다</u>. 철수는 편지를 우체통에 <u>넣었다</u>.

㉠ 한 자리 서술어: 자동사, 형용사, '체언＋이다'로 된 서술어는 다른 성분이 생략되더라도 주어 하나만으로 온전히 문장을 구성할 수 있다는데, 이렇게 주어만 있으면 완전한 문장을 이룰 수 있는 서술어를 한 자리 서술어라 한다.

예 • 우리는 (수업을 마치고) (바로) 갔다.
　　• (너희들의) 마음씨가 (무척이나) 곱구나.
　　• 그는 (무척) (똑똑한) 학생이다.

㉡ 두 자리 서술어: 타동사 '보다'는 주어만이 아니라 반드시 목적어가 있어야만 완전한 문장을 구성하고, 용언 중에서도 '되다', '아니다' 등은 반드시 그 앞에 '보어'를 필요로 한다. 주어 이외에 부사어를 반드시 필요로 하는 서술어나 대칭 용언인 '마주치다, 부딪치다, 싸우다, 악수하다, 같다'와 같이 부사어가 있어야만 완전한 문장을 이룰 수 있는 서술어를 두 자리 서술어라 한다.

예 • 나는 (어제 저녁에) (재미있는) 연극을 보았다.
　　• 영수는 (뛰어난) 운동 선수가 (절대) 아니다.
　　• 이 지역은 농사짓기에 적합하다.
　　• 경식이는 (길에서) 현숙이와 마주쳤다.

㉢ 세 자리 서술어: 타동사 중에는 주어와 목적어 이외에 부사어를 필수적으로 요구하는 것이 있다. '주다, 삼다, 넣다, 여기다'처럼 주어 이외에 목적어와 부사어를 필요로 하는 서술어를 세 자리 서술어라 한다.

예 • 할아버지께서 우리들에게 세뱃돈을 주셨다.
　　• 형태는 (똑똑한) 난이를 며느리로 삼았다.
　　• 그는 우체통에 (그) 편지를 넣었다.
　　• 박 선생님은 나를 제자로 여기고 계신다.

3) **목적어**: 행위의 대상이 되는 '무엇을, 누구를'에 해당하는 말
① **성립**: '을/를'이 붙으면 무조건 목적어로 취급한다.
　㉠ (체언/명사구, 명사절)＋목적격 조사 예 나는 진아를 사랑한다.
　㉡ 목적어 자리에 목적격 조사 대신에 보조사가 와도 의미상 '을/를'로 바꿀 수 있으면 목적어이다. 예 광희는 공부는 잘 해.
　㉢ 방향이나 처소, 그리고 함께함(동반)을 나타내는 말을 목적격 조사를 붙여 목적어로 표현하는 일도 있다. 그러나 '주다, 가다, 만나다, 다니다, 닮다, ……' 등 제한된 서술어에 한한다.
　　예 • 어디에 가니? ⇨ 어디를 가니?
　　　　• 나는 오늘 은영이와 만났다. ⇨ 나는 오늘 은영이를 만났다.
② **목적어의 겹침**: 한 문장에서 목적어가 하나 이상일 수도 있다.
　예 • 송아가 은이를 손을 잡아 끈다.
　　　• 어머니께서 나에게 용돈을 천원을 주셨다.

PART 01
문법론

➕ 플러스

용언에 따라서는 서술어가 나타나는 환경에 따라 서술어의 자릿수를 달리하는 경우가 있다.
• 논다: 아이들이 즐겁게 논다. (한 자리 서술어)
　아이들이 윷을 논다. (두 자리 서술어)
• 밝다: 달이 밝다. (한 자리 서술어)
　그는 서울 지리에 밝다. (두 자리 서술어)

기출 │ 따라잡기

81. 밑줄 친 부분이 주성분이 아닌 것은?　2015. 국가직 7급
① 그는 나에게 맹물만 주었다.
② 그 사람 말은 사실도 아니었다.
③ 우리가 사고를 미연에 방지하지 못했다.
④ 정부에서 그 일을 적극적으로 추진하고 있다.

4) 보어: 두 자리 서술어인 '되다, 아니다' 앞에 필수적으로 요구되는 '누가, 무엇이'에 해당하는 말 예 물이 얼음이 된다. ('무엇이') 나는 바보가 아니다. ('누가')

• 성립

㉮ 체언+보격 조사(이, 가) 예 물이 얼음이 되었다.

㉯ 체언+보조사 예 그는 어른도 아니다.

㉰ 명사절+보격 조사(이, 가) 예 그는 추위를 타는 것이 아니다.

(2) 부속 성분

주성분의 내용을 꾸며 주는 구실의 수의적 성분

1) 관형어: 체언 앞에서 그것을 수식하는 말. '어떤'에 해당하는 말

① 성립

㉠ 관형사 단독 예 새 옷을 샀다.

㉡ 체언+관형격 조사(의) 예 나는 그의 얼굴을 바라보았다.

㉢ 용언의 관형사형 예 아름다운 꽃

㉣ 체언 단독 예 나는 고향 친구를 만났다.

㉤ 체언+접미사(-적) 예 우리는 역사적 사명을 띠고 태어났다.

② 성격

㉠ 부사어는 대체로 용언 앞에 놓이나, 관형어는 체언 앞에만 놓인다.
예 철수가 새 구두를 신었다.

㉡ 부사어는 단독으로 쓰이나, 관형어는 단독으로 쓰이지 못한다.
예 이것은 새 신인가, 헌 신인가?(○) / 새가 아니라 헌이다.(×)

㉢ 관형사는 모두 관형어이나, 관형어가 모두 관형사는 아니다.
예 • 새 신(관형사 – 관형어)
• 예쁜 신(형용사 – 관형어), 그의 신(대명사+조사 – 관형어)

㉣ 의존 명사는 반드시 그 앞에 관형어를 동반한다.
예 • 처음에 계획한 대로 추진합시다.
• 너만 모르고 있을 뿐이야.
• 하마터면 큰일 날 뻔했다.

82. 다음 〈보기〉 가운데 우리말의 관형어에 대한 설명으로 옳은 것을 모두 고르면?
2015. 서울시 7급

보기

㉠ 관형어는 명사, 대명사, 수사와 같은 체언류를 꾸미는 문장성분이다.
㉡ 명사는 그대로 관형어가 될 수 있다.
㉢ 동사나 형용사도 관형어가 될 수 있다.
㉣ 조사 '의'는 관형어를 만드는 중요한 격조사이다.

① ㉠, ㉡, ㉢, ㉣
② ㉠, ㉢, ㉣
③ ㉡, ㉢
④ ㉡, ㉣

2) 부사어: 주로 서술어를 한정하는 말로 '어떻게'에 해당하는 말

① 성립

　　㉠ 부사 단독 예 자동차가 <u>매우</u> 빠르다.

　　㉡ 체언+부사격 조사 예 철수가 <u>학교에서</u> 공부를 한다.

　　㉢ 용언의 부사형 예 학생들이 <u>시끄럽게</u> 떠들고 있다.

➕ 플러스 어미 '-게'의 기능

(1) 보조적 연결어미

　예 <u>웃게</u> 두어라

　　(본용언) (보조 용언)

(2) 부사형 어미

　예 진달래가 <u>예쁘게</u> 피었다.

　　　　　　(부사어)

(3) 부사절

　예 진달래가 <u>빛깔이 곱게</u> 피었다.

　　　　　　(부사절)

　　㉣ 접속하는 말: 접속 부사는 모두 부사어이다.

　　　예 • 많이 드세요. <u>그리고</u> 편히 쉬십시오.

　　　　　• 신호등에 파란불이 들어왔다. <u>그러나</u> 나는 건너지 않았다.

　　㉤ 부사성 의존 명사구 예 철수가 <u>입을 벌린 채로</u> 자고 있다.

② 특징

　　㉠ 보조사를 비교적 자유롭게 취한다. 예 <u>너무도</u> 노래를 못한다.

　　㉡ 관형어와는 달리, 주어진 문맥 속에서 단독으로 쓰일 수 있다.

　　　예 이곳에 자주 오시나요, 가끔 오시나요? <u>가끔</u>.

③ 부사어는 일반적으로 문장에서 수의적으로 쓰이는 부속 성분이지만 다음과
　같은 서술어가 쓰인 문장에서는 반드시 와야 되는 필수 성분이다. [서술어
　자릿수와 연관]

　　㉠ '같다, 다르다, 비슷하다, 닮다' 등은 '체언+과/와'로 된 부사어가 필요하다.

　　　예 창수는 <u>진호와</u> 닮았다.

　　㉡ '넣다, 드리다, 두다, 던지다, 다가서다' 등의 '체언+에/에게'로 된 부사어
　　　가 필요하다. 예 이 편지를 <u>우체통에</u> 넣어라.

　　㉢ 수여 동사는 목적어 이외에 '체언+에/에게'로 된 부사어가 필요하다.

　　　예 선희는 <u>상호에게</u> 선물을 주었다.

　　㉣ '삼다, 변하다'는 '체언+(으)로'로 된 부사어가 필요하다.

　　　예 할아버지는 진형이를 <u>양자로</u> 삼으셨다. 물이 <u>얼음으로</u> 변했다.

기출 따라잡기

83. 다음 예문에서 밑줄 친 문장 성분을 잘못 파악한 것은?

2012. 국가직 7급

• 그녀는 ㉠<u>아름다운</u> 꽃을 품에 ㉡<u>가득</u> 안고 왔다.

• 하루 종일 ㉢<u>비가</u> 왔다. ㉣<u>다행히도</u> 마음만은 즐거웠다.

① ㉠: 관형어

② ㉡: 부사어

③ ㉢: 주어

④ ㉣: 독립어

84. 밑줄 친 문장 성분 중 목적어가 아닌 것은? 2011. 국가직 9급

① <u>이런 모습</u> 상상해 보셨나요?

② 이 책은 아직까지 내가 읽은 적이 없다.

③ 정부는 이번 조치에서 <u>세제 혜택만</u> 강조하였다.

④ 시장과 군수는 <u>관계 서류를</u> 일반에게 공람시켜야 한다.

보기

㉠ 철이는 아이가 아니다.
㉡ 영선이는 엄마와 닮았다.
㉢ 철이는 영선이를 사랑한다.
㉣ 철이가 영선이에게 편지를 보냈다.

① ㉠에서 '아이가 아니다'는 서술절이다.
② ㉡에서 '엄마와'는 부사어이지만 생략하면 안 되는 필수적 부사어이다.
③ ㉢에서 '사랑하다'는 주어, 목적어, 서술어를 요구하는 세 자리 서술어이다.
④ ㉣에서 부사어 '영선이에게'와 목적어 '편지를'의 위치를 바꾸면 ㉣은 비문(非文)이 된다.

④ **필수적 부사어**: 부사어는 본래 부속 성분이지만, 서술어가 되는 용언의 성격에 따라 필수적으로 요구되기도 한다. 부사어를 필수적으로 요구하는 서술어는 '주다, 삼다, 넣다, 두다' 등의 세 자리 서술어와 '같다, 비슷하다, 닮다, 다르다' 등의 두 자리 서술어가 있다.

예 • 철수가 <u>영희에게</u> 책을 주었다.
　 • 영희는 <u>아버지와</u> 닮았다.

필수적 부사어가 항상 '명사＋조사'의 형태로만 이루어지는 것은 아니다.

예 ㈎ 모든 사람이 그 거지를 <u>불쌍히</u> 여긴다. (○)
　 ㈏ 김 대리는 상사들에게 <u>함부로</u> 군다. (○)

예 ㈎ 모든 사람이 그 거지를 (　　) 여긴다. (×)
　 ㈏ 김 대리는 상사들에게 (　　) 군다. (×)

밑줄 친 '불쌍히'와 '함부로'를 생략하면 틀린 문장이 된다. 이 경우의 필수적 부사어 '불쌍히', '함부로'는 '명사＋조사'의 형태가 아니라 부사어이다.

(3) 독립 성분

주성분이나 부속 성분과 직접적인 관계가 없이 그 문장에서 독립적으로 쓰이는 성분

1) 독립어

2) 성립

① 감탄사 단독 예 <u>아이구</u>, 내가 잊었네.
② 체언(유정 명사)＋호격 조사 예 <u>준호야</u>, 학교 가자.
③ 제시어(표제어) 예 <u>청춘</u>, 이는 듣기만 하여도 가슴 설레는 말이다.
④ 감동어: 느낌말이라고도 한다. 감정감탄사, 의지감탄사가 이에 속한다. 이어지는 문장에 영향을 받지 않으며, 놓이는 순서 역시 자유롭다.
　 예 • <u>아</u>! 이곳이 바로 진리의 상아탑이구나. (감정감탄사)
　 　 • <u>예</u>, 지금 막 끝냈습니다. / <u>아서라</u>, 그런 짓은 못쓴다. (의지감탄사)

3 문법 요소의 기능과 의미

(1) 문장의 종결

1) 평서문: 말하는 이가 문장의 내용에 대해서 특별한 의도를 드러내지 않고 평범하게 말하는 문장 종결 방식

예 눈이 온 세상을 <u>덮었다</u>. (해라체 평서문)
예 그런 일을 해서는 안 <u>되느니라</u>. (원칙 평서문)
예 크리스마스 이브 저녁엔 눈이 <u>오렸다</u>. (확인·추측 평서문)
예 나도 곧 <u>나감세</u>. 너에게 책을 꼭 돌려주마. 저도 선생님을 따라 가오리다. (약속 평서문)

2) 감탄문: 말하는 이가 듣는 이를 별로 의식하지 않는 상태에서 자기의 느낌을 표현하는 방식. '–구나' 계열과 '–아라/–어라' 계열이 있다.

예 오늘은 달도 참 <u>밝구나</u>! / 아름다워라.

3) **의문문**: 질문을 하여 그 해답을 요구하는 종결 방식

　① **판정 의문문**: 듣는 이에게 긍정, 부정의 대답을 요구하는 의문문

　　예 너도 지금 떠나겠<u>느냐</u>?

　② **설명 의문문**: 어떤 사실에 대하여 구체적인 정보의 설명을 요구하는 의문문. 반드시 의문사가 있어야 한다.

　　예 지금 거기서 <u>무엇을 하니</u>?

　③ **반어(수사) 의문문**: 수사적으로 의문의 효과를 지니며, 겉으로 나타난 의미와 반대되는 뜻을 지닌다.

　　예 너한테 장난감 하나 못 <u>사줄까</u>?

　④ **감탄 의문문**: 감탄의 뜻을 지니며, 의미를 존중하여 느낌표를 붙인다.

　　예 그렇게만 된다면 얼마나 <u>좋을깨</u>!

　⑤ **명령 의문문**: '명령, 금지, 권고'의 뜻을 지닌다.

　　예 • 빨리 가지 못 하겠느냐? (강한 권고)
　　　• 빨리 문을 못 닫겠느냐? (명령)
　　　• 철수야, 그 일을 왜 하니? (금지)

4) **명령문**: 말하는 이가 듣는 이에게 어떤 일을 하게 하거나, 하지 않도록 요구하는 문장 종결 방식

　① **직접 명령문**: 얼굴을 맞대고 하는 명령문으로 '-아(어)라'의 형태를 취한다.

　　예 저 빛나는 태양을 <u>보아라</u>. 알맞은 답을 <u>골라라</u>. 알맞은 문장으로 <u>써라</u>.

　② **간접 명령문**: 신문, 시험지 등의 매체를 통한 명령문으로 '-(으)라'의 형태를 취한다.

　　예 저 빛나는 태양을 <u>보라</u>. 알맞은 답을 <u>고르라</u>. 알맞은 문장으로 <u>쓰라</u>.

　③ **허락 명령문**: 허락의 의미를 지닌 명령문으로 '동사 어미＋-려무나'의 형태를 취한다.

　　예 너도 한 번 먹어 <u>보려무나</u>.

5) **청유문**: 말하는 이가 말 듣는 이에게 상대에게 어떤 일을 하기를 요청하는 방식

　예 열심히 노력하<u>자</u>.

기출 | 따라잡기

88. 밑줄 친 부분에 해당하는 표현으로 옳은 것은? 2014 사회복지직 9급

　청유문은 화자가 청자에게 같이 행동할 것을 요청하는 문장이다. 즉, 청유문은 청유형 어미 '-자', '-(으)ㅂ시다' 등이 붙는 서술어의 행동을 화자와 청자가 공동으로 하도록 유발하는 것이다. 그러나 간혹 청자만 행하기를 바라거나 <u>화자만 행하기를 바랄 때</u>에도 쓰인다.

① (반장이 떠드는 친구에게) 조용히 좀 하자.
② (식사를 먼저 마친 사람들이 귀찮게 말을 걸 때) 밥 좀 먹읍시다.
③ (회의에서 논의가 길어질 때) 이 문제는 나중에 다시 다루도록 합시다.
④ (같은 반 친구에게) 영화표가 두 장 생겼어. 오늘 나와 같이 보러 가자.

기출 | 따라잡기

86. 다음의 글에서 언급된 의문문에 해당하지 않는 것은? 2007. 국가직 7급

　의문문 중에는 화자가 이미 알고 있거나 믿고 있으면서 그것을 청자의 동의를 구하여 확인하기 위한 의문문이나, 형태상으로는 의문문이지만 의미상으로는 긍정이나 부정을 단언(斷言)하는 의문문도 있다.

① 윤태가 나쁜 짓을 보고 가만히 있을 것 같아?
② 우리 지난여름에 유럽 여행 가서 정말로 재미있었지?
③ 아까 음식점에 짬뽕하고 군만두 시키셨어요?
④ 아무리 그래도 그렇지, 아저씨가 널 안 도와주겠니?

87. 다음은 '직장인의 자세'라는 신문 기사 표제어의 일부이다. (가)~(라) 중 어법에 맞게 고쳐야 할 것은?
2010. 국가직 9급

　(가) 항상 노력하라.
　(나) 성실하게 임하라.
　(다) 밝게 웃으며 인사하라.
　(라) 열심히 실력을 쌓아라.

① (가)　　　　② (나)
③ (다)　　　　④ (라)

➕ 플러스 어법에 어긋나는 형용사 명령문과 청유문

형용사는 명령문이나 청유문의 서술어로 쓰일 수 없다. 동사만이 가능하다. 그럼에도 불구하고 많은 사람들이 형용사를 명령문이나 청유문의 서술어로 잘못 쓰고 있다.

㈎ 영희야, 행복해라. (×)

㈏ 이제부터 행복하자. (×)

㈐ 올해는 모두 건강하세요. (×)

㈑ 좀 부지런해라. (×)

㈒ 우리 맡은 일에 성실하자. (×)

위 문장들은 다음과 같이 써야 어법에 맞는 올바른 표현이 된다.

㈎ 영희야, 행복해져라. / 행복하게 지내라. (O)

㈏ 이제부터 행복해지자. / 행복하게 지내자. (O)

㈐ 올해는 모두 건강하게 지내세요. / 건강하게 지내시길 바랍니다. (O)

㈑ 좀 부지런해져라. / 부지런하게 해라. (O)

㈒ 우리 맡은 일에 성실하게 임하자. (O)

⑵ 시간 표현

1) 발화시(發話時)와 사건시(事件時)

① 발화시: 말하는 이가 말을 하는 때, 발화시는 항상 현재임

② 사건시: 사건이나 상황이 일어난 시점

2) 절대 시제와 상대 시제

① 절대 시제: 시제 구분의 기준을 발화시로 잡은 시제

② 상대 시제: 기준시를 발화시가 아닌 다른 상황으로 잡은 시제

예 정아는 어제 <u>청소하시는</u> 어머니를 <u>도와드렸다.</u>
　　　　　현재(상대적 시제)　　과거(절대적 시제)

기출 | 따라잡기

89. 다음 중 밑줄 친 부분과 같은 의미의 동작 상황을 나타내는 문장은?

2004. 국가직 7급

> 영수는 의자에 앉아 있다.

① 영수는 부산에 <u>가고 있다.</u>
② 영수는 수업이 시작되었지만 여전히 모자를 <u>쓰고 있다.</u>
③ 영수는 문을 <u>두드리고 있다.</u>
④ 영수가 <u>도착하고 있다.</u>

3) 시제

말하는 이의 발화시를 기준으로 사건시의 앞뒤를 제한하는 것으로 과거 시제, 현재 시제, 미래 시제가 있다.

① 현재 시제: 발화시와 사건시가 일치할 때의 시제

ⓐ 표현 방법

　㈎ 활용형의 종결형 어미: −는− / −ㄴ− **예** 그는 지금 책을 읽는다.

　㈏ 활용형의 관형사형 어미: −는− / −(으)ㄴ **예** 이처럼 예쁜 꽃은 처음이다.

ⓑ 특징

　㈎ 형용사와 서술격 조사에는 현재 시제 표시 형태가 따로 없다.

　　예 바쁘시다(바쁘신다×), 거울이다(거울인다×)

ⓝ 발화시 관련의 부사인 '지금, 요즘, 현재'와 어울리면 현재 시제의 특징이 분명해진다.

> 예 • 학생들이 <u>지금</u> 도서관에서 책을 읽는다.
> • 저분은 <u>현재</u> 국어 선생님이시다.

ⓓ 반복되는 동작이나 항구적 속성, 습관을 표시한다.

> 예 • 지구는 <u>돈다</u>. (반복되는 동작)
> • 인간은 사회적 <u>동물이다</u>. (항구적 속성)
> • 형은 야구를 <u>좋아한다</u>. (습관)

ⓔ 미래에 일어날 일이 확실할 때에는 현재 시제를 쓸 수 있다.

> 예 나는 내일 아침에 <u>떠난다</u>.

ⓕ 상대 시제로 과거를 현재형으로 표현한다.

> 예 도서관은 책을 <u>읽는</u> 학생들로 붐볐다. ('붐빈' 시각에서 보면 '읽는' 시제는 현재이다)

② **과거 시제**: 사건시가 발화시보다 앞설 때의 시제

ㄱ 표현 방법

ⓐ 선어말 어미: -었-, -았-, -(하)였-, -더-, -었었-, -았었-
ⓑ 활용형의 관형사형 어미: -은, -ㄴ

ㄴ 특징

ⓐ '-고 있었다'에 의하여 과거 진행의 동작상을 표시한다.

> 예 <u>읽고 있었다</u>.

ⓑ '-었었-/-았었-'을 써서 '현재(금년이나 오늘 등)에는 그렇지 않다'는 의미를 뚜렷이 한다. '-었-'에 비해 발화시보다 더 강한 단절감을 받는다.

> 예 • 작년에 경기 지방에서 홍수가 <u>났었다</u>. ('금년'은 홍수가 나지 않았다)
> • 엊그제 창호가 극장에 <u>갔었다</u>. ('오늘'은 극장에 가지 않았다)

ⓒ '-었었-/-았었-'이 쓰인 문장에는 과거 관련의 시간 부사어가 자주 나타나는 일이 많고, 그래야 자연스럽다.

> 예 혜숙이는 <u>중학교 때</u> 농구 <u>선수였었다</u>.

ⓓ '-었-/-았-'이 과거를 나타내지 않는 때도 있다.

> ⓐ 발화시와 사건시가 일치할 때에는 동작의 현재 완료를 뜻하는 것으로 '앉다, 서다, 뜨다' 등 결과성을 띠는 동사에 나타난다.
>
> > 예 그녀도 지금 의자에 <u>앉았다</u>. ('앉아 있다'로 바꿀 수 있다)
>
> ⓑ 동작의 지속을 나타낼 때에도 쓰인다.
>
> > 예 그녀는 온종일 책을 <u>읽었다</u>.

ⓔ 선어말 어미 '-더-'는 종결 어미 '-라, -냐'의 앞에서 나타나는데 말하는 이가 과거에 경험한 사실을 회상할 때 쓰인다.

> 예 그는 집에서 <u>공부하더라</u>.

기출 │ 따라잡기

90. 밑줄 친 부분의 시제가 다른 것은?
2016. 기상직 9급

① 친구가 도서관에서 책을 <u>빌렸다</u>.
② 그녀의 <u>아름다운</u> 마음씨가 예쁘다.
③ 잘 <u>익은</u> 사과를 보니 기분이 좋다.
④ 나는 그에게 <u>받은</u> 것이 전혀 없다.

ⓑ '-였-'은 '-하다'에만 결합하는 형태이다.

　　예 나는 몹시 피곤하였다.

③ 미래 시제: 사건시가 모두 발화시 이후일 때의 시제

ⓐ -겠-

　ⓐ 미래 시제 표현　예 내일은 비가 오겠다.

　ⓑ 양태적 의미 표현: 단순한 미래 시제 외에 말하는 사람의 태도를 나타낸다.

　　ⓐ 추측　예 중학생도 아마 그 정도의 문제는 풀겠다.

　　ⓑ 의지　예 그 일은 제가 꼭 하겠습니다.

　　ⓒ 가능성　예 나도 그 일을 할 수 있겠다.

　　ⓓ 예정　예 곧 물이 끓겠다.

　　ⓔ 안내　예 이 열차는 노량진역에 도착하겠습니다.

ⓑ -ㄹ (관형사형 미래 시제)

　ⓐ 미래 시제 표현　예 내일은 그가 올 것이다.

　ⓑ '-ㄹ'은 '적, 때, 따름, 뿐' 앞에서는 특정한 시제로 해석되지 않는다.

　　예 합격할 때까지 노력하다.

ⓒ '-ㄹ 것이다 (관형사형 어미+의존 명사)'는 '-겠-'보다 말하는 이의 의지가 약해 보인다.

　　예 • 내일은 비가 올 것입니다. (판단의 근거가 약할 때)

　　　• 내일은 비가 오겠습니다. (판단의 근거가 강할 때)

➕ 플러스　'-었었-'의 기능과 특징

'-었었-'은 '-었-'에 의하여 표현되는 과거의 상황보다 한발 앞선 때의 상황을 나타내 주는 것으로 이해되어, 이 시제를 흔히 대과거시제(大過去時制)라 부른다.

한 예로 다음 예문 (1a), (2a)의 상황은 (1b), (2b)의 상황보다는 더 먼 과거의 상황인 듯한 느낌을 준다.

(2a)와 (2b)는 다 '어제'의 일이지만 (2a)는 그 일 이후에 어떤 일이 하나 더 있었다는 느낌을 주어 그러한 느낌을 주지 않는 (2b)의 상황과 구별되는 것이다.

　(1) a. 작년에는 여기에 온통 코스모스가 피었었다.

　　　b. 벌써 코스모스가 피었구나.

　(2) a. 어제 누나가 왔었다.

　　　b. 어제 누나가 왔다.

(1a), (2a)에는 비록 표면에 드러나지는 않지만 '-었-'으로 표현될 어떤 과거의 사건, '피었었다'나 '왔었다' 보다 나중에 일어난 사건이 전제되어 있다고 할 수 있다. '올해는 다른 꽃이 피었지만'이나, '누나가 그 후 돌아갔지만'과 같은 것이 그것이다. '-었었-'의 문장은 이처럼 '-었-'으로 표현될 상황이 내재해 있으면서 그것이 표면으로 드러나지 않는 것을 그 특징으로 한다.

－이익섭 · 채완(2003), 《국어문법론강의》, pp.278-279, 학지사 －

(3) **높임과 낮춤**

1) **높임법**: 문장의 주체나 객체, 말 듣는 상대방을 높이거나 낮추는 표현법

2) **높임법의 갈래**

높임법	대상	높임의 방법
주체 높임법	행위의 주체	용언의 어간에 높임의 선어말 어미 '-시-' 사용
상대 높임법	말 듣는 이	용언에 종결 어미(-습니다, -오, -게)사용
객체 높임법	행위의 대상(목적어, 부사어)	높임말의 사용(드리다, 여쭙다, 계시다, ……)

① 주체 높임법

    ㉠ 문장의 주어를 높인다. 용언, '명사-이다'의 어간 뒤에 높임의 어미 '-시-'를 붙인다. 주격 조사 '이/가' 대신 '께서'가 쓰이기도 하고, 주어 명사에 '-님'이 덧붙기도 한다.

        예 아버지께서 집에 들어오셨다. (오시었다)

    ㉡ 압존법: 주체가 말하는 이보다 높다 하더라도 듣는 이보다 낮으면 '-시-'를 쓸 수 없다. 혈연·사제 간의 관계에서 적용하며, 사회 조직에서는 적용하지 않는다.

        예 ┌ 할아버지, 아버지께서 조금 전에 오셨습니다.(×)
            └ 할아버지, 아버지가 조금 전에 왔습니다.(○)
            ┌ 어머니, 둘째 형이 오늘 서울에 도착하신대요.(×)
            └ 어머니, 둘째 형이 오늘 서울에 도착한대요.(○)
            ┌ 선생님, 김선배께서 가셨습니다.(×)
            └ 선생님, 김선배가 갔습니다.(○)

    ㉢ 간접 높임: 높임 대상인 주체의 신체, 소유물, 친분 관계, 성품이나 심리 등에 '-(으)시-'를 붙여서 표현하며, 주로 서술절에서 나타난다. 예를 들어 '선생님의 가방이 무겁다.'라는 문장에서, 선생님에 대한 높임을 표현하기 위해 선생님의 소유물인 '가방'에 '-시-'를 붙여, 높임의 궁극적 대상인 '선생님'을 간접적으로 높여 준다. (선생님의 가방이 무거우시다)

        예 • 형님께서는 무릎이 아프십니다. (신체의 일부분)
          • 선생님께서는 자동차가 없으시다. (소유물)
          • 할아버지께서는 연세가 많으시다. (관계 깊은 것)
          • 선생님 말씀이 있으시겠습니다. (말씀)
          • 할머니께서는 귀가 밝으시다. (신체의 일부분)

    ㉮ '있다, 없다'의 경우: '있다, 없다'는 직접 높임과 간접 높임의 형태가 다르다. 직접 높임은 '계시다, 안 계시다'를, 간접 높임은 '있으시다, 없으시다'를 쓴다.

        예 • 아버지께서는 집에 계신다. (주체를 직접 높이는 경우는 '계시다')
          • 아버지께서는 고민이 있으시다. ('아버지'와 연관된 '고민'을 높이므로 간접 높임을 쓴다.)
          • 교장 선생님의 말씀이 계시겠습니다.(×) → 있으시겠습니다 ('말씀'은 교장 선생님과 연관된 대상이므로 간접 높임을 쓴다.)

PART 01
문법 편

기출 | 따라잡기

91. 다음 예문 중 압존법이 사용된 것은? 2009. 서울시 9급

① 할머니께서 소설을 읽으셨다.
② 할아버지, 어머니가 아직 안 왔습니다.
③ 교장 선생님, 여기 앉으십시오.
④ 나는 어머니를 모시고 학교로 갔다.
⑤ 막내 삼촌께서 병원에 다녀오셨다.

92. ㉠~㉢의 밑줄 친 부분이 높이고 있는 인물은? 2014. 사회복지직 9급

┌─────────────────────────┐
│ ㉠ 할아버지께서는 아버지의 사업 │
│   을 도우신다. │
│ ㉡ 형님이 선생님을 모시고 집으로 │
│   왔다. │
│ ㉢ 할머니, 아버지가 고모에게 전 │
│   화하는 것을 들었어요. │
└─────────────────────────┘

	㉠	㉡	㉢
①	아버지	선생님	할머니
②	아버지	형님	아버지
③	할아버지	형님	아버지
④	할아버지	선생님	할머니

- 그분은 두 살된 따님이 계시다.(×) → 있으시다 ('그분'을 높이기 위해 '따님'을 높이는 것이므로 간접 높임을 쓴다.)

㉴ 간접 높임의 제약: 간접 높임은 높여야 할 대상과 밀접한 관계를 갖고 있는 경우에만 사용한다. 따라서 고객을 존대하려는 의도로 불필요하게 '-시-'를 넣는 것은 잘못된 표현이다.

예
- 주문하신 커피 나오셨습니다.(×) → 나왔습니다
- 문의하신 상품은 품절이십니다.(×) → 품절입니다
- (상점에서) 포장이세요?(×) → 포장해 드릴까요?

기출 | 따라잡기

93. 다음 글의 ㉠의 사례가 포함되어 있지 않은 것은? 2025 개편 예시문항

> 존경 표현에는 주어 명사구를 직접 존경하는 '직접존경'이 있고, 존경의 대상과 긴밀한 관련을 가지는 인물이나 사물 등을 높이는 ㉠'간접존경'도 있다. 전자의 예로 "할머니는 직접 용돈을 마련하신다."를 들 수 있고, 후자의 예로는 "할머니는 용돈이 없으시다."를 들 수 있다. 전자에서 용돈을 마련하는 행위를 하는 주어는 할머니이므로 '마련한다'가 아닌 '마련하신다'로 존경 표현을 한 것이다. 후자에서는 용돈이 주어지만 할미니와 긴밀한 관련을 가진 사물이라서 '없다'가 아니라 '없으시다'로 존경 표현을 한 것이다.

① 고모는 자식이 다섯이나 있으시다.
② 할머니는 다리가 아프셔서 병원에 다니신다.
③ 언니는 아버지가 너무 건강을 염려하신다고 말했다.
④ 할아버지는 젊었을 때부터 수염이 많으셨다고 들었다.

㉣ 특수 어휘를 이용한 주체 높임 예 선생님께서 진지를 드신다.

예사말	높임말
있다	계시다
먹다	잡수다(잡수시다), 자시다, 들다(드시다)
마시다	들다(드시다)
아프다	편찮으시다
자다	주무시다
죽다	돌아가시다
말	말씀
밥	진지
집	댁

➕ 플러스 **두 종류의 '말씀'**

한국어에서 '말씀'은 두 가지 종류가 있다. 하나는 남의 말을 높여 이르는 것이요, 또 하나는 자신의 말을 낮추어 이르는 것이다. (1)은 '말'의 높임말로 쓰인 '말씀'이고, (2)는 '말'의 낮춤말로 쓰인 '말씀'이다.

(1) 선생님의 말씀대로 저는 집으로 돌아가겠습니다.
(2) 제가 말씀을 드릴게요.

기출 | 따라잡기

94. 밑줄 친 표현이 다음의 높임법에 해당하지 않는 것은? 2007. 국가직

> 주체 높임법은 서술어가 나타내는 행위의 주체를 높이는 표현법으로, 높임 선어말 어미 '-(으)시-', 조사, 동사, 명사 등에 의해 표현된다.

① 할머니께서 진지를 드신다.
② 나는 어머니께 과일을 드렸다.
③ 할아버지께서 병원에 다녀오셨다.
④ 선생님께서 부모님께 가정 통신문을 발송하셨다.

95. 다음 〈보기〉에서 밑줄 친 부분의 경어법을 잘못 보여주고 있는 것은? 2012. 국회직 9급

보기

> 청자를 대접하는 등급을 몇으로 나누느냐 하는 문제는 그리 간단치 않다. 각 등급을 흔히 '하다'의 명령형에서 이름을 따서 ㉠해라체, ㉡해체(반말체), ㉢하게체, ㉣하오체, ㉤해요체, 합쇼체로 부른다. 이들의 각 등급이 각각 독립된 한 등급을 이룬다면 상대경어법은 여섯 등급으로 나뉘는 경어법이라 할 수 있다.

① ㉠ - 얘, 저기 빈 택시가 온다.
② ㉡ - 자네, 그럼 이리로 좀 오지.
③ ㉢ - 여보게들, 나랑 같이 가세.
④ ㉣ - 김 형, 다시 만나니 참 반갑구려.
⑤ ㉤ - 아저씨, 시간이 다 되었으니 이제 가시지요.

② 상대 높임법

㉠ 갈래

격식체: 의례적·형식적			비격식체: 주관적·비형식적		
하십시오체	아주 높임	빨리 가십시오.	해요체	두루 높임	빨리 가세요.
하오체	예사 높임	빨리 가시오.			
하게체	예사 낮춤	김 군, 빨리 가게.	해체	두루 낮춤	철수야 빨리 가.
해라체	아주 낮춤	철수야 빨리 가거라.			

	격식체				비격식체	
	해라체	하게체	하오체	하십시오체	해체	해요체
평서형	간다	가네, 감세	가(시)오	가십니다	가, 가지	가요
의문형	가냐?, 가니?	가는가?, 가나?	가(시)오	가십니까?	가? 가지?	가요?
명령형	가(거라), 가렴, 가려무나	가게	가(시오), 가구려	가십시오	가, 가지	가(세/셔)요
청유형	가자	가세	갑시다	(가시지요)	가, 가지	가(세/셔)요
감탄형	가는구나	가는구먼	가는구려	—	가, 가지	가(세/셔)요

㉡ 중화체: 인쇄 매체를 통한 간접 발화 상황 등에서 불특정 다수를 대상으로 명령을 할 때는 '해라체'를 쓰지 않고 높임과 낮춤이 중화된 '하라체'를 쓴다.

　예 제시문을 읽고 물음에 답하라. / 정부는 빈곤 문제에 대한 대책을 세우라.

③ 객체 높임법

㉠ 동작의 대상인 객체(목적어나, 처소적인 격조사가 붙은 부사어)를 높일 때에 서술의 객체를 높이는 특수 어휘를 사용한다.

　예 아버지가 할아버지께 뭔가 드렸습니다.
　　　(동작의 대상) (주다 ⇨ 드리다)

㉡ 실현: 특수 어휘를 통해 실현된다.

'주다, 드리다, 묻다, 여쭙다(여쭈다), 보다, 뵙다, 데리다, 모시다' 등이 있다.

　예 나는 아버지를 모시고 병원으로 갔다.
　　　나는 선생님께 선물을 드렸다.

기출 | 따라잡기

96. 주어의 행동이 미치는 대상인 객체를 높이는 데 쓰이는 단어끼리 짝지은 것은?　2010. 경북 교육청

보기
(가) 잡수시다
(나) 편찮으시다
(다) 드리다
(라) 돌아가시다
(마) 계시다
(바) 여쭙다

① (가), (나)
② (나), (라)
③ (다), (마)
④ (다), (바)
⑤ (라), (바)

97. 〈보기〉의 조건을 모두 만족시키는 문장은?　2016. 기상직 9급

보기
• 관형사가 들어 있을 것
• 필수적 부사어가 들어 있을 것
• 객체를 높이는 서술어가 들어 있을 것

① 동생은 어제 산 새 옷을 할아버지께 드렸다.
② 그는 아버지와 함께 했던 옛 추억을 떠올렸다.
③ 어머니께서 할머니를 모시고 시장에 다녀오셨다.
④ 할머니께서는 손자가 무슨 말을 해도 좋다고 하셨다.

98. 다음은 국어의 부정(否定) 표현에 대한 설명이다. ㉠~㉤의 예시로 적절하지 않은 것은? 2015. 국회직 8급

부정의 의미를 나타내기 위하여 가장 많이 사용하는 방법은 이른바 부정소라고 불리는 ㉠부정 부사나 부정 서술어를 사용하는 경우이다. 그러나 이밖에도 ㉡부정의 의미를 가지는 접두사를 이용하기도 하고 ㉢부정의 뜻을 가지는 어휘를 이용하여 부정의 의미를 나타내기도 한다. 더욱이 우리말에는 ㉣부정소를 사용하지 않아도 부정의 의미를 내포하는 경우도 있고 반대로 ㉤부정소를 사용하였더라도 의미상으로는 긍정인 경우도 있다.

① ㉠: 너무 시끄럽게 떠들지 마라.
② ㉡: 이번 계획은 너무나 비교육적이다.
③ ㉢: 나는 그녀의 마음을 잘 모른다.
④ ㉣: 제가 어찌 그 일을 하지 않을 수 있겠습니까?
⑤ ㉤: 그가 이번 일을 그렇게 못하지는 않았다.

99. 다음 중 사동 표현이 올바른 문장은? 2019. 군무원 7급(복원)

① 아군은 적의 공격을 격퇴시켰다.
② 나의 가르침으로 철수를 성공시켰다.
③ 철수와 정희를 연인으로 연결시키다.
④ 좋은 사람 있으면 소개시켜 줘.

(4) 부정문

• 부정문의 갈래

갈래		형식		예
안 부정문	의지에 의한 행동을 부정, 단순부정	짧은 부정문	안(아니) −	학교에 안 갔다.
		긴 부정문	−지 아니하다	학교에 가지 않았다.
못 부정문	능력, 여건, 상황에 의한 행동을 부정	짧은 부정문	못 −	학교에 못 갔다.
		긴 부정문	−지 못하다	학교에 가지 못했다.

➕ 플러스 ▶ 안 부정문의 중의성

(1) 내가 형오를 몽둥이로 때리지 않았다.

┌ 해석 1) 형오를 몽둥이로 때린 사람은 내가 아니다. ('나'를 부정)
├ 해석 2) 내가 때린 사람은 형오가 아니다. ('형오'를 부정)
├ 해석 3) 내가 형오를 때린 도구는 몽둥이가 아니다. ('몽둥이'를 부정)
└ 해석 4) 내가 형오를 몽둥이로 때린 것은 아니다. 단지 밀었을 뿐이다. ('때린 것'을 부정)

(2) 손님이 다 오지 않았다.

┌ 해석 1) 모두가 오지 않았다. (전체 부정)
└ 해석 2) 일부만 왔을 뿐이다. (부분 부정)

(3) 중의성의 제거: 부정 대상이 되는 단어에 보조사 '는, 도, 만'을 붙이면 중의성이 제거된다.
예 • 내가 형오를 때리지는 않았다. (⇨ 형오에게 어떤 행동을 하기는 했으나, 때린 것은 아니다.)
   • 손님이 다 오지는 않았다. (⇨ 부분 부정: 일부만 왔을 뿐이다.)

(5) 사동과 피동

1) 사동(使動): 남으로 하여금 어떤 동작을 하도록 하는 기능

① 사동과 주동
   ㉠ 사동사: 남으로 하여금 어떤 동작을 하도록 하는 것을 나타내는 동사
   ㉡ 주동사: 동작주가 스스로 행하는 동작을 나타내는 동사
   예 벌레를 새에게 먹이려고 하였으나, 웬일인지 먹으려고 하지 않았다.
          사동사   주동사

② 사동문 되기
   ㉠ 파생적 사동문: 사동 접사(−이−, −히−, −리−, −기−, −우−, −구−, −추−, −시키−)를 사용한다.
   ㉡ 통사적 사동문: '−게 하다'에 의한 사동문 예 개가 집을 지키게 하다.
   ㉢ 이중 사동 접사의 사용: 일부 용언은 사동 접미사 두 개를 겹쳐 쓴다.
      예 • 서다 ⇨ 세우다(서+이우+다)   • 자다 ⇨ 재우다(자+이우+다)
         • 뜨다 ⇨ 띄우다(뜨+이우+다)   • 차다 ⇨ 채우다(차+이우+다)
         • 쓰다 ⇨ 씌우다(쓰+이우+다)   • 타다 ⇨ 태우다(타+이우+다)

③ 사동문의 의미

    ㉠ 사동사에 의한 사동문은 두 가지 뜻으로 해석되기도 한다.

        예 어머니께서 영희에게 약을 먹이셨다.

          ┌ 직접 사동: 어머니께서 직접 영희 입 속에 약을 넣어 주셨다.
          └ 간접 사동: 어머니께서 영희에게 약을 주어 먹게끔 했다.

    ㉡ '-게 하다' 사동문은 간접 사동으로만 해석된다.

        예 어머니께서 영희에게 옷을 <u>입게 하셨다</u>.

➕ 플러스 | 사동문의 오류

(1) 과도한 사동 접사의 사용: 의미상 불필요한 경우에 사동 표현을 남발해서 사용하는 경우의 오류

    예 • 들판을 <u>헤매이며</u>(헤매- + -이- + -며) 돌아다니는 사람들.(×) → 헤매며

       • 오랜만에 그를 보니 가슴이 <u>설레였다</u>(설레- + -이- + -었- + -다).(×) → 설레었다/설렜다

       • 어머니의 이름을 <u>목메이게</u>(목메- + -이- + -게) 불러 봅니다.(×) → 목메게

       • 활짝 <u>개인</u>(개- + -이- + -ㄴ) 날씨(×) → 갠

       • 함부로 <u>끼여들기</u>(끼- + -이- + -어- + 들- + -기)를 하면 안 된다.(×) → 끼어들기

(2) 접사 '-시키다'의 불필요한 사용: '-시키다'는 자동사를 타동사로 바꾸어 사동 의미를 더하는 역할을 한다. 따라서 원래 타동사인 경우는 '-시키다'를 결합하여 타동사로 바꿀 필요가 없다. 즉 '-하다'를 쓸 수 있는 일에 무리하게 '-시키다'를 붙이지 않아야 한다.

    예 • 내가 친구 한 명을 <u>소개시켜</u> 줄게.(×) → 소개해

       • 학생들을 <u>교육시켰다</u>.(×) → 교육하였다

       • 주거 환경을 <u>개선시켜</u> 나가야 한다.(×)→ 개선해

       • 학원에 <u>접수시켰다</u>.(×) → 등록하였다

       • 우리 가족은 나를 <u>포함시켜</u> 셋이다.(×) → 포함하여

       • 자외선을 <u>차단시키는</u> 제품(×) → 차단하는

    ※ "나는 철수를 입원시켰다."에서 '입원하다'는 자동사이므로 사동의 의미를 넣어 '입원시키다'로 쓸 수 있다.

2) **피동(被動):** 남의 행동을 입어서 행해지는 동작

  ① 피동과 능동

    ㉠ 피동사: 남의 행동을 입어서 행해지는 동작을 나타내는 동사

    ㉡ 능동사: 제 힘으로 행하는 동작을 나타내는 동사

  ② 피동문 되기

    ㉠ 피동 접사의 사용: -이-. -히-, -리-, -기-, -되-

    ㉡ '-아(어)지다'에 의한 피동 예 그의 오해가 비로소 <u>풀어졌다</u>. (타동사와 결합)

    ㉢ '되다(받다, 당하다)'류에 의한 피동문

        예 • 갑자기 그 일이 <u>걱정되었다</u>.

          • 그 지역은 피해 <u>받는</u> 주민들로 넘쳐났다.

          • 춘향이는 고문을 <u>당했다</u>.

기출 | 따라잡기

100. 다음 중 밑줄 친 동사의 종류가 다른 하나는?   2004. 국회직 8급

① 어머니가 아이에게 밥을 <u>먹인다</u>.

② 도둑이 경찰에게 <u>잡혔다</u>.

③ 개그맨이 사람들을 <u>웃긴다</u>.

④ 철수가 물을 <u>끓인다</u>.

ⓛ 피동문의 제약

㉮ 능동문을 피동문으로 바꿀 수 없는 경우

- 능동문의 목적어가 무정물인 경우

  예 영희가 <u>책</u>을 읽었다. → <u>책</u>이 영희에게 읽혔다.(×)

- 주어가 동작주가 아닌 경험주인 경우

  예 철수는 <u>꾸중</u>을 들었다. → <u>꾸중</u>이 철수에게 들렸다.(×)

㉯ 피동문을 능동문으로 바꿀 수 없는 경우

- 무정 명사가 타동사문의 주어인 경우

  예 열매가 배나무에 열렸다. → 배나무가 열매를 열었다.(×)

- 의지나 의도를 가진 주체를 설정하기 어려운 경우

  예 <u>날씨</u>가 많이 풀렸다. → <u>날씨</u>를 풀었다.(×)

㉰ 목적어를 취하는 피동사

대부분의 피동문에는 보통 목적어가 없지만 일부 피동사는 목적어를 취하기도 한다.

예
- 수지가 철수에게 <u>손목</u>을 잡혔다. ('잡히다' 피동사)
- 철수가 불량배에게 <u>돈</u>을 뜯겼다. ('뜯기다' 피동사)
- 게임을 하느라 <u>시간</u>을 빼앗기다. ('빼앗기다' 피동사)
- 바둑을 두면서 상대에게 <u>수</u>를 읽히면 지게 된다. ('읽히다' 피동사)
- 아이들은 연필을 깎다가 칼날에 <u>손</u>을 베이기 일쑤이다. ('베이다' 피동사)
- 사나운 개에게 <u>팔</u>을 물리다. ('물리다' 피동사)
- 그는 친구에게 많은 <u>돈</u>을 떼였다. ('떼이다' 피동사)
- 그는 상대편 선수에게 <u>정강이</u>를 차여 부상당했다. ('차이다' 피동사)

(1) 이중 피동의 오류: '-이, 히, 리, 기-' + '-어지다'의 표현은 사용이 제한된다. 이것은 피동 접미사와 통사적 피동문의 표현인 '-어지다'를 중복하여 사용한 것이다.

예
- 내가 합격한 것이 사실인지 <u>믿겨지지</u>(믿-+-기-+-어지지) 않았다.(×) → 믿기지
- 앞으로 경제가 좋아질 것으로 <u>보여집니다</u>(보-+-이-+-어집다).(×) → 보입니다
- 이 책의 글씨는 잘 <u>읽혀지지</u>(읽-+-히-+-어지지) 않아요.(×) → 읽히지
- 이 문제가 잘 <u>풀려지지</u>(풀-+-리-+-어지지) 않는다.(×) → 풀리지

(2) '-되어지다', '-지게 되다' 등의 표현은 통사적 피동문의 표현을 중복하여 사용했기 때문에 이중 피동이므로 사용하지 않는다.

예
- 앞으로 이 문제가 잘 풀릴 것이라고 <u>생각되어진다</u>.(×) → 생각된다
- 결국, 그 문제는 <u>해결되어지지</u> 않았다.(×) → 해결되지
- 그는 오랜 기간 동안 숨어 있었으나 마침내 <u>잡혀지게</u> 되었다.(×) → 잡히게

(3) '불리우다, 잘리우다, 갈리우다, 팔리우다' 등은 잘못된 표기이다. '불리다'는 '부르다'의 피동사, '잘리다'는 '자르다'의 피동사, '갈리다'는 '가르다'의 피동사, '팔리다'는 '팔다'의 피동사이므로 이중 피동의 표현이다.

예
- 그는 훌륭한 가수로 <u>불리웠다</u>.(×) → 불렸다
- 남북으로 <u>갈리운</u> 분단의 고통을 극복해야 한다.(×) → 갈린

기출 | 따라잡기

101. 다음 중 고친 문장이 적절하지 않은 것은?
2015. 지방직 9급

① 그는 창작 활동과 전시회를 열었다. → 그는 창작 활동을 하고 전시회를 열었다.

② 그는 천재로 불려졌다. → 그는 천재로 불렸다.

③ 그는 마음씨 좋은 할머니의 손자이다. → 그는 마음씨가 좋은 할머니의 손자이다.

④ 나는 오늘 아침 나무에게 물을 주었다. → 나는 오늘 아침 나무에 물을 주었다.

4 문장의 짜임새(문장의 결합)

(1) 홑문장과 겹문장

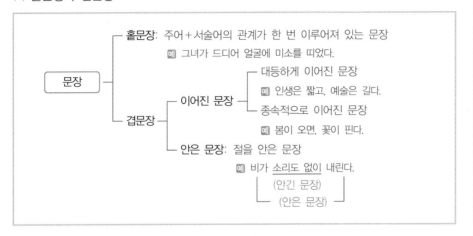

1) 홑문장

① **정의**: 주어와 술어의 관계가 한 번만 이루어지는 문장을 말한다.

　　예 꽃이 핀다.

② **홑문장의 확장**: 홑문장은 관형사나 관형사구, 부사나 부사구의 수식을 받거나, 대칭 용언에 의해 확장될 수 있다. 그러나 이처럼 문장의 길이가 아무리 길어져도 주어와 술어의 관계가 한 번만 나타나면 홑문장이다.

　㉠ 관형사나 관형사구, 부사나 부사구의 수식

　　예 • 철수가 드디어 부모님으로부터 당당히 독립하였다.

　　　• 나는 나만의 삶을 나만의 방식으로 산다.

　㉡ 대칭 용언(만나다, 싸우다, 부딪치다, 악수하다, 비슷하다, 다르다, 같다, 닮다)의 사용

　　　예 영희는 철수와 도서관에서 마주쳤다. (홑문장)

　　　'영희는 도서관에서 마주쳤다.'＋'철수는 도서관에서 마주쳤다.'로 분리될 수 없음.

　　　⇨ 영희는(주어) 철수와(부사어) 도서관에서(부사어) 마주쳤다(서술어).

2) 겹문장

① **정의**: 주어와 술어의 관계가 두 번 이상 이루어지는 문장을 말한다.

② **유형**: 한 개의 홑문장이 한 성분으로 안긴 형태(안긴문장 혹은 안은문장)로 이루어지거나, 홑문장이 여러 개 이어진 형태(이어진문장)로 이루어진다.

(2) 문장 속의 문장(안긴 문장＝절)

1) 안은 문장: 속에 다른 문장을 안고 있는 겉의 전체 문장

　예 나는 경희가 잘 되기를 바란다.
　　　　　안긴 문장

2) 안긴 문장: 한 문장이 절의 형태로 바뀌어서 전체 문장의 속에 안김

① **명사절로 안김**: 전체 문장 속에서 주어·목적어·보어·부사어 구실을 한다.

　㉠ 명사형 어미 '-(으)ㅁ'으로 끝난 명사절

PART 01
문법 편

➕ 플러스

'-(으)ㅁ' 명사절은 대부분 '것' 명사절로 바꾸어 쓸 수 있다.

예 경식이는 공부를 게을리 함을 후회한다. → 경식이는 공부를 게을리 한 것을 후회한다.

명사절은 일반적으로 주어, 목적어, 보어의 역할을 담당하지만 부사격 조사가 붙어서 부사어의 역할을 담당하기도 한다.
예 지금은 술집에 가기에 이른 시간이다.

---

102. 다음 예문 중에서 관형절의 성격이 다른 하나는?

2017. 사회복지직 9급

① 비가 오는 소리가 들린다.
② 철수는 새로 맞춘 양복을 입었다.
③ 나는 길에서 주운 지갑을 역 앞 우체통에 넣었다.
④ 윤규가 지하철에서 만났던 사람은 의사이다.

103. ㉠, ㉡의 문장에 대한 설명으로 옳은 것은? 2022. 국회직 9급

> ㉠ 나는 그 사람이 정직함을 믿는다.
> ㉡ 그녀는 내가 모르는 노래를 불렀다.

① ㉠은 부사절이 안겨 있는 문장이다.
② ㉠의 안긴 문장에는 서술어가 생략되어 있다.
③ ㉡은 명사절이 안겨 있는 문장이다.
④ ㉡의 안긴 문장에는 목적어가 생략되어 있다.
⑤ ㉠과 ㉡은 모두 서술절을 포함하고 있다.

예 • 민호가 축구에 소질이 있음이 밝혀졌다. (주어)
　• 우리는 한수가 정당했음을 깨달았다. (목적어)
㉡ 명사형 어미 '-기'로 끝난 명사절
　예 • 상호가 그 일을 하기는 쉽지 않다. (주어)
　　• 올해에는 네가 합격하기를 빌겠다. (목적어)
㉢ '-는(-ㄴ)+것'으로 끝난 명사절
　예 수험생들이 고민이 많다는 것이 사실이다. (주어)
㉣ '-느냐/-(으)냐, -는가/-(으)ㄴ가, -는지/-(으)ㄴ지' 등의 종결 어미로 끝난 문장이 그대로 명사절이 되어 안김
　예 그녀가 정말 성공하느냐가 문제였다. (주어)

② 관형절로 안김: 전체 문장 속에서 관형어 구실을 한다.
㉠ 긴 관형절: 종결형으로 끝난 문장에 '-는(-고 하는)'이 붙음
　예 나는 네가 합격했다는 소식을 들었다.
㉡ 짧은 관형절: 종결형이 나타나야 할 자리에 종결형 어미 대신 관형형 어미 '-(우)ㄹ, -(으)ㄴ'이 붙어 이루어진 관형절
　예 • 네가 깜짝 놀랄 일이 생겼다.
　　• 나는 (내가) 그에게 책을 빌려준 기억이 없다.

➕ 플러스　동격 관형절과 관계 관형절

(1) 동격 관형절
한 문장의 필수 성분을 완전하게 갖추고 관형절의 수식을 받는 명사가 관형절 속의 일정한 성분이 될 수 없는 관형절을 말한다. 이러한 동격 관형절에서는 관형절 그 자체가 독립된 문장이 될 수 있는데, 특수한 명사 앞에서만 쓰인다.
예 • 내가 일등을 했다는 사실이 신기하다.
　• 어제 우리 학교가 우승한 사실이 신문마다 크게 실렸다.
　• 낙엽이 지는 광경이 슬프구나.
　• 너희들, 순호가 돌아왔다는 소식 들었니?
　• 나는 그가 착한 사람이라는 생각이 들었다.

(2) 관계 관형절
성분 중의 하나가 생략되는 관형절로서, 관형절의 수식을 받는 명사가 관형절 속의 일정한 성분(주어, 목적어, 부사어 등)이 될 수 있는 관형절이다.
① 주어 생략
　예 • 뒷다리가 긴 토끼를 산에 풀어 주었다. ('토끼가' 생략)
　　• 도서관은 공부를 하는 학생들로 가득했다. ('학생들이' 생략)
② 목적어 생략
　예 • 그녀가 사준 스웨터가 마음에 든다. ('스웨터를' 생략)
　　• 철수가 그린 풍경화가 전람회에서 특선으로 뽑혔다. ('풍경화를'이 생략)
③ 부사어 생략
　예 • 수험생이 많은 강의실은 열정에 차있다. ('강의실에' 생략)
　　• 섬 주위에는 옛날의 파도의 자취가 새겨져 있는 바위가 널려 있다. ('바위에'가 생략)

③ 부사절로 안김: 용언에서 파생된 부사(없이, 같이, 달리)가 서술어 기능을 한다.

　　⊙ 없이 예 그는 소리도 없이 떠났다.

　　ⓒ 같이 예 그는 우리가 예상했던 것과 같이 시험에 합격했다.

　　ⓒ 달리 예 그는 얼굴이 잘 생긴 것과는 달리 품행은 좋지 않다.

④ 서술절로 안김: 전체 문장 속에서 서술어 구실을 한다. 서술절을 안은 문장은 한 문장에서 주어가 두 개 있는 것처럼 보인다. 이때 앞에 나오는 주어를 제외한 나머지 부분이 서술절에 해당한다.

　　예 • 토끼는 앞발이 짧다.
　　　 • 이 책은 활자가 너무 작다.
　　　 • 경수가 돈이 많다.

⑤ 인용절로 안김: 말의 내용, 생각, 판단 등을 인용한 것으로 인용절은 문장 성분으로 보면 부사어로 보는 것이 좋다.

　　⊙ 간접 인용: '고'

　　　 예 우리는 그가 옳은 일을 한다고 판단했다.

　　ⓒ 직접 인용: '라고, 하고'

　　　 예 • 민수가 "나는 그녀를 사랑해."라고 말했다.
　　　　 • 포탄이 터지는 소리가 '쿵!' 하고 울렸다.

(3) 이어진 문장

1) 개념: 연결 어미에 의해 두 문장이 결합된 문장

2) 갈래

① 대등하게 이어진 문장

　　대등적 연결 어미 '-고, -(으)며, -(으)나, -지만' 등에 의하여 결합된 문장으로 앞 절과 뒤 절의 순서를 바꿔도 문장 전체의 의미는 변하지 않는다.

　　예 • 비가 오고, 바람이 분다.
　　　 • 그는 갔으나, 예술은 살아 있다.

② 종속적으로 이어진 문장

　　앞 절에 종속적 연결 어미를 붙여 뒤 절에 붙인 문장으로 앞 절과 뒤 절의 순서를 바꾸면 문장이 성립되지 않거나 의미가 완전히 달라지게 된다. [뒤 절이 주(主)가 되고, 앞 절이 종(從)이 된다.]

　　예 • 겨울이 오니, 눈이 온다.
　　　 • 봄이 왔는데, 날씨는 쌀쌀하다.

3) 대등하게 이어진 문장과 종속적으로 이어진 문장의 구별

연결 어미에 이끌리는 앞 절이 뒤 절 속으로 자리를 옮길 수 있으면 종속적인 연결로 본다.

　　예 • 나는 밥을 먹으러 식당에 간다. ⇨ 나는 식당에 밥을 먹으러 간다.
　　　 • 봄이 오니 날씨가 따뜻하다. ⇨ 날씨가 봄이 오니 따뜻하다.

기출 따라잡기

104. 문장의 짜임이 다른 것은?
2024. 서울시 9급

① 예쁜 꽃이 피었네.
② 누가 그런 일을 한다고 그래.
③ 그 집에서 오늘 돌잔치가 있어.
④ 모두가 따뜻한 봄이 오기를 기다리고 있지.

105. 안긴 문장이 주성분으로 쓰이지 않은 것은?
2016. 국가직 9급

① 그 학교는 교정이 넓다.
② 농부들은 비가 오기를 학수고대했다.
③ 아이들이 놀다 간 자리는 항상 어지럽다.
④ 대화가 어디로 튈지 아무도 몰랐다.

106. 다음 밑줄 친 '-고' 중에서 겹문장(복문)을 만드는 기능을 하지 않는 어미를 모두 고른 것은?
2019. 경찰직 1차

저 아이가 형이겠⊙고 네가 동생이겠구나. 내가 예전에는 너를 업ⓒ고 병원까지 달려갔었지. 그래, 요즘은 건강하ⓒ고? 운동은 좀 하ⓔ고 있니?

① ⊙, ⓒ
② ⓒ, ⓒ
③ ⓒ, ⓔ
④ ⊙, ⓔ

107. 다음 밑줄 친 부분에 해당하는 예로 가장 적절하지 않은 것은?

2017. 경찰직(1차) 9급

> 문장은 홑문장과 겹문장으로 나뉘며, 겹문장은 다시 이어진문장과 안은문장으로 나뉜다. 이어진문장은 두 개의 홑문장이 대등한 자격으로 이어지는 ㉠대등하게 이어진 문장과 앞의 홑문장이 뒤의 홑문장에 종속적으로 연결되는 ㉡종속적으로 이어진 문장으로 나눌 수 있다. (이하 생략)

① ㉠: 나는 밥을 먹고 학교에 갔다.
② ㉠: 어제는 눈이 왔고 오늘은 비가 온다.
③ ㉡: 가을이 되면 단풍이 든다.
④ ㉡: 공원에 갔는데 사람들이 많았다.

➕플러스 | 대칭 용언

서술어의 의미가 짝(대칭)을 필요로 하는 용언
(1) 동사: 마주치다, 부딪치다, 만나다, 대면하다, 싸우다, 닮다
(2) 형용사: 같다, 비슷하다, 다르다

---

4) 문장의 이어짐과 단어의 이어짐

① 단어와 단어 사이에 접속 조사가 쓰인 경우, 또는 단어와 단어 사이가 조사가 없이 이어진 문장은 분해하여 홑문장과 겹문장을 판별한다.

② 문장의 이어짐: 분해 가능 ⇨ 겹문장

> 예 명철이와 정수는 야구 선수이다.
> ┌ 명철이는 야구 선수이다.(○)
> └ 정수는 야구 선수이다.(○) ⇨ 분해 가능

㉠ 주어가 접속 조사로 이어져 있고, 이에 대한 서술어가 하나밖에 없어도 이어진 문장이다.

> 예 영화와 진걸이는 농구 선수이다.

㉡ 목적어와 접속 조사로 이어져 있어도 이어진 문장이다.

> 예 봉수는 영어와 독일어와 불어를 할 줄 안다.

㉢ 두 성분이 동시에 접속 조사로 연결되어 있어도 이어진 문장이다.

> 예 광식이와 팔봉이는 서울과 인천에 산다.

㉣ 한 쪽의 서술어가 생략되어 홑문장 같지만 이어진 문장이다.

> 예 경희는 역사책, 정희는 지리책을 읽었다.

③ 단어의 이어짐: 분해 불가능 ⇨ 홑문장

> 예 치선이와 덕희는 골목길에서 마주쳤다.
> ┌ 치선이는 골목길에서 마주쳤다.(×)
> └ 덕희는 골목길에서 마주쳤다.(×) ⇨ 분해 불가능

다음과 같은 '마주치다, 닮았다' 등의 대칭 용언은 복합 주어를 필요로 하는 서술어이기 때문에 두 개의 문장으로 분해가 불가능므로 홑문장이다.

CHAPTER

03

고전문법

1 국어의 기원과 형성

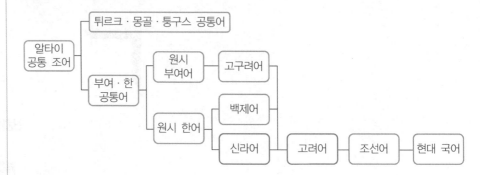

2 국어사의 시기 구분

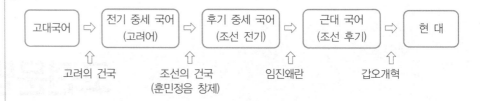

3 고대 국어의 특징

(1) 특징

우리말의 역사가 시작된 시점부터 통일 신라 시대까지의 국어, 즉 고려 건국 이전의
국어를 통틀어 고대 국어(古代國語)라고 한다. 그런데 이 시기의 국어는 몇몇 신라
어의 흔적들을 포함하더라도 아주 단편적인 기록밖에 남아 있지 않아 그 당시 국어
의 전반적인 모습을 구체적으로 파악할 수 없다.

현대 국어에 대해 알고 싶다면 지금 쓰이는 말을 조사하면 되지만, 고대 국어를 알
기 위해서는 과거의 자료와 기록에 의존할 수밖에 없다. 당시 사람들이 사용하던 고
대 국어는 지금 다시 들을 수 없기 때문이다. 그런데 고대 국어의 모습을 담고 있는
자료나 기록이 부족하다 보니 고대 국어의 모습을 온전히 파악하는 데에는 어려움
이 있다.

고대 국어를 조사하는 데에는 향찰(鄕札), 이두(吏讀/吏頭), 구결(口訣)과 같은 차자
(借字) 표기로 기록된 자료가 중요하게 활용된다. 고대에는 우리말을 기록할 만한
고유의 표기 수단이 없어 한자를 빌려 썼는데, 이 차자 표기에 고대 국어의 흔적이
남아 있다. 한자로 차자 표기를 할 때에는 한자의 음과 훈을 빌려 우리말을 적었다.
그러나 당시 한자의 음(音)과 훈(訓)도 시간이 지남에 따라 변했기 때문에 현재에는

고대 국어의 정확한 모습을 알기가 매우 어렵다. 다만 고대 국어의 특징을 짐작할 수 있을 따름이다. 고대 국어의 음운 체계에는 된소리가 없었던 것으로 보이며, 문법은 중세 국어와 큰 차이가 없었던 것 같다. 또한, 어휘에서는 한자를 빌려 쓰면서 우리말에 많은 양의 한자어가 유입된 것으로 보인다.

(2) 자료 및 표기 – 차자(借字) 표기

고대 국어의 모습을 알 수 있는 자료가 별로 없으므로 《삼국사기》와 《삼국유사》의 기록을 통하여 단편적인 사실만을 확인할 수 있다.

1) 고유명사의 표기: 인명이나 지명을 한자의 음이나 뜻을 차용하여 표기하였다.

① 한자의 음과 훈을 빌려 고유 명사를 표기했다.

> 素那　　(或云 金川)　　白城郡蛇山人也
> 소나　　혹운 금천　　　백성군사산인야
>
> 소나(素那) [또는 금천(金川)이라고 한다.]는 백성군(白城郡) 사산(蛇山) 사람이다. [삼국사기]
>
> ※ '素那(소나)'는 어떤 사람의 이름을 한자의 음을 빌려 표기한 것이고 '金川(금천)'은 동일한 사람의 이름을 한자의 뜻을 빌려 표기한 것이다. 고대에는 우리말의 인명이나 지명을 한자의 음이나 뜻을 빌려 표기하는 방법이 일반적이었던 것으로 보인다.

② 고유어와 한자어가 경쟁하며 고유 명사를 표기했다.
- 밤실 → 栗谷, 돌실 → 石谷

> 永同郡 本 吉同郡 景德王改名 今因之
> 영동군 본 길동군 경덕왕개명 금인지
>
> 영동군(永同郡)은 본래 길동군(吉同郡)인데 경덕왕이 이름을 고쳤으며, 지금 그대로 쓰고 있다. [삼국사기]
>
> ※ 본래 '吉同郡(길동군)'인 지명을 '永同郡(영동군)'으로 고친 것은 한자의 뜻을 빌려 지명을 표기하게 된 것이라 볼 수 있다. 즉 '永同郡(영동군)'의 '永'의 뜻이 '길다'에서 착안하여 뜻의 어간 '길'을 빌려 '吉同郡(길동군)'을 '永同郡(영동군)'으로 표기한 것이다.

2) 서기체 표기(誓記體表記): 한자를 우리말의 어순대로 나열한 표기 형태

예 壬申年六月十六日 二人竝誓記 天前誓 今自三年以後 忠道執持 過失無誓

－〈임신서기석(壬申誓記石)〉

(임신년 6월 16일 두 사람이 함께 맹세하여 기록한다. 하늘 앞에 맹세한다. 지금부터 3년 이후에 忠道를 執持하여 過失이 없기를 맹세한다.)

3) 향찰(鄕札)

한자의 음과 훈을 최대로 이용하여 우리말을 전면적으로 표기한 차자 표기 체계이다. 이때 실질 형태소는 훈독 표기로, 조사, 어미 등의 형식 형태소는 음독 표기로 기록하였다. [향가의 표기]

예 東京明期月良 夜入伊遊行如可 (식볼 볼기 드래 밤 드리 노니다가)

기출 | 따라잡기

108. 다음 글에 대한 이해로 적절한 것은? 2013. 국가직 7급

한자를 빌려 우리말을 표기한 유형과 방식은 대체로 다음의 네 가지로 분류된다.

첫째, 한자를 수용하여 그대로 사용하되 우리말의 순서대로 배열한 것을 흔히 서기체 표기라 한다. 서기체 표기는 우리말의 어순에 따라 한자가 배열되고 한자의 뜻이 모두 살아 있으므로, 우리말의 문법 형태소를 보충하면 전체적인 의미를 파악할 수 있다.

둘째, 이두체 표기로, 어휘 형태소와 문법 형태소가 구분되어 표기된다. 즉 어휘 형태소는 중국식 어휘가 그대로 사용되고 문법 형태소는 훈독, 훈차, 음독, 음차 등 다양한 방법으로 표기된다. 그리고 구나 절은 한문이 그대로 나타나기도 한다.

셋째, 어휘 형태소와 문법 형태소를 가리지 않고, 훈독, 훈차, 음독, 음차 등의 다양한 방법으로 표기되어 있는 것을 향찰체 표기라 한다. 국어 문장의 모습을 그대로 보여 주는 대표적인 차자 표기 방식이라 하겠다.

넷째, 한문 문장을 그대로 두고 필요한 곳에 구결(입겿)을 달아 이해의 편의를 도모한 문장이 있다. 이를 흔히 구결문이라고 한다.

① '서기체 표기'는 문법 형태소를 반영하였다.
② '이두체 표기'는 문법 형태소가 표기되지 않는다.
③ '향찰체 표기'는 중국어 어순에 따라 어휘가 배열된다.
④ '구결문'은 구결(입겿)이 없어도 문장의 의미를 파악할 수 있다.

(가) 赫居世王 盖鄉言也 或作㉠弗矩
內王 言光明理世也
－《삼국유사》 권 제1 중에서－

(나) 東京明期月良
夜㉡入伊遊行如㉢可
入良沙寢矣見昆
脚烏伊四是良㉣羅
－《삼국유사》 권 제2
〈처용가〉 중에서－

① ㉠: 弗矩內
② ㉡: 入
③ ㉢: 可
④ ㉣: 羅

善化公主主隱(선화공주주은)　　善化公主니믄 (선화공주님은)

他密只嫁良置古(타밀지가량치고)　　놈 그스지 얼어 두고 (남몰래 결혼하고)

薯童房乙(서동방을)　　맛둥바올 (맛둥서방을)

夜矣卯乙抱遣去如(야의묘을포견거여)　　바민 몰 안고 가다. (밤에 몰래 안고 가다.)

－《삼국유사》의 〈서동요〉

※ '˚' 표시 글자는 뜻을 빌렸고 나머지는 소리를 빌린 글자이다. 1행의 '主'는 '님'이라는 뜻을 빌렸고 2행의 '他'는 '남', '密'은 '몰래', '嫁'는 '혼인하다', '置'는 '두다'의 뜻으로 쓰였다. 3행의 '薯'는 '마'의 뜻이고 4행의 '夜'는 '밤', '抱'는 '안다', '去'는 '가다', '如'는 '다 여'에서 훈에 따라 읽은 것이다.

➕ 플러스 | 이두와 구결

이두(吏讀)

우리말의 어순으로 풀어 쓴 한문 문장인 서기체 형태에 문법 형태소(조사, 어미)를 보충하는 차자표기(借字表記)이다. 조선 초의 《대명률직해(大明律直解)》에 이르러 그 체계가 완성되었으며, 한자를 국어 문장 구조에 따라 단어를 배열하고 부분적으로 격조사나 어미를 표기하였다. [경기체가의 표기]

 예 • 必干 罪名亦 明白爲去乃 (비록 죄명이 명백하거나)

   • 必干 婦人亦 七出乙 犯爲去乃 (비록 부인이 칠거지악을 범하거나)

구결(口訣: 입겿, 吐)

한문 원문을 읽을 때, 글뜻을 명백히 하거나 읽고 외우기 쉽게 하기 위하여 구절 사이에 삽입하는 요소이다. 한자어 뒤에 '토(吐)'를 다는 형식으로 조사나 어미를 표기하였다. [조선 시대 공문서, 노비 문서에서 표기]

 예 天地之間矣 萬物之中厓 唯人伊 最貴爲尼 所貴乎人者隱 以其有五倫也羅

  (하늘과 땅 사이의 만물 가운데에 오로지 사람이 가장 귀하니 사람에게서 귀한 것은 그가 오륜이 있기 때문이라.)

---

4 전기 중세 국어(고려시대 국어)

(1) 자료 및 표기

작품	작자	연대	내용
계림유사 (鷄林類事)	송나라 손목	1103년 (숙종 8년경)	저자가 개성에 왔다가 고려어 355개를 추려서 기록하고 설명한 것이다. 중국음으로 사음(寫音)되었기 때문에 정확한 것은 알 수가 없다.
조선관역어 (朝鮮館譯語)	명나라 모서징	명(明)나라 초기	'화이역어(華夷譯語)'의 한 편에 들어 있다. '화이역어'는 외국 사신과의 회화·통역을 위하여 외국어의 발음을 한자로 기록한 것. 천문·지리·시령(時令)·화목(花木) 등 19문(門)으로 596개 단어가 수록되어 있다.
향약구급방 (鄕藥救急方)	대장도감 간행	고려 고종	향약으로 위급한 병을 치료하는 방문(方文)을 설명한 의약서. 70개의 동물명과 180개의 약초명이 기록되어 있다. ※ 현존하는 것은 조선 태종 17년(1417)의 중간본이다.

➕ 플러스

계림유사(鷄林類事)

한자의 음만을 이용하여 고려의 어휘를 기록하였다.

 예 犬曰家狶(견왈가희: '犬'을 '가희'라 한다.)

향약구급방(鄕藥救急方)

고대 한자 차용의 표기법을 그대로 이은 것으로 석독(釋讀) 표기, 음독(音讀)표기, 혼합 표기를 이용하였다.

 예 黃芩(황금) － 속 서근 풀. 精朽草[석독 표기], 所邑朽斤草[혼합 표기]

 ※ 그 외, 대명률직해, 향약집성방 등에서 확인할 수 있다.

(2) 음운

① 된소리가 등장하기 시작하였으나, 어두 자음군은 형성되지 않았다.

② 발음상 'ㅿ, ㅸ'이 존재했다.

③ 모음 체계는 고대 국어와 별 차이가 없었다.

(3) 어휘

① 한자어 및 차용어가 급증하였다.

② 몽골어 차용어: 절다물, 구렁 물, 보라(매), 송골(매), 텰릭, 슈라

③ 여진어 차용어: 투먼[豆漫]

5 후기 중세 국어(조선 전기 국어)

- 세종대왕의 훈민정음 창제로 우리 민족의 국문학의 성립과 발전이 비약적으로 이루어졌다.

- 《동국정운(東國正韻)》, 《사성통고(四聲通攷)》 등이 편찬되어 국어 연구에 활기를 띠었다.

- 훈민정음 창제 후 10여 년간 국어에 대한 연구가 활발하다가, 연산군의 정음 탄압 정책으로 국어 연구가 일시 위축되었으나 중종 때의 최세진이 많은 업적을 남겼다.

(1) 표기

① 이어적기(연철): 끝소리가 뒤 음절에 이어져 발음될 때 뒤 음절의 첫소리로 이어 적었다.

② 받침 표기: 'ㄱ, ㄴ, ㄷ, ㄹ, ㅁ, ㅂ, ㅅ, ㅇ'의 8자만 사용하는 8종성법이 쓰였다. 그러나 《용비어천가》와 《월인천강지곡》은 예외적으로 모든 자음을 다 표기하는 종성부용초성이 쓰였다.

③ 붙여쓰기: 어절을 띄어쓰지 않고 붙여 적었다.

④ 한자음: 잠시 동국정운식(東國正韻式) 표기를 썼으나 성종 때부터 현실 한자음을 쓰기 시작하였다.

⑤ 어두에 'ㅸ, ㅿ, ㆁ' 등이 오는 것을 꺼리는 두음법칙이 존재하였다. 'ㄹ'은 초기에 고유어 표기에 잠깐 쓰이다가 곧 'ㄴ'으로 바뀌었고 구개음화 된 'ㄴ'은 이 시기에는 쓰이다가 조선 후기에 가서 두음에 쓰이지 않는다. 또한 어두 자음군도 쓰였다.

(2) 음운

① 'ㅸ, ㆁ, ㅿ'이 사용되다가 16세기에 소실되었다.

② 모음조화: 초기에는 비교적 잘 지켜졌으나 임진왜란을 전후하여 문란해지기 시작하였다.

③ 성조: 평성, 거성의 대립이 있었고 이 둘의 복합체인 상성이 있었다.

④ 중세 국어의 단모음은 'ㆍ, ㅡ, ㅣ, ㅗ, ㅏ, ㅜ, ㅓ'의 7모음 체계였다.

기출 | 따라잡기

110. 다음 특징이 가장 잘 나타난 국어의 시기는? 2010. 경북 교육청

- 모음 조화 현상이 잘 지켜짐.
- 성조가 있어서 방점으로 표기됨.
- 연철(이어적기) 표기 방식이 보편적임

① 원시 국어
② 고대 국어
③ 중세 국어
④ 근대 국어
⑤ 현대 국어

① 현대국어에서 '암+개'를 '암개' 대신 '암캐'로 적는 것은 '암'의 고어(古語)가 '암ㅎ'의 형태였기 때문이다.

② 중세국어 시기에는 성조의 차이로 단어의 의미 변별이 가능했는데 현대국어에도 일부 방언에 그 자취가 남아 있다.

③ '수라(임금의 진지), 보라(색채어의 일종)'는 고유어가 아니라 고려 말에 들어온 몽골말이 지금까지 쓰이는 것이다.

④ '황소'는 한자어 '황(黃)'에 고유어 '소'가 결합한 합성어로 어원적으로는 '누런 소'를 의미한다.

---

(3) 문법 및 어휘

① 상대 높임법, 주체높임법, 객체 높임법 등의 높임법 체계를 확인할 수 있다. 중세 국어에서 객체 높임법은 주로 선어말 어미 '-ᄌᆞᆸ-/-ᄉᆞᆸ-/-ᅀᆞᆸ-' 등에 의해 두루 실현되었다.

> 예 버슬 노폰 臣下ㅣ 님그믈 돕ᄉᆞᄫᅡ (객체인 '님금'을 높이기 위하여 '-ᄉᆞᆸ-'이 쓰였다.)

② 상대 높임의 등분이 'ᄒᆞ라, ᄒᆞ야쎠, ᄒᆞ쇼셔'로 구분되고 'ᄒᆞ라'와 'ᄒᆞ야쎠'를 넘나드는 'ᄒᆞ고라'체가 있었는데 16세기 후반에 'ᄒᆞ소'체가 등장하였다.

③ 중세 국어에서 의문은 물음말이 존재여부에 따라 '-ㄴ가', '-ㄹ가'와 같은 형 어미와 '-ㄴ고', '-ㄹ고'와 같은 '오'형 어미를 구별하여 사용하였다. '아' 형은 물음말이 없는 의문문에 사용되고, '오'형은 물음말이 있는 의문문에 사용되었다. 그리고 주어가 2인칭인 의문문에는 '-ㄴ다'가 사용되었다.

> 예 • 西京은 편안ᄒᆞᆫ가 몯ᄒᆞᆫ가? (두시언해 18·5)
> • 故園은 이제 엇더ᄒᆞᆫ고? (두시언해 25·24)
> • 네 엇뎨 안다? (월인석보 23·74)

④ **명사형 어미**: 초기에는 '-옴/-움'의 형태가 규칙적으로 쓰였다. 그러나 선조 때부터는 '-기'가 등장한다.

⑤ '하늘ㅎ, 짜ㅎ, 암ㅎ, 수ㅎ' 등 80여 단어의 'ㅎ'받침 체언이 나타났다.

⑥ '나모, 구무, 녀느, 불무' 등 'ㄱ' 덧생김 체언이 쓰였다.

⑦ 주격조사는 '이, ㅣ, ∅'가 쓰였다.

⑧ 중세국어에서는 현대 국어보다 파생 접미사를 훨씬 더 많이 사용하였다.

> 예 • 중세 국어: 녈-오-시곳도 감-이-시니(용비어천가 20)
> • 현대 국어: 얕-게 하-시고 또 깊-게 하-시니

> ➕ 플러스 **16세기 국어의 모습**
>
> 16세기는 임진왜란의 전의 표기로 대표적인 자료로는 《소학언해(선조판)》가 있다. 이때부터 15세기에 엄격했던 문법이 혼란해지기 시작한다.
> (1) 방점은 표기되었으나 성조 체계는 문란해졌다.
> (2) 한자음의 표기는 현실적 발음을 중심으로 하였다.
> (3) 표의적 표기인 분철이 나타났다.
> (4) 모음 조화가 15세기 보다 문란해졌다.
> (5) 선어말 어미 '-오-/-우-'가 쓰이지 않는 경우가 많아졌다.
> (6) 명사형 어미 '-옴/-움'의 사용이 불규칙적이고, 제2명사형(-기)이 등장하였다.

---

6 근대 국어(조선 후기 국어)

(1) 표기

① 방점이 완전히 사라졌다.

② 글자 'ㆁ', 'ㆆ', 'ㅿ' 등이 사라졌다.

③ 중세 국어에서 엄격히 구분되던 'ㅅ'과 'ㄷ'이 혼용되다가 18세기부터 'ㅅ'으로 통일되어 받침에서는 7종성법이 쓰였다.

④ 모음 사이에서 'ㄹㄹ'과 'ㄹㄴ'이 혼용되었다.

⑤ 어두 자음군의 표기가 혼란을 보이다가 19세기에 'ㅺ, ㅼ, ㅽ ㅆ' 등 된시옷으로 통일되는 경향을 보였으나 'ㅅ'의 된소리는 오히려 'ㅄ'으로 통용되었다.

⑥ 거듭적기(혼철, 중철)가 많이 나타나고, 표음 위주의 전통을 유지하는 가운데 체언과 조사를 분리하려는 의식이 뚜렷해졌다

(2) 음운

① 16세기 후반부터 동요를 보이던 성조가 완전히 사라졌다. 그런 과정에서 상성(上聲)은 대체로 장음(長音)의 요소만 남게 되었다. 그러나 동남 방언과 동북 방언에는 오늘날까지 성조가 남아있다.

② 어두 자음군이 사라지고 된소리로 바뀌었다.

③ 모음 조화 현상이 혼란해졌다.

④ 음운 'ㆍ'가 완전히 소실되었다. 이미 후기 중세 국어의 시기에 둘째 음절에서부터 소실되기 시작한 'ㆍ'는 이 시기에 들어 첫째 음절에서도 소실되었다.

⑤ 간편하고 쉽게 발음하고 표기하려는 간이화현상으로 자음동화, 구개음화, 원순 모음화, 전설 모음화, 두음법칙, 모음 역행동화 현상이 일어났다.

⑥ 음운의 강화현상으로 된소리 되기, 거센소리되기, 이화, 첨가 등이 나타났다.

⑦ 18세기 말에 이르러 국어의 단모음은 /ㅏ, ㅓ, ㅗ, ㅜ, ㅡ, ㅣ, ㅐ, ㅔ/의 8모음 체계로 되었다. 이는 중세 국어의 단모음에서 /ㆍ/의 음가가 소멸된 이후 이중 모음이었던 /ㅐ/와 /ㅔ/가 단모음으로 변화했기 때문이다.

(3) 어휘

① 많은 고유어가 소멸되며 한자어로 바뀌었다.

② 뜻이 변하는 어의(語義)전성이 일어난다.

예 중세국어의 '어엿브다'는 '불쌍하다'의 뜻이었는데 근대 국어에 이르러 '아름답다'의 의미로 변했고 '어리다'가 '어리석다'의 의미에서 근대 이후 '나이가 적다'의 의미로 변하였다.

(4) 문법

① 명사형 어미 '–옴/–움'과 '–음'의 구별이 없어지고 '–기'가 활발하게 쓰였다.

② 'ㅎ' 받침 체언이 한동안 유지되다가 후에 'ㅎ'이 탈락하였다.

③ 16세기에 드물게 보이던 주격 조사 '가'가 'ㅣ'로 끝나는 이중 모음 뒤에서 사용되는 예가 늘어났다.

④ '–숩–'의 기능이 공손법으로 바뀌었다.

⑤ 설명 의문문과 판정 의문의 구별이 점차 사라졌다.

⑥ 'ᄒᆞ소'체가 등장하고 이와 등분이 같은 '–데, –닉, –외, –쇠'등의 평서형 어미가 많이 사용되었다.

⑦ 선어말 어미 '–오–/–우–'가 소멸하였다.

기출 따라잡기

112. 〈보기〉는 국어 단모음 체계의 변화를 보여 주고 있다. 〈보기〉에 대한 설명으로 적절하지 않은 것은?

2022. 국회직 8급

보기

ㅣ	ㅡ	ㅜ
	ㅓ	ㅗ
	ㅏ	ㆍ

[15세기]

⇨

ㅣ	ㅡ	ㅜ
ㅔ	ㅓ	ㅗ
ㅐ	ㅏ	

[19세기 초]

⇨

ㅣ	ㅟ	ㅡ	ㅜ
ㅔ	ㅚ	ㅓ	ㅗ
ㅐ		ㅏ	

[현재]

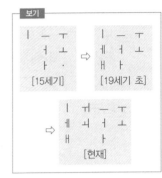

① 모음들이 연쇄적으로 조음 위치의 변화를 겪는 현상이 발견된다.

② 국어 역사에서 후설 저모음이 존재했던 것으로 추측된다.

③ 단모음의 개수는 점차 늘어난 것으로 보인다.

④ 모음 중에서 음소 자체가 소멸된 것이 있다.

⑤ 일부 이중모음의 단모음화가 발견된다.

플러스

한자어 때문에 사라진 순수 국어 어휘

온(白), 즈믄(千), ᄀᆞᄅᆞᆷ(江), 저자(市場), 뫼(山), 지어미(婦), 지아비(男便), 잣(城), 샹녜(恒常), 죽사리(生死), 가멸다(豊足하다), 머흘다(험하다), 어이딸(모녀), 녀름짓다(농사짓다), 가싀엄(장모), 기슭집(행랑), 넛할미(대고모(大姑母), 노ᄅᆞ바치(광대), 다ᄉᆞᆷ어미(계모), ᄒᆞ올겨집(과부), 뒤보기(용변), 미르(용), ᄂᆞᆺ곶(안색), 아ᅀᆞᆷ(친척)

✤ 우리말의 변천 정리

사항＼시기	후기 중세 국어(15세기)	16세기 국어	근대 국어(17, 18세기)
표기 원칙	• 표음적(表音的) 표기가 원칙 – 이어적기(연철) • 규범적, 규칙적 체계	• 간혹 표음적 – 이어적기와 끊어적기의 혼용 • 표기법의 혼란, 문란	• 표의적(表意的) 경향 – 끊어적기, 거듭적기의 출현 • 실용적 체계
단모음 체계	7단모음 체계		8단모음 체계
소실 문자	‘ㆆ, ㅸ, ㆅ’ 등이 얼마간 쓰이다가 없어졌으며 ‘ㅿ, ㆁ’이 쓰임.	‘ㅿ’은 소멸되고 ‘ㆁ’은 사용됨.	• ‘ㅿ, ㆁ’이 소실됨. • ‘ㆍ’ 음가의 동요
어두 자음군	‘ㅴ, ㅵ, ㅳ, ㅄ, ㅺ, ㅼ’ 등의 합용 병서가 가용됨.	간혹 보임.	각자 병서로 바뀜.
방점	방점이 사용되고 성조 체계가 정연함.	방점이 사용되었으나 성조 체계는 문란해짐.	방점이 소멸됨.
받침 규정	8종성법이 중심 (〈용비어천가〉, 〈월인천강지곡〉에서는 ‘종성부용초성’을 사용함)	8종성법이 중심 (7종성법이 보이기 시작함)	7종성법이 중심
한자음	세종, 세조 때에는 동국정운식 한자음을 사용하다가 성종 때부터 현실적인 한자음이 쓰임.	현실 한자음	현실 한자음
음운 현상	• 모음조화가 잘 지켜짐. • ‘ㅣ’ 모음 순행 동화가 나타남. • ‘ㄱ’ 탈락 현상이 정연하게 쓰임.	• 모음조화가 문란해짐. • ‘ㄱ’ 탈락 현상이 없어지기 시작함.	• 언어의 간이화 현상이 일어남. (구개음화, 원순 모음화, 전설 모음화) • 언어의 강화 현상이 일어남. (된소리되기, 거센소리되기, 이화 현상) • ‘ㅣ’ 모음 역행 동화가 나타남.
문법	• 명사형 어미가 ‘-옴/-움’의 형태로 고정됨. • 선어말 어미 ‘-오-/-우-’의 사용이 규칙적임. • 객체 높임 ‘-숩-／-줍-’ 등이 쓰임. • 주격 조사로 ‘ㅣ／이’가 쓰임. • 회상 시제 ‘-다-／-더-’의 구별	• 명사형 어미 ‘-옴／-움’이 혼란 • 명사형 어미‘-기’가 사용됨. • 선어말 어미 ‘-오-／-우-’ 사용의 혼란 • 객체 높임 ‘-숩-／-줍-’ 등이 쓰임. • 주격 조사로 ‘ㅣ／이’가 쓰임. • 회상 시제 ‘-다-／-더-’의 구별	• 명사형 어미 ‘-기’의 사용 빈도가 증가함. • 2인칭 의문형 어미 ‘-ㄴ다’의 사용 혼란 • 선어말 어미 ‘-오-／-우-’가 거의 쓰이지 않음. • 객체 높임의 형태소가 청자 높임으로 쓰이고, 객체 높임은 특정 어휘에만 쓰임. • 주격 조사로 ‘가’도 쓰임. • 회상 시제가 ‘-더-’로 통일됨.

❖ 중세 국어와 현대국어의 차이점

구분	중세 국어	현대 국어
문자 표기	① 초성 17자, 중성 11자를 기본 글자로 했다. ② 연서법, 병서법 등이 있었다. ③ 종성 표기: 8종성법이 주로 쓰였고, 일부에서 종성부 　용초성을 사용 ④ 소리 나는 대로 표기했다.(연철 표기 - 표음주의)	① 초성 14자, 종성 10자를 기본 글자로 한다. ② 병서법만 적용되고 연서법은 없어졌다. ③ 표기법: 표의적 표기(소리 나는 대로 쓰되, 원형을 밝 　혀 적는다.) ④ 뜻을 밝혀서 표기한다.(분철 표기 - 표의주의)
음운	① 자음은 22개, 단모음은 7개였다. ② 수많은 이중 모음이 있었다. ③ 음의 고저가 있었다. ④ 끝소리 자리에는 8개의 자음이 올 수 있었다. 　(ㄱ, ㄷ, ㅂ, ㅅ, ㄴ, ㄹ, ㅁ, ㆁ) ⑤ 어두에 자음군이 올 수 있었다.(ㅺ, ㅳ, ㅄ 등) ⑥ 어두에 /ㄹ, ㆁ, ㅿ, ㅸ/이 오는 것을 꺼렸다. ⑦ 모음 조화가 철저하게 지켜졌다.	① 자음은 19개, 단모음은 10개이다. ② 11개의 이중 모음이 있다. 'ㅚ, ㅟ'도 이중 모음 가능 ③ 음의 장단으로 바뀌었다. ④ 끝소리 자리에는 7개의 자음만이 올 수 있다. 　(/ㅅ/이 안 쓰임) ⑤ 어두 자음군은 된소리로 바뀌었다. ⑥ 어두에 /ㄹ, ㅇ/, 구개음화된 /ㄴ/이 오는 것을 꺼린다. ⑦ 모음 조화가 붕괴되고 있다.
문법	① 객체 존대법이 있었다.(-좁-, -ᄉᆞᆸ-, -ᅀᆞᆸ- 등 사용) ② 선어말 어미에 '-오-/-우-'가 있었다. ③ 체언의 형태 바꿈('ㅎ' 받침 체언, 음절의 단축 등)이 　있었다. ④ 주격 조사는 '이'만 쓰였다. ⑤ 처소 부사격 조사로 '의/의'를 취하는 명사가 있었다. ⑥ 고유어의 조어법이 매우 발달했다.	① 공손법으로 바뀌었다. 　(-사오-, -삽-, -자오-, -잡- 등) ② 선어말 어미 '-오-/-우-'가 쓰이지 않는다. ③ 체언의 형태 바꿈을 하지 않는다. ④ 주격 조사로 '가'도 쓰인다. ⑤ 처소 부사격 조사 '의/의'가 없어졌다. ⑥ 외래어의 침투가 심화되어 국어의 조어력이 약화되고 　있다.

1 훈민정음

(1) 뜻

'훈민정음'은 '백성을 가르치는 바른 소리'의 뜻이며(訓民正音諺解), '정음'은 '우리나라 말을 정(正)히, 옳게 쓰는 글'임을 뜻한다.

(2) 책으로서의 훈민정음

1) 해례본(解例本)

새로 지은 문자를 해설한 한문본 책이름이다. 내용은 처음에 훈민정음 제정의 동기와 취지를 밝힌 세종의 서문과, 예의(例義)로 된 본문 및 훈민정음의 제자(制字) 원리와 용례를 해설한 해례, 그리고 끝으로 정인지의 서문으로 이루어져 있다. 해례는 다시 제자해(制字解), 초성해(初聲解), 중성해(中聲解), 종성해(終聲解), 합자해(合字解), 용자례(用字例)로 세분된다.

① 예의(例義) – 본문

   ㉠ 세종의 어지(御旨): 훈민정음의 창제 동기

   ㉡ 자모의 음가(音價): 초성(23자)과 중성(11자)의 음가 설명

   ㉢ 자모의 운용법(運用法): 종성법(終聲法), 이어쓰기, 나란히 쓰기, 붙여쓰기

   ㉣ 성음법(成音法)과 사성점(四聲點): 음절 형성 방법과 음의 높낮이(高低) 표기 방법

② 해례(解例) – 해설(5해 1례)

   ㉠ 제자해(制字解): 글자를 만든 원리와 기준 설명

   ㉡ 초성해(初聲解): 동국정운의 23개 초성 체계에 따른 자음 설명

   ㉢ 중성해(中聲解): 중성의 규정과 이중 모음 설명

   ㉣ 종성해(終聲解): 종성의 본질과 '8종성가족용(八終聲可足用)' 규명 설명

   ㉤ 합자해(合字解): 초·중·종성이 합해져서 글자[음가]가 됨을 설명

   ㉥ 용자례(用字例): 실제 사용의 예로 94개의 낱말을 예로 들어 설명

③ 정인지 서(鄭麟趾序) – 훈민정음 창제 취지, 경위, 의의, 가치 등을 설명

2) 판본

① 해례본(解例本)

원본으로 추정되는 한문본으로 간송박물관에 소장되어 있다. 국보 70호로 지정되었다. '해례본'이라는 명칭은 원문에 나와 있는 것이 아니라 훈민정음의 '해례' 부분에 들어 있기 때문에 편의상 붙인 명칭이다.

기출 | 따라잡기

113. '훈민정음'에 대한 설명으로 옳지 않은 것은? 2016. 사회복지직 9급

① '훈민정음(訓民正音)'이란 문자의 이름인 동시에 그 문자를 설명한 책의 이름이기도 하다.

② 문자로서의 '훈민정음'은 유네스코(UNESCO)에서 지정한 세계 문화유산으로 등재되어 있다.

③ '훈민정음 해례본'은 한글의 음가와 제자 방법, 한글의 사용 방법 등을 한자로 적은 책이다.

④ 치두음(齒頭音)과 정치음(正齒音)에 대한 내용은 '훈민정음 해례본'에 포함되어 있지 않다.

② 실록본(實錄本)

《세종실록》의 28년 9월조(九月條)부분에 수록되어 있는 것으로 '예의'와 '정인지의 서(序)'가 한문으로 실려 있다. 《세종실록》에 실려 있기 때문에 편의상 '실록본'이라고 부른다.

③ 언해본(諺解本)

훈민정음의 '예의' 부분만을 국문으로 번역해 놓은 것으로, 우리 말로 번역한 것이므로 편의상 '언해본'이라고 부른다. 월인석보본(月印釋譜本)·서강본(西江本)·박승빈 구장본(朴勝彬舊藏本) 등이 있다.

(3) 글자로서의 훈민정음

《훈민정음》이 제작되었을 때에는 문자에 대한 이름이 없었다. 당시에 '훈민정음'은 문자(글자)의 이름이기도 했다.

2 훈민정음의 제자 원리

(1) 초성 17자

발음 기관을 상형하여 먼저 오음(五音)의 기본 글자인 'ㄱ, ㄴ, ㅁ, ㅅ, ㅇ'을 만들고, 이를 중심으로 하여 소리가 강해지고 거세지는 정도에 따라 획(劃)을 더하여 가획 글자를 만들었다. 그리고 발음 기관의 모양과는 관계 없이 이체자(異體字)를 만들었다.

명칭	기본자 (基本字)	가획자 (加劃字)	이체자 (異體字)	상형(象形)
아음 (牙音, 엄쏘리)	ㄱ	ㅋ	ㆁ	舌根閉喉之形 (혀뿌리가 목구멍을 막는 모양)
설음 (舌音, 혀쏘리)	ㄴ	ㄷ, ㅌ	ㄹ	舌附上腭之形 (혀가 윗잇몸에 붙는 모양)
순음 (脣音, 입시울쏘리)	ㅁ	ㅂ, ㅍ		脣形 (입술의 모양)
치음 (齒音, 니쏘리)	ㅅ	ㅈ, ㅊ	ㅿ	齒形 (이의 모양)
후음 (喉音, 목소리)	ㅇ	ㆆ, ㅎ		喉形 (목구멍의 모양)

(2) 중성

천(天)·지(地)·인(人)의 삼재(三才)를 상형하여 기본자를 만들고, 이를 조합한 합성의 원리에 따라 'ㆍ'를 한 번 결합하여 초출 4자(初出4字)를 만들고, 'ㆍ'를 두 번 결합하여 재출 4자(再出4字)를 만들었다.

기출 따라잡기

114. 다음은 훈민정음 창제의 원리를 설명한 것이다. 괄호 안에 들어갈 말로 부적절한 것은? 2013. 지방직 7급

> 초성, 곧 (㉠)은 발음기관의 모양을 본떴음을 알 수 있으니, 이는 곧 (㉡)의 원리이다. 아음인 ㄱ은 혀뿌리가 목구멍을 막는 모양, 설음인 ㄴ은 혀가 윗잇몸과 닿는 모양을 본떠서 만든 것이 그것이다. 이처럼 모양을 본떠서 만든 초성은 ㄱ, ㄴ, ㅁ, ㅅ, ㅇ의 다섯 글자다. 이 다섯을 기본으로 삼고 기본자에 획을 더해 가는 방식을 취하였으니, 이는 곧 (㉢)의 원리이다. ㄱ에 획을 더하여 ㅋ을, ㄴ에 획을 더하여 ㄷ을, ㄷ에 획을 더하여 ㅌ을 만든 것이 그것이다. 한편, 'ㆁ', 'ㅿ', 'ㄹ'은 (㉣)라고 한다.

① ㉠: 자음
② ㉡: 상형
③ ㉢: 병서
④ ㉣: 이체자

115. 훈민정음 해례본에 나오는 한글의 제자 원리로 가장 옳은 것은?
2016. 서울시 9급

① 초성은 발음기관을 본떠 만들었는데 'ㄱ'은 혀가 윗잇몸에 닿는 모양을 본뜬 것이다.
② 'ㄱ, ㄴ, ㅁ, ㅅ, ㅇ' 5개의 기본 문자에 가획의 원리로 'ㅋ, ㄷ, ㅌ, ㄹ, ㅂ, ㅈ, ㅊ, ㅎ' 총 8개의 문자를 만들었다.
③ 문자의 수는 초성 10자, 중성 10자, 종성 8자로 모두 28자이다.
④ 연서(連書)는 'ㅇ'을 이용한 것으로서 예로는 'ㅸ'이 있다.

① 기본자와 가획자는 조음 기관의 모양을 공유한다.

② 순음은 가획될수록 음성학적 강도가 더 세진다.

③ 'ㅿ(반치음), ㄹ(리을)'은 가획자가 아닌 이체자이다.

④ 'ㆁ(옛이응), ㆆ(여린히읗)'은 조음 기관을 단순히 상형한 것이 아니라 그 자음이 발음되는 순간의 조음 기관을 상형한 것이다.

① 최세진이 1527년(중종 22년) 편찬한 한자 교습서이다.

② 초성과 종성에 모두 쓰는 자음은 'ㄱ, ㄴ, ㄷ, ㄹ, ㅁ, ㅂ, ㅅ, ㆁ'으로 8개이다.

③ 초성에만 쓰는 자음은 'ㅋ, ㅌ, ㅍ, ㅊ'으로 4개이다.

④ 중성에만 쓰는 모음은 'ㅏ, ㅑ, ㅓ, ㅕ, ㅗ, ㅛ, ㅜ, ㅠ, ㅡ, ㅣ, ㆍ'으로 11개이다.

기본자	제자원리	발음
ㆍ	形之圓 象乎天也 하늘의 둥근모양(天)	혀를 오그려 소리를 깊게 냄(후설) ⇒ (舌縮而聲深)
―	形之平 象乎地也 땅의 평평한 모양(地)	혀를 조금 오그려 소리가 깊지도 얕지도 않음(중설) ⇒ (舌小縮而聲不深不淺)
ㅣ	形之立 象乎人也 사람이 서 있는 모양(人)	혀를 오그리지 않아 소리가 얕음(전설) ⇒ (舌不縮而聲淺)

구분	기본자	초출자	재출자
양성 모음	ㆍ	ㅗ, ㅏ	ㅛ, ㅑ
음성 모음	―	ㅜ, ㅓ	ㅠ, ㅕ
중성 모음	ㅣ		

(3) 종성

종성부용초성(終聲復用初聲): 종성자는 따로 만들지 않고 초성자를 다시 사용한다는 규정을 밝혔다.

3 훈몽자회의 음운 체계

(1) 초성 체계와 명칭: 16자 ('ㆆ' 제외)

	ㄱ	ㄴ	ㄷ	ㄹ
초성종성통용 8자	基役 기역	尼隱 니은	池(末) 디귿	梨乙 리을
	ㅁ	ㅂ	ㅅ	ㆁ
	眉音 미음	非邑 비읍	時(衣) 시옷	異凝 이응
	ㅋ	ㅌ	ㅍ	ㅈ
초성독용 8자	(箕) 키	治 티	皮 피	지 지
	ㅊ	ㅿ	ㅇ	ㅎ
	齒 치	而 ᅀᅵ	伊 이	屎 히

① ( ) 안의 한자는 훈(訓)으로 읽는다.

② (末),(衣)는 한자음이 아닌 우리말로 읽는다는 뜻으로 ( )표를 한다. 한자음에는 'ㄷ, ㅅ'의 종성이 없기 때문이다.

③ (箕)도 마찬가지로 우리말로 읽는다는 뜻이다.

(2) 중성 체계와 명칭

ㅏ	ㅑ	ㅓ	ㅕ	ㅗ	ㅛ	ㅜ	ㅠ	—	ㅣ	•
阿 아	也 야	於 어	余 여	吾 오	要 요	牛 우	由 유	應不用終聲 으	只伊用中聲 이	思不思初聲 ♀

(3) 훈몽자회의 의의 및 특징

① 중종 때 최세진이 편찬한 어린이 한자 학습서이다.

② 우리글의 명칭을 '반절'이라 불렀다.

③ 한글 자모의 명칭을 최초로 부여하였다.

④ 새롭게 한글 자모의 순서를 정하였고 그 순서는 오늘날과 유사하다.

⑤ 초성과 종성에 함께 사용하는 '초·종성통용8자'를 규정하였는데, 이는 내용상 8종성법이 정착된 것이다.

⑥ 우리말에 필요 없는 'ㆆ'을 제외하여 초·중성 27자 체계로 정착되었다.

4 글자 운용 규정

(1) 연서법(連書法: 니서쓰기)

> ㅇ롤 입시울쏘리 아래 니서 쓰면, 입시울가비야본소리 두외ᄂᆞ니라.
> (ㅇ을 순음 아래 이어 쓰면 순경음이 된다.)

① 순경음(脣輕音)을 만드는 규정이다.

② 순음(ㅂ, ㅍ, ㅁ, ㅃ) 밑에 'ㅇ'을 붙인다.

③ 15세기 문헌에만 사용되었고, 오늘날에는 적용되지 않는다.

> **예** ㅸ(순수 국어에만 사용), ㅱ·ㆄ·ㅹ(동국정운식 한자음에 사용)

④ 세조 때부터 소멸되었다

(2) 병서법(竝書法: 골바쓰기)

> 첫소리롤 어울워 뚫디면 글바쓰라. 乃냉終즁ㄱ소리도 혼가지라.
> (초성을 어울려 사용하려면 나란히 쓰라. 종성도 마찬가지이다.)

① 각자 병서(各自竝書): 서로 같은 자음을 나란히 쓰기.

  ㉠ ㄲ, ㄸ, ㅃ, ㅉ ⇒ 주로 한자음표기

  ㉡ ㅆ, ㆅ ⇒ 주로 순수국어 표기

② 합용 병서(合用竝書): 서로 다른 자음을 나란히 쓰기.

  ㉠ 이중 병서: ㅺ, ㅼ, ㅽ/ㅲ, ㅄ, ㅴ/ㅵ, ㅶ, ㄹ

  ㉡ 삼중 병서: ㅴ, ㅵ

플러스 반절(反切)

최세진(崔世珍)의 《훈몽자회(訓蒙字會)》범례(凡例)에 "諺文字母俗所謂反切二十七字(언문 자모는 세속에서 일컫는 바의 반절 27자다.)"라고 한 데서 비롯된 이름이다. '반절'이란, 본디 한자의 음을 쉬운 글자의 성모(聲母, 한글의 초성)와 운모(韻母, 한글의 중성과 종성)로 표시하는 일종의 발음 기호이다. 예를 들면, '동(東)'은 '德紅切'이라 하였다. 곧, '東은 德[ㄷ]과 紅[옹]이 합하여 이루어진 소리(ㄷ+옹=동)'라는 표시이다. 한글은 음운 문자(音韻文字)이므로 자음과 모음으로 음절(音節)을 이루는 데서 '반절'과 같다고 본 것이다.

기출 따라잡기

118. 다음에서 설명하는 훈민정음 제자 원리에 해당하는 것은?

2015. 서울시 9급

> 'ㄱ, ㄷ, ㅂ, ㅅ, ㅈ, ㅎ' 등을 가로로 나란히 써서 'ㄲ, ㄸ, ㅃ, ㅆ, ㅉ, ㆅ'을 만드는 것인데, 필요한 경우에는 'ㅺ, ㅼ, ㅽ, ㅳ, ㅄ, ㅴ, ㅵ' 등도 만들어 썼다.

① 象形

② 加畫

③ 竝書

④ 連書

(1) ㅅ계열: 된소리 부호 – ㅴ, ㅉ, ㅺ, ㅼ
(2) ㅂ계열: 독립된 음가 – ㅃ, ㅄ
(3) ㅂㅅ계열: ㅂ: 독립된 음가, ㅅ: 된소리 부호 – ㅲ, ㅳ, ㅴ

(3) 부서법(附書法: 브텨쓰기): 자음에 모음을 붙이는 방법

'ㆍ, ㅡ, ㅗ, ㅜ, ㅛ, ㅠ'와란 첫소리 아래 브텨 쓰고 'ㅣ, ㅏ, ㅓ, ㅑ, ㅕ'와란 올훈녀긔 브텨 쓰라.
('ㆍ, ㅡ, ㅗ, ㅜ, ㅛ, ㅠ'는 첫소리 아래 붙여 쓰고 'ㅣ, ㅏ, ㅓ, ㅑ, ㅕ'는 오른쪽에 붙여 쓰라.)

① 하서법(下書法): 초성 ＋ ㆍ, ㅡ, ㅗ, ㅜ, ㅛ, ㅠ 예 ᄀᆞᆯ[秋], 구무[穴]
② 우서법(右書法): 초성 ＋ ㅣ, ㅏ, ㅓ, ㅑ, ㅕ 예 나라[國], 거리치다[救恤]

(4) 성음법(成音法): 음절이루기

믈읫 字ㅉᆞᆼㅣ 모로매 어우러ᅀᅡ 소리 이ᄂᆞ니: 凡字必合而成音(범자필합이성음)
(무릇 낱글자는 모름지기 합해져야 소리가 이루어진다.)

① 순수 국어에서는 '초성＋중성'도 음절이 가능하다.
② 동국정운식 한자음에서는 반드시 '초성＋중성＋종성'을 갖추어야 한다. 따라서 받침이 없는 글자에도 음가가 없는 'ㅇ, ㅱ' 따위를 붙여 표기했다.
　　예 世솅, 虛헝, 那낭, 斗둫, 標푷, 虯ᄁᆕ

5 표기법

(1) 이어적기 · 거듭적기 · 끊어적기

구분		이어적기(연철)	거듭적기(혼철 · 중철)	끊어적기(분철)
시기		15세기에 철저히 지켜짐.	16세기부터 나타남.	1933년 이후 완전히 정착 (임진왜란 전후 나타남.)
특징		소리 나는 대로 표기 (표음 위주)	과도기적 표기	어원을 밝혀 적음. (표의 위주)
방법		뒷말이 모음으로 시작되는 말이 오면, 앞말의 종성을 뒷말의 초성으로 내려 적음.	뒷말이 모음으로 시작되는 말이 오면, 앞말의 종성을 적고 뒷말의 초성으로 내려 적음.	뒷말이 모음으로 시작되는 말이 오면 앞말의 종성을 적고 뒷말의 초성을 'ㅇ'으로 적음.
용례	님+을	니믈	님믈	님을 (임을)
	옷+애	오새	옷새	옷애 (옷에)
	깊+어	기퍼	깁퍼	깊어
	흘+은	흐튼	훗튼	흩은

➕ 플러스 15세기에 끊어적기(분철)하는 경우

15세기에는 이어적기(연철)가 원칙이었으나 특수한 경우 끊어적기(분철)하는 경우도 있었다. 이는 초성의 'ㅇ'이 음가가 있는 후두 유성 마찰음이었기 때문에 이어적기를 할 수 없었던 것이다.

(1) 설측음 'ㄹ': 'ᄅᆞ/르' 규칙 용언이 모음 어미를 만나 활용할 때

　　예 다ᄅᆞ다: 다ᄅᆞ+아 > 다라(×), 달아(○) / 오르다: 오르+아 > 오라(×), 올아(○)

(2) 'ㄹ' 뒤의 'ㄱ'이 탈락된 자리

　　예 플+과 > 플롸(×), 플와(○) / 밍ᄀᆞᆯ+거늘 > 밍ᄀᆞ러늘(×), 밍ᄀᆞᆯ어늘(○)

(3) 'ㄹ' 뒤의 'ㅸ'이 탈락된 자리

　　예 글+발 > 글발 > 그롤(×), 글왈(○) / 엷+은 > 열본 > 여룬(×), 열운(○)

(4) 'ᄉᆞ/스'로 끝난 명사가 모음으로 시작되는 조사를 만날 때

　　예 아ᅀᆞ[제弟]+이 > 아싀(×), 앗이(○) / 여스[狐]+이 > 여싀(×), 엿이(○)

(5) 한자음+조사

　　예 中듕國귁+에(○) / 듕귀게(×)

(6) 어간 말음 'ㄹ' 다음에 사동 또는 피동 접미사가 왔을 때

　　예 일+우+다 > 이루다(×), 일우다(○) / 헐+우+어 > 허뤄(×), 헐워(○)

(2) 종성법의 변천

〈훈민정음〉 당시		17세기 이후	〈한글맞춤법 통일안 (1933)〉 공포 이후
종성부용초성(원칙) ('ㅋ ㅎ'을 제외한 자음) 훈민정음 '예의' 부분 (용비어천가,월인천강지곡에만 나타남)	8종성가족용(허용) (ㄱ, ㄴ, ㄷ, ㄹ, ㅁ, ㅂ, ㅅ, ㆁ) 훈민정음 '해례' 부분 (받침 대용 규정)	7종성법 (ㄱ, ㄴ, ㄹ, ㅁ, ㅂ, ㅅ, ㆁ)	종성부용초성에 근거한 발음상 7종성 (ㄱ, ㄴ, ㄷ, ㄹ, ㅁ, ㅂ, ㆁ)
ᄉᆞᄆᆞᆾ디	ᄉᆞᄆᆞᆺ디	ᄉᆞᄆᆞᆺ디	[사맏디] 통하지
깊고	깁고	깁고	깊고
곶	곳	곳	곳 > 꽃
갗	갓	갓	갗(가죽)
곶, 닢, 빛, 낱	곳, 닙, 빗, 낟	곳, 닙, 빗, 낫	[곧, 닙, 빋, 낟]

① **종성부용초성(終聲復用初聲)**

　ㄱ 자음 17자 모두를 종성으로 사용 가능하다는 규정이다. 그러나 'ㅋ'과 'ㅎ'의 용례는 보이지 않는다.

　ㄴ 훈민정음 '예의'에서 밝힌 규정이다.

　ㄷ 엄격한 의미에서 이 규정은 종성에 관한 규정이 아니라 종성의 제자 원리로 설명한 규정이다.

　ㄹ 종성법에 관한 예외적 표기로, 세종 때의 《용비어천가》,《월인천강지곡》에만 적용되었다.

　　예 곶 됴코, 빛나시니이다. 새 닢 깊거나, 흙, 믈 넓듯ᄒᆞ고, 죠ᇦ업스시니

기출 | 따라잡기

120. 중세 국어의 표음주의 표기 체계상의 표현이라고 볼 수 없는 것은?

　　　　　　　2004. 서울시 7급

① 곶
② 닙
③ ᄉᆞ미
④ ᄉᆞᄆᆞᆺ디
⑤ 기픈

② 8종성가족용법(八終聲可足用法)

　　㉠ 8자(ㄱ, ㄴ, ㄷ, ㄹ, ㅁ, ㅂ, ㅅ, ㅇ)만 종성으로 사용 가능하다는 규정이다.

　　㉡ 이 규정은 종성의 대표음화를 반영한 것이다.(ㄱ·ㅋ → ㄱ, ㄷ·ㅌ → ㄷ, ㅂ·ㅍ → ㅂ, ㅅ·ㅈ·ㅊ → ㅅ)

　　㉢ 《훈민정음 해례》의 '종성해(終聲解)'에서 밝힌 규정으로 원칙적으로 받침 표기에 해당한다.

　　㉣ 세종 이후 조선 전기 대부분의 문헌에 적용되었다.

　　　예 ᄉᆞᆷᄃᆡ(ᄉᆞᄆᆾᄃᆡ＞ᄉᆞᆷᄃᆡ), 곳(곶＞곳), 받(밭＞받)

③ 초·종성통용8자(初終聲通用八字)

　　㉠ 최세진의 《훈몽자회》에서 초성과 종성에 함께 사용하는 '초·종성통용8자'로 'ㄱ, ㄴ, ㄷ, ㄹ, ㅁ, ㅂ, ㅅ, ㅇ'을 규정하였는데, 이는 내용상 8종성법이 정착된 것이다.

　　㉡ '초성독용8자(初聲獨用八字)'는 'ㅋ, ㅌ, ㅍ, ㅈ, ㅊ, ㅿ, ㅇ, ㅎ'의 8자는 받침에는 쓸 수 없고 초성에만 사용한다는 규정으로 '초·종성통용8자'의 상대적 개념이다.

④ 7종성법(七終聲法)

　　㉠ 'ㄱ, ㄴ, ㄹ, ㅁ, ㅂ, ㅅ, ㅇ' 7자만 받침으로 사용한다는 규정이다.

　　㉡ 'ㄷ'과 'ㅅ'의 발음상 구별이 없기 때문에 모두 'ㅅ'으로 통일하였다.

　　㉢ 조선 후기 문헌(17세기 이후)에 사용되었다.

　　　예 벗(벋＞벗), 밧(밭＞받＞밧)

⑤ 한글 맞춤법 통일안(1933년) 공포 이후

　　종성부용초성에 의거하여 모든 자음을 받침으로 표기하였다. 단 발음상으로 7대표음(ㄱ, ㄴ, ㄷ, ㄹ, ㅁ, ㅂ, ㅇ)을 인정하였다.

6 동국정운식 한자음 표기법

(1) 개념

《동국정운(東國正韻)》이라는 조선 최초의 운서(韻書)에 정리해 놓은 한자음으로서, 세종 당시의 우리의 현실음을 중국의 원음(原音)에 가깝게 개신(改新)한 인위적인 한자음으로 실제 현실 통용음과는 거리가 먼 이상적인 한자음을 뜻한다.

(2) 대표적인 용례

① 음절이루기[成音法]

　　'초성'·'중성'·'종성'을 반드시 갖추기 위해, 음가가 없는 'ㅇ'이나 'ㅱ'을 받침자로 쓰는 경우

　　예 虛헝, 世솅, 步뽕, 斗둘, 虯뀨ᇢ, 票푤

기출 따라잡기

121. 다음 중 훈민정음 표기법에 대한 설명으로 바르지 않은 것은?

2014. 서울시 7급

① 음소문자로 만들어진 것임에도 실제로 표기할 때는 음절 문자처럼 사용되었다.

② 실사와 허사를 분리하여 적지 않고 이어 적는 연철식 표기법을 택하였다.

③ 홑글자들을 병서 또는 연서하는 방식으로 많은 글자들을 만들어 사용하였다.

④ 훈민정음 체계 속에는 성조를 표기하기 위한 방점이 포함되어 있다.

⑤ 훈민정음 창제 시부터 문장 내에서 띄어쓰기를 하였다.

122. 다음 글의 (　) 안에 들어갈 문헌은?

2009. 국가직 9급

세종 당시에 한글의 창제와 사용은 한자와 한문의 지위에 별다른 영향을 끼치지 않았다. 세종 또한 한번도 한자와 한문의 권위를 부정한 적이 없었다. 세종은 도리어 중국 운서의 체계에 맞지 않는 조선 한자음을 바로잡으려는 의도 아래 (　)을(를) 편찬하도록 명하였다.

① 東國正韻

② 洪武正韻

③ 訓蒙字會

④ 四聲通解

② 이상음(理想音)

중국 원음에 가까운 이상적 표기를 위해 'ㆆ', 'ㅿ', 'ㆁ', '전탁음' 등을 한자음의 첫소리로 쓰는 경우 또는 관용적인 음과의 절충 경향을 띠는 경우

예 人신, 業업, 便뼌安한, 中듕國귁

현실음 – 百빅 姓셩, 江강湖호

---

③ 이영보래(以影補來)

'影형'자의 초성 'ㆆ'로 '來링'자의 초성 'ㄹ'을 돕게 하여 'ㅭ' 받침을 만들어 'ㄷ'을 발음하게 하는 경우(동국정운식 한자음의 대표적인 예, 입성표기)

예 七칧, 八밣, 戌슗, 出츓, 月웛, 日싏, 佛붏, 節졇

7 사잇소리(관형격 촉음)

(1) 개념

명사와 명사가 연결될 때 그 사이에 들어가는 소리로 '~의'로 해석되어 관형격 조사와 같은 구실을 하는 기호를 일컫는다.

(2) 전개

세종~세조 때에는 《용비어천가》와 《훈민정음언해》 등에서 다양하게 쓰이다가 성종(두시언해) 이후에는 모두 'ㅅ'자 하나로 통일되어 오늘에 이르고 있다.

(3) 용례

구분	조건			용례
	선행음	사잇소리	후행음	
한자어 아래	ㆁ	ㄱ	안울림소리	洪ᅘᅩᇰㄱ字쫑, 穰ᅀᅣᇰㄱ字쫑兄형ㄱ뜯
	ㄴ	ㄷ	안울림소리	君군ㄷ字쫑,呑ᄐᆞᆫㄷ字쫑 몃 間간ㄷ지븨
	ㅁ	ㅂ	안울림소리	侵침ㅂ字쫑, 覃땀ㅂ字쫑
	ㅱ	ㅸ	안울림소리	斗둫ㅸ字쫑, 漂푱ㅸ字쫑
	ㅇ	ㆆ	안울림소리	虛헝ㆆ字쫑, 快쾡ㆆ字쫑
	울림소리	ㅿ	울림소리	天子ㅿ ᄆᆞᅀᆞᆷ, 後ㅿ날
고유어 아래	울림소리	ㅅ	안울림소리	긼ㄱᅀᅢ, 빗곳, 엄쏘리
	울림소리	ㅿ	울림소리	눖믈, 나랏일훔, 오늜ㅿ날
	ㄹ	ㆆ	ㄸ	하ᄂᆞᇙ 뜯

➕ 플러스

체언 사이라도 안울림소리 다음에는 사잇소리가 쓰이지 않는다.
예 닙소리(○) | 닙쏘리(×)
목소리(○) | 목쏘리(×)

8 사성점(四聲點 = 傍點 = 左加點)

:왼녀기 훈 點:뎜을 더으면 뭇노푼 소리오, 點:뎜이 :둘히면 上:쌍聲성이오, 點:뎜이 :업스면 平뼝聲성이오, 入십聲성은 點:뎜 더우믄 훈가지로ᄃᆡ ᄲᆞᄅᆞ니라.

구분	방점	성질(해례본)	언해본	해설	용례
평성 (平聲)	없음	安而和 (안이화:春)	뭇 ᄂᆞᆺ가ᄫᆞᆫ 소리	처음과 끝이 한결같이 부드럽고 낮은 소리[低調]	활(弓), 쇼(牛) 비(梨), 뎔(寺)
상성 (上聲)	2점	和而擧 (화이거:夏)	처ᅀᅥ미 ᄂᆞᆺ갑고 乃終이 노푼소리	처음은 낮으나 끝이 들려서 높은 소리[先低後高調]	:돌[石], :말[言] :눈[雪], :둘[二]
거성 (去聲)	1점	擧而壯 (거이장:秋)	뭇 노푼 소리	처음과 끝이 한결같이 높은 소리(高調)	·몰[馬], ·갈[刀] ·비[舟], ·ᄯᅡ[地]
입성 (入聲)	없음 1점 2점	促而塞 (촉이색:冬)	ᄲᆞᆯ리 긋돋는 소리	안울림소리로 끝나 빨리 끝닫는 소리(促急)	긷[柱](평성적 입성) ·입[口](거성적 입성) :낟[穀](상성적 입성)

① 성조는 의미 분화의 기능이 있으며, 이를 방점으로 표기하였다.

② 상성은 평성과 거성이 합쳐진 복합 성조라 할 수 있다. 성조의 소멸에 따라 평성과 거성은 짧은 소리로, 상성은 긴소리로 발음하게 되었다. 중세 국어의 상성은 오늘날 장음이다.

③ 순조 때 유희(柳僖)가 [언문지(諺文誌)]에서 사성 무용론(無用論)을 주장했다.

④ 15세기까지만 하더라도 매우 일관성 있게 표시되던 방점은 16세기 중엽 이후 흔들리기 시작하다가 16세기 말엽에 이르러서는 사용하지 않게 되었다. 방점은 임진왜란 이전의 문헌에만 쓰이고 임진왜란 이후의 문헌에서는 쓰이지 않았다.

⑤ 소멸과정: '거성'의 높은 소리가 점점 낮아지면서 평성과의 높낮이 구별이 없어졌다. '상성'의 처음이 낮았다가 높아지는 소리도 평탄하게 되어 버렸다.

기출 | 따라잡기

123. 임진왜란 후 17세기 초부터 19세기 말까지의 국어를 근대국어라 한다. 이 시기 국어의 특징을 설명한 것으로 바른 것은? 2004. 지방직

① 방점 체제가 철저히 지켜졌다.
② 한글 사용의 폭이 좁아졌다.
③ 모음 조화 현상이 전대보다 더 엄격히 지켜졌다.
④ 문자 'ㆁ', 'ㆆ', 'ㅿ'이 사라져 문자체계에 변화가 생겼다.

9 소실 문자

소멸 순서

ㆆ(ㅸ, ㆅ, ㅇㅇ) > ㅿ > ㆁ > ·
(15C 중엽)　　　　　　　(16C 말엽)　　　　　(음가 17C 이후, 표기 1933년)

소실 문자	명칭	음가	소멸시기	변천과정	용례 (用例)
ㆆ	여린히읗	성대파열음	세조 이후 (15C 중엽)	없어짐	흠흠, 하ㄹ 뜯, 훓배
ㅸ	ㅂ순경음	양순마찰음	세조 이후 (15C 중엽)	ㅂ > ㅸ > 오/우 또는 ㅇ	알밤, ㅎㅸㅿ, 수ㅸㅣ
ㆅ	쌍히읗	ㅎ과 ㅋ의 중간음	세조 이후 (15C 중엽)	ㆅ > ㅋ, ㅆ ㆅ > ㅎ	혀다, 혈믈, 洪ㆁ
ㅇㅇ	쌍이응	성문음	세조 이후 (15C 중엽)	ㅇㅇ > ㅇ	히여, 괴여, 믜여
ㅿ	반치음	치조마찰음	임란 이후 (16C 말엽)	ㅅ > ㅿ > ㅇ	ᄆᆞᅀᆞᆷ, ᄀᆞᅀᆞᆯ, 지어, 나ᅀᅡ
ㆁ	옛이응	연구개음	임란 이후 (16C 말엽)	ㆁ > ㅇ	보ᅀᆞ리, 바올, 올창이, 빅셩
·	아래 아	ㅏ와 ㅡ의 중간음	음가:17C 이후 표기:1933년	· > ㅡ, ㅏ, ㅗ, ㅓ, ㅜ	ᄀᆞᅀᆞᆯ, 몰, ᄑᆞ리, ᄉᆞ매, ᄇᆞ리다, 아ᅀᆞ

(1) ㆆ (여린 히읗)

① 훈민정음 28자(초성17자) 체계에는 속해 있으나, 국어의 실질적인 독립 음운으로 쓰이지 않았다. 음가가 없기 때문에 우리말 음운이 아니다.

② 세조 이후 소실되어 성종 때 문헌부터는 나타나지 않았다.

③ 변천: ㆆ > ㅇ, ㆆ > × 예 흠(恰)>음, 자ퟝ 제>자실 제

(2) ㅸ (ㅂ 순경음)

① 음가: 'ㅂ'의 울림소리로 양순 마찰 유성음이다.

② 훈민정음 28자(초성 17자) 체계에는 속해 있지 않으나, 국어의 실질적인 독립 음운으로 쓰였다.

③ 'ㅂ' 불규칙 용언의 활용할 때 모음 어미를 만나면 'ㅂ'이 'ㅸ'으로 변한다. 그러나 규칙 용언에서는 'ㅸ'이 나타나지 않았다.

　예 줍+어 > 주ㅸㅓ / 눕+어 > 누ㅸㅓ ⇨ 불규칙 용언에서의 활용 형태

　예 입+어 > 이ㅸㅓ(×), 이버(○) / 잡+아 > 자바 ⇨ 규칙 용언에서의 활용 형태

④ 파생 부사에서 사용되었다.

　예 쉽+이 > 쉬ㅸㅣ > 수ㅸㅣ > 수이 > 쉬 / 어즈럽+이=어즈러ㅸㅣ > 어즈러이

기출 따라잡기

124. 높임법의 유형이 다른 하나는?
2013. 서울시 7급

① 내 님을 그리ᅀᆞ와 우니다니
② 如來ㅅ 일후믈 듣ᄌᆞᆸ면
③ 내 멀톄로 닐오리이다.
④ 부텻 은혜를 닙ᄉᆞ바
⑤ 和尙ᄭᅴ 묻ᄌᆞ오ᄃᆡ

⑤ 울림소리 사이에서만 사용되었으며, 두음과 종성으로는 사용하지 않았다.

　　예 돕+아=도_ㅸ아 > 도와 / 곱+아=고_ㅸ아 > 고와

⑥ 변천

　　㉠ ㅂ > ㅸ > 오/우　예 돕+아 > 도_ㅸ아 > 도와 / 눕+어 > 누_ㅸ어 > 누워

　　㉡ ㅂ > ㅸ > ㅇ　예 곱+이 > 고_ㅸ이 > 고이

(3) ㅿ (반치음)

① 음가: 'ㅅ'의 울림소리, 치조 유성 마찰음(Z)에 해당한다.

② 소멸: 임진왜란 직전에 소멸되어 16세기 후반부터는 쓰이지 않았다.

③ 용례

　　㉠ 한 낱말에서(울림소리 사이)　예 ᄀᆞᅀᆞᆯ, ᄆᆞᅀᆞᆯ, ᄆᆞᅀᆞᆷ

　　㉡ 울림소리 사이에서 사잇소리　예 바_{ㄹㅿ} 우희

　　㉢ 'ㅅ' 불규칙 용언이 활용할 때 모음 어미를 만나면 'ㅅ'이 'ㅿ'으로 변한다.
　　　그러나 규칙 용언에서는 'ㅿ'으로 변하지 않는다.

　　　예 • 긋+어 > 그ᅀᅥ / 닛+어 > 니ᅀᅥ ⇨ 불규칙 용언의 활용 형태
　　　　 • 빗+어 > 비ᅀᅥ(×), 비서(○) / 싯+어 > 시서 ⇨ 규칙 용언의 활용 형태

　　㉣ 'ㅅ'받침이 유성 후두 마찰음과 만날 때 쓰였다.　예 ᄀᆞᆺ+없다 ⇨ ᄀᆞᆻ없다

　　㉤ 동국정운식 한자음의 초성 표기　예 ᅀᅵᆫ 人신, 日ᅀᅵᇙ

④ 변천

　　㉠ ㅿ > ㅇ 　예 ᄀᆞᅀᆞᆯ > ᄀᆞᄋᆞᆯ

　　㉡ ㅿ > ㅅ, ㅈ 　예 남ᅀᅵᆫ > 남진 / 호ᅀᅡ > 호자

(4) ㆍ (아래아)

① 음가: 'ㅏ'와 'ㅗ'의 중간음에 해당한다.

② 소멸

　　㉠ 음가의 소멸: 17세기 이후 소멸되었다.

　　㉡ 문자의 소멸: 1933년 '한글 맞춤법 통일안'에서 삭제하였다.

③ 변천

　　㉠ 17세기 초: 둘째 음절 이하에서 'ㅡ'로 변천　예 ᄀᆞᅀᆞᆯ > ᄀᆞ을

　　㉡ 18세기 중엽: 첫 음절에서 'ㅏ'로 변천　예 ᄀᆞ을 > 가을

　　㉢ 예외적 변천　예 ᄇᆞ리다 > 버리다 / 아ᅀᆞ > 아우 / ᄉᆞ매 > 소매

　　㉣ 한자음의 'ㆍ'는 모두 'ㅏ'로 바뀜.　예 字ᄍᆞ > 자 / 呑ᄐᆞᆫ > 탄

④ 'ㆍ'의 소멸로 모음 조화의 약화 현상을 초래하였다.

⑤ 현대에 와서는 제주도 방언에서 'ㆍ'의 자취를 엿볼 수 있다.

기출 | 따라잡기

125. 다음 중 중세국어에 대한 설명으로 가장 옳지 않은 것은?

2016. 서울시 7급

① 'ㅿ'은 'ㅸ'보다는 오래 쓰였지만 16세기 후반에 가서는 거의 사라졌다.

② 대략 10세기부터 16세기 말까지의 국어를 말한다.

③ 중세국어 전기에 새로운 주격 조사 '가'가 사용 폭을 넓혀 갔다.

④ 중세국어의 전기에는 원나라의 영향으로 몽골어가 많이 유입되었다.

➕ 플러스 'ㅇ'의 두 가지 성격

• 음가 없는 'ㅇ': 오늘날의 초성 'ㅇ'과 같이 성음법의 규정에 따라 글자의 모습을 갖추기 위하여 쓴 것으로 특별한 소리값이 없다.

• 음가 있는 'ㅇ': 중세 국어에서는 초성의 'ㆁ(옛이응)'은 음가가 있었다. 이때의 'ㆁ'은 목구멍에서 나는 후두 유성 마찰음(울림소리 h-'ㄱ', 'ㅎ'의 약한 발음)으로 반드시 끊어적기(분철) 표기를 한다.
예 보오리, 바올, 몰애, 달아, 앒이, 알어늘, 알오

제3절 문법적 특징

1 중성(모음)체계

소리성질 / 제자 순서	양성모음	음성모음	중성모음	비고
기본자 (基本字)	· (天)	― (地)	ㅣ (人)	단모음
초출자 (初出字)	ㅗ, ㅏ	ㅜ, ㅓ		
재출자 (再出字)	ㅛ, ㅑ	ㅠ, ㅕ		이중모음

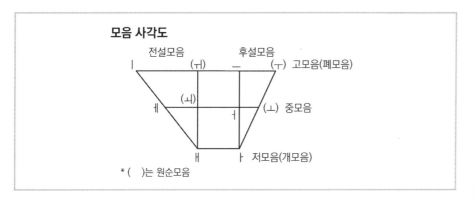

모음 사각도

* ( )는 원순모음

기출 따라잡기

126. 다음을 분석한 것으로 옳지 않은 것은? 2017. 국가직 7급

이랑이 소리롤 놉히 ㅎㅑ 나를 불러 져괴 믈밋출 보라 웨거놀 급히 눈을 드러 보니 믈밋 홍운을 헤앗고 큰 실오리 ㅈᆞᆺㅎᆞᆫ 줄이 붉기 더옥 긔이ㅎᆞ며 긔운이 진홍 ㅈᆞᆺㅎᆞᆫ 것이 ᄎᆞᄎᆞ 나 손바닥 너비 ㅈᆞᆺㅎᆞᆫ 것이 그믐밤의 보는 숫불빗 ㅈᆞᆺ더라. ᄎᆞᄎᆞ 나 오더니 그 우흐로 젹은 회오리밤 ㅈᆞᆺㅎᆞᆫ 것이 붉기 호박 구슬 ㅈᆞᆺ고 묽고 통낭ᄒᆞ기ᄂᆞᆫ 호박도곤 더 곱더라.

① '의'가 현대 국어와 다른 용법으로 사용되기도 하였다.
② 원순 모음화를 반영한 표기가 나타나지 않는다.
③ 명사형 어미 '-기'가 사용된다.
④ 혼철 표기가 발견된다.

2 종성체계

해례본 종성해(終聲解)에 있는 '종성은 8자로 충분하다(八終聲可足用, 8종성가족용).'는 구절은 발음과 표기에 관한 규정이다.

▶ 종성부용초성(終聲復用初聲) ⇨ 종성의 제자 원리
   8종성가족용(八終聲可足用) ⇨ 발음과 표기법

3 구개음화(口蓋音化)

ㄷ, ㅌ + ㅣ, ㅑ, ㅕ, ㅠ, ㅖ ➡ ㅈ, ㅊ + ㅣ, ㅑ, ㅕ, ㅛ, ㅠ, ㅖ
ㅎ ➡ ㅅ   ᅘ ➡ ㅆ   ㄱ, ㅋ ➡ ㅈ, ㅊ

① 'ㄷ, ㅌ'이 'ㅣ' 모음이나 'ㅣ' 선행 모음 앞에서 'ㅈ, ㅊ'으로 변화하는 현상
② 뒤 음운 'ㅣ'의 영향으로 앞 음운 'ㄷ, ㅌ'이 변하므로 역행 동화이며 부분 동화이다.

③ '두시언해(杜詩諺解)' 중간본(1632년)부터 나타나기 시작하여 18세기에 활발히 일어난 간이화 현상의 일종이다.

> 예 디다 > 지다 / 둏다 > 좋다 > 졸다(둏다-好, 좋다- 淨) / 티다 > 치다 /
> 뎔 > 졀 > 절(寺院) / 텬디 > 천지 > 천지(天地) / 부텨 > 부쳐 > 부처(佛) /
> 스뭇디 > 스무지

④ 'ㄱ, ㄲ, ㅋ, ㅎ'이 'ㅈ, ㅉ, ㅊ, ㅅ'으로 바뀌는 현상도 구개음화의 일종이나 표준어로 인정하지 않는다.

> 예 힘힘ᄒ다 > 심심하다 / 힘 > 심 / 형님 > 셩님 > 성님 / 길 > 질 / 참기름 > 참지름 /
> 끼다 > 찌다 / 키 > 치 (방언에서만 '기'로)

> ※ 딤ᄎᆡ > 짐츼 > 김치   디새 > 지새 > 기새 > 기와(瓦)
>   구개음화 부정회귀   구개음화 부정회귀 민간어원설

4 단모음화(單母音化)

단모음화는 치음 뒤에서 일어나는 현상이다. '불휘 > 뿌리'의 변화는 'ㅟ'가 단모음 'ㅣ'로 변했지만 치음 뒤에서 변화된 것이 아니기 때문에 단모음화가 아니라 유추 현상이다.

> 'ㅅ, ㅈ, ㅊ' 아래서 'ㅑ, ㅕ, ㅛ, ㅠ'가 'ㅏ, ㅓ, ㅗ, ㅜ'로 바뀌는 현상

① 치음 'ㅅ, ㅈ, ㅊ' 아래의 이중 모음 'ㅑ, ㅕ, ㅛ, ㅠ'가 'ㅏ, ㅓ, ㅗ, ㅜ'로 변하는 현상
② 갑오경장 이후 발생한 일종의 순행 동화로 고문법의 여러 음운 변천 현상 중 가장 늦게 일어났다. (1933년 이후)

> 예 셤 > 섬 / 샤공 > 사공 / 쇼[牛] > 소 / 죻다 > 좋다 / 져비 > 졔비 > 제비

5 두음 법칙

> 단어의 첫머리에 어떤 음이 오는 것을 꺼리는 현상

① 15세기에는 어두(語頭) 초성에 'ㅇ, ㅸ, ㅿ'이 두음에 올 수 없었다.
② 중세 국어에서는 '러울, 라귀, 락시' 등과 같이 'ㄹ' 소리도 첫소리에 사용되었으나, 그 수는 많지 않았다. 후에 'ㄹ'이 반모음 'ㅣ'와 'ɸ' 앞에서는 'ɸ'가 되고, 기타 모음 앞에서는 'ㄴ'으로 바뀐다. 'ㄹ' 발음이 오는 것을 꺼린다.

> 예 랑군 > 낭군 / 라귀 > 나귀 / 리유(理由) > 이유 / 련합군(聯合軍) > 연합군

③ 'ㄴ'은 15세기에는 사용했으나 20세기에 와서는 'ㅣ'나 'ㅣ' 선행 모음 앞에서 두음에 'ㄴ'이 쓰이지 않았다. 'ㄴ' 구개음을 꺼려 '냐, 녀, 뇨, 뉴, 니'가 '야, 여, 요, 유, 이'로 바뀐다.

> 예 니르다 > 이르다 / 닢 > 잎 / 님금 > 임금 / 녀자 > 여자 / 님 > 임 / 녯 > 옛

④ 15세기에는 겹자음이 쓰였으나, 16세기 말부터 각자 병서로 바뀌었다. 겹자음이 된소리로 바뀐다. 예 ᄡ다 > 쓰다 / ᄭᅮᆷ > 꿈
⑤ 일종의 회피 현상이며 간이화 현상의 일종이다.

6 조사

(1) 주격 조사

① 이: 자음으로 끝난 체언 뒤 예 식미(섬+이), 六龍이

② ㅣ: 'ㅣ'이외의 모음으로 끝난 체언 뒤 예 우리 始祖(시조)ㅣ, 공주ㅣ

③ (zero) 주격: 'ㅣ' 모음 뒤

　　예 ᄀᆞᄅ미 프르니 새 더욱 히오 (새+φ 주격), 불휘 기픈(불휘+φ 주격)

> **➕ 플러스** ┃ **특수한 형태의 주격 조사**
>
> (1) 애이셔/에이셔: 단체 표시 예 나라해이셔(나라ㅎ+에이셔: 나라에서)
> (2) 겨오셔: 높임 표시 예 아버님겨오셔
> (3) 셔, ㅣ라셔 예 슉시셔(슉씨가), 뉘라셔(누+ㅣ라셔: 누가) 놀래관ᄃᆡ
> (4) 주격 조사 '가'는 1572년 안씨 부인(정철의 어머니) 편지에서 주로 쓰였으나 조선 후기(17세기 이후)에 주로 나타난다.

(2) 목적격 조사

① 자음 아래

　　㉠ 올: 앞 음절의 모음이 양성일 경우 예 ᄆᆞᅀᆞ몰(ᄆᆞᅀᆞᆷ+올)

　　㉡ 을: 앞 음절의 모음이 음성일 경우 예 구루믈(구룸+을)

② 모음 아래: 롤(양성 모음 뒤)/를(음성 모음 뒤) 예 나롤(나+롤), 너를(너+를)

(3) 서술격 조사

① 이라: 자음으로 끝난 체언 뒤

　　예 樓는 다라기라('누'는 '다락'이라.)

② ㅣ라: 모음으로 끝난 체언 뒤

　　예 여슷찻 ᄒᆡ 乙酉ㅣ라(여섯번째 해는 '을유'라)

③ 라: 'ㅣ' 모음 뒤

　　예 齒논이니라('치'는 '이'라)

(4) 보격 조사

보격 조사는 주격 조사와 형태가 같으나, 서술어 '되다, 아니다' 앞에 놓이는 경우에 한정해서 보격이 된다.

① 이: 자음으로 끝난 체언 뒤 예 절로 봄 비치(빛+이) ᄃᆞ외엣고

② ㅣ: 모음으로 끝난 체언 뒤 예 모재(母子ㅣ) 되오니, 男남子즁ㅣ ᄃᆞ외오

③ φ (zero): 'ㅣ' 모음 뒤 예 입시울 가비야ᄫᅵᆫ 소리 ᄃᆞ외ᄂᆞ니라.

(5) 관형격 조사

① 익: 양성 모음 뒤 예 도즈긔(도족+익)

② 의: 음성 모음 뒤 예 崔九(최구)의 집

　　명사의 끝소리가 'ㅣ' 모음일 때는 '익/의'가 오고, 'ㅣ' 모음이 탈락된다.

　　예 그려기+의 > 그려긔, 올히+익 > 올힉

기출 | 따라잡기

127. 〈보기〉를 참고하여 ㉠～㉢에 들어갈 격조사로 적절한 것은?

2016. 기상직 9급

> 孟ᄆᆡᆼ子ᄌᆞ(㉠) ᄀᆞᄅᆞ샤ᄃᆡ, 사ᄅᆞᆷ(㉡) 道도(㉢)이시매 먹기를 ᄇᆡ브르 ᄒᆞ며 오ᄉᆞᆯ 덥게 ᄒᆞ야 편안히 잇고, ᄀᆞᄅᆞ치미 업스면 곧 즘승에 갓가오릴ᄉᆡ, …

> **보기**
>
> 중세 국어의 주격 조사는 '이'가 사용되었는데, 환경에 따라 다음과 같이 세 가지 경우로 나타난다. 자음 아래에서는 '이', 모음 아래에서는 'ㅣ', 그리고 'ㅣ'모음 아래에서는 생략되었다.

	㉠	㉡	㉢
①	이	ㅣ	생략
②	이	이	생략
③	ㅣ	ㅣ	이
④	ㅣ	이	ㅣ

＋ 플러스

관형격 조사 '의/의'와 'ㅅ'의 용법상 차이
'의/의'는 관형격 조사의 일반적인 용법으로 쓰이고, 'ㅅ'은 높임의 명사 뒤나 무정 명사에 쓰인다. ①에서 '岐王'은 높임의 대상이므로 'ㅅ'을 썼고, ②에서 崔九는 높임의 대상이 아니므로 '의'를 사용했다.
① 岐王ㅅ집 안해 샹녜 보다니 [기왕의 집 앞에서 (이구년 자네를 내가) 항상 보았는데]
② 崔九의 집 알픠 몃 디윌 드러뇨. [최구의 집 앞에서 (이구년 자네의 노래를) 몇 번을 들었던가.]

＋ 플러스

• '의/의'의 쓰임
'의/의'는 관형격으로도 쓸 수 있고, 처소격으로도 쓸 수 있으므로 문맥으로 파악해야 한다.
즉, '의'로 해석되면 관형격 조사이고, '에'로 해석되면 처소격 조사이다.
예 • 알픠 사람(앞의 사람 ⇨ 관형격)
• 알픠 가는 사람(앞에 가는 사람 ⇨ 처소격)
• '밧'은 양성 모음으로 된 체언이지만 모음 조화와 상관없이 처소격 조사 '의'를 사용한다.
예 이 밧긔 다시 무스글 구ᄒ리오 (이밖에 다시 무엇을 구하리요.)

기출 따라잡기

128. 다음 중 조사의 쓰임이 밑줄 친 부분과 같은 것은? 2005. 전남 9급

나랏말ᄊᆞ미 中國에 달아 문자와로 서르 ㅅ못디 아니ᄒ씨

① 몽고어는 우리말과 알타이 어족에 속한다는 점에서 같다.
② 영희와 철수가 함께 올 여름에 지리산에 갔다.
③ 바람에 가로수가 쓰러졌다.
④ 이 약은 감기에 잘 든다.

③ 관형격 조사 'ㅅ'

　㉠ 높임 명사 뒤 예 부텻 몸(부텨+ㅅ+몸)
　㉡ 무정 명사 뒤 예 나랏말ᄊᆞ미(나라+ㅅ+말ᄊᆞᆷ+이)
④ ㅣ: 특정 명사나 대명사일 때 예 제(저+ㅣ) 쁘들 시러 펴디 몯ᄒᆞᇙ 노미 하니라.

(6) 부사격 조사

① 처소격 조사

　㉠ 애: 양성 모음 뒤 예 바ᄅᆞ래(바ᄅᆞᆯ+애) 가ᄂᆞ니
　㉡ 에: 음성 모음 뒤 예 굴허에(굴헝+에) ᄆᆞ롤 디내샤
　㉢ 예: 'ㅣ' 모음 뒤 예 서리예 가샤
　㉣ 의/의: 특수 처소격 체언 뒤 예 天세 우희(우ㅎ+의) 미리 정ᄒᆞᆫ산
　　• '의'를 취하는 명사: 앒, 낮, 봄, 밤, 곧, 나모, 아ᄎᆞᆷ, 나조, ᄀᆞ슬, 자ㅎ
　　• '의'를 취하는 명사: 집, 곁, 녁, 우, 밧

② 비교격 조사

　㉠ 이/ㅣ/φ
　　예 • 古聖이 同符ᄒ시니
　　　• 회양 녜 일홈이 마초아 ᄀᆞᆮ톨시고 (회양 옛 이름과 마침 같으시고)
　　　• ᄃᆞ리 즈믄 ᄀᆞᄅᆞ매 비취요미(비취욤+이) ᄀᆞᆮ하니라. (달이 일천의 강에 비침과 같으니라.)
　㉡ 라와
　　예 널라와 시름 한 나도 (너보다 시름이 많은 나도)
　㉢ 도곤/두곤/두고
　　예 • 고기도곤 마시 이세. (고기보다 맛이 있세.)
　　　• 盧녀山산이 여긔도곤 낫단 말 못ᄒ려니 (여산폭포가 여기(십이폭포)보다 낫다는 말을 못할 것이다.)
　　　• 호박도곤 더 곱더라. (호박보다 더 곱더라.)
　　　• 여긔도곤 더 죠ᄒ리라. (여기보다 더 깨끗하구나.)
　　　• 능히 바ᄅᆞᆯ두고 기프며 (능히 바다보다 깊으며)
　㉣ 애게/에게/의게
　　예 • 자식에게 지나고 비복에게 지나는지라. (자식보다 낫고 하인보다 나은지라.)
　　　• 디용(智勇)이 사ᄅᆞᆷ의게 넘더라. (지혜와 용기가 보통 사람들보다 뛰어나더라.)
　㉤ 애/에
　　예 • 즘승에 갓가오릴식 (짐승과 가까울 것이므로)
　　　• 나랏말ᄊᆞ미 中國에 달아 (나라의 말이 중국과 달라)
　㉥ ᄀᆞ티
　　예 • 어마님ᄀᆞ티 괴시리 업세라. (어머님처럼 사랑하실 사람이 없어라.)
　　　• ᄇᆞ료믈 흙ᄀᆞ티 ᄒᆞᄂᆞ다. (버림을 흙같이 한다.)
　㉦ 텨로 예 쇼텨로 드리워 (소처럼 드리워)
　㉧ 애셔/에셔 예 복이 바ᄅᆞ래셔(바ᄅᆞᆯ+애셔) 깁도다. (복이 바다보다 깊도다.)
　㉨ 와/과 예 나의 정회 남과 다름이라.
　㉩ ᄋᆞ론/으론 예 여희므론(여흼+으론) 질삼뵈 ᄇᆞ리시고 (이별함보다는 길쌈 베를 버리시고)

③ 원인격 조사

    ⊙ 애/에 **예** 불휘 기픈 남군 부르매(부룸+애) 아니 뮐씨

    ⊙ ᄋᆞ로/으로 **예** 이런 젼ᄎᆞ로 어린 ᄇᆡᆨ셩이 니르고져

④ 낙착점

    ⊙ 이(의)손ᄃᆡ **예** 님의손ᄃᆡ 드리ᄉᆞᆸ고져 (임께 드리고자)

    ⊙ 이(의)그에 **예** ᄂᆞ미그에(놈+이그에) 怒론 (남에게 분노를)

    ⊙ ᄭᅴ, ᄃᆞ려 **예** 부텻긔(부처께), 즁ᄌᆞᄃᆞ려(증자에게)

(7) **접속 조사**

현대어와 같으나 15세기에는 접속되는 마지막 체언 뒤에도 '와/과'가 연결되는 점과 'ㄹ'과 '모음' 뒤에서는 '와'가 온 점이 다르다.

  ① 와: 모음, 'ㄹ' 뒤 **예** 얼굴와 머리터른

      과: 그 외 **예** 하ᄂᆞᆯ콰(하ᄂᆞᆯㅎ+과)

  ② 랑, 이며 **예** 멀위랑 ᄃᆞ래랑 먹고, 몸이며 얼굴이며 머리털이며 술흔

(8) **호격 조사**

하(높임 명사 뒤), 아/야(일반 명사 뒤) **예** 님금하, 달하, 원각아

(9) **보조사**

  ① 단독: 만, 곳(옷), ᄲᅢᆫ **예** 외로운 비옷 잇도다.

  ② 대조: 은, 는, ᄋᆞᆫ, ᄂᆞᆫ **예** 머리털이며 술흔 부모ᄭᅴ 받ᄌᆞ온 거시라. (술ㅎ+ᄋᆞᆫ)

  ③ 동일: 도 **예** 乃냉終즁ㄱ 소리도 ᄒᆞᆫ가지라. 호미도 ᄂᆞᆯ히언마ᄅᆞᄂᆞᆫ

  ④ 지적: 으란, 을란, 란 **예** 踏ᄖᆞ靑쳥으란 오ᄂᆞᆯᄒᆞ고 浴욕沂기란 내일 ᄒᆞ새

  ⑤ 특수: ᅀᅡ **예** 뷔어ᅀᅡ ᄌᆞᄆᆞ니이다.

  ⑥ 강조: 잇ᄃᆞᆫ, 잇ᄯᆞᆫ, 이라셔 **예** 긴힛ᄃᆞᆫ 그츠리잇가.

  ⑦ 의문: 고, 오, 가, 아 **예** 어드러로 든단 말고, 어느 나리 이 도라갈 히오

7 체언의 형태 바꿈

(1) **'ㄱ' 덧생김 체언('ㄱ' 곡용 체언)**

'ᄆᆞ/무', 'ᄂᆞ'로 끝나는 말이 단독으로는 'ㄱ'이 나타나지 않으나, 모음으로 시작되는 조사와 결합하면 끝모음이 떨어지고 대신 'ㄱ'이 덧생긴다.

체언	단독형	주격	목적격	서술격	부사격(공동)
나모(木)	나모	남기	남글	남기라	나모와
구무(穴)	구무	굼기	굼글	굼기라	구무와
불무(冶)	불무	붊기	붊글	붊기라	불무와
녀느(他)	녀느	년기	년글	년기라	녀느와

플러스

15세기에는 현대 국어와 달리 연결되는 마지막 체언 뒤에도 접속 조사가 쓰였다.
(1) 아비와 아ᄃᆞᆯ이 → 아비와 아ᄃᆞᆯ왜(아ᄃᆞᆯ+와+ㅣ)
(2) 몸이며 얼굴이며 머리털이며 술흔 → 몸과 얼굴와 머리털와 술콰ᄂᆞᆫ(술ㅎ+과+ᄂᆞᆫ)

① 부사격 조사나 접속 조사 '와'와 결합할 때에는 'ㄱ'이 덧생기지 않는다.

> **예** 나모+와 > 남과(×), 나모와(○)

② 구문법(구문법)에서는 '밧'과 '돗'을 'ㄱ' 곡용어로 인정했으나, 현행 문법에서는 단독형을 '밝'과 '돍'으로 보아 'ㄱ' 덧생김 체언으로 인정하지 않는다.

③ 주요 예문

- 년기 디나리잇가 (남이 지나갈 수 있겠습니까?)
- 불휘 기픈 남ᄀᆫ ᄇᆞᄅ매 아니 뮐씨 (뿌리가 깊은 나무는 바람에 아니 흔들리므로)

(2) 'ㅎ' 종성 체언

➕ 플러스

(1) 현대 국어에서 일부 단어에서 'ㅎ' 종성 체언의 자취가 남아 있다.

> **예** 암ㅎ+닭 > 암탉
> 수ㅎ+강아지 > 수캉아지
> 살ㅎ+고기 > 살코기
> 안ㅎ+밖 > 안팎

(2) '~돌(들)(等)'은 복수 접미사이지만 특이하게 'ㅎ' 받침을 취한다.

① 개념

'ㅎ' 받침 체언이 단독으로 쓰일 때에는 'ㅎ'이 나타나지 않는다. 그러나 조사가 올 때 'ㅎ'이 나타난다. **예** 하놀, 하놀히, 하놀콰

② 모음 조사가 올 때에는 'ㅎ'이 나타난다. **예** 하놀ㅎ +이 > 하놀히

③ 자음 조사가 올 때에는 축약된다. **예** 하놀ㅎ +과 > 하놀콰

④ 대체로 'ㄴ', 'ㄹ', 'ㅁ' 받침을 가졌거나, 모음으로 끝난 고유어에서만 나타난다. 중세 국어에서는 약 80여 개가 있었다.

- ㉠ 'ㄴ'으로 끝난 말: 안(內), 긴(綬, 끈), 뒤안(園)
- ㉡ 'ㄹ'로 끝난 말: 갈(刀), 길(道), 들(野), 둘(二), 열(十), 스믈(二十), ᄀᆞ슬(秋), 겨슬(冬), ᄆᆞ술(郡), 하놀(天)
- ㉢ 'ㅁ'으로 끝난 말: 암(雌: 암컷), 움(穴: 구멍)
- ㉣ 모음으로 끝난 말: 나라(國), 나조(夕), 내(川), 미(野), 뫼(山), 바다(海), 수(雄), 시내(溪), ᄯᅡ(地), 여러(多), 우(上), 자(尺), ᄒᆞ나(一), 세(三)

⑤ 주요 예문

- 뫼히 퍼러ᄒᆞ니 (산이 푸르니)
- ᄆᆞ술홀 아나 흐르ᄂᆞ니 (마을을 안아 흐르니)
- 나조히 釣水(조수)ᄒᆞ새 (저녁에 낚시질하세)
- 내히 이러 바ᄅᆞ래 가ᄂᆞ니 (시냇물이 이루어져 바다에 가나니)
- 셤 안해 자싫 제 (섬 안에서 주무실 때)
- 천세 우희 미리 定ᄒᆞ샨 (천 년 전에 미리 정하신)

8 선어말 어미

(1) 높임 선어말 어미

1) 주체 높임(존경법)

주어 명사가 화자(話者) 또는 서술자에게 높임의 대상으로 인식될 때 이루어지는 높임법으로 자음 어미 앞에서는 '시', 모음 어미 앞에서는 '샤'를 사용하였다.
[행위의 주체(주어)를 높임]

① -시-: 일반적

예 • 如來 太子 時節에 나ᄅᆞᆯ 겨집 사ᄆᆞ시니 (석가 여래가 태자 시절에 나를 아내로 삼으셨으니)
• 미드시니, 가시고

② -샤-: 모음 어미 앞. '-샤-' 다음의 모음 어미는 생략한다.

예 • 한 菩薩이 나라ᄒᆞᆯ 아ᅀᆞ 맛디시고 道理를 ᄇᆡ호라 나아가샤 (한 보살이 나라를 아우에게 맡기시고 도리를 배우러 나아가시어)
• 定ᄒᆞ+샤+(아)+ㄴ ⇨ 정ᄒᆞ샨, 골+ᄋᆞ샤+(오)+ᄃᆡ ⇨ ᄀᆞᄅᆞ샤ᄃᆡ, 가+샤+(옴) ⇨ 가샴

2) 상대 높임(청자 높임, 공손법)

話者가 청자를 높이거나 낮추는 높임법으로 중세 국어에서는 평서형 앞에서는 '이', 의문형 앞에서는 '잇'을 사용하였으며 명령법으로는 '-쇼셔'를 사용하였다.
[말 듣는 상대(聽者)를 높임]

① -이-: 평서형 예 ᄒᆞ나이다

② -잇-: 의문형 예 ᄒᆞᄂᆞ니잇가

㉠ 판정 의문문: ~잇가 예 가ᄂᆞ니잇가, 오ᄂᆞ니잇가

㉡ 설명 의문문: 의문사 ~ 잇고 예 어느 다 ᄉᆞᆯᄫᆞ리잇고, ᄆᆞᄉᆞ게 ᄡᅳ시리잇고

예 • 소리ᄲᅮᆫ 듣니이다. (소리만 듣습니다.)
• 몃 間ㄷ 지븨 사ᄅᆞ시리잇고. (몇 간의 집에 사시었습니까?)
• 王이 부텨를 請ᄒᆞᅀᆞᄫᅡ쇼셔. (왕이 부처를 청하십시오.)

3) 객체 높임(겸양법)

목적어 명사나 부사어 명사로 등장하는 상위자(上位者), 즉 객체에 관련된 동작, 상태를 나타내는 높임법으로 'ᅀᆞᆸ'을 기본 형태소로 하여 형태 음소론적 교체에 따라 'ᅀᆞᆸ, ᄌᆞᆸ, ᅀᆞᆸ, ᅀᆞᆸ, ᄌᆞᆸ'가 사용되었다. [문장의 객체(목적어나 부사어)를 높임]

① -ᄌᆞᆸ-: 'ㄷ, ㅌ, ㅈ, ㅊ' 아래 예 듣ᄌᆞᆸ게(듣다), 받+ᄌᆞᆸ+ᄋᆞ+시+니 ⇨ 받ᄌᆞᄫᆞ시니

② -ᄉᆞᆸ-: 'ㄱ, ㅂ, ㅅ, ㅎ' 아래 예 막ᄉᆞᆸ거늘(막다), 돕+ᄉᆞᆸ+아 ⇨ 돕ᄉᆞᄫᅡ

③ -ᅀᆞᆸ-: 유성음 '모음, ㄴ, ㅁ' 아래

예 보ᅀᆞᆸ게(보다), 그리+ᅀᆞᆸ+아 ⇨ 그리ᅀᆞᄫᅡ > 그리ᅀᆞ와

예 • 내 아래브터 부텻긔 이런 마ᄅᆞᆯ 몯 듣ᄌᆞᄫᆞ며, (내 이전부터 부처로부터 이런 말을 못 들었으며,)
• 몸이며 얼굴이며 머리털이며 ᄉᆞᆯᄒᆞᆫ 부모ᄭᅴ 받ᄌᆞᄫᆞᆫ 거시라. (身體髮膚는 부모로부터 받은 것이라.)
• 내 니믈 잡ᄉᆞᄫᆞ니 엇디 ᄒᆞ리잇고 (내 임을 잡으니 어찌 할것인가)
• ᄒᆞᆫ ᄆᆞᅀᆞ므로 뎌 부텨를 보ᅀᆞᆸ고 (한마음으로 저 부처를 뵙고)
• ᄒᆞᆫ ᄆᆞᅀᆞ므로 뎌 부텨를 보ᅀᆞᄫᆞ라. (한마음으로 저 부처를 뵈어라.)

기출 | 따라잡기

129. 밑줄 친 부분에 대한 설명으로 적절한 것은? 2018. 국가직 9급

> 말ᄊᆞᆷ ㉠ ᄉᆞᆯᄫᆞ리 하ᄃᆡ 天命을 疑心ᄒᆞ실ᄊᆡ ᄭᅮ므로 ㉡ 뵈아시니
> 놀애ᄅᆞᆯ 브르리 ㉢ 하ᄃᆡ 天命을 모ᄅᆞ실ᄊᆡ ᄭᅮ므로 ㉣ 알외시니
>
> (말씀을 아뢸 사람이 많지만, 天命을 의심하시므로 꿈으로 재촉하시니 노래를 부를 사람이 많지만, 天命을 모르므로 꿈으로 알리시니)
> –〈용비어천가〉 13장–

① ㉠에서 '-이'는 주격을 나타내는 조사로 기능한다.
② ㉡에서 '-아시-'는 높임을 나타내는 선어말 어미로 기능한다.
③ ㉢에서 '-ᄃᆡ'는 이유를 나타내는 연결 어미로 기능한다.
④ ㉣에서 '-외-'는 사동을 나타내는 접미사로 기능한다.

130. 중세국어의 상대높임법에 대한 설명으로 옳지 않은 것은? 2015. 기상직 7급

① 'ᄒᆞ라체'는 아주낮춤이며 평서형 종결어미는 '-다'로 나타난다.
② 'ᄒᆞ야쎠체'는 예사높임이며 명령형 종결어미는 '-어쎠'로 나타난다.
③ '너희ᄃᆞᆯ히 如來ㅅ 秘密神通力을 仔細히 드르리'에서 반말의 종결 어미가 사용되었다.
④ '부텻긔 받ᄌᆞᄫᅡ ᄆᆞᅀᆞᆷ 호려 ᄒᆞ시ᄂᆞ니'는 'ᄒᆞ쇼셔체'의 의문형 종결어미가 사용되었다.

+ 플러스

고어에서는 현대어와는 달리 높임
의 선어말 어미보다 시제의 선어말
어미가 앞에 오는 '시제 선행법'이
중심을 이루었으나, 17세기 이후에
는 높임의 선어말 어미가 시제의
선어말 어미보다 앞에 오는 '높임
선행법'이 이루어져서 지금에 이르
고 있다.
예 −ᄒᆞ거시늘 > 하시거늘
　 ᄒᆞ더시니 > 하시더니

(2) 시제 선어말 어미

1) **회상 시제 선어말 어미**

　① −다−: 주어가 1인칭일 때(더＋오 ⇨ 다) 예 보다니

　② −더−: 주어가 2·3인칭일 때 예 보앗더라, 하더이다

　③ −러−: 서술격 조사 아래 유음화(더 ⇨ 러) 예 이러라, 뉘러뇨

2) **현재 시제 선어말 어미**: −ᄂᆞ− 예 가ᄂᆞ니

3) **미래 시제 선어말 어미**: −리− 예 구드시리이다

+ 플러스

'−다−', '−과−'는 '−오−'가 화합된 형태로 1인칭 주어와 호응한다.

(1) 더(과거 시제)＋오(선어말 어미) > 다(1인칭과 호응)

　　예 岐王ㅅ 집 안해 샹녜 보다니

(2) 거(주관적 믿음의 선어말 어미)＋오(ㅅ선어말 어미) > 과(1인칭과 호응)

　　예 곳 디ᄂᆞᆫ 시절에 쏘 너를 맛보과라.

제4절 우리말의 옛 모습

1 훈민정음 언해(세종의 어지)

世·솅宗·종 御·엉製·졩 訓·훈民·민正·졍音·흠
동국정운식 표기 → 솅, 엉, 졩, 흠

나·랏:말쓰·미 中듕國·귁·에 달·아 文문字·쭝·와·로 서르 스뭇·디 아·니홀·씨
　　　　중국말과　　　　　한자　　　　서르 > 서로 (이화, 강화, 유추)

·이런 젼·ᄎ·로 어·린百·빅姓·셩·이 니르·고·져 ·홇 ·배 이·셔·도 ᄆᆞ·ᄎᆞᆷ:내
　　　死語: 까닭으로 어의 전성: 어리석은　　　　　바+ㅣ

제·ᄠᅳ·들 시·러 펴·디: 몯홇 ·노·미 하·니·라 ·내 ·이·를爲·윙·ᄒᆞ·야 :어엿·비 너·겨
저+ㅣ　　능히 펴디 > 펴저(구개음화) 하다=多, ᄒᆞ다=爲　　　불쌍하다 > 예쁘다(어의전성)

·새·로 ·스·믈여·듧字·쭝·를 밍·ᄀᆞ노·니 :사ᄅᆞᆷ:마·다:ᄒᆡ·ᅇᅧ:수ᄫᅵ 니·겨 ·날·로 ·ᄡᅮ·
메
　　　　　밍ᄀᆞᆯ+ᄂᆞ+오+니　　　ᄒᆡ+이이+어　　　　ᄡᅳ+움+에

便뼌安한·킈 ᄒᆞ고·져 홇 ᄯᆞᄅᆞ·미니·라.
　자음 축약(ㅎ + ㄱ→ㅋ)· 'ᅙ': 절음부호

- 나랏말ᄊᆞ미 ~ 아니 홀씨: 자주 정신
- 이런젼·ᄎ·로 ~ 밍·ᄀᆞ노·니: 애민 정신
- 사ᄅᆞᆷ:마·다 ~ 홇 ᄯᆞᄅᆞ·미니·라: 실용 정신

國之語音 異乎中國 與文字 不相流通 故愚民有所欲言 而綜不得伸其情者多矣
국지어음 이호중국 여문자 불상유통 고우민유소욕언 이종부득신기정자다의
予爲此憫然 新制二十八字 欲使人人易習 便於日用耳
여위차민연 신제이십팔자 욕사인인이습 편어일용이

핵심정리

1. 어휘 연구
- **世솅宗종**: 세종. 동국정운식 한자음 표기.
- **나·랏**: 나라(國)의. 나라+ㅅ(사잇소리)
- **:말ᄊᆞ미**: 말씀이
- **中듕國·귁·에**: 중국과. 듕귁+에(비교부사격 조사)
- **달·아**: 달라. 다ᄅᆞ-+-아
- **文문·쭝·와·로**: 한자로는
- **서르**: 서로(이화, 강화, 유추)

기출 | 따라잡기

131. 다음 중 현재 남아 있지 않은 단어는?　2006. 중앙소방직

> 나랏 ①말ᄊᆞ미 듕귁에 달아 문쭝와로 서르 ②스뭇디 아니홀씨 이런 전ᄎ로 어린 빅셩이 ③니르고져 홇 배 이셔도 무ᄎᆞᆷ내 제 ᄠᅳᆯ 시러 펴디 몯홇 ④노미 하니라

① 말씀　　② 스뭇디
③ 니르고져　④ 놈

> 나랏말ᄊᆞ미 中듕國귁에 달아 文문
> 字ᄍᆞ와로 서르 ①ᄉᆞᄆᆞᆺ디 아니ᄒᆞᆯ씨
> 이런 ②젼ᄎᆞ로 어린 百ᄇᆡᆨ姓셩이 니
> 르고져 ᄒᆞᇙ배 이셔도 ᄆᆞᄎᆞᆷ내 제 ᄠᅳ
> 들 시러 펴디 몯ᄒᆞᇙ 노미 하니라 내
> 이ᄅᆞᆯ 爲윙ᄒᆞ야 ③어엿비 너겨 새로
> 스믈여듧 字ᄍᆞ를 ᄆᆡᇰᄀᆞ노니 사ᄅᆞᆷ마
> 다 ᄒᆡᅇᅧ ④수비 너겨 날로 ⑤ᄡᅮ메
> 便뼌安한킈 ᄒᆞ고져 ᄒᆞᇙ ᄯᆞᄅᆞ미니라

132. 이 글의 내용으로 미루어 확인할 수 없는 것은?

① 문자 생활에서 실용화 추구
② 당시 의사소통 과정의 어려움
③ 창제한 문자의 수
④ 한자 배우기의 어려움과 중국어 비판

133. 이 글에 사용된 낱말 중 현대 국어에 와서 그 의미가 달라진 것으로만 묶인 것은?

① 어엿비, ᄆᆞᄎᆞᆷ내
② 어엿비, 노미
③ 노미, ᄆᆡᇰᄀᆞ노니
④ 새로, ᄆᆞᄎᆞᆷ내

134. 이 글에서 밑줄 친 단어의 의미를 잘못 풀이한 것은?

① ᄉᆞᄆᆞᆺ디: 통하지[通]
② 젼ᄎᆞ: 까닭[故]
③ 어엿비: 불쌍히[憫]
④ 수비: 쉽게[易]
⑤ ᄡᅮ메: 씀에[書]

- ᄉᆞᄆᆞᆺ·디: 통하지. ᄉᆞᄆᆞᆾ-[通]+-디
- ᄒᆞᆯ·씨: 하므로. ᄒᆞ-+-ㄹ씨
- 젼·ᄎᆞ·로: 까닭으로
- 어·린: 어리석은[愚]. 어리다[愚] > 어리다[幼](어의전성)
- 니르·고·져: 이르고자
- ·ᄒᆞᇙ ·배: 할 바가. ᄒᆞ-+-오-+-ㄹㆆ 바+ㅣ(주격조사)
- ·ᄠᅳ·들: 뜻을
- 시·러: 능히
- :몯ᄒᆞᇙ: 못하는
- ·노·미: 놈이. 사람이. 놈(者, 예사말) > 놈(낮춤말) (의미의 타락)
- 하·니·라: 많으니라.
- :어엿·비: 불쌍히. 가엾게. 어엿브+이(부사파생접사). 어엿브다 > 어여쁘다
- 너·겨: 여겨. 생각하여. 기 너기다.
  　　　　　너기다 > 여기다('ㅣ'모음역행동화) > 여기다(두음법칙)
- · ·스·믈 여·듧 字·ᄍᆞ: 스물여덟 자. 스믈 > 스물(원순 모음화)
- ᄆᆡᇰ·ᄀᆞ노·니: 만드니. ᄆᆡᇰᄀᆞ+ᄂᆞ+오+니
- :ᄒᆡ·ᅇᅧ: 하여금. ᄒᆞ-+-이-(사동접미사)+어
- :수·ᄫᅵ: 쉽게. 쉽-+-이(부사파생접미사). 쉬ᄫᅵ > 수ᄫᅵ > 수이 > 쉬이
- 니·겨: 익히게 하여. 닉-+-이-(사동접미사)+어
- ·날·로: 날마다. 날(명사)+로(부사파생접미사)
- ·ᄡᅮ·메: 씀에. 사용함에[用]. ᄡᅳ-+-움-(명사형어미)+에
- 便뼌安한·킈: 편안하게. '-긔'는 보조적 연결어미. '킈'는 'ᄒᆞ긔'의 축약형
- ᄯᆞᄅᆞ·미니·라: 따름이다. ᄯᆞᄅᆞᆷ(의존명사)+이(서술격조사)+니+라(평서형종결어미)

2. 어법 정리

① 동국정운식 표기: 世솅宗종, 御엉·製졩, 訓훈民민正정音흠, 中듕國귁, 文문字ᄍᆞ, 爲윙ᄒᆞ야, 字ᄍᆞ, 便뼌安한

② 분철: 中듕國귁에, 달아, 百ᄇᆡᆨ姓셩이

③ 8종성가족용법: ᄉᆞᄆᆞᆺ디

④ 'ㆆ'의 용법

　㉠ 한자음 표기(正정音흠, 便뼌安한)

　㉡ 된소리 기호(ᄒᆞᇙ 배)

　㉢ 절음 부호(몯ᄒᆞᇙ 노미, ᄒᆞᇙᄯᆞᄅᆞ미니라)

⑤ 선어말 어미 '오/우'의 사용: ᄒᆞᇙ, ᄆᆡᇰᄀᆞ노니

⑥ 품사의 전성

　㉠ 파생 명사(사ᄅᆞᆷ)

　㉡ 파생 부사(어엿비, 수·ᄫᅵ, 시러, ᄒᆡ·ᅇᅧ, ᄆᆞᄎᆞᆷ내, 새로, 날로)

⑦ 사동 접사: ᄒᆡ·ᅇᅧ, 니겨

⑧ 어의(語義) 전성: 말ᄊᆞᆷ, 어린, 놈, 어엿비

ㄱ·는 :엄쏘·리·니, 君군ㄷ字·쫑 ·처엄 ·펴·아 나는 소·리 ·ㄱ·티·니, 골·바·쓰·면 虯뀰ㅸ字· 쫑 ·처엄 ·펴·아 나·는 소·리 ·ㄱ·티니·라.

ㅋ·는 :엄쏘·리·니, 快·쾡ㆆ字·쫑 ·처엄 ·펴·아 나는 소·리 ·ㄱ·티니·라.

ㆁ·는 :엄쏘·리·니, 業·업字·쫑 ·처엄 ·펴·아 나는 소·리 ·ㄱ·티니·라.

ㄷ·는 ·혀쏘·리·니 斗:둘ㅸ字·쫑 ·처엄 ·펴·아 나·는 소·리 ·ㄱ·티, 골·바·쓰·면 覃땀ㅂ字· 쫑 ·처엄 ·펴·아 나·는 소·리 ·ㄱ·티니·라.

ㅌ·는 ·혀쏘·리니, 呑톤ㄷ字·쫑 ·처엄 ·펴·아 나·는 소·리 ·ㄱ·티니·라.

ㄴ·는 ·혀쏘·리니, 那낭ㆆ字·쫑 ·처엄 ·펴아 나는 소·리 ·ㄱ·티니·라.

ㅂ·는 입시·울쏘·리·니, ·彆·볋字·쫑 ·처엄 ·펴·아 나는 소·리 ·ㄱ·티·니, 골·바·쓰·면 步·뽕ㆆ 字·쫑 ·처엄 ·펴·아 나는 소·리 ·ㄱ·티니·라.

ㅍ·는 입시·울쏘·리·니, 漂퓰ㅸ字·쫑 ·처엄 ·펴·아 나는 소·리 ·ㄱ·티니·라.

ㅁ·는 입시·울쏘·리·니, 彌밍ㆆ字·쫑 ·처엄 ·펴·아 나는 소·리 ·ㄱ·티니라.

ㅈ·는 ·니쏘·리·니, 卽·즉字·쫑 ·처엄 ·펴·아 나는 소·리 ·ㄱ·티니·라. 골·바·쓰·면 慈쭝ㆆ 字·쫑 ·처엄 ·펴·아 나는 소·리 ·ㄱ·티니·라.

ㅊ·는 ·니쏘·리니, 侵침ㅂ字·쫑 ·처엄 ·펴·아 나는 소·리 ·ㄱ·티니·라.

ㅅ·는 ·니쏘·리·니, 戌·슗字·쫑 ·처엄 ·펴·아 나는 소·리 ·ㄱ·티, 골·바·쓰·면 邪썅ㆆ字· 쫑 ·처엄 ·펴·아 나는 소·리 ·ㄱ·티니·라.

ㆆ·는 목소·리·니, 挹휴ㅇ字·쫑 ·처엄 ·펴·아 나는 소·리 ·ㄱ·티니·라.

ㅎ·는 목소·리·니, 虛헝ㆆ字·쫑 ·처엄 ·펴·아 나는 소·리 ·ㄱ·티·니, 골·바·쓰·면 洪홍ㄱ字· 쫑 ·처엄 ·펴·아 나는 소·리 ·ㄱ·티니·라.

ㅇ·는 목소·리·니 欲·욕字·쫑 ·처엄 ·펴·아 나는 소·리 ·ㄱ·티니·라.

ㄹ·는 半·반·혀쏘·리·니, 閭령ㆆ字·쫑 ·처엄 ·펴·아 나는 소·리 ·ㄱ·티니·라.

ㅿ·는 半·반·니쏘·리·니, 穰샹ㄱ字·쫑 ·처엄 ·펴·아 나는 소·리 ·ㄱ·티니·라.

·는 呑톤ㄷ字·쫑 가·온·딧소·리 ·ㄱ·티니·라.

ㅡ·는 卽·즉字·쫑 가·온·딧소·리 ·ㄱ·티니·라.

ㅣ·는 侵침ㅂ字쫑 가·온·딧소·리 ·ㄱ·티니·라.

ㅗ·는 洪뽕ㄱ字·쫑 가·온·딧소·리 ·가·티니·라.

ㅏ·는 潭땀ㅂ字·쫑 가·온·딧소·리 ·ㄱ·티니·라.

ㅜ·는 君군ㄷ字·쫑 가·온·딧소·리 ·ㄱ·티니·라.

ㅓ·는 業·업字·쫑 가·온·딧소·리 ·ㄱ·티니·라.

ㅛ·는 欲·욕字·쫑 가·온·딧소·리 ·ㄱ·티니·라.

ㅑ·는 穰샹ㄱ字·쫑 가·온·딧소·리 ·ㄱ·티니·라.

ㅠ·는 戌·슗字·쫑 가·온·딧소·리 ·ㄱ·티니·라.

ㅕ는 彆·볋字·쫑 가·온·딧소·리 ·ㄱ·티니·라.

[월인석보본 훈민정음(月印釋譜本訓民正音)-세조(世祖)4년(1459)]

2 용비어천가

제1장

海東(해동) 六龍(육룡)이 ᄂᆞᄅ샤 일마다 天福(천복)이시니.
古聖(고성)이 同符(동부)ᄒ시니.

[한역시]　　　　海東六龍飛　莫非天所扶　古聖同符

[현대어 풀이]

해동(海東)의 여섯 용이 나[飛]시어 일마다 하늘의 복을 받으시니,
중국의 옛 성왕(聖王)과 딱 들어맞으시니.

핵심정리

1. 주제: 왕조 창업의 정당성

2. 중심어: 天福(천복)

3. 명칭: 해동장(海東章)

4. 창작 동기: 역성 혁명이 천명임을 중국 역대 성군의 사적과 비교하여 밝힘으로써 민심을 귀순하게 하려는 의도가 담겨 있다.

5. 어휘 연구

- 海東(해동): 우리나라의 별칭 – 靑丘(청구), 辰檀(진단), 槿域(근역), 左海(좌해), 鷄林(계림), 東國(동국), 大東(대동), 太東(태동), 鯷岑(제잠)

- 六龍(육룡): 세종의 직계 육대조(목조, 익조, 도조, 환조, 태조, 태종)
  → [주의] 정종은 직계가 아니므로 육조에 속하지 않음.

- ᄂᆞᄅ샤: 나시어[飛]. 웅비하시어 * 놀 + ᄋᆞ샤 + (아)
  → [주의] 현대 국어에서는 'ㄹ'이 'ㅅ'을 만나면 'ㄹ'이 탈락하지만 고어에서는 매개모음 삽입된다.

- 일마다: 하시는 일마다. 여기서의 '일'은 '조선창업'에 관련되는 일이다.

- 天福(천복)이시니: 하늘이 주신 복이니, 조선 건국의 정당성을 밝히고 있다.

- 古聖(고성)이: 옛 중국들의 성군들과. 여기서 '성군'은 '중국의 역대 건국자들'을 가리킨다.

- 同符(동부)ᄒ시니: 일치하시니, 서로 부합하여 차이가 없으시니

제2장

불휘 기픈 남긴 브루매 아니 뮐씨, 곶 됴코 여름 하느니.
　뿌리　　　나무는　바람에　　흔들리므로　좋고 열매 많으니

시미 기픈 므른 フ무래 아니 그츨씨, 내히 이러 바루래 가느니.
　샘이　　　　　가뭄에　　　그치므로　냇물이 이루어져 바다에

[한역시]　根深之木　風亦不杌　有灼其華　有蕡其實

　　　　　源遠之水　旱亦不竭　有斯爲川　于海必達

[현대어 풀이]

뿌리가 깊은 나무는 바람에 움직이지 아니하므로, 꽃이 좋고 열매 많으니.
샘이 깊은 물은 가뭄에 그치지 아니하므로, 내가 이루어져 바다에 가느니.

핵심정리

1. **주제**: 왕조의 무궁한 발전 기원

2. **중심어**: 곶, 여름, 바룰

3. **특징**: 고도의 상징법(은유법)을 사용하였고, 한자어를 배제한 고유어만 사용하였다. 또한 '용비어천가'는 대부분 중국 고사와 우리 나라 육조의 고사를 대비시키는데, 이 작품에는 고사가 없다. 따라서 '용비어천가' 중 가장 문학성이 뛰어난 작품으로 평가받고 있다.

4. **어휘 연구**

- **불휘**: 뿌리가 *불휘 + Ø주격　*불휘 > 불위(자음 탈락) > 뿌리(된소리되기, 유추)

- **남긴**: 나모(木) + 온 : '나모'는 모음으로 된 조사앞에서는 '남ㄱ'의 형태로 바뀜

- **브루매**: 브룸 + 애(원인 부사격 조사)

- **뮐씨**: 뮈다(動) + ㄹ씨(이유나 원인을 나타내는 종속적 연결어미)

- **됴코**: '둏다'는 좋다(好)의 의미로, '좋다'는 깨끗하다(淨)는 의미

- **여름**: '녀름'은 '여름(夏)'의 의미로 쓰인다.

- **하느니**: '하다'는 많다(多), 크다(大), 'ㅎ다'는 하다(爲)의 의미로 사용

- **시미**: 심 + 이(주격조사)

- **フ무래**: フ물 + 애(원인 부사격 조사)

- **그츨씨**: 긏 + 을씨
　　'긏다'는 자동사로 쓰일때 '그치다, 끊어지다', 타동사로는 '끊다, 그만두다'

- **내히**: 내ㅎ + 이(주격조사)
　　'내'는 조사가 결합될 때 'ㅎ'이 첨가되는 ㅎ받침 체언

- **이러**: 이루어져(成, 爲), 일 + 어 > 이러(되어서)

- **바루래**: 바룰 + 애(지향점 부사격 조사)

5. **비유적 표현**

- **불휘 기픈**: 기초가 튼튼한

- **남긴, 므른**: 국가는

- **브룸, フ물**: 내우외환

- **곶 됴코 여름 하느니**: 문화의 융성

- **시미 기픈**: 근원이 오래 된

- **내히 이러 바루래 가느니**: 영원한 발전

135. 다음 중 제시문에 대한 설명으로 바르지 못한 것은? 2008. 법원직

> 불휘 기픈 남긴 브루매 아니 뮐씨 곶 됴코 여름 하느니 시미 기픈 므른 フ무래 아니 그츨씨 내히 이러 바루래 가느니

① 고유어의 사용이 매우 뛰어나다.
② 왕조의 번성을 위해 후대 왕들에게 경각심을 불러일으키고 있다.
③ 고도의 비유와 상징성을 띠고 있다.
④ 대구와 반복을 통해 내용을 강조하고 있다.

136. 다음의 밑줄 친 ㉠, ㉡을 현대어로 옳게 바꾼 것은? 2015. 서울시 7급

> 太子룰 하눌히 ㉠골히샤 뮝ㄱ 뜨디 ㉡일어시눌 聖孫을 내시니이다
> 　　　　　　　－〈용비어천가〉－

① ㉠ 가리시어 ㉡ 이루어지시거늘
② ㉠ 가리시어 ㉡ 일어나시거늘
③ ㉠ 말씀하시어 ㉡ 이르시거늘
④ ㉠ 말씀하시어 ㉡ 일어나시거늘

① '미리 정ᄒᆞ샨'의 주체는 하늘이다.
② 현재 사용하지 않는 자음과 모음이 사용되었다.
③ 용언의 활용형이 소리나는 대로 표기되었다.
④ '산힝(山行)'은 등산이라는 뜻이다.

제125장

千世(천세) 우희 미리 定(정)ᄒᆞ샨 漢水(한수) 北(북)에 累仁開國(누인개국)ᄒᆞ샤 卜年(복년)이 ᄀᆞ업스시니, 聖神(성신)이 니ᅀᅳ샤도 敬天勤民(경천근민)ᄒᆞ샤ᅀᅡ, 더욱 구드시리다.
님금하, 아ᄅᆞ쇼셔 落水(낙수)예 山行(산행)가 이셔 하나빌 미드니잇가.

[현대어 풀이]

천 년 전에 (하늘이) 미리 도읍지로 정한 한양 땅에 (6조께서) 어진 덕을 쌓아 나라를 여시어 왕조의 운수가 끝이 없으시니. (그러나) 아무리 위대한 후왕이 대를 이으셔도 경천근민(敬天勤民)하여야만 국기(國基)가 더욱 굳을 것입니다./ 후왕이시여, 아소서. (하나라 태강왕이) 낙수에 (백 일 동안) 사냥 가서 (폐위되니) 할아버지(우왕)만 믿은 것입니까? [조상만 믿다가 왕위를 잃었으니, 이를 타산지석(他山之石)으로 삼으소서.]

핵심정리

1. 주제: 후왕에 대한 권계
2. 중심어: 경천근민(敬天勤民)
3. 고사
   ① 도선(道詵)의 비결서(秘訣書): 신라 때의 중 도선의 비결서에 의하면, 삼각산의 남쪽, 곧 한수(漢水)의 북쪽에 도읍을 정하면 나라가 흥하리라고 하였다. '한수북(漢水北)'은 도선의 풍수지리설에 의하면 '水之北日陽(강의 북쪽을 陽이라 한다.)'이라 하였으니, '한수북(漢水北)'은 '한양'을 가리킨다.
   ② 하(夏)나라 태강왕: 하나라 태강(太康)이 임금으로 있으면서 놀음에 빠져 그 덕을 잃으니 백성이 모두 다른 마음을 먹었다. 그런데도 할아버지인 우왕(禹王)의 덕만 믿고 그 버릇을 고치지 못하더니, 마침내는 사냥을 절도(節度) 없이 해서 뤄수이(洛水) 밖으로 사냥간 지 백 날이 넘어도 돌아오지 않으므로, 궁(窮)나라 후(后) 예(羿)가 백성을 위하여 참을 수 없다 하여 태강을 허베이(河北)에 돌아오지 못하게 하고, 폐위시켜 버렸다.
4. 작품 감상

   조상의 어진 덕으로 개국한 총결사(總結詞)에 해당된다. 조상의 어진 덕으로 개국한 나라의 운명은 영원하리라는 국운(國運)의 송축에 이어, 왕조의 무궁한 발전을 위해서는 후대 왕들은 하늘을 공경하고 백성 다스리는 제 게을리하지 말아야 한다는 것을 하(夏)나라 태강왕(太康王)의 고사를 인용하여 타산지석(他山之石)으로 삼도록 권계하고 있다. '여민락, 치화평, 취풍형' 등 궁중 음악에도 활용되었던 이 장은 '용비어천가' 전체의 내용을 함축하고 있다.
5. 어휘 연구
   - 우희: 전에. *웋('ㅎ'종성 체언)+의(특수 처소 부사격 조사) – 시간의 공간적 표현
   - 累仁開國(누인개국)ᄒᆞ샤: 어진 덕을 쌓아서 나라를 여시니. 주체는 '육조'
   - 卜年(복년): (점을 쳐서 정한) 왕조의 운명
   - 聖神(성신): 위대한 후대의 왕(聖子神孫의 준말)
   - 落水(낙수)예: 낙수에. *동국정운식 한자음을 전제로 하여 처소격 조사 '예' 연결 – 락ᄊᆑ예
   - 山行(산행): 사냥 → [주의] '山行'은 고유어 '산힝'의 차자(借字) 표기
   - 하나빌: 할아버지를 *하나비+ㄹ(목적격 조사)
   - 미드니잇가: 믿었습니까? *믿+(으)니(과거 시제 선어말 어미)+잇(상대 높임 선어말 어미)+가(의문형 어말 어미)

언어 규범 편

▌단원 길잡이

올바른 언어 사용을 위한 맞춤법과 표준어를 공부하는 단원이다. 문법 국어의 배경지식을 바탕으로 우리 말의 규범을 이해하고 정리해야 한다. 135개의 규범과 3500개의 예시를 암기해야 하는 어려움이 있기에 수험생의 입장에서는 고통이 큰 단원이다. 먼저 각 항의 내용을 확인하고 사례를 정리하며, 각 항의 밑에 제시된 해설을 이해하며 사례를 암기해 나가야 한다. 문법적 지식과 해설의 내용을 바탕으로 이해를 통한 암기가 필요하다. 국립국어원에서는 1년에 4번 표준국어대사전 정보 수정을 통해 여려 정보들을 개정하고 있다. 새로 개정되는 내용은 교재의 내용 외에 추가 정리와 암기가 필요하다. 개정되는 내용은 표준국어대 사전 홈페이지를 통해 확인할 수 있다.

* 출처: 2018년 12월 26일에 발간한 '한글 맞춤법' 해설서 개정판의 해설을 수록함.

➕ 플러스 어문규정의 이해

어문규정을 각 조항에서 '…이 어울릴 적에는 준 대로 적는다'로 설명한다면 필수적으로 줄여 써야 하는 항목이며, '…이 어울려 줄 적에는 준 대로 적는다' 혹은 '…이 어울려 …로 될 적에는 준 대로 적는다' 등처럼 설명한다면 수의적으로 줄여 쓰는 항목이다.

가령 한글 맞춤법 제36항에서 "'ㅣ' 뒤에 '-어'가 와서 'ㅕ'로 줄 적에는 준 대로 적는다."라고 설명하고 있으므로, '가지-+-어'나 '치이-+-어', '살리-+-어'는 모두 '가지어/치이어/살리어'로 쓸 수 있으며, 이를 줄여 '가져/치여/살려'로 쓸 수 있다.

제1장 총칙

제1항

한글 맞춤법은 표준어를 소리대로 적되, 어법에 맞도록 함을 원칙으로 한다.

한글 맞춤법의 기본 원리

기본 원칙 소리대로 적되	조건 어법에 맞도록 함.
한글은 표음 문자이며 음소 문자이므로 자음과 모음의 결합 형식에 의해 표준어를 소리대로 표기한다. 예 구름, 하늘, 구수해, 정말	단어는 환경에 따라 다르게 발음될 수 있으므로 뜻을 파악하기 쉽도록 각 형태소의 원형을 밝혀 적는다. 예 꽃이[꼬치], 꽃을[꼬츨], 꽃과[꼳꽈], 꽃만[꼰만]

➕ 플러스 '어법(語法)'의 의미

한글 맞춤법에서 사용되는 '어법'과 일반적인 의미의 '어법'은 개념이 다르다. 한글 맞춤법에서 말하는 '어법'은 표준어를 어떻게 적을지를 정해 놓은 것으로, 표기와 관련된 원리이다. 그런데 일반적인 의미의 '어법'은 '말의 일정한 법칙'이라는 뜻으로 적용 범위가 무척 넓은 개념이다. 예를 들어 "동생이 밥을 먹는다."라는 문장에서는 여러 가지 규칙을 찾아볼 수 있다. 서술어 '먹는다'는 주어와 목적어가 필요하며, 주어의 지시 대상을 가리키는 '동생'에는 조사 '가'가 아니라 '이'가 붙어야 하고, 목적어의 지시 대상을 가리키는 '밥'에는 조사 '를'이 아니라 '을'이 붙어야 한다는 등의 여러 가지 규칙이 적용되어 있는 것이다. 이 외에도 소리를 내고, 단어를 만들고, 문장을 사용하는 데에는 수없이 많은 규칙이 필요하다. 이처럼 언어를 조직하거나 운영하는 데에 필요한 규칙을 폭넓게 '어법(語法)'이라고 한다.

제2항

문장의 각 단어는 띄어 씀을 원칙으로 한다.

🚩 해설 ....

국어에서 단어를 단위로 띄어쓰기를 하는 것은 단어가 독립적으로 쓰이는 말의 최소 단위이기 때문이다. '동생 밥 먹는다'에서 '동생', '밥', '먹는다'는 각각이 단어이므로 띄어쓰기의 단위가 되어 '동생 밥 먹는다'로 띄어 쓴다. 그런데 단어 가운데 조사는 독립성이 없어서 다른 단어와는 달리 앞말에 붙여 쓴다. '동생이 밥을 먹는다'에서 '이', '을'은 조사이므로 '동생이', '밥을'과 같이 언제나 앞말에 붙여 쓴다.

기출 따라잡기

1. 다음 한글 맞춤법 총칙의 내용에 모두 부합하는 것은? 2012. 국회직 8급

한글 맞춤법은 ㉠표준어를 ㉡소리대로 적되, ㉢어법에 맞도록 함을 원칙으로 한다.

	㉠	㉡	㉢
①	거시기	수탕나귀	오십시오
②	천정(天障)	곱빼기	학생이었다
③	윗층	돌잔치	우윳값
④	짜장면	짭짤하다	쌍용(雙龍)
⑤	멍개	부나비	갯수(個數)

제3장 소리에 관한 것

1. 된소리

제5항

한 단어 안에서 뚜렷한 까닭 없이 나는 된소리는 다음 음절의 첫소리를 된소리로 적는다.

1) 두 모음 사이에서 나는 된소리

소쩍새	어깨	오빠	으뜸	아끼다
기쁘다	깨끗하다	어떠하다	해쓱하다	가끔
거꾸로	부썩	어찌	이따금	

2) 'ㄴ, ㄹ, ㅁ, ㅇ' 받침 뒤에서 나는 된소리

산뜻하다	잔뜩	살짝	훨씬	담뿍
움찔	몽땅	엉뚱하다		

다만, 'ㄱ, ㅂ' 받침 뒤에서 나는 된소리는, 같은 음절이나 비슷한 음절이 겹쳐 나는 경우가 아니면 된소리로 적지 아니한다.

국수	깍두기	딱지	색시	싹둑(~싹둑)
법석	갑자기	몹시		

2. 'ㄷ' 소리 받침

제7항

'ㄷ' 소리로 나는 받침 중에서 'ㄷ'으로 적을 근거가 없는 것은 'ㅅ'으로 적는다.

덧저고리	돗자리	엇셈	웃어른	핫옷
무릇	사뭇	얼핏	자칫하면	뭇[衆]
옛	첫	헛		

3. 모음

제8항

'계, 례, 몌, 폐, 혜'의 'ㅖ'는 'ㅔ'로 소리 나는 경우가 있더라도 'ㅖ'로 적는다.(ㄱ을 취하고, ㄴ을 버림.)

ㄱ	ㄴ	ㄱ	ㄴ
계수(桂樹)	게수	혜택(惠澤)	헤택
사례(謝禮)	사레	계집	게집
연몌(連袂)	연메	핑계	핑게
폐품(廢品)	페품	계시다	게시다

기출 | 따라잡기

2. 한글 맞춤법에 어긋난 단어가 들어 있는 것은? 2011. 지방직 7급
① 이파리, 딱다구리, 삐죽이
② 애꾸눈이, 오뚝이, 싸라기
③ 절뚝발이, 날라리, 지푸라기
④ 부스러기, 절름발이, 두드러기

기출 | 따라잡기

3. 다음 〈보기〉의 한글 맞춤법 규정이 적용된 단어가 아닌 것은?
2020. 경찰직 2차

보기

제7항 'ㄷ' 소리 나는 받침 중에서 'ㄷ'으로 적을 근거가 없는 것은 'ㅅ'으로 적는다.
예 덧저고리 자칫하면 돗자리

① 무릇
② 엇셈
③ 웃어른
④ 홋일

다만, 다음 말은 본음대로 적는다.

게송(偈頌)	게시판(揭示板)	휴게실(休憩室)

제9항

'의'나, 자음을 첫소리로 가지고 있는 음절의 'ㅢ'는 'ㅣ'로 소리 나는 경우가 있더라도 'ㅢ'로 적는다.(ㄱ을 취하고, ㄴ을 버림.)

ㄱ	ㄴ	ㄱ	ㄴ
의의(意義)	의이	닁큼	닝큼
본의(本義)	본이	띄어쓰기	띠어쓰기
무늬[紋]	무니	씌어	씨어
보늬	보니	틔어	티어
오늬	오니	희망(希望)	히망
하늬바람	하니바람	희다	히다
늴리리	닐리리	유희(遊戱)	유히

4. 두음 법칙

제10항

한자음 '녀, 뇨, 뉴, 니'가 단어 첫머리에 올 적에는, 두음 법칙에 따라 '여, 요, 유, 이'로 적는다.(ㄱ을 취하고, ㄴ을 버림.)

ㄱ	ㄴ	ㄱ	ㄴ
여자(女子)	녀자	유대(紐帶)	뉴대
연세(年歲)	년세	이토(泥土)	니토
요소(尿素)	뇨소	익명(匿名)	닉명

다만, 다음과 같은 의존 명사에서는 '냐, 녀' 음을 인정한다.

냥(兩)	냥쭝(兩-)	년(年)(몇 년)

[붙임 1] 단어의 첫머리 이외의 경우에는 본음대로 적는다.

남녀(男女)	당뇨(糖尿)	결뉴(結紐)	은닉(隱匿)

[붙임 2] 접두사처럼 쓰이는 한자가 붙어서 된 말이나 합성어에서, 뒷말의 첫소리가 'ㄴ' 소리로 나더라도 두음 법칙에 따라 적는다.

신여성(新女性)	공염불(空念佛)	남존여비(男尊女卑)

[붙임 3] 둘 이상의 단어로 이루어진 고유 명사를 붙여 쓰는 경우에도 [붙임 2]에 준하여 적는다.

한국여자대학	대한요소비료회사

기출 따라잡기

4. 정서법에 맞는 단어들로 묶인 것은?

2010. 기상직 9급

① 장맛비, 더욱이, 하여튼, 쓰레기
② 넓직하다, 지꺼리다, 업새다, 가까왔다
③ 년이율, 서오능, 가정난, 공념불
④ 악세사리, 초콜렛, 바겐쎄일, 부페

➕ 플러스 두음 법칙의 적용

두음 법칙의 적용에 차이가 있는 '연도'와 '년도'는 "표준국어대사전"에서 이러한 차이점을 확인할 수 있다.

연도(年度) 「명사」
사무나 회계 결산 따위의 처리를 위하여 편의상 구분한 일 년 동안의 기간. 또는 앞의 말에 해당하는 그해. 예 졸업 연도/제작 연도.

년도(年度) 「의존명사」
(해를 뜻하는 말 뒤에 쓰여) 일정한 기간 단위로서의 그해. 예 1985년도 출생자/1970년도 졸업식/1990년도 예산안.

한자음 '랴, 려, 례, 료, 류, 리'가 단어의 첫머리에 올 적에는, 두음 법칙에 따라 '야, 여, 예, 요, 유, 이'로 적는다.(ㄱ을 취하고, ㄴ을 버림.)

ㄱ	ㄴ	ㄱ	ㄴ
양심(良心)	량심	용궁(龍宮)	룡궁
역사(歷史)	력사	유행(流行)	류행
예의(禮儀)	례의	이발(理髮)	리발

다만, 다음과 같은 의존 명사는 본음대로 적는다.

- 리(里): 몇 리냐?
- 리(理): 그럴 리가 없다.

➕ 플러스 │ 모음이나 'ㄴ' 받침 뒤의 '렬, 률'

일반적으로는 단어 첫머리가 아니기 때문에 '렬, 률'로 적어야 하지만 모음이나 'ㄴ' 받침 뒤에서는 '열, 율'로 적는다.

일반적인 적기	합격률(合格率), 인상률(引上率), 경쟁률(競爭率), 입학률(入學率)
모음이나 'ㄴ' 받침 뒤	규율(規律), 실패율(失敗率), 백분율(百分率)

제12항

한자음 '라, 래, 로, 뢰, 루, 르'가 단어의 첫머리에 올 적에는, 두음 법칙에 따라 '나, 내, 노, 뇌, 누, 느'로 적는다.(ㄱ을 취하고, ㄴ을 버림.)

ㄱ	ㄴ	ㄱ	ㄴ
낙원(樂園)	락원	뇌성(雷聲)	뢰성
내일(來日)	래일	누각(樓閣)	누각
노인(老人)	로인	능묘(陵墓)	릉묘

[붙임 1] 단어의 첫머리 이외의 경우에는 본음대로 적는다.

쾌락(快樂)	극락(極樂)	거래(去來)	왕래(往來)
부로(父老)	연로(年老)	지뢰(地雷)	낙뢰(落雷)
고루(高樓)	광한루(廣寒樓)	동구릉(東九陵)	가정란(家庭欄)

기출 │ 따라잡기

5. 맞춤법 사용이 올바르지 않은 것으로만 묶인 것은? 2019. 서울시 9급

① 웃어른, 사흗날, 베갯잇
② 닐리리, 남존녀비, 혜택
③ 적잖은, 생각건대, 하마터면
④ 홀몸, 밋밋하다, 선율

기출 │ 따라잡기

6. 다음 예문에서 밑줄 친 부분이 맞춤법에 맞는 것은? 2014 서울시 9급

① 올해 신입생 입학율이 저조하다.
② 네 기사가 어린이란에 실렸다.
③ 알고도 모르는 채하였다.
④ 남술의 처는 또 한번 웃기 잘하는 그의 입술을 방끗 벌리었다.
⑤ 껍질채 먹는 것이 몸에 좋다.

기출 | 따라잡기

7. 어법에 맞는 문장은?

2024. 국회직 8급

① 올해 경제 성장율은 작년에 비해 소폭 상승할 것으로 예상된다.

② 밤이 되면서 구름양이 점점 많아져서 자정쯤부터 비가 내리겠습니다.

③ 우리나라의 회계년도는 1월 1일부터 12월 31일까지입니다.

④ 예전에는 잡지에 펜팔란이 있어서 외국인과도 편지를 주고받았다고 합니다.

⑤ 친구가 긴 머리를 싹뚝 자르고 나타나서 깜짝 놀랐습니다.

기출 | 따라잡기

8. 한글 맞춤법에 맞는 것으로만 묶은 것은?

2017. 국가직 7급

① 반듯이, 수나비, 에두르다

② 쓱싹쓱싹, 명중률, 푸주간

③ 등교길, 늠름하다, 깡충깡충

④ 돋보이다, 거적떼기, 야단법석

➕ 플러스 정리해야 할 두음 법칙

(1) 고유어나 서구 외래어 뒤에 결합된 '란, 량, 롱'은 두음 법칙을 적용하여 적는다.

고유어(외래어) + 欄(난)	어린이난, 어머니난, 가십난, 토픽난
한자어 + 欄(란)	공란(空欄), 투고란(投稿欄), 독자란(讀者欄), 학습란(學習欄)

구분	고유어 + 외래어	한자어
난/란	어린이난 /토픽난	독자란
양/량	일양 / 알칼리양	작업량
용/룡	수용	쌍룡
능/릉	아기능	정릉

(2) '고랭지, 한랭전선, 연년생, 신년도'는 '고랭–지', '한랭–전선', '연년–생', '신년–도'로 분석되는 구조이므로 두음 법칙을 적용하지 않는다.

(3) 의존 명사 '냥(兩), 량(輛), 리(理, 里, 厘), 년(年), 녀석, 년, 닢' 등은 두음 법칙이 적용되지 않는다.
예 금 한 냥, 객차 오십 량, 2푼 5리(厘), 그럴 리(里)가 되나?, 고얀 녀석, 괘씸한 년, 엽전 한 닢

---

5. 겹쳐 나는 소리

제13항

한 단어 안에서 같은 음절이나 비슷한 음절이 겹쳐 나는 부분은 같은 글자로 적는다. (ㄱ을 취하고, ㄴ을 버림.)

ㄱ	ㄴ	ㄱ	ㄴ
딱딱	딱닥	꼿꼿하다	꼿곳하다
쌕쌕	쌕색	놀놀하다	놀롤하다
씩씩	씩식	눅눅하다	눙눅하다
똑딱똑딱	똑닥똑닥	밋밋하다	민밋하다
쓱싹쓱싹	쓱삭쓱삭	싹싹하다	싹삭하다
연연불망(戀戀不忘)	연련불망	쌉쌀하다	쌉살하다
유유상종(類類相從)	유류상종	씁쓸하다	씁슬하다
누누이(屢屢-)	누루이	짭짤하다	짭잘하다

제4장 형태에 관한 것

1. 체언과 조사

제14항

체언은 조사와 구별하여 적는다.

떡이	떡을	떡에	떡도	떡만
손이	손을	손에	손도	손만

2. 어간과 어미

제15항

용언의 어간과 어미는 구별하여 적는다.

먹다	먹고	먹어	먹으니
신다	신고	신어	신으니

[붙임 1] 두 개의 용언이 어울려 한 개의 용언이 될 적에, 앞말의 본뜻이 유지되고 있는 것은 그 원형을 밝히어 적고, 그 본뜻에서 멀어진 것은 밝히어 적지 아니한다.

(1) 앞말의 본뜻이 유지되고 있는 것

넘어지다	늘어나다	늘어지다	돌아가다	되짚어가다
들어가다	떨어지다	벌어지다	엎어지다	접어들다
틀어지다	흩어지다			

(2) 본뜻에서 멀어진 것

드러나다	사라지다	쓰러지다

[붙임 2] 종결형에서 사용되는 어미 '-오'는 '요'로 소리 나는 경우가 있더라도 그 원형을 밝혀 '오'로 적는다.(ㄱ을 취하고, ㄴ을 버림.)

ㄱ	ㄴ
이것은 책이오.	이것은 책이요.
이리로 오시오.	이리로 오시요.
이것은 책이 아니오.	이것은 책이 아니요.

[붙임 3] 연결형에서 사용되는 '이요'는 '이요'로 적는다.(ㄱ을 취하고, ㄴ을 버림.)

ㄱ	ㄴ
이것은 책이요, 저것은 붓이요, 또 저것은 먹이다.	이것은 책이오, 저것은 붓이오. 또 저것은 먹이다.

어미 뒤에 덧붙는 조사 '요'는 '요'로 적는다.

읽어 / 읽어요	참으리 / 참으리요	좋지 / 좋지요

➕ **플러스** 조사 '요'와 종결 어미 '-셔요, -세요'

(1) '요'는 청자에게 존대의 뜻을 나타내는 보조사이다. 어미 뒤에 덧붙는 조사는 '요'로 표기한다. 여기서 '요'는 높임의 뜻을 더하는데, 이때는 앞말에 받침이 있든 없든 '요'로만 쓴다.

예
- 돈이 없어요.
- 잠이 안 오는걸요.
- 어서요 읽어 보세요.
- 기차가 참 빨리 가지요.
- 마음은요 더없이 좋아요.
- 그렇게 해 주시기만 하면요 정말 감사하겠어요.

(2) 설명 · 의문 · 명령 · 청유의 뜻을 나타내는 종결 어미 '-어요'는 어미 '-어'와 보조사 '요'가 결합한 말이다.

예
- 지금 밥 먹어요.
- 빨리 밥 먹어요.

(3) '-셔요(세요)'는 '-시-(높임)+-어요(어미)'가 합해진 말이다. 모음이나 'ㄹ'로 끝난 어간 뒤에 붙어 그리하도록 권하는 뜻을 나타내는 해요체의 종결 어미이다. '-시어요'의 준말이 '-셔요'이고 '-셔요'와 '-세요'는 같은 말이다.

예
- 갑자기 웬일이세요(웬일이셔요)?
- 이분이 우리 어머님이세요(어머님이셔요).
- 어서 가세요(가셔요).

3. 접미사가 붙어서 된 말

제19항

어간에 '-이'나 '-음/-ㅁ'이 붙어서 명사로 된 것과 '-이'나 '-히'가 붙어서 부사로 된 것은 그 어간의 원형을 밝히어 적는다.

1. '-이'가 붙어서 명사로 된 것

길이	깊이	높이	다듬이	땀받이	달맞이
먹이	미닫이	벌이	벼훑이	살림살이	쇠붙이

2. '-음/-ㅁ'이 붙어서 명사로 된 것

걸음	묶음	믿음	얼음	엮음	울음
웃음	졸음	죽음	앎		

3. '-이'가 붙어서 부사로 된 것

같이	굳이	길이	높이	많이	실없이
좋이	짓궂이				

4. '-히'가 붙어서 부사로 된 것

밝히	익히	작히

기출 따라잡기

11. 밑줄 친 단어 중에서 다음의 한글 맞춤법 규정이 적용된 것이 아닌 것은?
2015. 경찰직(1차) 9급

제19항
어간에 '-이'나 '-음/-ㅁ'이 붙어서 명사로 된 것과 '-이'나 '-히'가 붙어서 부사로 된 것은 그 어간의 원형을 밝히어 적는다.
[붙임]
어간에 '-이'나 '-음' 이외의 모음으로 시작된 접미사가 붙어서 다른 품사로 바뀐 것은 그 어간의 원형을 밝히어 적지 아니한다.

① 그는 병의 마개를 땄다.
② 해야 할 일이 너무 많다.
③ 그녀는 창가에 앉아 바깥을 내다보았다.
④ 나는 어제 친구의 무덤을 찾아갔다.

다만, 어간에 '-이'나 '-음'이 붙어서 명사로 바뀐 것이라도 그 어간의 뜻과 멀어진 것은 원형을 밝히어 적지 아니한다.

굽도리	다리[髢]	목거리(목병)	무녀리
코끼리	거름(비료)	고름[膿]	노름(도박)

[붙임] 어간에 '-이'나 '-음' 이외의 모음으로 시작된 접미사가 붙어서 다른 품사로 바뀐 것은 그 어간의 원형을 밝히어 적지 아니한다.

(1) 명사로 바뀐 것

귀머거리	까마귀	너머	뜨더귀	마감
마개	마중	무덤	비렁뱅이	쓰레기
올가미	주검			

(2) 부사로 바뀐 것

거뭇거뭇	너무	도로	뜨덤뜨덤	바투
불긋불긋	비로소	오긋오긋	자주	차마

(3) 조사로 바뀌어 뜻이 달라진 것

나마	부터	조차

제20항

명사 뒤에 '-이'가 붙어서 된 말은 그 명사의 원형을 밝히어 적는다.

1. 부사로 된 것

곳곳이	낱낱이	몫몫이	샅샅이	앞앞이	집집이

2. 명사로 된 것

곰배팔이	바둑이	삼발이	애꾸눈이	육손이	절뚝발이 / 절름발이

[붙임] '-이' 이외의 모음으로 시작된 접미사가 붙어서 된 말은 그 명사의 원형을 밝히어 적지 아니한다.

꼬락서니	끄트머리	모가치	바가지	바깥
사타구니	싸라기	이파리	지붕	지푸라기	짜개

기출 | 따라잡기

12. 다음 밑줄 친 단어의 뜻풀이가 옳지 않은 것은? 2016. 국회직 8급

① <u>무녀리</u>같이 보이지 않게 노력해야 해. → 버릇이 없는 사람

② 책상 위의 서류 더미들을 <u>간종그렸다.</u> → 흐트러진 일이나 물건을 가지런하게 하다.

③ 그의 말이 <u>짜장</u> 헛된 이야기만도 아닌 셈이었다. → 과연 정말로

④ 이야기 들은 값으로 술국이나 한 뚝배기 <u>안다미로</u> 퍼 오너라. → 담은 것이 그릇에 넘치도록 많이

⑤ 그녀는 <u>바람만바람만</u> 그의 뒤를 따랐다. → 바라보일 만한 정도로 멀리 떨어져서

13. 밑줄 친 말의 기본형이 옳지 않은 것은? 2017. 국가직 9급

① 무를 강판에 <u>가니</u> 즙이 나온다. (기본형: 갈다)

② 오래되어 <u>불은</u> 국수는 맛이 없다. (기본형: 불다)

③ 아이들에게 위험한 데서 놀지 말라고 <u>일렀다.</u> (기본형: 이르다)

④ 퇴근하는 길에 포장마차에 <u>들렀다</u>가 친구를 만났다. (기본형: 들르다)

제21항

명사나 혹은 용언의 어간 뒤에 자음으로 시작된 접미사가 붙어서 된 말은 그 명사나 어간의 원형을 밝히어 적는다.

1. 명사 뒤에 자음으로 시작된 접미사가 붙어서 된 것

값지다	홑지다	넋두리	빛깔	옆댕이	잎사귀

2. 어간 뒤에 자음으로 시작된 접미사가 붙어서 된 것

낚시	늙정이	덮개	뜯게질
갉작갉작하다	갉작거리다	뜯적거리다	뜯적뜯적하다
굵다랗다	굵직하다	깊숙하다	넓적하다
높다랗다	늙수그레하다	얽죽얽죽하다	

다만, 다음과 같은 말은 소리대로 적는다.

(1) 겹받침의 끝소리가 드러나지 아니하는 것

할짝거리다	널따랗다	널찍하다	말끔하다
말쑥하다	말짱하다	실쭉하다	실큼하다
얄따랗다	얄팍하다	짤따랗다	짤막하다
실컷			

(2) 어원이 분명하지 아니하거나 본뜻에서 멀어진 것

넙치	올무	골막하다	납작하다

➕플러스 '넓다', '넙죽', '납작' 등의 표기

'넓다'의 어간 '넓-'에 자음으로 시작하는 접미사가 결합한 경우, 본뜻이 유지되면서 겹받침 끝소리인 'ㅂ'이 소리 나는 경우에는 원형을 밝혀 적는다. 본뜻이 유지되더라도 앞의 'ㄹ'이 소리 날 때에는 소리 나는 대로 적는다.

　'ㅂ'이 소리 나는 경우　넓적이, 넓적하다, 넓적넓적, 넓적다리, 넓죽하다, 넓죽넓죽, 넓죽스름하다, 넓죽이
　'ㄹ'이 소리 나는 경우　널따랗다, 널찍하다

다만 '넓-'에 접미사가 아니라 실질 형태소가 결합할 때에는 항상 원형을 밝혀 적는다. 다음은 실질 형태소가 결합한 경우이다.

　넓둥글다, 넓삐죽하다

'넙죽 엎드리다'의 '넙죽'은 '넓-'의 의미가 들어 있지 않기 때문에 '넙죽'으로 적는다. 이러한 부류의 말 중 '납작'은 좀 더 유의해서 보아야 한다. 먼저 '넙죽 엎드리다'에 대응하는 '납작 엎드리다'의 '납작'은 넓이와 관련이 없으므로 소리 나는 대로 '납작'으로 적는다. 그런데 '판판하고 얇으면서 좀 넓다'라는 의미의 '납작하다'는 넓이와 관련이 있지만 '넓작하다'로 적지 않는다. 이는 '넓다'와 같은 말이 없기 때문이다. '납죽'도 마찬가지여서 의미와 상관없이 항상 소리 나는 대로 '납죽'이라고 적는다.

납작	납작하다, 납작납작, 납작납작하다, 납작납작이, 납작스름하다, 납작이
납죽	납죽하다, 납죽납죽, 납죽납죽하다, 납죽납죽이, 납죽스름하다, 납죽이

용언의 어간에 다음과 같은 접미사들이 붙어서 이루어진 말들은 그 어간을 밝히어 적는다.

1. '-기-, -리-, -이-, -히-, -구-, -우-, -추-, -으키-, -이키-, -애-'가 붙는 것

맡기다	옮기다	웃기다	쫓기다	뚫리다
울리다	낚이다	쌓이다	핥이다	굳히다
굽히다	넓히다	앉히다	얽히다	잡히다
돋구다	솟구다	돋우다	갖추다	곧추다
맞추다	일으키다	돌이키다	없애다	

다만, '-이-, -히-, -우-'가 붙어서 된 말이라도 본뜻에서 멀어진 것은 소리대로 적는다.

도리다(칼로~)	드리다(용돈을~)	고치다	바치다(세금을~)
부치다(편지를~)	거두다	미루다	이루다

2. '-치-, -뜨리-, -트리-'가 붙는 것

놓치다	덮치다	떠받치다	받치다	밭치다
부딪치다	뻗치다	엎치다	부딪뜨리다 / 부딪트리다	
쏟뜨리다 / 쏟트리다		젖뜨리다 / 젖트리다		
찢뜨리다 / 찢트리다		흩뜨리다 / 흩트리다		

[붙임] '-업-, -읍-, -브-'가 붙어서 된 말은 소리대로 적는다.

미덥다	우습다	미쁘다

'-하다'나 '-거리다'가 붙는 어근에 '-이'가 붙어서 명사가 된 것은 그 원형을 밝히어 적는다.(ㄱ을 취하고, ㄴ을 버림.)

ㄱ	ㄴ	ㄱ	ㄴ
깔쭉이	깔쭈기	살살이	살사리
꿀꿀이	꿀꾸리	쌕쌕이	쌕쌔기
눈깜짝이	눈깜짜기	오뚝이	오뚜기
더펄이	더퍼리	코납작이	코납자기
배불뚝이	배불뚜기	푸석이	푸서기
삐죽이	삐주기	홀쭉이	홀쭈기

플러스 구별하여 써야하는 단어

(1) '-뜨리-'와 '-트리-'는 둘 다 표준어이다.(표준어 규정 제26항)
  예 흩뜨리다/흩트리다, 자빠뜨리다/자빠트리다

(2) 닫히다, 닫치다
  예 • 닫히다: '닫다'의 피동사. 문이 닫히다.
    • 닫치다: '닫다'를 강조하여 이르는 말. 문을 닫치고 나왔다.

(3) 부딪다, 부딪치다, 부딪히다
  ① 부딪다: 모서리에 이마를 부딪다.
  ② 부딪치다: '부딪다'의 강조. 모서리에 이마를 부딪치다.
  ③ 부딪히다: '부딪다'의 피동. 모서리에 이마가 부딪히다.

기출 따라잡기

15. 다음 중 표준어끼리 올바르게 연결된 것은? 2018. 경찰 1차
① 수캉아지 – 수탕나귀 – 수평아리
② 황소 – 장끼 – 돐(생일)
③ 삵괭이 – 사글세 – 끄나불
④ 깡충깡충 – 오뚝이 – 아지랑이

[붙임] '-하다'나 '-거리다'가 붙을 수 없는 어근에 '-이'나 또는 다른 모음으로 시작되는 접미사가 붙어서 명사가 된 것은 그 원형을 밝히어 적지 아니한다.

개구리	귀뚜라미	기러기	깍두기	꽹과리
날라리	누더기	동그라미	두드러기	딱따구리
매미	부스러기	뻐꾸기	얼루기	칼싹두기

제24항

'-거리다'가 붙을 수 있는 시늉말 어근에 '-이다'가 붙어서 된 용언은 그 어근을 밝히어 적는다.(ㄱ을 취하고, ㄴ을 버림.)

ㄱ	ㄴ	ㄱ	ㄴ
깜짝이다	깜자기다	속삭이다	속사기다
꾸벅이다	꾸버기다	숙덕이다	숙더기다
끄덕이다	끄더기다	울먹이다	울머기다
뒤척이다	뒤처기다	움직이다	움지기다
들먹이다	들머기다	지껄이다	지꺼리다
망설이다	망서리다	퍼덕이다	퍼더기다
번득이다	번드기다	허덕이다	허더기다
번쩍이다	번쩌기다	헐떡이다	헐떠기다

제25항

'-하다'가 붙는 어근에 '-히'나 '-이'가 붙어서 부사가 되거나, 부사에 '-이'가 붙어서 뜻을 더하는 경우에는 그 어근이나 부사의 원형을 밝히어 적는다.

1. '-하다'가 붙는 어근에 '-히'나 '-이'가 붙는 경우

급히	꾸준히	도저히	딱히	어렴풋이	깨끗이

[붙임] '-하다'가 붙지 않는 경우에는 소리대로 적는다.

갑자기	반드시(꼭)	슬며시

2. 부사에 '-이'가 붙어서 역시 부사가 되는 경우

곰곰이	더욱이	생긋이	오뚝이	일찍이	해죽이

➕ 플러스 제25항 표기 정리

제25항 자체는 '-하다'가 붙는 어근에 '-히'나 '-이'가 붙으면 형태대로 적는다고 명시하고 있어 크게 어려운 내용의 규정은 아니다. 다만 어느 경우에 '-이'를 붙이고, 어느 경우에 '-히'를 붙일 것인가에 대해서는 많이 헷갈리기 때문에 출제 가능성이 높다. 이에 대해서는 제51항에서 설명하고 있다.
제25항에서는 '반듯이(반듯하게). 반드시(꼭)'의 구분, '더욱이', '어렴풋이', '일찍이'의 표기 정도를 눈여겨 보아야 한다. 제51항의 내용을 앞서 정리하면 다음과 같다. 출제 빈도가 높으니 반드시 알아 두자.
(1) '-하다'가 붙는 어간에는 '-히'를 붙인다. 圓 열심히, 정확히, 익숙히, 꼼꼼히, 꾸준히
(2) (1)의 경우라도 받침이 'ㅅ'이면 '-이'를 붙인다. 圓 깨끗이, 따뜻이, 산뜻이, 의젓이, 어렴풋이
(3) 원래 부사인 단어에는 '-이'를 붙인다. 圓 더욱이, 일찍이, 곰곰이

기출 따라잡기

16. 맞춤법이 알맞은 단어로 묶인 것은?
2006. 선관위

① 깍두기, 백분률
② 일찍이, 더우기
③ 통털어, 이튿날
④ 코린내, 뒤꿈치

제26항

'-하다'나 '-없다'가 붙어서 된 용언은 그 '-하다'나 '-없다'를 밝히어 적는다.

1. '-하다'가 붙어서 용언이 된 것

| 딱하다 | 숱하다 | 착하다 | 텁텁하다 | 푹하다 |

2. '-없다'가 붙어서 용언이 된 것

| 부질없다 | 상없다 | 시름없다 | 열없다 | 하염없다 |

4. 합성어 및 접두사가 붙은 말

제27항

둘 이상의 단어가 어울리거나 접두사가 붙어서 이루어진 말은 각각 그 원형을 밝히어 적는다.

국말이	꺾꽂이	꽃잎	끝장	물난리
밑천	부엌일	싫증	옷안	웃옷
젖몸살	첫아들	칼날	팥알	헛웃음
홀아비	홑몸	흙내		
값없다	겉늙다	굶주리다	낮잡다	맞먹다
받내다	벋놓다	빗나가다	빛나다	새파랗다
샛노랗다	시꺼멓다	싯누렇다	엇나가다	엎누르다
엿듣다	옻오르다	짓이기다	헛되다	

➕ 플러스

- 된소리나 거센소리 앞에서는 '새-/시-'
  어간 첫 음절이 양성 계열 모음일 때는 '새-' 새파랗다
  어간 첫 음절이 음성 계열 모음일 때는 '시-' 시꺼멓다
- 울림소리 앞에서는 '샛-/싯-'
  어간 첫 음절이 양성 계열 모음일 때는 '샛-' 샛노랗다
  어간 첫 음절이 음성 계열 모음일 때는 '싯-' 싯누렇다

[붙임 1] 어원은 분명하나 소리만 특이하게 변한 것은 변한 대로 적는다.

| 할아버지 | 할아범 |

[붙임 2] 어원이 분명하지 아니한 것은 원형을 밝히어 적지 아니한다.

| 꿀벙 | 골탕 | 끌탕 | 며칠 | 아재비 |
| 오라비 | 업신여기다 | 부리나케 | | |

PART 02
언어 규범 편

기출 따라잡기

17. 밑줄 친 부분이 표준어로 쓰인 것은? 2024. 국가직 9급

① 그 친구는 <u>허구헌</u> 날 놀러만 다닌다.
② 닭을 <u>통째로</u> 구우니까 더 먹음직스럽다.
③ 발을 잘못 디뎌서 <u>하마트면</u> 넘어질 뻔했다.
④ 언니가 허리가 <u>잘룩하게</u> 들어간 코트를 입었다.

기출 따라잡기

18. 한글 맞춤법에 따라 바르게 표기된 것만 나열한 것은? 2019. 서울시 9급

① 새까맣다 – 싯퍼렇다 – 샛노랗다
② 시뻘겋다 – 시허옇다 – 싯누렇다
③ 새퍼렇다 – 새빨갛다 – 샛노랗다
④ 시하얗다 – 시꺼멓다 – 싯누렇다

[붙임 3] '이[齒, 虱]'가 합성어나 이에 준하는 말에서 '니' 또는 '리'로 소리 날 때에는 '니'로 적는다.

간니	덧니	사랑니	송곳니	앞니
어금니	윗니	젖니	톱니	틀니
가랑니	머릿니			

제28항

끝소리가 'ㄹ'인 말과 딴 말이 어울릴 적에 'ㄹ' 소리가 나지 아니하는 것은 아니 나는 대로 적는다.

다달이(달-달-이)	따님(딸-님)	마되(말-되)
마소(말-소)	무자위(물-자위)	바느질(바늘-질)
부삽(불-삽)	부손(불-손)	싸전(쌀-전)
여닫이(열-닫이)	우짖다(울-짖다)	화살(활-살)

제29항

끝소리가 'ㄹ'인 말과 딴 말이 어울릴 적에 'ㄹ' 소리가 'ㄷ' 소리로 나는 것은 'ㄷ'으로 적는다.

반짇고리(바느질~)	사흘날(사흘~)	삼짇날(삼질~)
섣달(설~)	숟가락(술~)	이튿날(이틀~)
잗주름(잘~)	푿소(풀~)	섣부르다(설~)
잗다듬다(잘~)	잗다랗다(잘~)	

제30항

사이시옷은 다음과 같은 경우에 받치어 적는다.

1. 순우리말로 된 합성어로서 앞말이 모음으로 끝난 경우

뒷말의 첫소리가 된소리로 나는 것	고랫재, 귓밥, 나룻배, 나뭇가지, 냇가, 댓가지, 뒷갈망, 맷돌, 머릿기름, 모깃불, 못자리, 바닷가, 뱃길, 볏가리, 부싯돌, 선짓국, 쇳조각, 아랫집, 우렁잇속, 잇자국, 잿더미, 조갯살, 찻집, 쳇바퀴, 킷값, 핏대, 햇볕, 혓바늘
뒷말의 첫소리 'ㄴ, ㅁ' 앞에서 'ㄴ' 소리가 덧나는 것	멧나물, 아랫니, 텃마당, 아랫마을, 뒷머리, 잇몸, 깻묵, 냇물, 빗물
뒷말의 첫소리 모음 앞에서 'ㄴㄴ' 소리가 덧나는 것	도리깻열, 뒷윷, 두렛일, 뒷일, 뒷입맛, 베갯잇, 욧잇, 깻잎, 나뭇잎, 댓잎

기출 | 따라잡기

19. 〈보기〉의 맞춤법 규정에 해당하지 않는 것은?
2024. 서울시 9급

보기
제30항 사이시옷은 다음과 같은 경우에 받치어 적는다.
1. 순우리말로 된 합성어로서 앞말이 모음으로 끝난 경우

① 뱃길
② 잇자국
③ 잿더미
④ 핏기

20. 사이시옷 표기가 모두 옳지 않은 것은?
2019. 서울시 7급

① 붕엇빵 – 공붓벌레
② 마굿간 – 인삿말
③ 공깃밥 – 백짓장
④ 도맷값 – 머릿털

2. 순우리말과 한자어로 된 합성어로서 앞말이 모음으로 끝난 경우

뒷말의 첫소리가 된소리로 나는 것	귓병, 머릿방, 뱃병, 봇둑, 사잣밥, 샛강, 아랫방, 자릿세, 전셋집, 찻잔, 찻종, 촛국, 콧병, 탯줄, 텃세, 핏기, 햇수, 횟가루, 횟배
뒷말의 첫소리 'ㄴ, ㅁ' 앞에서 'ㄴ' 소리가 덧나는 것	곗날, 제삿날, 훗날, 툇마루, 양칫물
뒷말의 첫소리 모음 앞에서 'ㄴㄴ' 소리가 덧나는 것	가욋일, 사삿일, 예삿일, 훗일

3. 두 음절로 된 다음 한자어

곳간(庫間)	셋방(貰房)	숫자(數字)	찻간(車間)	툇간(退間)	횟수(回數)

➕ 플러스 ▶ 사이시옷 표기의 주의 사항

(1) 뒷말이 된소리나 거센소리로 시작할 때는 사이시옷을 표기하지 않는다.
   예 위층, 위쪽, 나루터, 뒤편, 아래층, 개펄
(2) 외래어와 고유어의 합성일 때에는 표기하지 않는다.
   예 피자집, 핑크빛
(3) 사잇소리가 나지 않는 단어들에는 사이시옷을 표기하지 않는다.
   예 머리말, 예사말, 머리글자, 농사일, 나라말, 인사말, 반대말, 소개말, 머리글, 설거지물, 배내옷,
   예사내기

기출 | 따라잡기

21. 다음 중 어문 규정에 대한 설명 중 옳지 않은 것은? 2011. 서울시 9급

① 'ㅎ종성체언'은 뒷말의 첫소리를 거센소리로 적는다.
② 한자어와 한자어 형태소 사이에 사잇소리가 나더라도 원칙적으로 적지 않는다.
③ '퇴간, 회수'는 사이시옷을 표기하지 않는다.
④ '입때'는 '이+때-이ㅂ때'로 분석된다.
⑤ 순우리말 합성어로서 앞말이 모음으로 끝나고 뒷말의 첫소리가 된소리로 나는 경우 사이시옷을 표기한다.

기출 | 따라잡기

22. 다음 설명을 참고하여 ㉠~㉢에 해당하는 사례들로 바르게 연결한 것은? 2024. 국회직 8급

「한글 맞춤법」 제30항은 사이시옷과 관련된 조항이다. 순우리말로 된 합성어 또는 순우리말과 한자어가 결합하여 만들어진 합성어에서 앞말이 모음으로 끝날 때에, ㉠뒷말의 첫소리가 된소리로 나는 경우, ㉡뒷말의 첫소리 'ㄴ, ㅁ' 앞에서 'ㄴ' 소리가 덧나는 경우, ㉢뒷말의 첫소리 모음 앞에서 'ㄴㄴ' 소리가 덧나는 경우에 사이시옷을 받쳐 적는다. 이때 뒷말의 첫소리가 거센소리이거나 된소리일 경우에는 사이시옷을 표기하지 않는다.

	㉠	㉡	㉢
①	귓병	잇몸	웃어른
②	덧저고리	툇마루	깻잎
③	돗자리	뒷머리	베갯잇
④	부싯돌	빗물	훗일
⑤	절댓값	도리깻열	가욋일

제31항

두 말이 어울릴 적에 'ㅂ' 소리나 'ㅎ' 소리가 덧나는 것은 소리대로 적는다.

1. 'ㅂ' 소리가 덧나는 것

댑싸리(대ㅂ싸리)	멥쌀(메ㅂ쌀)	볍씨(벼ㅂ씨)
입때(이ㅂ때)	입쌀(이ㅂ쌀)	접때(저ㅂ때)
좁쌀(조ㅂ쌀)	햅쌀(해ㅂ쌀)	

2. 'ㅎ' 소리가 덧나는 것

머리카락(머리ㅎ가락)	살코기(살ㅎ고기)	수캐(수ㅎ개)
수컷(수ㅎ것)	수탉(수ㅎ닭)	안팎(안ㅎ밖)
암캐(암ㅎ개)	암컷(암ㅎ것)	암탉(암ㅎ닭)

5. 준말

제32항

단어의 끝모음이 줄어지고 자음만 남은 것은 그 앞의 음절에 받침으로 적는다.

(본말)	(준말)	(본말)	(준말)
기러기야	기럭아	어제그저께	엊그저께
어제저녁	엊저녁	가지고, 가지지	갖고, 갖지
디디고, 디디지	딛고, 딛지		

제33항

체언과 조사가 어울려 줄어지는 경우에는 준 대로 적는다.

(본말)	(준말)	(본말)	(준말)
그것은	그건	그것이	그게
그것으로	그걸로	나는	난
나를	날	너는	넌
너를	널	무엇을	뭣을/무얼/뭘
무엇이	뭣이/무에		

기출 | 따라잡기

23. 다음 중 본말과 준말이 바르게 연결된 것은? 2016. 군무원 9급(복원)

① 거북하지 − 거북치
② 기러기야 − 기럭아
③ 쓰레기야 − 쓰렉아
④ 그렇지 않은 − 그렇찮은

준말 표기

(1) 체언과 조사가 결합할 때 어떤 음이 줄어지거나 음절의 수가 줄어지는 것은, 그 본 모양을 밝히지
   않고 준대로 적는다.
   예 (그 애 → 걔) 그 애는 → 걔는 → 걘, 그 애를 → 걔를 → 걜
   　　(이 애 → 얘) 이 애는 → 얘는 → 얜, 이 애를 → 얘를 → 얠
   　　(저 애 → 쟤) 저 애는 → 쟤는 → 쟨, 저 애를 → 쟤를 → 쟬
   　　그리로 → 글로 / 이리로 → 일로 / 저리로 → 절로 / 조리로 → 졸로
   　　그것으로 → 그걸로 / 이것으로 → 이걸로 / 저것으로 → 저걸로
   처럼 줄어지기도 한다. 다만, '아래로 → 알로'는 비표준어로 처리하였다(표준어 규정 제15항 붙임
   참조).
(2) '무엇'에 조사가 붙어 준 형태에 주의해야 한다.
   예 뭣이/무에, 뭣은, 뭣을/무얼/뭘

제34항

모음 'ㅏ, ㅓ'로 끝난 어간에 '-아/-어, -았-/-었-'이 어울릴 적에는 준 대로 적는다.

(본말)	(준말)	(본말)	(준말)
가아	가	가았다	갔다
나아	나	나았다	났다

[붙임 1] 'ㅐ, ㅔ' 뒤에 '-어, -었-'이 어울려 줄 적에는 준 대로 적는다.

(본말)	(준말)	(본말)	(준말)
개어	개	개었다	갰다
내어	내	내었다	냈다

[붙임 2] '하여'가 한 음절로 줄어서 '해'로 될 적에는 준 대로 적는다.

(본말)	(준말)	(본말)	(준말)
하여	해	하였다	했다
더하여	더해	더하였다	더했다
흔하여	흔해	흔하였다	흔했다

24. 밑줄 친 단어 중 어문 규정에 맞지 않는 것은? 2012. 국가직 9급

① 불 좀 쬐어야겠구나.
② 선배님, 다음에 봬요.
③ 점점 목을 죄여 오는 느낌이야.
④ 될 대로 되라는 식의 사고는 좋지 않아.

➕ **플러스** '띄어쓰기' 표기

'띄다'는 본말이 두 가지가 있다. 하나는 '뜨이다'이고 다른 하나는 '띄우다'이다. '뜨이다'는 '뜨다'의 피동사로, '눈이 뜨이다', '귀가 뜨이다'와 같이 사용된다. 그리고 '뜨이다'는 '뜨여'로 줄여서 사용할 수도 있다. 반면 '띄우다'는 '뜨다'의 사동사로, 공간이 생기게 한다는 뜻이다. 따라서 '책상 사이를 띄우다', '단어 사이를 띄우다'와 같이 사용할 수 있다. 이러한 의미 차이로 볼 때, '띄어 쓰기'에 나타난 '띄다'는 '띄우다'의 준말임을 알 수 있다. 그리고 '띄우다'는 '뜨여'로 줄여서 사용할 수가 없기 때문에 '뜨여쓰기, 뜨여 쓰다, 뜨여 놓다'로는 쓸 수 없다.

제35항

모음 'ㅗ, ㅜ'로 끝난 어간에 '-아/-어, -았-/-었-'이 어울려 'ㅘ/ㅝ, ㅘㅆ/ㅝㅆ'으로 될 적에는 준 대로 적는다.

(본말)	(준말)	(본말)	(준말)
꼬아	꽈	꼬았다	꽜다
보아	봐	보았다	봤다
쏘아	쏴	쏘았다	쐈다

[붙임 1] '놓아'가 'ㄴ놔'로 줄 적에는 준 대로 적는다.

[붙임 2] 'ㅚ' 뒤에 '-어, -었-'이 어울려 'ㅙ, ㅙㅆ'으로 될 적에도 준 대로 적는다.

(본말)	(준말)	(본말)	(준말)
괴어	괘	괴었다	괬다
되어	돼	되었다	됐다

제36항

'ㅣ' 뒤에 '-어'가 와서 'ㅕ'로 줄 적에는 준 대로 적는다.

(본말)	(준말)	(본말)	(준말)
가지어	가져	가지었다	가졌다
견디어	견뎌	견디었다	견뎠다
다니어	다녀	다니었다	다녔다

제37항

'ㅏ, ㅕ, ㅗ, ㅜ, ㅡ'로 끝난 어간에 '-이-'가 와서 각각 'ㅐ, ㅖ, ㅚ, ㅟ, ㅢ'로 줄 적에는 준 대로 적는다.

(본말)	(준말)	(본말)	(준말)
싸이다	쌔다	누이다	뉘다
펴이다	폐다	뜨이다	띄다
보이다	뵈다	쓰이다	씌다

제38항

'ㅏ, ㅗ, ㅜ, ㅡ' 뒤에 '-이어'가 어울려 줄어질 적에는 준 대로 적는다.

(본말)	(준말)	(본말)	(준말)
싸이어	쌔어 싸여	뜨이어	띄어 뜨여
보이어	뵈어 보여	쓰이어	씌어 쓰여
쏘이어	쐬어 쏘여	트이어	틔어 트여
누이어	뉘어 누여		

제39항

어미 '-지' 뒤에 '않-'이 어울려 '-잖-'이 될 적과 '-하지' 뒤에 '않-'이 어울려 '-찮-'이 될 적에는 준 대로 적는다.

(본말)	(준말)	(본말)	(준말)
그렇지 않은	그렇잖은	만만하지 않다	만만찮다
적지 않은	적잖은	변변하지 않다	변변찮다

제40항

어간의 끝음절 '하'의 'ㅏ'가 줄고 'ㅎ'이 다음 음절의 첫소리와 어울려 거센소리로 될 적에는 거센소리로 적는다.

(본말)	(준말)	(본말)	(준말)
간편하게	간편케	다정하다	다정타
연구하도록	연구토록	정결하다	정결타
가하다	가타	흔하다	흔타

[붙임 1] 'ㅎ'이 어간의 끝소리로 굳어진 것은 받침으로 적는다.

않다	않고	않지	않든지
그렇다	그렇고	그렇지	그렇든지

[붙임 2] 어간의 끝음절 '하'가 아주 줄 적에는 준 대로 적는다.

(본말)	(준말)	(본말)	(준말)
거북하지	거북지	넉넉하지 않다	넉넉지 않다
생각하건대	생각건대	못하지 않다	못지않다
생각하다 못해	생각다 못해	섭섭하지 않다	섭섭지 않다
깨끗하지 않다	깨끗지 않다	익숙하지 않다	익숙지 않다

기출 따라잡기

25. 다음 밑줄 친 단어 중 맞춤법이 옳지 않은 것은? 2015. 서울시 7급

① 그는 밥을 몇 숟가락 뜨다가 밥상을 물렸다.

② 이번 수해로 우리 마을은 적잖은 피해를 봤다.

③ 집은 허름하지만 아까 본 집보다 가격이 만만잖다.

④ 그는 끝까지 그 일을 말끔케 처리하였다.

1. 조사

제41항

조사는 그 앞말에 붙여 쓴다.

꽃이	꽃마저	꽃밖에	꽃에서부터	꽃으로만	꽃이나마	꽃이다
꽃입니다	꽃처럼	어디까지나	거기도	멀리는	웃고만	

조사의 연속:	학교에서처럼	나에게만이라도
	여기서부터입니다	아이까지도
어미 뒤 조사:	말하면서까지도	사과하기는커녕
	먹을게요	놀라기보다는
	맑군그래	오는군요

2. 의존 명사, 단위를 나타내는 명사 및 열거하는 말 등

제42항

의존 명사는 띄어 쓴다.

아는 것이 힘이다.	나도 할 수 있다.
먹을 만큼 먹어라.	아는 이를 만났다.
네가 뜻한 바를 알겠다.	그가 떠난 지가 오래다.

제43항

단위를 나타내는 명사는 띄어 쓴다.

한 개	차 한 대	금 서 돈	소 한 마리
옷 한 벌	열 살	조기 한 손	연필 한 자루
버선 한 죽	집 한 채	신 두 켤레	북어 한 쾌

다만, 순서를 나타내는 경우나 숫자와 어울리어 쓰이는 경우에는 붙여 쓸 수 있다.

두시 삼십분 오초	제일과	삼학년
육층	1446년 10월 9일	2대대
16동 502호	제1실습실	80원
10개	7미터	

제44항

수를 적을 적에는 '만(萬)' 단위로 띄어 쓴다.

> 십이억 삼천사백오십육만 칠천팔백구십팔
> 12억 3456만 7898

제45항

두 말을 이어 주거나 열거할 적에 쓰이는 다음의 말들은 띄어 쓴다.

국장 겸 과장	열 내지 스물	청군 대 백군
책상, 걸상 등이 있다	이사장 및 이사들	사과, 배, 귤 등등
사과, 배 등속	부산, 광주 등지	

제46항

단음절로 된 단어가 연이어 나타날 적에는 붙여 쓸 수 있다.

좀더 큰것	이말 저말	한잎 두잎

3. 보조 용언

제47항

보조 용언은 띄어 씀을 원칙으로 하되, 경우에 따라 붙여 씀도 허용한다.(ㄱ을 원칙으로 하고, ㄴ을 허용함.)

ㄱ	ㄴ
불이 꺼져 간다.	불이 꺼져간다.
내 힘으로 막아 낸다.	내 힘으로 막아낸다.
비가 올 듯하다.	비가 올듯하다.
그 일은 할 만하다.	그 일은 할만하다.
일이 될 법하다.	일이 될법하다.
비가 올 성싶다.	비가 올성싶다.
잘 아는 척한다.	잘 아는척한다.

다만, 앞말에 조사가 붙거나 앞말이 합성 용언인 경우, 그리고 중간에 조사가 들어갈 적에 는 그 뒤에 오는 보조 용언은 띄어 쓴다.

잘도 놀아만 나는구나!	책을 읽어도 보고……
네가 덤벼들어 보아라.	이런 기회는 다시없을 듯하다.
그가 올 듯도 하다.	잘난 체를 한다.

기출 따라잡기

27. 다음 중 원칙대로 띄어쓰기를 할 때 올바르지 않은 것은?

2021. 경찰직 1차

① 어려운∨일∨하는∨사람을∨보면∨존경심마저∨생긴다.

② 그∨사람이∨떠난∨지∨사흘∨만에∨돌아왔다.

③ 저∨큰∨집∨한∨채∨살∨때까지∨열심히∨돈을∨벌었다.

④ 네∨말을∨들으니∨그럴∨법∨하다는∨생각이∨든다.

기출 따라잡기

28. 밑줄 친 부분의 띄어쓰기가 옳지 않은 것은?

2024. 국회직 8급

① 일이 잘 될법하다.

② 오늘은 비가 올 듯도 하다.

③ 이 내용은 기억해둘 만하다.

④ 그녀는 새로 산 옷을 마음에 들어했다.

⑤ 폭우에 마을의 모든 집이 떠내려가 버렸다.

(1) 사례로 제시되는 '듯하다, 만하다, 법하다, 성싶다, 척하다'는 붙여 쓴다.
(2) 앞말에 조사가 붙으면 띄어 쓴다.
　　예 읽어도 보고, 늙어만 간다.
(3) 앞말이 합성 동사이면 띄어 쓴다.
　　예 떠내려가 버렸다
(4) '-아/-어' 뒤에 '서'가 준 형식에서는 뒤의 단어가 보조 용언이 아니니 반드시 띄어 쓴다.
　　예 (시험삼아) 고기를 잡아 본다. → 붙여 쓰기 허용
　　　　고기를 잡아(서) 봤다. → 붙여 쓰기 허용하지 않음.
(5) '-어지다, 어하다'는 반드시 붙여 쓴다.
　　예 이루어지다, 만들어지다, 행복하다, 예뻐하다
(6) 보조 용언이 반복되면 앞의 보조 용언만을 붙여 쓸 수 있다.
　　예 기억해 둘 만하다 / 기억해둘 만하다

4. 고유 명사 및 전문 용어

제48항

성과 이름, 성과 호 등은 붙여 쓰고, 이에 덧붙는 호칭어, 관직명 등은 띄어 쓴다.

김양수(金良洙)	서화담(徐花潭)	채영신 씨
최치원 선생	박동식 박사	충무공 이순신 장군

다만, 성과 이름, 성과 호를 분명히 구분할 필요가 있을 경우에는 띄어 쓸 수 있다.

남궁억 / 남궁 억	독고준 / 독고 준	황보지봉(皇甫芝峰) / 황보 지봉

➕ 플러스　명사 '씨(氏)'의 띄어쓰기

(1) '씨'가 성씨 그 자체를 나타낼 때는 붙여 쓴다.
　　예 우리 반에는 김씨 성을 가진 사람이 세 명이다.
(2) 성과 이름, 성과 호를 분명히 구분할 필요가 있으면 띄어 쓸 수 있다.
　　예 남궁억/남궁 억. 제갈성렬/제갈 성렬

제50항

전문 용어는 단어별로 띄어 씀을 원칙으로 하되, 붙여 쓸 수 있다.(ㄱ을 원칙으로 하고, ㄴ을 허용함.)

ㄱ	ㄴ
만성 골수성 백혈병	만성골수성백혈병
중거리 탄도 유도탄	중거리탄도유도탄

기출 | 따라잡기

29. 다음 띄어쓰기 규정의 '원칙'에 맞게 쓴 것 중 가장 적절한 것은?
2018. 경찰 1차
① 희망의∨불씨가∨꺼져간다.
② 한국대학교∨사범대학∨최치원∨교수
③ 이천십팔∨년∨삼∨월∨이십사∨일∨제일∨차∨공무원∨시험
④ 제발∨여기에서만이라도∨집에서∨처럼∨못∨되게∨굴지∨않았으면∨좋겠다.

제6장 그 밖의 것

제51항

부사의 끝음절이 분명히 '이'로만 나는 것은 '-이'로 적고, '히'로만 나거나 '이'나 '히'로 나는 것은 '-히'로 적는다.

1. '이'로만 나는 것

가붓이	깨끗이	나붓이	느긋이	둥긋이
따뜻이	반듯이	버젓이	산뜻이	의젓이

2. '히'로만 나는 것

극히	급히	딱히	속히	작히

3. '이, 히'로 나는 것

솔직히	가만히	간편히	나른히	무단히
각별히	소홀히	쓸쓸히	정결히	과감히
꼼꼼히	심히	열심히	급급히	답답히
섭섭히	공평히	능히	당당히	분명히
상당히	조용히	간소히	고요히	도저히

기출 | 따라잡기

30. 밑줄 친 부분이 한글 맞춤법에 맞는 것은? 2013. 지방직 7급

① 약속을 번번히 어긴다.
② 그는 의젓이 행동한다.
③ 곰곰히 생각에 잠기었다.
④ 딱이 갈 만한 곳도 없다.

➕ 플러스 | 제51항 '-이'와 '-히' 정리

'-이'로 적는 것	① 반복되는 명사 뒤	
	예 짬짬이, 틈틈이, 번번이, 샅샅이 등	
	② '-하다'가 붙는 용언 어근이 'ㅅ' 받침으로 끝나는 경우	
	예 깨끗이, 반듯이, 지긋이, 의젓이, 느긋이 등	
	③ 'ㅂ' 불규칙 용언의 어간 뒤	
	예 가까이, 고이, 너그러이, 즐거이, 기꺼이 등	
	④ '-하다'가 붙지 않는 용언의 어간 뒤	
	예 같이, 굳이, 많이, 적이, 헛되이 등	
	⑤ 부사에 붙는 경우	
	예 곰곰이, 더욱이, 오뚝이, 일찍이 등	
'-히'로 적는 것	① 'ㅅ' 받침을 제외한 '-하다'가 붙는 어간 뒤	
	예 간편히, 고요히, 꼼꼼히, 솔직히, 열심히, 익숙히, 정확히, 극히, 딱히, 족히 등	
	② 작히: '어찌 조금만큼만', '얼마나'의 뜻으로 희망이나 추측을 나타내는 말	
예외 사례	다음 단어들은 '-하다'가 붙지만 '-히'가 아닌 '-이'가 붙는다.	
	예 깊숙이, 고즈넉이, 나지막이, 느지막이, 야트막이, 나직이, 끔찍이, 촉촉이, 축축이	

① 이런 날씨에 비를 <u>맞추니</u> 멀쩡한 사람도 병이 나지.

② 너라면 아마도 그 문제의 정답을 <u>맞출</u> 수 있었을 텐데.

③ 우리 선수는 마지막 화살까지도 10점 과녁에 <u>맞췄다</u>.

④ 그는 그녀와의 약속 시간을 제대로 <u>맞춘</u> 적이 없었다.

• 누가 이번 경기에서 우승할 것인지 (㉠)하기 어렵다.

• 간단한 인사로 환영의 말을 (㉡) 합니다.

• 이 정도의 인원이 식사를 할 경우 (㉢)을 잘해야 낭비를 줄일 수 있다.

• 성공과 실패는 철저한 계획을 세워서 실천했느냐로 (㉣)이 난다.

① 가늠 – 갈음 – 가늠 – 가름

② 가늠 – 가늠 – 갈음 – 가름

③ 가름 – 갈음 – 가늠 – 가름

④ 가름 – 가늠 – 가늠 – 갈음

제55항

두 가지로 구별하여 적던 다음 말들은 한 가지로 적는다.(ㄱ을 취하고, ㄴ을 버림.)

ㄱ	ㄴ
맞추다(입을 맞춘다. 양복을 맞춘다.)	마추다
뻗치다(다리를 뻗친다. 멀리 뻗친다.)	뻐치다

제56항

'–더라, –던'과 '–든지'는 다음과 같이 적는다.

1. 지난 일을 나타내는 어미는 '–더라, –던'으로 적는다.

지난겨울은 몹시 춥더라.	깊던 물이 얕아졌다.
그렇게 좋던가?	그 사람 말 잘하던데!
얼마나 놀랐던지 몰라.	

2. 물건이나 일의 내용을 가리지 아니하는 뜻을 나타내는 조사와 어미는 '(–)든지'로 적는다.

배든지 사과든지 마음대로 먹어라.	가든지 오든지 마음대로 해라.

제57항

다음 말들은 각각 구별하여 적는다.

혼동이 되는 말을 구별해서 쓰도록 한 조항이다. 실제 생활에서 잘못 쓰는 일이 많으므로 주의할 필요가 있다.

1. 가름, 갈음

가름	둘로 가름. 예 잣나무와 소나무는 자세히 보지 않으면 가름이 되지 않는다.
갈음	새 책상으로 갈음하였다. 예 가족 모임으로 돌잔치를 갈음한다.

2. 거름, 걸음

거름	풀을 썩힌 거름. 예 농부들은 배추밭에 거름을 주었다.
걸음	빠른 걸음. 예 빠른 걸음으로 걸었다. 걸음을 재촉했다.

3. 거치다, 걷히다

거치다	영월을 거쳐 왔다. 예 • 더 이상 마음에 거칠 것이 없다. • 수원을 거쳐 대전으로 갔다.
걷히다	외상값이 잘 걷힌다. 예 해가 뜨자 안개가 걷히기 시작했다. • 그물이 걷히자 팔뚝만 한 고기가 올라오기 시작했다.

4. 걷잡다, 겉잡다

걷잡다	걷잡을 수 없는 상태. 예 강한 바람으로 산불이 걷잡을 수 없이 악화되고 있다.
겉잡다	겉잡아서 이틀 걸릴 일. 예 오늘 경기장에는 겉잡아서 천 명이 넘게 온 듯하다.

5. 그러므로, 그럼으로

그러므로(그러니까)	그는 부지런하다. 그러므로 잘 산다.
	예 그는 봉사하는 삶을 산다. 그러므로 존경을 받는다.
그럼으로(써)	그는 열심히 공부한다. 그럼으로(써) 은혜에 보답한다.
(그렇게 하는 것으로)	예 그는 남을 돕는 일에 앞장선다. 그럼으로써 삶의 보람을 느낀다.

6. 노름, 놀음

노름	노름판이 벌어졌다. 예 그는 노름에 빠져 가산을 탕진했다.
놀음(놀이)	즐거운 놀음. 예 놀음놀이, 놀음판(=놀음놀이판).

7. 느리다, 늘이다, 늘리다

느리다	진도가 너무 느리다. 예 나무늘보는 행동이 느리다.
늘이다	고무줄을 늘인다. 예 치마 길이를 늘여서 입었다.
늘리다	수출량을 더 늘린다. 예 • 우리 가족은 평수를 늘려 새집으로 이사했다.
	• 실력을 늘려서 다음에 다시 도전해 보자.

8. 다리다, 달이다

다리다	옷을 다린다. 예 구겨진 바지를 매끈하게 다렸다.
달이다	약을 달인다. 예 보약을 달이는지 한약 냄새가 가득했다.

9. 다치다, 닫히다, 닫치다.

다치다	부주의로 손을 다쳤다. 예 넘어져서 다리를 다쳤다.
닫히다	문이 저절로 닫혔다. 예 열어 놓은 문이 바람에 닫혔다.
닫치다	문을 힘껏 닫쳤다. 예 동생은 화가 났는지 문을 탁 닫치고 나갔다.

10. 마치다, 맞히다

마치다	벌써 일을 마쳤다. 예 하루 일과를 마치고 집으로 돌아간다.
맞히다	여러 문제를 더 맞혔다. 예 • 화살을 과녁에 정확하게 맞혔다.
	• 문제의 정답을 맞혔다.
	• 꼬마들에게는 주사를 맞히기가 힘들다.

11. 목거리, 목걸이

목거리	목거리가 덧났다. 예 약을 먹어도 목거리가 잘 낫지 않는다.
목걸이	금목걸이, 은목걸이. 예 새로 산 목걸이가 옷과 잘 어울린다.

12. 바치다, 받치다, 받히다, 밭치다

바치다	나라를 위해 목숨을 바쳤다. 예 • 하늘에 제물을 바친다.
	• 그 과학자는 평생을 신약 개발에 몸을 바쳤다.
받치다	우산을 받치고 간다. 책받침을 받친다.
	예 • 쟁반에 찻잔을 받쳐 가져왔다.
	• 이 영화는 배경 음악이 장면을 잘 받쳐 주어서 더욱 감동적이다.
받히다	쇠뿔에 받혔다. 예 소에게 받히었다.
밭치다	술을 체에 밭친다. 예 삶은 국수를 찬물에 헹군 후 체에 밭쳐 놓았다.

기출 따라잡기

33. 밑줄 친 어휘 중 잘못 사용된 것은? 2012. 지방직 9급

① 체로 술을 받친다.

② 요즘 영수는 수영에 흥미를 붙이고 있다.

③ 이것으로 축사를 갈음합니다.

④ 고무줄을 더 늘이면 끊어질 것이다.

34. 밑줄 친 단어가 적절하지 않은 것은? 2015. 교육행정직 7급

① 나는 그와 서로 알음이 있는 사이다.

② 산이 구름에 덮혀서 잘 보이지 않았다.

③ 선수들의 투지가 이 경기의 승패를 가름했다.

④ 쓸데없이 남의 일에 함부로 알은 체하지 마라.

PART 02 언어 규범 편

13. 반드시, 반듯이

반드시	약속은 반드시 지켜라. 예 겨울이 지나면 반드시 봄이 온다.
반듯이	고개를 반듯이 들어라. 예 우리는 반듯이 몸을 누이고 잠을 청했다.

14. 부딪치다, 부딪히다

부딪치다	예 차와 차가 마주 부딪쳤다.
부딪히다	예 마차가 화물차에 부딪혔다.

기출 | 따라잡기

35. 밑줄 친 말의 쓰임이 가장 적절하지 않은 것은? 2024. 서울시 9급
① 오늘도 우체국에 와 너에게 편지를 <u>부친다</u>.
② 그는 쓸데없는 조건을 <u>부쳐</u> 흥정을 해 왔다.
③ 나는 아직도 그에게는 실력이 <u>부친다</u>.
④ 식목일에 <u>부치는</u> 글을 써서 신문에 실었다.

15. 부치다, 붙이다

부치다	예	붙이다	예
	• 힘이 부치는 일이다.		• 우표를 붙인다.
	• 편지를 부친다.		• 책상을 벽에 붙였다.
	• 논밭을 부친다.		• 흥정을 붙인다.
	• 빈대떡을 부친다.		• 불을 붙인다.
	• 식목일에 부치는 글.		• 감시원을 붙인다.
	• 회의에 부치는 안건.		• 조건을 붙인다.
	• 인쇄에 부치는 원고.		• 취미를 붙인다.
	• 삼촌 집에 숙식을 부친다.		• 별명을 붙인다.

16. 시키다, 식히다

시키다	일을 시킨다. 예 인부들에게 일을 시켰다.
식히다	끓인 물을 식힌다. 예 국이 뜨거우니 식혀 드세요.

기출 | 따라잡기

36. 밑줄 친 말의 쓰임이 바르지 않은 것은? 2014. 국가직 9급
① 그와 나는 전부터 <u>알음</u>이 있는 사이이다.
② 된장찌개가 입맛을 <u>돋운다</u>.
③ 약속 날짜를 너무 <u>바투</u> 잡았다.
④ 그는 <u>설레이는</u> 가슴을 가라앉히지 못하였다.

17. 아름, 알음, 앎

아름	세 아름 되는 둘레. 예 둘레가 두 아름이나 되는 나무
알음	전부터 알음이 있는 사이. 예 우리는 서로 알음이 있는 사이다.
앎	앎이 힘이다. 예 앎은 삶의 힘이다.

18. 안치다, 앉히다

안치다	밥을 안친다.
	예 • 시루에 떡을 안쳤다.
	• 솥에 고구마를 안쳐서 찐다.
앉히다	윗자리에 앉힌다.
	예 • 아이를 무릎에 앉혔다.
	• 그는 책을 읽다가 중요한 것을 여백에 앉히는 습관이 있다.
	• 선생님은 아이들에게 인사하는 버릇을 앉혀 주셨다.

19. 어름, 얼음

어름	두 물건의 어름에서 일어난 현상.
	예 어부들은 바닷물과 민물이 맞물린 어름에 그물을 내렸다.
얼음	얼음이 얼었다. 예 강에 얼음이 얼었다.

20. 이따가, 있다가

이따가	이따가 오너라. 예 이따가 만나자.
있다가	돈은 있다가도 없다. 예 여기에 며칠 더 있다가 갈게.

21. 저리다, 절이다.

저리다	다친 다리가 저린다. 예 움직이지 않고 있었더니 발이 저리기 시작했다.
절이다	김장 배추를 절인다. 예 배추를 소금물에 절인다.

22. 조리다, 졸이다

조리다	생선을 조린다. 통조림, 병조림. 예 고등어와 무를 넣고 맛있게 조렸다.
졸이다	마음을 졸인다. 예 너무 가슴 졸이지 말고 결과를 기다려 보자.

23. 주리다, 줄이다

주리다	여러 날을 주렸다.
	예 모두 여러 날 배를 주린 사람처럼 허겁지겁 먹기 시작했다.
줄이다	비용을 줄인다. 예 건강을 위해 체중을 조금 줄이려고 한다.

24. -노라고, -느라고

(하)노라고	하노라고 한 것이 이 모양이다.
	예 • 모두 하노라고 했는데 만족스럽지는 않다.
	• 제 딴에는 열심히 쓰노라고 쓴 게 이 모양이다.
(하)느라고	공부하느라고 밤을 새웠다.
	예 • 어제 소설을 읽느라고 밤을 새웠다.
	• 먼 길 오시느라고 힘드셨겠습니다.

25. -느니보다, -는 이보다

-느니보다(어미)	나를 찾아오느니보다 집에 있거라.
	예 억지로 하느니보다 차라리 안 하는 게 낫다.
-는 이보다(의존 명사)	오는 이가 가는 이보다 많다.
	예 동네에 아는 이보다 모르는 이가 더 많다.

26. -(으)리만큼, -(으)ㄹ 이만큼

-(으)리만큼(어미)	나를 미워하리만큼 그에게 잘못한 일이 없다.
	예 친구 덕에 배가 터지리만큼 잘 먹었다.
-(으)ㄹ 이만큼(의존 명사)	찬성할 이도 반대할 이만큼이나 많을 것이다.
	예 떠나는 이도 남겨질 이만큼 마음이 아프다.

27. -(으)러, -(으)려

-(으)러(목적)	공부하러 간다. 예 무엇을 사러 가니? / 책을 사러 서점에 간다.
-(으)려(의도)	서울 가려 한다. 예 내일 무엇을 하려(고) 하니? / 친구를 만나려(고) 한다.

기출 따라잡기

37. 다음 중 밑줄 친 단어가 바르게 쓰인 것은? 2014. 경찰 2차

① 해가 뜨자 안개가 다 <u>거쳤다</u>.

② 병세가 <u>겉잡을</u> 수 없게 악화되었다.

③ 그의 전화를 마음을 <u>졸이며</u> 기다렸다.

④ 그녀는 아침 내내 배추를 <u>저리고</u> 있다.

38. 밑줄 친 부분이 맞춤법에 맞지 않는 것은? 2015. 국가직 9급

① 하나에 백 원씩 쳐주마.

② 여름이 되니 몸이 축축 쳐지네.

③ 아궁이에서 쓰레기를 처대고 있지.

④ 오는 길에 처박힌 자전거를 보았어.

39. 밑줄 친 단어의 사용이 어법에 맞지 않는 것은? 2013. 지방직 9급

① 큰일을 치루었더니 몸살이 났다.

② 라면이 불으면 맛이 없다.

③ 솥에 쌀을 안치러 부엌으로 갔다.

④ 네가 여기에는 웬일이니?

28. (으)로서, (으)로써

(으)로서(자격)	사람으로서 그럴 수는 없다.
	예 그런 말은 친구로서 할 말이 아니다.
	예 나는 주민 대표로서 회의에 참석하였다.
(으)로써(수단)	닭으로써 꿩을 대신했다.
	예 쌀로써 떡을 빚는다.
	예 말로써 천 냥 빚을 갚는다고 한다.

29. (으)므로, (-ㅁ, -음)으로(써)

-(으)므로(어미)	그가 나를 믿으므로 나도 그를 믿는다.
	예 일교차가 크므로 건강에 유의해야 한다.
	예 비가 왔으므로 우산을 가지고 나갔다.
(-ㅁ, -음)으로(써)(조사)	그는 믿음으로(써) 산 보람을 느꼈다.
	예 그는 늘 웃음으로(써) 친구를 맞이한다.
	예 평소에 운동을 함으로(써) 건강을 지킨다.

제2절 표준어 사정 원칙

제1장 총칙

제1항

표준어는 교양 있는 사람들이 두루 쓰는 현대 서울말로 정함을 원칙으로 한다.

🚩 해설

한 나라 안에서 지역적으로나 사회적으로 여러 형태로 쓰이는 말을 단수 혹은 복수의 표준형으로 제시하는 것은 그 나라 국민들의 효율적이고 통일된 의사소통을 위한 것이다. 국어 토박이 화자가 하는 말은 어휘의 형태나 음운의 발음에서 지역적으로나 사회적으로 여러 가지로 나타나는 경우가 많은데, 이러한 여러 형태나 발음 중 하나 혹은 둘을 표준형으로 제시하고자 하는 것이 표준어 규정의 목적이다.

제2장 발음변화에 따른 표준어 규정

1. 자음

제3항

다음 단어들은 거센소리를 가진 형태를 표준어로 삼는다.

끄나풀	나팔꽃	녘	부엌	살쾡이
칸	털어먹다			

• 끄나풀: 길지 아니한 끈의 나부랭이.

제4항

다음 단어들은 거센소리로 나지 않는 형태를 표준어로 삼는다.

가을갈이	거시기	분침

• 가을갈이: 다음 해의 농사에 대비하여, 가을에 논밭을 미리 갈아 두는 일.

기출 | 따라잡기

40. 다음 사례에서 알 수 있는 표준어의 기능은 무엇인가?

2006. 경기 소방직

혜교는 비와 걸어가다가 어떤 사람들이 말하는 것을 들었다.
"이기 다 니끼가 이기가."
"그럼 내끼지, 니끼란 말이가."
이 대화를 듣고 혜교는
"저 사람들은 일본 사람들인가 봐."
라고 말했다.

① 표준어는 우월의 기능을 갖는다.
② 표준어는 통일의 기능을 갖는다.
③ 표준어는 독립의 기능을 갖는다.
④ 표준어는 한국의 독자성을 강조하는 기능을 갖는다.

기출 | 따라잡기

41. 다음 중 표준어로만 묶인 것은?

2016. 서울시 9급

① 끄나풀 – 새벽녘 – 삵쾡이 – 떨어먹다
② 뜯게질 – 세째 – 수평아리 – 애닯다
③ 치켜세우다 – 사글세 – 설거지 – 수캉아지
④ 보조개 – 숫양 – 광우리 – 강낭콩

어원에서 멀어진 형태로 굳어져서 널리 쓰이는 것은, 그것을 표준어로 삼는다.

강낭콩	고삿	사글세	울력성당

- 고삿: 초가지붕을 일 때 쓰는 새끼.
- 울력성당(울력成黨): 떼 지어 으르고 협박함.≒완력성당

다만, 어원적으로 원형에 더 가까운 형태가 아직 쓰이고 있는 경우에는, 그것을 표준어로 삼는다.

갈비	갓모	굴젓	말곁	물수란
밀뜨리다	적이	휴지		

- 갓모: 사기그릇을 만드는 돌림판의 밑구멍에 끼우는, 사기로 된 고리.
- 말곁: 남이 말하는 옆에서 덩달아 참견하는 말.
- 물수란(물水卵): 달걀을 깨뜨려 그대로 끓는 물에 넣어 반쯤 익힌 음식.

다음 단어들은 의미를 구별함이 없이, 한 가지 형태만을 표준어로 삼는다.

돌	둘째	셋째	넷째	빌리다

다만, '둘째'는 십 단위 이상의 서수사에 쓰일 때에 '두째'로 한다.

열두째	스물두째

수컷을 이르는 접두사는 '수-'로 통일한다.

수꿩	수나사	수놈	수사돈	수소
수은행나무				

다만 1. 다음 단어에서는 접두사 다음에서 나는 거센소리를 인정한다. 접두사 '암-'이 결합되는 경우에도 이에 준한다.

수캉아지	수캐	수컷	수키와	수탉
수탕나귀	수톨쩌귀	수퇘지	수평아리	

다만 2. 다음 단어의 접두사는 '숫-'으로 한다.

숫양	숫염소	숫쥐

42. 한글 맞춤법 및 표준어 규정에 맞게 쓴 것은? 2010. 국가직 7급
① 철수가 문제의 답을 잘못 알아맞혔다.
② 작년에 이 학교는 취업율이 매우 높았다.
③ 교배를 시키려고 튼튼한 숫놈을 사 왔다.
④ 그건 막을래야 막을 수가 없는 재난이었다.

43. 다음 중 한글 맞춤법에 따라 바르게 표기된 것은? 2015. 서울시 9급
① 철수는 우리 반에서 키가 열둘째이다.
② 요즘 재산을 떨어먹는 사람이 많다.
③ 나는 집에 사흘 동안 머무를 예정이다.
④ 숫병아리가 내게로 다가왔다.

2. 모음

제8항

양성 모음이 음성 모음으로 바뀌어 굳어진 다음 단어는 음성 모음 형태를 표준어로 삼는다.

깡충깡충	-둥이	발가숭이	보퉁이	봉죽
뻗정다리	아서	아서라	오뚝이	주추

- 봉죽: 일을 꾸려 나가는 사람을 곁에서 거들어 도와줌.
  예 봉죽꾼, 봉죽들다
- 뻗정다리: '벋정다리'의 센말.
  벋정다리: 구부렸다 폈다 하지 못하고 늘 벋어 있는 다리. 또는 그런 다리를 가진 사람.
- 주추: 기둥 밑에 괴는 돌 따위의 물건.
  예 주춧돌

다만, 어원 의식이 강하게 작용하는 다음 단어에서는 양성 모음 형태를 그대로 표준어로 삼는다.

부조(扶助)	사돈(査頓)	삼촌(三寸)

제9항

'ㅣ' 역행 동화 현상에 의한 발음은 원칙적으로 표준 발음으로 인정하지 아니하되, 다만 다음 단어들은 그러한 동화가 적용된 형태를 표준어로 삼는다.

-내기	냄비	동댕이치다

[붙임 1] 다음 단어는 'ㅣ' 역행 동화가 일어나지 아니한 형태를 표준어로 삼는다.

아지랑이

[붙임 2] 기술자에게는 '-장이', 그 외에는 '-쟁이'가 붙는 형태를 표준어로 삼는다.

미장이	유기장이

멋쟁이	소금쟁이	담쟁이덩굴	골목쟁이	발목쟁이

- 소금쟁이: 소금쟁잇과의 애소금쟁이, 좀등빨간소금쟁이 따위를 통틀어 이르는 말.
- 골목쟁이: 골목에서 좀 더 깊숙이 들어간 좁은 곳.
- 발목쟁이: '발'을 속되게 이르는 말. =발모가지.

기출 | 따라잡기

44. 한글 맞춤법에 맞는 것으로만 묶은 것은? 2017. 국가직 7급

① 반듯이, 수나비, 에두르다
② 쓱싹쓱싹, 명중률, 푸주간
③ 등교길, 늠름하다, 깡충깡충
④ 돋보이다, 거적떼기, 야단법석

기출 | 따라잡기

45. 다음 중 표준어인 단어들로만 묶인 것은? 2005. 국가직 9급

① 강냉이, 아지랑이, 셋째, 깡충깡충
② 상추, 멋쟁이, 아니꼬와, 오순도순
③ 무, 네째, 했습니다, 아둥바둥
④ 반가워요, 같습니다, 설거지, 째근째근

① 여름의 별미는 무엇보다 <u>상치쌈</u>이지.

② 시간이 없을 땐 <u>미숫가루</u>라도 타 먹지.

③ <u>지리한</u> 장마 끝에 모처럼 날이 개었다.

④ 멸치볶음이 남았으면 더 <u>주구료</u>.

⑤ 그럼 당신이 내가 어떻게 하길 <u>바래우</u>.

47. 밑줄 친 단어가 맞춤법에 맞는 것은?
2013. 국가직 9급

① 어머니는 나의 간절한 <u>바람</u>을 들어주지 않았다.

② 나라 <u>안밖</u>에서 피난민을 위한 성금을 모금하였다.

③ 철수와 나는 한시도 떨어질 수 없는 <u>막연한</u> 친구였다.

④ 매점 앞 <u>계시판</u>에는 학생들이 원하는 과자 이름이 가득 적혀 있다.

제10항

다음 단어는 모음이 단순화한 형태를 표준어로 삼는다.

괴팍하다	-구먼	미루나무	미륵	여느
온달	으레	케케묵다	허우대	허우적허우적

• 온달: 꽉 찬 한 달.

제11항

다음 단어에서는 모음의 발음 변화를 인정하여, 발음이 바뀌어 굳어진 형태를 표준어로 삼는다.

-구려	깍쟁이	나무라다	미수	바라다
상추	시러베아들	주책	지루하다	튀기
허드레	호루라기			

• 미수: 설탕물이나 꿀물에 미숫가루를 탄 여름철 음료.
예 미숫가루
• 시러베아들: 실없는 사람을 낮잡아 이르는 말.=시러베자식
• 튀기: 종(種)이 다른 두 동물 사이에서 난 새끼

제12항

'웃-' 및 '윗-'은 명사 '위'에 맞추어 '윗-'으로 통일한다.

윗넓이	윗눈썹	윗니	윗당줄	윗덧줄
윗도리	윗동아리	윗막이	윗머리	윗목
윗몸	윗바람	윗배	윗벌	윗변
윗사랑	윗세장	윗수염	윗입술	윗잇몸
윗자리	윗중방			

• 윗당줄: 망건당에 꿴 당줄.
• 윗덧줄: 악보의 오선(五線) 위에 덧붙여 그 이상의 음높이를 나타내기 위하여 짧게 긋는 줄.
• 윗동아리: 긴 물체의 위쪽 부분.
• 윗사랑(윗舍廊): 위채에 있는 사랑.
• 윗중방(윗中枋): 창문 위 또는 벽의 위쪽 사이에 가로지르는 인방. 창이나 문틀 윗부분 벽의 하중을 받쳐 준다.

다만 1. 된소리나 거센소리 앞에서는 '위-'로 한다.

위짝	위쪽	위채	위층	위치마
위턱	위팔			

• 위짝: 위아래가 한 벌을 이루는 물건의 위쪽 짝.

다만 2. '아래, 위'의 대립이 없는 단어는 '웃-'으로 발음되는 형태를 표준어로 삼는다.

웃국	웃기	웃돈	웃비	웃어른
웃옷				

- 웃국: 간장이나 술 따위를 담가서 익힌 뒤에 맨 처음에 떠낸 진한 국.
- 웃기: 흰떡에 물을 들여 여러 모양으로 만든 떡. 합이나 접시에 담은 떡 위에, 모양을 내기 위하여 얹거나 꽂는다.
- 웃돈: 본래의 값에 덧붙이는 돈.

제13항

한자 '구(句)'가 붙어서 이루어진 단어는 '귀'로 읽는 것을 인정하지 아니하고, '구'로 통일한다.

구법(句法)	구절(句節)	구점(句點)	결구(結句)	경구(警句)
대구(對句)	문구(文句)	시구(詩句)	어구(語句)	인용구(引用句)
절구(絕句)				

- 구법(句法): 시문(詩文) 따위의 구절을 만들거나 배열하는 방법.
- 경구(警句) [경:꾸]: 진리나 삶에 대한 느낌이나 사상을 간결하고 날카롭게 표현한 말.
- 대구(對句) [대:꾸]: 비슷한 어조나 어세를 가진 것으로 짝 지은 둘 이상의 글귀.
- 인용구(引用句) [이:뇽꾸]: 다른 글에서 끌어다 쓴 구절.

다만, 다음 단어는 '귀'로 발음되는 형태를 표준어로 삼는다.

귀글	글귀

3. 준말

제14항

준말이 널리 쓰이고 본말이 잘 쓰이지 않는 경우에는, 준말만을 표준어로 삼는다.

귀찮다	김	똬리	무	미다
뱀	뱀장어	빔	샘	생쥐
솔개	온갖	장사치		

- 미다: 살이 드러날 만큼 털이 빠지다. / 찢어지다. / 업신여겨 따돌리고 멀리하다.

PART 02
언어 규범

기출 따라잡기

48. 표준어로 짝지은 것은?
2010. 경북 교육청

① 새앙쥐, 멍게, 상추
② 고삿, 호루라기, 강남콩
③ 끄나풀, 수키와, 봉숭화
④ 우렁쉥이, 윗어른, 냄비
⑤ 거시기, 멋쟁이, 괴발개발

기출 | 따라잡기

49. 밑줄 친 부분 중 표준어 사용이 잘못된 것은? 2012. 지방직 7급

① 아이가 여간 <u>까탈스러운</u> 게 아니야.

② <u>귀이개</u>를 가져다 아버지께 드려라.

③ 어미는 아이만 보면 그 이야기를 <u>되뇐다</u>.

④ 그 잔치에는 <u>내로라하는</u> 연예인이 모두 왔다.

제15항

준말이 쓰이고 있더라도, 본말이 널리 쓰이고 있으면 본말을 표준어로 삼는다.

경황없다	궁상떨다	귀이개	낌새	낙인찍다
내왕꾼	돗자리	뒤웅박	뒷물대야	마구잡이
맵자하다	모이	벽돌	부스럼	살얼음판
수두룩하다	암죽	어음	일구다	죽살이
퇴박맞다	한통치다			

- 내왕꾼(來往꾼): 절에서 심부름하는 일반 사람.
- 뒤웅박: 박을 쪼개지 않고 꼭지 근처에 구멍만 뚫어 속을 파낸 바가지. 마른 그릇으로 쓴다.
- 뒷물대야: 사람의 국부나 항문을 씻을 때 쓰는 대야.
- 맵자하다: 모양이 제격에 어울려서 맞다.
- 암죽(암粥): 곡식이나 밤의 가루로 묽게 쑨 죽. 어린아이에게 젖 대신 먹인다.
- 죽살이: 삶과 죽음을 아울러 이르는 말.=생사
- 퇴박맞다(退박맞다): 마음에 들지 아니하여 거절당하거나 물리침을 받다.
- 한통치다: 나누지 아니하고 한곳에 합치다.

[붙임] 다음과 같이 명사에 조사가 붙은 경우에도 이 원칙을 적용한다.

아래로

제16항

준말과 본말이 다 같이 널리 쓰이면서 준말의 효용이 뚜렷이 인정되는 것은, 두 가지를 다 표준어로 삼는다.

거짓부리 / 거짓불	노을 / 놀	막대기 / 막대
망태기 / 망태	머무르다 / 머물다	서두르다 / 서둘다
서투르다 / 서툴다	석새삼베 / 서새베	시누이 / 시뉘 / 시누
오누이 / 오뉘 / 오누	외우다 / 외다	
이기죽거리다 / 이죽거리다	찌꺼기 / 찌끼	

- 거짓부리: '거짓말'을 속되게 이르는 말.
- 석새삼베: 240올의 날실로 짠 베라는 뜻으로, 성글고 굵은 베를 이르는 말.

기출 | 따라잡기

50. 밑줄 친 부분의 활용형이 옳지 않은 것은? 2020. 지방직 9급

① 집에 오면 그는 항상 사랑채에 <u>머물었다</u>.

② 나는 고향 집에 한 사나흘 <u>머무르면서</u> 쉴 생각이다.

③ 일에 <u>서툰</u> 것은 연습이 부족한 까닭이다.

④ 그는 외국어가 <u>서투르므로</u> 해외 출장을 꺼린다.

4. 단수 표준어

제17항

비슷한 발음의 몇 형태가 쓰일 경우, 그 의미에 아무런 차이가 없고, 그중 하나가 더 널리 쓰이면, 그 한 형태만을 표준어로 삼는다.

거든그리다	구어박다	귀고리	귀띔	귀지
까딱하면	꼭두각시	내색	내숭스럽다	냠냠거리다
냠냠이	너[四], 넉[四]	다다르다	댑싸리	더부룩하다
-던, -던가, -던걸, -던고, -던데, -던지			-(으)려고, -(으)려야	
망가뜨리다	멸치	반빗아치	보습	본새
봉숭아	뺨따귀	뻐개다[斫]	뻐기다[誇]	사자탈
상판대기	서[三], 석[三]	설령(設令)	-습니다	시름시름
씀벅씀벅	아궁이	아내	어중간	오금팽이
오래오래	-올시다	옹골차다	우두커니	잠투정
재봉틀	짓무르다	짚북데기	쪽	천장(天障)
코맹맹이	흉업다			

- **거든그리다**: 거든하게 거두어 싸다. / 거든하다: 다루기에 거볍고 간편하거나 손쉽다.
- **구어박다**: 한곳에서 꼼짝 못 하고 지내다.
- **댑싸리**: 명아줏과의 한해살이풀.
- **반빗아치(飯빗아치)**: 예전에, 반찬을 만드는 일을 맡아 하던 여자 하인. 늑반빗, 찬비.
- **보습**: 쟁기, 극젱이, 가래 따위 농기구의 술바닥에 끼우는, 넓적한 삽 모양의 쇳조각.
- **씀벅씀벅**: 눈꺼풀을 움직이며 눈을 자꾸 감았다 떴다 하는 모양.
- **오금팽이**: 구부러진 물건에서 오목하게 굽은 자리의 안쪽.
- **옹골차다**: 매우 옹골지다. / 옹골지다: 실속이 있게 속이 꽉 차 있다.
- **짚북데기**: 짚이 아무렇게나 엉킨 북데기.
- **흉업다(凶업다)**: 말이나 행동 따위가 불쾌할 정도로 흉하다.

기출 | 따라잡기

51. 다음 중 복수 표준어가 아닌 것은?
2008. 서울시 세무직

① 고이다 – 괴다
② 소고기 – 쇠고기
③ 귀고리 – 귀거리
④ 헷갈리다 – 헛갈리다
⑤ 꺼림하다 – 께름하다

52. 밑줄 친 부분이 맞춤법에 맞는 것은?
2008. 지방직 7급

① 정희하고 수철이는 약속 시간을 지켜서 <u>왔을껄</u>.
② 내가 어제 보니까 한수는 참 성실한 <u>학생이대</u>.
③ 유미가 우리 제안을 어떻게 <u>생각할는지</u> 모르겠어.
④ 그 말을 듣고 어찌 <u>좋았든지</u> 겅중겅중 뛰었어.

기출 | 따라잡기

53. 다음 중 밑줄 친 두 단어가 맞는 것끼리 연결되지 않은 것은?

2010. 서울시 9급 복원

① 웅덩이에 물이 (괴다/고이다).
② 헐거운 나사를 (죄다/조이다).
③ 음식물에 벌레들이 (꼬다/꼬이다).
④ 햇볕을 (쬐다/쪼이다).
⑤ (소고기/소고기) 한 근에 얼마인가요?

5. 복수 표준어

제18항

다음 단어는 ㄱ을 원칙으로 하고, ㄴ도 허용한다.

ㄱ	ㄴ	비고
네	예	
쇠-	소-	-가죽, -고기, -기름, -머리, -뼈.
괴다	고이다	물이 ~, 밑을 ~.
꾀다	꼬이다	어린애를 ~, 벌레가 ~.
쐬다	쏘이다	바람을 ~.
죄다	조이다	나사를 ~.
쬐다	쪼이다	볕을 ~.

제19항

어감의 차이를 나타내는 단어 또는 발음이 비슷한 단어들이 다 같이 널리 쓰이는 경우에는, 그 모두를 표준어로 삼는다. (ㄱ, ㄴ을 모두 표준어로 삼음.)

ㄱ	ㄴ	비고
거슴츠레-하다	게슴츠레-하다	
고까	꼬까	~신, ~옷.
고린-내	코린-내	
교기(驕氣)	갸기	교만한 태도.
구린-내	쿠린-내	
꺼림-하다	께름-하다	
나부랭이	너부렁이	

제3장 어휘 선택의 변화에 따른 표준어 규정

1. 고어

제20항

사어(死語)가 되어 쓰이지 않게 된 단어는 고어로 처리하고, 현재 널리 사용되는 단어를 표준어로 삼는다.

난봉	낭떠러지	설거지하다	애달프다	오동나무
자두				

• 난봉: 허랑방탕한 짓

2. 한자어

제21항

고유어 계열의 단어가 널리 쓰이고 그에 대응되는 한자어 계열의 단어가 용도를 잃게 된 것은, 고유어 계열의 단어만을 표준어로 삼는다.

가루약	구들장	길품삯	까막눈	꼭지미역
나뭇갓	늙다리	두껍닫이	떡암죽	마른갈이
마른빨래	메찰떡	박달나무	밥소라	사래논
사래밭	삯말	성냥	솟을무늬	외지다
움파	잎담배	잔돈	조당수	죽데기
지겟다리	짐꾼	푼돈	흰말	흰죽

• 길품삯: 남이 갈 길을 대신 가 주고 받는 삯.
• 까막눈: 글을 읽을 줄 모르는 무식한 사람의 눈.
• 꼭지미역: 한 줌 안에 들어올 만큼을 모아서 잡아맨 미역.
• 나뭇갓: 나무를 가꾸는 말림갓.
• 늙다리: 늙은 짐승.
• 두껍닫이: 미닫이를 열 때, 문짝이 옆벽에 들어가 보이지 아니하도록 만든 것.
• 떡암죽(떡암粥): 말린 흰무리를 빻아 묽게 쑨 죽.
• 마른갈이: 마른논에 물을 넣지 않고 논을 가는 일.
• 메찰떡: 찹쌀과 멥쌀을 섞어서 만든 시루떡.
• 밥소라: 밥, 떡국, 국수 따위를 담는 큰 놋그릇. 뚜껑 없이 위가 조금 벌쭉하며 굽이 높다.
• 삯말: 삯을 주고 빌려 쓰는 말. 또는 삯을 받고 빌려주는 말.
• 솟을무늬: 피륙 따위에 조금 도드라지게 놓은 무늬.
• 움파: 겨울에 움 속에서 자란, 빛이 누런 파.
• 조당수: 좁쌀을 물에 불린 다음 갈아서 묽게 쑨 음식.
• 죽데기: 통나무의 표면에서 잘라 낸 널조각. 주로 땔감으로 쓴다.

기출 따라잡기

55. 다음 중 표준어로만 묶인 것은?
2015. 국회직 8급

① 쿵더쿵, 허우대, 선두리, 뚱뚱이
② 풀소, 적이, 생일빔, 고인돌
③ 맨숭맨숭, 뜨문뜨문, 깔보다, 틈틈히
④ 눈쌈, 발뒤꿈치, 행내기, 마방집
⑤ 깍쟁이, 구두주걱, 봉죽, 새치름하다

제22항

고유어 계열의 단어가 생명력을 잃고 그에 대응되는 한자어 계열의 단어가 널리 쓰이면, 한자어 계열의 단어를 표준어로 삼는다.

개다리소반	겸상	고봉밥	단벌	마방집
민망스럽다 / 면구스럽다		방고래	부항단지	산누에
산줄기	수삼	심돋우개	양파	어질병
윤달	장력세다	제석	총각무	칫솔
포수				

- 마방집(馬房집): 말을 두고 삯짐 싣는 일을 업으로 하는 집.
- 방고래(房고래): 방의 구들장 밑으로 나 있는, 불길과 연기가 통하여 나가는 길.
- 부항단지(附缸단지): 부항을 붙이는 데 쓰는 작은 단지.
- 산누에(山누에): 산누에나방과의 나방의 애벌레.
- 심돋우개(心돋우개): 등잔의 심지를 돋우는 쇠꼬챙이.
- 어질병(어질病): 머리가 어지럽고 혼미하여지는 병.
- 장력세다(壯力세다): 씩씩하고 굳세어 무서움을 타지 아니하다.

3. 방언

제23항

방언이던 단어가 표준어보다 더 널리 쓰이게 된 것은, 그것을 표준어로 삼는다. 이 경우, 원래의 표준어는 그대로 표준어로 남겨 두는 것을 원칙으로 한다.(ㄱ을 표준어로 삼고, ㄴ도 표준어로 남겨 둠.)

ㄱ	ㄴ
멍게	우렁쉥이
물방개	선두리
애순	어린순

- 애순(애筍): 나무나 풀의 새로 돋아나는 어린싹

제24항

방언이던 단어가 널리 쓰이게 됨에 따라 표준어이던 단어가 안 쓰이게 된 것은, 방언이던 단어를 표준어로 삼는다.

귀밑머리	까뭉개다	막상	빈대떡	생인손
역겹다	코주부			

- 귀밑머리: 이마 한가운데를 중심으로 좌우로 갈라 귀 뒤로 넘겨 땋은 머리.
- 생인손: 손가락 끝에 종기가 나서 곪는 병.
- 코주부: 코가 큰 사람을 놀림조로 이르는 말.

4. 단수 표준어

제25항

의미가 똑같은 형태가 몇 가지 있을 경우, 그중 어느 하나가 압도적으로 널리 쓰이면, 그 단어만을 표준어로 삼는다.

ㄱ	-게끔 광주리 까치발	겸사겸사 괴통 꼬창모	고구마 국물	고치다 군표	골목쟁이 길잡이
ㄴ	나룻배	납도리	농지거리		
ㄷ	다사스럽다 뒤져내다 떡보	다오 뒤통수치다 똑딱단추	담배꽁초 등나무	담배설대 등때기	대장일 등잔걸이
ㅁ	매만지다 밀짚모자	먼발치	며느리발톱	명주붙이	목메다
ㅂ	바가지 본받다 부항단지 뻣뻣하다	바람꼭지 부각 붉으락푸르락 뽐내다	반나절 부끄러워하다 비켜덩이	반두 부스러기 빙충이	버젓이 부지깽이 빠뜨리다
ㅅ	사로잠그다 선머슴 쇠고랑 식은땀	살풀이 섭섭하다 수도꼭지 신기롭다	상투쟁이 속말 숙성하다 쌍동밤	새앙손이 손목시계 순대 쏜살같이	샛별 손수레 술고래
ㅇ	아주 앉은뱅이저울 얕은꾀 입담	안걸이 알사탕 언뜻	안다미씌우다 암내 언제나	안쓰럽다 앞지르다 얼룩말	안절부절못하다 애벌레 열심히
ㅈ	자배기 짧은작	전봇대	쥐락펴락	-지만	짓고땡
ㅊ	찹쌀	청대콩	칡범		

- **괴통**: 괭이, 삽, 쇠스랑, 창 따위의 쇠 부분에 자루를 박두록 만든 통.
- **군표(軍票)**: 전지(戰地)나 점령지에서 군대에 필요한 물품을 구입할 때 사용하는 긴급 통화(通貨).
- **꼬창모**: 강모의 하나. 논에 물이 없어 흙이 굳었을 때에 꼬챙이로 구멍을 파고 심는다.
- **납도리**: 모가 나게 만든 도리.
- **다사스럽다(多事스럽다)**: 보기에 바쁜 데가 있다.
- **며느리발톱**: 새끼발톱 뒤에 덧달린 작은 발톱.
- **명주붙이(明紬붙이)**: 명주실로 짠 여러 가지 피륙.
- **바람꼭지**: 튜브의 바람 넣는 구멍에 붙은 꼭지.
- **반두**: 양쪽 끝에 가늘고 긴 막대로 손잡이를 만든 그물.

기출 | 따라잡기

56. 밑줄 친 어휘 중 표준어가 아닌 것은? 2016. 국가직 9급

① 그는 얼금얼금한 얼굴에 <u>콧망울</u>을 벌름거리면서 웃음을 터뜨렸다.
② 그 사람 <u>눈초리</u>가 아래로 축 처진 것이 순하게 생겼어.
③ 무슨 일인지 <u>귓밥</u>이 훅 달아오르면서 <u>목덜미</u>가 저린다.
④ 등산을 하고 났더니 <u>장딴지</u>가 땅긴다.

57. 복수 표준어로 인정된 단어들의 짝이 아닌 것은? 2024. 국회직 8급

① 굽신거리다 – 굽실거리다
② 꺼림직하다 – 꺼림칙하다
③ 남사스럽다 – 남우세스럽다
④ 두루뭉술하다 – 두리뭉실하다
⑤ 야무지다 – 야물딱지다

- 비켜덩이: 김을 맬 때 흙덩이를 옆으로 빼내는 일.
- 빙충이: 똘똘하지 못하고 어리석으며 수줍음을 잘 타는 사람.
- 사로잠그다: 자물쇠나 빗장 따위를 반쯤 걸어 놓다.
- 상투쟁이: 상투를 튼 사람을 낮잡아 이르는 말.
- 안다미씌우다: 자기의 책임을 남에게 지우다.
- 앉은뱅이저울: 바닥에 놓은 채 받침판 위에 물건을 올려놓고 위쪽에 있는 저울대에서 저울추로 무게를 다는 저울.
- 자배기: 둥글넓적하고 아가리가 넓게 벌어진 질그릇.

5. 복수 표준어

제26항

한 가지 의미를 나타내는 형태 몇 가지가 널리 쓰이며 표준어 규정에 맞으면, 그 모두를 표준어로 삼는다.

ㄱ	가는허리 / 잔허리	가락엿 / 가래엿	가뭄 / 가물
	가엾다 / 가엽다	감감무소식 / 감감소식	개수통 / 설거지통
	개숫물 / 설거지물	갱엿 / 검은엿	-거리다 / -대다
	거위배 / 횟배	것 / 해	
	게을러빠지다 / 게을러터지다	고깃간 / 푸줏간	곰곰 / 곰곰이
	관계없다 / 상관없다	교정보다 / 준보다	구들재 / 구재
	귀퉁머리 / 귀퉁배기	극성떨다 / 극성부리다	
	기세부리다 / 기세피우다	기승떨다 / 기승부리다	
	깃저고리 / 배내옷 / 배냇저고리	꼬까 / 때때 / 고까	
	꼬리별 / 살별	꽃도미 / 붉돔	
ㄴ	나귀 / 당나귀	날걸 / 세뿔	
	내리글씨 / 세로글씨	넝쿨 / 덩굴	녘 / 쪽
	눈대중 / 눈어림 / 눈짐작	느리광이 / 느림보 / 늘보	
	늦모 / 마냥모		
ㄷ	다기지다 / 다기차다	다달이 / 매달	-다마다 / -고말고
	다박나룻 / 다박수염	닭의장 / 닭장	댓돌 / 툇돌
	덧창 / 겉창	독장치다 / 독판치다	동자기둥 / 쪼구미
	돼지감자 / 뚱딴지	되우 / 된통 / 되게	
	두동무니 / 두동사니	뒷갈망 / 뒷감당	뒷말 / 뒷소리
	들락거리다 / 들랑거리다	들락날락 / 들랑날랑	딴전 / 딴청
	땅콩 / 호콩	땔감 / 땔거리	-뜨리다 / -트리다
	뜬것 / 뜬귀신		

기출 | 따라잡기

58. 다음 중 복수 표준어가 아닌 것은?

2016. 국회직 9급

① 어림잡다 – 어림재다
② 변덕스럽다 – 변덕맞다
③ 장가가다 – 장가들다
④ 흠가다 – 흠지다
⑤ 기세부리다 – 기세피우다

59. 다음 밑줄 친 단어 중 표준어인 것을 고르면?

2009. 법원직

① 지난여름에도 <u>가물</u>이 심하더니 올해도 비가 오지 않아 걱정이다.
② 갓 태어난 <u>숫평아리</u> 한 마리가 모이를 먹겠다고 애쓰는 모습이 너무 귀여웠다.
③ 100년은 족히 되어 보이는 빨간 벽돌담에는 <u>담쟁이덩쿨</u>이 무성하게 펴져있었다.
④ 사람은 <u>윗어른</u>을 어떻게 모시는지를 보면 그 사람의 됨됨이를 알 수 있다.

ㅁ	마룻줄 / 용총줄	마파람 / 앞바람	
	만장판 / 만장중(滿場中)	만큼 / 만치	말동무 / 말벗
	매갈이 / 매조미	매통 / 목매	먹새 / 먹음새
	멀찌감치 / 멀찌가니 / 멀찍이	멱통 / 산멱 / 산멱통	면치레 / 외면치레
	모내다 / 모심다	모쪼록 / 아무쪼록	목판되 / 모되
	목화씨 / 면화씨	무심결 / 무심중	
	물봉숭아 / 물봉선화	물부리 / 빨부리	물심부름 / 물시중
	물추리나무 / 물추리막대	물타작 / 진타작	
	민둥산 / 벌거숭이산	밑층 / 아래층	

ㅂ	바깥벽 / 밭벽	바른 / 오른[右]	
	발모가지 / 발목쟁이	버들강아지 / 버들개지	벌레 / 버러지
	변덕스럽다 / 변덕맞다	보조개 / 볼우물	
	보통내기 / 여간내기 / 예사내기	볼따구니 / 볼통이 / 볼때기	
	부침개질 / 부침질 / 지짐질	불똥앉다 / 등화지다 / 등화앉다	
	불사르다 / 사르다	비발 / 비용(費用)	뾰두라지 / 뾰루지

ㅅ	살쾡이 / 삵	삽살개 / 삽사리	상두꾼 / 상여꾼
	상씨름 / 소걸이	생 / 새앙 / 생강	
	생뿔 / 새앙뿔 / 생강뿔	생철 / 양철	서럽다 / 섧다
	서방질 / 화냥질	성글다 / 성기다	
	-(으)세요 / -(으)셔요	송이 / 송이버섯	수수깡 / 수숫대
	술안주 / 안주	-스레하다 / -스름하다	
	시늉말 / 흉내말	시새 / 세사(細沙)	신 / 신발
	신주보 / 독보(櫝褓)	심술꾸러기 / 심술쟁이	
	씁쓰레하다 / 씁쓰름하다		

ㅇ	아귀세다 / 아귀차다	아래위 / 위아래	
	아무튼 / 어떻든 / 어쨌든 / 하여튼 / 여하튼		앉음새 / 앉음앉음
	알은척 / 알은체	애갈이 / 애벌갈이	
	애꾸눈이 / 외눈박이	양념감 / 양념거리	
	어금버금하다 / 어금지금하다	어기여차 / 어여차	
	어림잡다 / 어림치다	어이없다 / 어처구니없다	어저께 / 어제
	언덕바지 / 언덕배기	얼렁뚱땅 / 엄벙땡	여왕벌 / 장수벌
	여쭈다 / 여쭙다	여태 / 입때	
	여태껏 / 이제껏 / 입때껏	역성들다 / 역성하다	연달다 / 잇달다
	엇가락 / 엇사래	엿기름 / 엿길금	엿반대기 / 엿자박
	오사리잡놈 / 오색잡놈	옥수수 / 강냉이	
	왕골기직 / 왕골자리	외겹실 / 외올실 / 홑실	
	외손잡이 / 한손잡이	욕심꾸러기 / 욕심쟁이	우레 / 천둥
	우지 / 울보	으르대다 / 으르메다	
	의심스럽다 / 의심쩍다	-이에요 / -이어요	
	이틀거리 / 당고금	일일이 / 하나하나	
	일찌감치 / 일찌거니	입찬말 / 입찬소리	

60. 밑줄 친 단어 중 표준어인 것은?

2012. 국가직 9급

① 살다 보면 별 <u>희안한</u> 일이 다 생기지요.

② 고향에서 온 편지를 뜯어본 그의 심정은 <u>착찹하기</u> 이를 데 없었다.

③ 이렇게 심하게 아픈 줄 알았더라면 <u>진즉</u> 병원에 가 볼 것을 그랬다.

④ 그가 그처럼 흉칙스러운 생각을 가지고 있었다는 게 믿어지지 않았다.

61. 다음은 같은 의미를 지닌 단어들을 묶은 것이다. 이들 가운데 표준어가 아닌 예가 들어 있는 것은?

2014. 서울시 9급

① 눈대중 – 눈어림 – 눈짐작

② 보통내기 – 여간내기 – 예사내기

③ 멀찌감치 – 멀찌가니 – 멀찍이

④ 넝쿨 – 덩굴 – 덩쿨

⑤ 되우 – 된통 – 되게

62. 밑줄 친 단어 중 맞춤법에 어긋난 것은?
2017. 기상직 9급

① <u>까짓것</u>, 오늘 못하면 내일 하지 뭐.

② 그런 <u>같잖은</u> 일로 입씨름할 필요는 없다.

③ 형편이 <u>엥간하면</u> 나도 돕고 싶네만, 그럴 수 없어 미안하네.

④ 아침부터 하늘이 <u>끄물끄물</u>하더니 마침내 비를 퍼붓기 시작했다.

ㅈ	자리옷 / 잠옷 장가가다 / 장가들다 제가끔 / 제각기 중신 / 중매	자물쇠 / 자물통 재롱떨다 / 재롱부리다 좀처럼 / 좀체 짚단 / 짚뭇	 줄꾼 / 줄잡이 쪽 / 편
ㅊ	차차 / 차츰 천연덕스럽다 / 천연스럽다 추어올리다 / 추어주다	책씻이 / 책거리 철따구니 / 철딱서니 / 철딱지 축가다 / 축나다	척 / 체 침놓다 / 침주다
ㅌ	통꼭지 / 통젖	파자쟁이 / 해자쟁이	
ㅍ	편지투 / 편지틀		
ㅎ	한턱내다 / 한턱하다 혼자되다 / 홀로되다	해웃값 / 해웃돈 흠가다 / 흠나다 / 흠지다	

- 거위배: 회충으로 인한 배앓이.
- 구들재: 방고래에 앉은 그을음과 재.
- 귀퉁머리: '귀퉁이'를 낮잡아 이르는 말.
- 기세부리다(氣勢부리다): 남에게 영향을 끼칠 기운이나 태도를 드러내 보이다.
- 날걸: 윷판에서 날밭의 세 번째 자리.
- 다기지다(多氣지다): 마음이 굳고 야무지다.
- 다박나룻: 다보록하게 난 짧은 수염.
- 댓돌(臺돌): 집채의 낙숫물이 떨어지는 곳 안쪽으로 돌려 가며 놓은 돌.
- 독장치다(獨場치다): 어떠한 판을 혼자서 휩쓸다.
- 동자기둥(童子기둥): 들보 위에 세우는 짧은 기둥.
- 두동무니: 윷놀이에서, 두 동이 한데 포개어져 가는 말.
- 뒷갈망: 일의 뒤끝을 맡아서 처리함.
- 마룻줄: 돛대에 매어 놓은 줄. 돛을 올리거나 내리는 데 쓴다.
- 만장판(滿場판): 많은 사람이 모인 곳. 또는 그 많은 사람.
- 매갈이: 벼를 매통에 갈아서 왕겨만 벗기고 속겨는 벗기지 아니한 쌀을 만드는 일.
- 먹새: 음식을 먹는 태도.
- 멱통: 살아 있는 동물의 목구멍.
- 면치레(面치레): 체면이 서도록 일부러 어떤 행동을 함.
- 성글다: 물건의 사이가 뜨다.
- 신주보(神主褓): 예전에, 신주를 모셔 두는 나무 궤를 덮던 보.
- 아귀세다: 마음이 굳세어 남에게 잘 꺾이지 아니하다.
- 어금버금하다: 서로 엇비슷하여 정도나 수준에 큰 차이가 없다.
- 역성들다: 누가 옳고 그른지는 상관하지 아니하고 무조건 한쪽 편만 들다.
- 엿반대기: 둥글넓적하게 반대기처럼 만든 엿.
- 입찬말: 자기의 지위나 능력을 믿고 지나치게 장담하는 말.
- 추어올리다: 옷이나 물건, 신체 일부 따위를 위로 가뜬하게 올리다.
- 해웃값: 기생, 창기 따위와 관계를 가지고 그 대가로 주는 돈.

제3절 표준 발음법

제1장 총칙

제1항

표준 발음법은 표준어의 실제 발음을 따르되, 국어의 전통성과 합리성을 고려하여 정함을 원칙으로 한다.

제2장 자음과 모음

제2항

표준어의 자음은 다음 19개로 한다.

ㄱ ㄲ ㄴ ㄷ ㄸ ㄹ ㅁ ㅂ ㅃ ㅅ ㅆ ㅇ ㅈ ㅉ ㅊ ㅋ ㅌ ㅍ ㅎ

제3항

표준어의 모음은 다음 21개로 한다.

ㅏ ㅐ ㅑ ㅒ ㅓ ㅔ ㅕ ㅖ ㅗ ㅘ ㅙ ㅚ ㅛ ㅜ ㅝ ㅞ ㅟ ㅠ ㅡ ㅢ ㅣ

제4항

'ㅏ ㅐ ㅓ ㅔ ㅗ ㅚ ㅜ ㅟ ㅡ ㅣ'는 단모음(單母音)으로 발음한다.

[붙임] 'ㅚ, ㅟ'는 이중 모음으로 발음할 수 있다.

제5항

'ㅑ ㅒ ㅕ ㅖ ㅘ ㅙ ㅛ ㅝ ㅞ ㅠ ㅢ'는 이중 모음으로 발음한다.

다만 1. 용언의 활용형에 나타나는 '져, 쪄, 쳐'는 [저, 쩌, 처]로 발음한다.

가지어 → 가져 [가저]	찌어 → 쪄 [쩌]	다치어 → 다쳐 [다처]

기출 | 따라잡기

63. 다음 중 ( ) 안에 들어갈 단어로 적절한 것은? 2010. 서울시 9급

> 제1항
> 표준 발음법은 표준어의 실제 발음을 따르되, 국어의 ( )과 합리성을 고려하여 정함을 원칙으로 한다.

① 적응성   ② 명확성
③ 응용성   ④ 현장성
⑤ 전통성

➕ 플러스 'ㅎ'의 지위

'ㅎ'은 학자에 따라 격음으로 보기도 하고 평음으로 보기도 한다. 'ㅎ'이 평음인 'ㄱ, ㄷ, ㅂ, ㅈ'과 인접할 경우 두 자음이 합쳐져서 격음인 'ㅋ, ㅌ, ㅍ, ㅊ'으로 축약되는데, 이러한 변동을 설명하는 데에는 'ㅎ'을 격음으로 분류하는 것이 유리하다. 'ㅎ'이 격음이기 때문에 축약된 소리가 격음이 되었다고 설명할 수 있기 때문이다. 반면 'ㅎ'은 음성적으로 유기성이 미약하여 다른 격음과 달리 쉽게 탈락하기도 한다. '좋은'이 [조:은]으로 발음되고, '낳아'가 [나아]로 발음되는 것이 그 예이다. 이러한 음성적 특성을 근거로 'ㅎ'을 평음으로 설명하기도 한다. 여기서는 'ㅎ'이 다른 자음과 달리 격음이나 평음으로 명확히 구분하기 어렵다는 현실에 근거하여 분류하지 않고 제시하였다.

기출 | 따라잡기

64. '민주주의의 의의'를 '표준 발음법'에 따라 발음하지 않은 것은?

2011. 국가직 9급

① [민주주의에 으:이]
② [민주주의의 의:의]
③ [민주주이에 의:의]
④ [민주주이에 의:이]

65. 밑줄 친 표현의 발음이 표준 발음법에 어긋난 것은? 2007. 국가직 9급

① 닝큼[닝큼] 일어나지 못하겠느냐?
② 불법을[불버블] 조장한다는 의견도 있었습니다.
③ 열 살 때까지 글을 읽지도[익찌도] 못했다고 해요.
④ 이 대학은 최근[췌:근] 외국인 학생이 부쩍 늘었어요.

다만 2. '예, 례' 이외의 'ㅖ'는 [ㅔ]로도 발음한다.

계집 [계:집 / 게:집]	계시다 [계:시다 / 게:시다]
시계 [시계 / 시게](時計)	연계 [연계 / 연게](連繫)
몌별 [몌별 / 메별](袂別)	개폐 [개폐 / 개페](開閉)
혜택 [혜:택 / 헤:택](惠澤)	지혜 [지혜 / 지헤](智慧)

다만 3. 자음을 첫소리로 가지고 있는 음절의 'ㅢ'는 [ㅣ]로 발음한다.

늴리리	닁큼	무늬	띄어쓰기	씌어
틔어	희어	희떱다	희망	유희

다만 4. 단어의 첫음절 이외의 '의'는 [ㅣ]로, 조사 '의'는 [ㅔ]로 발음함도 허용한다.

주의 [주의 / 주이]	협의 [혀븨 / 혀비]
우리의 [우리의 / 우리에]	강의의 [강:의의 / 강:이에]

제4장 받침의 발음

제8항

받침소리로는 'ㄱ, ㄴ, ㄷ, ㄹ, ㅁ, ㅂ, ㅇ'의 7개 자음만 발음한다.

제9항

받침 'ㄲ, ㅋ', 'ㅅ, ㅆ, ㅈ, ㅊ, ㅌ', 'ㅍ'은 어말 또는 자음 앞에서 각각 대표음 [ㄱ, ㄷ, ㅂ]으로 발음한다.

닦다 [닥따]	키읔[키윽]	키읔과 [키윽꽈]	옷 [옫]
웃다 [욷 : 따]	있다 [읻따]	젖 [젇]	빚다 [빋따]
꽃 [꼳]	쫓다 [쫃따]	솥 [솓]	뱉다 [밷 : 따]
앞 [압]	덮다 [덥따]		

겹받침 발음

(1) 한국어, 우리말은 총 11개의 겹자음(ㄳ, ㄵ, ㄼ, ㄽ, ㄾ, ㅄ, ㄺ, ㄻ, ㄿ, ㅀ, ㄶ)을 받침으로 쓸 수 있다.

몫 [목] 몫몫 [몽목]	例 자기 몫을 챙기다. 각각의 몫. 몫몫이 [몽목씨], 몫몫만 [몽몽만] 例 음식을 몫몫으로 나누었다.
앉다 [안따]	例 의자에 앉다.
넓다 [널따]	넓어, 넓으니, 넓고 [널꼬], 넓지 [널찌]
옭 [올]	일을 잘못한 것에 대한 갚음. 例 그는 공부를 게을리한 옭으로 시험에 떨어졌다.
핥다 [할따]	핥아, 핥으니, 핥고 [할꼬], 핥는 [할른], 핥지 [할찌]
없다 [업ː따]	없어 [업ː써], 없으니 [업ː쓰니], 없고 [업ː꼬], 없는 [엄ː는], 없지 [업ː찌]
읽다 [익따]	읽어, 읽으니, 읽고 [일꼬], 읽는 [잉는], 읽지 [익찌]
삶 [삼ː]	살다 – 삶이 [살ː미], 삶만 [삼ː만] / 알다 – 앎 [암ː]
읊다 [읍따]	읊어, 읊으니, 읊고 [읍꼬], 읊는 [음는], 읊지 [읍찌]
않다 [안타]	않아 [아나], 않으니 [아느니], 않는 [안는], 않소 [안쏘] 例 그는 말을 않고 떠났다.
앓다 [알타]	앓아 [아라], 앓으니 [아르니], 앓는 [알른], 앓소 [알쏘] 例 감기를 앓다. 속을 앓다.

(2) 받침이 발음되는 소리는 'ㄱ, ㄴ, ㄷ, ㄹ, ㅁ, ㅂ, ㅇ'의 7개 자음만 발음할 수 있다.

(3) 겹받침의 발음법 원칙

① 앞에 있는 자음으로 발음되는 경우

겹받침 'ㄳ', 'ㄵ', 'ㄼ, ㄽ, ㄾ', 'ㅄ'은 각각 [ㄱ, ㄴ, ㄹ, ㅂ]으로 발음한다. 두 개의 자음으로 된 겹받침 가운데, 'ㄳ'은 [ㄱ]으로, 'ㄵ'은 [ㄴ]으로 발음되고, 'ㄼ, ㄽ, ㄾ'은 [ㄹ]로 발음되며, 'ㅄ'은 [ㅂ]으로 발음된다. 겹받침에서 첫째받침으로 발음하고, 둘째 받침이 탈락하는 경우이다.

ㄳ → [ㄱ]	넋 [넉], 넋과 [넉꽈], 몫 [목], 몫도 [목또], 몫까지 [목까지]
ㄵ → [ㄴ]	앉다 [안따], 얹다 [언따], 얹지 [언찌], 얹고 [언꼬]
ㄼ, ㄽ, ㄾ → [ㄹ]	• 여덟 [여덜], 넓다 [널따], 얇다 [얄ː따], 얇지 [얄ː찌], 얇고 [얄ː꼬] • 외곬 [외골] • 핥다 [할따], 훑다 [훌따], 훑지 [훌찌], 훑고 [훌꼬]
ㅄ → [ㅂ]	값 [갑], 없다 [업ː따]

기출 | 따라잡기

66. 단어의 발음이 옳은 것은?
2021. 소방직

① 굵다[굴따] ② 넓다[넙따]
③ 맑다[막따] ④ 얇다[얍따]

67. 밑줄 친 ㉠을 고려할 때 표준 발음으로 옳지 않은 것은?
2017. 사회복지직 9급

「표준어 규정」 제2부 표준 발음법
제12항 받침 'ㅎ'의 발음은 다음과 같다.
4. ㉠'ㅎ(ㄶ, ㅀ)' 뒤에 모음으로 시작된 어미나 접미사가 결합되는 경우에는, 'ㅎ'을 발음하지 않는다. 예) 낳은[나은], 쌓이다[싸이다], 많아[마ː나], 싫어도[시러도] ……

① 바지가 다 닳아서[다라서] 못 입게 되었다.
② 저녁 반찬으로 찌개를 끓이고[끄리고] 있다.
③ 가지고 온 책은 책상 위에 놓아[노아] 두렴.
④ 기회를 놓치지 않은[안는] 사람이 결국에는 성공하더라.

PART 02 언어 규범 편

68. 밑줄 친 부분이 표준 발음법에 맞는 것은? 2013. 국가직 9급

① 이 책을 좀 읽게[익께].

② 이 밭을[바츨] 다 갈아야 돼.

③ 협의[혀비]할 사항이 아직도 남아 있습니까?

④ 하늘은 맑지만[말찌만] 내 마음은 안 그래요.

69. 표기와 발음이 맞는 것을 고르시오. 2007. 인천시

┌─────────────────────┐
│ ㉠ 맑다[말따]   │
│ ㉡ 맑게[말께]   │
│ ㉢ 값을[가블]   │
│ ㉣ 넓다[널따]   │
│ ㉤ 밟다[발따]   │
│ ㉥ 맛있대[마싣따]   │
│ ㉦ 흙만[흘만]   │
│ ㉧ 젖먹이[점머기]   │
└─────────────────────┘

① ㉠, ㉡, ㉥

② ㉠, ㉢, ㉤

③ ㉡, ㉣, ㉥

④ ㉡, ㉣, ㉦, ㉧

⑤ ㉠, ㉣, ㉥, ㉧

② 뒤에 있는 자음으로 발음되는 경우

겹받침 'ㄺ, ㄻ, ㄿ'은 어말 또는 자음 앞에서 각각 [ㄱ, ㅁ, ㅂ]으로 발음한다. 겹받침 'ㄺ, ㄻ, ㄿ'이 'ㄹ'을 탈락시키고 각각 **[ㄱ, ㅁ, ㅂ]**으로 발음함을 규정한 것이다. 겹받침에서 첫째 받침인 'ㄹ'이 탈락하고, 둘째받침으로 발음되는 경우다.

ㄺ → [ㄱ]	닭[닥], 흙과[흑꽈], 맑다[막따], 늙지[늑찌], 칡[칙], 칡도[칙또], 칡까지[칙까지]
ㄻ → [ㅁ]	삶[삼ː], 젊다[점ː따], 앎[암ː], 앎도[암ː도], 앎과[암ː과], 닮다[담ː따], 닮지[담ː찌], 닮고[담ː꼬]
ㄿ → [ㅂ]	읊고[읍꼬], 읊다[읍따], 읊다[읍따], 읊지[읍찌], 읊고[읍꼬]

(4) 겹받침의 발음법 예외

① ㄼ

받침 'ㄼ'은 일반적으로 앞에 있는 자음으로 발음되는 경우이다. 예를 들자면 '여덟[여덜], 엷고[열ː꼬]'와 같이 [ㄹ]로 발음하는데, 다만 '**밟**'과 '**넓**'의 경우는 다르다.

'**밟-**'은 자음 앞에서 [밥]으로 발음하고, '**넓-**'은 다음과 같은 경우에 [넙]으로 발음한다.

밟-[밥-]	밟다[밥ː따], 밟소[밥ː쏘], 밟지[밥ː찌], 밟는[밥ː는 → 밤ː는], 밟게[밥ː께], 밟고[밥ː꼬], 밟는[밤ː는]
넓-[넙-]	넓죽하다[넙쭈카다], 넓둥글다[넙뚱글다]

➕ **플러스** 한글 맞춤법 21항-(1)

겹받침 표기를 하지 않는 경우(겹받침의 끝소리가 드러나지 아니하는 것).

할짝거리다[할짝꺼리다], 널따랗다[널따라타], 널찍하다[널찌카다], 말끔하다[말끔하다], 말쑥하다[말쑤카다], 말짱하다[말짱하다], 실쭉하다[실쭈카다], 실큼하다[실큼하다], 얄따랗다[얄따라타], 얄팍하다[얄파카다], 짤따랗다[짤따라타], 짤막하다[짤마카다], 실컷[실컫]

② ㄺ

받침 'ㄺ'은 일반적으로 뒤에 있는 자음으로 발음되는 경우이다. 체언의 경우 뒤에 있는 자음([ㄱ])으로 발음된다. 용언(동사, 형용사)의 경우 뒤에 오는 자음의 종류에 따라 발음이 달라진다.

㉠ 'ㄺ' 뒤에 'ㄷ, ㅈ, ㅅ'이 오면 [ㄱ]으로 발음한다.

ㄺ + ㄷ, ㅈ, ㅅ → [ㄱ]	• 맑다[막따], 맑지[막찌], 맑습니다[막씀니다] • 늙다[늑따], 늙지[늑찌], 늙습니다[늑씀니다]

㉡ 'ㄺ' 뒤에 'ㄱ'이 오면 겹받침 ㄺ의 'ㄱ'은 탈락하고 [ㄹ]로 발음한다.

ㄺ + ㄱ → [ㄹ]	• 맑게[말께], 맑고[말꼬], 맑거나[말꺼나] • 늙게[늘께], 늙고[늘꼬], 늙거나[늘꺼나]

ⓒ 파생어들인 '갉작갉작하다, 갉작거리다, 굵다랗다, 굵직하다, 긁적거리다, 늙수그레하다, 늙정이, 얽죽얽죽하다' 등의 경우에도 'ㄱ' 앞이 아니므로 역시 [ㄱ]으로 발음한다.

• 갉작갉작 [각짝깍짝], 갉작갉작하다 [각짝깍짜카다], 갉작거리다 [각짝꺼리다]
• 굵다랗다 [국:따라타], 굵직하다 [국찌카다]
• 긁적긁적 [극쩍끅쩍], 긁적긁적하다 [극쩍끅쩌카다], 긁적거리다 [극쩍꺼리다], 긁적대다 [극쩍때다], 긁적이다 [극쩌기다]
• 늙수그레하다 [늑쑤그레하다], 늙정이 [늑쩡이]
• 얽죽얽죽 [억쭈걱쭉], 얽죽얽죽하다 [억쭈걱쭈카다]

제7장 음의 첨가

제29항

합성어 및 파생어에서, 앞 단어나 접두사의 끝이 자음이고 뒤 단어나 접미사의 첫음절이 '이, 야, 여, 요, 유'인 경우에는, 'ㄴ' 음을 첨가하여 [니, 냐, 녀, 뇨, 뉴]로 발음한다.

솜-이불 [솜:니불]	홑-이불 [혼니불]	막-일 [망닐]
삯-일 [상닐]	맨-입 [맨닙]	꽃-잎 [꼰닙]
내복-약 [내:봉냑]	한-여름 [한녀름]	남존-여비 [남존녀비]
신-여성 [신녀성]	색-연필 [생년필]	직행-열차 [지캥녈차]
늑막-염 [능망념]	콩-엿 [콩녇]	담-요 [담:뇨]
눈-요기 [눈뇨기]	영업-용 [영엄뇽]	식용-유 [시굥뉴]
백분-율 [백뿐뉼]	밤-윷 [밤:뉻]	

다만, 다음과 같은 말들은 'ㄴ' 음을 첨가하여 발음하되, 표기대로 발음할 수 있다.

이죽-이죽 [이중니죽 / 이주기죽]	야금-야금 [야금냐금 / 야그먀금]
검열 [검:녈 / 거:멸]	욜랑-욜랑 [욜랑뇰랑 / 욜랑욜랑]
금융 [금늉 / 그뮹]	

[붙임 1] 'ㄹ' 받침 뒤에 첨가되는 'ㄴ' 음은 [ㄹ]로 발음한다.

들-일 [들:릴]	솔-잎 [솔립]	설-익다 [설릭따]
물-약 [물략]	불-여우 [불려우]	서울-역 [서울력]
물-엿 [물렫]	휘발-유 [휘발류]	유들-유들 [유들류들]

➕ 플러스 'ㅎ'의 발음 변화

'닿소[다:쏘]와 같이 'ㅎ(ㄶ, ㅀ)' 뒤에 'ㅅ'이 결합할 때 'ㅎ'과 'ㅅ'이 [ㅆ]으로 실현되는 것을 설명하는 방식에는 두 가지가 있다. 하나는 앞서 보인 대로, 'ㅎ'과 'ㅅ'이 곧바로 축약되어 [ㅆ]이 되었다는 것이다. 다른 하나는 'ㅎ'이 먼저 대표음 'ㄷ'으로 바뀌고(ㅎㅅ → ㄷㅅ) 'ㄷ' 뒤에서 'ㅅ'이 경음으로 바뀐 후(ㄷㅅ → ㄷㅆ) 'ㅆ' 앞에서 'ㄷ'이 탈락했다고 보는 것이다. 이러한 설명은 비록 여러 단계를 거쳐야 하지만 실제로 각 단계를 현실 발음에서 모두 확인할 수 있다는 점에서 큰 부담은 되지 않는다. 단 표준 발음법에서는 '젖살[젇쌀]'과 같이 'ㅆ' 앞의 'ㄷ'을 온전히 발음하도록 규정하고 있다는 사실과 충돌이 일어난다는 점이 문제이다.

기출 따라잡기

70. 밑줄 친 부분의 발음 중 표준 발음법에 맞지 않는 것은?

2010. 국가직 7급

① 그는 작년에 늑막염[능마겸]을 앓았다.
② 신병들은 3연대[삼년대]에 배속되었다.
③ 그녀의 나이는 서른여섯[서른녀섣]이다.
④ 우리는 서울역[서울력]에서 만났다.

71. 밑줄 친 부분의 발음이 옳은 것은?

2015. 교육행정직 7급

① 그 집은 의외로 주방이 넓습니다 [널습니다].
② 여름이 시작되자 마을 사람들 사이에 결막염이[결망너미] 유행하였다.
③ 젊은이들은 입대하는 동료를 위해 송별연을[송별려늘] 벌이던 참이었다.
④ 우리는 옆집과 협력하여[혐려카여] 모내기를 제때에 무사히 마쳤다.

[붙임 2] 두 단어를 이어서 한 마디로 발음하는 경우에도 이에 준한다.

한 일 [한닐]	옷 입다 [온닙따]	서른여섯 [서른녀섣]
3 연대 [삼년대]	먹은 엿 [머근녇]	할 일 [할릴]
잘 입다 [잘립따]	스물여섯 [스물려섣]	1 연대 [일련대]
먹을 엿 [머글렫]		

다만, 다음과 같은 단어에서는 'ㄴ(ㄹ)' 음을 첨가하여 발음하지 않는다.

6·25 [유기오]	3·1절 [사밀쩔]	송별-연 [송 : 벼련]
등-용문 [등용문]		

제30항

사이시옷이 붙은 단어는 다음과 같이 발음한다.

1. 'ㄱ, ㄷ, ㅂ, ㅅ, ㅈ'으로 시작하는 단어 앞에 사이시옷이 올 때는 이들 자음만을 된소리로 발음하는 것을 원칙으로 하되, 사이시옷을 [ㄷ]으로 발음하는 것도 허용한다.

냇가 [내:까 / 낻:까]	샛길 [새:낄 / 샏:낄]
빨랫돌 [빨래똘 / 빨랟똘]	콧등 [코뜽 / 콛뜽]
깃발 [기빨 / 긷빨]	대팻밥 [대:패빱 / 대:팯빱]
햇살 [해쌀 / 핻쌀]	뱃속 [배쏙 / 밷쏙]
뱃전 [배쩐 / 밷쩐]	고갯짓 [고개찓 / 고갣찓]

2. 사이시옷 뒤에 'ㄴ, ㅁ'이 결합되는 경우에는 [ㄴ]으로 발음한다.

콧날 [콛날 → 콘날]	아랫니 [아랟니 → 아랜니]
툇마루 [퇻:마루 → 퇸:마루]	뱃머리 [밷머리 → 밴머리]

3. 사이시옷 뒤에 '이' 음이 결합되는 경우에는 [ㄴㄴ]으로 발음한다.

베갯잇 [베갣닏 → 베갠닏]	깻잎 [깯닙 → 깬닙]
나뭇잎 [나묻닙 → 나문닙]	도리깻열 [도리깯녈 → 도리깬녈]
뒷윷 [뒫:늇 → 뒨:늇]	

➕ 플러스 'ㄴ' 첨가 현상 보충 설명

'베갯잇'과 같이 표면상 두 개의 'ㄴ'이 첨가되는 것에 대해 사이시옷이 먼저 첨가된 후 'ㄴ'이 첨가된다고 설명하는데, 이에 대해서는 반론도 있다. 사이시옷이 첨가되기 위해서는 뒤에 오는 말이 경음으로 바뀔 수 있는 평음으로 시작하거나, 비음으로 시작해야 한다. 그런데 'ㄴㄴ'이 첨가 되는 예들은 뒷말이 '이'나 반모음 'ㅣ[j]'로 시작하므로 이러한 조건을 충족하지 못한다. 그럴 경우 사이시옷이 첨가될 수 없으며 사이시옷이 첨가되지 못하면 'ㄴ'도 첨가될 수 없다.
'ㄴㄴ'이 첨가되는 예들 중 '깻잎, 나뭇잎'은 '잎'이 예전에 '닢'이었으므로 실제로는 2의 'ㄴ' 첨가와 별반 다를 바가 없다. 즉 역사적으로 '깻닢, 나뭇닢'에서 '[깬닙], [나문닙]'으로 변한 것이다. 그러나 '잎'이 결합되지 않은 '베갯잇, 도리깻열, 뒷윷' 등에서는 어떤 과정으로 'ㄴㄴ'이 첨가되었는지를 명확히 알기는 어렵다.

어법
(올바른 문장 표현)

기출 따라잡기

72. 다음 중 밑줄 친 낱말의 쓰임이 정확한 것은? 2004. 국가직 7급

① 바쁜 직장 생활을 하면서도 10년간 단 하루도 거르지 않고 어머니를 찾아뵈었다는 것은 그가 효성스럽다는 것을 반증(反證)한다.

② 큰물이 온 마을을 덮치는 와중(渦中)에서도 박 계장은 침착하게 이웃들을 보살폈다.

③ 쌀 한 포대라도 더 사서 농민의 애환(哀歡)을 위로하자.

④ 그가 고생 끝에 성공한 사례를 타산지석(他山之石)으로 삼아 우리도 열심히 노력하자.

73. 밑줄 친 어휘의 사용이 바른 문장은? 2013. 국가직 7급

① 우리 농구 팀은 실력의 월등한 열세를 극복하지 못하고 상대 팀에 지고 말았다.

② 그의 성공은 불우한 가정환경에 굴하지 않고 성실히 노력한 탓이다.

③ 입사 시험 준비를 하느라 잠을 못 자서인지 체중이 많이 줄었다.

④ 우리 방범대원들은 주민의 안전을 보호하기 위해 애쓰고 있습니다.

---

1 단어의 올바른 선택

① 홀몸도 아닌데 장시간의 여행은 무리다.

② 내일은 전국적으로 눈이 많이 내리는 강추위가 예상된다.

③ 집집마다 쓰레기를 분리수거(分離收去)한다.

④ 광복회 회장을 역임한 ○○○ 씨는 보도 자료를 통해 다음과 같이 말했다.

⑤ 조 씨로부터 부모를 찾아 달라는 요청을 받은 경찰의 주선으로 어머니 김 씨와 26년 만에 해후하게 됐다.

---

① '홀몸'은 '배우자나 형제가 없는 사람'을 지칭한다. 따라서 '사고로 아내를 잃고 홀몸이 되었다.', '어려서 부모를 잃고 홀몸으로 살아왔다.'의 형식으로 쓸 수 있다. 위 예문에서는 임신한 사람을 지칭하는 것이므로, '홑몸'이라고 해야 한다. '홑몸'은 '아이를 배지 아니한 몸'을 뜻한다.

② '강추위'는 두 가지 뜻이 있다.
 (1) 강추위01: 눈도 오지 않고 바람도 불지 않으면서 몹시 매운 추위.
 (2) 강추위02(强-): 눈이 오고 매운바람이 부는 심한 추위.
 사전의 뜻을 통해 문장을 작성한다면 눈이 내리는 상황과는 관계없이 '강추위'를 사용할 수 있다. ②에서 '눈이 많이 내리는 강추위'라는 말은 '눈이 많이 내리는'이 '강추위'를 수식하고 있으므로 어법상 올바르지 않다. '강추위'는 눈이 많이 내리는 특성을 지니지 않기 때문이다. '내일은 폭설을 동반한 강추위가 예상됩니다.'로 고치는 것이 적절하다.

③ '분리'란 '서로 나누어 떨어지게 함'의 뜻이므로 '종류에 따라서 가름'을 뜻하는 '분류'란 말이 적절하고, '수거하다'는 '거두어 가다'의 뜻이므로 '배출한다'로 고친다. '분리수거'라는 말이 있지만 주어 '집집마다'가 분리수거를 할 수 없다.

④ '역임(歷任)하다'는 '여러 직위를 두루 거쳐 지내다'의 뜻이므로, '맡았던', '지낸'을 쓰면 된다.

⑤ '해후(邂逅)'는 '오랫동안 헤어졌다가 우연히 다시 만남'을 이르는 말이므로 '만나게', '상봉하게'를 쓰면 된다.

2 구별하여 쓸 말의 올바른 사용

① 그는 전문 인력을 활용하여 기술지도 및 자문 역할을 수행하였다.
② 그는 내키지 않는 일은 반드시 하지 않는다.
③ 이 생선은 가시를 골라내기가 쉽지 않다.
④ 같은 형제이면서도 그 형과 동생의 성격이 틀려도 많이 틀리다.
⑤ 철수의 덩치는 굉장히 작다. 그러나 힘은 어른 못지않다.

① '자문(諮問)'은 '비전문가가 그 방면의 전문가에게나 전문가들로 구성된 기구에 묻는다.'는 뜻의 말이므로, '자문하다'라는 말은 있어도 '자문을 구하다'라는 말은 없다.
② '반드시'는 긍정문에만 쓰이고 '절대로'는 '어떤 경우에도'라는 뜻으로 부정어에 쓰인다.
③ 생선의 가시는 '발라내기'로 쓰는 것이 적합하다.
④ 이 문장에서는 '이질적이다'의 의미이므로 '같다'의 상대어인 '다르다'가 적합하다.
⑤ '굉장히(宏壯-)'는 '아주 크고 훌륭하게'를 의미할 때 쓰는 부사이다. 따라서 '작다'와 함께 쓰이는 것은 적절하지 않다. '집이 굉장히 좋다.', '산이 굉장히 높다.' 등으로 쓰이는 것이 적절하다. 예문의 상황에서는 '아주 작다.'가 적절하다.

3 조사의 올바른 사용

① 회원 각자의 현재의 자기 상황에 최선을 다하는 것은 매우 중요한 일이다.
② 그도 인간이기에 감정이 이끌렸지만, 이성적으로 행동해야 했다.
③ 우리 정부는 이 문제를 일본에게 강력히 항의하였다.
④ 이제 이천 년대의 식량 문제를 대처할 방안을 생각하자.
⑤ 이제는 아시아에 손꼽히는 IT강대국이 되었다.
⑥ 나는 수험생으로써의 본분을 다할 것이다.
⑦ 나는 그의 말이 옳다라고 생각한다.
⑧ 원시 시대부터 인간은 끊임없는 발전을 거듭해 온 것은 우리가 인정해야 하는 사실이다.
⑨ 한국대학은 중국대학에 4 : 3으로 이겼습니다.
⑩ 한국인치고 아리랑을 모르는 사람은 있다.

① '회원 각자의'를 '회원 각자가'로 바꾸어야 한다.
② '이끌리다'는 '감정에'와 호응한다.
③ '에게'는 유정 명사에 쓰이고, '에'는 무정 명사에 사용되는 조사이므로, '일본에'로 고쳐야 한다.
④ '식량 문제를'은 '식량 문제에'로 고쳐야 옳다.
⑤ '아시아에'는 '아시아에서'가 되어야 한다.
⑥ '으로써'는 '~을 가지고'라는 수단·도구의 의미이므로 자격을 나타내는 조사를 사용하여 '학생으로서의'로 바꾸어야 한다.

기출 따라잡기

74. 어법에 맞는 문장만을 〈보기〉에서 모두 고르면? 2024. 국회직 8급

보기

ㄱ. 최근 주식이 하락세로 치닫고 있습니다.
ㄴ. 언제까지 네 뒤치다꺼리를 해야 하니?
ㄷ. 비행기 안에서 담배를 필 수 없습니다.
ㄹ. 청소년에게 걸맞는 스토리가 필요합니다.
ㅁ. 이 꽃에게 물을 너무 많이 주지 마세요.

① ㄴ
② ㄱ, ㄴ
③ ㄴ, ㄷ
④ ㄹ, ㅁ
⑤ ㄷ, ㄹ, ㅁ

⑦ 직접 인용에 쓰이는 조사는 '-라고', '-하고', '-라는'이고, 간접 인용에 쓰이는 조사는 '-고', '-는' 등이므로 '옳다고'로 고쳐 써야 한다.

⑧ '인간은'을 '인간이'로 고쳐 써야 한다.

⑨ '이기다'는 타동사이므로 목적어를 필요로 하기 때문에 '중국대학을'로 고쳐야 한다.

⑩ '치고'는 체언에 붙어 '그 전체가 예외 없이 모두' 등의 뜻을 나타내는 조사로 부정어와 호응하기 때문에 '한국인치고 아리랑을 모르는 사람은 없다'로 고쳐야 한다.

4 어미의 올바른 사용

① 선생님, 부디 건강하세요.
② 다음 중 알맞는 답을 고르시오.
③ 어디를 가던지 자기 하기 나름이다.
④ 개똥도 약에 쓸려면 없다.
⑤ 해 저물 녘이면 설레이는 이 마음은 으례 고향 하늘을 날으고 있다.

① '건강하다'는 형용사이므로 명령형과 청유형이 불가능하다. 동사로 끝나는 문장을 만들어, "부디 건강하시기 바랍니다."가 되어야 한다.

② '알맞다'는 형용사이기 때문에 '알맞은'으로 고쳐야 한다.

③ '-던지'는 회상적인 표현에, '-든지'는 양보성 표현에 쓰인다.

④ '-려면'은 '이다'의 어간, 받침 없는 용언의 어간, 'ㄹ' 받침인 용언의 어간 또는 어미 '-으시-' 뒤에 붙는다. 위 예문에서는 기본형 '쓰다'에 '-려면'이 붙는 것이므로 '쓸려면'이 아니라 '쓰려면'이라고 해야 한다.

⑤ 여기서 '저물 녁'은 '저물 녘'이 옳다. '설레이는'도 '설레는', '으례'는 '으레', '날으고'는 '날고'로 고쳐야 한다.

5 맞춤법의 올바른 사용

① 그는 몇일을 두고 궁리했다.
② 공공 장소에서 흡연을 삼가합시다.
③ 나는 좀체로 그녀를 잊을 수 없었다.
④ 어려우실 때에는 서슴치 마시고 찾아 주세요.
⑤ 그는 아내가 교통 사고를 당했다는 소식을 듣고 안절부절했다.

① '며칠'로 고쳐야 한다.
② 기본형은 '삼가다'로 '삼갑시다'가 맞는 단어이다.
③ '좀처럼'이 표준어이다.
④ '서슴치'의 기본형은 '서슴다'로 '서슴지'가 맞는 단어이다.
⑤ '몹시 초조하고 불안하여 어쩔 줄 몰라 하다'의 의미는 '안절부절못했다'가 맞는 표현이다.

제2절 올바른 문장

1 주어와 서술어의 호응

① 내가 하고 싶은 말은 다름이 아니라, 아직 늦지 않았으니 새로 시작하기를 바란다.
② 그들이 결혼식을 마치고 신혼 여행을 떠난 후, 하객들이 음식점으로 떠났을 때 시작되었다.
③ 재해 대책 본부는 이번 호우로 인한 남부 지방의 재산 피해가 4백억 원이 넘는 것으로 집계하고 있으나 앞으로 더욱 증가할 것으로 전망된다.
④ 과학적 인간관과 인식론에 있어서는 인간과 인식에 관한 유일한 가정처럼 받아들여지는 데에서 우려를 낳고 있다.
⑤ 강대국 프랑스는 베트남의 독립을 인정하지 않았고, 7년간의 전쟁으로 북위 17도선을 경계로 하여 분단되었다.

① 주어와 서술어가 어울리지 않으므로 '내가 하고 싶은 말은 네가 성실하기 바란다는 것이다'로 고쳐야 한다.
② '시작되었다'의 주어가 분명하게 드러나 있지 않아 문장이 모호하므로 '피로연이'를 넣어야 한다.
③ '증가할'의 주어가 생략되어 있어 의미가 불분명하므로, '앞으로' 앞에 '그 피해액은' 정도의 주어를 넣어야 한다.
④ '우려를 낳고 있다'는 주체가 불분명하므로, '과학적 인간관과 인식론이 인간과 인식에 관한 유일한 가정처럼 받아들여지는 데에 문제가 있다'로 고쳐야 한다.
⑤ 뒷부분의 주어가 나타나 있지 않기 때문에, '베트남은 분단되었다.'로 고치면 된다.

2 목적어와 서술어의 호응

① 우리는 그분을 존경하였고, 그분 또한 사랑하셨다.
② 인간은 자연에 복종도 하고, 지배도 하며 살아간다.
③ 대학은 모든 시대와 나라에서 형성된 가장 심오한 진리 탐구와 치밀한 과학적 정신을 배양 형성하는 場이다.

① 뒷 문장의 목적어 '우리들'이 생략되었기 때문에 부자연스러운 문장이 되었다.
② '자연에 복종도 하고, 자연에 지배도 하며'라고 풀어 볼 수 있는데, '지배하다'는 타동사이므로 목적어 '자연을'이 있어야 한다.
③ '심오한 진리 탐구를 배양 형성하는'이 되어, 목적어와 서술어의 호응 관계가 맞지 않으므로 '심오한 진리를 탐구하고'로 바꾼다.

기출 | 따라잡기

77. 가장 올바른 문장은?
2024. 서울시 9급

① 그는 생명을 무릅쓰고 아이를 구했다.
② 아버지, 무슨 고민이 계신가요?
③ 네가 가리키는 곳은 서울역으로 보여진다.
④ 그의 간절한 소망은 입사 시험에 합격하는 것이다.

78. 다음 중 어법에 어긋남이 없이 바른 문장은?
2019. 법원직 9급

① 어느 땐가 절망 속에 헤매이던 시절이 있었다.
② 그 곳엔 내노라하는 씨름꾼들이 다 모여 있었다.
③ 운명을 건 거사의 날, 칠흙같이 어두운 밤이었다.
④ 이번 여름은 후텁지근한 날이 많아 견디기 어렵다.

79. 다음 중 밑줄 친 말의 쓰임이 옳지 않은 것은?

2005. 노동부·선관위 9급

① 그는 선생님 앞에서 <u>사뭇</u> 술을 마셨다.

② 이번 겨울 방학은 <u>사뭇</u> 바빴다.

③ 그녀의 마음에는 <u>사뭇</u> 슬픔이 밀려왔다.

④ 단어의 뜻을 <u>사뭇</u> 알아야 문장의 뜻을 알 수 있다.

80. 다음 중 어법에 맞고 자연스러운 문장은?

2005. 법원직

① 선생님, 행복하세요.

② 오늘은 햇빛이 따뜻하다.

③ 세찬 비와 바람이 불었습니다.

④ 주례 선생님의 말씀이 있으시겠습니다.

3 부사어와 서술어의 호응

① 그 게임은 여간 재미있다.

② 수험생은 모름지기 열심히 공부한다.

③ 짐승도 그럴 수가 없거늘, 하물며 인간은 더 그럴 수 없다.

④ 춘천으로 가는 길은 전혀 낯설었다.

⑤ 그는 내키지 않은 일은 반드시 하지 않는다.

① '여간'은 '-지 않다', '-이 아니다'라는 부정 어구와 호응이 된다.

② '모름지기'라는 부사는 '-해야 한다'라는 서술어와 호응이 된다.

③ '하물며'는 '-랴, -ㄴ가'와 같은 의문형과 호응하는 부사이다.

④ '전혀', '결코', '절대로', '좀처럼', '별로' 등은 반드시 부정하는 말과 함께 쓰이는 부사이다.

⑤ '반드시'는 긍정문에서 쓰이고, '절대로'는 부정문에서만 쓰인다.

4 관형화 구성과 명사화 구성

(1) 관형화 구성

관형화 구성이란 '관형사형 어미 -(으)ㄴ/(으)ㄹ/-는' 등이나 관형격 조사 '의'를 이용한 구성을 말하는데, 꾸미는 말을 중첩하여 쓰면 비문법적인 문장이 되기 쉽다.

① 유구한 빛나는 전통문화를 단절시킬 가능성이 큰 융통성 없는 문화 정책은 재고해야 한다.

② 이 수술은 후유증이 없는 안전한 고도의 정밀한 수술로 비용도 저렴한 파격적인 저비용이다.

① 유구하고 빛나는 전통 문화를 단절시킬 가능성이 큰, 융통성 없는 문화 정책은 재고되어야 한다.

② 이 수술은 고도로 정밀하여 후유증이 없고 안전하며, 비용도 파격적으로 저렴하다.

(2) 명사화 구성

명사화 구성이란 '~것', '-음', '-기'나 명사 나열 등을 이용하여 명사 기능을 하도록 하는 구성을 말하는데, 명사화 구성 자체가 비문법적인 문장이 되는 것은 아니지만 명사화 구성을 남용하는 것은 좋지 않다. 동사나 형용사로 풀어서 설명해 주는 것이 더 자연스러울 때가 있다.

① 그가 그 문제를 명쾌하게 해결할 것으로 예상되는 것이다.

② 여름이 되면 수해 방지 대책 마련에 철저를 기해야 한다.

③ 은주는 권장 도서 목록 선정이 너무 주관적이라며 불만을 터뜨렸습니다.

① 명사화 구성은 중첩되어 쓰일 때 전체 문장의 의미가 어색해지는 경우가 많다. (그가 그 문제를 명쾌하게 해결할 것으로 예상된다.)

② 상투적인 명사화 표현은 의미가 불분명해질 우려가 있으므로 여러 성분으로 바뀌는 것이 좋다.(여름이 되면 수해를 방지할 대책을 마련하는 데 철저를 기해야 한다.)

③ 의미가 명확해지게 이를 여러 성분으로 바꾸는 것이 좋다.(은주는 권장 도서 목록을 선정한 것이 너무 주관적이라며 불만을 터뜨렸습니다.)

5 시제의 호응

① 그녀는 요즘 소녀 시절의 순수한 마음을 잃어가는 것 같은 느낌으로 슬퍼지는 때가 있었다.
② 진이는 바야흐로 노래를 불렀다.
③ 대일 무역 적자가 10억 달러를 넘고 있습니다.
④ 일을 끝마치고 나니 열두 시가 넘겠다.
⑤ 밤새 비가 오지만 아직 강물이 크게 붇지는 않았다.

① '요즘'이란 부사어 때문에 '있었다'는 '있다'로 바꾸어야 한다.
② '바야흐로'는 '지금 막', '이제 한창'의 뜻으로 미래 시제와 호응하므로, '부르려 한다'로 고친다.
③ 진행되는 사실이 아니기 때문에 '넘었습니다'로 고쳐야 한다.
④ '−겠−'은 미래의 일이나 추측을 나타낼 때 쓰이는 어미이며, '−었−'다는 어떤 행동이나 사건이 완료되었음을 나타낼 때 쓰이는 어미이다. 따라서 위 예문에서도 추측을 나타내는 것이라면 '−겠−'을 써야 하고, 완료를 나타내는 것이라면 '−었−'을 써야 한다. '일을 끝마치고 나면 열두 시가 넘겠다.' 또는 '일을 끝마치고 나니 열두 시가 넘었다.'가 올바른 표현이다.
⑤ '~지는 않았다'가 과거 시제이므로 '오지만'이라는 현재 시제와 호응되지 않기 때문에 '비는 왔지만'으로 고친다.

6 높임의 호응

① 선생님, 수고하셨습니다.
② 할머니께서는 이빨이 좋으시다.
③ 교장 선생님 말씀이 계시겠습니다.
④ 영호야, 선생님께서 오시래.
⑤ 할아버지, 작은아버지께서 오셨습니다.

① '수고하다'는 '일을 하는 데 힘을 들이고 애를 쓰다'라는 의미로 손윗사람에게는 쓸 수 없다. '애쓰셨습니다'나 '고맙습니다'로 바꾸어야 한다.
② 주체의 소유물, 신체를 높일 때는 간접 높임을 해야하므로 '이빨'의 간접 높임말 '치아'로 고쳐야 한다.
③ '교장 선생님의 말씀'은 간접 높임의 대상이므로 '있으시겠습니다'로 바꾸어야 한다.
④ 객체 높임의 용례로 부사어인 선생님을 높이기 위해서는 '오라고 하신다'로 한다.
⑤ 압존법의 용례로 화자의 입장에서는 작은 아버지도 높임의 대상이지만, 할아버지가 그보다 더 높은 분이기 때문에 작은아버지를 높일 수 없다.(할아버지, 작은아버지가 왔습니다.)

81. 다음 중 어법이 옳게 된 문장은?
2008. 서울시 9급

① 선생님의 가르침을 언제까지나 잊지 말겠다고 몇 번이나 마음속으로 다짐하였다.
② 눈물 젖은 빵을 먹어본 사람들만이 쌀 한 톨이 얼마나 귀중하다는 것을 안다.
③ 리보솜과 리소좀은 서로 틀리다.
④ 재일동포들은 일본 사회의 구성원으로서 모든 의무를 다하고 있지만 차별대우를 받고 있다.
⑤ 이 진공청소기는 소음과 제동력을 높이기 위해 새로 개발한 제품이다.

① 아가는 웃으면서 들어오는 엄마에게 달려간다.

② 엄마는 아침에 귤과 토마토 두 개를 주었다.

③ 이 그림은 아버지가 그린 그림이다.

④ 그이는 나보다 축구를 더 좋아하는 거 같다.

① 사람들이 다 오지 않았다.

② 귀여운 영수의 동생을 만났다.

③ 그는 나보다 축구를 더 좋아한다.

④ 나는 사과 한 개와 배 두 개를 먹었다.

---

7 조응 규칙(접속한 두 문장의 구조가 문법적으로 대등한 관계가 되도록 하는 규칙)

① 그는 노래와 춤을 추었다.

② 남편은 키가 크고, 부인은 노래를 잘 한다.

③ 재일 동포들은, 일본 사회의 구성원으로서 모든 의무를 다하고 있으면서도 차별과 합당한 대우를 받지 못하고 있다.

④ 나는 방학 동안에 폭넓은 독서와 부지런히 운동을 하기로 마음먹었다.

⑤ 이 타이어는 소음과 제동성을 높이기 위해 개발된 제품입니다.

⑥ 가정은 어느 시대를 막론하고 인간성의 함양과 사회적 덕목을 계발하는 터전이다.

⑦ 기재 사항의 정정 또는 금융기관의 수납인 및 취급자인이 없으면 무효입니다.

⑧ 인간은 자연을 지배도 하고, 때로는 순응해 가면서 산다.

① '그는 노래를 불렀다'와 '그는 춤을 추었다.'의 문장이므로 노래에 대한 서술어는 '추었다'가 될 수 없는데 서술어가 부당하게 함께 쓰였다.(그는 노래를 부르고 춤을 추었다.)

② '-고'는 동질적인 문장들을 연결하는 대등적 어미인데, 서로 이질적인 문장을 연결해 놓고 있다.

③ 의미상 '차별'은 받는 것이기 때문에 '차별을 받고'로 고쳐야 한다.

④ '폭넓은'은 관형어이고, '부지런히'는 부사어이므로 '폭넓게 독서를 하고'로 고쳐야 한다.

⑤ 서술어를 부당하게 공유함으로써 본래의 문장 의미와는 반대로 '소음을 높이는' 나쁜 제품의 의미를 담게 되었다.(이 타이어는 소음을 줄이고, 제동성을 높이기 위해 개발된 제품입니다.)

⑥ 목적어+서술어의 문형으로 통일하여, '인간성을 함양하고'로 고쳐야 한다.

⑦ '기재 사항의 정정'을 '기재 사항의 정정이 있거나'로 고칠 수 있다.

⑧ '인간은 자연을 지배한다'와 '인간은 자연에 순응한다'의 두 문장이 결합될 때, '자연을'은 목적어이고 '자연에'는 부사어로서 같은 성분이 아닌데도 생략되어서 비문법적인 문장이 되었기 때문에 '인간은 자연을 지배도 하고, 때로는 자연에 순응해 가면서 산다'로 고쳐야 한다.

8 중의적 표현

① 철수와 영희는 음악회에 갔다.

② 내가 어젯밤의 이야기를 순이에게 하지 않았다.

③ 어머니께서 동생에게 새옷을 입히셨다.

④ 이것은 우리 아버지의 그림이다.

⑤ 나는 밤을 좋아한다.

⑥ 나는 원고지에 연필로 십 년 이상 글을 써 왔는데, 이제 바꾸려니 쉽지 않다.

⑦ 철수는 나보다 낚시를 더 좋아하는 것이 틀림없다.

⑧ 봄방학 때 아이들을 다시 한 번 더 데려오라고 의사가 말했다.

⑨ 그 소식은 가정을 지키려는 남편과 아내에게 불쾌감을 주었다.

⑩ 철수는 늑대다.

① 접속 조사에 의해 이어진 문장으로 '함께 음악회에 갔다'는 의미와 '각각 음악회에 갔다'는 두 가지의 의미로 해석 가능하다.

② '안' 부정문은 문장 성분의 수(數)만큼 중의성을 가진다.

해석 1) 어젯밤의 이야기를 순이에게 한 사람은 내가 아니다. ('나'를 부정)

해석 2) 내가 순이에게 한 이야기는 어젯밤의 이야기는 아니다. ('어젯밤'을 부정)

해석 3) 내가 어젯밤의 이야기를 한 사람은 순이가 아니다. ('순이'를 부정)

③ 사동 접사를 사용하여 사동문을 만들면 중의적 의미를 지니게 된다. 직접 사동으로 해석하여 '어머니께서 동생에게 직접 새옷을 입혀 주셨다'로 볼 수도 있고, 간접 사동으로 보아 '어머니께서 동생에게 새옷을 주어, 입게 하셨다'의 두 가지 의미로 해석할 수 있다.

④ 관형격 조사 '의'의 중의성이다. 아버지의 그림도 '아버지께서 그리신 그림', '아버지를 그린 그림', '아버지께서 가지고 계신 그림' 등의 뜻이 될 수 있다.

⑤ 동음 이의어나 다의어에 의한 어휘적 중의성이 있다. 내가 좋아하는 것은 '밤 열매'일 수도 있고, '어두운 밤[夜]'일 수도 있다.

⑥ 과도한 생략에 의한 중의성으로, 뒤 절의 서술어 '바꾸려니'의 목적어가 없기 때문에 정확한 내용 전달에 혼란을 가져온다. 생략된 목적어로는 '원고지, 연필, 글쓰기' 등 어느 것이나 가능하다.

⑦ 비교의 주체와 대상을 분명히 해야 한다. '철수' 다음에 끊어 읽으면 '철수는 나와 낚시 중 낚시를 더 좋아한다'의 의미로 볼 수 있고, '나보다' 다음에 끊어 읽으면 '철수와 나는 낚시를 좋아하는데, 철수가 나보다 더 낚시를 좋아한다'의 의미로 해석된다.

⑧ '봄방학 때'가 '아이들을 다시 한번 더 데려오라고 한' 시간인지, '의사가 말한' 시간인지 알 수 없다.

⑨ '지키려는' 다음에 끊어 읽으면 '가정을 지키려는'이 '남편과 아내' 모두 수식한다. 그러나 '남편과' 다음에 끊어 읽으면 '남편'만 꾸며 준다.

⑩ 은유법이 중의성을 띤 문장이다. '철수는 (성품이) 늑대처럼 음흉하거나 무섭다'의 뜻과 '연극에서 늑대의 역할을 맡았다'의 의미, 그리고 '철수는 (생김새가) 늑대처럼 생겼다'는 세 가지로 해석될 수 있다.

84. 밑줄 친 부분을 바르게 고쳐 쓴 것으로 가장 적절한 것은?
2010. 지방직 9급

> 결국 해결책은 새로운 일자리를 만들어 내는 데 달려 있다. 정부와 기업들이 머리를 싸매고 효율적인 방안을 마련해야 한다.

① 해결책은 새로운 일자리를 만들어 내는 것이다.

② 해결책은 새로운 일자리를 만들어 내는지 여부이다.

③ 해결책은 새로운 일자리를 만들어 내느냐이다.

④ 해결책은 새로운 일자리를 만들어 내느냐에 달려 있다.

85. 다음 중 문장의 의미가 가장 명확한 것은?
2016. 경찰직(1차) 9급

① 선생님이 보고 싶은 학생이 많다.

② 오늘도 나는 반장과 선생님을 찾아다녔다.

③ 수많은 사람들의 노력으로 문제를 해결했다.

④ 아버지는 나를 좋아하는 것보다 신문을 더 좋아한다.

86. 다음 설명 중 문법적인 오류가 없는 문장은?
2016. 법원직 9급

① 나는 어제 서울에 온 현규와 밥을 먹었다.

② 무엇보다도 중요한 것은 서류가 전부는 아닙니다.

③ 선생님께서는 제게 초심(初心)을 잊지 말라고 당부하였습니다.

④ 궂은 날씨가 계속되면서, 오늘도 바람과 눈이 오는 지역이 있습니다.

87. 어법에 맞는 문장은?

2015. 교행직 9급

① 이 매장에서는 외국인 관광객들이 즐겨 찾는 한류 관광 명소로 자리매김될 것으로 기대된다.

② 우리는 본 행사를 통해 더 많은 국민들이 녹색 관광을 즐기고 참여하는 계기가 되기를 바란다.

③ 정부에서는 외국인 이주민이 내국인과 더 많이 소통할 수 있도록 여러 가지 정책을 시행하고 있다.

④ 우리는 모바일 서비스를 제공하여 이용자들에게 이 사업의 미래상에 대해 보다 쉽게 다가갈 수 있도록 하였다.

88. 번역 투의 표현이 아닌 것은?

2012. 국가직 7급

① 나는 부모님에 의해 예의 바르고 친절한 아이로 자랐다.
그에게 있어서 가정이란 자고 나가는 곳 외에 아무 의미가 없다.

② 이번 방학에 제주도를 방문할 계획을 가지고 있다. 학내 폭력 문제를 일으킨 학생들에게는 자숙하는 시간을 필요로 한다.

③ 내 고향에는 아직도 많은 친척들이 살고 있다. 이런 짓은 사회 질서를 깨뜨리는 일이므로 절대로 해서는 안 된다.

④ 이런 사실은 아무리 강조해도 지나치지 않는다. 오늘 조회 시간에는 학교 문제에 대한 교장선생님의 솔직한 해명이 있었다.

9 잉여적 표현

① 떨어지는 낙엽(落葉)에 쓸쓸한 기분이 들었다.
② 그의 사상이 밖으로 표출된 것이 바로 이 책이다.
③ 바른 사회를 이룩하기 위해서는 모든 사회악을 완전히 근절하여야 한다.
④ 내가 자네를 비방했다는 것은 근거 없는 낭설일세.
⑤ 신문 기사는 꾸며서 창작한 글이 아니다.
⑥ 소설과 희곡은 지은이인 소설가나 극작가가 꾸며낸 이야기이다.
⑦ 그럴 줄 알고 미리 예비해 두었다.
⑧ 김 선생님은 동물을 사랑하는 동물 애호가입니다.
⑨ 순간 그의 머릿속에는 뇌리를 스치는 기억 하나가 있었습니다.
⑩ 그 문제는 다시 재론할 필요가 없습니다.

① '낙엽(落葉)'에 '떨어지는'의 의미가 들어있다.
② '표출'은 밖으로 드러났다는 뜻인데 '밖으로'가 다시 사용되었다.
③ '근절'은 뿌리째 없애 버림의 의미인데, '완전히'와 중복되었다.
④ '낭설'은 터무니없는 헛소문의 뜻으로 '근거 없는'과 의미가 중복되었다.
⑤ '창작'은 독창적으로 지어낸 것이므로 '꾸며서'의 의미가 포함되어 있다.
⑥ '소설가'와 '극작가'는 '희곡과 소설'의 지은이다. '지은이'가 중복되었으므로 삭제한다.
⑦ '예비'는 '미리 준비하다'의 의미로, '미리'가 불필요하게 사용되었다.
⑧ '동물을 사랑하는'과 '동물 애호가'가 중복되었다.
⑨ '뇌리'는 '생각하는 머릿속'의 뜻으로 '머릿속'이 중복되었다.
⑩ '재론'은 '다시 의논하거나 거론함'의 뜻으로 '다시'를 포함하고 있다.

10 지나친 외국어식 표현

① 불조심하는 것은 아무리 강조해도 지나치지 않는다.
② 학생 회의에 있어 진지하게 참여하는 것이 중요합니다.
③ 나는 학생들에 대하여 많은 관심을 기울이고 있다.
④ 그 사람은 선각자에 다름 아니다.
⑤ 우리 모두 내일 오전 10시에 회의를 갖도록 하자.
⑥ 춘향호의 선장과 선원들은 배 침몰과 함께 사망했습니다.

① 영어의 관용구를 번역한 표현들이 있다. '아무리 ~해도 지나치지 않다'는 'It is not too much to ~'를 직역한 것으로 '언제나 ~ 해야 한다. ~ 지나침이 없다'로 고칠 수 있다. (㉠ 불조심은 늘 강조해야 된다. ㉡ 언제나 불조심해야 한다. ㉢ 불조심함이 당연하다.)

② '~에 있어서', '~에 대하여', '~에 의하여', '~에 의하면' 등은 일본어투이므로 쓰지 않는 것이 좋다. (학생 회의에 진지하게 참여하는 것이 중요합니다.)

③ '~에 대하여 ~ 관심을 기울이다'에서 '~에 대하여'와 마찬가지로 '관심을 기울이다' 역시 '일본어'에서 온 것이다. 학생들은 유정물(사람)이므로 '-에게'를 쓴다. (나는 학생들에게 관심을 많이 두고 있다.)

④ '~에 다름 아니다', '~에 값하다'는 일본어를 직역한 것으로 '~이나 다름없다', '~라 할 만하다' 정도로 고치는 것이 바람직하다. (㉠ 그 사람은 선각자나 다름없다. ㉡ 그 사람은 선각자라 할 만하다.)

⑤ '~을 갖다, ~을 가지다'는 표현은 우리말답지 않은 표현이다. '회의를 갖다'는 영어의 'have a meeting'을 직역한 것이다. (㉠ 우리 모두 내일 오전 10시에 회의하자. ㉡ 우리 모두 내일 오전 10시에 회의를 하도록 하자.)

⑥ '~과 함께'는 영어의 'with ~' 구문을 직역한 것으로 잘 가려 써야 한다. '배 침몰'과 '사망'은 '함께'로 연결할 수 없다. (㉠ 춘향호의 선장과 선원들은 배가 침몰하면서 사망했습니다. ㉡ 춘향호가 침몰하자 그 배의 선장과 선원들은 사망했습니다.)

11 과도한 피동 표현

① 정부의 창구 일원화 방침은 재검토돼야 한다.
② 이러한 점이 극복되어져야 합니다.
③ 그와 헤어졌다는 사실이 믿겨지지 않는다.
④ 이번 일을 꺼려하지 마세요.

① 정부의 창구 일원화 방침은 재검토해야 한다.
② 이러한 점을 극복해야 합니다.
③ 이중 피동 표현이 쓰인 경우이다. '믿겨지다'는 '믿기다'라는 피동사에 '-어지다'가 붙은 것인데, 피동 표현이 겹쳐서 어색한 문장이 되었다. '그와 헤어졌다는 사실이 믿기지 않는다.'로 고친다.
④ '꺼리다'는 '사물이나 일 따위가 자신에게 해가 될까 하여 피하거나 싫어하다.'라는 뜻인데, '꺼려지다'라는 말은 있어도 '꺼려하다'라는 말은 없다. '이번 일을 꺼리지 마세요.'로 고친다.

12 과도한 사동 표현

① 우리 공장에서는 기계를 하루 종일 가동시키고 있습니다.
② 학교에서는 입시 위원회를 설치시킬 예정이다.

① 우리 공장에서는 기계를 하루 종일 가동하고 있습니다.
② 학교에서는 입시 위원회를 설치할 예정이다.

89. 가장 자연스러운 표현은?
2013. 국가직 9급

① 교장 선생님의 말씀이 계시겠습니다.
② 모두 흥에 겨워 춤과 노래를 부르고 있다.
③ 축배를 터뜨리며 함께 우승의 기쁨을 나누었다.
④ 독서는 삶의 방편인 동시에 평생의 반려자이기도 한다.

90. 다음 중 문장 구조와 어법이 올바른 것은?
2006. 국가직 9급

① 사고가 난 지 10년이 지난 현재도 사고 지역 주변 30km 내에서 재거주(再居住)는 주변에 방사선 물질이 존재하고 있고, 주변 지하수의 오염문제 등으로 아직도 어려운 상태이다.
② 근대화는 성과를 거두지 못한 채, 제국주의에 의한 예속성만 깊어져 갔다.
③ 대도시에 공장이 많이 들어서고 상업과 교육 등의 서비스업이 발달함에 따라 더 많은 농어촌 사람들이 도시로 몰려들었다.
④ 여름에 지내는 마룻방과 대청은 바람이 잘 통할 수 있도록 설계되어 있으며, 겨울에 외풍이 실내로 들어오는 것을 막기 위해 병풍을 쳤다.

① 금융 당국은 내년 금리가 올해보다 더 오를 것으로 내다보면서 대출 이자율이 2% 이상 오를 것으로 예측하였다.

② 작성 내용의 정정 또는 신청인의 서명이 없는 서류는 무효입니다.

③ 12월 중에 한–중 정상회담이 다시 한 번 열릴 것으로 보여집니다.

④ 그의 목표는 세계 최고의 축구 선수가 되는 것이었고, 그래서 단 하루도 연습을 쉬지 않았다.

13 논리적인 호응

① 우리 회사에서는 정화시킨 오염 폐수만을 내보낸다.

② 우리는 돌이에게 민족에 대한 자각을 심어 주기 위해 노력하였다.

③ 바닷물의 오염이 심각한 것으로 밝혀져, 어족의 생존이 위협을 받고 있다.

④ 오후가 되면 흐리면서 비가 조금 내리겠습니다.

⑤ 커피 한 잔은 되지만 한 잔 이상 마시면 해롭습니다.

⑥ 다음 주부터는 주가가 오를 전망입니다.

① 이미 정화한 물인데 '오염 폐수'라고 하는 것은 논리에 맞지 않다.(우리 회사에서는 오염된 폐수는 꼭 정화하여 내보낸다.)

② '자각'이란 곧 스스로 깨닫는 것인데, 자각을 심어 준다고 하는 것은 맞는 표현이 아니다. '우리는 돌이가 민족에 대해 자각할 수 있도록 노력하였다' 또는 '우리는 돌이가 민족에 대해 자각을 가질 수 있도록 노력하였다'로 바꾸어야 한다.

③ 어족의 생존이 위협을 받는 것은 바닷물의 오염이 심각해서이지, 심각한 것으로 밝혀져서가 아니므로, '바닷물의 오염이 심각하여, 어족의 생존이 위협을 받고 있다'로 고쳐야 한다.

④ 흐린 다음에 비가 내리는 것이 논리적으로 맞는데, 흐리는 것과 비가 내리는 것이 동시에 이루어진다고 했으니 옳지 못하다. '흐리면서'는 '흐리고'로 고쳐야 한다.

⑤ '이상'의 의미에 주의를 기울이지 않아서 논리적으로 모순을 일으킨 경우이다. '한 잔 이상'은 '한 잔'을 포함하는 것이기 때문에 이를 '두 잔 이상'으로 바꾸어야 한다.

⑥ '전망'은 '미리 내다봄'의 의미를 갖는 동작성 명사로서, '–ㄹ 전망이다'라는 서술어가 올 수 없다. '전망'과 같은 동작성 명사는 '–하다'나 '–되다'와 결합하고 '–이다'와는 결합하지 않으므로, '오를 것으로 전망됩니다' 혹은 '오를 것으로 전망합니다'로 고쳐야 한다.

예제 | 따라잡기

92. 〈공공언어 바로 쓰기 원칙〉에 따라 〈공문서〉의 ⊙~② 을 수정한 것으로 적절하지 않은 것은?

2025 개편 예시문항

〈공공언어 바로 쓰기 원칙〉

- 중복되는 표현을 삼갈 것.
- 대등한 것끼리 접속할 때는 구조가 같은 표현을 사용할 것.
- 주어와 서술어를 호응시킬 것.
- 필요한 문장 성분이 생략되지 않도록 할 것.

〈공문서〉

한국의약품정보원

수신: 국립국어원
(경유)
제목: 의약품 용어 표준화를 위한 자문회의 참석 ⊙안내 알림
1. ⓒ표준적인 언어생활의 확립과 일상적인 국어 생활을 향상하기 위해 일하시는 귀원의 노고에 감사 드립니다.
2. 본원은 국내 유일의 의약품 관련 비영리 재단법인으로서 의약품에 관한 ⓒ표준 정보가 제공되고 있습니다.
3. 의약품의 표준 용어 체계를 구축하고 ②일반 국민도 알기 쉬운표현으로 개선하여 안전한 의약품 사용 환경을 마련하기 위해 자문회의를 개최하니 귀원의 연구원이 참석해 주시기를 바랍니다.

① ⊙: 안내
② ⓒ: 표준적인 언어생활을 확립하고 일상적인 국어 생활의 향상을 위해
③ ⓒ: 표준 정보를 제공하고 있습니다.
④ ②: 의약품 용어를 일반 국민도 알기 쉬운 표현으로 개선하여

기출 | 따라잡기

93. 다음 글을 퇴고할 때, ⊙~② 중 어법상 수정할 필요가 있는 것은?

2024. 국가직 9급

주지하듯이 ⊙ 기후 위기는 날이 갈수록 심각해지고 있다. 극지방의 빙하가 녹고, 유럽에는 사상 최악의 폭염과 가뭄이 발생하고 그 반대편에서는 감당하기 어려울 정도의 폭우가 쏟아져 많은 사람이 고통받고 있다. ⓒ 우리의 삶을 지속적으로 위협하는 이러한 기상 재해 앞에서 기후학자로서 자괴감이 든다. 무엇이 문제인지, 상황이 얼마나 심각한지 잘 알고 있으면서도 지구의 위기를 그저 바라만 볼 수밖에 없다.
그러나 우리가 기후 문제에 관심을 가지고 적극적으로 대처한다면 아직 희망이 있다. 크게는 신재생 에너지와 관련하여 ⓒ 국가 정책 수립과 국제 협약을 체결하기 위해 힘을 기울여야 한다. 작게는 일상생활에서 불필요한 소비를 줄이고 에너지 절약을 습관화해야 한다. 만시지탄(晩時之歎)일 수는 있겠으나, ② 지구가 파국으로 치닫는 것을 막을 기회는 아직 남아 있다. 우리 모두 힘을 모아 지구의 위기를 극복하여야 한다.

① ⊙

② ⓒ

③ ⓒ

④ ②

▌단원 길잡이

화법(말하기)은 말로 자신의 생각과 느낌을 표현하고 이를 다른 사람과 공유하는 언어적 의사소통 행위이며, 개인적 차원을 넘어 포괄적인 사회 · 문화적 행위에 참여하는 행위이다. 그렇기 때문에 최근 공무원 시험에서는 작문과 더불어 화법을 중요하게 다루고 있으며 한 문제 이상을 꾸준히 출제하고 있다. 시험에 출제되는 화법의 유형에는 대화, 발표(연설), 토의, 토론, 면접 등 다양한 상황을 대상으로 삼고 있으며, 실제 상황의 맥락을 파악하는 문제들을 주로 출제하고 있다. 과거에는 토의와 토론을 중심으로 개념적인 문제를 출제했으나 최근에는 비문학과 같이 상황의 흐름을 이해하고 각자 말하는 사람의 입장이나 태도 등을 직접 묻고 있다. 또한 화법에는 '표준 언어 예절'도 포함이 된다. 국립국어원에서는 1년 2개월간의 조사를 거쳐 1992년에 '표준 화법 해설'을 발간하였다. 여기에는 호칭어, 지칭어, 인사말, 경어법을 표준화하기 위한 기준들이 제시되어 있다. 그리고 2010년에 다시 우리나라 국민들의 표준화법을 조사하여 2012년 표준 언어 예절을 개정했다. 이후에도 추가 수정을 거치며 현재까지 이르게 되었다. 이 교재에는 화법과 관련된 전반적인 상황을 모두 다루고 있으며, 실제 문제에 적용하기 위한 방법들도 제시하고 있다.

화법의 개념

1 화법의 개념

화법은 말이나 글을 구성할 때 사용되는 언어의 규칙과 원칙을 의미한다. 즉, 언어를 사용하여 의사소통을 할 때에는 특정한 화법적인 원리를 따라야 한다. 화법은 효과적인 의사소통을 위해 사용되며, 명확하고 효과적인 메시지 전달을 돕는 역할을 한다. 화법을 올바로 지키기 위해서는 다양한 개념과 원칙이 포함되어 있다.

2 화법의 구성 요소

발신자	말하는 사람(발화자). 발화의 주체
수신자	듣는 사람(청자). 발화의 대상
내용	발신자가 수신자에게 전달하고자 하는 기본적인 정보
장면	발신자가 수신자에게 이야기하는 시간과 공간적 상황

시·공간적 배경(장면)

발화(내용)

말하는 사람(듣는 사람) ◄─────► 듣는 사람(말하는 사람)

기출 따라잡기

※ 다음 글을 읽고 물음에 답하시오. [1~2]   2020. 소방직

사회가 발달하면서 화법과 작문의 윤리에 대한 관심과 요구가 점점 커지고 있다. 화법과 작문의 윤리를 잘 지키지 않으면 사회적 의사소통의 바탕이 되는 상호 신뢰가 깨질 수 있으므로 이를 준수하기 위해 ㉠노력한다.
㉡그런데 청자나 독자를 존중하고 배려하는 자세를 갖추어야 한다. 말을 하거나 글을 쓸 때에는 상대방의 인격을 모욕하거나 상대방에게 상처를 주는 언어 표현을 사용하지 않아야 한다. 상대방을 존중하고 배려하는 표현을 사용함으로써 화법과 작문의 윤리를 지킬 수 있다.
다음으로, 다른 사람의 글이나 아이디어 등을 표절하거나 도용하지 않아야 한다. 다른 사람의 글이나 아이디어 등을 인용할 때에는 저작자의 허락을 얻거나 인용의 출처를 ㉢제출해야 하며, 내용의 과장·축소·왜곡 없이 정확하게 인용해야 한다. 또한 출처를 명시하더라도 과도하게 인용하지 않아야 한다. 과도한 인용은 출처 명시와는 무관하게 화법과 작문의 윤리를 어기는 것이기 때문이다.
화법과 작문의 윤리를 준수한다면 화자나 필자는 청자나 독자로부터 더욱 큰 신뢰를 얻을 수 있다. 그러므로 화자나 필자는 화법과 작문의 윤리를 잘 인식하고 있어야 하며, 말을 하거나 글을 쓸 때 이를 ㉣지키고 준수하는 태도를 가져야 한다.

1. 이 글의 제목으로 가장 적절한 것은?

① 화법과 작문의 절차   ② 화법과 작문의 목적
③ 화법과 작문의 기능   ④ 화법과 작문의 윤리

2. ㉠~㉣을 고쳐 쓰기 위한 방안으로 적절하지 않은 것은?

① ㉠: 문장의 호응을 고려하여 '노력해야 한다'로 수정한다.
② ㉡: 앞뒤 내용을 자연스럽게 이어 주지 못하므로 '우선'으로 바꾼다.
③ ㉢: 문맥을 고려하여 '생략'으로 교체한다.
④ ㉣: 뒤의 단어와 의미상 중복되므로 삭제한다.

3 말하기(담화)에서 고려해야 할 요소

(1) 문체

화법에서 문체는 특정한 상황이나 대상 청중에 맞게 사용되는 언어의 스타일을 의미한다. 문체는 존댓말과 반말, 공식적인 언어와 비공식적인 언어 등 다양한 형태로 나타날 수 있다.

(2) 문법

화법에서 문법은 언어의 구조와 규칙을 다룬다. 문법은 문장의 구조, 단어의 형태 변화, 문법적인 관계 등을 포함한다. 올바른 문법 사용은 의미 전달의 명확성과 일관성을 도와준다.

(3) 어휘

화법에서 어휘는 사용되는 단어들의 선택과 사용법에 관련된 요소이다. 적절하고 다양한 어휘 선택은 풍부하고 효과적인 표현을 가능하게 한다.

(4) 문장 구조

화법에서 문장 구조는 문장을 구성하는 단위들의 순서와 관계를 다룬다. 문장 구조는 문장의 명료성과 강조 등을 결정짓는 중요한 요소이다.

(5) 언어의 표현 기법

화법에서는 다양한 표현 기법을 활용하여 메시지를 전달한다. 예를 들어, 비유, 은유, 반복, 강조, 일상어와 격식어의 조화 등이 표현 기법에 속한다.

> **플러스** 화법에서 문체
>
> 문체(文體)는 문장의 개성적 특색을 의미하는 문학의 용어이다. 화법에서는 쉽게 말하면 '말투'로 보면 된다. 말투는 화자의 태도와 감정을 전달하는 중요한 요소 중 하나이며, 청자의 태도와 반응에도 영향을 미친다.

기출 따라잡기

3. 다음 글의 제목으로 가장 적절한 것은?   2016 지방직 9급

어느 대학의 심리학 교수가 그 학교에서 강의를 재미없게 하기로 정평이 나 있는, 한 인류학 교수의 수업을 대상으로 실험을 계획했다. 그 심리학 교수는 인류학 교수에게 이 사실을 철저히 비밀로 하고, 그 강의를 수강하는 학생들에게만 사전에 몇 가지 주의 사항을 전달했다. 첫째, 그 교수의 말 한 마디 한 마디에 주의를 집중하면서 열심히 들을 것. 둘째, 얼굴에는 약간 미소를 띠면서 눈을 반짝이며 고개를 끄덕이기도 하고 간혹 질문도 하면서 강의가 매우 재미있다는 반응을 겉으로 나타내며 들을 것. 한 학기 동안 계속된 이 실험의 결과는 흥미로웠다. 우선 재미없게 강의하던 그 인류학 교수는 줄줄 읽어 나가던 강의 노트에서 드디어 눈을 떼고 학생들과 시선을 마주치기 시작했고 가끔씩은 한두 마디 유머 섞인 농담을 던지기도 하더니, 그 학기가 끝날 즈음엔 가장 열의 있게 강의하는 교수로 면모를 일신하게 되었다. 더욱 더 놀라운 것은 학생들의 변화였다. 처음에는 실험 차원에서 열심히 듣는 척하던 학생들이 이 과정을 통해 정말로 강의에 흥미롭게 참여하게 되었고, 나중에는 소수이긴 하지만 아예 전공을 인류학으로 바꾸기로 결심한 학생들도 나오게 되었다.

① 학생 간 의사소통의 중요성
② 교수 간 의사소통의 중요성
③ 언어적 메시지의 중요성
④ 공감하는 듣기의 중요성

4 화법에서 직접 발화와 간접 발화

화법에서 간접발화와 직접발화는 말하는 사람의 발화를 전달하는 방식에 차이가 있다.

직접발화 (Direct Speech)	직접발화는 말하는 사람의 발화를 그대로 인용하여 전달하는 방식이다. 이는 원래의 발화 내용을 따옴표(" ")로 감싸서 표시하며, 문장 구조와 발화 내용이 그대로 유지된다. 예 그는 말했다. "나는 오늘 영화를 볼 거야."
간접발화 (Indirect Speech)	간접발화는 말하는 사람의 발화 내용을 간접적으로 전달하는 방식이다. 이는 원래의 발화 내용을 직접 인용하지 않고, 발화 내용을 다른 문장 구조로 변형하여 전달한다. 예 그는 말했다고 했다. "그는 오늘 영화를 볼 거래."

간접발화는 직접발화와 달리 다른 사람의 발언을 전달하거나 과거의 발화를 전달할 때 주로 사용한다. 또한 간접발화는 보고문, 이야기, 기사 등에서 많이 사용되며, 전달되는 발화 내용을 요약하거나 강조할 수 있는 장점이 있다.

기출 | 따라잡기

4. 다음 글의 내용과 부합하지 않는 것은?　　　　　　2015. 국가직 9급

> 글의 기본 단위가 문장이라면 구어를 통한 의사소통의 기본 단위는 발화이다. 담화에서 화자는 발화를 통해 '명령', '요청', '질문', '제안', '약속', '경고', '축하', '위로', '협박', '칭찬', '비난' 등의 의도를 전달한다. 이때 화자의 의도가 직접적으로 표현된 발화를 직접 발화, 암시적으로 혹은 간접적으로 표현된 발화를 간접 발화라고 한다. 일상 대화에서도 간접 발화는 많이 사용되는데, 그 의미는 맥락에 의존하여 파악된다. '아, 덥다.'라는 발화가 '창문을 열어라.'라는 의미로 파악되는 것이 대표적인 예이다. 방 안이 시원하지 않다는 상황을 고려하여 청자는 창문을 열게 되는 것이다. 이처럼 화자는 상대방이 충분히 그 의미를 파악할 수 있다고 판단될 때 간접 발화를 전략적으로 사용함으로써 의사소통을 원활하게 하기도 한다. 공손하게 표현하고자 할 때도 간접 발화는 유용하다. 남에게 무언가를 요구하려는 경우 직접 발화보다 청유 형식이나 의문 형식의 간접 발화를 사용하면 공손함이 잘 드러나기도 한다.

① 발화는 구어를 통한 의사소통의 기본 단위이다.
② 간접 발화의 의미는 언어 사용 맥락에 기대어 파악된다.
③ 간접 발화가 직접 발화보다 화자의 의도를 더 잘 전달한다.
④ 요청할 때 청유문이나 의문문을 사용하면 더 공손해 보이기도 한다.

5 화법의 맥락

(1) 화법에서 맥락의 개념

의사소통을 하기 위해 사용하는 말과 글은 홀로 떨어져 있는 것이 아니라 우리 생활 속에서 여러 요소와 관련을 맺고 있다. "식사하기에 불편한 점은 없으셨어요?"라는 말을 치과 의사가 환자에게 할 때와 식당 주인이 손님에게 할 때는 그 의미가 다르다. 즉 의사소통의 참여자, 의사소통을 하는 목적, 의사소통이 이루어지는 시간과 장소 등에 따라 같은 말이라도 전혀 다른 뜻으로 해석되거나 전달될 수 있다.

이처럼 말과 글의 표현과 해석에 관여하는 여러 요소를 '맥락'이라고 한다. 화법에서는 언어적 맥락은 물론 상황 맥락과 사회·문화적 맥락을 고려해야 한다. 언어적 맥락은 어떤 언어적 표현에서 그 표현의 앞부분과 뒷부분의 뜻이나 내용이 그 표현과 서로 이어져 있는 관계나 흐름을 말한다. 상황 맥락은 의사소통에 직접적으로 관련되면서 영향을 미치는 맥락으로, 언어 행위의 주체인 화자·필자, 청자·독자뿐만 아니라 주제, 의도나 목적, 시간과 공간 등을 포함한다. 그리고 사회·문화적 맥락은 의사소통을 하는 데 거시적이고 간접적으로 작용하는 맥락으로 역사적·사회적 상황, 이념, 공동체의 가치와 신념 등을 포함한다.

(2) 맥락을 고려하는 일의 중요성

다른 문화와의 접촉이 잦은 현대 사회에서는 의사소통이 복잡한 양상을 띤다. 따라서 다양한 상황에서 효과적으로 의사소통을 하고 적극적으로 문제를 해결하기 위해서는 맥락을 파악하고 맥락에 맞게 언어를 사용하는 능력을 길러야 한다.

① 맥락을 고려해야 원활한 의사소통을 할 수 있기 때문이다. 친구와 대화를 하면서 여러 사람 앞에서 연설하듯이 말한다면 효과적으로 소통하기 어렵다. 또 자기소개서는 목적에 따라 그 내용이 달라야 하는데, 학교 동아리에 가입할 때 제출했던 자기소개서를 취업하려는 회사에 그대로 낸다면 합격하기 힘들 것이다.

② 맥락을 고려해야 의사소통에 능동적으로 참여하는 주체가 될 수 있기 때문이다. 우리가 속한 공동체의 다양한 문제를 해결하려면 토론이나 토의, 논설문이나 건의문 쓰기와 같은 화법과 작문 활동이 필요하다. 이때 문제의 본질을 파악하고 해결 방안을 찾는 소통의 주체로 참여하기 위해서는 맥락을 고려하는 일이 중요하다.

기출 따라잡기

5. 화자의 진정한 발화 의도를 파악할 때, 밑줄 친 부분을 고려하지 않아도 되는 것은? 2018. 지방직 9급

일상 대화에서는 직접 발화보다는 간접 발화가 더 많이 사용되지만, 그 의미는 맥락에 의해 파악될 수 있다. 화자는 상대방이 충분히 그 의미를 파악할 수 있다고 판단될 때 간접 발화를 전략적으로 사용함으로써 의사소통을 원활하게 하기도 한다.

① (친한 사이에서 돈을 빌릴 때) 돈 가진 것 좀 있니?
② (창문을 열고 싶을 때) 얘야, 방이 너무 더운 것 같구나.
③ (갈림길에서 방향을 물을 때) 김포 공항은 어느 쪽으로 가야 합니까?
④ (신생님이 과제를 내주고 독려할 때) 우리 반 학생들은 선생님 말씀을 아주 잘 듣습니다.

6. 다음 글을 이해한 내용으로 적절하지 않은 것은? 2023. 국가직 9급

> 사람의 '지각과 생각'은 항상 어떤 맥락, 관점 혹은 어떤 평가 기준이나 가정하에서 일어난다. 이러한 맥락, 관점, 평가 기준, 가정을 프레임이라고 한다. 지각과 생각은 인간의 모든 정신 활동을 뜻한다. 따라서 우리의 모든 정신 활동은 진공 상태에서 일어나는 것이 아니라, 어떤 맥락이나 가정하에서 일어난다. 한마디로 우리가 프레임이라는 안경을 쓰고 세상을 보고 있음을 의미한다. 간혹 어떤 사람이 자신은 어떤 프레임의 지배도 받지 않고 세상을 있는 그대로, 객관적으로 본다고 주장한다면, 그 주장은 진실이 아닐 것이다.

① 인간의 정신 활동은 프레임 없이 일어나지 않는다.
② 프레임은 인간이 세상을 바라볼 때 어떤 편향성을 가지게 한다.
③ 인간의 지각과 사고를 확장하는 과정에서 프레임은 극복해야 할 대상이다.
④ 프레임은 인간의 정신 활동에 영향을 미치는 어떤 맥락이나 평가 기준이다.

화법의 원리

제 1 절 화법의 언어적 원리

1 말하기의 준비

말을 잘 하려면 말을 하기 전에 여러 가지 준비를 해야 한다. 말하기를 준비할 때에는 말하기의 목적, 주제, 대상, 상황 등을 고려하여 적절한 내용을 선정하고 조직하는 것이 중요하다.

2 말할 내용의 선정과 조직

(1) 말하기의 목적 설정

말할 내용을 선정하기 위해서는 말할 목적이 분명해야 한다. 목적에 따른 말하기의 종류로는 설득, 정보 전달, 친교 증진, 정서 표현 등이 있다.

(2) 주제 선정

말할 내용을 선택할 때는 주제를 명확하게 정하는 것이 중요하다. 주제는 특정한 관심사나 목적을 가지고 있어야 하며, 대상 청중을 고려하여 선정되어야 한다. 주제의 요건으로는 가치 있는 것, 말하는 이가 잘 아는 것, 듣는 이에게 흥미 있는 것, 말하는 상황에 알맞은 것, 주어진 시간에 충분히 표현할 수 있는 것 등이 있다.

(3) 목적 설정

말할 내용을 선택할 때는 목적을 명확하게 설정해야 한다. 목적은 말하고자 하는 메시지를 전달하고자 하는 의도를 의미한다. 목적을 설정함으로써 말할 내용을 구체화하고 조직화할 수 있다.

(4) 구조화

말할 내용을 조직화하는 것은 청중에게 내용을 명확하게 전달하기 위해 필요하다. 내용을 일련의 논리적인 구조로 정리하고, 개요를 만들어서 청중에게 논리적인 흐름을 제공할 수 있도록 해야 한다.

(5) 다양한 예시와 증거 활용

말할 내용을 보다 설득력 있게 전달하기 위해 다양한 예시와 증거를 활용할 수 있다. 예시와 증거는 주장을 뒷받침하고 청중에게 더욱 명확한 이해를 제공하는 역할을 한다.

(6) 순서와 시간 관리

말할 내용을 전달하는 과정에서 순서와 시간 관리가 중요하다. 내용을 체계적으로 구성하고, 주어진 시간 내에 내용을 완전히 전달할 수 있도록 계획을 세우는 것이 필요하다.

기출 | 따라잡기

7. 다음 대화에 나타난 말하기 방식을 설명한 것으로 적절하지 않은 것은?

2023. 국가직 9급

> 백 팀장: 이번 워크숍 장면을 사내 게시판에 올리는 게 좋겠어요. 워크숍 내용을 공유하면 좋을 것 같아서요.
> 고 대리: 전 반대합니다. 사내 게시판에 영상을 공개하는 것은 부담스러워요. 타 부서와 비교될 것 같기도 하고요.
> 임 대리: 저도 팀장님 말씀대로 정보를 공유한다는 취지는 좋다고 생각해요. 다만 다른 팀원들의 동의도 구해야 할 것 같고, 여러 면에서 우려되긴 하네요. 팀원들 의견을 먼저 들어 보고, 잘된 것만 시범적으로 한두 개 올리는 것이 어떨까요?

① 백 팀장은 팀원들에 대한 유대감을 드러내는 표현을 사용하며 자신의 바람을 전달하고 있다.

② 고 대리는 백 팀장의 제안에 반대하는 이유를 명시적으로 밝히며 백 팀장의 요청을 거절하고 있다.

③ 임 대리는 발언 초반에 백 팀장 발언의 취지에 공감하여 백 팀장의 체면을 세워 주고 있다.

④ 임 대리는 대화 참여자의 의견을 묻는 의문문을 사용하여 자신의 의견을 간접적으로 드러내고 있다.

3 말할 내용의 표현과 이해

내용의 표현이란 전달하고자 하는 내용을 언어적, 비언어적 표현 방법을 통해 나타내는 것을 말한다. 그리고 듣는 이는 음성 언어로 표현된 생각이나 느낌을 능동적으로 이해해야 한다.

(1) 언어적 표현

   ① 음성 표현: 언어 사용

   ② 단어와 문장 사용: 용이성, 평이성

(2) 언어 외적 표현

   ① 반언어적 표현: 반언어적 표현은 언어적인 수단을 사용하지 않고도 의사소통을 하는 방식을 말한다. 이는 언어 외적인 음성의 강도나 억양, 강세, 소리의 길이 등이 반언어적 표현에 해당된다. 주로 소리를 만들기는 하나 언어적 표현 이외의 음성 표현으로 의사소통을 하는 방식이다.

   ② 비언어적 표현: 비언어적 표현도 반언어적 표현과 같이 언어적인 수단을 사용하지 않고 의사소통을 하는 방식이다. 그러나 소리를 나타내는 것 이외에 신호나 행동을 통해 정보를 전달하거나 의미를 표현하는 것을 의미한다. 주로 신체 언어, 표정, 제스처, 몸짓 등이 비언어적 표현에 해당된다. 예를 들어, 웃음, 눈 깜짝임, 손짓, 몸의 자세 등이 비언어적 표현의 일부이다.

반언어적 표현과 비언어적 표현은 언어 외적인 수단을 활용하여 의사소통을 보완하거나 강조하는 역할을 한다. 이러한 표현 방식은 언어적인 표현만으로는 전달하기 어려운 감정, 태도, 강조 등을 명확하게 전달하는 데 도움을 준다. 따라서 이러한 표현 방식을 적절히 활용함으로써 의사소통의 효과를 높일 수 있다.

➕ 플러스 작문에서 비언어적 표현

작문에서 비언어적 표현은 언어적인 수단을 사용하여 정보를 전달하지만, 글자나 단어의 의미보다는 그 자체로서 의미를 가지는 표현 방식이다. 이는 주로 글자의 크기, 색상, 인쇄 스타일, 배치 등을 활용하여 의미를 전달하는 방식이다. 예를 들어, 글자를 크게 표현하여 강조하는 것, 특정 단어를 굵게 쓰거나 색상을 다르게 하는 것 등이 비언어적 표현의 일부이다.

기출 │ 따라잡기

8. 다음 중 발표의 전략으로 가장 적절하지 않은 것은? [2015. 경찰직 1차]

① 다양한 자료와 매체를 효과적으로 활용한다.

② 반언어적·비언어적 표현은 사용하지 않는다.

③ 핵심 내용을 중심으로 정해진 시간에 맞게 발표한다.

④ 청중의 반응을 고려하여 성실한 태도로 발표한다.

기출 │ 따라잡기

9. 다음 대화에 대한 설명으로 적절한 것은? [2021. 지방직 9급]

A: 지난번 제안서 프레젠테이션을 마친 후 "검토하고 연락 드리겠습니다."라고 답변을 받았는데 아직 별다른 연락이 없어서 고민이에요.

B: 어떤 연락을 기다리신다는 거예요?

A: 해당 사업에 관하여 제 제안서를 승낙했다는 답변이잖아요. 그런데 후속 사업 진행을 위해 지금쯤 연락이 와야 할텐데 심어서요.

D: 글쎄요. 보통 그런 상황에서는 완곡하게 기절하는 의사 표현이라 볼 수 있어요. 그리고 해당 고객이 제안서 내용은 정리가 잘되었지만, 요즘 같은 코로나 시기에는 이전과 동일한 사업적 효과가 있을지 궁금하다고 말한 것을 보면 알 수 있죠.

A: 네, 기억납니다. 하지만 궁금하다고 말한 것이지 사업을 수용하지 않는다는 것은 아니지 않나요? 답변을 할 때도 굉장히 표정도 좋고 박수도 쳤는데 말이죠. 목소리도 부드러웠고요.

① A와 B는 고객의 답변에 대해 제안서 승낙이라는 의미로 동일하게 이해한다.

② A는 동일한 사업적 효과가 있을지 궁금하다는 표현을 제안한 사업에 대한 부정적 평가라고 판단한다.

③ B는 고객이 제안서에 의문을 제기한 내용을 근거로 고객의 답변에 대해 판단한다.

④ A는 비언어적 표현을 바탕으로 하여 고객의 답변을 제안서에 대한 완곡한 거절로 해석한다.

기출 │ 따라잡기

10. 다음 대화문에서 대명사 '우리'의 용법이 나머지와 다른 하나는?

2014. 지방직 7급

① A: 어제는 너한테 미안했어. 우리가 너무 심하게 한 것 같아.
　　B: 아니야, 내가 잘못했어. 너희 잘못이 아니야.
② A: 어제는 정말 좋았어. 우리가 언제 또 그런 기회를 가질 수 있겠니?
　　B: 그래, 나도 좋았어. 우리 다음에도 또 그런 자리 마련해 보자.
③ A: 우리는 점심에 스파게티를 자주 먹어.
　　B: 그래? 우리는 촌스러워서 그런지 스파게티 같은 건 잘 못 먹어.
④ A: 정말 미안하지만 우리 입장도 좀 생각해 줘.
　　B: 알겠어. 다음에 기회가 되면 도와주길 바랄게.

(3) 듣기의 방법

듣기는 화법에서 중요한 의사소통 요소 중 하나이다. 효과적인 듣기는 상대방이 전달하는 메시지를 올바르게 이해하고 해석하는 능력을 기르는 데 도움이 된다. 듣기의 방법은 다음과 같다.

① **집중하기:** 듣기를 할 때에는 주의를 집중하여 상대방이 전달하려는 내용에 집중해야 한다. 주변의 소음이나 다른 잡음을 최소화하고, 상대방의 언어적인 표현과 신호를 주의깊게 관찰해야 한다.

② **비판적 듣기:** 듣는 것은 단순히 소리를 듣는 것뿐만 아니라, 상대방의 의도를 파악하고 내용을 분석하는 것을 의미한다. 비판적 듣기는 상대방의 주장이나 주장의 근거에 대해 분석하고 판단하는 것을 말한다. 이는 주어진 정보를 비판적으로 평가하고, 정확한 이해를 위해 자신의 사고력을 동원하는 것을 의미한다.

③ **효과적인 응답:** 듣기는 단순히 정보를 받아들이는 것뿐만 아니라, 상대방에게 적절한 응답을 하는 것도 중요하다. 이는 상대방의 발언에 대해 이해를 나타내거나, 질문을 통해 더 깊이 들어가는 것을 의미한다. 효과적인 응답은 상대방과의 원활한 대화와 이해를 도모할 수 있다.

④ **청중의 역할:** 듣기는 단순히 정보를 전달받는 것뿐만 아니라, 청중의 역할을 요구한다. 청중은 발화자의 의도를 파악하고, 의사소통의 효과를 높이기 위해 적극적으로 참여해야 한다. 적절한 피드백을 주거나, 질문을 제기하거나, 요약을 통해 상대방의 발화 내용을 확인하는 것이 청중의 역할이다.

기출 │ 따라잡기

11. 두 사람의 대화에 적용된 공감적 듣기의 방법이 아닌 것은?

2019. 국가직 9급

"수빈 씨, 나 처음 한 프레젠테이션인데 엉망이었어."
"정말? 무슨 일이 있었는지 자세히 말해 봐."
"너무 긴장해서 팀장님 질문에 대답을 못했어."
"팀장님 질문에 대답을 못했구나. 처음 하는 프레젠테이션이라 정아 씨가 긴장을 많이 했나 보다."

① 수빈은 정아의 말에 자신이 주의 집중하고 있음을 보여주고 있다.
② 수빈은 정아가 계속 말을 할 수 있도록 격려하고 있다.
③ 수빈은 정아의 혼란스러운 감정을 정아 스스로 정리하게끔 도와주고 있다.
④ 수빈은 정아의 말을 자신의 처지로 바꾸어 의미를 재구성하고 있다.

제 2 절 화법의 사회·문화적 원리

1 언어와 사회 문화의 관계

화법에서의 담화란 언어의 사용이 사회적 맥락에서 이루어지는 의사소통의 단위를 말한다. 이 담화는 언어의 구조와 기능, 그리고 사회 문화적 요소들이 상호작용하여 형성된다. 담화는 일상적인 대화, 이야기, 논의, 글 등 다양한 형태로 나타날 수 있다. 이러한 담화는 특정한 사회 문화에서 사용되는 언어적 표현, 규범, 관습 등을 반영한다. 예를 들어, 특정 사회 문화에서는 특정한 주제에 대한 대화 방식이나 예절이 존재할 수 있다. 또한 담화의 내용과 형식은 특정한 사회 집단이나 문화적 배경을 반영할 수 있다.

2 화법에서 언어 예절(국립국어원 표준언어예절 자료)

(1) 인사 예절

1) 평상시 인사말

① 아침 인사

㉠ 집안에서

대상	인사말
윗사람에게	안녕히 주무셨습니까? / 진지 잡수셨습니까?
아랫사람에게	잘 잤니? / 잘 잤어요?

㉡ 동네에서 이웃 사람을 만났을 때

대상	인사말
윗사람에게	안녕하십니까? / 안녕히 주무셨습니까? / 진지 잡수셨습니까?
동년배나 손아래 사람에게	• 성인에게: 안녕하십니까? / 안녕하세요? / 안녕히 주무셨습니까? / 안녕히 주무셨어요? • 손아래 미성년자에게: 안녕? / 잘 잤니?

㉢ 직장에 출근했을 때

대상	인사말
윗사람에게	안녕하십니까? / 안녕하셨습니까?
동료에게	안녕하세요?
아랫사람에게	안녕하세요? / 나왔군.

㉣ 방송에서: 안녕히 주무셨습니까? (저녁 때는 "안녕히 주무십시오.")

기출 따라잡기

12. 다음 글의 ㉠의 사례로 적절한 것은? 2007. 법원직

> "고기를 꿔(구워) 먹는다.", "밥을 뽂아(볶아) 먹는다.", "쏘주(소주)를 찐(진)하게 한잔하다."라고들 한다. 언어는 사회를 반영하는 거울이다. 예사소리를 된소리로 발음하고 나아가 표기까지 하는 현상은 어감을 크고 강하게 표현하고자 하는 언중들의 의도 때문으로 볼 수 있지만 각박해지는 사회 분위기를 반영하기 때문이다. ㉠그러다 보니 회귀 현상도 일어나 원래 된소리인 '뚜껑'을 의식적으로 예사소리로 착각해서 '두껑'이라고 잘못 발음하거나 표기하는 우스운 경우도 종종 생기곤 한다.

① 애꿎은(← 애꼿은) 사람을 잡아 가두다.

② 나는 이 집에 눈곱(← 눈꼽)만큼의 미련도 없다.

③ 어머니는 뚝배기(← 뚝뻬기)를 마룻바닥에 놓고 앉았다.

④ 근무 전후의 자투리(← 짜투리) 시간을 효과적으로 이용한다.

13. 언어 예절에 맞는 것은?

2012. 국가직 9급

① (같은 반 친구에게) 철수야, 선생님이 너 교무실로 오시래.

② (선생님과의 대화에서) 선생님, 저는 김해 김씨입니다.

③ (점원이 손님에게) 전부 합쳐서 6만 9천원 되시겠습니다.

④ (할아버지와 손자의 대화에서) 할아버지, 제가 말씀을 올리겠습니다.

② 만나고 헤어질 때의 인사말

대상	인사말
집안에서	• 나갈 때: (학교에) 다녀오겠습니다. / 다녀오리다. / 다녀오마. • 들어올 때: (학교에) 다녀왔습니다. / 다녀왔소.
오랜만에 만나는 어른에게	그 동안 안녕하셨습니까?
거리에서 이웃 사람에게	안녕하십니까? / 어디 가십니까? / 어디 다녀오십니까?
직장에서	• 만날 때: 안녕하십니까? • 먼저 퇴근할 경우 윗사람에게: 먼저 (나)가겠습니다. / 내일 뵙겠습니다. (먼저 실례하겠습니다.)
버스, 전철, 승강기 등 탈것에서	• 아는 사람과 마주친 때: 안녕하십니까? • 그 사람보다 먼저 내리게 되는 경우: 먼저 내리겠습니다. • 남아 있는 사람이: 안녕히 가십시오.

2) 경사 때의 인사말

① 생일 축하

상황(대상)	인사말
돌 때 아기에게	건강하게 자라라. / 씩씩하게 자라라.
손아래나 동년배에게	(생일) 축하한다.
손위 어른에게	(생신) 축하합니다. / 더욱 건강하시기 바랍니다. / 더욱 강녕하시기 바랍니다.
헌수(獻壽)의 절차에서	더욱 건강하시기를 빕니다. / 만수무강하십시오.

② 결혼 축하

대상	인사말	단자	봉투
본인에게	(결혼을, 혼인을) 축하합니다.	• 祝 婚姻(축 혼인)	• 祝 婚姻(축 혼인)
부모에게	• 축하합니다(경축합니다) • 얼마나 기쁘십니까?	• 祝 結婚(축 결혼) • 祝 華婚(축 화혼) • 祝儀(축의) • 賀儀(하의) • 慶祝(경축) • 결혼(혼인)을 축하합니다.	• 祝 結婚(축 결혼) • 祝 華婚(축 화혼) • 祝儀(축의) • 賀儀(하의) • 慶祝(경축)

③ 출산 축하

대상	인사말	단자·봉투
산모나 그의 남편, 부모에게	• 축하합니다. • 순산하셨다니 반갑습니다.	• 祝 順産(축 순산) • 순산을 축하합니다.

14. 다음 중 올바른 우리말 표현은?

2015. 지방직 9급

① (초청장 문안에서) 귀하를 이번 행사에 꼭 모시고자 하오니 많이 참석해 주시기 바랍니다.

② (전화 통화에서) 과장님은 지금 자리에 안 계십니다. 뭐라고 전해 드릴까요?

③ (직원이 고객에게) 주문하신 상품은 현재 품절이십니다.

④ (방송에 출연해서) 저희나라가 이번에 우승한 것은 국민 여러분의 뜨거운 성원 덕택입니다.

④ 정년 퇴임

인사말	단자 · 봉투
• 축하합니다(경축합니다). 그 동안 애 많이 쓰셨습니다.	• 謹祝(근축), 頌功(송공)
• 축하합니다(경축합니다). 벌써 정년이시라니 아쉽습니다.	• (그 동안의) 공적을 기립니다.

3) 애사(哀詞)때의 인사말

① 문상

㉠ 인사말: 어느 경우에나 아무 말도 하지 않는 것이 예의이나 말을 할 경우에는 다음과 같이 한다.

대상	인사말	단자	봉투
문상객의 말	• 일반적으로 두루 쓸 수 있는 말: 삼가 조의를 표합니다. / 얼마나 슬프십니까? / 뭐라 드릴 말씀이 없습니다. • 부모상의 경우: 얼마나 망극(罔極)하십니까?	삼가 조의를 표합니다.	賻儀 (부의)
상주의 말	• 고맙습니다. • 드릴 말씀이 없습니다.		

㉡ 부고 쓰는 법: 죽음을 알리는 말이나 글을 '부고(訃告)'라고 하는데 꼭 호상(護喪: 상주의 주위 사람으로 초상 치르는 데 온갖 일을 주장하고 보살피는 사람)의 이름으로 보내야 한다.

② 병문안

대상	인사말	봉투 · 단자
본인에게	• 들어갈 때: 좀 어떠십니까(어떻습니까)? / 얼마나 고생이 되십니까? • 불의의 사고일 때는 "불행 중 다행입니다."라고 한다. • 나올 때: 조리(조섭) 잘 하십시오. / 속히 나으시기 바랍니다.	• 祈 快癒(기 쾌유) • (조속한) 쾌유를 바랍니다.
부모에게	• 들어갈 때: 좀 어떠십니까(어떻습니까?) / 얼마나 걱정이 되십니까? / 고생이 많으십니다. • 나올 때: 속히 나으시기 바랍니다.	

4) 기타 인사말

① 새해 인사

㉠ 새해 인사로 가장 알맞은 것은 "새해 복 많이 받으십시오."이다.

㉡ 세배할 때는 절하는 것 자체가 인사이기 때문에 어른에게 "새해 복 많이 받으십시오."와 같은 말을 할 필요없이 그냥 공손히 절만 하면 된다.

㉢ 가만히 서 있다가 어른이 자리에 앉으시면 말없이 그냥 공손히 절을 하면 된다.

㉣ 덕담은 어른이 아랫사람에게 내리는 것으로서 "새해 복 많이 받게.", "소원 성취하게."가 가장 일반적이다.

① (시청 간부가 외부 전문가에게) 저는 시청에 근무하는 전우치 과장입니다. 교수님께 하반기 경제 전망에 대해 자문을 구하고자 전화를 드렸습니다.

② (간호사가 환자에게) 환자분, 주사 맞게 침대에 누우실게요.

③ (며느리가 시어머니에게) 어머니, 아범은 아직 안 들어왔어요.

④ (한국인이 외국인에게) 저희나라 국민들은 독도 문제에 대해 매우 민감합니다.

② 손님맞이

㉠ 손님을 맞을 때나 보낼 때의 인사말

상황	손님을 맞을 때	손님을 보낼 때
집	어서 오십시오.	• 손위 사람에게: 안녕히 가십시오. / 살펴 가십시오. • 손아래 사람에게: 잘 가라(가거라).
관공서, 회사 등	어서 오십시오. 어떻게 오셨습니까?	안녕히 가십시오.
잔치	어서 오십시오. 고맙습니다.	고맙습니다. 안녕히 가십시오.

㉡ 손님의 인사말

상황	인사말
집	• 들어올 때: 안녕하십니까? • 나갈 때: (결례가 많았습니다.) 안녕히 계십시오.
관공서, 회사 등	• 들어올 때: 안녕하십니까? ○○ 일로 왔습니다. / 수고하십니다(수고가 많으십니다). ○○ 일로 왔습니다. • 나갈 때: 수고하셨습니다. 안녕히 계십시오. / 수고하십시오. [아래 사람에게만]
잔치	• 들어올 때: 축하합니다. • 나갈 때: 가겠습니다. / 다녀가겠습니다. / 먼저 가겠습니다. / 안녕히 계십시오.

(2) **전화 예절**

1) **전화를 받을 때의 말**

전화기의 벨이 울리면 전화를 받는 사람이 먼저 말을 시작한다.

상황	표현
일반적으로 받을 때	• 집에서: 여보세요. 안국동입니다. / 네, 안국동입니다. • 직장에서: 네, ○○ 주식회사입니다.
전화를 바꾸어 줄 때	(네), 잠시(잠깐, 조금) 기다려 주십시오. 바꾸어 드리겠습니다.
상대방이 찾는 사람이 없을 때	지금 안 계십니다. 들어오시면 뭐라고 전해 드릴까요?
잘못 걸려 온 전화일 때	아닌데요(아닙니다), 전화 잘못 걸렸습니다.

2) 전화를 걸 때의 말

상황	표현
상대방이 응답을 할 때	• 집에서: 안녕하십니까? (저는, 여기는) ○○○입니다. ○○○씨 계십니까? • 직장에서: 안녕하십니까? (저는, 여기는) ○○○인데요. ○○○씨 좀 바꿔 주시겠습니까?
통화하고 싶은 사람이 없을 때	• 말씀 좀 전해주시겠습니까? • 죄송합니다만(미안하니다만) ○○○한테서 전화 왔었다고 전해주시겠습니까?
전화를 잘못 걸었을 때	죄송합니다(미안합니다). 전화가 잘못 걸렸습니다.

기출 | 따라잡기

16. 전화를 걸 때의 표준 언어 예절에 대한 설명으로 적절하지 않은 것은?   2017. 지방직 7급

① 전화가 잘못 걸렸을 때 '죄송합니다. 전화가 잘못 걸렸습니다.' 또는 '미안합니다. 전화가 잘못 걸렸습니다.'라고 예의를 갖추어 정중히 말하는 것이 바람직한 표현이다.

② 통화하고 싶은 사람이 없을 때 '죄송합니다만, ○○(이름)한테서 전화 왔었다고 전해 주시겠습니까?', '말씀 좀 전해 주시겠습니까?' 라는 말을 쓴다. 이 상황에서도 '전해 주시겠습니까?'를 '전해 주시면 고맙겠습니다.' 등으로 적절히 바꾸어 쓸 수 있다.

③ 대화를 마치고 전화를 끊을 때 '고맙습니다.', '안녕히 계십시오.' 하고 인사하고 끊는다. '들어 가세요.'라는 말도 많이 쓰이는데, 상대방을 배려하는 표현이므로 사용하는 것이 좋다. 만약 통화하고 싶은 사람이 없어 전화를 끊어야 할 때도 자신을 밝히고 끊어야 하며, 어른보다 먼저 전화를 끊는 것은 예의에 어긋난 행동이다.

④ 전화를 거는 사람은 인사를 하고 자신의 신분을 밝히는 것이 바람직하다. 나이 어린 사람의 경우 어른이 전화를 받았을 때는 '안녕하십니까? 저는 ○○(친구)의 친구 ○○(이름)입니다.'처럼 통화하고 싶은 사람과 어떤 관계인가를 밝히는 것이 예(禮)이다.

---

3) 대화를 마치고 전화를 끊을 때

"안녕히 계십시오.", "고맙습니다. 안녕히 계십시오.", "이만(그만) 끊겠습니다. 안녕히 계십시오." 등 인사를 하고 끊는 것이 옳다.

(3) 소개할 때

1) 자신을 남에게 소개할 때

상황	표현
일반적으로	• 처음 뵙겠습니다.(저는) ○○○입니다. • 안녕하십니까? ○○○입니다. (허용)
아버지에 기대어 자신을 소개할 때	저희 아버지는 (아버지의 함자는) ○ ○자 ○자이십니다.

➕ 플러스 **호칭에서 '자(字)' 사용**

성에는 '자'를 붙이지 않는다. 가령 이름을 말할 때 "홍 길자 동자입니다."처럼 성씨에는 '자'를 붙이지 않아야 한다.

17. 표준 언어 예절에 알맞은 표현은?
2014 국가직 7급

① 자기의 본관을 소개할 때 "저는 ○○[본관] ○ 씨입니다."라고 한다.
② 남편의 친구에게 자신을 소개할 때 "저는 ○○○ 씨의 부인입니다."라고 한다.
③ 텔레비전에서 사회자가 20대의 연예인을 소개할 때 "○○○ 씨를 모시겠습니다."라고 한다.
④ 어머니와 길을 가다 선생님을 만났을 때 "저의 어머니십니다."라고 어머니를 선생님께 먼저 소개한다.

18. 다음 중 우리말 표현으로 가장 적절한 것은?
2020. 경찰직 1차

① (길에서 친구에게) 오랜만이야, 선고(先考)께서는 잘 계시지?
② (카페에서 손님에게) 주문하신 커피 나오셨습니다.
③ (평사원이 전무에게) 전무님, 과장님은 오전에 외근 나가셨습니다.
④ (병원에서 손님에게) 잠시 기다리세요. 주사 맞고 가실게요.

2) 중간에서 다른 사람을 소개할 때

① 친소 관계를 따져 자기와 가까운 사람을 먼저 소개한다.
   어머니보다 젊은 남자 담임 선생님과 어머니를 소개하는 경우 어머니를 선생님께 먼저 소개한다.
② 손아랫사람을 손윗사람에게 먼저 소개한다.
   친구들과 놀다가 할아버지를 만난 경우 친구들을 할아버지께 먼저 소개한다.
③ 남성을 여성에게 먼저 소개한다.
   새로 전학 온 여자 친구를 같은 반 남자 친구에게 소개하는 경우 남자 친구를 여자 친구에게 먼저 소개한다.
④ 상황이 복합적일 때는 ① ⇨ ② ⇨ ③의 순서로 소개한다.

(4) 직장에서의 언어 예절

직장에서 사용하는 지칭어는 대체로 호칭어를 그대로 쓰는데 지칭 대상이 누구이며, 어떤 상대에게 지칭하는가에 따라 그 지칭어가 달라지기도 한다. 직급이 높은 사람은 물론이고 직급이 같거나 낮은 사람에게도 직장 사람들에 관해 말할 때에는 '-시-'를 넣어 '김 대리 거래처에 가셨습니까?'처럼 존대하는 것이 바람직하다.
직장에서의 압존법은 우리의 전통 언어 예절과는 거리가 멀다. 윗사람 앞에서 그 사람보다 낮은 윗사람을 낮추는 것이 가족 간이나 사제 간처럼 사적인 관계에서는 적용될 수도 있지만 직장에서 쓰는 것은 어색하다. 따라서 직장에서 윗사람을 그보다 윗사람에게 지칭하는 경우, '총무과장님께서는'은 곤란하여도, '총무과장님이'라고 하고 주체를 높이는 '-시-'를 넣어 '총무과장님이 이 일을 하셨습니다.'처럼 높여 말하는 것이 언어 예절에 맞다.

(5) 판매업 종사자들의 언어 예절

최근 '주문하신 커피 나오셨습니다.', '문의하신 상품은 품절이십니다.'처럼 서비스업이나 판매업 종사자들이 고객을 존대하려는 의도로 불필요한 '-시-'를 넣은 표현을 적지 않게 사용하고 있다. 높여야 할 대상의 신체 부분, 성품, 심리, 소유물과 같이 주어와 밀접한 관계를 맺고 있는 대상을 통하여 주어를 간접적으로 높이는 '간접 존대'에는 '눈이 크시다.', '걱정이 많으시다.', '선생님, 넥타이가 멋있으시네요.'처럼 '-시-'를 동반한다. 그러나 '말씀하신 사이즈가 없으십니다.', '(패스트푸드점, 커피 전문점 등에서) 포장이세요?', '품절이십니다.'에서 '사이즈', '품절'은 청자의 소유물 혹은 밀접한 관계를 맺고 있는 대상이 아니므로 '사이즈가 없습니다.', '포장해 드릴까요?', '품절입니다.'가 바른 표현이다.

(6) 거래처와의 언어 예절

공식적인 상황이거나 덜 친밀한 관계에서는 직장 사람들에게 직급에 관계없이 '거래처에 전화하셨습니까?', '거래처에 전화했습니까?', '거래처에 전화하십시오.', '거래처에 전화하시지요.'처럼 '하십시오체'로 말하는 것이 바람직하다. 그러나 친소 관계와 상황에 따라 '거래처에 전화하셨어요?', '거래처에 전화했어요?', '거래처에 전화하세요.', '거래처에 전화해요.'처럼 적절히 높여서 쓸 수도 있다. 아무리 듣는 사람이 아래 직원이라고 해도 '거래처에 전화했니?', '거래처에 전화해라.'(헤라체)는 쓰지 않는 것이 옳고, 가급적이면 상대방을 존중하는 뜻에서 높여 말하는 것이 좋다.

(7) 편지 예절

구분	윗사람에게		동료에게	아랫사람에게	회사나 단체에
서두	아버님 보(시)옵소서. (○○○) 선생님께(올립니다) (○○○) 부장님께(드립니다). ○○님께[공적인 편지]		○○○ 선생님께 ○○○ 과장에게 ○○○ 형 보오.	○○에게 ○○ 보아라 ○○○ 군에게 아우님(제자) 보시게.	○○ 주식회사 귀중
서명란	○○○ 올림 ○○○ 드림		○○ 드림	○○○ 씀 ○○○ 가[허용]	○○ 주식회사 사장 ○○ 올림(드림)
봉투 (받는 사람)	윗사람께	○○○+함+님(께) ○○○ 귀하 ○○○ 좌하	○○○ 귀하 ○○○ 님(에게)	○○○ 앞	○○ 주식회사 귀중 ○○ 주식회사 ○○○ 사장님 ○○ 주식회사 ○○○ 사장 귀하
	부모님께	○○○ (본인 이름)의 집 ○○○ 좌하 ○○○ 귀하			

3 일상에서 사용하는 호칭어와 지칭어

일상적인 대화에서 상대방을 부르는 말은 호칭어이고, 다른 사람을 가리켜 이르는 말은 지칭어이다.

(1) 가정에서

1) 부모·자식 간의 호칭어·지칭어

구분	호칭어	지칭어			
		자기		타인	
		산사람	죽은사람	산사람	죽은사람
아버지	• 어릴 때: 아빠(아버지) • 성장 후: 아버지 • 돌아가셨을 때: 현고(顯考)[축문에]	家親(가친) 嚴親(엄친) 父主(부주)	先親(선친) 先考(선고) 先父君(선부군)	春府丈(춘부장) 椿丈(춘장) 春堂(춘당) 大人(대인) 어르신, 어르신네	先大人(선대인) 先考丈(선고징) 先丈(선장)
어머니	• 어릴 때: 엄마(어머니) • 성장 후: 어머니 • 돌아가셨을 때: 현비(顯妣)[축문에]	慈親(자친) 母主(모주) 家慈(가자) 母親(모친)	先妣(선비) 先慈(선자)	慈堂(자당) 大夫人(대부인) 母堂(모당) 萱堂(훤당) 母夫人(모부인)	先大夫人 (선대부인) 先夫人(선부인)

기출 따라잡기

19. 호칭어와 지칭어의 사용이 바르지 않은 것은? 2015. 교행직 9급

① (친구 사이에서) 영호, 자네 춘부장께서는 무고하신가?
② (남동생이 누나에게) 누님, 매부와 언제 여행을 가세요?
③ (며느리가 시아버지에게) 아버님, 어머니는 어디 가셨어요?
④ (올케가 시누이에게) 고모, 할머님께서 저 찾지 않으셨어요?

20. 제시된 호칭어나 지칭어에 대한 설명으로 옳지 않은 것은?

2011. 국가직 9급

① 가친(家親), 엄친(嚴親): 남에게 자기 아버지를 가리키는 말이다.
② 자친(慈親), 가자(家慈): 남에게 자기 어머니를 가리키는 말이다.
③ 선친(先親), 선고(先考): 남의 돌아가신 아버지를 일컫는 말이다.
④ 춘부장(椿府丈), 춘장(椿丈), 춘당(椿堂): 남의 살아계신 아버지를 일컫는 말이다.

➕ **플러스** '빙장'과 '빙모'

'빙장, 빙모님'은 각각 다른 사람의 장인과 장모를 이르는 말이다. 자기 처의 부모를 부를 때 사용하면 안 된다.

아들	• 혼인 전: ○○(이름) • 혼인 후: ○○(이름) ○○ 아비(아범)	家兒(가아) 家豚(가돈) 豚兒(돈아) 迷豚(미돈)	令郎(영랑) 令息(영식) 令胤(영윤)	
딸	• 혼인 전: ○○(이름) • 혼인 후: ○○(이름) ○○ 어미(어멈)	女息(여식)	令愛(영애) 令嬌(영교) 令孃(영양)	
손자	○○(이름)	孫子(손자), 孫兒(손아)	令抱(영포), 令孫(영손)	

➕ **플러스** '아버님'과 '어머님'의 올바른 사용

흔히 자기 부모를 이를 때 '아버님, 어머님'과 같이 '-님'을 붙여 높이는 경우가 있다. 그러나 이는 존대가 지나쳐 잘못 사용한 표현이다. '아버님, 어머님'은 남의 부모를 높여 말하거나 자신의 돌아가신 부모에 대해서 쓰는 말이다. 편지 글을 제외하고는 살아 계신 자기 부모를 호칭하거나 지칭할 때는 '-님'을 붙이지 않는 것이 올바른 화법이다. 여자는 '시아버지, 시어머니'를 '아버님, 어머님'으로 호칭하는 것은 옳다. 그리고 친정 쪽은 '친정아버지, 친정어머니'로 지칭해야 옳다.

2) 시부모와 며느리 / 처부모와 사위 간의 호칭어

구분	호칭어	지칭어
며느리	아가, 새아가, (○○)어미(어멈), 얘야	• 며느리에게: 아가, 새아기, (○○) 어미(어멈), 너 • 부모에게: 며늘애, (○○) 어미(어멈), ○○댁(처) • 배우자에게: 며늘애, 새아기, (○○) 어미(어멈), ○○ 댁(처) • 아들에게: (○○) 어미, 네 댁, 네 처 • 사돈에게: 며늘애, ○○ 어미, [그들이 부르는 대로]
사위	○ 서방, 여보게	• 사위에게: ○ 서방, 자네 • 딸에게: ○ 서방 • 아들에게: ○ 서방, 매부 • 장인, 장모가 대화하면서: ○ 서방, (○○) 아비(아범) • 사돈에게: ○ 서방

3) 부부간의 호칭어 · 지칭어

구분	호칭어	지칭어
남편	• 신혼 초: 여보, ○○ 씨, 여봐요[허용] • 자녀가 있을 때: 여보, ○○ 아버지 • 장 · 노년기: 여보, 영감, ○○ 아버지, ○○ 할아버지	• 남편에게: 당신, ○○ 씨[신혼 초], 영감[장 · 노년] • 시부모에게: 아비, 아범, 그이(이이, 저이) • 친정 부모에게: ○ 서방, 그 사람
아내	• 신혼 초: 여보, ○○ 씨, 여봐요[허용] • 자녀가 있을 때: 여보, ○○ 엄마, 여봐요[허용] • 장 · 노년기: 여보, 임자, ○○ 어머니, ○○ 엄마, ○○ 할머니	• 아내에게: 여보, ○○ 씨[신혼 초], 임자[장 · 노년] • 친부모에게: (○○) 어미(어멈), 그 사람 • 장인, 장모에게: ○○ 어미(어멈, 엄마), 집사람, 그 사람, 안사람

4) 동기와 그 배우자에 대한 호칭어 · 지칭어

① 남자의 경우

구분	호칭어	지칭어
형 / 형의 아내	형, 형님 / 아주머님, 형수님	• 당사자에게: 형, 형님 / 아주머님, 아주머니, 형수님 • 부모에게: 형 / 아주머니, 형수 • 자녀에게: 큰아버지(큰아버님) / 큰어머니(님) • 타인에게: 형, 형님 / 형수(님)
남동생 / 남동생의 아내	○○[이름], 아우, 동생 / 제수(씨), 계수(씨)	• 부모, 동기, 타인에게: ○○[이름], 아우, 동생 / 제수(씨), 계수(씨) • 처가 쪽 사람에게: 아우, 동생 / 제수(씨), 계수(씨) • 자녀에게: 삼촌, 작은아버지(작은아버님) / 작은어머니(님), 숙모(님)
누나 / 누나의 남편	누나, 누님 / 매부, 매형, 자형	• 부모에게: 누나 / 매부, 매형, 자형 • 동기 및 처가 쪽 사람, 타인에게: 누나, 누님 / 매부, 매형, 자형 • 자녀에게: 고모(님) / 고모부(님)
여동생 / 여동생의 남편	○○[이름], 동생 / 매부, ○ 서방, 매제(妹弟)	• 당사자 및 부모에게: ○○[이름], 동생 / 매부, ○ 서방 • 동기 및 처가 쪽 사람에게: 누이 동생 / 매부 • 타인에게: 누이 동생 / 매부, ○ 서방

② 여자의 경우

구분	호칭어	지칭어
오빠 / 오빠의 아내	오빠, 오라버니(님) / (새) 언니	• 당사자에게: 오빠, 오라버니(님) / (새) 언니 • 부모에게: 오빠, 오라버니 / (새) 언니, 올케 • 동기에게: 오빠, 오라버니(님), 형(님) / (새)언니, • 시댁 쪽 사람 및 타인에게: (친정) 오빠, (친정) 오라버니, ○○ 외삼촌 / 새언니, 올케, ○○ 외숙모 • 자녀에게: 외삼촌, 외숙부(님) / 외숙모(님)
남동생 / 남동생의 아내	○○(이름), 동생 / 올케	• 부모에게: ○○(이름), 동생 / 올케 • 동기에게: ○○(이름), 동생, 형(님), 오빠 / 올케, 형수님, (새) 언니 • 자녀에게: 외삼촌, 외숙부(님) / 외숙모(님) • 타인에게: ○○(이름), ○○ 외삼촌, (친정) 동생 / 올케, ○○ 외숙모
언니 / 언니의 남편	언니 / 형부	• 친정 쪽 사람에게: 언니 / 형부, 매부 • 시댁 쪽 사람 및 타인에게: 언니, ○○ 이모 / 형부, ○○ 이모부 • 자녀에게: 이모(님) / 이모부(님)
여동생 / 여동생의 남편	○○[이름], 동생 / ○ 서방(님), 제부(弟夫)	• 당사자 및 부모에게: ○○[이름], 동생 / ○ 서방(님) • 동기에게: ○○[이름], 동생, 누나, 언니 / ○ 서방, 매부 • 시댁 쪽 사람 및 타인에게: 친정 여동생, ○○ 이모 / ○○ 이모부, 동생의 남편

기출 따라잡기

21. 다음 대화에서 밑줄 친 호칭어가 적절하지 않은 것은?

2015. 교행직 7급

> 여자 1: ㉠아주버님, 안녕하세요?
> 남자 1: 네, ㉡제수씨. 잘 지내셨죠? 여보, 어서 나와 보구려. 동생네 부부가 왔어.
> 여자 2: ㉢동서, 왔어?
> 여자 1: 네, 형님. 오랜만이에요.
> 여자 2: ㉣도련님, 어서 오세요.
> 남자 2: 형수님, 안녕하세요? 잘 지내셨지요?

① ㉠
② ㉡
③ ㉢
④ ㉣

기출 따라잡기

22. 호칭어가 적절하지 않은 것은?

2013. 지방직 7급

① 아내의 여동생의 남편에게
  – 자부
② 누나의 남편에게 – 매부
③ 남편의 남동생의 아내에게
  – 동서
④ 며느리나 사위의 조부모에게
  사장 어른

➕ 플러스 여동생의 남편을 부르는 말

여동생은 '○○[이름], 동생'으로 부른다. 그 남편은 '○ 서방(님)'으로 부른다. 나이가 더 많을 경우 '서방'이라 할 수 없으므로 '서방님'이라 높여 부르는 것이다. 2012년 이후에 '제부'가 추가되었다. '○ 서방'이라고 지칭해서 상대방이 알 수 없는 경우에는 '동생의 남편'으로 가리키면 된다.

5) 남편(아내)의 동기와 그 배우자에 대한 호칭어·지칭어

① 남편의 동기와 그 배우자에 대하여

구분	호칭어	지칭어			
		시댁 쪽 사람에게	친정 쪽 사람에게	자녀에게	타인에게
(남편의) 형 / 형의 아내	아주버님 / 형님	아주버님 / 형님	시아주버니, ○○ 큰아버지 / 큰동서(맏동서), ○○ 큰어머니	(첫째) 큰아버지(님), (지역 이름) 큰아버지 / 큰어머니(님)	시아주버니(님), ○○ 큰아버지 / 큰동서(맏동서), ○○ 큰어머니
(남편의) 아우 / 아우의 아내	(○째) 도련님[미혼자], (○째) 서방님[기혼자] / 동서	도련님[미혼자], 서방님[기혼자] / 동서	시동생, ○○ 작은 아버지, ○○ 삼촌 / 동서, ○○ 작은 어머니	삼촌[미혼자], 작은아버지(님)[기혼자] / 작은어머니(님)	시동생, 도련님, 서방님, ○○ 작은아버지, ○○ 삼촌 / 동서, ○○ 작은어머니
(남편의) 누나 / (남편) 누나의 남편	형님 / 아주버님, 서방님	형님 / (지역 이름) 아주버님, (지역 이름, 성) 서방님, ○○ 고모부(님)	시누이, ○○ 고모 / (지역 이름) 아주버님, (지역 이름, 성) 서방님, ○○ 고모부(님)	고모(님) / 고모부(님)	시누이, ○○ 고모, 아가씨, 아기씨 / (지역 이름) 아주버님, (지역 이름, 성) 서방님, ○○ 고모부(님)
(남편의) 여동생 / (남편) 여동생의 남편	아가씨, 아기씨 / 서방님	아가씨, 아기씨 / (지역 이름, 성) 서방님, ○○ 고모부(님)	시누이, ○○ 고모 / (지역 이름, 성) 서방님, ○○ 고모부(님)	고모(님) / 고모부(님)	시누이, ○○ 고모, 아가씨, 아기씨 / (지역 이름, 성) 서방님, ○○ 고모부(님)

② 아내의 동기와 그 배우자에 대해서

구분	호칭어	지칭어				
		당사자에게	아내에게	부모, 동기, 타인에게	장인, 장모에게	자녀에게
(아내의) 오빠 / 오빠의 아내	형님, 처남[연하] / 아주머니	형님, 처남[연하] / 아주머니	형님, 처남[연하] / 처남의 댁	처남, ○○ 외삼촌 / 처남의 댁, ○○ 외숙모	형님, 처남[연하] / 처남의 댁	외삼촌, 외숙부(님) / 외숙모(님)
(아내의) 남동생 / 남동생의 아내	처남, ○○(이름) / 처남의 댁	처남, 자네 / 처의 댁	처남, ○○(이름) / 처남의 댁	처남, ○○ 외삼촌 / 처남의 댁, ○○ 외숙모	처남, ○○(이름) / 처남의 댁	외삼촌, 외숙부(님) / 외숙모(님)
(아내의) 언니 / 언니의 남편	처형 / 형님, 동서[연하]	처형 / 형님, 동서[연하]	처형 / 형님, 동서[연하]	처형, ○○ 이모 / 동서, ○○ 이모부	처형 / 형님, 동서[연하]	이모(님) / 이모부(님)
(아내의) 여동생 / 여동생의 남편	처제 / 동서, ○ 서방	처제 / 동서, ○ 서방	처제 / 동서, ○ 서방	처제, ○○ 이모 / 동서, ○○ 이모부	처제 / 동서, ○서방	이모 / 이모부(님)

6) 조카에 대한 호칭어 · 지칭어

구분	호칭어	지칭어	
		친조카	누이의 자녀
남자 조카 / 조카의 아내	○○(이름)[미성년], 조카(님), ○○ 아비, ○○ 아범[성년] / 아가, 새아가, ○○ 어미, 질부(姪婦), 생질부(甥姪婦)	조카 / 조카며느리, 질부(姪婦)	생질(甥姪) / 생질부(甥姪婦)
여자 조카 / 조카 사위	○○(이름)[미성년], 조카(님), ○○ 어미, ○○ 어멈[성년] / ○ 서방, ○○ 아비, ○○ 아범	조카딸, 질녀(姪女) / 조카 사위, 질서(姪壻)	생질녀(甥姪女) / 생질서(甥姪壻)

7) 사돈 간의 호칭어 · 지칭어

남자가	남자에게	사돈 어른[나이가 위일 때] 사돈[나이 차이가 많거나 친밀할 때]
	여자에게	사부인
여자가	남자에게	사돈 어른 밭사돈[나이 차이가 많거나 친밀할 때]
	여자에게	사부인[나이가 위일 때] 사돈[나이가 아래거나 친밀할 때]

(2) 직장과 사회에서

1) 직장 사람들에 대한 호칭어 · 지칭어

구분	직함	호칭어 · 지칭어
동료에게	없음	○○○(○○) 씨, 선생님, ○ 선생(님), ○○○ 선생(님), ○ 선배, ○ 형, (○○) 언니, ○(○○) 여사
	있음	○ 과장, ○○○(○○) 씨, 선생님, ○ 선생(님), ○○○ 선생(님), ○ 선배, ○ 형, ○(○○○) 여사
상사에게	없음	선생님, ○(○○) 선생님, ○(○○) 선배님, ○(○○) 여사
	있음	부장님, ○(○○) 부장님, (총무) 부장님
아래 직원에게	없음	○○○ 씨, ○ 형, ○○○ 선생(님), ○(○○) 여사, ○ 선생(님), ○ 군, ○ 양
	있음	○ 과장, 총무과장, ○○○ 씨, ○ 형, ○ 선생(님), ○○○ 선생(님)

2) 타인에 대한 호칭어 · 지칭어

구분		호칭어 · 지칭어
친구의 배우자	친구의 남편	(○) ○○ 씨, ○○ 아버지, (○) 과장님, (○) 선생님
	친구의 아내	아주머니, (○) ○○ 씨, ○○ 어머니, 부인, ○ 여사, ○[직함] 해당 친구에게 지칭할 때: (자네) (합) 부인, ○○ 어머니
배우자의 친구	남편의 친구	(○) ○○ 씨, ○○ 어머니, 아주머니, ○ 선생(님), ○ 여사, ○[직함](님)
	아내의 친구	(○) ○○ 씨, ○○ 어머니, 아주머니, ○ 선생(님), ○ 여사, ○[직함](님)
부모의 친구	아버지의 친구	• 어린이 말: (지역 이름) 아저씨, ○○ 아버지 • 어른 말: (지역 이름) 아저씨, 어르신, 선생님, (○) [직함]
	어머니의 친구	• 어린이 말: (지역 이름) 아주머니, ○○ 어머니(엄마) • 어른 말: (지역 이름) 아주머니, ○○ 어머니

기출 | 따라잡기

23. 언어 예절에 있어서 바람직하지 않은 것은? 2002. 국가직 9급

① 평사원이 과장을 부장에게 말할 때: "부장님, 이 과장님 어디 가셨습니까?"
② 부장이 과장을 다른 회사 부장에게 말할 때: "김 과장 은행에 갔습니다."
③ 부장이 과장을 다른 회사 평사원에게 말할 때: "김 과장 은행에 갔습니다."
④ 평사원이 과장을 다른 회사 부장에게 말할 때: "김 과장님 은행에 가셨습니다."

친구의 부모	친구의 아버지	• 어린이 말: ○○ 아버지, (지역 이름) 아저씨 • 어른 말: (○○) 아버님, 어르신, ○○ 할아버지
	친구의 어머니	• 어린이 말: ○○ 어머니(엄마), (지역 이름) 아주머니 • 어른 말: (○○) 어머님, 아주머니, ○○ 할머니
선생님의 배우자	여선생님의 남편	사부(師夫)님, ○(○○) 선생님, ○[직함]
	남선생님의 아내	사모(師母)님
직장 상사의 가족	남편	(○, ○○○) 선생님, (○, ○○○) [직함](님)
	아내	사모님, 아주머니(님)
직장 동료나 아랫사람의 가족	남편	(○, ○○○) 선생님, (○, ○○○) [직함](님) 🗐 해당 동료나 아랫사람에게 지칭할 때: 부군, 바깥양반
	아내	아주머니(님), 부인 🗐 해당 동료나 아랫사람에게 지칭할 때: 아주머니(님), (자네) (합) 부인
	자녀	○○[이름], ○○○ 씨, (○) [직함](님)
식당 등 영업소의 종업원	남자	아저씨, 젊은이, 총각
	여자	아주머니, 아가씨
은행, 관공서 등의 직원	남자 · 여자	○○○ 씨, (○) 과장(님), 선생(님)

3) 자기에 대하여 말할 때

① 직장에서

상사가 아래 직원에게	사장인데. / 총무부 김 부장인데.
아래 직원이 상사에게	상무 이사입니다. / 총무부 김 부장입니다. / 총무부장 ○○○입니다.
다른 회사 사람에게	○○ 주식회사 상무 이사입니다. / 총무부 김 부장입니다. 총무부장 ○○○니다. / 총무부 ○○○입니다.

② 가정에서

부모님의 친구에게	저희 아버지가 김(姓) ○자 ○자 쓰십니다. 저희 아버지 함자가 김(姓) ○자 ○자이십니다 / *○자 ○자 ○재(×) ○○○ 씨 / 부장(님) 아들입니다.
자녀의 친구에게	○○○의 아버지이다. ○○○의 아비이다(아비되는 사람입니다).
자녀의 스승에게	○○○의 아비입니다(아비되는 사람입니다). (○○○의 아버지입니다).

기출 │ 따라잡기

24. 표준 언어 예절에 어긋난 것은?

2015. 사회복지직 9급

① 직장 상사의 아내를 '여사님'이라
고 부른다.

② 직장 상사의 남편을 해당 직장 상
사에게 '사부님'이라고 지칭한다.

③ 직장 상사(과장)의 아내를 직장
동료에게 '과장님 부인'이라고 지
칭한다.

④ 직장 상사(과장)의 남편을 직장
동료에게 '과장님 바깥어른'이라
고 지칭한다.

동기의 친구에게	○○○ 씨가 제 큰형님입니다(이십니다). ○○○ 씨의 동생입니다.
동기의 직장에 전화를 걸어	○○○ 씨의 동생입니다. ○○○ 씨의 형 되는 사람입니다 제 동생이 ○○○입니다.
아내(남편)의 친구에게	○○○ 씨의 남편(바깥사람 / 아내, 집사람, 처, 안사람)입니다. ○○○ 씨가 제 아내(집사람, 안사람, 처 / 남편, 바깥양반)입니다.
아내(남편)의 직장에 전화를 걸어서	집입니다. ○○ 씨의 남편(바깥사람 / 아내, 집사람, 안사람, 처)입니다.

(3) 촌수(寸數)와 친척 관계

친척 간의 친소(親疎)는 촌수로 말하고, 상대와 자기와의 관계를 말할 때는 친척 관계로 말하는데, 촌수(寸數)를 따지는 법은 다음과 같다.

① 직계 가족과의 촌수는 자기와 상대까지의 대수(代數)가 촌수이다. 즉 아버지와 아들은 1대니 1촌이고, 할아버지와 손자는 2대니까 2촌이다.

② 방계 가족과의 촌수는 자기와 어떤 조상에게서 갈렸는지를 먼저 알고 자기와 그 조상의 대수(代數)에 그 조상과 대상의 대수를 합해서 촌수로 한다. 즉, 형제 자매는 아버지에서 갈렸는데 자기와 아버지는 1대이고 아버지와 형제 자매는 1대이니까 합해서 2촌이고, 백숙부와 자기는 할아버지에서 갈렸는데 할아버지와 백숙부는 1대이고 자기는 2대니까 합해서 3촌이 되는 것이다.

기출 | 따라잡기

25. 다음 중 나를 기준으로 촌수가 가장 먼 것은?   2008. 서울시 9급

① 고모(姑母)
② 당숙(堂叔)
③ 백부(伯父)
④ 숙부(叔父)
⑤ 외종형(外從兄)

CHAPTER

03

화법의 전략

1 효과적인 의사소통 방법

(1) 명확하고 간결한 표현

의사소통에서 가장 중요한 요소는 명확하고 간결하게 생각이나 정보를 전달하는 것이다. 언어를 사용할 때는 복잡한 문장이나 어려운 용어보다는 간단하고 명확한 표현을 사용하는 것이 좋다. 불필요한 어려운 단어나 긴 문장은 혼동을 줄 수 있으므로 피하는 것이 좋다.

(2) 상대를 고려하여 말하기

효과적인 의사소통은 상대방을 존중하고 이해하는 자세로 이루어져야 한다. 상대방의 의견이나 감정을 경청하고, 이를 존중하며 이해하려는 노력을 기울이는 것이 중요하다. 상대방의 관점을 이해하고 공감하는 자세를 갖는 것이 의사소통의 질을 높일 수 있다. 가령 상대방이 윗사람인지 아랫사람인지에 따라 같은 내용을 전달하더라도 다르게 말한다. 높임법이 달라질 수도 있지만, 다른 표현을 사용할 수도 있다.

(3) 상황에 따라 말하기

상황의 변화에 따라 다양한 방식으로 말하는 태도나 어법들 조절하는 것도 필요하다. 가령 언어뿐만 아니라 비언어적인 요소들도 의사소통에서 중요한 역할을 한다. 자세, 표정, 몸짓, 눈빛 등의 비언어적인 신호를 적절하게 활용하여 의도나 감정을 표현하는 것이 중요하다. 상대방의 비언어적인 신호에도 주의를 기울이고, 자신의 비언어적인 신호도 의도한 대로 전달되도록 신경 쓰는 것이 좋다.

(4) 의사소통의 전략

상대의 대화 방식과 의도, 상황 등을 파악하며 말한다. 의사소통의 규칙을 지키며 말하도록 노력한다.

> **➕ 플러스** 의사소통 규칙
>
> (1) 존중과 예의: 상대방을 존중하고 예의를 갖추는 것은 올바른 의사소통의 핵심이다. 상대방의 의견을 경청하고 존중하며, 상호간에 예의를 지키는 것이 중요하다. 상대방의 시간과 의견을 중요하게 생각하고, 상호간의 존중과 예의를 유지하는 자세를 갖추어야 한다.
>
> (2) 의사소통을 이루는 규칙: 화제에서 벗어난 내용을 말하지 않는다. 말할 기회를 독점하지 않는다. 상대방의 말이 채 끝나기도 전에 끼어들지 않는다. 상대방을 배려하고 언어 예절을 지킨다. 상대방의 말을 듣고 있다는 표정이나 태도를 보인다.
>
> (3) 적절한 피드백 제공: 피드백은 의사소통의 원활성을 높이는 데 도움을 준다. 상대방의 발언에 대해 적절하고 건설적인 피드백을 제공하고, 상대방의 피드백에도 개방적으로 수용하는 자세를 가져야 한다. 피드백은 상호간의 의견 교환과 발전을 도모하는 도구로 사용되어야 한다.
>
> (4) 문제 해결과 타협: 의사소통은 때로는 의견의 충돌이나 문제의 해결을 필요로 한다. 이런 경우 상호간의 타협과 문제 해결 능력이 필요하다. 적절한 대화와 상호간의 이해를 통해 해결책을 모색하고, 상호간의 타협을 통해 양보와 협력을 이끌어내는 것이 중요하다.

(5) 적극적인 청취

의사소통은 단방향적인 정보 전달이 아니라 상호적인 과정이다. 효과적인 의사소통을 위해서는 상대방의 의견과 감정을 적극적으로 듣고 이해하는 것이 중요하다. 상대방의 말을 주의 깊게 듣고, 질문을 통해 더 깊이 이해하려고 노력하는 것이 좋다.

26. 다음 글을 참고할 때, 〈보기〉에서 아이의 말에 대한 엄마의 말이 '반영하기'에 해당하는 것은?

2017. 지방직 9급 하반기

적극적인 듣기의 방법에는 '요약하기'와 '반영하기'가 있다. 화자가 자신의 상태에 대해 직접적으로 말하는 경우에는 요약하기와 같은 재진술이 가능하지만 그렇지 않으면 불가능하나. 한편 반영하기는 상대의 생각을 수용하고 상대의 현재 상태에 감정 이입을 하여 의미를 재구성하는 방법으로, 상대를 이해하고 있다는 청자의 적극적인 표현이기 때문에 원활한 의사소통에 도움이 된다.

보기

아이: 엄마, 모레가 시험인데 내일 꼭 치과에 가야 하나요?
엄마: _____

① 너, 치과에 가기가 싫어서 그러지.
② 네가 치료보다 시험에 집중하고 싶구나.
③ 내일 꼭 치과에 가야 하는지가 궁금했구나.
④ 약속은 지켜야 하는 거니까 치과에 가야겠지.

27. 다음 대화 상황에서 의사소통에 장애가 일어났다고 한다면, 그 이유로 가장 적절한 것은?

2018. 지방직 9급

교사: 동아리 보고서를 오늘까지 내라고 하지 않았니?
학생1: 네, 선생님. 다정이가 다 가지고 있는데, 아직 안 왔어요.
교사: 이거, 큰일이네. 오늘이 마감인데.
학생1: 그러게요. 큰일이네요. 다정이가 집에도 없는 것 같아요.
학생2: 어떡해? 다정이 때문에 우리 모두 점수 깎이는 거 아니야? 네가 동아리 회장이니까 네가 책임져.
학생1: 아니, 뭐라고? 다정이가 보고서 작성하기로 지난 회의에서 결정한 거잖아.
교사: 자, 그만들 해. 이럴 때가 아니잖아. 어서 빨리 다정이한테 연락이나 해 봐. 지금 누구 잘잘못을 따질 상황이 아니야.
학생3: 제가 다정이 연락처를 아니까 연락해 볼게요.

① 교사가 권위적인 태도로 상황을 무마하려 하고 있다.
② 학생1이 자신의 책임을 면하기 위해 변명으로 일관함으로써 의사소통이 단절되고 있다.
③ 학생2가 대화 맥락을 고려하지 않고 끼어들어 책임을 언급함으로써 갈등이 생겨나고 있다.
④ 학생3이 본질과 관계없는 말을 언급함으로써 상황을 무마하려고 하고 있다.

2 정중 어법

대화의 원리

일상생활 속에서 상대에게 무엇인가를 부탁하거나 건의해야 하는 상황, 상대의 부탁이나 요청을 거절해야 하는 상황, 상대의 기분을 살펴 사과해야 하는 상황 등을 마주하게 된다. 이러한 상황 속에서 원활하게 대화하기 위해서는 상대의 마음을 헤아리고 존중하며 예의를 갖추어 말해야 한다.

(1) 공손성의 원리

자신의 말이 상대에게 미칠 영향을 고려하면서, 상대를 배려하며 예절을 갖추어 대화하는 방법. 공손성의 원리를 갖추어 대화하는 방법을 '정중 어법'이라고 한다.

요령의 격률	상대에게 부담이 되는 표현은 최소화하고, 이익이 되는 표현은 최대화하라.	이익과 부담
관용의 격률	화자 자신에게 혜택을 주는 표현은 최소화하고, 자신에게 부담을 주는 표현은 최대화하라.	
찬동(칭찬)의 격률	청자를 비난하는 표현은 최소화하고, 칭찬하는 표현은 최대화하라.	칭찬과 비방
겸양의 격률	화자 자신을 칭찬하는 말은 최소화하고, 자신을 비방하여 겸손하게 표현하라.	
동의의 격률	상대방과 불일치하는 표현은 최소화하고, 상대방과 일치하는 표현은 최대화하라.	일치와 차이

＊ 격률: 행위의 규범이나 윤리의 원칙.

① **요령의 격률: 상대가 부담스럽지 않게 말하기**

상황 1	승우: 다음 주에 우리 모둠이 발표해야 하니까 금요일까지 자료 정리해서 나한테 보내 줘. 서연: 그렇게 빨리? ※ 저렇게 급하게 해내라고 하다니, 서연이가 엄청 부담을 느끼겠는걸.
상황 2	석재: 내가 주말에 이모 댁에 가야해서 그러는데, 혹시 금요일까지 자료 정리해서 보내 줄 수 있겠니? 마무리는 내가 할게. 지애: 좀 급하긴 하지만 해 볼게. ※ 석재가 저렇게 얘기하면 부탁을 들어주고 싶겠는걸.

승우는 모둠 발표를 위해 서연에게 자료 정리를 부탁하고 있다. 그런데 승우는 서연의 처지는 고려하지 않고 자신의 요구만 명령하듯 말하고 있다. 이러한 말하기는 서연에게 부담을 줄 수 있다. 상대에게 부탁을 해야 하는 상황에서는, 석재와 같이 자신의 사정을 이야기하거나, 상대에게 선택권을 주는 등 상대의 처지를 고려하면서 부담을 줄여 표현하는 것이 좋다. 이렇게 상대에게 부담이 되는 표현 대신 이익이 되는 표현을 하라는 말하기 규칙을 요령의 격률이라고 하는데, 이 격률에 따르면 상대의 부담이 줄어들수록, 상대의 이익이 커질수록 예의 있는 표현이 된다. 직접적인 명령보다는 간접적이고 완곡한 표현이 상대의 부담을 덜어 주므로 예의 있는 표현이라 할 수 있다.

＊ 요령: 일을 하는 데 꼭 필요한 묘한 이치.

기출 | 따라잡기

28. 다음 대화에서 밑줄 친 부분의 표현 효과에 대한 설명으로 적절한 것은?

2020. 지방직 9급

김 대리: 늦어서 죄송합니다. 일이 좀 많았습니다.
이 부장: 괜찮아요. 오랜만에 최 대리하고 오붓하게 대화도 나누고 시간 가는 줄 몰랐네요. 허허허.
김 대리: 박 부장님은 오늘 못 나오신다고 전해 달라셨어요.
이 부장: 그럼, 우리끼리 출발합시다.

① 자신과 상대방의 의견 차이를 최소화한다.
② 상대방에게 부담이 되는 표현을 최소화한다.
③ 화자 자신에게 혜택을 주는 표현을 최소화한다.
④ 상대방에 대한 비방을 최소화하고 칭찬을 최대화한다.

② 관용의 격률: 자신의 탓으로 돌려서 말하기

상황 1	서연: 선생님, 발표할 때 활용하라고 주신 자료가 너무 어려워서, 이걸로는 못하겠어요. 쉬운 걸로 다시 찾아 주세요. 선생님: 이게 어렵다고? 어렵다고만 하지 말고 다시 읽어 보렴. ※ 서연이는 선생님을 탓하는 것처럼 말하고 있네. 선생님은 기분이 어떠실까?
상황 2	지애: 선생님, 발표할 때 활용하라고 주신 자료를 제가 잘 이해하지 못해서 그러는데, 혹시 조금 쉬운 자료로 찾아 주실 수 있을까요? 선생님: 다시 한 번 읽어 보겠니? 그래도 어렵다면 다른 자료를 찾아 볼게. ※ 지애처럼 건의하면 기분이 상하지 않을 것 같아.

서연은 발표를 준비하는 과정에서 선생님께 건의를 하고 있다. 그런데 그 과정에서 서연은 선생님께서 찾아 주신 자료가 너무 어렵다며 선생님을 탓하는 것처럼 말하고 있다. 이러한 말하기는 선생님께 불쾌한 감정을 불러일으킬 수 있다. 상대에게 건의를 해야 하는 상황에서는 지애와 같이 상대를 배려하며 문제의 원인을 자신의 탓으로 돌려 표현하는 것이 좋다. 이렇게 자신의 이익을 최소화하고 부담을 최대화하라는 말하기 규칙을 관용의 격률이라고 하는데, 이 격률에 따르면 자신의 부담이 커질수록, 자신의 이익이 줄어들수록 예의 있는 표현이 된다.

기출 | 따라잡기

29. ㉠~㉣은 '공손하게 말하기'에 대한 설명이다. ㉠~㉣을 적용한 B의 대답으로 적절하지 않은 것은?

㉠ 자신을 상대방에게 낮추어 겸손하게 말해야 한다.
㉡ 상대방의 처지를 고려하여 상대방이 부담을 갖지 않도록 말해야 한다.
㉢ 상대방이 관용을 베풀 수 있도록 문제를 자신의 탓으로 돌려 말해야 한다.
㉣ 상대방의 의견에서 동의하는 부분을 찾아 인정해 준 다음에 자신의 의견을 말해야 한다.

① ㉠ A: "이번에 제출한 디자인 시안 정말 멋있었어."
　　 B: "아닙니다. 아직도 여러모로 부족한 부분이 많습니다."
② ㉡ A: "미안해요. 생각보다 길이 많이 막혀서 늦었어요."
　　 B: "괜찮아요. 쇼핑하면서 기다리니 시간 가는 줄 몰랐어요."
③ ㉢ A: "혹시 내가 설명한 내용이 이해 가니?"
　　 B: "네 목소리가 작아서 내용이 잘 안 들렸는데 다시 한 번 크게 말해 줄래?"
④ ㉣ A: "가원아, 경희 생일 선물로 귀걸이를 사주는 것은 어때?"
　　 B: "그거 좋은 생각이네. 하지만 경희의 취향을 우리가 잘 모르니까 귀걸이 대신 책을 선물하는 게 어떨까?"

PART 03 화법(말하기) 편

30. 공손성 원리로 가장 적절한 것은?

2017. 교행

> 손님: 바쁘실 텐데 초대해 주셔서 감사합니다. 음식이 참 맛있네요. 요리 솜씨가 이렇게 좋으시니 정말 부럽습니다.
> 주인: 뭘요. 과찬이세요. 맛있게 드셨다니 감사합니다.

① 상대방에 대한 비난을 최소화하고 칭찬의 표현을 최대화한다.
② 상대방에 대한 부담은 최소화하고 혜택의 표현을 최대화한다.
③ 자신에 대한 혜택은 최소화하고 부담의 표현을 최대화 한다.
④ 자신에 대한 칭찬은 최소화하고 비난의 표현을 최대화 한다.

③ **칭찬의 격률**: 상대를 칭찬하며 말하기

상황 1	승우: 어제 발표 연습을 그렇게 많이 했는데 오늘 발표가 그게 뭐니? 왜 그렇게 떨어? 무슨 말을 하는지 하나도 모르겠더라. 서연: 너는 무슨 말을 그렇게 하니? 내 발표가 뭐가 어때서? 네가 했으면 안 떨었을 것 같아? ※ 승우는 서연이가 잘한 점은 빼고, 잘못한 점만 말하고 있네.
상황 2	석재: 어제 발표 연습을 많이 해서 그런지 오늘 발표 정말 잘하더라. 이해가 잘 되었어. 조금 떠는 것 같긴 했는데, 너였으니까 그나마 그 정도만 떨었을 거야. 지애: 고마워. 석재야. 많이 떨었는데 네가 그렇게 말해 주니 한결 마음이 놓인다. ※ 석재가 저렇게 말해 주면 실수한 지애는 고맙겠는걸.

승우는 서연이 떨면서 발표를 한 것에 대해 잘못을 지적하며 비방을 하고 있다. 그에 반해 석재는 지애가 잘한 점을 먼저 칭찬한 후에 개선이 필요한 부분을 완곡하게 말하여 지애가 불쾌감을 느끼지 않도록 배려하고 있다. 이렇게 석재처럼 상대에 대한 비방을 최소화하고 칭찬을 최대화하라는 말하기 규칙을 칭찬의 격률이라고 하는데, 이 격률에 따르면 상대를 비방하는 것, 칭찬해야 할 상황에서 칭찬을 하지 않는 것은 예의를 갖추지 못한 표현이 된다. 그런데 진심이 담기지 않은 칭찬은 오히려 상대의 기분을 상하게 할 수도 있으므로 주의해야 한다.

④ **겸양의 격률**: 자신을 낮추어 말하기

상황 1	선생님: 서연아. 발표 자료 정말 잘 만들었더구나. 그래서 내용도 더 잘 전달된 것 같아. 서연: 당연하죠. 제가 뭐 못하는 거 보셨어요? 다음 발표 자료도 기대하세요. ※ 서연이처럼 잘난 척을 하면 칭찬하기 싫어지지.
상황 2	선생님: 지애야. 발표 자료 정말 잘 만들었더구나. 그래서 내용도 더 잘 전달된 것 같아. 지애: 아니에요. 부족한 게 많았는데, 친구들이 도와줘서 잘 만들 수 있었어요. 좋게 봐 주셔서 고맙습니다. ※ 지애처럼 겸손한 사람은 계속 칭찬해 주고 싶겠어.

서연은 선생님의 칭찬을 당연하게 받아들이며 다음에도 잘 해낼 것이라고 자만심을 드러내고 있다. 반면 지애는 선생님의 칭찬에 자신을 낮추며 겸손하게 말하고 있다. 이렇게 지애처럼 자신에 대한 칭찬은 최소화하고 비방은 최대화하라는 말하기 규칙을 겸양의 격률이라고 하는데, 우리말에서는 "별말씀을요.", "아직 부족합니다."와 같이 상대의 칭찬을 부정하고 자신을 낮추어 말하는 표현이 이에 해당한다. 그러나 상대의 칭찬을 지나치게 부정하거나 자기를 비하하는 것은 바람직하지 않으므로 적당한 수준을 고려해야 한다.

* 겸양: 겸손한 태도로 남에게 양보하거나 사양함.

31. 다음에서 설명한 '겸양의 격률'을 사용한 대화문은?　　　　2017. 국가직 7급

> '공손성의 원리'는 대화 참여자들 사이에서 공손하고 예의 바르게 말을 주고받는 태도를 중시하는 이론이다. 이 원리는 '요령', '관용', '찬동', '겸양', '동의'의 격률로 구성되어 있는데, 이 중 우리 선조들은, 상대방의 칭찬을 그대로 받아들이기보다는 자신을 낮추어 말하는 것을 미덕으로 여긴 '겸양의 격률'을 중요하게 생각했다.

① 가: 집이 참 좋네요. 구석구석 어쩌면 이렇게 정돈이 잘 되어 있는지…. 사모님 살림 솜씨가 대단하신데요.
　나: 그렇게 말씀해 주시니 고맙습니다.

② 가: 정윤아, 날씨도 좋은데 우리 놀이공원이나 갈래?
　나: 놀이공원? 좋지. 그런데 나는 오늘 뮤지컬 표를 예매해 둬서 어려울 것 같아.

③ 가: 제가 귀가 안 좋아서 그러는데 죄송하지만 조금만 더 크게 말씀해 주시겠어요?
　나: 제 목소리가 너무 작았군요. 죄송합니다.

④ 가: 유진아, 너는 노래도 잘하고 운동도 잘하고 못하는 게 없구나.
　나: 아니에요. 특별히 잘하는 것도 없는데요. 아직 많이 부족합니다.

⑤ **동의의 격률**: 상대의 의견에 동의하며 말하기

상황 1	서연: 얘들아, 우리 발표 끝난 기념으로 다 같이 피자 사 먹고 가자. 그동안 다들 힘들었잖아. 승우: 난 싫어. 어제 발표 준비하느라 피곤한데, 피자는 무슨 피자. 집에 가서 쉴래. ※ 얘기하자마자 안 된다고 하면 서연이의 기분이 많이 상하겠는걸.
상황 2	지애: 얘들아, 우리 발표 끝난 기념으로 다 같이 피자 사 먹고 가자. 그동안 다들 힘들었잖아. 석재: 좋은 생각이야. 발표 준비하면서 하고 싶은 말도 많았을 텐데. 다만 오늘은 조금 피곤하니, 내일 가는 건 어떨까? ※ 서로 의견이 다르더라도 석재처럼 말해 주면 기분이 덜 나쁠 것 같아.

승우는 발표가 끝난 기념으로 뒤풀이를 하자는 서연의 제안을 거절하고 있다. 그런데 승우는 먼저 서연과 의견이 일치하지 않음을 직접적으로 드러낸 다음 자신의 생각을 말하고 있다. 이러한 표현은 여러 사람이 함께 대화를 나누는 상황에서 서연을 무안하게 할 수도 있고, 서연에게 불쾌감을 줄 수도 있다. 따라서 서로 의견이 다를 때에는, 석재와 같이 먼저 상대의 제안에 대해 공감을 표현하고 제안의 긍정적인 효과에 대해 언급하며 일체감을 높인 다음 자신의 생각을 말하는 것이 좋다. 그리고 '다만'과 같은 완충적인 표현이나 '어떨까?'와 같이 선택권을 부여하는 의문문을 사용하여 상대의 감정이 상하지 않도록 부드럽게 말하는 것도 도움이 된다. 이렇게 석재처럼 상대와 자신의 의견 차이를 최소화하고 일치를 최대화하라는 말하기 규칙을 동의의 격률이라고 하는데, 이 격률이 상대의 의견에 무조건 동조하라는 것은 아니다. 만약 대화 초반부터 상대의 의견이 자신과 다름을 직접적으로 드러내면 상대의 기분이 상할 수도 있고, 문제를 원만하게 해결할 수 있는 대화 분위기를

32. 다음 대화에서 나타난 '지민'의 의사소통 방식으로 가장 적절한 것은?　　2022. 국가직 9급

> 정수: 지난번에 너랑 같이 들었던 면접 전략 강의가 정말 유익했어.
> 지민: 그랬어? 나도 그랬는데.
> 정수: 특히 아이스크림 회사의 면접 내용이 도움이 많이 됐어.
> 지민: 맞아. 그중에서도 두괄식으로 답변하라는 첫 번째 내용이 정말 인상적이더라. 핵심 내용을 먼저 말하는 전략이 면접에서 그렇게 효과적일 줄 몰랐어.
> 정수: 어! 그래? 나는 두 번째 내용이 훨씬 더 인상적이었는데.
> 지민: 그랬구나. 하긴 아이스크림 매출 증가에 관한 통계 자료를 인용해서 답변한 전략도 설득력이 있었어. 하지만 초두 효과의 효용성도 크지 않을까 해.
> 정수: 그렇긴 해.

① 자신의 면접 경험을 예로 들어 상대방을 설득하고 있다.

② 상대방의 약점을 공략하며 상대방의 이견을 반박하고 있다.

③ 상대방의 견해를 존중하면서 자신의 의견을 제시하고 있다.

④ 상대방과의 갈등 해소를 위해 자신의 감정을 표현하고 있다.

해칠 수도 있다. 따라서 상대의 의견 중 공감할 수 있는 부분에 대해서는 공감을 표현하고 순차적으로 이견이 있는 부분을 이야기하는 것이 바람직하다.

(2) 협력의 원리

대화 참여자가 대화의 목적에 성공적으로 도달하기 위해 지켜야 할 네 가지 격률이다.

양의 격률	대화의 목적에 필요한 만큼만 정보를 제공하라.
질의 격률	타당한 근거를 들어 진실이라고 생각하는 정보만을 말하라.
관련성의 격률	대화의 목적이나 주제와 관련된 것을 말하라.
태도(방법)의 격률	모호한 표현이나 중의적 표현을 피하고, 말하고자 하는 의도가 분명히 드러나도록 간결하고 조리 있게 말하라.

① 양의 격률

㉠ 지금 주고 받는 대화의 목적에 필요한 만큼만 정보를 제공하라.

㉡ 필요 이상의 정보를 제공하지 마라.

㉢ 양의 격률은 정보의 효과적인 전달 측면에서 매우 중요하지만, 인간관계적인 측면에서도 중요하다.

상황	철수: 너는 올해 몇 살이니?
	영희: 형이 스무살이고 동생이 열여섯이니 저는 열여덟이에요.

위 대화에서 영희는 상대방이 원하는 정보보다 더 많은 정보를 불필요하게 제공해서 양의 격률을 어기고 있다.

② 질의 격률

㉠ 상위격률: 진실한 정보만을 제공하라.

㉡ 하위격률: 거짓이라고 생각되는 말은 하지마라. 증거가 불충분한 말은 하지마라.

㉢ 질의 격률을 상대와 신뢰가 무너질 수 있다. 이 또한 인간관계에 악영향을 끼친다.

상황	철수: 미혜야, 이 수학 문제 좀 가르쳐 줄래?
	미혜: (알고 있으면서) 글쎄, 나도 못 풀겠는데….

위 대화에서 미혜는 문제의 해결 방법을 알고 있으면서도 모르겠다고 거짓 대답을 했다. 미혜는 진실하지 못한 답을 했으니 질의 격률을 어긴 경우이다.

③ 관련성의 격률

    ㉠ 대화의 적합성이 있는 말을 하라.

    ㉡ 대화의 주제에서 벗어나지 마라.

    ㉢ 대화를 이루는 여러 격률 중 가장 중요한 격률이다. 다른 격률을 모두 지켰다 하더라도 관련성이 없다면 대화가 올바로 진행된 것이 아니다.

상황	철수: 요번 방학에는 어디로 놀러 갈거니? 영희: 내일이 자격증시험이라 밤샘 공부를 해야 해.

위 대화는 영희가 목적이나 주제와 동떨어진 반응을 하게 되어 관련성의 격률을 어긴 경우이다

④ 태도의 격률

    ㉠ 상위격률: 명료하게 말하라.

    ㉡ 하위격률: 모호한 표현은 피하라. 중의성은 피하라. 간결하고 조리있게 말하라.

    ㉢ '태도'라는 말을 '매너(manner)'로 바꿔 말의 에티켓을 떠올린다면 쉽게 이해할 수 있다.

상황	철수: 오늘 학교 끝나고 같이 pc방 갈까? 명호: 글쎄…. 집에도 가야 하고… 몸도 별로고… 게임은 하고 싶은데… 배고파서 밥도 먹어야 하는데….

위 대화는 조리있게 말하지 않고 모호하게 말하고 있어 태도의 격률을 어긴 경우이다.

(3) 순서 교대의 원리

대화할 때 화자와 청자의 역할은 고정된 것이 아니라 끊임없이 순환되어야 한다. 대화 참여자가 서로 적절하게 순서를 교대해 가면서 말을 주고받아야 한다는 것이다. 대화 참여자는 화자와 청자의 역할을 바꾸어 가면서 차례로 말을 하면서 대화를 진행해야 한다. 대화의 흐름을 잘 살피고 대화 순서에 유의하여 말해야 대화가 원활이 이루어진다는 뜻이다. 순서 교대의 원리를 어긴 사례를 든다면, 대화의 순서를 안 지키고 자신만 말을 하는 행위, 혼자서 말을 길게 하여 다른 사람에게 말할 기회를 주지 않는 행위, 다른 사람의 대화를 자르거나 가로채는 행위, 자신이 말할 순서에 아무 말도 하지 않는 행위 등이 있다.

➕ 플러스 대화의 원리 실제 상황 파악하기

[문제] ㈎와 ㈏에서 대화의 원리에 어긋난 부분을 찾아 바르게 고쳐 보자.

[안내] 실제 담화에서 대화의 원리에 어긋난 부분을 찾아 바르게 고쳐 보면서 대화의 원리를 이해해 보는 활동이다. 대화의 원리에 어긋난 부분을 고쳐 쓸 때는 대화의 원리 중 어떤 원리를 위반하였는지도 파악해 볼 수 있어야 한다. 또한 올바른 표현으로 고치는 연습도 필요하다.

㈎ 선생님: 경수야. 네 덕분에 체육 대회를 수월하게 준비할 수 있었어. 고맙다.
　경수: 그럼요. 저는 원래 맡은 일을 완벽하게 해내거든요.

㈏ 어머니: 이번 휴가에는 바다로 여행을 갔으면 하는데. 다들 어떻게 생각하니?
　아들: 좋아요. 저는 동해안에 가 보고 싶어요.
　딸: 저는 다음 주 토요일에 예매해 둔 음악회가 너무 기대돼요.

[예시 답안]

㈎

• 대화의 원리에 어긋난 부분: 그럼요, 저는 원래 맡은 일은 완벽하게 해내거든요.

• 위반한 대화의 원리: 공손성의 원리 중 겸양의 격률.

• 올바른 표현

→ 아니에요. 제가 실수한 부분도 많았는데 선생님께서 많이 도와주셔서 해낼 수 있었어요.

→ 처음 해 보는 일이라 부족한 점이 많았는데 좋게 봐 주셔서 감사합니다.

㈏

• 대화의 원리에 어긋나는 부분: 저는 다음 주 토요일에 예매해 둔 음악회가 너무 기대돼요.

• 위반한 대화의 원리: 협력의 원리.

• 올바른 표현:

→ 저도 동해안에 가 보고 싶었어요. 바다에 가서 해수욕을 해 보고 싶었거든요.

→ 작년 여름에 제 친구가 설악산에 다녀왔는데 경치가 정말 멋졌다고 해요. 올여름엔 특히 무덥다고 하니 시원한 산으로 가 보면 어떨까요?

화법의 유형

1 화법의 원리와 실제

(1) 화법의 원리

사람은 말을 통해 자신의 생각이나 느낌을 표현하고 다른 사람과 경험을 나누며 서로 공감하고 소통한다. 원만한 대인 관계를 형성하고, 다른 사람과 의견 차이를 조정하며, 격식을 갖춰 말하는 능력은 효과적인 의사소통을 위한 밑거름이 된다. 따라서 이와 관련된 화법의 원리와 방법을 익히는 것은 공감과 소통의 시대를 살아가는 우리에게 유용한 배움이 될 것이다.

(2) 화법의 실제

화법에는 다양한 유형이 있다. 여러 유형의 화법을 익히기 위해서는 다양한 말하기 상황을 바탕으로 듣기·말하기의 상황 분석, 내용 구성 방식, 표현 및 전달의 원리 등을 익혀야 한다. 대화 상황에서 자신을 효과적으로 표현하는 방법, 다양한 문제나 갈등 상황에서 의견 차이를 조정하며 말하는 방법 등을 익혀 듣기·말하기 능력을 심화할 것이다. 또한 공식적인 말하기 상황에서 적절한 전략을 활용하여 상대를 설득하고 문제를 해결할 수 있는 방법을 알아보아야 한다.

(3) 일상에서 화법의 실제

① 원만한 관계를 위한 말하기
② 의견 차이를 조정하는 토론과 협상
③ 공적인 상황에서 격식을 갖춰 말하기

기출 | 따라잡기

※ 다음 글을 읽고 물음에 답하시오. [33~34]　　　　　2022. 소방직 경력채용

면담자: 아까 커피 타 놓고 기다리던 분들은 오랜 단골인가 봐요?
홍성일: 아, 그 집은 한 30년 된 단골이여!
면담자: 참 보기 좋았어요. ㉠그 집하고 인연은 어떻게 시작된 거예요?
홍성일: 뭐 처음에는 물건 팔러 갔다가 알게 되었지. 그 집이 외떨어져 있잖아. 그래서 원래 사람을 반기는 집이기도 하고.
박영자: 그 집 아줌마가 손이 커. 정이 많다고 하지!
면담자: 그렇게 보이더라고요! 어제 그분들이 아침 먹고, 두 분하고 함께 커피 마시려고 기다리고 있었다고 하던데…….
박영자: 그 양반들은 늘 그래. 우리가 좀 늦는 날도 있는데, 그때까지 안 마시고 우리를 기다리더라고. 같이 마시려고. 그 마음이 참 고맙지.
면담자: 단순히 생선을 사고파는 사람과 손님 사이는 아닌 것 같았어요. 그냥 자기의 동생이 생선 파는 일을 하는 것 같다는 느낌이랄까.

홍성일: 그렇지. 손님 그 이상의 관계지, 우리는. 거기 마당이 넓잖아. 여름에 우리는 거기서 칼도 갈고 다 해! 그래서 칼, 도마도 그 집 창고에 다 놔두고.

면담자: 이렇게 장사하다가 만난 인연이 참 다양하겠어요. 이 장사의 특성상 단골을 확보하고 유지하는 게 상당히 중요한 것 같아요.

홍성일: 어떤 장사나 마찬가지겠지만, 이 장사는 특히 단골을 확보하는 게 전부라고도 할 수 있어. 돌아다니면서 물건을 팔기 때문에 손님들이 모두 뜨내기가 될 수 있지만, 반대로 그 사람들을 모두 우리 단골로 만들 수도 있거든. 그러니 더 부지런히 노력해야 하고.

면담자: ⓛ단골을 얻기 위해 구체적으로 어떤 노력을 하셨나요?

홍성일: 뭐 생선 장사가 따로 방법이 있간디? 그저 싱싱한 생선 제때 맞춰 와 바가지 안 씌우고 팔았지. 남들보다 더 일찍 움직이고. 사실 내가 새벽에 구리 시장 가는 것도 생물을 사려고 일찍 가는 거야.

면담자: 정말 이 장사를 하려면 아주 부지런해야 할 것 같아요! 손님들과 이렇게 생선 팔면서 대화를 주고받고, ⓒ그 안에서 정을 주고받을 때 기분이 어떠세요?

박영자: 아이고, 말해 뭐 해? 기분 좋지! 손님들이 나와서 물건 많이 사 주고, 서로 대화하면서 웃고! 그리고 가면 기분이 당연히 좋지.

면담자: ⓔ장사를 하면서 보람을 느낄 때가 특별히 있어요?

홍성일: 우리를 기다리는 사람들이 있다는 사실을 깨달을 때 참 보람이 있다고 느끼지. 꼭 오는 날인데 우리가 안 보이면 일부러 전화도 하고 그래. 그 사람들도 이제 보이다 안 보이면 걱정이 된다고 그러더라고.

박영자: 또 그런 사람들은 꼭 우리한테만 사 먹는 사람이거든. 그러니 더 고맙지.

33. 이 글에 대한 이해로 적절하지 않은 것은?

① 면담자는 생선 상인이 손님과 겪었던 이야기를 이끌어 내고 있다.
② 박영자는 면담 과정에서 단골손님에 대해 호의적인 감정을 드러내고 있다.
③ 홍성일과 박영자는 자신들이 하고 있는 일에 대해 보람을 느끼고 있다.
④ 홍성일은 오랜 시간 한자리에서 생선 가게를 운영하며 단골을 확보해 왔다.

34. ⓛ~ⓔ에 대한 설명으로 적절하지 않은 것은?

① ⓛ은 면담자가 관찰한 장면을 이해하기 위한 질문이다.
② ⓛ은 면담자가 추가적인 정보를 얻기 위한 질문이다.
③ ⓒ은 생선 상인이 느낀 정서를 구체화하기 위한 질문이다.
④ ⓔ은 면담자가 생선 상인의 말을 제대로 이해했는지 점검하기 위한 질문이다.

2 화법(말하기)의 유형

① **설명**: 듣는 이가 잘 모르는 사실이나 사물, 현상, 사건에 대하여 알 수 있도록 풀어서 말하는 것
② **설득**: 말로써 다른 사람의 생각이나 행동에 영향을 끼치고자 하는 표현 양식
③ **토의**: 효율적인 문제 해결을 위하여 여러 사람이 공동 숙의하고 협의하는 형식
④ **토론**: 의견이 대립되는 두 편이 상대방의 주장을 논파하고 자기 주장을 논리적으로 전개하여 상대방을 설득하는 말하기의 형식
⑤ **대화**: 두 사람 이상이 서로 말을 주고받는 말하기의 형식
⑥ **연설**: 한 사람이 청중에게 일방적으로 정보를 제공하거나 설득하기 위하여 행하는 말하기의 형식

＋플러스

(1) 대담(對談): 두 사람, 또는 여러 사람이 어떤 일에 대하여 서로 이야기를 주고받음.
(2) 정담(鼎談): 세 사람이 마주 앉아서 나누는 이야기. 세 사람의 회담.
(3) 좌담(座談): 여러 사람이 마주 앉아서 하는 이야기
(4) 방담(放談): 여러 사람이 생각나는 대로 거리낌 없이 말함.
(5) 회담(會談): 입장이 다른 대표가 마주 앉아 문제를 해결하기 위해 논의하는 말하기의 유형

3 화법(말하기)의 유의점

① 표현이 정확해야 한다.

② 말하는 내용이 정확해야 한다.

③ 사실과 의견을 구별하여 말한다.

④ 발음과 성량, 말하는 자세를 바르게 한다.

⑤ 일상 생활과 관계 있는 예를 찾아서 이용한다.

⑥ 청중이 이해할 수 있는 표현과 비유를 골라서 쓴다.

⑦ 청중을 무시해서는 안 되며, 항상 침착하고 친절한 태도를 유지한다.

기출 | 따라잡기

35. 밑줄 친 곳에 들어갈 말로 가장 적절한 것은? [2019. 국가직 7급]

기자: _____

작가: 내가 작품을 쓰면서 취재에 상당한 시간을 할애했던 것은 작품이 가지고 있는 리얼리티를 살려 놓아야 독자들의 공감대를 넓힐 수 있다고 생각했기 때문이에요. 소설이 아무리 허구적 장르라 해도 사실성에 근거해야 비로소 생동감과 개연성을 확보하기에 습작 시절부터 취재를 우선시했지요. 전집에 실린 〈○○기행〉, 〈○○를 찾아서〉 같은 단편들도 거의 취재를 통해서 얻어 낸 자료를 가지고 쓴 작품들이에요. 그렇게 하고 나니 리얼리티가 살아나는 것을 느낄 수 있었고 작품이 힘을 얻을 수 있었지요. 그것은 분명 작가 수업에도 보탬이 됐고 공감을 얻는 데도 기여를 했다고 봐요.

① 선생님은 작품을 쓰면서 언제부터 취재를 하시는지요?

② 선생님의 이번 신작에서 리얼리티가 강조된 이유는 무엇인지요?

③ 선생님의 작품 중 독자들의 공감을 얻은 작품은 어떤 것들인지요?

④ 선생님이 작품 활동에서 취재에 주력하시는 이유가 무엇인지요?

제 2 절 화법의 유형

1 대화

(1) 대화의 개념

대화는 두 사람 이상이 모여 말로써 서로의 생각과 느낌을 표현하고 이해하는 상호 교섭적 활동이다. 대화를 원활히 하려면 대화 상황, 대상, 목적 등을 정확히 이해하는 것이 중요하다.

➕ 플러스 대화 상황을 구성하는 요소
• 대화가 이루어지는 시간과 공간
• 화자와 청자
• 대화의 주제와 목적

대화 상황	대상	목적
언제, 어디서, 누가, 누구에게 말하는가	무엇에 대해 말하는가 (대화의 화제와 내용)	왜 말하는가 즉 대화를 통해 달성하려는 바 예 정보 전달, 설득, 사회적 상호 작용, 정서 표현

대화의 원리를 알게 되면 원활히 대화하는 데 필요한 규칙들이 무엇인지 잘 알 수 있게 될 것이다.

(2) 대화의 유형

① 사적인 대화: 가족, 친구 등 주변 사람과의 대화

② 공적인 대화: 방송 대담, 회견, 정상 회담 등

(3) 효과적으로 대화하기 위한 전략

① 공감적 듣기

공감적 듣기란 상대방의 말을 분석하거나 비판하기보다는 일단 상대방의 관점에서 문제를 바라보고 이해하려고 노력하는 듣기로, 그 핵심은 '들어주기'이다.

소극적인 들어주기	• 상대방에게 관심을 표명함 • 상대방이 대화를 계속 진행하도록 대화의 맥락을 조절하고 격려함 예 아, 그렇구나.
적극적인 들어주기	• 상대방의 말을 요약, 정리해주고, 반영함 • 상대방이 객관적인 관점에서 문제에 접근하고 스스로 문제를 해결할 수 있도록 도움 예 너 정말 기분이 나빴겠다. 나라도 그랬을거야.

② 다양한 소통 맥락을 고려하기

실제 대화가 이루어지는 상황 맥락뿐만 아니라 사회·문화적 맥락을 고려하며, 사적 혹은 공적인 대화를 원활하게 진행할 수 있도록 한다.

즉 대화를 나눌 때에는 처음 만난 사람과의 대화, 생일잔치, 문병, 문상 등 다양한 소통 맥락이나 구체적인 상황을 고려하도록 한다. 또한 대화의 내용이나 표현을 선택할 때 사회·문화적 상황도 고려해야 한다.

③ 유머나 재담 활용하기

대화 상황에서 유머나 재담은 웃음을 유발함으로써 긴장감을 해소하고 활력을 불러일으킨다. 대화의 화제와 관련지어 적절히 활용하는 것이 바람직하며, 지나칠 경우 상대방에게 불쾌감을 유발하거나 대화의 주제, 목적, 맥락에서 벗어날 수 있다.

유머	남을 웃기는 말이나 행동과 관련되는 우스개. 익살. 라디오의 농담, 텔레비전, 인터넷, 신문, 잡지 등 다양한 매체를 통해 소통됨
재담	익살과 재치를 부리며 재미있게 이야기하는 것 또는 그러한 말

예제 | 따라잡기

36. 다음 대화를 분석한 내용으로 가장 적절한 것은? 2025 개편 예시문항

갑: 전염병이 창궐했을 때 마스크를 착용하는 것은 당연한 일인데, 그것을 거부하는 사람이 있다니 도대체 이해가 안 돼.
을: 마스크 착용을 거부하는 사람들을 무조건 비난하지 말고 먼저 왜 그러는지 정확하게 이유를 파악하는 것이 필요해.
병: 그 사람들은 개인의 자유가 가장 존중받아야 하는 기본권이라고 생각하기 때문일 거야.
갑: 개인의 자유로운 선택이 타인의 생명을 위협한다면 기본권이라 하더라도 제한하는 것이 보편적 상식 아닐까?
병: 맞아. 개인이 모여 공동체를 이루는데 나의 자유만을 고집하면 결국 사회는 극단적 이기주의에 빠져 붕괴하고 말 거야.
을: 마스크를 쓰지 않는 행위를 윤리적 차원에서만 접근하지 말고, 문화적 차원에서도 고려할 필요가 있어. 어떤 사회에서는 얼굴을 가리는 것이 범죄자의 징표로 인식되기도 해.

① 화제에 대해 남들과 다른 측면에서 탐색하는 사람이 있다.
② 자신의 의견이 반박되자 질문을 던져 화제를 전환하는 사람이 있다.
③ 대화가 진행되면서 논점에 대한 찬반 입장이 바뀌는 사람이 있다.
④ 사례의 공통점을 종합하여 자신의 주장을 강화하는 사람이 있다.

플러스 부탁과 요청

부탁과 요청은 엄밀히 구분하기는 어렵다. 대개 요청은 부탁보다 더 공적인 상황일 때, 화자의 소망을 청자가 이행할 것이라는 확신이 더 강할 때, 화자와 청자의 관계가 더 소원할 때 활용된다.

④ 부탁, 요청, 거절의 말하기

부탁과 요청은 상대에게 특정한 행동이나 생각을 유발하는 말하기이다. 부탁이나 요청을 할 때에는 상대의 부담을 덜어 주는 말하기 방식을 활용해야 한다. 에어컨을 켜 달라고 직접 말하지 않고 "오늘 정말 더운걸요."라고 말하는 것처럼 자신의 의도를 간접적으로 드러내기, 질문하는 형식을 활용해 상대방에게 선택의 여지 주기, '잠깐', '좀' 등 부담을 덜어 주는 표지 넣기, 자신의 상황을 자세히 설명하기 등이 그러한 방식이다.

거절은 상대의 부탁이나 요청을 받아들이지 않고 물리치는 말하기이다. 거절할 때에는 상대의 체면을 손상하지 않기 위해 공손하면서도 완곡하게 말해야 한다. 이를 위해 상대가 납득할 수 있도록 자신의 상황을 자세히 설명하기, 대안 제시하기, 사과하며 거절하기 등의 방식을 활용할 수 있다.

37. 이 글에 대한 설명으로 가장 적절하지 않은 것은? 2016. 경찰직 1차

정작 문제가 터진 건 손님들이 돌아가고 난 후였다. 아들은 민 노인을 하얗게 질린 얼굴로 다잡았다. 아버지는 왜 체면을 판판이 우그러뜨리냐는 게 항변의 줄거리였다. 그 녀석들은 아버지의 북소리를 꼭 듣고 싶어서 청한 것이 아니라, 그 북을 통해 자기의 면목이나 위치를 빈정대기 위해서 그러는 것임을 왜 모르냐고, 민 노인의 괜찮은 기분을 구석으로 떠밀어 조각을 내었다. 아들 옆에서 입을 꼭 다물고 있는 며느리는, 차라리 더 많은 힐난을 내쏘고 있음을 민 노인은 모르지 않았다. 아들 내외는 요컨대 아버지가 그냥 보통 노인네로 머물러 있기를 바랐다.

… (중략) …

"다음 주 토요일 오후, 우리 서클 아이들이 봉산 탈춤 발표회를 갖기로 했거든요. 학교 축제의 하나예요."

"그런데?"

민 노인의 물음에는, 그것과 나와 무슨 상관이냐는 뜻이 포함되어 있었다.

"할아버지께서 북장단을 맡아 주셨으면 하구요."

"뭐라구? 그건 나와 번지수가 달라. 해 본 적도 없구."

"한두 번만 맞춰 보시면 될 건데요."

"연습까지 하고? 아서라. 더구나 늬 애비가 알면 큰일난다."

"염려 마세요. 저하고 비밀만 지키면 되잖아요. 애들한테도 다 말해 놨구, 지도 교수의 허락도 받았다구요."

"임마, 그건 너희들끼리 해도 되잖아. 나까지 끌어내지 않아도."

"누가 그걸 모르나요. 자리를 더 좀 빛내 보자 이겁니다."

"나는 무대나 안방에만 앉아 봤지, 넓은 마당에서는 북을 쳐 본 경험이 없어."

"그게 그거 아닙니까. 말을 안 꺼냈다면 몰라도, 이제 와서 제 체면도 좀 봐 주셔야죠."

"이 녀석들 보게. 애비는 애비대로 내 북 때문에 제 체면이 깎인다는 판에, 자식은 또 북으로 체면을 세워 달라니 무슨 조홧속인지 어지럽다."

"아버지와 저와는 생각이 다르니까요."

"그 말도 못 알아듣겠다."

"설명하자면 길구요. 이번 일은 꼭 좀 해 주셔야겠습니다. 이런 말씀드리기는 뭣하지만, 제딴에는 모처럼 할아버지께서 신바람 내실 기회를 드리자는 의미도 있습니다."

"얼씨구. 이 녀석 봐라."

– 최일남, 〈흐르는 북〉 –

① 손자 '성규'는 자신의 입장을 내세워 협조를 부탁하고 있다.

② '민 노인'의 아들은 '민 노인'과의 관계보다 자신의 체면을 중시한다.

③ '민 노인'은 아들과 며느리가 자신을 탐탁지 않게 여기는 것을 알고 있다.

④ 손자 '성규'는 일이 끝난 후 받게 될 혜택을 제시하며 '민 노인'을 설득하고 있다.

⑤ **사과, 감사의 말하기**

사과는 대인 관계에서 발생한 과실이나 문제를 해소하고 상대방과의 손상된 관계를 회복하거나 상대에게 양해를 구하기 위한 말하기이다. 사과를 할 때 진심이 담기지 않았거나, 저정한 시기에 이루어지지 않으면 상대의 기분을 상하게 할 수 있으므로 주의해야 한다. 사과를 할 때에는 자신을 낮추어 말하기, 자신의 실수를 객관적으로 인정하기, 고의성이 없었다면 그 점을 밝히기, 자신의 잘못에 대한 상대의 비난을 수용하겠다는 의지 드러내기, 자신 때문에 기분이 상한 상대 염려하기 등의 방식을 활용할 수 있다.

감사는 칭찬이나 선물을 받았을 때, 자신의 부탁을 상대가 받아들였을 때와 같이 다른 사람이 베푼 은혜나 도움에 고마움을 전하는 말하기이다. 감사의

38. 다음 대화에서 두 사람의 의견이 일치되지 않는 이유로 가장 적절한 것은? 2005. 선관위 9급

진숙: 야, 그 사람 정말 쩨쩨하더라. 세상에 어떻게 그럴 수가 있냐?

기태: 쩨쩨하긴 뭐가 쩨쩨하냐! 그 사람보다 시시하고 신통찮은 사람도 수없이 많다. 그 정도가 쩨쩨하다면 세상에 쩨쩨하지 않은 사람이 있겠니?

진숙: 그래 너 잘났다. 너 정말 그 사람이 통이 크다고 생각하니?

기태: 물론 통이 크지는 않지만, 그렇다고 쩨쩨한 것은 분명히 아니야.

① 판단을 내리는 기준이 다르기 때문에

② 서로 인신공격을 가하고 있기 때문에

③ 대상이 처한 정황을 트집 잡기 때문에

④ 일부분을 전체적으로 확장하기 때문에

말을 할 때도 사과와 마찬가지로 적정한 시기에 진정성 있는 태도로 해야 한다. 이를 위해 겸손하게 자신을 낮추어 말하기, 상대방의 칭찬이나 호의에 대한 보답 의지 밝히기 등의 방식을 활용할 수 있다.

기출 | 따라잡기

39. 다음 대화에 대한 설명으로 적절하지 않은 것은?　　　　　2023. 지방직 7급

> 학생 대표: 학교에 외부인이 아무 때나 드나들면, 소음이나 교통사고 등 예기치 못한 문제가 발생할 수 있습니다. 주민들의 학교 체육 시설 이용 시간을 오후 5시 이후로 제한했으면 합니다.
>
> 주민 대표: 학생들의 수업권과 안전이 우선적으로 보장되어야 한다는 데 동의합니다. 그런데 많은 주민들이 아침에 운동하기를 선호하니 오전 9시 이전까지는 체육 시설 이용을 허용하면 어떨까요? 학생들의 수업 시간과 겹치지 않으면 수업권 보장과 안전에 큰 문제가 없으리라 봅니다.
>
> 학 교 장: 알겠습니다. 주민들이 체육 시설 이용 시간을 잘 준수한다면 9시 이전에도 시설 이용을 허용하도록 하겠습니다. 이용 시간에 대해 주민들에게 잘 안내해 주시기를 부탁드립니다.
>
> 주민 대표: 네. 주민 홍보 앱을 활용해서 널리 알리겠습니다. 하나 더 제안할 것이 있는데, 수업이 없는 방학 동안은 주민들이 체육 시설을 시간 제한 없이 이용할 수 있도록 해 주시면 좋겠습니다.

① 상대의 의견을 조건부로 수용하고 있다.
② 자신의 의견을 질문 형식으로 제안하고 있다.
③ 자신의 의견을 제안하기 전에 근거를 먼저 밝히고 있다.
④ 상대의 의견을 반박하여 새로운 제안의 근거를 확보하고 있다.

---

2 대담

(1) 대담의 개념과 유형

대담(對談)은 두 사람 이상이 서로 이야기를 주고받으며 진행하는 화법의 한 유형이다. 주로 진행자와 대담자가 서로 대화하는 형식으로 진행된다. 대상자에게 질문을 하고 답변을 듣는 유형인 인터뷰가 대표적인 대담의 유형이다. 방송에서 전문가나 이름난 사람과 진행자가 대화를 주고받는 형식이 인터뷰이자 대담이다.

(2) 대담의 전략

① **경청하기**: 상대방의 의견을 경청하고, 그에 대한 반응을 적절히 표현해야 한다. 상대방의 의견을 경청하면 상대방과의 소통이 원활해지고, 자신의 의견을 효과적으로 전달할 수 있다.

② **질문하기**: 상대방에게 질문을 하여 대화를 이끌어 나가야 한다. 질문을 하면 상대방의 생각을 파악할 수 있고, 대화의 주제를 확장할 수 있다.

③ **요약하기**: 상대방의 의견을 요약하여 정리하고, 자신의 의견을 제시해야 한다. 요약을 하면 대화의 내용을 명확하게 파악할 수 있고, 자신의 의견을 효과적으로 전달할 수 있다.

④ **공감하기**: 상대방의 감정을 이해하고 공감하는 태도를 가져야 한다. 공감을 하면 상대방과의 관계가 좋아지고, 대화를 원활하게 진행할 수 있다.

40. 진행자의 말하기 방식에 대한 설명으로 적절하지 않은 것은? 2024. 국가직 9급

> 진 행 자: 우리 시에서도 다음 달부터 시내 도심부에서의 제한 속도를 조정하기로 했습니다. 이와 관련하여, 강ㅁㅁ 교수님 모시고 말씀 듣겠습니다. 교수님, 안녕하세요?
>
> 강 교수: 네, 안녕하세요?
>
> 진 행 자: 바뀌는 제도의 내용을 좀 더 구체적으로 설명해 주시죠.
>
> 강 교수: 네, 시내 도심부 간선도로에서의 제한 속도를 기존의 70 km/h에서 60 km/h로 낮추는 정책입니다.
>
> 진 행 자: 시의회에서 이 정책 도입에 중요한 역할을 하신 것으로 아는데, 어떤 효과를 얻을 것이라고 주장하셨나요?
>
> 강 교수: 차량 간 교통사고 발생 가능성을 줄이고 보행자 안전을 확보할 수 있다고 했습니다.
>
> 진 행 자: 그런데 일각에서는 그런 효과는 미미하고 오히려 교통체증을 유발하여 대기오염이 심화될 것이라며 이 정책에 반대합니다. 이에 대해 말씀해 주시겠어요?
>
> 강 교수: 그렇지 않습니다. ○○시가 작년에 7개 구간을 대상으로 이 제도를 시험 적용해 보니, 차가 막히는 시간은 2분 정도밖에 증가하지 않았습니다. 그런데 중상 이상의 인명 사고는 26.2 % 감소했습니다. 또 이산화질소와 미세먼지 같은 오염물질도 각각 28 %, 21 %가량 오히려 감소한다는 연구 결과가 있습니다.
>
> 진 행 자: 아, 그러니까 속도를 10 km/h 낮출 때 2분 정도 늦어지는 것이라면 인명 사고의 예방과 오염물질의 감소를 위해 충분히 감수할 만한 시간이라는 말씀이시군요.
>
> 강 교수: 네, 맞습니다.
>
> 진 행 자: 교통사고를 줄이고 보행자 안전을 확보할 수 있다는 점, 교통체증 유발은 미미할 것이라는 점, 오염물질 배출이 감소할 것이라는 점에서 이번의 제한 속도 조정 정책은 훌륭한 정책이라는 것이군요. 맞습니까?
>
> 강 교수: 네, 그렇게 정리할 수 있겠습니다.

① 상대방이 통계 수치를 제시한 의도를 자기 나름대로 풀어 설명한다.
② 상대방의 견해를 요약하며 자신이 이해한 바가 맞는지를 확인한다.
③ 상대방의 주장에 대한 이견을 소개하고 그에 대한 의견을 요청한다.
④ 상대방이 설명한 내용을 뒷받침할 수 있는 자신의 경험을 예시한다.

3 설명과 설득

(1) 설명의 개념과 목적

① **설명의 개념**: 듣는 이기 잘 모르는 사실이나 사물, 현상, 사건에 대하여 알 수 있도록 풀어서 말하는 것

② **설명의 목적**: 정보의 전달을 통해 듣는 이가 모르고 있는 사실이나 사물, 현상, 사건에 대하여 알게 하는 것

③ **설명의 특징**

㉠ 객관성: 주관적 의견을 내세우지 않고 객관적으로 설명한다.

㉡ 평이성: 상대방이 알기 쉽게 풀이하여 체계적으로 설명한다.

㉢ 정확성: 부정확한 사실을 배제하고 대상에 대한 정확한 정보를 제공한다.

㉣ 유용성: 필요한 정보를 제공한다.

(2) 설득의 개념과 목적

① 설득의 개념: 말로써 다른 사람의 생각이나 행동에 영향을 끼치고자 하는 표현 양식이다.

② 설명의 목적: 듣는 이가 말하는 이의 생각을 인정하고 받아들이도록 하며 구체적 행동으로 옮기도록 한다.

| 1차적 목적 | ⇨ 동의 | 궁극적 목적 | ⇨ 행동화 |

③ 설득에 영향을 미치는 요소

　　㉠ 파토스(감성): '일시적인 격정이나 열정'으로 정서적 호소를 맡는 감정적 요소이다.

　　㉡ 로고스(이성): '언어를 매체로 하여 표현되는 이성'으로 논리적 뒷받침이 된다.

　　㉢ 에토스(인격): '도덕적·이성적 특성'으로 인격과 직결되는 정신이다.

④ 설명과 설득의 방법

구분	설명	설득
내용	사실에 대한 지식 정보	사실, 정책, 가치명제
목적	정보의 전달, 이해	생각이나 행동의 변화
언어 사용	사전적 의미(지시적 언어)	지시적·함축적 언어
방법	객관적 태도, 해설적 방법	적극적 태도, 논리적 방법
성격	• 객관적·논리적 • 이성에 호소	• 주관적·논리적·논증적 • 이성, 감성에 호소

기출 | 따라잡기

41. 다음 대화를 분석한 내용으로 가장 적절한 것은? 　　2024. 국가직 9급

갑: 고대 노예제 사회나 중세 봉건 사회는 타고난 신분에 따라 사회적 지위가 결정되는 계급사회였지만, 현대 사회는 계급사회가 아니라고 많이들 말해. 그런데 과연 그런지 의문이야.

을: 현대 사회는 고대나 중세만큼은 아니지만 귀속지위가 성취지위를 결정하는 면이 없다고 할 수 없어. 빈부 격차에 따라 계급이 나뉘고 그에 따른 불평등이 엄연히 존재하잖아. '금수저', '흙수저'라는 유행어에서 볼 수 있듯 빈부 격차가 대물림되면서 개인의 계급이 결정되고 있어.

병: 현대 사회가 빈부 격차로 인해 계급이 나누어지는 것처럼 보인다고 해서 계급사회라고 단정할 수는 없어. 계급사회라고 말하려면 계급 체계 자체가 인간의 생활을 전적으로 규정할 수 있어야 하는데, 오늘날 각종 문화나 생활 방식 전체를 특정한 계급 논리만으로는 설명할 수 없어. 따라서 현대 사회를 계급사회로 보기는 어려워.

갑: 현대 사회의 문화가 다양하다는 것은 맞아. 하지만 인간 생활의 근간은 결국 경제 활동이고, 경제적 계급 논리로 현대 사회의 문화를 충분히 설명하고 규정할 수 있어. 또한 현대 사회에서 인간의 사회적 지위는 부모의 경제력과 직결되기 때문에 계급사회라고 말할 수 있어.

① 갑은 을의 주장 중 일부는 수용하고 일부는 반박한다.

② 을의 주장은 갑의 주장과 대립하지 않는다.

③ 갑과 병은 상이한 전제에서 유사한 결론을 도출하고 있다.

④ 병의 주장은 갑의 주장과는 대립하지 않지만 을의 주장과는 대립한다.

4 토의

두 사람 이상이 모여 집단 사고의 과정을 거쳐 문제의 해결을 시도하는 논의 형태

(1) 특징

① 공통의 이해를 기반으로 하고, 공정한 문제 해결을 시도한다.
② 소수의 의견과 지식도 존중하고 상대방 주장을 논파해서는 안 된다.
③ 공동 협의를 통한 집단 사고의 민주적 과정을 거친다.

(2) 과정

합리적인 해결안을 도출하기 위해 '문제 확인 – 문제 분석 – 대안 탐색 – 대안 도출 – 대안 평가'의 절차로 진행된다.

문제 확인	해결해야 할 문제와 문제가 되는 이유에 대한 인식을 공유함
문제 분석	문제가 발생한 원인과 세부적인 문제점을 분석함
대안 탐색	해결책을 마련하기 위해 다양한 의견을 교환함
대안 도출	여러 대안에 대해 검토와 협의를 함
대안 평가	최종적으로 선택한 대안이 문제를 해결하는 데 어떤 의의를 갖는지를 따져 봄

(3) 토의의 문제

토의의 문제는 시의성이 있는 것, 다룰 만한 의미가 있는 것, 다양한 의견들의 접근이 가능한 것, 여러 가지 방식으로 문제 해결이 가능하여 다양한 의견 도출이 가능한 것이 좋다. 또 토의의 문제는 다양한 접근이 가능하도록 의문문의 형태로 진술하는 것이 바람직하다.

예 교실 붕괴를 어떻게 막아야 하는가?
　　대학 입시 제도를 어떻게 바꾸어야 하는가?

> **＋ 플러스** 　토의에서 시의성
>
> 시의성(時宜性)은 토의에서 사용되는 용어로, 말이나 행동이 시기에 맞고 적절하게 이루어져야 함을 의미한다. 즉, 특정한 시기나 상황에 맞추어 행동하거나 의사소통하는 능력을 가리키는 말이다.
> 시의성은 토의에서 상호간의 의사소통을 원활하게 만들어주고, 효과적인 결정과 문제 해결을 돕는 역할을 한다. 시기와 상황을 고려하여 적절한 대응을 하고, 의견을 표현하며, 결정을 내릴 때 시의성을 유지하는 것은 토의의 품질을 향상시키는데 도움이 된다.
> (1) 시기에 맞는 대응: 토의나 논의를 할 때에는 상황이나 시간에 맞추어 대응해야 한다. 예를 들어, 특정한 문제에 대한 토의가 필요한 경우, 그 문제가 발생한 시점이나 상황에 맞게 대응해야 한다.
> (2) 상황에 맞는 의견 표현: 토의에서 시의성을 갖춘 의견 표현은 주어진 상황에 적합하고 타당한 의견을 제시하는 것을 의미한다. 문제나 주제에 대한 이해를 바탕으로 의견을 제시하고, 상황에 따라 적절한 방식으로 표현하는 것이 중요하다.
> (3) 시점을 고려한 결정: 토의에서는 시기와 상황을 고려하여 결정을 내려야 한다. 특정한 의사결정을 할 때에는 시기와 상황의 변화를 고려하고, 그에 맞는 적절한 시점을 선택해야 한다.

(4) 사회자와 참여자의 역할과 태도

토의를 원활히 진행하려면 토의의 사회자, 참여자가 자신의 역할과 태도를 바르게 인식하는 것이 필요하다. 토의에 참여하는 모든 사람은 여러 사람의 의견을 종합하여 그 장단점을 파악하면서 들어야 한다.

구분	역할과 태도

사회자	• 토의의 계획과 준비
	• 토의의 실제적 진행
	   – 토의자들로 하여금 주어진 토의 문제에 대한 해결 방법이나 결론을 내도록 이끈다.
	   (토의 문제 규정, 토의 사항 순서대로 제시, 때때로 토의 내용 요약 등)
	   – 자유롭고 편안하며 협조적인 토의 분위기를 조성하고 유지한다. (토의자들의 발언 기회를 공평히 배분, 갈등과 의견 충돌 조정 및 해결)
	• 토의 내용을 정리하여 다른 사람이 활용하도록 제공한다.

토의자	• 토의 문제에 대한 사전 지식을 갖추고 해결 방안을 미리 생각한다. • 토의 절차를 숙지하고 사회자의 지시에 따라 질서를 지킨다. • 다른 토의자의 말을 경청하고 예의 바른 태도를 가지며, 발언 기회를 독점하지 않는다. • 의사나 주장을 말할 때 어법에 맞게 분명하고 조리 있게, 예의 바르게 표현한다. • 불필요한 말, 확실한 증거가 없는 말, 남의 감정을 상하게 하는 말을 하지 말고, 남의 말을 가로막지 않는다.

(5) 토의의 종류

① 심포지엄(symposium)

  ㉠ 전문적이고 학술적인 주제를 다루는 데 적합한 토의의 방식이다.

  ㉡ 주제에 관한 3~6명의 전문가가 강연식으로 발표한다.

  ㉢ 청중은 연사 발표 후 질문 형식을 통해 토의에 참가할 수 있다.

  ㉣ 전문가의 체계적이고 권위 있는 설명을 들을 수 있는 장점이 있다.

  ㉤ 제시된 문제에 대해 그 분야의 전문가에 의해 깊이 있게 다룰 수 있으나, 청중의 참여에 제한이 따를 수 있다.

  예 바닷물의 적조 현상 해결 방안, 현행 대학 입시 제도의 개선 방안

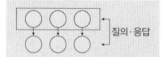
➕ 플러스 | 심포지엄   질의·응답

기출 | 따라잡기

42. '샛강을 어떻게 살릴 수 있을까?'라는 주제에 대해 토의하고자 한다. 이에 대한 설명으로 적절하지 않은 것은?

2016. 지방직 7급

> 토의는 어떤 공통된 문제에 대해 최선의 해결안을 얻기 위하여 여러 사람이 의논하는 말하기 양식이다. 패널 토의, 심포지엄 등이 그 대표적 예이다. ㉠패널 토의는 3~6인의 전문가들이 사회자의 진행에 따라, 일반 청중 앞에서 토의 문제에 대한 정보나 지식, 의견이나 견해 등을 자유롭게 주고받는 유형이다. 토의가 끝난 뒤에는 청중의 질문을 받고 그에 대해 토의자들이 답변하는 시간을 갖는다. 이 질의·응답 시간을 통해 청중들은 관련 문제를 보다 잘 이해하게 되고 점진적으로 해결 방안을 모색하게 된다. ㉡심포지엄은 전문가가 참여한다는 점, 청중과 질의·응답 시간을 갖는다는 점에서는 패널 토의와 그 형식이 비슷하다. 다만 전문가가 토의 문제의 하위 주제에 대해 서로 다른 관점에서 연설이나 강연의 형식으로 10분 정도 발표한다는 점에서는 차이가 있다.

① ㉠과 ㉡은 모두 '샛강 살리기'와 관련하여 전문가의 의견을 들은 이후, 질의·응답 시간을 갖는다.

② ㉠과 ㉡은 모두 '샛강을 어떻게 살릴 수 있을까?'라는 문제의 대해 최선의 해결책을 얻기 위함이 목적이다.

③ ㉡은 토의자가 샛강의 생태적 특성, 샛강 살리기의 경제적 효과 등의 하위 주제를 발표한다.

④ ㉠은 '샛강 살리기'에 대한 찬반 입장을 나누어 이야기한 후 절차에 따라 청중이 참여한다.

② 패널(panel, 배심 토의, 대표 토의)

플러스 패널

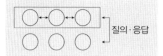

　　㉠ 주어진 화제에 대하여 특별히 관심이 있거나 정보와 경험이 있는 사람을 배심원으로 뽑아 각자의 지식, 견문, 정보를 발표하고 여러 가지 의견을 제시하는 공동 토의이다.

　　㉡ 특정 문제를 해결하거나 해명하는 것이 목적이다.

　　㉢ 시사 문제나 전문적인 문제의 이견(異見)조정 수단에 적합하다.

　　㉣ 의회나 일반 회의에 적합한 토의 형태이다.

　　📗 부정적 인터넷 문화의 개선 방안, 향토 문화재 보존 방안

기출 | 따라잡기

43. "초·중등학교에서 한자 교육 어떻게 해야 하나"라는 주제에 대하여 사회자의 진행으로 각 전문가나 대표자들이 의견을 발표하고 공동의 결론을 이끌어 내고자 할 경우에 가장 효과적인 회의 방식은?
2007. 국가직 7급

① 토론　　　　　　　　　　② 심포지엄
③ 패널 토의　　　　　　　　④ 원탁 토의

---

③ 포럼(forum)

플러스 포럼

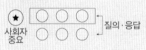

　　㉠ 공공의 장소에서 공공의 문제에 대한 공개 토의 방식이다.

　　㉡ 심포지엄과 달리 처음부터 청중이 참여할 수 있다.

　　㉢ 사회 일반의 공동 관심사를 다루는 문제에 적합한 토의 형태이다.

　　㉣ 토의를 위한 간략한 주제 발표가 있을 뿐 강연이나 연설을 하지 않는다.

　　㉤ 처음부터 청중의 참여가 가능하므로 다양한 논의가 이루어질 수 있다.

　　㉥ 사회자의 적절한 운영이 없을 때에는 산만해질 수 있기 때문에 사회자 역할이 가장 중시된다.

　　📗 비행 청소년 선도 방안, 학교 주변의 유해 환경 대처 방안

④ 원탁 토의(roundtable discussion)

플러스 원탁 토의

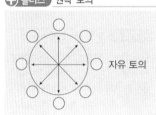

　　㉠ 10명 내외의 소규모 집단이 평등한 입장에서 자유롭게 상호 관심사에 대해 의견을 나누는 방법이다.

　　㉡ 사회자나 청중은 필요 없고 필요에 따라 의장을 둘 수 있다.

　　㉢ 서로 자유롭게 이야기를 나누어 다양한 의견을 수렴할 수 있으나, 문제 해결에 이르는 시간이 지나치게 많이 들 수도 있다.

　　📗 시험 출제 기본 방안, 학급 문고 설치 방안

플러스 공청회와 청문회

(1) 공청회(公聽會): 국가나 공공 단체가 중요 안건을 의결함에 앞서, 국민이나 이해 당사자 및 전문가 등으로부터 공개 석상에서 의견을 듣는 제도. 주로 포럼의 형식으로 진행됨.

(2) 청문회(聽聞會): 행정 및 입법 기관이 법안의 심의, 행정 처분, 소청의 재결 등을 위해 필요한 증언을 수집하는 절차. 주로 패널의 형식으로 진행됨.

5 토론

어떤 의견이나 제안에 대해 찬성과 반대의 뚜렷한 의견 대립이 있는 사람들이 논리적으로 상대방을 설득하는 논의 형태이다.

(1) 목적

① **참가자의 목적**: 논리적인 설득으로 상대방의 반대 주장을 논파(論破)하고 자기 주장이 옳다는 것을 상대방이 인정하도록 하는 데 있다.

② **궁극적인 목적**: 집단에서의 의견의 일치를 구하여 의사를 결정한다.

(2) 토론의 절차

주장(논지)의 제시

↓

상대방 주장과 근거 확인

↓

자기 주장의 정당성 입증

↓

상대방 주장의 논파

↓

자기 주장의 요점 확인(상대의 행동화 촉구)

(3) 요소

① **토론 참가자**: 찬성과 반대의 뚜렷한 의견 대립자

② **사회자**: 공정성과 포용성을 지닌 사람

③ **청중(심판 포함)**: 질의를 통한 토론 참여, 의견 발언을 통한 토론 참여

④ **토론 규칙**: 발언 시간, 발언 순서, 논박 시간

⑤ **논제**: 토론에서 논제란 토론에서 해결하고자 하는 문제이다. 논쟁점이 드러나는 정책이나 사실(명백히 찬·반으로 나뉠 수 있는 주제)이 논제가 된다. 공공성이 강한 주제가 논제로 적합하다.

사실 논제	증거를 통한 논리적 사실 입증이 필요한 논제 예 범행 재연 방송은 동일한 수법의 범행을 부추긴다.
가치 논제	옳고 그른지, 좋고 나쁜지 같은 가치 판단을 전제로 하는 논제. 어떤 가치가 다른 가치보다 더 바람직한지 따져 보아야 한다. 예 환경 보존이 개발보다 바람직하다.
정책 논제	구체적인 사안에 대해 문제점과 해결 방안을 찾아야 하는 논제 예 사형 제도는 폐지되어야 한다.

➕ 플러스

시험에는 항상 토론의 주제가 나온다. ➔ 서로 반대되는 주장이 나올 수 있는 논제를 찾으면 된다.

➕ 플러스 **토론에서 논제의 요건**

(1) 명백히 긍정, 부정의 양측에 설 수 있는 형식이어야 한다.
(2) 분명한 내용인 하나의 주장으로 한정시켜 혼란을 초래하지 않도록 한다.
(3) 원칙적으로 '~해야 한다(정책 명제)' 또는 '~인가(사실 명제)'의 형식으로 표현해야 한다.
(4) 정책명제(~해야 한다), 사실명제(~이다)

44. 다음의 여러 조건에 가장 잘 맞는 토론 논제는?　　　　2019. 국가직 9급

- 긍정 평서문으로 제시되어야 한다.
- 찬성과 반대의 대립이 분명하게 나타나야 한다.
- 쟁점이 하나여야 한다.
- 찬성이나 반대 어느 한 편에 유리하게 작용하는 정서적 표현을 사용해서는 안 된다.

① 징병제도는 유지해야 한다.

② 정보통신망법을 개선할 수는 없다.

③ 야만적인 두발 제한을 폐지해야 한다.

④ 내신 제도와 논술 시험을 개혁해야 한다.

(4) 사회자, 토론자, 청중의 역할

구분	역할
사회자	• 토론이 원만히 이루어지도록 공정하게 토론을 진행한다. • 토론의 논제를 소개하고 규칙을 미리 알려 준다. 　예 오늘의 토론 논제는 '안락사는 정당하다'입니다. 오늘 토론은 고전적 토론의 절차에 따라서 진행됩니다. • 토론이 혼란해지면 쟁점을 정리해서 토론자들에게 숙지시킨다. 　예 이제 어느 정도 논의가 오갔으니 제가 정리를 하도록 하겠습니다. 지금까지 논의의 주된 쟁점은 '청소년 아르바이트는 경제 교육의 효과가 있다'입니다. • 적절한 시기에 질문, 요약을 하여 진행을 돕는다. 　예 지금 찬성 측에서는 계속 반대 측 통계 자료의 적합성 여부를 묻고 있습니다. 다른 질문은 없습니까?
토론자	• 상대방의 주장을 논리적으로 반박하며 자신의 주장을 조리 있고 분명하게 말한다. • 토론 규칙을 지키며, 논리적 오류를 범하지 않고, 윤리에 어긋나는 언동을 삼간다. 　예 지금까지 찬성 측 주장 잘 들었습니다. 찬성 측 토론자에게 질문 있습니다. 안락사를 찬성한다고 할 때 가장 중요한 것은 삶과 죽음의 선택권이 환자 자신에게 있느냐, 환자 가족에게 있느냐라고 생각하는데, 이 부분에 대한 의견을 다시 한 번 말씀해 주시겠습니까?
청중	• 객관적인 입장에서 찬성자와 반대자의 발언을 듣는다. • 논거의 정확성, 타당성, 신뢰성을 평가한다. • 주장의 일관성, 토론 규칙의 준수 여부를 살펴 토론자를 평가한다.

(5) 토론의 종류

표준 토론 (고전적 토론)	• 어떤 논제에 대해 찬성 측, 반대 측으로 나누어 입론, 반론, 평결 순으로 진행한다. 토론 참여자는 번갈아 가며 입론과 반론을 한다. • 평결은 배심원이나 청중이 거수나 투표로 한다.
반대 신문식 토론	• 제시된 논제에 대해 찬성 측과 반대 측이 질문을 통해 상대방의 논지를 반박함으로써 토론의 승부를 가리는 방식이다. • 찬성 측과 반대 측은 각각 입론, 반대 신문(교차 조사), 반박의 순서에 따라 발언할 기회를 갖게 된다.
칼 포퍼 토론	• 찬성 측과 반대 측을 구성하여 각 팀이 한 번의 입론과 두 번의 반론을 하는 토론이다. • 마지막 반론을 제외하고는 발언마다 질문을 하는 방식으로 진행된다.

45. 토론에서 사회자가 하는 역할에 대한 설명으로 가장 적절한 것은?

2019. 지방직 9급

① 토론을 시작하면서 논제가 타당한지 토론자들의 의견을 묻는다.

② 토론자들에게 토론의 전반적인 방향과 유의점에 대해 안내한다.

③ 청중의 의견을 수렴하여 대안을 제시함으로써 쟁점을 약화시킨다.

④ 토론자의 주장과 논거를 비판하는 견해를 개진하여 논쟁의 확산을 피한다.

⑹ 반대 신문식 토론

반대 신문은 상대측 발언의 문제점이나 논리적 오류를 지적함으로써 토론에서 유리한 위치를 확보하고 토론의 흐름을 주도할 수 있는 중요한 과정이다. 보통 확인 질문, 교차 조사라고도 한다.

① **반대 신문 토론의 장점:** 반대 신문에서는 상대측 발언을 단순히 확인하는 수준에 머물지 말고 상대 측 입론이나 반론의 신뢰성, 타당성, 공정성을 비판적으로 검증해야 한다. 이러한 과정을 거치면 논제를 깊이 이해할 수 있고, 자신의 주장도 설득력을 얻을 수 있다. 이때 신뢰성은 상대가 활용한 자료나 그 출처가 정확하고 믿을만한지, 인용된 자료나 그 출처의 권위가 인정할 만한 것인지 등을 기준으로 검증할 수 있고, 타당성은 상대의 발언 내용이 이치에 맞는지, 말의 전후 맥락에서 자료나 근거로부터 결론을 이끌어 낸 방식이 합리적인지 등을 기준으로 검증할 수 있다. 공정성은 발언 내용이 어느 한쪽에 치우치지 않고 공평하고 정의로운지, 공동체의 보편적 가치나 도리에 맞는지 등을 기준으로 검증할 수 있다.

② **반대 신문 토론의 방법:** 반대 신문에서 질문은 간결하고 이해하기 쉬워야 한다. 가능하면 "그 부분을 어떻게 생각하느냐?"라는 식의 개방적인 형식이 아닌, "그 부분이 어떠한 관련성이 있는지 생각해 보신 적이 있습니까?" 식의 구체적이고 제한적인 형식을 사용하는 것이 좋다. 반대 신문에 답변할 때에는 그 내용이 자신이 입론이나 반론에서 주장했던 것과 배치되지 않도록 주의해야 한다. 또한 간단명료하게 말해야 하며, 답변이 길어질 듯하다면 "그 부분은 반론에서 말씀드리겠습니다."라고 하면 된다. 한편 상대방의 반대 신문이 적절하지 못할 때에는 이를 지적할 수도 있다.

➕ **플러스** ▶ 반대 신문식 토론의 절차

➕ **플러스** ▶ 반대 신문식 토론의 실제

- 담화 유형: 토론. 찬성 3명. 반대 3명인 반대 신문식 토론
- 논제: 로봇에 세금을 부과해야 한다.
- 특징: '~해야 한다' 형식의 정책 논제에 대해 찬성 측과 반대 측이 근거를 들어 주장을 펼치며 토론이 진행된다. 세 명이 한 팀이 되어 양측이 상대측의 입론과 반론에 대해 반대 신문을 하며 진행된다.
- 해설: 「로봇에 세금을 부과해야 한다」는 인공 지능 기술의 접목으로 진화하는 로봇이 인간의 일자리를 대체할 수 있다는 점에서 로봇을 소유한 사람이나 기업에 세금을 부과하고 그 세금을 인간의 복지와 일자리 재교육에 활용하자는 것에 대한 토론이다. 칼포퍼식 토론인 3:3 토론의 형식이지만 토론의 진행 방식은 반대 신문식 토론으로 정리하였다.

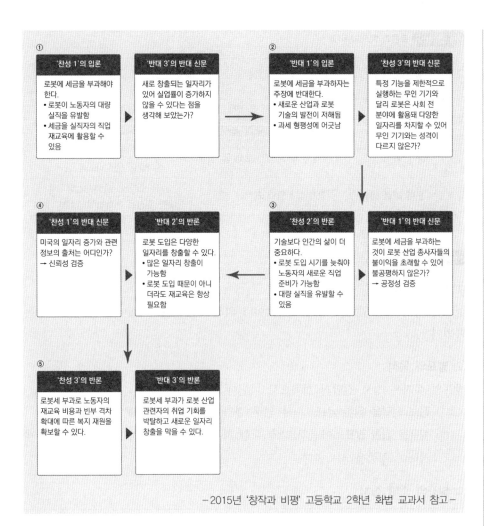

－2015년 '창작과 비평' 고등학교 2학년 화법 교과서 참고－

기출 | 따라잡기

46. (가)에 들어갈 반대 신문으로 가장 적절한 것은? 2021. 지역인재 9급

찬반으로 나누어 토론을 진행하는 과정에서 반대 측의 반대 신문은 질문의 형식으로 이루어지는 것이 일반적이다. 이때, 찬성 측의 발언에 대한 검증의 역할을 해야 하기 때문에 반대 신문은 '예, 아니오'로 답할 만한 폐쇄형 질문으로 이루어진다. 또한, 반대 신문은 찬성 측 발언의 허점이나 오류를 짚어 내기 위한 내용이어야 한다.

찬성 측의 주장	국민 건강 증진을 위해 건강세를 도입해야 한다.
반대 측의 반대 신문	(가)

① 건강세 이외에 국민 건강 증진을 위한 또 다른 효과적 대안은 무엇입니까?
② 건강세 도입의 경제성이나 효과성에 대해 찬성 측은 어떻게 생각하십니까?
③ 찬성 측에서 말씀하신 건강세 도입은 구체적으로 어디에 세금을 부과하는 것입니까?
④ 건강세 도입으로 제품의 가격이 인상되면 결국 국민들이 과세 부담을 안는 것 아닙니까?

토론은 토의와 달리 규칙과 규율에 의해 이루어지나 토의는 특약이나 규율 없이 자유로운 의사 개진과 대담을 통해 이루어진다. 토론이 의견 대립이 존재한다는 것을 인정하고 주어진 논제에 대해 자신의 입장에서 타인을 설득하는 것이 목적이라면 토의는 협의를 통해 답을 구하는 것이 목적이다. 그렇기 때문에 토의와 달리 토론의 주제는 찬반의 명확한 입장이 잘 드러나야 한다.

① 사형 제도는 폐지해야 하는가?
② 남녀 간 적절한 데이트 비용 지불 비율은?
③ 환경오염을 줄이기 위해 우리가 할 일은 무엇인가?
④ 세계선수권대회를 성공적으로 개최하기 위한 방법은?

➕ 플러스   토론과 토의의 비교

구분		토의	토론
유사점		둘 이상의 참가자, 집단 사고의 과정, 해결안 모색	
차이점	참가자	공통의 이해 인식자	찬성과 반대의 대립자
	논제	문제 해결을 위한 논제	대립적 논제
	목적	최선의 문제 해결안 모색 및 선택	자기 주장의 옳음을 상대방이 인정하도록 설득
	문제 해결 방법	참가자 전원의 협력과 합의	자기 주장의 정당함을 밝히고 상대방 주장을 논파하여 상대방 설득

6   발표

(1) 발표의 개념
발표는 여러 사람 앞에서 자신의 생각이나 의견 또는 어떤 사실에 대해서 진술하는 화법이다.

(2) 발표의 목적
발표의 목적은 정보 전달과 설득으로 나뉜다.
　① **정보 전달을 위한 발표:** 조사 연구 결과 등 사실적인 정보의 전달
　② **설득을 위한 발표:** 어떤 사안에 대한 자신의 생각이나 의견을 논리적으로 제시하여 청중을 설득한다.

(3) 발표의 준비 절차

① 발표 주제, 목적, 예상 청중 분석	
② 발표 자료 수집과 선정	
③ 발표 내용 조직	㉠ 도입: 화제 제시, 주제, 목적, 배경 설명 ㉡ 전개: 구체적 내용 제시 ㉢ 정리: 화제의 요약과 강조
④ 발표문 작성	
⑤ 발표 연습: 시간과 분량 조절	

(4) 발표의 방법
　① **효과적인 발표:** 핵심 내용 중심으로 정해진 시간에 맞게 발표한다. 시간에 맞게 발표할 수 있도록 발표 내용 분량을 적절히 조절하고 구조화한다. 또한 발표 시간이 부족하거나 남을 경우에 대비하여 예시 자료 추가, 청중에 대한 질문과 답변 등을 사전에 계획한다.
　② **매체를 활용하기:** 다양한 자료와 매체를 효과적으로 활용해 발표한다.

➕ 플러스 매체를 활용했을 때 장점

- 발표 시 다양한 자료와 매체를 효과적으로 사용하는 것은 발표의 내용을 풍부하게 하고 청중에 대한 설득력도 높인다.
- 매체의 종류: 다양한 사전류, 관련 서적, 신문, 잡지, 인터넷, 도표, 사진, 그림, 음악, 음향, 동영상, 플래시 애니메이션, 발표용 소프트웨어 등
- 학생들은 발표 내용 관련 자료들을 중심으로 효과적으로 재구성하고 반드시 출처를 밝혀야 한다. 반언어적, 비언어적 표현을 효과적으로 활용한다.
- 발표 내용을 읽어만 나가는 것은 효과적이지 않으므로 핵심 내용을 중심으로 간단명료하면서도 효과적으로 말할 수 있도록 한다.
- 발음, 속도, 성량, 억양, 어조 변화 등 반언어적 표현과 시선, 표정, 몸짓, 옷차림 등 비언어적 표현을 효과적으로 활용할 수 있어야 한다.

③ 발표의 준비 절차와 발표 방법을 잘 알아 두도록 한다.

④ **청중과의 상호 작용**: 발표는 화자의 일방적 전달 행위가 아니라 청중들이 해당 정보를 이해하고 재구성하도록 하는 상호 교섭적 말하기이다. 청중의 반응을 고려하며 성실한 태도로 발표한다.

⑤ 발표 내용의 핵심과 문제점을 파악하며 듣는다. 또한 발표의 목적이나 의도, 핵심 내용, 흐름에 집중하여 듣는다. 내용의 정확성, 신뢰성, 타당성을 따지며 문제점을 메모하며 듣는다. 듣고 난 후 문제점을 중심으로 질의응답하거나 토의·토론의 기회를 갖는 것도 좋은 태도이다.

➕ 플러스 발표할 때 주의사항

- 발표자는 사전에 예상 청중의 지적 수준, 관심, 태도 등을 충분히 고려해서 발표 내용을 준비한다.
- 내용 준비가 완료된 후에는 발표 내용, 순서에 유의해 사전에 연습한다.
- 발표 중에는 청중의 이해 정도나 반응에 따라 계획했던 발표 내용, 분량, 방법, 순서 등을 조정할 필요가 있다.

기출 | 따라잡기

48. 다음 발표에 대한 설명으로 가장 적절한 것은? [2023. 지방직 7급]

> 1학년 학생 여러분, 반갑습니다. 저는 교내 안전 동아리 '안전 지킴이' 대표 2학년 윤지수입니다. 우리 동아리에서 기획한 안전 캠페인 활동의 일환으로 오늘은 우리 학교 학생들에게 가장 자주 발생하는 교통사고 사례와 예방법을 안내하고자 합니다.
>
> 작년 한 해 우리 학교 학생들을 대상으로 조사한 교통사고 피해 통계에 따르면, 보행 중 자동차와 충돌하거나 자동차를 피하다가 다친 사례가 제일 많았습니다. 이러한 사고를 당한 학생들 절대다수가 사고 당시에 스마트폰을 보고 있었습니다.
>
> 요즘 길을 걸으면서 스마트폰을 보는 학생들이 많은데, 이렇게 되면 주변 상황을 제대로 살피기가 어려워 돌발 상황이 벌어졌을 때 반응 속도가 늦어져서 위험합니다. 따라서 보행 중 교통사고를 예방하기 위해서는 보행 중에는 스마트폰을 보지 말아야 합니다.

① 다양한 원인을 진단하여 해결책을 구체적으로 제시하고 있다.
② 실제 조사 내용을 근거로 제시하여 화자의 신뢰도를 높이고 있다.
③ 도입부에 사례를 제시하여 관심을 끈 후에 화제를 제시하고 있다.
④ 청자의 상황과 요구를 고려하여 청자가 관심 있는 정보를 제공하고 있다.

7 면접

(1) 면접의 개념 및 특성

면접은 일정한 목적을 위해 질문과 응답의 방식으로 정보를 수집하거나 대상을 평가하기 위한 공적 대화의 한 유형이다. 면접은 대상자의 인품이나 능력을 평가하거나 필요한 정보를 전문가에게 얻기 위한 뚜렷한 목적을 가지고 공식적인 상황에서 이루어지는 특성이 있다.

(2) 면접 방식과 절차

① 면접 방식

참여하는 사람의 수	• 단독 면접: 일대일 상황 • 집단 면접: 한 사람 대 여러 사람, 여러 사람 대 여러 사람
공개 여부	• 공개 면접: 공개적인 상황 • 비공개 면접: 비공개적인 상황

② 면접 절차

면접 절차는 면접 전 준비 단계, 본 면접 단계, 면접 후 단계로 나뉜다.

> ㉠ 면접하기(면접자)
> • 면접 전 준비 단계
> 　－면접 목적에 맞고 유효·적절한 질문과 보충 질문을 준비한다.
> 　－객관적인 평가 기준을 마련한 후 면접 시기, 장소를 피면접자에게 알린다.
> • 본 면접 단계: 준비한 질문을 하고 답변을 청취 혹은 기록한다.
> • 면접 후 단계: 수집한 정보를 바탕으로 피면접자를 평가하고 면접의 성과를 점검한다.
> ㉡ 면접 받기(피면접자)
> • 면접 전 준비 단계: 면접 목적에 따라 예상 질문을 정리해 정확하고 효과적인 답변을 준비한다.
> • 본 면접 단계: 면접자의 질문 의도를 정확히 파악한 후 핵심 내용을 바탕으로 간결하고 효과적으로 답변한다.
> • 면접 후 단계: 면접 결과에 대해 스스로 점검하고 평가한다.

(3) 면접의 전략

① 면접자

면접자의 경우 면접의 성공은 효과적인 질문에 달려 있다. 질문의 유형은 다음과 같이 개방 여부에 따라 폐쇄형 질문, 개방형 질문으로 나뉜다. 이외에 보충 질문이 있다.

폐쇄형 질문	면접자가 확인하고자 하는 특정 사항에 대해 구체적으로 제시하는 질문 예 훈민정음 창제의 배경은 무엇입니까?
개방형 질문	피면접자가 광범위하게 생각하고, 진술하도록 하는 질문 예 만약 당신이 이 회사 사장이라면 회사를 어떻게 운영하고 싶습니까?
보충 질문	피면접자가 답변을 회피하거나 모호하게 할 경우, 또는 좀 더 구체적인 정보를 원할 경우 추가하는 질문 예 아까 말씀하신 내용 중에 '그런 상황은 생각해 본 적이 없다.'라고 말씀하셨는데, 그런 상황에서 어떻게 할 것인지 다시 말씀해 주시겠습니까? 예 학창 시절에 감명을 받은 책들로 인해 진로를 결정했다고 하셨는데, 그 책들이 무엇이고, 어떤 감동을 받았는지 구체적으로 말해 주실 수 있습니까?

② 피면접자

㉠ 면접자가 하는 질문에 대해 대비한다. 즉 다양한 질문 유형과 질문법을 익힌 후 이에 대응할 수 있어야 한다.

㉡ 면접자는 객관적 정보 수집을 위해 종종 자신의 의도를 숨기고 질문을 할 수 있다. 피면접자는 질문자의 의도를 파악하기 위해 주의 깊게 듣고 질문 내용을 정확히 이해해야 한다.

㉢ 피면접자는 제한된 시간 내에 명료하게 답변하고, 불필요한 진술이나 자신 없는 태도를 피해야 한다.

㉣ 질문이 사실에 관한 것인지, 의견에 관한 것인지를 분명히 파악해서 대처한다.

• 사실에 관한 질문: 구체성을 갖고 객관적인 정보를 바탕으로 대답한다.

• 의견에 관한 질문: 상황에 대한 객관적 인식을 바탕으로 자신의 주관적 견해를 논리적으로 대답한다.

다음 공고에 따라 공부방 자원봉사자를 모집한다고 가정하고, 가상 면접을 진행해 보자.

〈공부방 자원봉사자 모집 공고〉

사교육 혜택을 받기 어려운 초·중학생 공부방에서 학생들의 학습을 도와주거나 생활의 고민을 들어 줄 고등학생 자원봉사자를 모집합니다. 다음에 해당하는 학생들은 주저하지 말고 공부방 누리집에 들어와서 자원봉사자 면접을 신청해 주세요.

- 봉사 활동을 꾸준히 하며 함께 성장하는 보람을 느끼고 싶은 지역 주민
- 누군가를 가르쳐 본 경험이 있는 지역 주민
- 후배들을 친동생처럼 아끼며 보살펴 주고 싶은 지역 주민

－○○구 □□동 어린 왕자 공부방－

면접자	자원봉사 활동도 종류가 다양한데요, 특별히 공부방 자원봉사자 모집에 지원한 이유나 계기가 있나요?
면접 대상자	사실 제가 아직 누군가를 가르치거나 돌볼 수 있을 만큼 충분히 성장했다고 생각하지는 않습니다. 아직은 배워야 할 것도 많고 부족한 점도 많습니다. 그러나 저는 평소에 친구들에게 어려운 수학 문제나 수업 내용을 설명해 주는 걸 좋아하고, 또한 제 설명이 쉽고 재미있어서 귀에 쏙쏙 들어온다는 얘기를 친구들에게 듣곤 합니다. 우연히 공부방 자원봉사자를 모집한다는 공고를 보고 이러한 저의 장점을 살리면서 보람된 일을 할 수 있을 거라는 생각이 들었습니다. 또한 공부방 자원봉사는 후배들뿐만 아니라 제 자신도 함께 성장할 수 있는 좋은 기회가 될 거라고 생각해, 지원하게 되었습니다.
면접자	그동안 경험했던 봉사 활동 중에 특히 기억에 남거나 좋았던 봉사 활동이 있으면 소개해 주세요.
면접 대상자	지난 겨울 방학 때 ○○어린이집에서 구연동화 봉사 활동을 했었는데요, 그때 아이들의 초롱초롱한 눈망울을 잊을 수가 없습니다. 저의 한마디 한마디에 웃기도 하고 울기도 하는 아이들을 보면서 뿌듯함과 큰 보람을 느꼈습니다. 그래서 일주일에 한 번씩 있었던 구연동화 시간을 아이들보다 제가 더 기다렸던 기억이 납니다. 봉사 활동이라는 것이 단순히 남을 돕는 것이 아니라 함께 배우고 느끼면서 더불어 커 나가는 과정이라는 걸 깨닫게 해준 경험이었어요.
면접자	존경하는 인물이 있다면 누구인지 이야기해주세요.
면접 대상자	오드리 햅번을 존경합니다. 그녀는 "어린이 한 명을 구하는 것은 축복입니다. 어린이 백만 명을 구하는 것은 신이 주신 기회입니다."라고 말할 정도로 구호 활동에 열정을 쏟았고 유니세프 친선 대사로 활동하며 세계적인 기부 문화를 불러일으켰다고 합니다. 화려한 배우로서 얼마든지 부와 명예를 누리며 풍요롭게 살 수 있었을 텐데도 힘든 길을 마다하지 않은 그녀의 삶에 존경심을 느낍니다.

8 협상

(1) 협상의 개념과 목적

① 협상의 개념: 협상은 이익과 관련된 갈등을 인식한 둘 이상의 주체들이 이를 해결할 의사를 가지고 모여 합의에 이르고자 대안을 조정하고 구성하는 공동 의사 결정 과정이다.

② 협상의 목적: 현대 사회는 다양한 집단들의 가치와 이익, 요구 등으로 집단 상호 간의 갈등이 자주 발생하게 되는데, 협상은 이러한 갈등의 조정과 합의를 목적으로 한다.

(2) 협상의 성립과 유형

① 협상의 성립: 협상이 성립되려면 협상을 요구하는 구체적인 갈등 상황과 이익을 추구하는 협상 참여자들이 있어야 한다. 또한 협상 참여자들은 이익을 추구하고 협상의 결과를 이행할 의무가 있다.

요소	조건
참여자	경쟁적인 협력자 관계
상황	협상을 필요로 하는 구체적인 갈등 상황
행위	이익을 추구하며 합의 결과를 이행할 의무

② 협상의 유형

참여자 집단 유형	• 양자 협상: 협상 참여자의 주체가 두 집단인 경우 • 다자 협상: 협상 참여자의 주체가 셋 이상의 집단인 경우
주제 개수	• 단일 협상: 주제가 하나인 경우 • 복합 협상: 주제가 여럿인 경우

(3) 협상의 방법과 절차

① 협상의 방법

㉠ 참여자 간 입장 차를 상호 반박하기

㉡ 상대방의 이익과 공동의 이익 탐색하기

㉢ 참여자 간의 질문을 통해 제안하고 평가하기

㉣ 동의를 유도하는 설득 전략, 양보를 통한 합의 유도 전략 사용하기

② 협상의 절차

㉠ 시작	• 문제 상황을 공유함 • 협상의 목표를 설정함 • 상대방의 목표를 확인함
㉡ 조정	• 참여자들이 문제에 대한 입장을 밝힘 • 구체적인 제안이나 대안을 제시하고 서로 검토함
㉢ 해결	• 상대방의 대안을 비판하고 수용함 • 적절한 대안을 마련함

(4) **협상의 전략**

협상은 구체적인 목표를 설정하고 구체적인 타협안을 마련하는 과정이다. 협상의 최종 목표는 양보와 설득을 통해 실현 가능한 구체적인 타협안을 찾는 것이다. 따라서 타협 가능한 협상의 목표를 설정하고 다양한 대안들을 바탕으로 협상에 임하는 것이 바람직하다.

　① 쟁점을 분석한다.

　　㉠ 효율적인 협상을 위해 협상의 쟁점을 분석해야 한다. 구체적 갈등 상황에 대해 정확히 인식하고, 협상 참여자들이 어떤 쟁점을 논의해야 하며, 무엇을 먼저 논의해야 하는지를 판단하도록 한다.

　　㉡ 협상 쟁점은 협상 전에 결정되기도 하지만, 협상을 진행하는 과정에서 변경 혹은 재구성되기도 한다.

　　㉢ 협상 과정에서 협상 참여자들이 서로의 입장에 대한 반박을 통해 쟁점을 구체화하면 합의를 위한 기본틀이 구성될 수 있다.

　② 결론 도출을 위해 협력한다.

　　㉠ 협상 참여자 중 동일 집단 구성원들은 협상 진행, 정보 탐색, 대안 탐색 역할을 효율적으로 분배하여 협상을 준비한다.

　　㉡ 이익이 다른 상대편과도 협력해야 한다. 즉 상대방이 제시한 대안을 정확히 평가하고, 상대방의 입장을 이해하고 존중하려는 태도를 가진다.

(5) **협상의 실제 사례**

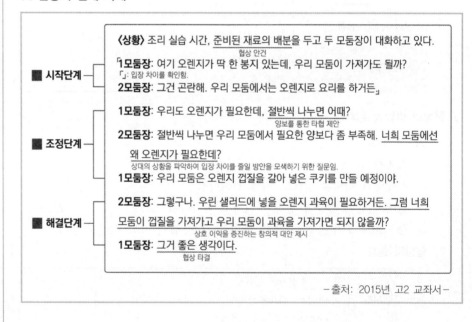

─출처: 2015년 고2 교과서─

49. 다음 대화에 대한 설명으로 적절하지 않은 것은? 2023. 지방직 7급

> 학생 대표: 학교에 외부인이 아무 때나 드나들면, 소음이나 교통사고 등 예기치 못한 문제가 발생할 수 있습니다. 주민들의 학교 체육 시설 이용 시간을 오후 5시 이후로 제한했으면 합니다.
>
> 주민 대표: 학생들의 수업권과 안전이 우선적으로 보장되어야 한다는 데 동의합니다. 그런데 많은 주민들이 아침에 운동하기를 선호하니 오전 9시 이전까지는 체육 시설 이용을 허용하면 어떨까요? 학생들의 수업 시간과 겹치지 않으면 수업권 보장과 안전에 큰 문제가 없으리라 봅니다.
>
> 학 교 장: 알겠습니다. 주민들이 체육 시설 이용 시간을 잘 준수한다면 9시 이전에도 시설 이용을 허용하도록 하겠습니다. 이용 시간에 대해 주민들에게 잘 안내해 주시기를 부탁드립니다.
>
> 주민 대표: 네. 주민 홍보 앱을 활용해서 널리 알리겠습니다. 하나 더 제안할 것이 있는데, 수업이 없는 방학 동안은 주민들이 체육 시설을 시간 제한 없이 이용할 수 있도록 해 주시면 좋겠습니다.

① 상대의 의견을 조건부로 수용하고 있다.
② 자신의 의견을 질문 형식으로 제안하고 있다.
③ 자신의 의견을 제안하기 전에 근거를 먼저 밝히고 있다.
④ 상대의 의견을 반박하여 새로운 제안의 근거를 확보하고 있다.

9 연설

(1) 연설의 개념

연설은 일반적으로 한 사람의 연사가 다수의 청중을 대상으로 하여 특정한 목적을 가지고 말하는 공적인 말하기이다. 연설은 다수의 청중을 대상으로 이루어지기 때문에 전형적인 '일대다(一對多) 말하기'이다.

(2) 연설의 유형에 따른 연설 방법

① 연설은 사적인 대화와 달리 수많은 사람을 대상으로 하는 말하기이므로 공적이고 윤리적인 성격이 강하다.

② 청중이 수십 명에서 수만 명에 이르기에 장소와 시간의 제약을 받는다.

③ 연설하는 사람은 특별한 전달 형식을 미리 익혀 두어야 하며, 이를 위한 연습과 경험이 필요하다.

④ 연설은 그 목적에 따라 정보 전달 연설, 설득 연설, 환담 연설로 나뉜다. 준비하는 시간의 유무에 따라 즉석 연설과 준비된 연설로 나누기도 한다.

⑤ 연설의 목적에 따라 연설 방법이 달라진다.

목적(종류)	내용
정보 전달 연설	• 새로운 정보를 청중에게 제공하기 위해 하는 연설 • 연설 방법: 청중에게 객관적 사실을 알려 주는 게 목적이므로, 청중이 이해하기 쉬운 단어와 문장을 선택하고, 적절한 예시를 포함하는 것이 중요하다. • 묘사연설(사람, 사물의 모습을 구체적으로 전달), 시범연설(태권도, 요리법 등을 시범을 보이며 설명), 설명 연설(수업하는 선생님의 설명처럼 일정한 분야에 대한 새로운 지식이나 정보를 알기 쉽게 풀어 전달) 등으로 세분화된다. 예 여러분, 겨울철 스노 체인은 빙판길을 가는 운전자에겐 생명줄과도 같습니다. 지금 간단한 시범을 통해 쉽게 체인을 감는 법을 설명해 드리겠습니다.
설득 연설	• 연사가 의도한 대로 청중의 신념, 태도, 행동 등을 변화시키기 위해서 하는 연설 • 연설 방법 　－청중의 사회 계층, 연령, 성별, 성향 등을 정확히 파악하고 이들의 지적 수준과 기대에 부응하는 연설을 한다. 　－청중을 설득할 수 있는 적절한 논거를 제시하고, 논리성을 갖추며, 그들의 마음을 움직일 수 있는 감성적인 내용을 담는다. 예 청소년 비행은 가정교육에만 원인이 있는 것이 아니라 사회적인 무관심에도 그 이유가 있습니다. 사회의 무관심이 청소년을 혼란과 소외, 무한 경쟁으로 인한 스트레스 속에 놓이게 했고 이제 우리도 이러한 책임에서 자유로울 수 없는 것입니다.
환담 연설	• 피로연, 만찬회 등에서 연사가 청중을 즐겁게 하기 위해 하는 연설 • 연설 방법 　－상황과 목적을 고려해 듣는 이의 수준에 맞는 적절한 내용을 준비하되 분위기를 전환할 수 있는 알맞은 재담을 활용한다. 　－화제는 밝고 즐거운 것이어야 하고, 적절한 유머나 위트가 있는 말을 구사해야 한다. 예 여러분, 저희 아들의 혼인에 이렇게 많이 와 주셔서 매우 감사합니다. 제가 이 자리에서 아들이 어린 시절에 저희 부부를 많이 웃게 한 에피소드 하나를 통해 아들의 됨됨이에 대해서 말하려 합니다.

(3) 연설의 절차

① **주제 선택**: 연설의 목적과 대상 청중을 고려하여 적절한 주제를 선택한다. 주제는 흥미로운 내용이며 청중에게 가치 있는 정보나 영감을 전달할 수 있는 것이 좋다.

② **목표 설정**: 연설의 목표를 명확히 설정한다. 목표는 청중에게 어떤 메시지를 전달하고자 하는지, 어떤 영향을 끼치고자 하는지를 결정하는 것이다.

③ **청중 분석**: 청중의 특성과 관심사를 파악한다. 연설의 효과를 극대화하기 위해 청중의 관심을 끌고 공감할 수 있는 방법을 찾아야 한다.

④ **자료 조사**: 선택한 주제에 대해 충분한 자료를 수집하고 조사한다. 신뢰할 수 있는 출처에서 다양한 정보를 찾아내고, 주장을 뒷받침할 수 있는 사실과 예시를 찾는다.

⑤ **구조화**: 연설을 구조화하여 명확한 개시, 본론, 결론을 갖춘 형식을 만든다. 각 부분은 서로 일관성 있게 이어져야 하며, 주요 포인트를 강조하기 위해 목차나 서론을 사용할 수 있다.

⑥ **글쓰기**: 구상한 구조를 바탕으로 연설의 초안을 작성한다. 이때 간결하고 명확한 문장을 사용하며, 청중의 이해를 돕기 위해 적절한 예시나 비유를 활용한다.

⑦ **연습**: 연설을 연습하는 것은 매우 중요하다. 소리내어 읽거나 녹음하여 자신의 억양, 발음, 강세를 점검하고 개선하도록 노력해야 한다. 또한 연설 시간을 맞추고 자신감을 키울 수 있다.

⑧ **시각적인 자료 준비**: 필요한 경우 연설에 시각적인 자료를 활용할 수 있다. 슬라이드, 그래프, 이미지 등을 사용하여 청중의 이해를 돕고 주장을 시각화할 수 있다.

⑨ **피드백과 개선**: 다른 사람들에게 연설을 들려주고 피드백을 받는다. 피드백을 통해 개선할 부분을 파악하고 자신의 연설을 완성해 나갈 수 있다.

⑩ **발표**: 연설을 준비한 후, 자신감을 갖고 발표한다. 청중과의 소통을 중요시하며, 목표를 달성하기 위해 자신의 목소리와 태도를 조절하도록 노력한다.

(4) 연설의 표현

① 연설을 할 때에는 연설의 목적, 청중, 상황을 분석한 것을 토대로 그에 적절한 언어적 · 반언어적 · 비언어적 표현을 사용하는 것이 중요하다.

② 연설을 할 때 표현에 변화를 주어 연설의 단조로움을 피하고 청중의 관심과 집중을 유도할 수 있다.

③ 언어적 · 반언어적 · 비언어적 표현은 지나치게 과장하는 것보다는 자연스러운 것이 바람직하지만, 청중의 수나 강조하고자 하는 의도에 따라 그 정도를 조절할 수 있다.

④ 연설문 작성 후에는 실제로 청중 앞에서 연설을 하듯 거울을 보면서 내용에 알맞은 시선, 표정, 몸짓 등을 연습해 보는 과정이 필요하다.

(5) 연설 듣기

연설을 들을 때에는 내용의 신뢰성, 타당성, 공정성을 따지며 듣는다.

① **신뢰성 판단**: 인용한 자료의 출처가 정확하고 믿을 만한가에 대해 판단하되 연사의 인격, 전문성, 직업 등을 참조하여 판단한다.

② **타당성 판단**: 연사의 주장에 대한 근거가 적절한지 따져 본다.

③ **공정성 판단**: 연설의 내용과 다른 관점에 대해서도 형평성을 유지하고 있는지, 다루는 대상을 선택함에 있어 서로 형평성을 유지하고 있는지를 따져 본다.

50. 다음 연설에 대한 설명으로 가장 적절한 것은?　　　　2022. 지방직 7급

> 올림픽 헌장은 "올림픽의 목적은 인류의 조화로운 발전과 인간 존엄성의 수호를 위해, 평화로운 사회를 만들기 위해 스포츠 경기를 하는 것이다."라고 말합니다. 이것이 올림픽 정신이며, 스포츠의 가능성과 힘을 보여 주는 것이라고 저는 굳게 믿습니다. 열 살 때 남북 선수단이 올림픽 경기장에 동시 입장하는 것을 보고 처음으로 스포츠의 힘을 느꼈습니다. 오늘 저는 유엔 총회의 '올림픽 휴전 결의안' 초안 승인을 통해 그때 목격했던 스포츠의 힘을 다시 한번 볼 수 있기를 바랍니다.

① 반대되는 사례를 제시하여 주장을 부각하고 있다.
② 권위 있는 자료를 인용하여 설득력을 높이고 있다.
③ 설의적인 표현을 사용하여 공감대를 형성하고 있다.
④ 연설자의 공신력을 강조하여 신뢰도를 높이고 있다.

작문(쓰기) 편

제1절 | 작문(글쓰기) 일반

제2절 | 작문(글쓰기)의 과정

제3절 | 작문(글쓰기)의 종류

단원 길잡이

작문(쓰기) 영역은 최근 들어서 자주 활용되고 있는 영역이다. 개요 작성, 공문서 작성, 자료 제시형, 도표 문제 등이 출제되고 있다. 작문(쓰기) 영역은 기존 공무원 국어 시험에서 소홀히 되던 영역이었지만, 최근 시사적인 주제와 내용을 활용하여 주어진 자료와 보기를 통해 얼마나 적질하게 적용할 수 있는가를 측정 하는 데 초점을 맞추고 많은 문제를 출제하고 있다. 개요 작성은 '계획하기−표현하기−고쳐쓰기' 단계에 따른 글쓰기의 기본 원리를 반영하고 있다. 개요 작성 문제는 적절한 기준에 의해 글을 구성하고, 각 내용 간의 범주를 파악하여 유기적으로 배열할 수 있는가를 평가하는 유형이다. 개요는 주제의 효과적인 구현 을 목적으로 작성하는 것이라는 점에서 글의 주제와 관련한 구조의 적절함, 매끄러운 논리적 흐름 등을 평 가하는 의미도 있다. 또한, 자료의 활용과 해석 문제는 2000년대부터 수학능력시험에도 꾸준히 출제되는 유형이다. 사진이나 그림 자료를 통하여 구체적인 글의 자료를 찾을 수 있는가를 묻거나, 제시된 통계 자 료를 활용하여 어떠한 주제의 글을 쓰려고 할 때 자료의 활용 방안이 적절한지 묻는 방식으로 출제되고 있다. 공무원 국어 시험이 과거의 암기형 문제에서 벗어나 '읽고 생각하는 능력'을 고려한 새로운 유형들이 작문(쓰기) 문제로 점차 한 문제 이상 자리를 잡고 있다고 볼 수 있다. 마지막으로, 조건에 따라 표현하기 유형이 있다. 내용이나 표현 혹은 형식과 관련한 조건을 주고, 그에 맞게 표현하는 능력을 묻는 문제이다. 내용적인 면에서는 주제와 의도 등이 관련을 맺고 있고, 형식적인 측면에서는 표현 방법이나 진술 방법, 전개 방법 등과 관련을 맺고 있다.

제 1 절 작문(글쓰기) 일반

1 작문이란 무엇인가

작문은 언어를 사용하여 아이디어, 생각 또는 감정을 글로 표현하는 과정이다. 작문은 주로 문학적인 목적이나 커뮤니케이션의 목적으로 사용되며, 글쓰기의 한 형태로 볼 수 있다. 작문은 문장 구조, 어휘 선택, 문체 등을 적절히 활용하여 목적에 맞는 글을 쓰는 과정이다. 좋은 작문은 명확하고 효과적인 의사소통을 도와주며, 독자에게 강한 인상을 남길 수 있다. 작문을 연습하면서 자신의 글쓰기 기술을 향상시킬 수 있으며, 다양한 주제에 대해 자신의 생각을 표현하는 능력을 키울 수 있다.

기출 따라잡기

1. 다음 글의 맥락을 고려할 때 빈칸에 들어갈 말로 가장 적절한 것은? 　2023. 지방직 9급

> 능숙한 필자와 미숙한 필자는 글쓰기 과정 중 '계획하기'에서 뚜렷한 차이를 보인다. 전자는 이 과정에 오랜 시간 공을 들이는 반면, 후자는 그렇지 않다. 글쓰기에서 계획하기는 글쓰기의 목적 수립, 주제 선정, 예상 독자 분석 등을 포함한다. 이 중 예상 독자 분석이 중요한 이유는 [　　　　　] 때문이다. 글을 쓸 때 독자의 수준에 비해 너무 어려운 개념과 전문용어를 사용한다면 독자가 글을 이해하기 어렵게 된다. 글쓰기는 필자가 글을 통해 자신의 메시지를 독자에게 전달하는 행위라는 점을 고려하면 계획하기 단계에서 반드시 예상 독자를 분석해야 한다.

① 계획하기 과정이 글쓰기 전체 과정의 첫 단계이기
② 글에 어려운 개념이나 전문용어를 어느 정도 포함해야 하기
③ 필자의 메시지를 독자에게 효과적으로 전달하는 데 도움이 되기
④ 독자의 배경지식 수준을 고려해야 글의 목적과 주제가 결정되기

---

2 국어 시험에서 작문의 중요성

공무원 국어 시험에서 작문은 매우 중요한 요소이다. 작문은 국어 능력을 종합적으로 평가하는데 도움을 주며, 의사소통 능력과 논리적 사고력을 판단하는 기준이 된다. 2025년 공무원 국어 시험을 위한 개편 사항에서는 수험생의 '의사소통 능력'과 관련하여 작문 부분을 매우 중요하게 다루고 있다. 작문에서 중요한 요소로 다루는 것들을 살펴보면 다음과 같다.

(1) 의사소통 능력 강화

작문은 자신의 생각과 주장을 명확하게 표현하고 전달할 수 있는 능력을 키워준다. 공무원 국어 시험에서는 효과적인 의사소통을 위해 정확하고 명료한 글쓰기가 필요하다.

(2) 논리력과 사고력 평가

작문은 논리적인 사고력을 검증하는 중요한 도구이다. 시험에서는 주어진 주제에 대해 논리적으로 글을 구성하고 주장을 뒷받침할 수 있는 능력이 요구된다.

(3) 문장 구조와 어휘 활용

작문은 문장 구조와 어휘 선택에 대한 이해도를 확인하는데 도움을 준다. 문법적인 오류를 피하고 다양한 어휘와 표현을 사용하여 글의 다양성과 풍부성을 나타낼 수 있는 능력이 시험에서 필요하다.

(4) 자기 표현 능력 강화

작문은 자기 표현 능력을 향상시키는데 도움을 준다. 다양한 주제에 대해 자신의 생각과 의견을 명확하게 전달하고 주장할 수 있는 능력은 공무원 업무에서 필수적이다. 따라서, 공무원 국어 시험에서 작문 능력을 키우는 것은 합격에 매우 중요한 요소이다. 지속적인 연습과 다양한 주제에 대한 사고력을 키우는 노력을 통해 작문 능력을 개선할 수 있다.

3 좋은 글의 요건

좋은 글은 여러 가지 요소를 포함하며 독자에게 긍정적인 영향을 주는 글을 말한다. 좋은 글은 주제나 내용을 명확하고 구체적으로 전달하며, 독자가 글을 읽고 쉽게 이해할 수 있도록 문장 구조와 어휘 선택에 신경을 쓴다. 또한 논리적인 흐름과 타당한 논거를 가지고 있어 주장이 명확하게 제시되고, 이를 뒷받침하는 근거와 사례가 제공된다. 좋은 글은 또한 독자의 관심을 끄는 구성과 표현을 사용하여 글을 풍부하고 생동감 있게 만든다. 문법과 맞춤법의 정확성도 중요하며, 독창성과 창의성을 담고 있어 새로운 관점이나 아이디어를 제시하거나 독특한 방식으로 일상적인 주제를 다룬다. 또한 글쓴이의 감정과 경험을 솔직하게 전달하여 독자의 공감과 감동을 일으킬 수 있다. 좋은 글은 효과적인 구조와 글 흐름을 갖추어 독자가 내용을 쉽게 따라갈 수 있도록 도와준다. 따라서 좋은 글을 작성하기 위해서는 글쓰기 기술의 연습과 독서, 창의성을 발휘할 수 있는 노력이 필요하다.

① **충실성**: 쓸 것이 없는데 억지로 쓰거나 표현 기교에 치중하면 글이 충실하지 못하게 되므로 관찰·조사를 통해 견문을 넓히는 것이 필요하다.

② **독창성**: 개인의 창의력을 발휘하여 참신한 소재와 개성적인 표현으로 글에 독특한 의미를 부여해야 한다.

③ **성실성**: 진실한 내용을 성실하게 써야 한다. 기교보다 정성된 자세가 담겨있는 글이 읽는 이를 이해·설득·감동시킬 수 있는 힘을 발휘한다.

④ **명료성**: 나타내고자 하는 내용을 분명하게 드러내야 한다.

⑤ **일관성**: 글의 논지, 어조, 문체 등이 한결같아야 한다.

⑥ **타당성**: 글의 사용 시점, 독자의 수준, 글의 목적에 맞도록 해야 한다.

⑦ 통일성, 표현의 경제성, 구성의 치밀성을 갖추어야 한다.

기출 따라잡기

2. 다음 글이 들어가야 할 부분으로 가장 적절한 것은? 2012. 지방직 9급

보기

우린 때때로 말 한마디 없이 서로의 눈빛만으로 상대방의 깊은 속내를 읽어내기도 하고 자신의 깊은 마음을 전달하기도 한다. 이것은 어떻게 가능한 것인가? 또 사람들은 어떻게 상대방의 얼굴 표정이나 눈빛, 자세, 제스처 등을 해석하고 반응하는가? 이 글에서는 바로 이러한 비언어적 의사소통의 여러 가지 측면에 대한 탐구를 목적으로 한다.

① 글의 서론 부분
② 글의 결론 부분
③ 글의 본론 부분
④ 예를 드는 부분

기출 따라잡기

3. 다음 글에 대한 평가로 가장 적절한 것은? 2014. 지방직 9급

㉠관용구는 어떤 표현이 습관적으로 굳어져 사용됨으로써 원래의 뜻을 잃어버린 언어 표현을 의미한다. ㉡'내 코가 석 자', '배가 남산만 하다'라는 말은 코의 길이나 배의 크기에 대한 내용을 담고 있는 것이 아니다. ㉢즉 이 표현들을 이루고 있는 단어들의 표면적인 뜻만 가지고는 그 의미를 알 수가 없는 것이다. ㉣이러한 관용어는 우리의 전통문화를 잘 보여 주고 있다는 점에서 큰 의의를 지닌다고 할 수 있다.

① ㉠은 정의의 형식을 갖추고 있으나 단락의 완결성을 해치므로 삭제하는 것이 좋다.
② ㉡에 제시된 두 예는 원래의 뜻으로 해석될 수 있으므로 다른 예로 바꾸어야 한다.
③ ㉢은 앞 문장과의 연결이 부자연스러워 긴밀성을 해친다.
④ ㉣은 전체 제시문의 주제와 관련이 없으므로 단락의 통일성을 해친다.

⑧ 관념어나 추상어, 상투어는 피해야 한다.

⑨ 현학적인 표현을 줄이고, 지나치게 기교에 치우치지 않아야 한다.

기출 | 따라잡기

4. 다음 밑줄 친 ㉠에 들어갈 표현으로 가장 적절한 것은? 2019. 경찰직 1차

> 말을 하고 글을 쓰는 표현 행위는 사고 활동과 분리해서 생각할 수 없다. 창의적이고 생산적인 활동에는 당연히 사고 작용이 따르기 때문이다. 역으로, 말을 하고 난 뒤에나 글을 쓰고 난 뒤에 그 과정을 되돌아보면서 새로운 생각을 하거나 발전된 생각을 얻기도 한다. 또한 청자나 독자의 반응을 통해 자신의 생각을 바꾸거나 확신을 가지기도 한다. 이처럼 사고와 표현 활동은 지속적으로 상호 작용을 하게 된다.
>
> ㉠ _____ 는 점을 적극적으로 고려할 필요가 있다. 머릿속에서 이루어진 사고 활동의 내용을 구체적으로 말이나 글로 표현해 보면 부족하거나 개선할 점들을 찾을 수 있게 되고 이후에 좀 더 조직적으로 사고하는 습관도 생긴다. 한편 표현 활동을 하다 보면 어휘 선택, 내용 조직 등의 과정에서 어려움을 느끼게 된다. 이러한 어려움을 해결하기 위해 그에 대해 논리적이고 체계적으로 생각해 보게 되고 이를 통해 표현 능력이 향상된다. 이렇게 사고력과 표현력은 상호 협력의 밀접한 연관을 맺고 있다.
>
> 흔히 좋은 글을 쓰기 위한 조건으로 '다독(多讀), 다작(多作), 다상량(多商量)'을 들기도 하는데, 많이 읽고, 많이 써 보고, 많이 생각하다 보면 좋은 글을 쓸 수 있다는 뜻이다. 여기에서 '다상량'은 충분한 사고 활동을 의미한다. 이는 물론 말하기에도 적용되는 것으로 표현 활동과 사고 활동의 관련성을 잘 말해 주고 있다.

① 충분한 사고 활동 후에 이루어지는 표현 활동은 세련되게 된다

② 사고한 내용을 구체적으로 표현해 보면 사고력을 향상시킬 수 있다

③ 사고와 표현 활동은 상호 작용을 하면서 각각의 능력을 상승시킨다

④ 말하기보다 글쓰기가 상대적으로 사고 활동과 깊은 관련을 맺고 있다

제 2 절 작문(글쓰기)의 과정

1 주제 및 제목의 설정

(1) 주제와 제목

쓰고자 하는 글의 목적과 예상 독자가 결정되면 '무엇을 쓸 것인가'를 결정하게 되는데, 그 '무엇'에 해당하는 것이 바로 글의 주제이다. 글의 주제는 한마디로 글쓴이가 글을 통해 전달하려는 중심 생각이라 할 수 있다. 글의 제목 역시 주제와 비슷한 뜻으로 쓰이며, 글 전체의 내용을 아우를 수 있는 것이어야 한다.

'주제의 설정'은 글쓰기의 첫 단계에 해당하며, 글을 쓰는 목적에 맞는 주제를 답지에서 찾을 수 있는가를 평가하는 유형이다. 시험에서는 보통 〈보기〉의 제시문을 읽어야 한다. 또한 그래프, 만화나 홍보물의 그림, 설문 자료, 신문 기사와 같은 다양한 자료를 제시하여 이를 활용하여 이끌어 낸 주제문을 찾게 하는 문제가 많이 출제되고 있다.

이런 유형을 익히기 위해서는 평소 국어 비문학 지문을 공부하면서 글의 제목이나 주제를 정리해 보는 것도 좋은 방법이고, 신문 기사나 광고와 같이 생활 주변에서 쉽게 찾을 수 있는 자료를 활용하여 자료와 어울리는 제목이나 문구를 작성해 보는 것도 좋은 방법이 될 수 있다.

(2) 주제와 주제문

① 주제: 글의 중심이 되는 생각

② 주제문

한 편의 통일성 있는 글을 쓰기 위해서는 주제가 분명히 드러나야 한다. 일반적으로 주제에는 가주제와 참주제가 있다. 가주제는 범위가 넓고 막연한 주제이고, 참주제는 가주제에서 범위가 한정된 주제를 말한다. 가령 '게임'처럼 단어로 제시하는 것이 가주제이고 '게임이 청소년에게 미치는 영향'처럼 가주제의 범위를 좁힌 것이 참주제이다. 참주제를 완결된 문상으로 진술한 것이 주제문이다.

③ 표제와 부제

㉠ 표제: 신문이나 잡지 기사의 제목

㉡ 부제: 신문 기사의 제목에 덧붙어 그것을 보충하는 제목

➕플러스 주제 설정의 요건

(1) 범위가 좁고 구체적인 것이어야 한다.
(2) 단일 개념으로 명확하게 나타나야 한다.
(3) 새롭고 독창적인 것이어야 한다.
(4) 글쓴이가 관심을 가지고 있는 내용이어야 한다.
(5) 독자들이 공감할 수 있는 내용이어야 한다.

➕플러스 주제문 작성에서 유의할 점

(1) 평서문이어야 한다.
(2) 비유적인 표현으로 진술해야 한다.
(3) 표현이 정확하고 구체적이어야 한다.
(4) 비유적인 표현으로 진술해서는 안 된다.
(5) 참신하면서도 간결해야 한다.

5. 프레젠테이션을 위해 단계별로 내용을 조직한다고 할 때 (가), (나)에 들어갈 내용으로 적절한 것은?

2012. 기상직 9급

도입 단계	전개 단계	정리 단계
• 청중의 관심 환기	• 대상을 체계적으로 설명	• 발표 내용의 요약
• (가)	• 대상의 원인, 해결 방식 제시	• (나)
• 발표의 순서 소개	• 대상의 장단점 비교	• 구체적인 행동 촉구

	(가)	(나)
①	발표의 논거 제시	발표의 의의와 효과
②	발표의 주제와 목적	핵심 내용 반복 강조
③	청중과의 질의응답	대상의 범위 제시
④	발표 내용에 대한 부연	대상과 관련된 일화 소개

6. 〈보기〉의 ㉠~㉣ 중 이 글의 주제문으로 가장 적절한 것은?

2022. 서울시 9급 2차

> **보기**
>
> ㉠남녀평등 문제는 앞으로 별 의미를 갖지 못할 것이다. ㉡현재의 출산율은 1.17명이다. 한 부부가 아들과 딸 중 하나를 낳아 기른다는 걸 의미한다. 아들 선호사상이야 사라지지 않겠지만 평등 문제는 크게 개선될 것이다. ㉢높아진 평등의식도 긍정적 요인이다. 최근 각계에 여성 진출이 두드러지고 있는 것은 이런 앞날을 예고하는 것이다. ㉣내 딸만큼은 나처럼 키우지 않겠다는 한국 어머니들의 한 (恨)이 높은 여성교육 열기로 이어지고 쌓인 결과이기도 하다.

① ㉠

② ㉡

③ ㉢

④ ㉣

(1) 유형 이해

이 문제는 제시하는 여러 개의 자료들, 예를 들면 도표나 공익 광고 등을 보고 그 상황에 적절한 주제를 파악할 수 있는가를 묻는 유형이다. 이 유형에서는 각각의 자료들이 보여 주는 문제 상황을 먼저 파악하고 여러 개의 자료를 종합하여 공통적으로 이끌어 낼 수 있는 내용이 무엇인가를 잘 생각해 보아야 한다. 특히 자료를 통해 전달하고자 하는 메시지가 무엇인가를 추리해 내는 것이 무엇보다 중요하다.

(2) 접근 방법

문제의 의도를 이해하고, 자신이 쓰고자 하는 글의 내용을 먼저 파악한다.

➡ 제시된 자료를 정확하게 파악한다.

➡ 자료를 쓰고자 하는 글의 내용과 관련 지어 해석한다.

➡ 답지에서 자료의 내용을 효과적으로 반영한 주제를 찾는다.

유제 | 연습하기

〈보기〉의 그림을 모두 활용하여 공익 광고를 만들고자 한다. [가]에 들어갈 광고 문구로 가장 적절한 것은?

보기

① 세상의 다양한 가치, 아끼고 존중해야 합니다.
② 이웃 사랑, 거창한 구호가 아니라 작은 실천입니다.
③ 순리를 거스르지 않는 삶, 우리 모두가 본받아야 합니다.
④ 작은 힘도 꾸준히 보태면 사회를 바꾸는 큰 힘이 될 수 있습니다.

[정답] ④
[풀이] 세 개의 그림이 전달하는 메시지를 먼저 파악해야 한다. 첫 번째 그림은 '티끌 모아 태산'이라는 말처럼 아무리 작은 것이라도 모이고 모이면 나중에 큰 덩어리가 됨을 말하고 있고, 두 번째 그림은 물방울이 한 곳에 계속 떨어지면 단단한 바위도 뚫는다는 것이므로 작은 노력이라도 끈기 있게 지속하면 큰일을 이룰 수 있다는 의미를 전달하고 있다. 세 번째 그림은 가늘게 내리는 비도 오래 맞으면 옷이 젖는다는 것이므로 아무리 사소한 것이라도 그것이 거듭되면 무시하지 못할 정도로 크게 됨을 말하고 있다. 이로 볼 때, 세 그림은 공통적으로 작고 사소한 것일지라도 꾸준히 지속하면 큰 성과를 이룬다는 것을 말하고 있다.

다음의 개요를 기초로 하여 글을 쓸 때, 주제문으로 가장 적절한 것은? [2017. 지방직 9급]

> 서론: 최근의 수출 실적 부진 현상
> 본론: 수출 경쟁력의 실태 분석
>   1. 가격 경쟁력 요인
>   ㄱ. 제조 원가 상승
>   ㄴ. 고금리
>   ㄷ. 환율 불안정
>   2. 비가격 경쟁력 요인
>   ㄱ. 기업의 연구 개발 소홀
>   ㄴ. 품질 개선 부족
>   ㄷ. 판매 후 서비스 부족
>   ㄹ. 납기의 지연
> 결론: 분석 결과의 요약 및 수출 경쟁력 향상 방안 제시

① 정부가 수출 분야 산업을 적극 지원해야 한다.
② 내수 시장의 기반을 강화하는 데 역량을 모아야 한다.
③ 기업이 연구 개발비 투자를 늘리고 품질 향상에 많은 노력을 기울여야 한다.
④ 수출 경쟁력을 좌우하는 요인을 분석한 후 그에 맞는 방안을 마련해야 한다.

[정답] ④
[풀이] 글의 개요에서 수출 실적이 부진한 요인으로 가격 경쟁력의 측면과 비가격 경쟁의 측면을 지적하였다. 그리고 결론에서 수출 경쟁력 향상을 위한 방안을 지적했으므로, 이를 모두 포괄할 수 있는 ④가 적절하다. 무엇보다도 '수출'이라는 중심 소재가 드러나야 주제문의 조건에 부합한다.
[오답] ③ 중심 소재인 '수출'에 대한 내용이 아니므로 주제문이 될 수 없다.

(1) 유형 이해

이 문제는 제시된 자료를 토대로 글의 제목으로 적절한 것을 찾는 유형이다. 주로 신문 기사나 통계 그래프 등의 자료를 제시한 뒤 이 자료들을 모두 활용하여 이끌어 낼 수 있는 제목을 찾아야 한다. 또는 신문의 기사문을 쓰고자 할 때, 표제와 부제로 적절한 것을 찾는 문제가 출제될 수도 있다. 이 유형은 결국 제시한 자료의 내용을 정확하게 해석할 수 있느냐가 문제 해결의 관건이라 할 수 있다.

(2) 접근 방법

문제를 읽고 쓰고자 하는 글의 내용을 먼저 파악해야 한다.
➜ 〈보기〉에 제시한 여러 개의 자료의 내용을 해석한다.
➜ 제시한 자료의 내용에 적합한 제목을 답지에서 찾는다.

유제 | 연습하기

주어진 그림을 활용하여 '청소년들의 바람직한 생활 태도'라는 제목으로 연재 기사를 쓰고자 한다. 표제와 부제로 적절하지 않은 것은?

	표제	부제
①	㉠: 소중한 청춘의 시간	미래 위해 투자해야
②	㉡: 전통 문화의 계승	옛 것부터 소중하게 여기자
③	㉢: 더불어 사는 삶	배려하는 마음가짐 가져야
④	㉣: 끝까지 도전하는 삶	실패를 두려워하지 말아야
⑤	㉤: 유행에 휩쓸리지 않는 자세	나만의 개성을 살리자

[정답] ④
[풀이] ㉣의 그림은 사전에 아무런 준비도 하지 않고 등반을 하다가 배가 고파서 중도에 포기하는 그림이다. 이 그림은 사전 준비의 중요성을 말하고 있다. 그런데 표제와 부제를 보면 '끝까지 도전하는 삶 — 실패를 두려워하지 말아야'라고 했으므로 그림과는 동떨어진 내용이다. 인생의 목표를 실현하기 위해 철저한 사전 준비가 필요하다는 내용을 담아야 한다.

다음 자료를 활용하여 글을 쓰려고 할 때, 적절하지 않은 것은? (단위: %, 중복 응답)

2015. 국가직 9급

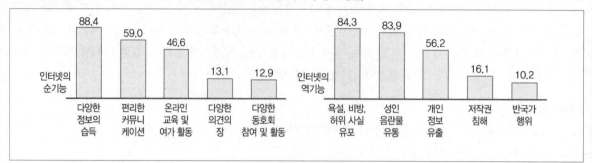

① 인터넷을 이용하면 필요한 정보를 다양하게 얻을 수 있음을 서술한다.

② 자신의 권리가 침해되지 않도록 보안 강화 방안을 적극적으로 제안한다.

③ 타인의 권리를 침해하지 않도록 인터넷 윤리 교육의 필요성을 강조한다.

④ 인터넷이 잘못된 여론을 형성할 수 있으므로 인터넷 사용을 금지할 것을 주장한다.

[정답] ④
[풀이] ④ '인터넷 사용의 금지'는 인터넷의 역기능에 대한 극단적인 해석이며 상식적으로도 맞지 않다.

유형 3: 조건에 맞는 주제문 생성

(1) 유형 이해

이 문제는 일정한 조건을 제시한 뒤 설정한 주제가 조건에 부합하는지 여부를 확인하는 유형이다. 보통 2~3개의 조건이 제시되는데, 내용에 관한 조건과 표현에 관한 조건 등이 제시된다. 따라서 이 문제를 해결하기 위해서는 결국 쓰고자 하는 글의 주제와 제시한 조건을 정확히 이해하는 것이 무엇보다 중요하다.

(2) 접근 방법

쓰고자 하는 글의 주제를 먼저 확인해야 한다.

➜ 〈보기〉에 제시한 조건이 무엇인지를 확인한다.

➜ 설정한 주제문이 조건에 부합하는지 여부를 판단한다.

유제 | 연습하기

'아름다운 사회 만들기를 위한 제언'이라는 주제로 글을 쓰고자 할 때, 생성한 주제문 중 〈보기〉의 조건에 부합하지 않는 것끼리 묶은 것은?

> **보기**
> • 공동체 의식을 함양하는 내용이어야 한다.
> • 비유적 표현을 활용한다.

> 아름다운 사회를 만들기 위해서는 많은 사람들이 다 함께 노력해야 합니다.
> • 사회 구성원들이 각자의 위치에서 최선을 다할 때, 조화로운 사회를 만들 수 있습니다. ------ ⓐ
> • 한 그릇의 더운 밥 같은 사랑을 조금만 나누어도 소외된 사람들에게는 큰 힘이 됩니다. ------ ⓑ
> • 남의 작은 목소리에 귀를 기울인다면 시끄러운 세상도 화음이 됩니다. -------------------- ⓒ
> • 서로가 서로의 슬픔을 조금씩 나누어 가진다면 꽃처럼 아름다운 사회를 만들 수 있습니다. --- ⓓ
> • 현실에 안주하지 말고 끊임없이 노력할 때, 성공이라는 달콤한 열매가 맺힙니다. ----------- ⓔ

① ⓐ, ⓒ 　　　　　　　　　② ⓐ, ⓔ
③ ⓑ, ⓒ 　　　　　　　　　④ ⓑ, ⓓ

[정답] ②
[풀이] 〈보기〉의 조건을 고려하여 생성한 주제가 적절한지를 검토해야 한다. 따라서 '공동체 의식 함양'과 '비유적 표현'이라는 두 가지 조건을 갖추지 못한 것을 찾으면 된다. ⓐ는 공동체 의식을 함양하는 내용이지만 비유적 표현이 없고, ⓔ는 비유적 표현은 드러나 있으나 공동체 의식 함양과는 무관한 내용이다. ⓑ '사랑'을 '더운 밥'에 비유했고, 소외된 사람들에게 사랑을 나누자는 내용이므로 공동체 의식 함양과 관련된다. ⓒ 남의 작은 목소리에도 관심을 기울여야 한다는 내용이므로 공동체 의식과 관련이 있으며, '세상'을 '화음'에 비유했다. ⓓ 서로 슬픔을 나누어 가지자는 내용이므로 공동체 의식과 관련이 있고, '사회'를 '꽃'에 비유했다.

다음을 모두 만족시키는 표어로 적절한 것은?

2017. 국가직 9급

- 공중도덕 지키기를 홍보한다.
- 대구의 표현 방식을 활용한다.
- 행위의 긍정적 효과를 비유적으로 표현한다.

① 신호 위반, 과속 운전 / 모든 것을 앗아 갑니다

② 아파트를 뒤흔드는 음악 소리 / 이웃들을 괴롭히는 고문 장치

③ 노약자에게 양보하는 한 자리 / 당신에게 찾아오는 행복의 문

④ 공공장소에서 실천하는 금연 / 우리의 건강을 지켜 줍니다

[정답] ③
[풀이] '노약자에게 자리 양보'는 공중도덕 지키기를 홍보한 것이고, 내용상 짝을 이루는 대구를 사용했으며, '행복의 문'으로 긍정적 효과를
비유했다. '공중도덕(公衆道德)'은 공중의 복리를 위하여 여러 사람이 지켜야 할 도덕이다.
[풀이] ① 세 조건이 모두 나타나지 않았다. '신호 위반이나 과속 운전'은 교통 법규 위반이지 공중도덕이 아니다.
② 긍정적 효과가 나타나지 않았다.
④ 대구와 비유의 표현 방식이 사용되지 않았다.

7. 〈보기〉의 자료를 제시하여 '노인 문제'에 대한 특집 기사를 쓰려고 할 때, 표제와 부제로 적절한
것은?

보기

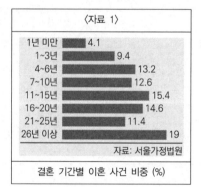

〈자료 1〉

1년 미만	4.1
1~3년	9.4
4~6년	13.2
7~10년	12.6
11~15년	15.4
16~20년	14.6
21~25년	11.4
26년 이상	19

자료: 서울가정법원

결혼 기간별 이혼 사건 비중 (%)

〈자료 2〉	〈자료 3〉
최근 통계청에서 발표한 자료에 따르면 지난 5년간 유소년 인구는 65만 명 감소한 반면 65세 이상 노년 인구는 100만 명이나 증가해 우리 사회의 고령화가 매우 빠른 속도로 진행되고 있음을 알 수 있다.	고령화가 급속히 진행되면서 신혼부부의 이혼보다 장·노년층의 이혼 사례가 급증하고 있습니다. 이는 오랜 결혼 생활을 통해 배우자를 충분히 이해한 만큼 파경을 맞는 일이 드물 것이라는 통념을 깨는 것입니다.
신문 기사	○○○뉴스

	표제	부제
①	고령화 사회의 그늘	황혼 이혼 점점 늘고 있다
②	고령화 문제 해법 없나	근본 대책 서둘러야 할 때
③	이혼을 권하는 사회	너무 쉽게 헤어지는 풍조 막아야
④	이혼, 왜 증가하나?	이혼에 대한 사회적 편견 문화

기출 | 따라잡기

8. ㈎ 상황에 어울리는 글을 쓰려고 할 때 (나) 조건에 가장 잘 맞는 것은? 2012. 행안부 모의평가

㈎ 상황: 서로 다른 성격으로 인해 자주 다투는 두 학생을 대상으로 하여 충고의 말을 하려 한다. 내용은 삶과 관련하여 '조화(調和)의 가치'에 대한 것으로 하고자 한다.

㈏ 조건: ㉠ 대립적인 속성을 지닌 사물을 이용한다.
㉡ 유추와 대조의 표현 효과를 살린다.
㉢ 가치의 요소를 암시적으로 드러낸다.

① 이는 딱딱하고 혀는 부드럽다. 이는 음식을 씹되 그 맛을 모르고, 혀는 맛볼 수는 있으되 맛이 우러나게 씹을 수는 없다. 이 둘이 어울려 제 기능을 다할 때 음식으로부터 즐거움과 건강을 얻을 수 있듯이, 엄격한 아버지와 자애로운 어머니가 존재하기에 아이는 건강하게 자랄 수 있다. 이런 것이 세상의 이치이다.

② 분수와 폭포는 영원한 대립자이다. 폭포는 지하를 향해 끝없이 하강하려 하지만, 분수는 천상을 향해 부단히 상승하려고 한다. 폭포가 철저하게 자연의 법칙에 순응하려 한다면 분수는 이러한 법칙에 반대하고 저항한다. 이 두 개의 의지는 결코 서로 만나 이웃을 이루는 일이 없다.

③ 광명과 암흑은 정반대의 현상이다. 그러나 광명이 있을 때 비로소 암흑이 생겨난다. 촛불로 인해 찾아 온 광명은 암흑을 내쫓는 것이 아니라 거꾸로 촛불 밑에 암흑을 불러들인다. 광명이 없는 암흑은 다만 죽어 있는 정적에 지나지 않는다. 광명은 암흑을 깨어나게 한다.

④ 인간에겐 역사와 신화의 두 다리가 있다. 역사는 먹고 자고 입는 일상의 울타리 속에서 움직이며, 신화는 사랑하고 노래하며 춤추는 초월의 언덕 위에서 행동한다. 밥은 역사의 양식이며 술은 신화의 양분이다. 이 둘 모두 필요한 것이 사실이지만 술 없이는 살아도 밥 없이는 살 수 없다.

2 자료의 수집과 활용

(1) 글을 쓰기 위한 자료

쓰고자 하는 글의 주제가 정해지면 이를 뒷받침할 수 있는 이야깃거리를 찾아야 한다. 이 이야깃거리를 자료, 또는 글감이라 하고, 이들 중에서 글쓰기를 위해 채택된 것이 제재가 된다. 자료의 수집과 조직에서는 수집한 글감들을 글쓰기 계획에 따라 조직하거나 사고 단계에 따라 글감을 순서대로 배열하는 문제가 주로 출제되고 있다. 자료의 활용에서는 이미 설정된 글쓰기의 방향에 맞게 수집한 자료를 적절히 활용하고 있는지를 중점적으로 물어 보게 된다. 자료 활용 문제에서 제시되는 자료는 주로 통계 자료, 설문 조사 결과, 신문 기사, 인터뷰 자료 등 복합 자료가 대부분이다. 대표적인 문제 유형으로는 제시된 자료를 종합하여 이끌어 낼 수 있는 적절한 내용을 찾게 하는 문제가 있다. 따라서 자료 활용 문제에서는 제시한 자료의 공통점을 추출하여 이끌어 낼 수 있는 내용을 찾아야 하며 이는 자료의 정확한 해석이 전제되어야 한다.

① 면담이나 검색 등을 활용하여 인물에 대한 정확한 자료를 조사한다.

② 인물의 삶을 객관적인 시점에서 사실적으로 기술하기 때문에 문학성을 전혀 가지지 않는다.

③ 인물의 업적이나 행적, 인물의 재능, 인생관, 삶의 태도, 그리고 성공을 거두기까지의 난관 등을 기술한다.

④ 인물이 살았던 시대와 사회적 배경을 인물의 활동과 관련지어 기술함으로써 보다 정확한 인물의 모습을 제시한다.

---

(2) 핵심 개념 정리

① 좋은 자료의 요건

　㉠ 주제를 뒷받침할 수 있는 것이어야 한다.

　㉡ 풍부하고 다양해야 한다.

　㉢ 합리적이고 공정한 것이어야 한다.

　㉣ 근거가 분명하고 내용이 확실한 것이어야 한다.

　㉤ 참신하며 독자의 관심과 흥미를 유발할 수 있는 것이어야 한다.

② 자료의 해석

　자료를 올바르게 활용하기 위해서는 수집한 자료의 내용을 정확하게 해석할 수 있어야 한다. 자료 해석이 잘못되면 자료를 조직하거나 자료를 활용하는 데도 문제가 생길 수밖에 없다. 도표나 그래프와 같은 자료는 주로 수치로 어떤 현상을 보여 주므로 글의 주제와 관련된 상황이나 실태를 보여 주는 경우가 많다. 또 신문 기사와 같은 자료가 제시되면 그 기사 내용을 정확하게 이해하는 것이 중요하며, 삽화나 사진과 같은 시각 자료가 제시되는 경우에는 그 자료 속에 글쓴이의 의도가 함축되어 있으므로 시각 자료와 함께 제시되는 텍스트 자료를 활용하여 자료의 내용을 정확하게 이해하는 것이 중요하다.

③ 자료 활용 문제의 해결 방법

　㉠ 글의 주제를 고려하여 관련이 없는 것들은 제외한다.

　㉡ 내용이나 성격이 비슷한 것들끼리 분류한다.

　㉢ 자료들 간에 공통점이나 차이점을 파악한다.

　㉣ 분류한 자료를 상·하위 항목으로 나눈다.

　㉤ 주제와의 관련성을 바탕으로 자료 자체의 의미를 정확하게 해석한다.

　㉥ 해석된 자료의 내용을 바탕으로 이끌어 낸 논지가 타당한지 여부를 파악한다.

(1) 유형 이해

이 문제는 특정 주제로 글을 쓰기 위해 수집한 글감을 글쓰기 계획에 따라 조직한 것이 적절한가를 판단하게 하는 유형이다. 다양한 자료를 제시하기 때문에 수집한 자료를 항목에 따라 분류하는 것이 중요하다. 자료를 내용에 따라 분류에 해보면 현황이나 실태에 관한 자료, 문제점이나 원인에 관한 자료, 문제 해결 방안에 관한 자료 등으로 분류할 수 있다.

(2) 접근 방법

수집한 자료의 내용을 먼저 검토한다.
➜ 글감을 항목에 따라 분류해 본다.
➜ 글쓰기 계획에 따라 조직한 글감이 적절한지 판단한다.

기출 | 풀어보기

다음 강연에 대한 설명으로 적절하지 않은 것은?   2022. 간호직 8급

안녕하세요? 오늘은 한글에 대해서 말해 볼까요? 학자들이 한글에 대해 꽤 많이 연구했지만, 아직도 모르는 것이 많습니다. 우선 훈민정음이 언제 완성되었는지 정확하지 않아요. 《세종실록》에는 음력 1443년 12월, 즉 양력 1444년 1월경이라고만 되어 있지, 정확한 날짜는 알 수 없어요. 또 언제 반포되었는지도 잘 모르지요. 사실 훈민정음의 반포란 말은 어폐가 있어요. 《훈민정음》 발간을 반포라고 부르는 것이지, 공식적으로 반포식을 한 것은 아니거든요. 아무튼 반포일이 정확하지는 않아요. 화면에 보이는 책이 뭐지요? (청중의 대답을 듣고) 네, 맞아요. 《훈민정음》이죠. 정인지가 쓴 이 책의 서문에 따르면 《훈민정음》의 완성은 1446년 음력 9월 상순, 즉 양력 10월 초로 알려졌을 뿐, 정확한 날짜를 밝히지 않았어요. 그래서 남한과 북한의 한글날이 서로 달라요. 북한은 추정된 창제일에 따라 1월 15일을, 남한은 추정된 반포일에 따라 10월 9일을 한글날로 정했어요. 또 '한글'이라는 명칭도 누가 처음 지어서 썼는지 분명하지 않아요. 1910년대에 '한글'이라는 명칭이 나타나는데, 그 명칭을 주시경의 제자들이 주로 사용했기 때문에 주시경이 지었을 것으로 추정만 할 뿐이지요.

이제 한글의 우수성을 말해 볼까 해요. 한글은 음소 단위의 표음 문자이지만, 모아 쓰기를 하여 음절 단위로서의 표음 문자가 갖는 장점을 일부 지니게 되었고 경음이나 격음과 같은 음성 자질을 글자 모양에 반영하기도 했죠. 화면을 보면 서로 모양이 비슷한 'ㄱ, ㅋ, ㄲ'이 각각 '평음, 격음, 경음'으로 체계적인 대응을 보여 주죠. 클릭해 볼까요? 자, 평음, 격음, 경음이 서로 다른 소리로 들리죠? 한글은 글자 모양에 기억하기 쉬운 체계성과 조형성을 부여함으로써 세계의 여러 문자보다 우수성을 갖추었다고 볼 수 있죠. 그 체계성과 조형성은 자음의 경우 발음 기관의 모양으로 구현되고 모음의 경우 철학적 관념의 시각적 조합으로 구현되니, 이런 매력적인 글자는 인류 역사상 전무후무하다고 해도 과언이 아니에요.

① 시각과 청각 자료를 활용하여 강연 내용을 구체화하고 있다.
② 청중과 공유했던 경험을 제시하며 강연의 목적을 드러내고 있다.
③ 정보의 출처를 언급하여 강연 내용의 신뢰성을 높이고 있다.
④ 청중에게 질문하여 발표 내용에 대한 관심을 유도하고 있다.

[정답] ②
[풀이] 강연자는 청중과 공유했던 경험을 제시하지 않았다. 제시문은 청중이 몰랐던 정보를 강연자가 설명하는 내용이다.
[오답] ① '화면에 보이는 책이 뭐지요? (청중의 대답을 듣고) 네, 맞아요.'에서 시각 자료를, '클릭해 볼까요? 자, 평음, 격음, 경음이 서로 다른 소리로 들리죠?'에서 청각 자료를 확인할 수 있다.
③ 《훈민정음》의 반포일과 한글날이 언제인지를 설명하기 위해 《세종실록》과 정인지 서문이 출처인 내용을 말하고 있다.
④ '화면에 보이는 책이 뭐지요?', '경음이 서로 다른 소리로 들리죠?'에서 알 수 있다.

(1) 유형 이해

이 문제는 제시한 자료를 얼마나 정확하게 해석할 수 있는가를 평가하는 유형이다. 보통 1~2개의 자료들을 제시한 뒤 각각의 자료 내용을 해석하거나 자료를 두 개씩 결합하여 해석하는 문제가 주로 출제되고 있다.

(2) 접근 방법

쓰고자 하는 글의 주제를 먼저 파악한다.

→ 제시한 자료의 내용을 이해한다.

→ 자료를 해석한 내용의 적절성 여부를 판단한다.

유제 | 연습하기

'고급 인력 유출 문제와 그 대책'이라는 제목으로 글을 쓰기 위해 자료를 수집하였다. 그 자료를 해석한 내용 중 적절하지 않은 것끼리 묶은 것은?

보기

(ㄱ)

국가명	순 두뇌 유입(%)	
	1990년	2004년
캐나다	8.3	10.7
미국	3.6	5.4
한국	-0.3	-0.4

OECD 주요국 두뇌 유입 현황

(ㄴ)

(단위: 명) 8대 주력 기간산업 부족 인력 규모
8대 주력 기간산업은 반도체, 자동차, 기계, 조선, 철강, 화학 등 우리의 주력 산업

1만 4,905 (2003년) 1만 8,320 (2005년)

(ㄷ) KDI의 한 관계자는 "앞으로 경제 성장률은 인적 자원을 얼마나 잘 관리하느냐에 달려 있다. 하지만 전 세계에서 진행 중인 자국 고급 인력 확보와 해외 우수 인력 유치 등 인력 전쟁에서 한국은 뒤처지고 있다."며 우려를 표명했다.

↓

고급 두뇌 유출로 인해 산업 현장에서는 인력 부족 현상을 겪고 있다. ----------------------- ⓐ
현재 우리나라는 물적 자원과 인적 자원이 균형을 이루지 못하고 있다. -------------------- ⓑ
고급 인력에 대한 경제적 처우가 선진국에 비해 매우 열악하다. ------------------------- ⓒ
우리 정부는 우수 인력을 확보하기 위한 노력을 게을리하고 있다. ------------------------ ⓓ
우리나라의 고급 두뇌 유입 비율은 OECD 국가 중에서도 최하위권이다. -------------------- ⓔ

① ⓐ, ⓒ　　　　　　　　　② ⓐ, ⓔ
③ ⓑ, ⓒ　　　　　　　　　④ ⓑ, ⓓ

[정답] ③
[풀이] 자료를 해석한 것 중에서 ⓐ는 (ㄱ)과 (ㄴ)의 자료를 통해, ⓓ는 (ㄷ)을 통해, ⓔ는 (ㄱ)을 통해 확인할 수 있다. 그러나 ⓑ와 ⓒ는 수집한 자료를 통해 이끌어 낼 수 없는 내용이다.

10. '장애인 복지 정책'에 관한 글을 쓰려고 할 때, 〈보기 2〉를 고려하여 〈보기 1〉의 글감을 적절하게 배열한 것은?

보기1

㉠ 우리 사회에는 장애인을 천시하는 풍조가 뿌리 깊게 남아 있어 장애인들이 많은 어려움을 겪고 있다.
㉡ 아직도 우리 사회에는 많은 장애인들이 차별받으며 힘들게 살아가고 있다.
㉢ 장애인을 의무적으로 고용하지 않는 기업에 대한 조항이 있으나 이를 잘 지키지 않고 있다.
㉣ 장애인 의무 고용 비율을 제대로 지키지 않는 사업체에 대한 강력한 처벌 규정을 마련한다.
㉤ 장애인에 대한 부정적 인식을 전환할 수 있도록 대중 매체를 통해 지속적으로 홍보한다.

보기2

〈조건〉

• '현황 → 원인 분석 → 대책'의 순서로 글감을 나열할 것
• '원인'과 '대책'은 '의식적 측면' → '제도적 측면'의 순서로 제시할 것

① ㉠ - ㉡ - ㉢ - ㉣ - ㉤   ② ㉠ - ㉢ - ㉡ - ㉤ - ㉣
③ ㉡ - ㉠ - ㉢ - ㉤ - ㉣   ④ ㉡ - ㉢ - ㉠ - ㉣ - ㉤

11. 〈보기〉와 같이 글쓰기 계획을 세워 보았다. 세부 내용으로 적절하지 않은 것은?   2009. 법원직

보기

㉠주제: 출산율 증가를 위하여 정부와 관련 단체는 적극적인 노력을 기울여야 한다.

가. 문제 인식: 출산율이 해가 갈수록 급감하고 있다.

㉡나. 예상 독자 설정: 출산을 앞둔 산모와 직장 여성

다. 논지 전개 방향: 실례와 통계 자료를 바탕으로 문제 제기 → 이러한 문제가 가정과 사회에 미치는 영향을 분석하여 개선 노력 촉구

라. 원인 분석
 • 취업 여성의 경우 직장생활과 육아를 병행하기 어렵다.
 • 육아 지원 서비스를 위한 사회 기반 시설이 취약하다.

마. 자료 조사
 • ㉢최근 30여 년 간의 유 · 초 · 중등학교의 취학 학생수의 변화를 조사한다.
 • 직장 여성들을 인터뷰해서 실상을 듣는다.

바. 해결 방안 제시
 • 육아는 사회의 공동 책임이라는 인식을 고취한다.
 • ㉣직장 내 보육 시설 설치를 법제화하여 직장 여성들이 충분한 육아 지원 서비스를 받을 수 있도록 한다.

① ㉠   ② ㉡
③ ㉢   ④ ㉣

12. 다음 글의 내용을 이해한 것으로 옳은 것은? [2020. 국회직 9급]

'검사의 칼날'이라는 말을 들었을 때 우리는 가운을 입고 수술실에서 메스로 환자의 환부를 도려내는 외과 의사보다는 등에 칼을 차고 다니면서 칼싸움을 하는 무림의 검객을 더 강력하게 마음 속에 떠올린다. 어떻게 이러한 연상이 가능할까? 그것은 검사의 수사와 기소라는 '법률 행위'를 '싸움/전쟁' 프레임을 통해 이해하려는 은유적 사고의 결과이다.

검사는 경찰을 지휘하고 감독하여 피의자의 범죄 사실을 수사하고 그 결과를 토대로 기소 여부를 독점적으로 결정하며 공판 과정에서 법원에 법령의 정당한 적용을 청구하고 형의 집행을 지휘하고 감독하는 역할을 하는 사법관이다. '검사'라는 말을 들을 때, 사람들은 보통 전문적이고 복합적인 이 정의를 떠올리기보다 조직 폭력배를 비롯한 범죄자들을 체포하고 기소하여 법의 심판을 받게 하는 모습을 떠올린다. 이것은 일반인들이 이 정의를 모르기 때문이 아니라, 근원영역이라 불리는 구체적이고 단순한 개념을 통해서 목표영역이라 불리는 추상적이고 복합적인 개념을 은유적으로 이해하는 우리의 사고방식 때문이다.

① 은유적 표현은 복잡한 개념을 단순화시켜 이해하려는 사고방식이다.
② 은유적 표현은 일반인들이 사전적 정의를 모르는 데서 발생한다.
③ 사람들은 사물의 개념을 '싸움/전쟁' 프레임을 통해 이해하려는 경향이 있다.
④ 사람들은 보통 근원영역을 목표영역으로 바꾸어 이해하는 경향이 있다.
⑤ 사람들은 추상적 개념을 빌려 구체적 개념을 이해하는 사고방식을 갖고 있다.

---

3 연상과 내용 생성

(1) '연상'이란

글을 쓰기 위해 글감을 찾는 가장 흔한 방법 중의 하나가 '연상(聯想)'이다. '연상'이란 하나의 관념이나 생각이 그것과 연관된 또 다른 생각이나 관념을 불러일으키는 현상을 말한다. 예를 들어 '길'에서 '인생'을 떠올리거나 '진달래꽃'에서 '고향'을 떠올리는 것처럼 하나의 관념이 다른 관념을 불러일으키는 현상이다.

연상은 작문에서 내용을 생성하기 위한 기본 단계이므로 자주 출제된다. 공무원 국어 시험에는 연상과 관련된 문제가 작문 유형으로 자주 출제되지는 않았다. 문학 또는 비문학과 함께 연상하는 문제가 출제되었다. 그러나 수학능력시험에서 출제된 연상 문제를 보면 그림이나 사진 자료를 주고 연상된 내용을 생성하는 문제, 연상의 과정이나 단계의 유사성을 묻는 문제 등이 출제되었다. 여기서 말하는 연상 과정이나 단계란 연상한 내용이 단계적으로 일반화, 추상화, 구체화되는 과정을 말한다. 공무원 국어 시험과 수능시험과의 관계를 고려할 때 '연상'과 '작문'의 문제 유형은 앞으로 중요할 것으로 본다.

이런 유형의 문제를 풀 때는 우선 문제에서 요구하는 조건을 정확하게 파악하는 것이 중요하다. 그리고 주어진 조건에 맞게 연상이 이루어지고 있는지를 단계적으로 확인하면 된다. 최근에 연상하기 문제가 예전보다는 심화·발전된 유형으로 출제되고 있다는 점도 주목해야 한다.

(2) 연상의 과정과 원리

① 연상의 과정

ㄱ 추상화: 구체적이고 감각적인 사물에서 그것과 관련되는 비감각적이고 관념적인 의미를 이끌어 내는 사고 과정

예 길 → 도리

ㄴ 일반화: 개별적인 것이나 특수한 것에서 일반적이고 보편적인 것을 이끌어 내는 사고 과정

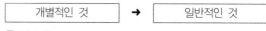

예 진달래 → 꽃

ㄷ 구체화: 추상화와 대립되는 개념으로, 추상적인 개념의 단어로부터 구체적 개념을 가진 단어를 떠올리는 사고 과정

예 문학 → 소설

② 연상의 원리

ㄱ 인접성의 원리: 심리적 거리가 가까운 개념이나 사물 떠올리기
예 눈물 → 슬픔

ㄴ 유사성의 원리: 모양이나 속성 등이 비슷한 개념이나 사물 떠올리기
예 쟁반 → 보름달

(1) 유형 이해

〈보기〉의 조건을 반드시 이해해야 한다. 〈보기〉의 조건은 자료가 될 수도 있고 간단한 제시문일 수도 있다. 〈보기〉가 의도하는 내용을 이해하고 문제의 의도에 맞게 답을 찾아야 한다. 결국 '자료 제시형' 문제와 '비문학' 문제에 대한 연습과 맥락이 같다. 읽고 이해하여 문제에 적용하는 통합적 사고가 필요하다.

(2) 접근 방법

〈보기〉의 내용을 이해한다.(의도 파악)

➡ 연상의 과정을 따른다.(연상을 하는 과정에서 주제와 조건 등을 항상 고려한다.

➡ 문제의 의도를 이해한다.

기출 | 풀어보기

※ 다음은 학생이 쓴 글의 초고이다. 물음에 답하시오. [1~2]

2017년 수능

  작가의 꿈을 반드시 이루고 싶은 나는 좋은 글감이 떠오르지 않아 고민 끝에 선생님께 조언을 구하였다. 선생님께서는 작가를 꿈꾸는 사람이라면 누구나 이런 ㉠어려움에 겪는다고 하시며 일상 소재를 유심히 관찰하고 이것들의 의미를 떠올리다 보면 좋은 글감을 마련할 수 있다고 말씀해 주셨다. 선생님의 말씀을 듣고 돌아오는 길에 푸른 잔디밭이 눈에 ㉡띠었다. 벤치에 앉아 잔디밭을 찬찬히 관찰해 보니 잔디밭 위로 난 길이 눈에 들어왔다. 얼마나 많은 사람들이 잔디를 밟고 다니며 저 길을 만들었을까 생각하니 밟혀 사라진 잔디가 불쌍해졌다. 그 길을 계속 보다 보니 사람들에게 밟혀 사라진 잔디의 처지가 주변 사람들의 반대로 한때 꿈이 흔들렸던 나의 처지와 비슷하다는 생각이 들어 사라진 잔디가 더 안쓰럽기도 했다. 그런 생각을 하다 그 길을 다시 보니 연두색의 잔디 싹이 자라고 있었다. 사람들에게 밟혀 잔디가 사라진 그 위에 잔디는 다시 싹을 틔운 것이었다. 나는 그 잔디 싹에서 끈질긴 생명력을 느꼈다. 길 위에 다시 자라난 저 연두색 잔디 싹도 생명력을 뽐내며 ㉢푸르고 무성한 잔디로 자랄 것이라는 생각이 들었다. ㉣그러나 잔디밭에 함께 모여 촘촘히 자라는 잔디를 보니 잔디가 서로를 의지하며 혹독한 시련을 함께 견뎌 왔다는 생각도 들어 대견함을 느꼈다. 생각해 보면 이 푸른 잔디는 바싹 마른 갈색 잔디가 되었다가 추운 겨울을 견디며 다시 푸른 잔디로 살아나는 것이었다. 사람들의 발길과 추운 겨울도 잔디의 생명력을 막을 수 없다는 생각이 들었다. 순간 나도 저 잔디처럼 시련에도 꺾이지 않고 꿈을 이루어 나가야겠다는 마음이 생겼다. 잔디를 보면서 나는 온갖 어려움을 극복해 가며 꼭 (㉤) 이루리라 다짐했다.

1. 초고의 내용으로 볼 때 학생이 연상을 이끌어 낸 과정에 대한 설명으로 적절하지 않은 것은?

① 잔디가 밟혀 난 길을 관찰하며 밟혀 사라진 잔디에 대해 연민의 감정을 느꼈다.

② 잔디가 밟혀 난 길 위에 잔디 싹이 돋은 것을 관찰하며 잔디가 지닌 생명력을 떠올렸다.

③ 잔디밭에 함께 모여 자라는 잔디를 관찰하며 잔디가 혹독한 시련을 함께 견뎌 온 것에 대견함을 느꼈다.

④ 잔디밭 위로 난 길을 관찰하며 사람들에게 밟혀 사라진 잔디와 한때 꿈이 흔들렸던 자신의 처지가 비슷함을 떠올렸다.

⑤ 바싹 마른 갈색 잔디를 관찰하며 바싹 마른 잔디가 푸른 잔디로 다시 살아나는 모습에 대한 기대감을 느꼈다.

[정답] ⑤

[풀이] 이 문항은 대상에 대한 관찰을 바탕으로 '학생'이 연상한 내용을 추측할 수 있는지를 묻고 있다. '학생'은 '이 푸른 잔디'를 보며 바싹 마른 갈색의 잔디가 추운 겨울을 견디며 다시 '푸른 잔디'로 살아나는 과정을 떠올려 보았다. 따라서 현재 '학생'이 관찰한 것은 '바싹 마른 갈색 잔디'가 아니라 '푸른 잔디'이다.

[오답] ① '학생'은 잔디밭 위로 난 길을 관찰하며 그 길이 만들어지기까지 그곳의 잔디가 수많은 사람들에 의해 밟혔을 것이라는 생각했다. '학생'은 바로 그 때문에 잔디를 불쌍하게 보았다.

② '학생'은 사람들에게 밟혀 잔디가 사라진 그 길 위에 다시 잔디가 싹을 틔운 것을 보며 잔디의 끈질긴 생명력을 느꼈다.

③ '학생'은 잔디밭의 잔디가 함께 모여 서로를 의지하며 혹독한 시련을 견뎠다는 생각에 잔디에 대해 대견함을 느꼈다.

④ '학생'은 잔디밭의 길을 보며 사람들의 발에 밟혀 지금은 사라진 잔디가 한때 꿈이 흔들렸던 자신의 처지와 비슷하다고 생각했다. '학생'은 바로 그것 때문에 사라진 잔디에 대해 안쓰러움을 느꼈다.

2. ㉠~㉤을 고쳐 쓰기 위한 방안으로 적절하지 않은 것은?

① ㉠: 조사의 사용이 부적절하므로 '어려움을'로 고쳐야겠어.

② ㉡: 어휘의 사용이 부적절하므로 '띄었다'로 고쳐야겠어.

③ ㉢: 어미의 사용이 부적절하므로 '푸르지만'으로 고쳐야겠어.

④ ㉣: 접속어의 사용이 부적절하므로 '또한'으로 고쳐야겠어.

⑤ ㉤: 필요한 문장 성분이 빠져 있으므로 '꿈을'을 첨가해야겠어.

[정답] ③

[풀이] 문맥상 ㉢과 뒤에 이어진 말은 모두 '잔디 싹'의 긍정적 미래 상황을 드러내고 있다. 따라서 지금처럼 ㉢에는 두 가지 이상의 사실을 대등하게 벌여 놓는 연결어미인 '-고'를 써야 한다. '-지만'은 어떤 사실이나 내용을 시인하면서 그에 반대되는 내용을 말하거나 조건을 붙여 말할 때 쓰는 연결 어미로, ㉢의 연결 어미를 '-지만'으로 바꾸는 것은 적절하지 않다.

[오답] ① 동사 '겪다'는 '어렵거나 경험될 만한 일을 당하여 치르다'의 의미로, 서술어로 쓰일 때는 목적어를 반드시 필요로 한다. 따라서 ㉠에서 부사격 조사 '에'는 목적격 조사 '를'로 고쳐야 한다.

② '눈에 보이다'의 의미를 지닌 어휘는 '뜨이다'로, '뜨이다'의 준말이 '띄다'이다. 따라서 ㉡은 '띄었다'로 고쳐야 한다.

④ ㉣의 앞뒤 문장은 모두 잔디의 긍정적 측면을 나열하고 있다. 따라서 ㉣은 앞과 뒤의 내용이 상반될 때 쓰이는 접속 부사 '그러나'가 아니라 '그 위에 더 또는 거기에다 더'라는 의미를 지닌 부사 '또한'으로 고치는 것이 적절하다.

⑤ 동사 '이루다'는 '뜻한 대로 되게 하다'라는 의미로, 반드시 목적어를 필요로 한다. 따라서 ㉤에는 문맥상 목적어 '꿈을'을 첨가해야 한다.

기출 | 풀어보기

다음 글에 대한 이해로 적절하지 않은 것은?

2021. 지방직 7급

> 아아! 누님이 시집가던 날 새벽에 얼굴을 단장하던 일이 마치 엊그제 같다. 그때 나는 막 여덟 살이었는데, 발랑 드러누워 발버둥을 치다가 새신랑의 말을 흉내 내 더듬거리며 점잖은 어투로 말을 하니, 누님은 그 말에 부끄러워하다 그만 빗을 내 이마에 떨어뜨렸다. 나는 골이 나 울면서 분에다 먹을 섞고 침을 발라 거울을 더럽혔다. 그러자 누님은 옥으로 만든 자그만 오리 모양의 노리개와 금으로 만든 벌 모양의 노리개를 꺼내 나에게 주면서 울음을 그치라고 하였다. 지금부터 스물여덟 해 전의 일이다.
>
> 강가에 말을 세우고 멀리 바라보니 붉은 명정(銘旌)*이 펄럭이고 배 그림자는 아득히 흘러가는데, 강굽이에 이르자 그만 나무에 가려 다시는 보이지 않았다. 그때 문득 강 너머 멀리 보이는 산은 검푸른 빛이 마치 누님이 시집가는 날 쪽 찐 머리 같았고, 강물 빛은 당시의 거울 같았으며, 새벽달은 누님의 눈썹 같았다. 그 옛날 누님이 빗을 떨어뜨리던 걸 생각하니, 유독 어릴 적 일이 생생히 떠오른다.
>
> ― 박지원, 〈큰누님 박씨 묘지명〉에서 ―
>
> *명정: 죽은 사람의 관직과 성씨 따위를 적은 기

① 자연물을 통해 누님의 모습을 연상하고 있다.

② 누님과의 영원한 이별에 대한 안타까움을 드러내고 있다.

③ 과거와 현재의 장면을 겹침으로써 상실의 감정을 나타내고 있다.

④ 누님의 결혼과 죽음에 대한 화자의 기쁨과 슬픔을 대조시켜 표현하고 있다.

[정답] ④

[풀이] 글쓴이는 1문단에서 누님이 결혼하기 전 추억을 회상하였고, 2문단에서는 현재 누님의 죽음을 생각하며 슬퍼하고 있다. 누님의 죽음에 대한 화자의 슬픔이 드러나기는 하지만, 누님의 결혼에 대한 화자의 기쁨이 나타나지는 않았다.

[오답] ① '나'는 '멀리 보이는 산', '새벽달'을 통해 누님의 모습을 연상하고 있다.

② 강가에서 말을 세우고 죽은 누님의 명정을 싣고 떠나는 배를 바라보는 장면에서 죽은 누님에 대한 슬픔과 안타까움이 드러나고 있다.

③ 현재 강 너머 멀리 보이는 산을 과거에 시집가던 누님의 쪽 진 머리, 강물 빛은 당시의 거울, 새벽달은 누님의 눈썹 같다며 누님에 대한 상실의 감정을 나타내고 있다.

4 개요 작성

(1) 글쓰기에서 개요란 무엇인가

'개요'란 글을 쓰기 전에 주제와 목적에 맞게 수집한 글감들을 항목별로 체계화한 글의 설계도라고 할 수 있다. 개요는 본격적으로 글을 쓰기에 앞서 글의 전체적인 얼개를 짜는 것인데, 개요를 작성할 때 가장 중요한 것은 '서론－본론－결론'이 논리적으로 잘 엮어져야 한다는 점이다. 대수능에서는 개요를 보고 제목이나 주제를 추리하는 개요 완성형 문제, 만들어진 개요에 추가 자료를 주고 이를 활용하는 문제, 개요의 주요 항목들을 수정하거나 보완하는 문제 등이 주로 출제되었다.

공무원 시험은 수능보다 단순한 개요이지만, 수능과 같은 유형의 문제로 꾸준히 출제되고 있다.

(2) 개요 작성하기

① 개요 작성의 원리

ⓐ 통일성: 하나의 글은 하나의 주제로 집중되어야 한다.

ⓑ 일관성: 글감들이 서로 긴밀한 관계를 가지고 논리적으로 연결되어야 한다.

② 개요 작성의 과정

ⓐ 주제를 살릴 수 있는 제목을 정한다.

ⓑ 일반적으로 글의 형식을 '처음－중간－끝'으로 구성한다.

ⓒ 항목 간의 상하·종횡 관계가 명확하고 긴밀하게 드러나도록 글감을 배열한다.

③ 개요 작성 및 수정 시 유의점

ⓐ 주제문으로서의 요건을 갖춘 것인지를 확인한다.

ⓑ 원인 분석 항목과 대안 제시 항목이 긴밀하게 대응하는지 확인한다.

ⓒ 상위 항목은 반드시 하위 항목을 포괄하는지 확인한다.

ⓓ 배치한 글감이 주제와 부합하는지를 확인한다.

ⓔ 글감이 논리적인 순서에 맞게 구성되었는지를 확인한다.

ⓕ 결론이 지나치게 추상적인지 여부를 확인한다.

④ 개요의 종류

ⓐ 화제 개요: 문장보다 짧은 화제를 가지고 구성하는 방식

ⓑ 문장 개요: 주요 항목들을 완전한 문장의 형태로 구성하는 방식

기출 따라잡기

13. 아래 원칙에 부합하지 않는 설명은 어느 것인가? 2014. 서울시 7급

<정보 보고서 작성 기본 원칙>
(1) 결론을 먼저 서술
(2) 정보의 조직화와 체계화
(3) 보고서의 형태 이해
(4) 적합한 언어 사용
(5) 단어의 경제적 사용
(6) 생각한 것을 분명하게 표현
(7) 능동적 표현
(8) 자기가 작성한 보고서를 스스로 편집
(9) 정보 사용자의 수요를 분명히 알 것
(10) 동료의 전문 지식과 경험 활용

① 정보 사용자는 보고서가 무엇을 말하려고 하는지를 빨리 알고 싶어 하므로 결론을 먼저 제시하는 것이 좋다.

② 보고 내용에 적합한 언어를 사용해야 하고, 최대한 이해가 가도록 전문적이고 자세한 설명을 제공한다.

③ 직접적이고 확실하게 의미를 전달하는 방식을 선택하며, 자신이 생각한 것이 분명하게 드러나도록 정리한다.

④ 정보 사용자가 알고 싶어 하는 것이 정확히 무엇인지를 끊임없이 생각하면서 기술해 나가야 한다.

⑤ 동료들의 조언을 받되 작성자가 수정을 반복해서 최상의 상태라고 판단했을 때 제출한다.

14. '교통사고의 원인과 대책'이라는 제목으로 글을 쓰기 위해 개요를 작성하였다. 빈칸에 들어갈 내용으로 적절하지 않은 것은?

2008. 지방직 9급

> Ⅰ. 서론: 문제의 제기
>   1. 교통사고에 대한 언론 보도 현황
>   2. 교통사고 사망자 수가 한국 전쟁 사망자 수를 앞지름
> Ⅱ. 본론 1. 교통사고의 원인
>   1. 물리적 원인: (   )
>   2. 심리적 원인: 공중도덕 의식 부족, 질서 의식 부족, 인명 경시 풍조
> Ⅲ. 본론 2. 문제의 해결 방법
>   1. 도로의 정비, 벌칙 강화
>   2. 국민의 의식 개혁
> Ⅳ. 결론: 요약 및 제언

① 비효율적인 교통행정 의사결정 구조
② 인구 증가로 인한 교통 수요 증가
③ 파손된 도로와 협소한 도로
④ 자가용의 증가로 인한 교통량 급증

---

15. 〈지침〉에 따라 〈개요〉를 작성할 때 ㉠~㉣에 들어갈 내용으로 적절하지 않은 것은?

2025 개편 예시문항

지침

- 서론은 중심 소재의 개념 정의와 문제 제기를 1개의 장으로 작성할 것.
- 본론은 제목에서 밝힌 내용을 2개의 장으로 구성하되 각 장의 하위 항목끼리 대응되도록 작성할 것.
- 결론은 기대 효과와 향후 과제를 1개의 장으로 작성할 것.

개요

- 제목: 복지 사각지대의 발생 원인과 해소 방안
- Ⅰ. 서론
  1. 복지 사각지대의 정의
  2. ㉠
- Ⅱ. 복지 사각지대의 발생 원인
  1. ㉡
  2. 사회복지 담당 공무원의 인력 부족
- Ⅲ. 복지 사각지대의 해소 방안
  1. 사회적 변화를 반영하여 기존 복지 제도의 미비점 보완
  2. ㉢
- Ⅳ. 결론
  1. ㉣
  2. 복지 사각지대의 근본적이고 지속가능한 해소 방안 마련

① ㉠: 복지 사각지대의 발생에 따른 사회 문제의 증가
② ㉡: 사회적 변화를 반영하지 못한 기존 복지 제도의 한계
③ ㉢: 사회복지 업무 경감을 통한 공무원 직무 만족도 증대
④ ㉣: 복지 혜택의 범위 확장을 통한 사회 안전망 강화

유형 1: 개요의 완성

(1) 유형 이해

이 문제는 개요의 주요 항목을 비워 두고 이를 완성하는 유형이다. 주로 글의 특정 항목(주제문, 결론)을 비워 두고 들어갈 내용으로 적절한 것을 찾게 하는데, 글의 통일성과 일관성을 바탕으로 완성하는 유형이다.

(2) 접근 방법

문제를 통해 쓰고자 하는 글의 내용을 파악한다.

➜ 작성된 개요의 주요 항목을 살펴본다.

➜ 생략된 곳에 들어갈 내용이 무엇인지를 추리한다.

기출 | 풀어보기

'우리나라 교육 과열의 궁극적 측면'이라는 제목의 글을 쓰기 위해 작성한 개요이다. 결론에 들어갈 내용으로 옳은 것은? 2003. 국가직 9급

```
Ⅰ. 서론: 인적 자원은 우리나라의 최고의 부존 자원
   1. 일본 경제 대국화의 원동력은 인적 자원
   2. 한국의 높은 교육열
Ⅱ. 본론: 교육 과열의 부작용과 대책
   1. 교육열은 유지하되, 부작용은 최소화해야 한다.
   2. 교육의 체계와 질(質) 개혁
      ㄱ. 학력 우대의 사회 풍토 개선
      ㄴ. 입시 위주의 교육 내용 개선
Ⅲ. 결론: _____
```

① 교육 과열은 경쟁 심리만을 조장시킨다.

② 교육 과열은 학력 우대 사회 풍토를 만들어 낸다.

③ 교육 과열은 성장기의 신체 발달에 도움이 안 된다.

④ 교육 과열은 국가 발전의 원동력이자 소중한 유산이다.

[정답] ④

[풀이] 결론 부분이므로 교육열의 긍정적 측면을 활용하되, 부작용을 최소화하여 소중한 자원으로 활용하자는 내용이 나와야 한다.

(1) 유형 이해

이 문제는 임의로 작성한 개요를 제시하여 이를 바르게 수정하거나 보완했는가를 평가하는 유형이다. 따라서 개요 작성의 원리를 적용하여 전체적인 흐름이 논리적으로 일관성이 있는가, 구성한 내용에서 부족하거나 불필요한 내용은 없는가, 상위 항목과 하위 항목의 관계가 유기적인가 등을 꼼꼼히 살펴보는 것이 중요하다.

(2) 접근 방법

〈보기〉에 제시된 개요의 내용을 개략적으로 살펴본다.

➔ 작성된 개요의 주요 항목과 답지의 내용을 비교 · 검토한다.

➔ 수정 내용이 적절한지 여부를 판단한다.

기출 | 풀어보기

다음은 '청소년의 디지털 중독의 폐해와 해결 방안'이라는 주제로 글을 쓰기 위한 개요이다. 수정 · 보완하기 위한 방안으로 적절하지 않은 것은?

2014. 국가직 9급

> I. 서론: 청소년 디지털 중독의 심각성
> II. 본론:
>   1. 청소년 디지털 중독의 폐해 --- ㉠
>   가. 타인과의 관계를 원활하게 하지 못하는 사회 부적응 야기
>   나. 다양한 기능과 탁월한 이동성을 가진 디지털 기기의 등장 --------------------- ㉡
>   2. 청소년 디지털 중독에 영향을 미치는 요인
>   가. 디지털 중독의 심각성에 대한 개인적, 사회적 인식 부족
>   나. 뇌의 기억 능력을 심각하게 퇴화시키는 디지털 치매의 심화 ------------------- ㉢
>   다. 신체 활동을 동반한 건전한 놀이를 위한 시간 및 프로그램의 부족
>   라. 자극적이고 중독적인 디지털 콘텐츠의 무분별한 유통
>   3. 청소년 디지털 중독을 해결하기 위한 방안
>   가. 디지털 중독의 심각성에 대한 교육과 홍보를 위한 전문 기관 확대
>   나. 학교, 지역 사회 차원에서 신체 활동을 위한 시간 및 프로그램의 확대
>   다. (   ) --- ㉣
> III. 결론: 청소년 디지털 중독을 줄이기 위한 개인적, 사회적 노력의 촉구

① ㉠의 하위 항목으로 '우울증이나 정서 불안 등의 심리적 질환 초래'를 추가한다.
② ㉡은 'II-1'과 관련된 내용이 아니므로 삭제한다.
③ ㉢은 'II-2'의 내용과 어울리지 않으므로, 'II-1'의 하위 항목으로 옮긴다.
④ ㉣에는 'II-2'와의 관련성을 고려하여 '청소년을 대상으로 디지털 기기의 사용 시간 제한'이라는 내용을 넣는다.

[정답] ④
[풀이] ㉣에는 II-2.의 '라'를 고려한 내용이 나와야 한다. 즉, '자극적이고 중독적인 디지털 콘텐츠의 무분별한 유통'과 관련된 내용을 고려하여 '자극적이고 중독적인 디지털 콘텐츠의 유통에 대한 관리 및 감시' 등과 같은 사회적 노력으로 고쳐야 한다.

(1) 유형 이해

이 문제는 개요를 작성 한 뒤 추가로 자료를 얻었을 때, 이 자료를 어떻게 활용하는 것이 바람직한지를 묻는 유형이다. 새롭게 얻은 자료가 개요의 어느 항목과 관련이 있는지를 파악하며 문제를 풀어야 한다.

(2) 접근 방법

개요의 내용을 확인한다.
➔ 새로운 자료의 내용을 검토한다.
➔ 개요의 어느 항목에서 활용할 것인지 판단한다.

기출 | 풀어보기

다음의 공모전에 응모하기 위해 〈보기〉와 같이 개요를 작성하였다. 개요의 수정 방안으로 적절하지 않은 것은?　　　2008. 수능

> 그린 IT 운동의 필요성과 실천 방안을 알리는 원고 공모

　　그린 IT 운동이란, 정보 통신 분야에서 에너지와 자원을 효율적으로 사용하여 환경오염을 줄이려는 사회적 운동입니다.

보기

제목 : 그린 IT 운동의 확산을 위하여
Ⅰ. 그린 IT 운동의 개념 --- ㉠
Ⅱ. 그린 IT 운동의 실천 방안
　　1. 기술 및 기기 개발 차원
　　　　가. 획기적인 정보 통신 기술 개발 ------------------------------- ㉡
　　　　나. 폐기물을 재활용한 정보 통신 기기 개발
　　2. 기기 이용 차원
　　　　가. 에너지 효율이 높은 기기 이용
　　　　나. 빈번한 기기 교체 자제
　　　　다. 성과에 대한 포상 제도 마련 ------------------------------- ㉢
　　3. 정책적 차원
　　　가. 사회적 인식 확산을 위한 대책 마련
　　　나. 경쟁력 강화를 위한 생산성 향상 --------------------------- ㉣
Ⅲ. 그린 IT 운동 정착을 위한 당국의 정책 개발 촉구 ------------------- ㉤

① ㉠은 공모의 취지를 고려해, '그린 IT 운동의 개념과 필요성'으로 고친다.
② ㉡은 구체적이지 않으므로, '에너지 효율을 높이는 정보 통신 기술 개발'로 바꾼다.
③ ㉢은 상위 항목에 어울리지 않으므로, 'Ⅱ-3'의 하위 항목으로 옮긴다.
④ ㉣은 글의 주제에서 벗어나므로, '기업과 소비자의 의식 전환'으로 바꾼다.
⑤ ㉤은 글 전체의 흐름으로 보아, '그린 IT 운동 확산을 위한 사회 공동의 노력 촉구'로 바꾼다.

[정답] ④
[풀이] 그린 IT 운동은 에너지와 자원을 효율적으로 사용하여 환경오염을 줄이려는 것이 목적이다. 그런데 ㉣과 같이 '경쟁력 강화를 위한 생산성 향상'의 항목은 이러한 목적에 어긋나는 내용이기에 삭제해야 한다. 하지만 이 자리에 '기업과 소비자의 의식 전환'의 내용을 넣는 것 또한 어색하다. 상위 항목이 '3. 정책적 차원'이라 했으므로 주체를 정부로 생각한다면 '기업과 소비자의 의식 전환을 위한 정부의 노력' 정도의 내용이 들어가야 할 것이다.

16. 다음 글의 ㉠~㉢을 〈지침〉에 따라 수정하는 방안으로 적절하지 않은 것은?

2023. 지방직 7급

제목: ㉠△△시에서 개최하는 "△△시 취업 박람회"

1. 목적: ㉡지역 브랜드 홍보와 향토 기업 내실화로 지역 경제 활성화 도모
2. 행사 개요
   가. 일자: 2023. 11. 11.
   나. 장소: △△시청 세종홀
   다. 주요 행사: 구직자 상담 및 모의 면접, ㉢△△시 취업 지원 센터 활동 보고
3. 신청 방식: ㉣온라인 신청서 접수

〈지침〉
• 제목을 중복된 표현 없이 간결하게 쓴다.
• 목적과 행사 개요를 행사의 주요 대상인 지역민과 지역 기업을 중심으로 작성한다.
• 신청할 수 있는 방식을 다양하게 제시한다.

① ㉠을 '△△시 취업 박람회 개최'로 수정한다.
② ㉡을 '지역민의 취업률 제고'로 수정한다.
③ ㉢을 '△△시 소재 기업의 일자리 홍보'로 수정한다.
④ ㉣을 '행사 10일 전까지 시청 누리집에 신청서 업로드'로 수정한다.

5 고쳐 쓰기

(1) 글쓰기에서 고쳐 쓰기란

'고쳐 쓰기'는 불완전한 초고를 다듬어 글을 완성하는 과정이다. 글을 고쳐 쓸 때에는 글 전체의 구성을 다듬는 일에서 시작하여 문단과 문장, 그리고 어휘의 순서대로 고쳐 쓰는 것이 일반적이다. 따라서 이 문제는 글을 쓰는 의도에 따라 글의 내용이 체계적으로 배열되었는지를 검토하는 것에서부터 어법 및 맞춤법이 규범에 어긋나고 있지 않은지를 검토하는 것을 평가하는 유형이다.

(2) 고쳐 쓰기의 핵심 개념

① 고쳐 쓰기의 과정

글 전체 수준의 고쳐 쓰기	글을 쓰는 의도에 맞게 내용이 체계적으로 구성되고 있는가?
문단 수준의 고쳐 쓰기	문단의 통일성과 문단 간의 연결이 적절한가?
문장 수준의 고쳐 쓰기	문장의 흐름은 자연스러우며 문장 성분 간의 호응은 적절한가?
단어 주순의 고쳐 쓰기	단어는 적절하고 맞춤법 규정을 제대로 지키고 있는가?

② 글쓰기 단계에 따른 검토 사항

항목		기준
계획하기	주제	글을 쓴 목적이 분명하고 목적에 따른 주제를 드러내고 있는가?
	예상 독자	예상되는 독자의 수준을 고려하여 내용이 전개되고 있는가?
자료 수집하기	객관성	글의 내용 및 자료가 일반적이고 객관적인 것인가?
	신뢰성	주장을 뒷받침하는 글감이 신뢰할 만한 것인가?
구성하기	일관성	내용 및 논리가 일관되게 전개되고 있는가?
	통일성	문단 구분이 명확하고 주제가 통일성 있게 전개되고 있는가?
표현하기	독창성	소재와 표현이 참신한가?
	서술성	서술 방법과 표현법이 글의 주제, 목적, 내용에 부합하는가?
	어조	대상에 대한 글쓴이의 어조가 글의 성격에 맞는가?
	어법	맞춤법, 표준어 등의 어문 규정에 맞는가?
	어휘	상황 및 문맥에 적합한 단어를 사용하고 있는가?
	문장	문장 구성이 바르고 문장 성분 간의 호응이 적절한가?

17. 다음 글의 ㉠~㉣ 중 어색한 곳을 찾아 가장 적절하게 수정한 것은? 2025 개편 예시문항

수명을 늘릴 수 있는 여러 방법 중 가장 좋은 방법은 노화 문제를 해결하는 것이다. 이 방법은 인간이 젊고 건강한 상태로 수명을 연장할 수 있다는 점에서 ㉠늙고 병든 상태에서 단순히 죽음의 시간을 지연시킨다는 기존 발상과 근본적으로 다르다. ㉡노화가 진행된 상태를 진행되기 전의 상태로 되돌린다거나 노화가 시작되기 전에 노화를 막는 장치가 개발된다면, 젊음을 유지한 채 수명을 늘리는 것은 충분히 가능하다.

그러나 노화 문제와 관련된 현재까지의 연구는 초라하다. 이는 대부분 연구가 신약 개발의 방식으로만 진행되어 왔기 때문이다. 현재 기준에서는 질병 치료를 목적으로 개발한 신약만 승인받을 수 있는데, 식품의약국이 노화를 ㉢질병으로 본 탓에 노화를 멈추는 약은 승인받을 수 없었다. 노화를 질병으로 보더라도 해당 약들이 상용화되기까지는 아주 오랜 시간이 필요하다.

그런데 노화 문제는 발전을 거듭하고 있는 인공지능 덕분에 신약 개발과는 다른 방식으로 극복될 수 있을지 모른다. 일반 사람들에 비해 ㉣노화가 더디게 진행되는 사람들의 유전자 자료를 데이터화하면 그들에게서 노화를 지연시키는 생리적 특징을 추출할 수 있는데, 이를 통해 유전자를 조작하는 방식으로 노화를 막을 수 있다.

① ㉠: 늙고 병든 상태에서 담담히 죽음의 시간을 기다린다

② ㉡: 노화가 진행되기 전의 신체를 노화가 진행된 신체

③ ㉢: 질병으로 보지 않은 탓에 노화를 멈추는 약은 승인받을 수 없었다

④ ㉣: 노화가 더디게 진행되는 사람들의 유전자 자료를 데이터화하면 그들에게서 노화를 촉진

(1) 유형 이해

이 문제는 어문 규정에 맞게 글에 쓰인 어휘를 고쳐 쓸 수 있는지를 평가하는 유형이다. 즉, 맞춤법이나 띄어쓰기, 문장 성분 간의 적절한 호응, 적절한 어휘의 선택, 우리말의 특성을 살리는 표현, 적절한 접속어 등의 어법과 규정을 알고 그것을 활용할 수 있는지를 평가하는 것이다. 그러므로 평소에 어문 규정에 대해 이해하고 적절하게 표현하는 준비가 필요하다.

(2) 접근 방법

밑줄 친 어휘의 문맥적 의미를 문자 및 글의 내용에 비추어서 파악한다.

→ 문맥에 맞는 적절한 어휘가 활용되고 있는지, 맞춤법에 어긋나는 표현이 있는지 살펴본다.

유제 | 연습하기

〈보기〉의 ㉠~㉢을 고치기 위한 의견으로 적절하지 않은 것은?

보기

　혜진이의 ㉠돐을 축하하는 잔치가 ㉡벌려졌다. 코딱지만 한 ㉢삭월세 단칸방에 이웃 사촌들이 몰려와 법석을 떨었다. 연신 허허대며 웃고 있는 봉수 씨는 오늘이 정말 꿈만 같았다. 담배 꽁초 수북이 쌓인 병원 휴게실에서 초조히 서성이던 때가 엊그제 같은데 벌써 돌이라니. '혜진이 엄마 수고했어. 못난 남편 만나 고생만 ㉣하는구만. 바싹 말라 약 한 첩 못 ㉤달여 먹고⋯⋯.' 혜진이 엄마 얼굴에 드러난 광대뼈가 오늘따라 불거져 있다.

① ㉠의 '돐'은 어법에 맞게 '돌'로 고쳐야겠어.
② ㉡은 '일을 시작하여 펼쳐놓다'는 의미이므로 '벌어졌다'로 고쳐야겠어.
③ ㉢은 어원에서 멀어진 형태로 굳어져 사용되는 말이니까 표준어인 '사글세'로 고쳐야겠어.
④ ㉣은 혼잣말로 감탄을 나타내는 종결어미니까 '하는구면'으로 바꾸는 게 좋겠어.
⑤ ㉤은 '물을 부어 끓이다'라는 의미이므로 '다려 먹고'로 고쳐야겠어.

[정답] ⑤
[풀이] '다리다'와 '달이다'에서 전자는 '다리미로 옷을 다리다', 후자는 '약을 달이다'라는 표현으로 각각 사용된다. 그러므로 ⑤의 의견은 적절하지 않다. ①, ②, ③, ④는 모두 언어 규범에 따른 적절한 지적이다.

기출 | 풀어보기

1. ㉠~㉣을 문맥을 고려하여 수정한 것으로 가장 적절한 것은? 2022. 지방직 7급

농촌의 모습을 주된 소재로 삼는 A 드라마에 결혼이주여성이 등장한다는 것은 그녀들이 직면한 여러 문제들을 다룰 기회가 마련되었다는 점에서 일단은 긍정적이다. 하지만 ㉠그녀들이 농촌에 정착하는 과정에서 경험하게 되는 다양한 문제들을 단순화할 수 있는 위험성도 내포하고 있다.

이 드라마에는 모문화와 이문화 사이의 차이로 인해 힘겨워하는 여성, 민족적 정체성에 혼란을 겪는 여성, 아이의 출산과 양육 문제로 갈등을 겪는 여성 등이 등장한다. 문제는 이 드라마에서 이러한 갈등의 원인을 제대로 규명하는 것보다는 ㉡부부간의 사랑이나 가족애를 통해 극복하는 낭만적인 해결 방식을 주로 선택한다는 데에 있다.

예를 들어, ○○화에서는 여성 주인공이 아이의 태교 문제로 내적 갈등을 겪다가 결국 자신의 생각을 포기함으로써 그 갈등이 해소된 것처럼 마무리된다. 태교에 대한 문화적 차이가 주된 원인이었지만, 이 드라마에서는 그것에 주목하기보다 ㉢남편과 갈등을 일으키는 여성 주인공의 모습을 부각하여 사랑과 이해에 기반한 순종과 순응을 결혼이주여성이 갖추어야 할 덕목으로 묘사한 것이다.

이 드라마에서 ㉣이러한 강요된 선택과 해소되지 않은 심적 갈등이 사실대로 재현되지 않음으로써 실질적인 원인은 은폐되고 여성의 일방적인 양보와 희생을 통해 해당 문제들이 성급히 봉합된다. 이는 어디까지나 한국인의 시선으로만 결혼이주여성과 다문화가정을 바라보고 있기 때문이다.

① ㉠을 "그녀들이 농촌에 정착하는 과정에서 경험하게 되는 다양한 문제들을 탐색할 수 있는 가능성도"로 고친다.
② ㉡을 "시댁 식구를 비롯한 한국인들과의 온정적인 소통을 통해 극복하는 구체적인 해결 방식"으로 고친다.
③ ㉢을 "남편의 의견을 따르는 여성 주인공의 모습"으로 고친다.
④ ㉣을 "이러한 억압적 상황과 해소되지 않은 외적 갈등이 여과 없이 노출됨으로써"로 고친다.

[정답] ③
[풀이] 셋째 문단에서 언급한 드라마에서는 주인공이 결국 자신의 생각을 포기하면서 갈등이 해소된 것처럼 마무리한다. 남편과 갈등을 일으키는 여성이 아니라 남편의 의견을 따르는 순종과 순응의 여성을 제시하여 문제를 해결하고 있다.
[오답] ① ㉠의 앞에 반대되는 내용을 제시할 때 쓰는 접속 표현 '하지만'이 있다. ㉠은 ㉠의 앞에서 제시한 내용과 같은 뜻의 표현이다. 수정할 필요가 없다.
② 결혼이주여성의 문제를 시댁 식구를 비롯한 한국인들과의 온정적인 소통을 통해 극복하는 것도 낭만적인 해결 방식이어서 갈등의 원인을 제대로 규명하지 않고 있다. 구체적인 해결 방식으로 볼 수 없다.
④ 마지막 문단에서는 드라마가 실질적인 원인을 은폐하고 여성의 양보와 희생을 부각한다는 점을 비판하고 있다. 여성의 억압적 상황과 외적 갈등이 오히려 은폐되는 상황을 은폐하고 있다는 내용을 제시해야 한다.

2. (개)~(래)에 대한 고쳐쓰기 방안으로 옳지 않은 것은? 2018. 국가직 9급

(개) 수학 성적은 참 좋군. 국어 성적도 좋고.
(나) 친구가 "난 학교에 안 가겠다."고 말했다.
(대) 동생은 가던 길을 멈추면서 나에게 달려왔다.
(라) 대통령은 진지한 연설로서 국민을 설득했다.

① (개): '수학 성적은 참 좋군.'은 국어 성적이 좋을 가능성을 배제하는 의미가 포함되어 있다. 따라서 보조사 '은'을 주격 조사 '이'로 바꿔 쓴다.
② (나): 직접 인용문 다음이므로 인용 조사는 '고'가 아닌 '라고'를 쓴다.
③ (대): 이미 '-면서'는 두 동작의 동시성을 나타내지 못하므로 '-고'로 바꿔 쓴다.
④ (라): '로서'는 자격을 나타내는 기능을 하므로 수단을 나타내는 기능을 하는 조사 '로써'로 바꿔 쓴다.

[정답] ③
[풀이] '-면서'는 두 가지 이상의 움직임이나 사태 따위가 동시에 겸하여 있음을 나타내는 연결 어미이며, '-며'로 바꿔 쓸 수 있다.
[오답] 나머지는 조사에 대한 설명이 모두 적절하다.

6 조건에 맞게 쓰기

(1) 조건에 맞게 글쓰기

조건에 맞게 글쓰기 문제의 유형은 조건의 확인과 실행이 가장 중요하다. 새로운 내용 생성하기는 창의적 사고의 요체로 쓰기 영역과 긴밀히 관련된다. 하지만 국어 시험에서 직접적으로 쓰게 할 수는 없으므로 일정한 조건을 주고 이에 맞는 자료를 찾는 형태로 출제된다. '조건'은 내용을 생성할 방향 혹은 일종의 제한 사항으로 이를 충족시키는 표현을 찾는 것이 관건이다.

(2) 조건의 유형

조건에 맞게 글을 쓸 때는 '조건'의 유형을 파악하고 각 조건이 무엇인지 이해하고 있어야 한다. 조건은 다양하게 주어진다. 주제, 문체, 수사법, 글의 종류 등 다양한 조건을 제시하고 이 조건에 모두 부합하는 표현을 정답으로 찾아야 한다. 주제를 파악하는 경우는 비문학과 관련이 있으며, 수사법의 경우는 문학과도 관련이 있다. 복합적인 사고력을 요구하는 문제이다.

① **비유법**: 표현하려는 대상을 그와 공통점을 가지고 있는 다른 대상에 빗대어 표현함으로써 그 자체의 성질, 모양 등을 뚜렷하고 선명하게 하여 내용을 쉽게 이해시키기 위한 표현법

은유법	어떤 대상을 다른 대상에 빗대어 표현하되, 두 대상의 공통 속성이 드러나지 않게 표현하는 방법
직유법	어떤 대상을 다른 대상에 빗대어 표현하되, 두 대상의 공통 속성이 드러나게 표현하는 방법
의인법	사람이 아닌 것을 사람에 비겨 사람이 행동하는 것처럼 나타내는 표현법
대유법	원관념에서 연상되는 어떤 일부분으로 전체를 표현하는 방법

② **변화법**: 문장이 단조롭고 평범하게 흘러가지 않도록 표현 방법에 변화를 주어 독자의 새로운 관심을 불러일으키고 글의 뜻을 인상 깊게 하기 위한 표현법

반어법	표현하고자 하는 의도와 정반대로 표현함으로써 보다 큰 효과를 거두는 방법
역설법	언뜻 보기에는 모순되는 말인 것 같으나, 사실은 그 속에 진리를 담고 있는 표현 방법
도치법	정상적인 언어 배열의 순서를 바꾸어 강한 인상을 주는 표현 방법
대구법	가락이 비슷한 어구를 짝지어서 대립과 병렬의 운치를 주는 표현 방법
설의법	분명한 결론을 의문형으로 만들어 독자가 결론을 내리게 함으로써 문장에 변화를 주고 더 큰 효과를 얻으려는 표현 방법

③ **강조법**: 글의 내용이나 글쓴이의 의도를 강조하기 위해 사용하는 표현 방법

과장법	어떤 사물이나 사실을 실제보다 훨씬 크거나 작게, 또는 많거나 적게 나타내어 강조하는 표현법
반복법	같거나 비슷한 말이나 어구, 문장 등을 되풀이하여 흥을 돋우거나 뜻을 강조하는 표현법
점층법	작은 것, 약한 것, 좁은 것에서 큰 것, 강한 것, 넓은 것으로 표현을 확대하는 방법
열거법	유사한 계열의 내용이나 어구를 여러 개 늘어놓는 표현법
대조법	뜻이나 정도가 상반되는 대상을 같이 제시하여 중심 속성을 인상 깊게 드러내는 표현 방법

(3) 조건에서 문체

작문 맥락을 고려하여 작문 내용을 효과적이고 개성적인 문체로 표현한다.

① 문체는 글에 쓰인 어휘, 문장 등에 의해 드러난다.

② 한자어를 많이 사용하면 무거운 인상을 줄 수 있는 반면, 순우리말 어휘를 많이 사용하면 친근한 인상을 줄 수 있다.

③ 구어체는 대화할 때 주로 사용하는 어휘와 문장을 통해 드러나고, 문어체는 글에서 주로 쓰이는 어휘와 문장을 통해 드러난다.

④ 문장 구조가 복잡한 긴 문장을 많이 사용하면 글이 어렵게 느껴지고, 문장 구조가 간단한 짧은 문장을 많이 사용하면 글의 느낌이 가볍고 밝아질 수 있다.

예 광고문: 짧은 시간 안에 독자들의 시선을 끌어야 하므로 감각적인 어휘와 짧고 간결한 문장이 사용되는 경우가 많다.

(1) 유형 이해

이 문제는 일정한 조건을 제시한 뒤 설정한 주제가 조건에 부합하는지 여부를 확인하는 유형이다. 보통 2~3개의 조건이 제시되는데, 내용에 관한 조건과 표현에 관한 조건 등이 제시된다. 따라서 이 문제를 해결하기 위해서는 결국 쓰고자 하는 글의 주제와 제시한 조건을 정확히 이해하는 것이 무엇보다 중요하다.

(2) 접근 방법

쓰고자 하는 글의 주제를 먼저 확인해야 한다.

➡ 〈보기〉에 제시한 조건이 무엇인지를 확인한다.

➡ 설정한 주제문이 조건에 부합하는지 여부를 판단한다.

기출 | 풀어보기

'해양 오염'을 주제로 연설을 한다고 할 때, 다음에 제시된 조건을 모두 충족한 것은?　　　　2023. 국가직 9급

- 해양 오염을 줄일 수 있는 생활 속 실천 방법을 포함할 것.
- 설의적 표현과 비유적 표현을 활용할 것.

① 바다는 쓰레기 없는 푸른 날을 꿈꾸고 있습니다. 미세 플라스틱은 바다를 서서히 죽이는 보이지 않는 독입니다. 우리의 관심만이 다시 바다를 살릴 수 있을 것입니다.

② 우리가 버린 쓰레기는 바다로 흘러갔다가 해양 생물의 몸에 축적이 되어 해산물을 섭취하면 결국 다시 우리에게 돌아오게 됩니다. 분리수거를 철저히 하고 일회용품을 줄이는 것이 바다도 살리고 우리 자신도 살리는 길입니다.

③ 여름만 되면 피서객들이 마구 버린 쓰레기로 바다가 몸살을 앓는다고 합니다. 자기 집이라면 이렇게 함부로 쓰레기를 버렸을까요? 피서객들의 양심이 모래밭 위를 뒹굴고 있습니다. 자기 쓰레기는 자기가 집으로 되가져가도록 합시다.

④ 산업 폐기물이 바다로 흘러가 고래가 죽어 가는 장면을 다큐멘터리에서 본 적이 있습니다. 이대로 가다간 인간도 고통받게 되지 않을까요? 정부에서 산업 폐기물 관리 지침을 만들고 감독을 강화하지 않는다면 바다는 쓰레기 무덤이 되고 말 것입니다.

[정답] ③

[풀이] 세 가지의 조건을 충족해야 한다. ③은 피서지에서 자기 쓰레기는 자기가 집으로 되가져가도록 하자고 생활 속 실천 방법을 제시했다. 그리고 '이렇게 함부로 쓰레기를 버렸을까요?'에서 설의적 표현을 사용했다. 또한 비유법 중에서 '바다가 몸살을 앓는다'는 의인법이 사용되었다. '양심이 모래밭 위를 뒹굴고'는 원관념이 '양심'이며 활유적 표현이다.

[오답] ① '미세 플라스틱'을 '보이지 않는 독'으로 비유한 은유적 표현을 사용했다. 그러나 생활 속 실천 방안과 설의적 표현은 찾을 수 없다. '우리의 관심'은 정신적인 자세이지 이를 생활 속 실천으로 볼 수 없다.

② 생활 속 실천 방안으로 '분리수거를 철저히 하고 일회용품을 줄이는 것'을 제시했다. 그러나 설의적 표현과 비유적 표현은 찾을 수 없다.

④ 설의적 표현으로 '인간도 고통받게 되지 않을까요?'를 사용했다. '바다'를 '쓰레기 무덤'으로 비유한 은유적 표현이 사용되었다. 그러나 생활 속 실천 방안을 찾을 수 없다.

기출 | 풀어보기

다음을 모두 만족시키는 표어로 적절한 것은?

2017. 국가직 9급

- 공중도덕 지키기를 홍보한다.
- 대구의 표현 방식을 활용한다.
- 행위의 긍정적 효과를 비유적으로 표현한다.

① 신호 위반, 과속 운전 / 모든 것을 앗아 갑니다
② 아파트를 뒤흔드는 음악 소리 / 이웃들을 괴롭히는 고문 장치
③ 노약자에게 양보하는 한 자리 / 당신에게 찾아오는 행복의 문
④ 공공 장소에서 실천하는 금연 / 우리의 건강을 지켜 줍니다

[정답] ③
[풀이] '노약자에게 자리 양보'는 공중도덕 지키기를 홍보한 것이고, 내용상 짝을 이루는 대구를 사용했으며, '행복의 문'으로 긍정적 효과를 비유했다. '공중도덕(公衆道德)'은 공중의 복리를 위하여 여러 사람이 지켜야 할 도덕이다.
[오답] ① 세 조건이 모두 나타나지 않았다. '신호 위반이나 과속 운전'은 교통 법규 위반이지 공중도덕이 아니다.
② 긍정적 효과가 나타나지 않았다.
④ 대구와 비유의 표현 방식이 사용되지 않았다.

1 정보 전달과 보고의 글

나열 구조	설명하는 대상에 관한 서로 대등한 여러 개의 정보를 늘어놓는 방법
순서 구조	설명하는 대상을 시간이나 공간의 순서에 따라 조직하는 방법
비교·대조 구조	일정한 기준을 사용하여 설명하는 대상 사이의 공통점과 차이점을 중심으로 내용을 조직하는 방법
원인–결과 구조	설명 대상이 사건이나 현상일 때, 그 원인과 결과를 중심으로 내용을 조직하는 방법
문제–해결 구조	어떤 현상에 대한 문제점을 밝히고 그 해결 방안을 제시하는 방법

정보 전달

정보 전달	⇨ 대상에 관한 정보, 지식, 기술, 경험, 문화 등을 말과 글을 통해 다른 사람에게 전달하는 행위

정보 수집, 선별, 조직 과정

정보의 수집		정보의 판단과 선별		정보의 조직
다양한 경로에서 정보 수집	⇨	판단 기준에 따라 가치 있는 정보 선별	⇨	독자의 이해를 돕는 정보 조직

(1) 정보를 전달하는 글쓰기

① **정보의 수집**: 다양한 경로와 방법으로 풍부하고 정확한 자료를 수집한다.

② **정보의 선별**: 글의 목적, 주제, 독자 등을 고려하여 가치 있는 정보를 선별한다.
   ※ 정보를 선별하는 기준: 목적성, 정확성, 신뢰성, 시의성

③ **정보의 조직**: 선택한 정보의 특성을 고려해 정보를 효과적으로 조직한다.

④ **정보의 표현**: 글의 전체 구조가 명확하게 드러나게 '처음–중간–끝'의 짜임새를 갖춘다. 통일성과 응집성을 확보한다.

(2) 보고하는 글쓰기

① **보고서의 개념**

   어떤 목적을 가지고 사물이나 현상에 대한 관찰, 조사, 답사, 연구, 실험 등의 절차와 결과를 객관적으로 작성하여 정보를 전달하는 글

② **보고서의 구성**

조사 목적	• 조사를 시작한 동기와 조사의 필요성, 조사를 통해 얻고자 하는 바를 제시 • 조사의 내용과 범위를 간략하게 제시
조사 절차	실제로 수행한 조사 대상, 조사 시기, 조사 방법, 조사 내용 등을 구체적으로 제시
조사 결과	• 조사한 세부 내용을 항목화하여 체계적으로 제시 　– 결과는 이유나 근거와 함께 논리적으로 작성 　– 인용한 자료의 출처는 정확하게 표시 　– 설문 조사 결과는 조사 목적에 맞고 의미 있는 정보로 가공하여 제시 　– 도표나 사진 등과 같은 매체 자료 적절하게 사용
결론	• 조사 결과를 간결하고 명료하게 요약 • 필요에 따라 필자의 의견을 제시하거나 조사 결과를 통해 느낀 소감 제시

18. ⊙~@에 들어갈 내용으로 적절하지 않은 것은? [2020. 지방직 7급]

제목: 인터넷 범죄 증가의 원인
1. 국가적 측면: (⊙) 때문에 인터넷 범죄를 처벌하는 관련 규정이 신속하게 제정되지 않는다.
2. 개인적 측면
 (1) (ⓒ) 때문에 개인 컴퓨터의 백신 프로그램 설치가 미흡하다.
 (2) (ⓒ) 때문에 인터넷상에서 개인 신상 정보 취급이 소홀하게 다루어진다.
3. 기술적 측면: (@) 때문에 컴퓨터 보안 프로그램 개발이 미흡하다.

① ⊙: 인터넷 범죄 처벌 규정의 제정 과정이 지나치게 복잡하기
② ⓒ: 인터넷 사용 시 백신 프로그램을 중요하게 생각하지 않기
③ ⓒ: 자신의 개인 정보는 범죄에 이용되지 않을 것이라고 안이하게 생각하기
④ @: 컴퓨터 판매량을 늘리기 위한 인프라가 제대로 구축되어 있지 않기

---

2 설득과 비평과 건의의 글

(1) 설득하는 글쓰기

① 논거의 수집과 조직

② 주장과 논거

  ⊙ 주장: 설득하려는 문제에 대한 필자의 중심 생각

  ⓒ 논거: 필자의 주장을 뒷받침하는 자료

③ 설득력 있는 논거 수집

독자의 요구, 관심사, 수준 등을 고려함. →	논거들의 신뢰성, 타당성, 공정성을 판단함. →	여러 가지 논거를 다양하고 풍부하게 제시함.

④ 설득력 있는 논거 선별

신뢰성	• 논거의 내용을 믿을 수 있는지 판단하는 기준 – 논거에 담긴 내용이 사실에 부합하는가? – 논거의 출처가 분명하고 믿을 만한가?
타당성	• 논거에 담긴 생각이나 의견이 보편적으로 인정할 만한 것인지 판단하는 기준 – 생각이나 의견을 뒷받침하는 논거들이 합리적이고 일관적인가? – 소수의 사례를 일반화하여 내린 결론은 아닌가?
공정성	• 논거에 담긴 내용이 공평하고 정의로운지를 판단하는 기준 – 화제나 주장 및 논거를 다루는 관점이 균형 있는가? – 어떤 관점에서 그 내용을 생산하였는가?

⑤ 주장과 논거의 조직: 이유와 근거 자료

  ⊙ 이유: 주장을 뒷받침하는 논거로, 필자의 머릿속에서 나온다.

  ⓒ 근거 자료: '이유'를 뒷받침하는 논거로, 주로 사례, 연구 결과, 증언 등의 자료로 구성된다.

➕ 플러스 설득하는 글

• 독자의 인식이나 태도, 행동을 변화시키는 것을 목적으로 하는 글
• 종류: 논설문, 건의문, 선언문, 광고문 등

⑥ 글 단위의 논거 조직 방식

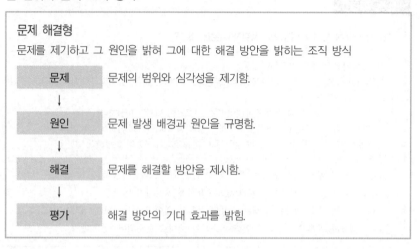

문제 해결형

문제를 제기하고 그 원인을 밝혀 그에 대한 해결 방안을 밝히는 조직 방식

문제	문제의 범위와 심각성을 제기함.
원인	문제 발생 배경과 원인을 규명함.
해결	문제를 해결할 방안을 제시함.
평가	해결 방안의 기대 효과를 밝힘.

기출 | 따라잡기

19. ㉠~㉣에 들어갈 말로 적절하지 않은 것은? [2021. 지방직 7급]

제목: ○○ 청소기 관련 고객 만족도 제고 방안
Ⅰ. 고객 불만 현황
　1. ⎡　㉠　⎤
　2. 인터넷 고객 문의 접수 및 처리 지연
Ⅱ. ⎡　㉡　⎤
　1. 해외 공장에서 제작한 모터 품질 불량
　2. 인터넷 고객 지원 서비스 시스템의 잦은 오류
Ⅲ. ⎡　㉢　⎤
　1. 동종 제품 전량 회수 후 수리 또는 신제품으로 교환
　2. 고객 지원 서비스 시스템 최신화 및 관리 인력 충원
Ⅳ. ⎡　㉣　⎤
　1. 제품에 대한 고객 민원 해결 및 회사 이미지 제고
　2. 품질 결함 최소화를 위한 품질 관리 체계의 개선 방향

① ㉠: 소음 과다 및 흡입력 미흡
② ㉡: 고객 불만 발생의 원인
③ ㉢: 고객 지원 센터의 지원 인력 부족
④ ㉣: 기대 효과와 향후 과제

(2) **건의하는 글쓰기**

① **건의문의 특성**

ㄱ 문제 상황과 해결 방안을 담은 글

건의문에는 문제 상황과 그에 따른 피해 정도, 해결 방안을 구체적으로 적어야 한다.

ㄴ 공동체의 이익을 추구하는 글

- 자신이 작성한 건의문이 사회적으로 영향을 끼칠 수 있음을 인식해야 한다.
- 건의문 내용이 공익에 어긋나지 않는지를 판단하는 책임감이 필요하다.

ㄷ 격식과 예의를 갖춘 글

건의문은 예상 독자가 분명하므로 독자를 고려하여 격식과 예의를 갖춘 표현을 사용해야 한다.

② **건의문의 내용 구성**

현안을 분석하여 쟁점을 파악하여 건의 내용을 구성한다.

- 현안: 공동체에서 이전부터 해결되지 않은 채 남아있는 문제나 안건
- 쟁점: 문제 상황, 해결 방안, 이익이나 기대 효과

처음	제목, 인사, 자기소개

↓

가운데	ㄱ 문제 상황 ㄴ 해결 방안 ㄷ 이익이나 기대 효과

↓

끝	끝인사, 건의 일자와 서명

ㄱ 문제 상황

- 건의하려는 문제가 얼마나 심각한지 주장한다.
- 피해 사례와 증거, 피해를 입은 사람의 증언 등을 근거로 제시한다.
- 문제 상황이 공동체 구성원에게 중요하다는 점을 독자에게 강조한다.

ㄴ 해결 방안

해결 방안의 요건을 고려하여 구체적으로 작성한다.

공익성	공공의 이익을 추구해야 한다.
공정성	한쪽으로 기울지 않고 공평해야 한다.
실현 가능성	실제로 실행할 수 있어야 한다.
합리성	논리적으로 이치에 맞아야 한다.

ㄷ 이익이나 기대 효과

- 해결 방안을 시행하여 얻을 수 있는 이익이나 기대 효과를 분명하게 제시한다.
- 독자의 반론을 예상하여 이익이나 기대 효과가 더 크다는 것을 강조한다.

➕ **플러스** 건의문

공동체의 문제를 해결해 주도록 독자를 설득하는 글

PART 04

작문(쓰기) 편

20. 다음 글을 읽고 빈칸에 들어갈 내용으로 가장 어색한 것은? [2013. 국회직 9급]

> 한국에는 시장과 가게가 매우 발달되어 있다. 도시마다 각종 슈퍼마켓은 물론 24시간 영업하는 편의점이 가득하며 곳곳에 재래시장이 아직도 많이 남아 있다. 그리고 대형 마트들이 지역마다 들어서 있어서 쇼핑을 하기가 참 쉬워졌다. 또한 인터넷으로 물건을 사고 팔 수 있고, 텔레비전 홈쇼핑을 통해서도 다양한 물건을 구매할 수가 있다. 이렇게 다양한 시장이 있는 한국에서 어떻게 하면 알뜰하게 쇼핑을 잘할 수 있는지 그 방법을 다음처럼 정리해 볼 수 있다.
>
> 첫째. _____
> 둘째. _____
> 셋째. _____
> 넷째. _____
> 다섯째. _____

① 사고 싶은 물건은 일단 인터넷으로 가격 비교를 해 본 후에 대형 마트나 전문 상점, 백화점에 가서 해당 제품의 성능과 가격을 확인하면 가장 저렴한 것을 구입할 수 있다.

② 마트나 전문점, 백화점에서는 기간별 할인이 되기도 하고 구입 시 경품을 주기도 하므로 인터넷 상점과 비교해서 사는 것이 좋다.

③ 인터넷 상점에 비해서 매장에서 구입해야 제품 고장 시에 반품이나 서비스를 받기 편하다.

④ 대형 마트에서는 때마다 채소류나 가공품들을 할인해서 판다. 그런데 이때 몇몇 제품은 싸고 나머지는 재래시장보다 오히려 비싼 경우도 있다. 항상 재래시장과 마트를 같이 다니는 습관을 기르면 보다 질 좋은 물건을 싸게 구입할 수 있다.

⑤ 24시간 편의점은 몇 가지의 행사 상품을 빼고는 웬만해서 할인해 주지 않는다. 정말 문이 닫힌 심야에 물건이 필요하거나 급한 경우에 들르는 것이 가계에 도움이 될 수 있다.

3 사회적인 글쓰기

(1) 자기를 소개하는 글쓰기

① 자기소개의 맥락

ㄱ 자신을 알리고 좋은 인상을 주고자 할 때
내용 구성이 비교적 자유롭고, 친근하고 개성 있는 표현이 필요하다.

ㄴ 진학, 취업 등 특정한 곳에 선발되고자 할 때
지원한 곳의 요구에 맞게 내용을 구성하며 격식을 갖춘 표현이 필요하다.

② 자기소개서의 내용 선정과 구성

ㄱ 진학이나 취업을 위한 자기소개서의 내용 선정

• 독자인 평가자가 필자의 인성과 역량, 앞으로의 가능성을 평가하고자 특정한 양식을 제시한다.

• 자기소개서 양식에 반영된 독자의 요구를 파악하고 이에 맞게 내용을 구성해야 한다.

＋플러스 자기를 소개하는 글

• 다른 사람에게 자기를 알리고자 하는 목적으로 작성하는 글
• 새로운 관계를 형성하게 될 공동체의 구성원에게 자신에 대한 정보를 공유하기 위한 의사소통의 수단
• 자기를 소개하는 상황, 목적, 예상 독자를 고려해야 함.

ⓛ 내용 선정 방법

의미 있는 경험 선택하기	• 과거 경험 중에서 열정을 쏟은 일, 노력을 통해 성취한 일 등 의미 있는 경험을 선택함. • 경험을 통해 얻은 교훈을 구체적으로 제시함. • 경험을 통해 필자의 가치관, 인성, 강점 등을 전달함.
지원 동기를 과거 경험과 연결하기	• 지원 분야에 대해 관심을 두고 노력한 과정을 제시함. • 지원 분야와 관련된 활동 경험들을 일관성 있게 연결하여 내용을 구성함.
노력한 이유와 과정 부각하기	• 성취를 얻기까지의 고민과 과정을 자세히 제시함. • 활동한 동기나 활동 내용, 활동 과정을 통해 느끼고 배운 점을 드러냄.

(2) 비평하는 글쓰기

① 비평문의 개념과 특성

비평문
특정 대상에 대해 옳고 그름, 아름다움과 추함 등의 가치를 평가하여 논리적인 근거와 함께 서술한 글

시사 현안 비평문	예술 비평문
우리 사회의 시사 현안에 대하여 가치 판단을 담아 논의하는 글	예술 작품의 가치를 미학적 관점에서 평가하는 글

② 비평문의 작성 절차와 내용 구성

㉠ 시사 현안 비평문의 작성 절차

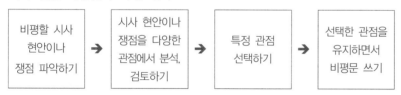

ⓛ 비평문의 내용 구성

도입	• 글에서 다룰 시사 현안·쟁점의 내용과 중요성 소개 • 시사 현안·쟁점에 대한 기존의 논의, 대립하는 관점 설명
전개	• 시사 현안·쟁점에 대한 자신의 관점 제시 • 선택한 관점을 적용하여 시사 현안·쟁점에 대한 자신의 해석, 평가 제시 • 자신이 선택하지 않은 관점을 적용한 견해를 비판
정리	시사 현안이나 쟁점을 해결하는 데 자신의 관점과 견해가 갖는 의의와 효용 설명

➕ 플러스 시사 현안에 대한 비평문의 특성

• 사회 속 사건이나 문제를 자신의 관점에 따라 평가하는 글로, 의견, 주장, 견해가 명료하게 드러나는 설득하는 글에 속함.
• 특정 사회 문제에 사람들의 관심을 불러일으키고 논의를 진전시켜 공감대를 형성하거나 해결 방안을 모색함.

기출 따라잡기

21. 비평하는 글쓰기에 대한 설명으로 적절하지 않은 것은?

2023. 지역인재 9급

① 논거를 활용할 때 타당성, 공정성, 신뢰성을 기준으로 한다.
② 서론−본론−결론의 단계마다 필자의 관점을 바꾸어 표현한다.
③ 시사 현안 비평문을 쓸 경우에는 문제 상황에 대한 자신의 관점을 수립한다.
④ 자신의 의도를 분명하게 드러내는 표현과 간결하고 명확한 표현을 사용하여 글을 완성한다.

논리와 추론 편

단원 길잡이

언어 논리는 언어를 매개로 한 논리적 사고를 다루는 학문이다. 먼저 언어의 구조와 기능을 이해하고, 문장의 의미를 파악하며, 이를 바탕으로 텍스트를 이해하고 분석하는 능력을 요구하는 학문이다. 주어진 정보를 바탕으로 논리적으로 추론하고, 이를 통해 문제를 해결하는 능력을 키우는 학문이다. 이를 위해 연역 추론, 귀납 추론, 유비 추론 등의 추론 방법을 학습하고, 이를 실제 문제에 적용하는 연습을 한다. 비판적 사고와 논증 분석도 언어 논리의 분야이다. 텍스트나 주장의 논리적 오류를 파악하고, 이를 비판적으로 평가하는 능력을 기른다. 이를 위해 논증의 구조와 유형을 이해하고, 이를 바탕으로 논증을 분석하고 평가하는 방법을 학습한다. 논리학, 철학, 언어학 등의 이론을 바탕으로 하며, 이를 실제 언어 사용에 적용하여 문제를 해결하는 능력을 기르는 것을 목적으로 한다. '공직적격성평가(PSAT)'의 한 과목으로 활용되고 있으며, 대학 입시에서도 언어 논리 능력을 평가하는 시험이 출제되고 있다. 국회직 8급 시험의 일부에도 언어논리 문제가 출제되었으나 공무원 9급 시험에는 매우 드물게 출제되던 영역이었다. 그러나 2025년 개편 예시문항에서 이 문제를 출제했기에 앞으로 중요하게 다룰 필요가 있다.

CHAPTER

01

언어 논리

1 언어 논리란 무엇인가

(1) 논리

① '논(論)'을 한다는 것은 '말(言)+순서를 배움(侖)'으로 볼 수 있다. 논함이란 생각의 결과인 말을 하는 순서를 의미한다고 볼 수 있다.

② '리/이(理)'는 '이치'이다. '이치'는 '원리' 또는 '까닭'이다.

③ 결론적으로 '논리'란 말을 말되게 하고, 생각을 생각되게 하는 근거 또는 까닭으로 해석할 수 있다. 문제를 해결해서 결과를 인간에게 돌려주는 언어 논리, 수학, 컴퓨터에 접근할 때 매우 중요하다.

(2) 언어 논리

언어 논리는 언어를 사용하여 논리적인 사고를 하는 학문이다. 언어의 구조와 기능을 이해하고, 이를 바탕으로 문장의 의미를 파악하며, 추론의 원리와 방법을 적용하는 것도 언어 논리이다. 논리는 글을 읽고 이해하는 과정에도 필요하다. 논리는 개념의 의미와 개념 간의 관계를 따지는 것을 바탕으로 하여 크게 글과 글 사이의 관계를 다루므로 개념의 의미를 정확히 파악하고 그 관계가 타당한가를 따져 보아야 한다.

2 언어 논리에서의 '개념'

대상을 각각의 공통적 성질에 의하여 하나의 통일된 생각으로 결합시킨 관념을 '개념'이라고 말한다. 예를 들면, 참새, 까치, 타조, 독수리 등은 '① 동물이다, ② 알을 낳는다, ③ 날개가 있다, ④ 다리가 둘이다, ⑤ 깃을 가지고 있다'는 공통점을 가지고 있다. 이런 공통점을 가진 것을 하나의 개념으로 결합하여 '새'라고 한다. 즉 개념을 언어로 표현하면 단어가 된다. 이러한 개념의 종류와 관계를 알아내는 문제가 출제된다.

3 개념 간의 관계 파악

(1) 속성(屬性): 사물의 본질을 이루는 고유한 특징이나 성질

(2) 외연과 내포

① 외연(外延): 어떤 개념이 적용되는 명제나 사물의 범위 [동물이란 개념의 외연이 개·물고기·인간이 되는 따위]

② 내포(內包): 어떤 개념의 내용이 되는 여러 속성 [금속이라는 개념에서 전기나 열의 도체(導體) 따위]

> 예 '사람'의 외연과 내포
>   ┌ 외연: 황인종, 백인종, 흑인종 ('사람'의 지식 대상 범위)
>   └ 내포: 언어 사용, 도구 제작, 사회 생활 ('사람'의 본질적 속성)

플러스 다양한 종류의 이치(理致, Logic)

- 천리(天理): 천지 자연, 즉 온 세상의 보편적 이치
- 지리(地理): 땅의 이치
- 물리(物理): 물질 운동의 이치
- 심리(心理): 마음이 움직이는 이치
- 순리(順理): 순한 이치 또는 도리나 이치에 순종함
- 논리(論理): '논(論)함'의 이치

플러스 논리학에서의 외연과 내포

- 외연: 개념이 지시하는 대상의 전체
- 내포: 개념이 반영하고 있는 사물의 특유한 속성
- 예 동물
  - 외연: 코끼리, 사자, 사슴, 파리, 쥐
  - 내포: 운동 기능이 있고, 체내 기관이 분화된 생물

1. 다음 글에서 ㉮와 ㉯, ㉠과 ㉡에 들어갈 말로 적절한 것은? 2006. 국회직 8급

> 언어는 반드시 의미를 갖게 마련이고 그 의미는 (㉠) 의미와 (㉡) 의미로 구별된다. (㉮) 이/가 가능한 한 (㉠) 의미를 나타냄으로써 존재코자 하는 언어라면 (㉯)은(는) 가능한 한 (㉡) 의미만을 가지고 성립하려는 언어이다. 그러나 어떠한 언어이고 간에 완전히 (㉠) 의미만을 가질 수 없는 것처럼, 그와 똑같이 완전하게 (㉡) 의미만을 가질 순 없다. 다시 말하자면, 아무리 극단적인 산문도 좀 과격하게 말해서 시적인 요소, 즉 주관적인 의미를 벗어날 수 없고, 그와 마찬가지로 아무리 순수한 시라 할지라도 완전히 산문적인 요소, 즉 객관적인 의미를 떠나서 성립할 수 없다.

① ㉮-시 ㉯-산문 ㉠-은유적 ㉡-환유적
② ㉮-소설 ㉯-수필 ㉠-주관적 ㉡-객관적
③ ㉮-소설 ㉯-수필 ㉠-사전적 ㉡-함유적
④ ㉮-산문 ㉯-시 ㉠-사실적 ㉡-허구적
⑤ ㉮-산문 ㉯-시 ㉠-외연적 ㉡-내포적

(3) 유개념과 종개념

① **유개념(類概念)**: 어떤 개념의 외연(外延)이 다른 개념의 외연보다 크고 그것을 포괄할 경우, 뒤의 개념(종개념)에 대한 앞의 개념을 이르는 말 ['개인'이나 '인종'에 대한 '인류' 따위] ➜ 상위 개념

② **종개념(種概念)**: 공통의 특징을 가지는 집합적인 개념에 포함되어 있는 개별적인 개념 ➜ 하위 개념

(4) 개념의 종류

1) 개념의 상호 관계에 의한 분류

① **상위 개념(上位概念)**: 다른 개념보다 크고 넓은 외연(外延)을 가진 개념. '생물'은 '동물'이나 '식물'에 대하여 상위 개념이다. ➜ 포섭 관계의 유개념(다른 개념을 포섭하는 것)

> 예 '동물 > 사자' 관계에 있어서의 동물

② **하위 개념(下位概念)**: 다른 개념에 대하여 적고 좁은 외연(外延)을 가진 개념 [생물이라는 개념에 대한, 동물이나 식물의 개념 따위] ➜ 포섭 관계의 종개념(다른 개념에 포섭되는 것)

> 예 '가구 > 의자' 관계에 있어서의 의자

③ **동위 개념(同位概念)**: 동일한 유개념(類概念)에 딸린 종개념(種概念) 끼리의 관계 ➜ (다른 것들과 대등한 것)

> 예 사람-황인종, 백인종, 흑인종
> • '사람'은 '황인종'의 유개념(상위 개념)
> • '황인종'은 '사람'의 종개념(하위 개념)
> • 서로 대등한 관계에 놓인 '황인종'과 '백인종'은 동위 개념

---

2. 단어 간의 의미 관계가 〈보기〉와 다른 것은?

> **보기**
> 악기-바이올린

① 새-까치
② 산-백두산
③ 태양-지구
④ 학생-고등학생
⑤ 음악가-작곡가

3. 두 낱말 사이의 관계가 다음의 경우와 다른 것은?

> 과일 - 사과

① 생물 - 동물
② 여자 - 소녀
③ 계절 - 여름
④ 태양 - 지구

2) 중첩성 유무에 의한 분류

① 선언 개념: 외연이 분리되어 중첩되지 않은 개념

> 예 동물-식물 / 춘-하-추-동

② 교차 개념: 외연의 일부가 중첩되어 있는 개념

> 예 여성-근로자, 학자-교육자, 군인-용사

3) 중간 개입성 유무에 의한 분류

① 모순(矛盾) 개념: 외연이 상반되고, 중간에 다른 외연의 개입이 없는 개념

> 예 남자-여자 / 유(有)-무(無) / 참-거짓 / 백(白)-비백(非白)

② 반대 개념: 외연이 상반되나, 중간에 다른 외연(보통)의 개입이 가능한 개념

> 예 대(大)-소(小) / 춥다-덥다 / 밝다-어둡다 / 백(白)-흑(黑) / 미(美)-추(醜)

4) 표시되는 대상의 성질에 의한 분류

① 구체 개념(구체어): 구체적 사물을 나타내는 개념

> 예 나무, 꽃, 산, 바다, 거울, 책상

② 추상 개념(추상어): 추상적 의미를 나타내는 개념

> 예 자유, 사랑, 진리, 의지, 행복

③ 개별 개념: 개체를 나타내는 개념

> 예 나무, 군인, 별

④ 집합 개념: 집합을 나타내는 개념

> 예 숲, 군대, 별자리

➕ 플러스) 개념 이해하기

(1) 일반화 · 추상화
  ① 일반화는 상위 개념으로 확장하는 것이므로 이를 확인한다.
    바로 위 단계의 상위 개념이 좋다.
  ② 추상화는 제시된 개념에서 감각으로 느낄 수 없는 방향으로 가는 것이므로 이를 확인한다.
    • 추상화되더라도 보편성과 관련성을 지녀야 한다.
(2) 특수화 · 구체화
  ① 특수화는 하위 개념으로 확장하는 것이므로 이를 확인한다.
    • 바로 아래 단계의 하위 개념이 좋다.
  ② 구체화는 감각으로 느낄 수 있는 방향으로 가는 것이므로 이를 확인한다.
(3) 개념 간의 관계
  ① 설문에 제시된 각 항목을 대응시켜서 그 관계를 유추해 본다.
  ② 답지에 제시된 각 항목의 속성을 생각하여 배열해 본다.
  ③ 문맥을 통하여 어떤 관계인지 확인한다.

기출 | 따라잡기

4. 김남조의 '설일(雪日)'에 대한 감상 중 틀린 것은? 2007. 서울시 9급

> 새해의 눈시울이
> 순수의 얼음꽃.
> 승천한 눈물들이 다시 땅 위에
> 떨구이는
> 백설을 담고 온다.

① '백설'은 눈물의 결정체이다.
② '순수의 얼음꽃'과 '백설'은 같은 의미로 사용되었다.
③ '새해'라는 추상어를 구체어로 형상화했다.
④ 새해를 맞는 시절을 배경으로 하고 있다.
⑤ 새해의 눈시울과 승천한 눈물은 대구를 이루고 있다.

예제

다음 〈보기〉에서 연상의 과정이 비슷한 것끼리 묶은 것은?

보기

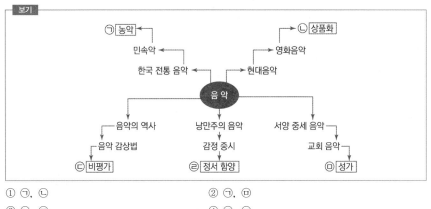

① ㉠, ㉡ ② ㉠, ㉤
③ ㉡, ㉣ ④ ㉢, ㉤

[문항 분석] 개념 간의 관계를 알아내는 문제이다.
[문제 의도 분석]
㉠, ㉤은 상위 개념으로부터 하위 개념으로 구체화되고 있다. ㉡은 음악 –(구체화)→ 현대 음악 –(구체화)→ 영화 음악 –(활용 방법)→ 상품화 순으로 관계를 맺고 있으며 ㉢은 음악 –(구체화)→ 음악의 역사 –(관계가 모호함)→ 음악 감상법 –(관련인)→ 비평가 순으로 관계를 맺고 있다. ㉣은 음악 –(구체화)→ 낭만주의 음악 –(특성)→ 감정 중시 –(효용)→ 정서 함양 순으로 관계를 맺고 있다.
[정답] ②

예제 | 따라잡기

5. ⓐ : ⓑ의 관계가 가장 유사한 것은?

뉴턴의 이론은 그것을 신뢰했던 많은 과학자들에 의해서 명료하게 다듬어졌고, 과학사에 탁월한 업적으로 길이 남게 되었다. 이와 같이 권위 있는 과학 이론은 토마스 쿤이 말하는 패러다임의 역할을 한다. 패러다임이란 과학자 사회의 구성원들이 공유하고 있는 신념, 가치, 기술 등의 총체를 말한다. 패러다임은 과학적으로 탐구할 만한 문제를 규정해 주고, 과학자들이 취할 수 있는 문제 해결 모형을 제공하며, 연구 결과의 타당성을 분별하는 기준이 된다. 과학에서 패러다임의 존재는 거의 절대적이어서, 과학자들은 패러다임을 적극적으로 옹호하고 보호하려고 한다. 따라서 패러다임과 일치하지 않는 관찰 결과가 나왔을 때, 과학자들은 이론을 의심하기보다 관찰 결과를 재해석하고 새로운 실험을 통해서 그 불일치를 해결하려고 노력한다.
그러나 이론에 모순된 관찰 결과들이 증가하면 패러다임은 위기를 맞게 된다. 그렇게 되면 그런 관찰 결과들을 해석하기 위한 ⓐ새로운 이론들이 쏟아져 나와 서로 경합하는 혼돈(混沌)의 시기로 접어들게 된다. 이때에도 과학자들은 하나의 이론이 승리하여 ⓑ새로운 패러다임으로 확립되기까지 기존의 패러다임을 포기하지 않는다. 물론 어떤 사람들은 이론에 모순되는 관찰들, 다시 말해서 이론이 옳지 않다는 것을 부여주는 반례(反例)들을 앞에 놓고서도 기존의 과학 이론을 포기하지 않는 과학자들의 태도는 도저히 합리적이라고 볼 수 없다고 생각한다. 그러나 이러한 과학자들의 태도가 불합리하다고 말할 수만은 없다. 과학적 이론이란 세계를 보는 도구이며, 도구 없이 세계를 본다는 것은 불가능하기 때문이다.

① 장미 : 꽃 ② 물고기 : 강
③ 악어새 : 악어 ④ 후보자 : 당선자
⑤ 어머니 : 아버지

(5) **개념 간의 관계**

① **순환 관계:** 두 대상이 계속 순환되는 관계 　예 구름－비

② **주체와 목적 관계:** 하나의 대상이 추구하는 개념의 관계

　　예 기업－이윤, 정당－정권 획득

③ **목적과 조건 관계:** 　예 이상－지식, 건강－운동

④ **인과 관계:** 두 개념이 원인과 결과의 관계로 성립

　　예 과속－교통사고, 화석에너지－지구 온난화

⑤ **불가분의 관계:** 두 대상을 나눌 수 없는 관계

　　예 동전의 앞면－뒷면, 언어의 형식－내용

⑥ **생물과 생존의 필수 조건 관계:** 　예 물고기－물, 인간－공기

⑦ **확정 관계:** 미확정된 대상의 개념과 확정된 개념의 관계

　　예 수험생－합격생, 후보자－당선자

⑧ **공생 관계:** 두 대상이 서로에게 이익을 주며 함께 사는 관계

　　예 악어－악어새, 콩과 식물－뿌리혹박테리아

⑨ **정도 관계:** 두 낱말의 속성은 같으나 정도의 차이가 있는 관계

　　예 송아지－소, 올챙이－개구리

⑩ **순서 관계:** 두 단어의 개념이 일의 순서, 논리적 관계 등을 나타내는 관계

　　예 진찰－처방, 시험－성적

⑪ **표시 관계:** 하나의 개념이 다른 개념의 표시 또는 징후(徵候)가 되는 관계

　　예 눈물－슬픔, 웃음－기쁨

⑫ **장소 관계:** 구성원과 그 구성성이 있는 장소나 집합과의 관계

　　예 프로듀서－방송국, 학생－학교

⑬ **특징 관계:** 한 단어가 지시하는 사물의 주된 특징(속성)을 파악하는 것

　　예 지혜－철학자, 용기－투사

⑭ **결핍 관계:** 무엇이 부족했을 때 초래되는 결과 　예 질서－혼란, 희망－염세주의자

⑮ **교차 관계:** 두 말의 외연이 일부분 합치되는 관계 　예 학생－여성, 학자－교육자

⑯ **반대 관계:** 두 말의 외연이 완전히 다르며, 그 둘의 외연의 합이 두 말의 상의어의 외연에 포함되는 관계로 중간항을 가지고 있다.

　　예 밝다－어둡다, 흰색－검은색, 크다－작다

⑰ **모순 관계:** 두 말의 외연이 완전히 다르며, 그 둘의 외연의 합이 두 말의 상의어의 외연과 같은 관계로 중간항을 가지고 있지 않다.

　　예 남자－여자, 동물－식물, 살다－죽다

⑱ **동위 관계:** 서로 대등한 개념 간의 관계 　예 꽹과리－징, 미국－중국, 태양－지구

⑲ **상하 관계:** 한 개념이 다른 개념의 외연에 완전히 포함되어 그 일부분이 되는 관계 　예 악기－피아노, 국가－대한민국, 행성－태양

⑳ **일치 관계**

　㉠ **동일 관계:** 내포와 외연이 모두 일치하는 관계 　예 정육점－식육점, 문단－단락

　㉡ **동연 관계:** 내포는 다르나 외연이 일치하는 관계 　예 서울－한국의 수도

6. 다음의 특성을 지닌 어휘 관계만으로 묶인 것은? 2015. 국회직 8급

- 각각의 의미 영역이 상호 배타적이다.
- 한쪽을 부정하면 곧 다른 쪽을 긍정하는 것이 된다.
- 정도 부사의 수식을 받을 수 없고 비교 표현도 사용할 수 없다.

① 남성－여성, 알다－모르다, 빠르다－느리다

② 높다－낮다, 밝다－어둡다, 가다－오다

③ 살다－죽다, 참－거짓, 있다－없다

④ 아래－위, 부모－자식, 주다－받다

⑤ 좋다－싫다, 깨끗하다－더럽다, 맞다－틀리다

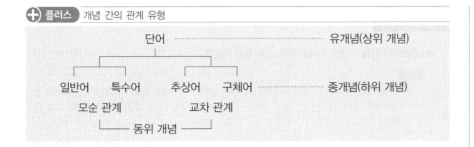

4 논증(論證)의 개념

(1) 논증의 개념

논증은 쉽게 말하면, 어떤 주장을 논리적으로 증명하여 주장의 정당성을 입증하는 과정을 통해 독자를 설득하는 진술 방식이다. 객관적인 논거를 통해 자신이 표현하고자 하는 주장이 참임을 밝혀 나가는 과정이다.

(2) 논증의 요소: 명제＋논거 ⇨ 추론

① **명제**: 자신의 주장을 명시적으로 내세운 논리적 진술로, 대체로 평서형으로 진술한다. 전체 글 속에서는 일종의 주제문으로 드러나며, 명료하게 진술되어야 한다. 어떤 사고를 나타내는 문장 중에서 '참' 또는 '거짓'으로 명백하게 구분할 수 있는 문장이다. 수학식이 명제이다.

   ㉠ 사실 명제: 객관적인 사실을 토대로 그 사실에 대한 정오(正午)를 분명하게 판단할 수 있는 성격의 명제이다.

   예 3·1 운동은 1919년에 일어났다. 돌고래는 어류에 속한다(거짓).

   ㉡ 가치 명제: 특정 사건이나 문제에 대해 호오(好惡)의 정도를 따져 가치 판단을 내릴 수 있는 성격의 명제이다.

   예 한글은 세계에서 가장 우수한 문자이다. 인간은 본질적으로 선한 존재이다.

   ㉢ 정책 명제(당위 명제): 특정 사건이나 문제에 대해 '적절성'을 따져 자신의 주장을 '~해야 한다'는 형식으로 내세우는 형태의 명제이다. 대개의 논설문에서 주로 활용되는 명제이다.

   예 환경오염을 줄이기 위해 실내 온도를 제한해야 한다.

② **논거**: 명제가 참임을 밝히기 위한, 혹은 정당성을 확보하기 위한 논리적 근거로, 타당성과 신뢰성을 갖추어야만 논증이 효과적으로 이루어질 수 있다. 논거는 항상 정확하고, 공정하게 제시되어야 효과적인 추론을 해 나갈 수 있다.

   ㉠ 사실 논거: 구체적인 사실이나 실험 결과, 통계적 수치 등 객관적으로 증명될 수 있는 논거

   ㉡ 소견 논거: 해당 분야의 전문가의 견해나 일반적인 여론 등을 인용하는 논거

---

7. 다음 〈보기〉는 어느 글의 명제이다 이 명제에 대한 설명으로 가장 적절한 것은?   2015. 경찰직 1차

보기

교통 법규를 위반하는 사람은 엄벌에 처하는 것이 더 바람직하다.

① 주관적 가치 판단을 바탕으로 어떤 문제의 좋고 나쁨을 주장하는 명제이다.
② 당위성 여부를 바탕으로 어떤 행동 실현의 필요성을 주장하는 명제이다.
③ 객관적 근거를 바탕으로 사실의 진위(眞僞)를 판단하는 명제이다.
④ 감정적 호소를 바탕으로 행위의 실천을 촉구하는 명제이다.

8. 〈보기〉의 내용에 대한 이해로 가장 옳지 않은 것은? 2022. 서울시 1차

> 보기
>
> 　참, 거짓을 판단할 수 있는 문장을 명제라고 한다. 문장이 나타내는 명제가 실제 세계의 사실과 일치하면 참이고 그렇지 않으면 거짓이다. 가령, '사과는 과일이다.'는 실제 세계의 사실과 일치하므로 참인 명제지만 '새는 무생물이다.'는 실제 세계의 사실과 일치하지 않으므로 거짓인 명제이다. 이와 같이 명제가 지닌 진리치가 무엇인지 밝혀 주는 조건을 진리 조건이라고 한다. 명제 논리의 진리 조건을 간략하게 살펴보면 다음과 같다. 모든 명제는 참이든지 거짓이든지 둘 중 하나여야 하며 참도 아니고 거짓도 아니거나 참이면서 거짓인 경우는 없다. 명제 P가 참이면 그 부정 명제 ~P는 거짓이고 ~P가 참이면 P는 거짓이다. 명제 P와 Q가 AND로 연결되는 P∧Q는 P와 Q가 모두 참일 때에만 참이다. 명제 P와 Q가 OR로 연결되는 P∨Q는 P와 Q 둘 중 적어도 하나가 참이기만 하면 참이 된다. 명제 P와 Q가 IF … THEN으로 연결되는 P→Q는 P가 참이고 Q가 거짓이면 거짓이고 나머지 경우에는 모두 참이 된다.

① 명제 논리에서 '모기는 생물이면서 무생물이다.'는 성립하지 않는다.
② 명제 논리에서 '파리가 새라면 지구는 둥글다.'는 거짓이다.
③ 명제 논리에서 '개가 동물이거나 컴퓨터가 동물이다.'는 참이다.
④ 명제 논리에서 '늑대는 새가 아니고 파리는 곤충이다.'는 참이다.

(3) 명제의 형식과 조건

명제는 참과 거짓을 판별할 수 있는 문장이나 식을 말한다. 가령 수학식인 '4－3＝43'을 문장으로 표현하면 '4에서 3을 빼면 43이다.'로 말할 수 있다. 4 빼기 3은 43이 될 수 없으므로 이 문장은 거짓이다. 그러나 이 문장을 두고 '틀렸다'(거짓)고 말할 수 있으므로 이 문장은 명제이다. 그리고 이 명제를 만들기 위해 '～하면 ～이다'의 표현은 명제의 형식이 된다.

p이면 q이다.

'p이면 q이다.' 이 형식에서 'p'는 가정이고 'q'는 결론이 된다. 상대는 이 형식에 포함된 p와 q의 조건을 두고 참인지 거짓인지를 판별하면 된다. 이렇듯 모든 명제는 가정과 결론으로 이루어져 있다.

> "영희는 예쁘다"
> 영희에 대한 정보가 없고, '～이면 ～이다'의 명제 형식을 갖추고 있지 못하다. 영희를 알고 있는 사람은 이 문장을 보고 판단을 내릴 수 있지만, 문장의 형식과 조건만으로는 참과 거짓을 판별할 수 없다. 따라서 이 문장은 형식적인 측면에서나 조건적인 측면에서 모두 명제가 될 수 없다.

(4) 충분조건과 필요조건

논리학을 이해하기 위해서는 충분조건과 필요조건을 먼저 이해해야 한다. '명제'란 참·거짓을 분명하게 판별할 수 있는 문장을 말한다. 따라서 명제는 언제나 참·거짓을 구분할 수 있어야 하며, 거짓인 문장 역시 명제에 해당한다. 반면, 개인의 주관적인 판단이 필요한 문장은 명제가 될 수 없다. 이때, 다음에 등장하는 명제들은 모두 논리적으로 같은 의미를 지닌다.

명제 "A이면 반드시 B이다."가 있다면 "B에 한하여 A이다."도 성립할 수 있다. 이 명제를 기호로 표시하면 'A → B'라고 표시할 수 있다. 여기서 A는 B의 충분조건이고, B는 A의 필요조건이 된다.

① **충분조건**: '철수는 농구를 한다'는 '철수는 운동을 한다'의 충분조건이다. ('철수가 농구를 한다면 철수는 운동을 한다'고도 충분히 말할 수 있다.) 충분조건을 필요조건으로 착각하면 전건부정의 오류가 된다.

② **필요조건**: '아리스토텔레스는 동물이다'는 '아리스토텔레스는 사람이다'의 필요조건이다. (아리스토텔레스가 사람이기 위해서는 아리스토텔레스가 동물일 필요가 있다.) 또한 여대에 입학하려면 수험생은 여자여야 한다.(여자는 여대에 입학하기 위한 필요조건이다.) 공무원이 되려면 공무원 시험에 합격해야 한다. (공무원이기 위해서는 공무원 시험에 합격할 필요가 있다.)

③ **필요충분조건**: 필요조건인 동시에 충분조건을 말한다.

A가 참이라면 B는 100% 참이다. 이 말은 A가 참이라면 B는 절대 거짓일 수 없다. 여기서 A와 B 사이의 관계를 논리학에서는 함축관계라고 부른다. 이를 바탕으로 진리표를 만들 수 있다. 이 부분은 정의와 판단에서 다시 다루는 중요한 개념이다.

	A	B	A → B	~B → ~A
ㄱ	참(T)	참(T)	참	참
ㄴ	참(T)	거짓(F)	거짓	거짓
ㄷ	거짓(F)	참(T)	참	참
ㄹ	거짓(F)	거짓(F)	참	참

※ T는 참(true)이고, F는 거짓(false)이다. '~'은 '아니다(no, not, non)'이다.

ㄱ: A가 참이고 B도 참이라면, 함축관계 A → B는 무조건 성립이 되며 참이다. A는 성립하되 B는 성립하지 못하는 상황은 있을 수 없다. 예를 들어 운전면허증은 합법적으로 택시를 운전하기 위한 필요조건이지만 충분조건은 아니다. 운전면허증을 취득한 모든 사람이 택시 운전을 할 수 있는 것은 아니다. 택시 운전면허가 필요하기 때문이다. '~A → ~B'로 바꾸어 '운전면허증이 없다면 택시기사로 일할 수 없다.'도 참이 된다. '운전면허증이 있다'는 문장 A가 거짓(~)이라면 '택시기사로 일할 수 있다'도 거짓이기 때문이다.

ㄴ: A가 참일 때 B가 거짓이라면 함축관계 A → B는 당연히 성립하지 않는다. 거짓이다. 가령 '물의 온도기 1,000℃에 이르면 물은 기체가 된다'는 명제에서 물이 '고체'가 된다는 결론은 거짓이다. '온도가 1,000℃에 이른다.'는 문장과 '물은 기체가 된다'는 문장은 각각 A와 B가 되며, 'A → B는 참이다.

ㄷ, ㄹ: 그런데 우리의 직관을 벗어나는 경우가 ㄷ과 ㄹ이다. A가 거짓이고 B가 참인 경우(ㄷ), A가 거짓이고 B가 거짓인 경우에도(ㄹ) 함축관계 A → B는 성립한다. 즉, 충분조건이 거짓이라면 필요조건의 참·거짓 여부와 관계없이

그러한 함축관계는 언제나 성립한다. 가령 '부산이 대한민국의 수도이면 대구는 대한민국의 수도이다'와 같은 문장도 참이다. 충분조건인 '부산이 대한민국의 수도이다'가 거짓이므로, 함축관계가 언제나 참이 되기 때문이다. 이는 상식과 크게 어긋나지만, 논리적으로 확실히 참이다.

기출 | 따라잡기

9. ㈎와 ㈏에 들어갈 말로 가장 적절한 것은?   2022. 지방직 7급

A는 다음과 같은 실험을 진행했다. 먼저, 검은색 옷과 흰색 옷을 입은 6명이 두 개의 농구공을 가지고 패스를 주고받는 동안 고릴라 복장의 사람을 지나가게 하고 그 장면을 동영상으로 촬영했다. 그리고 실험 참가자들에게 이 동영상을 보여 주면서 흰색 옷을 입은 사람들이 몇 번 패스를 주고받는지 세어 달라고 요청했다. 이에 대해 참가자들은 패스 횟수에 대해서는 각자의 답을 말했는데, 동영상 중간 중간에 출현한 고릴라 복장의 사람에 대해서는 하나같이 보지 못했다고 답했다. 참가자들이 패스 횟수를 세는 데 집중하느라 1분이 채 안 되는 동영상 가운데 9초에 걸쳐 등장하는 고릴라 복장의 사람을 인지하지 못한 것이다. A는 이 실험을 통해 다음의 결론을 도출했다. [㈎   ]

이 실험 결과를 우리의 일상에서도 확인해 볼 수 있다. 오토바이 운전자의 안전을 위해 눈에 잘 띄는 밝은색 옷을 입도록 권하는데, 밝은색 옷의 오토바이 운전자는 시각적으로 더 잘 보이고, 덕분에 더 쉽게 알아볼 수 있기 때문이다. 그렇다고 해도 모든 자동차 운전자가 밝은색 옷을 입은 오토바이 운전자를 다 알아보는 것은 아니다. 바라보는 행위는 인지의 [㈏   ] 없기 때문이다.

① ㈎: 인간의 인지는 시각과 밀접하게 관련되어 있다
  ㈏: 충분조건일 수는 있어도 필요조건일 수는
② ㈎: 인간의 인지는 시각과 밀접하게 관련되어 있다
  ㈏: 필요조건일 수는 있어도 충분조건일 수는
③ ㈎: 인간은 중요하다고 생각하는 것 위주로 주의를 기울인다
  ㈏: 충분조건일 수는 있어도 필요조건일 수는
④ ㈎: 인간은 중요하다고 생각하는 것 위주로 주의를 기울인다
  ㈏: 필요조건일 수는 있어도 충분조건일 수는

---

5 정의

(1) 정의의 개념

정의란 어떤 대상에 대해 그 대상을 반영하고 있는 개념의 속성을 밝히는 논리적 방법이다. 어떤 대상 혹은 사물의 범위를 규정짓거나, 그것의 본질을 진술하는 지적 작용이다. 정의의 대표적인 방법은 정의를 내리는 개념(종개념)에서 가장 가까운 유개념을 찾아 확정한 후, 정의를 내리는 개념의 특수한 본질인 종차를 밝히는 것이다. 여기에서는 바르게 정의된 것을 알아내는 문제나 정의에 필요한 사항을 알아내는 문제가 출제된다.

(2) 정의의 방식

정의는 피정의항과 정의항으로 이루어지며 정의항은 다시 종차(종개념)와 유개념으로 이루어진다. 단순히 관계를 맺어주는 요소인 계사('은', '이다', '=')를 사용한다.

사람	은	언어를 사용할 수 있는	동물	이다.
종개념	계사 ('=')	종차 변별 요소	유개념	계사 ('이다')
피정의항		정의항		

- 종차 요소란 같은 유개념 속에서 다른 요소와 구별되는 그 대상만의 특유한 속성이다.
- 대소관계에 있는 두 개념 중 다른 개념을 포함하는 포괄적인 개념을 유개념이라 하고, 포함되는 개념을 종개념이라 한다.
- 계사란 피정의항과 정의항을 연결시켜 주는 언어이다.
- 피정의항은 정의가 되어야 할 개념이고, 정의항은 정의하는 명제이다.

(3) 정의할 때의 유의점

① 정의는 반드시 대상의 본질적인 속성을 반영해야 한다.

　　예 시계란 시간을 측정하는 도구이다.(○)
　　　　시계란 여러 가지 길이를 측정하는 도구이다.(×)

➕ 플러스　정의를 내릴 때 대상의 속성이 반영되지 않을 경우

대상의 본질적인 속성이 드러나지 않으면 동일 유개념에 속하는 다른 종(種)을 나타내거나, 다른 종을 포함하는 오류가 발생한다. 여기서는 자[尺]도 시계가 될 수 있다는 오류가 발생한다.

② 정의항의 외연은 피정의항의 외연과 반드시 일치해야 한다. (정의의 범주가 너무 좁거나 넓으면 안 된다)

　　예 동사(動詞)란 사물의 움직임을 표현하는 품사이다.(○)
　　　　동사란 사람의 움직임을 표현하는 품사이다.(×)

➕ 플러스　정의항과 피정의항의 외연이 대등하지 않은 경우

예 정삼각형은 세 개의 직선으로 둘러싸인 다각형이다.(×)
　　정삼각형은 세 개의 직선으로 둘러싸인 평면도형이다.(×)

정의항에서 종차가 나타내는 범위가 피정의항보다 좁거나 넓으면, 피정의항의 일부분의 속성만 드러내거나 다른 종(種)의 속성까지도 포함하는 오류가 발생한다. 여기서는 사람 이외의 다른 사물의 움직임은 표현할 수 없다는 오류가 발생한다.

기출　따라잡기

10. 다음 글에서 설명한 '정의'에 가장 적절한 것은? 2016. 지방직 7급

글에서 다루게 되는 대상을 명확하게 규정해 주는 방법을 정의라고 한다. 이때 정의하고자 하는 대상을 피정의항이라고 하고, 그 나머지 진술 부분을 정의항이라고 한다. 정의를 할 경우에는 다음 사항에 유의해야 한다. 첫째, 개념을 명확하게 드러낼 수 있도록 풀이해야 한다. 둘째, 정의하고자 하는 대상이나 개념이 정의항에서 되풀이되어서는 안 된다. 셋째, 정의항이 부정적인 진술로 나타나서는 안 된다. 넷째, 대상에 대한 묘사나 해석은 정의가 아니다.

① 책이란 지식만을 보존해 두는 것이 아니다.
② 입헌 정치란 헌법에 의하여 행해지는 정치이다.
③ 딸기는 빨갛고 씨가 박혀 있는 달콤한 과일이다.
④ 문학은 언어로 인간의 사상과 감정을 표현한 예술이다.

③ 정의를 내리는 개념에 직접 혹은 간접으로 정의 받는 개념이 포함되어서는 안 된다.

> 예 인류학자란 인류 및 인종의 기원특징, 나아가 인류의 여러 가지 특성에 관하여 연구하는 사람이다.(○)
>
> 인류학자는 인류를 연구하는 학자이다.(×)

➕ 플러스　순환 논증의 오류

> 예 삼각형은 세 개의 각을 가진 다각형이다.(×)
> 경제학자는 경제학을 전공한 학자다.(×)
> 사회학자는 사회학을 연구하는 학자이다.(×) → 사회학자는 사회의 온갖 현상 · 구조 · 질서 · 변동 등에 관한 원리나 법칙을 연구하는 학자이다.(○)
>
> 위의 세 문장은 정의항으로 피정의항을 순환 논증하는 오류를 안고 있다. 가령 '세 개의 각을 가진 다각형'은 '삼각형'이기 때문이다. 여기서는 인류학자는 인류와 학자로 나뉘어 피정의항에 포함되는 오류가 발생한다.

④ 정의를 내리는 개념에는 일반적으로 부정 개념을 포함시키지 말아야 하나 피정의항 자체가 부정 개념을 포함하고 있을 때에는 그렇지 않다.

> 예 새는 다리가 두 개 있으며, 몸에 깃털이 나 있고 알을 낳는 날짐승이다.(○)
>
> 새는 네 발이 달리지 않은 날짐승이다.(×)

➕ 플러스　부정적 진술의 오류

> 예 연필은 공책도 아니고, 교과서도 아니고, 가방도 아니다.(×)
> 아버지란 어머니가 아닌 남자 어른이다.(×)
> 종교는 인간의 삶을 지배하는 규범이 아니다.(×)
> 아버지란 자식을 가진 남자이다.(○)
>
> 부정적인 표현은 피정의항 외에 엉뚱한 것을 포함하는 오류를 낳는다. 여기서는 새 이외에 여섯 발이 달린, 곤충이면서 날 수 있는 잠자리, 벌 등 피정의항과 관련 없는 여러 가지 동물을 다 포함하는 오류가 발생한다.

⑤ 비유나 모호한 어구를 사용해서는 안 된다.

> 예 양심은 도덕적 가치를 판단하여 옳음과 착함을 명령하고 사악(邪惡)을 물리치는 통일적인 의식이다.(○)
>
> 양심은 자신의 잘못을 스스로 경고해 주는 목소리 같은 마음이다.(×)

➕ 플러스　비유적 표현이나 모호한 표현의 오류

> 예 삼각형은 지하철의 손잡이와 같은 모양이다.(×) – 비유적 표현
> 양심이란 누군가가 우리를 보고 있다고 우리에게 경고해 주는 소리이다.(×) – 비유적 표현
> 사랑은 눈물의 씨앗이다.(×) – 비유적 표현
> 시란 세계를 가장 아름답게, 가장 인상적으로 드러내는 표현 방식이다.(×) – 모호한 표현
>
> 비유하거나 모호한 어구를 사용하면 피정의항이 정확히 드러나지 않는 오류가 발생한다. 여기서는 양심이 목소리에 비유되어 양심의 의미가 정확히 드러나지 않는 오류가 발생한다.

예제 | 따라잡기

11. 문학의 개념을 아래와 같이 정의할 때, 이 진술이 지닌 것과 유사한 문제점이 드러난 것은?

> 문학은 작가의 사상에 감정의 옷을 입힌 주택이다.

① 석유는 현대인의 필수적인 식량이다.
② 독재자란 독재를 행하는 사람이다.
③ 철은 인간에게 유용한 금속이다.
④ 신발은 발을 감싸는 가죽으로 된 물건이다.

6 판단

(1) 판단의 개념

어떤 대상이나 사물을 서로 비교하거나 대조하여 그것의 성격, 관계, 상태 등에 대해 무엇이라고 규정하는 것. 어떤 사물의 진위(眞僞), 미추(美醜), 선악(善惡) 등을 단정하는 사유 작용이다. 언어 논리에서는 정의나 개념의 진위를 판단한다.

(2) 판단의 구성 요소

주어부인 '주개념(주사)'와 서술부인 '빈개념(빈사)'로 이루어진다.

한국의 사상은	적극적이고 독자적이다.
주개념(주사)	빈개념(빈사)
주어부	서술부

(3) 판단의 유형

주어와 술어의 연결 방식에 따라 후천적 판단과 선천적 판단으로 구분한다. ('S'는 주개념, 'P'는 빈개념)

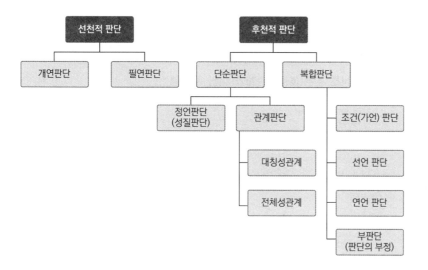

1) 정언 판단(定言判斷)

아무런 조건 없이 주개념에 관하여 빈개념을 전적으로 긍정하거나 부정하는 판단을 말한다. 주어와 서술어의 형태로 구성되며, 결과를 참과 거짓으로 구분할 수 있다. 'S는 P이다'의 형식이며, 한 집합이 다른 집합의 전체나 부분이 포함된다는 것을 긍정(긍정 판단)하거나 부정(부정 판단)하는 판단이다. 예를 들어 "S(주개념)는 P(빈개념)이다"의 형식이면 "고래는 물속에서 산다."와 같이 표현할 수 있고, "S(주개념)는 P(빈개념)가 아니다."라면 "고래는 생선이 아니다."와 같이 표현할 수 있다.

	전칭판단	모든 S는 P다.
정언 판단	특칭판단	어떤 S는 P다.
	긍정판단	S는 P다.
	부정판단	S는 P가 아니다.

플러스 주개념과 빈개념

- 주개념(主槪念)
명제가 되는 문장에서 주어에 대응하는 개념이다. 판단의 대상이 되는 것으로, 서술이 그것에 대하여 행하여지는 주되는 개념을 이른다. '고양이는 동물이다.', '꽃은 아름답다.'에서 '고양이'나 '꽃'이 이에 해당한다. '주사(主辭)'와 같은 말로 쓴다.
- 빈개념(賓槪念)
명제에서 주개념인 주사(主辭)에 결합되어 그것을 규정하는 개념이다. 예를 들어, '개는 동물이다.', '하늘은 높다.'에서 '동물', '높다'가 이에 해당한다. '빈사(賓辭)'와 같은 말로 쓴다.

2) 형식 논리학에서의 4개의 기초적 판단

전칭 긍정 판단 (A 진술)	A　　B	주어 집합 전체가 술어 집합에 포함되어 있음을 주장하는 진술. '모든 S는 P다.' 예 모든 학생은 순수하다.(짙은 색은 비어있다. A가 B에 완전히 포함되어야 한다.)
전칭 부정 판단 (E 진술)	A　　B	주어 집합 전체가 술어 집합에 포함되어 있지 않음을 주장하는 진술. '모든 S는 P가 아니다.' 예 모든 학생은 교복을 입고 있지 않다.(짙은 색은 비어 있다. A와 B 동시에 해당하는 원소가 없기 때문이다.)
특칭 긍정 판단 (I 진술)	A　　B X	주어 집합의 일부가 술어 집합에 포함되어 있음을 주장하는 진술 '어떤(약간의) S는 P이다.' 예 어떤 지구인은 한국 사람이다. (X는 어떤 원소가 존재함을 나타낸다. 일종의 교집합이다. A와 B 동시에 존재하는 원소가 교차되는 곳이 X이다.)
특칭 부정 판단 (O 진술)	A　　B X	주어 집합의 일부가 술어 집합에 포함되어 있지 않음을 주장하는 진술. '어떤(약간의) S는 P가 아니다.' 예 어떤 사람은 이기적이지 않다. (X는 어떤 원소가 존재함을 보여준다.)

3) 정언 판단의 상호 진위(眞僞) 관계와 대립 사각형

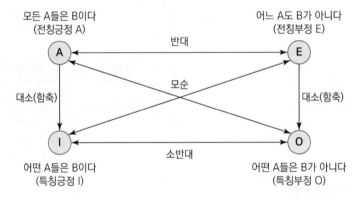

① 모순 관계: 전칭긍정명제(A)와 특칭부정명제(O), 전칭부정명제(E)와 특칭긍정명제(O)와의 관계이다. 두 판단이 동시에 참일 수 없고 동시에 거짓일 수도 없는 판단(명제)이다. A 진술과 O 진술은 모순 관계이다. 가령 "모든 인간은 이성적이다."와 "어떤 인간도 이성적이지 않다." 이 두 판단은 서로 모순 관계에 있다. 또한 E 진술과 I 진술도 모순 관계이다. 모순 관계는 둘 다 참일 수는 없으며, 하나가 참이면 다른 하나는 거짓이다.

② 반대 관계: 전칭긍정명제(A)와 전칭부정명제(E)와의 관계이다. 두 판단이 동시에 참일 수는 없으나, 동시에 거짓일 수는 있는 관계이다. 가령 "모든 인간은 동물이다."(A)와 "모든 동물은 인간이 아니다."(E) 이 두 판단은 반대 관계에 있다. 첫 번째 판단이 참이면 두 번째 판단은 거짓이고, 두 번째 판단이 참이면 첫 번째 판단은 거짓이다. 주어가 지시하는 무엇이 존재할 경우, A

진술과 E 진술은 반대 관계이다. "모든 정치인은 거짓말쟁이다."(A)가 거짓이면 "어떤 정치인도 거짓말쟁이가 아니다"(E)도 거짓일 수 있다.

③ **소반대 관계**: 특칭긍정명제(E)와 특칭부정명제(I)와의 관계이다. 두 판단이 동시에 참일 수는 있으나, 동시에 거짓일 수는 없는 관계이다. 가령 "어떤 서울 시민은 남성이다."(E)가 참이면, "어떤 서울 시민은 남성이 아니다."(I)도 참이다. "어떤 서울 시민은 사람이다."(E)가 참이면, "어떤 서울 시민은 사람이 아니다."(I)는 거짓이다. "어떤 여학교 학생은 남성이다."(E)가 거짓이면, "어떤 여학교 학생은 남성이 아니다."(I)는 참이다.

④ **대소(함축) 관계**: 전칭과 특칭과의 관계이다. 두 판단이 동시에 참일 수도 있고 동시에 거짓일 수도 있는 관계이다. 전칭이 참이면 특칭도 참이다. 전칭이 거짓이면 특칭은 참 또는 거짓이다. 특칭이 거짓이면 전칭도 거짓이다. 특칭이 참이면 전칭은 참, 또는 거짓이다. 진실은 내려가고 거짓은 올라간다. 가령 "모든 인간은 동물이다."와 "어떤 동물은 인간이 아니다." 이 두 판단은 대소관계에 있다. 첫 번째 판단이 참이면 두 번째 판단도 참이다. 하지만 두 번째 판단이 참이라고 해서 첫 번째 판단이 참인 것은 아니다.

4) 가언(조건) 판단

조건문이라고도 불리며, 조건과 그에 따른 결과를 나타내는 판단이다. 가령 "A가 B면, S는 P이다."와 같이 두 개의 요소 판단이 '~라면'에 의해 결합된 복합 판단이다. "만일 A이면 B이다."와 같은 형식의 판단이다. 여기서 A는 조건을 나타내고 B는 그에 따른 결과를 나타낸다. 가언 판단은 조건이 충족될 때와 충족되지 않을 때의 결과를 예측하는 데 사용된다.

예를 들어 "만약 내일 비가 온다면, 나는 우산을 가져갈 것이다."라는 가언 판단은 내일 비가 오는 조건에 따라 우산을 가져갈지 여부를 예측할 수 있다. 논리학에서 중요한 역할을 하며, 다양한 추론에 사용된다.

① **충분 조건**: 만일 전건 P가 존재한다면 후건 Q가 필연적으로 존재하게 되며, 전건 P가 존재하지 않는다면 후건 Q가 존재하지 않을 수도 있는 경우.
> 예 만일 물체가 마찰되면 열이 발생한다에서 마찰은 열이 발생하는 충분 조건이다.

② **필요 조건**: 만일 전건 P가 없다면 후건 Q도 없게 되며, 전건 P가 있다면 후건 Q는 미정으로서 있고 없을 수도 있을 때 전건 P를 후건 Q의 필요 조건이라 한다.
> 예 만일 질병이 없다면 병원은 없었을 것이다.

③ **필요 충분 조건**: 만일 P가 존재하면 Q도 존재하게 되고, 만일 P가 존재하지 않으면 Q도 존재하지 않을 때 전건 P를 후건 Q의 필요 충분 조건이라 한다.
> 예 수요는 공급의 필요 충분 조건

명제의 '역', '이', '대우' 이론은 명제 간의 관계를 나타내는 이론으로 주로 수학에서 사용되는 개념이며 언어 논리학에서도 사용이 된다. 명제의 역, 이, 대우를 만들기 위해서는 명제의 각 조건들을 부정하거나 조건들의 위치를 바꾸어 새로운 명제를 만들면 된다. 가정과 결론의 위치를 바꾸면 역, 결론을 부정하면 이, 역과 이를 결합하면 대우가 된다.

> "P는 Q이다." 형식의 명제가 있다면

(1) 역, 이, 대우

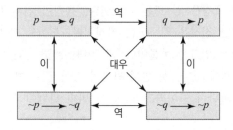

역, 이, 대우의 관계

① **명제의 역**: '역' 또는 '환위(Conversion)'라고 한다. 명제의 가정(주어)과 결론(술어)을 바꾸는 것을 말한다. 예를 들어, '모든 꽃은 식물이다'(A)의 역은 '모든 식물은 꽃이다'이다. 전칭부정(E)와 특칭긍정(I)이 참이면 역도 항상 참이다. 거짓이면 역도 항상 거짓이다. '어떤 꽃도 동물이 아니다'(E)가 참이면, 역에 해당하는 '어떤 동물도 꽃이 아니다'도 참이다. '어떤 식물은 꽃이다'(I)가 참이면, 역에 해당하는 '어떤 꽃은 식물이다'도 참이다.

② **명제의 이**: '이' 또는 '환질(Obversion)'이라고 한다. 명제의 가정과 결론을 부정하는 것을 말한다. "P는 Q아니다."가 이가 된다. 정언명제의 술어를 여집합으로 바꾸고, 질(긍정, 부정)을 바꾸는 것이다. 술어를 여집합으로 바꿀 때 술어 앞에 '비(non)-'를 붙인다. '모든 고래는 포유류이다' → '모든 고래는 비(non) 포유류이다' → '어떤 고래도 비(non) 포유류가 아니다'와 같이 표현한다. 예를 들어, 가령 "만약 비가 오지 않으면, 나는 우산을 가져가지 않을 것이다."는 명제의 이가 된다. 조건과 결과를 부정한 것으로, 비가 오지 않는 것이 전제가 되고, 우산을 가져가지 않는 것이 결과가 되었다. 이는 의미상 원래 명제와 차이가 없다. 전칭긍정(A), 전칭부정(E), 특칭긍정(I), 특칭부정(O)이 참이면 그의 이도 참이다.

③ **명제의 대우**: '대우' 또는 '이환(Contraposition)'이라고 한다. "Q가 아닌 것은 P가 아니다."가 대우가 된다. 명제의 역과 이를 결합한 것을 말한다. 주어와 술어의 위치를 바꾸고, 주어와 술어 각각 여집합으로 바꾸는 것이다 '모든 바지는 의류이다' → '어떤 바지도 비(non) 의류가 아니다' → '어떤 비(non) 의류도 바지가 아니다' → '어떤 비(non) 의류는 비(non) 바지이다'와 같이 표

12. 다음 진술이 모두 참일 때 반드시 참인 것은? 2025 개편 예시문항

- 오 주무관이 회의에 참석하면, 박 주무관도 참석한다.
- 박 주무관이 회의에 참석하면, 홍 주무관도 참석한다.
- 홍 주무관이 회의에 참석하지 않으면, 공 주무관도 참석하지 않는다.

① 공 주무관이 회의에 참석하면, 박 주무관도 참석한다.

② 오 주무관이 회의에 참석하면, 홍 주무관은 참석하지 않는다.

③ 박 주무관이 회의에 참석하지 않으면, 공 주무관은 참석한다.

④ 홍 주무관이 회의에 참석하지 않으면, 오 주무관도 참석하지 않는다.

13. ㈎와 ㈏를 전제로 할 때 빈칸에 들어갈 결론으로 가장 적절한 것은? 2025 개편 예시문항

㈎ 노인복지 문제에 관심이 있는 사람 중 일부는 일자리 문제에 관심이 있는 사람이 아니다.
㈏ 공직에 관심이 있는 사람은 모두 일자리 문제에 관심이 있는 사람이다.

따라서 _____.

① 노인복지 문제에 관심이 있는 사람 중 일부는 공직에 관심이 있는 사람이 아니다

② 공직에 관심이 있는 사람 중 일부는 노인복지 문제에 관심이 있는 사람이 아니다

③ 공직에 관심이 있는 사람은 모두 노인복지 문제에 관심이 있는 사람이 아니다

④ 일자리 문제에 관심이 있지만 노인복지 문제에 관심이 없는 사람은 모두 공직에 관심이 있는 사람이 아니다

현한다. 가령 "만약 내가 우산을 가져가지 않으면, 비가 오지 않을 것이다."는 대우가 된다.

⑵ 역, 이, 대우의 참과 거짓 관계

명제의 역, 이, 대우는 각각 원래의 명제와 참과 거짓이 일치하는 성질을 가지고 있다.

① 역: 원래의 명제가 참이면 역도 참이고, 원래의 명제가 거짓이면 역도 거짓이다.

② 이: 원래의 명제가 참이면 이도 참이고, 원래의 명제가 거짓이면 이도 거짓이다.

③ 대우: 원래의 명제가 참이면 대우도 참이고, 원래의 명제가 거짓이면 대우도 거짓이다.

④ 어떤 명제와 그 역이 동시에 참일 수는 없다.

⑤ 어떤 명제와 그 이가 동시에 거짓일 수는 없다.

> 예 "모든 인간은 이성적이다."라는 명제가 참이라면, 그 역인 "이성적인 것은 모두 인간이다."도 참이 된다. 또한 그 이인 "모든 인간은 이성적이지 않다."는 거짓이며, 대우인 "이성적이지 않은 것은 모두 인간이 아니다."도 참이 된다.

"S는 P이다"의 형식 명제가 있다면,

명제	역(환위)	이(환질)	대우(이환)
모든 S는 P이다(A) All S are P	모든 P는 S이다 All P are S	어떤 S도 non-P가 아니다 No S are non-P	모든 non-P는 non-S이다 All non-P are non-S
어떤 S도 P가 아니다(E) No S are P	어떤 P도 S가 아니다 No P are S	모든 S는 non-P이다 All S are non-P	어떤 non-P도 non-S가 아니다 No non-P are non-S
어떤 S는 P이다(I) Some S are P	어떤 P는 S이다 Some P are S	어떤 S는 non-P가 아니다 Some S are not non-P	어떤 non-P는 non-S이다 Some non-P are non-S
어떤 S는 P가 아니다(O) Some S are not P	어떤 P는 S가 아니다 Some P are not S	어떤 S는 non-P이다 Some S are non-P	어떤 non-P는 non-S가 아니다 Some non-P are not non-S

밑줄 친 명제(판단)는 진리 보존성(truth-preserving)을 갖는다. 진리 보존성이란, 원래 명제가 참이라면, 그 역, 이, 또는 대우 역시 참이라는 뜻이다.

14. 다음 보기가 참일 때, 추론한 것 중 가장 부적절한 것은 무엇인가? 2002. PSAT 예제집

보기

(가) 사과 수확량이 감소하면, 사과 가격이 상승한다.

(나) 사과 소비량이 감소하면, 사과 수확량이 감소한다.

(다) 사과 수확량이 감소하지 않으면, 사과주스 가격이 상승하지 않는다.

① 사과 주스의 가격이 상승하면, 사과 가격이 상승한다.

② 사과 가격이 상승하지 않으면, 사과 수확량이 감소하지 않는다.

③ 사과 소비량이 감소하지 않으면, 사과주스 가격이 상승하지 않는다.

④ 사과 수확량이 감소하지 않으면, 사과 소비량이 감소하지 않는다.

⑤ 사과 가격이 상승하지 않으면, 사과주스 가격이 상승하지 않는다.

CHAPTER

02

언어 추론

기출 | 따라잡기

15. 다음은 미술학파의 하나인 인상주의에 대한 설명이다. 빈칸에 들어갈 적절한 단어를 골라라.

2002. PSAT 예제집

그 첫 번째 힘은 (ⓐ)에 있었어. (ⓐ)이/가 인상주의에 끼친 영향은 결코 무시할 수 없지. (ⓐ)은/는 눈에 보이는 한 순간을 곧바로 포착해 버리잖아? 맨눈으로 포착할 수 없는 순간의 정경을 말이야. 인상파 화가들은 (ⓐ)의 순간적 인상에 주목하고 그것을 (ⓑ)에서 시험해 보고 싶었던 거지. 본 그대로의 순간적 인상을 바로 그 장소에서 그려내는 것 그리고 '튜브에 담긴 물감'과 '(ⓐ)의 탄생'이라는 역사적 우연과의 만남이 없었다면 인상주의는 태어나지 못했을 거야. 그리고 무엇보다 어두운 실내를 벗어나 자연 가운데로 캔버스를 들고 나오면서부터 회화의 혁명은 시작되었어.

– 출처: 긴시로(2001), 두 시간만에 읽는 명화의 수수께끼, p.109. 현암사 –

① ⓐ빛 ⓑ정물화
② ⓐ빛 ⓑ풍경화
③ ⓐ색채 ⓑ 풍경화
④ ⓐ사진 ⓑ풍경화
⑤ ⓐ사진 ⓑ정물화

추론(推論)은 주어진 정보를 바탕으로 새로운 정보를 도출하거나, 문제를 해결하는 과정을 말한다. 일반적으로 법칙과 초기 조건의 결합으로 추론이 이루어진다. 언어 논리만이 아니라 제시문을 읽고 이해하는 비문학에서도 추론은 필요하다. 주어진 지문을 충분히 이해하고, 공무원 국어 시험에서는 이를 바탕으로 논리적 추론을 해야 해결할 수 있는 문제를 다수 출제한다.

예

법칙(조건)	x와 y는 더해서 5가 되어야 한다.
초기 조건	x는 3이다.
결과	y는 2이다.

① **논리적 사고**: 추론은 논리적인 사고를 바탕으로 이루어진다. 주어진 정보를 분석하고, 이를 바탕으로 논리적인 추론을 통해 새로운 정보를 도출하거나 문제를 해결할 수 있다.

② **추상적 사고**: 추론은 추상적인 사고를 바탕으로 이루어진다. 주어진 정보를 추상화하여, 이를 바탕으로 추론을 진행한다.

③ **가설 설정**: 추론은 가설 설정을 바탕으로 이루어진다. 주어진 정보를 바탕으로 가설을 설정하고, 이를 검증하는 과정을 통해 추론을 진행한다.

⊕ 플러스 언어 논리에서의 추론

언어 논리 추론에서는 법칙이 '만약 ~한다면, ~이다.' 꼴의 '조건문'으로 제시된다. 조건문과 초기 조건과의 결합에서 정보가 도출될 때 도출된 정보를 '결론'이라 하고 정보 도출에 사용된 정보를 '전제'라고 부른다.

예 법칙 (조건문): 여름이 되면, 날씨가 더워진다. [전제 1]
초기 조건: 여름이 되었다. [전제 2]
추론 결과: 날씨가 더워진다. [결론]

④ **검증 가능성**: 추론은 검증 가능성을 가지고 있어야 한다. 추론을 통해 도출한 정보나 해결책은 검증 가능한 방법을 통해 검증할 수 있어야 한다

1 연역 추론의 개념

추론과 논증에서 논증이란 자신의 주장이 참이란 것을 논거를 들어 명확하게 보여주는 것을 말한다. 논증이라는 것이 '내 주장이 옳다는 것을 밝히는 과정'이기 때문에 논증을 위해서는 추론이 필요하다. 추론을 통해 논증을 하기 위해서는 크게 전제와 결론을 이해해야 한다. 다른 명제들에 의해 지지되는 명제를 '결론'이라고 하며, 결론을 지지하는 명제를 '전제'라고 한다. 일상생활에서는 보통 이를 '주장'과 '근거'로 표현한다. 이러한 논증의 방식은 크게 두 가지로 나뉜다. 첫째, 연역 추론에 의한 논증이다. 연역 추론은 '전제가 참이라고 가정할 때, 결론이 반드시 참이 되는 논증'을 의미한다. 즉, 연역 추론에서 전제는 결론을 함축한다. 두 번째는 귀납 추론이다. 귀납 추론은 '전제가 참이라고 하더라도 결론이 반드시 참은 아닌 논증'을 의미한다.

연역 추론의 개념을 단순화하여 설명하면, 일반적인 지식이나 원리 등을 전제로 하여 구체적이고 특수한 사실의 진위 여부를 논증하는 방법이다. 삼단 논법이 대표적인 연역 논증이다.

> 연역 논증의 대표적인 예
>
> 1. 모든 인간은 죽는다.
> 2. 소크라테스는 인간이다.
> 3. 따라서 소크라테스는 죽는다.
>
> 대표적인 연역 추론의 예시이며 삼단논법이다.
>
> • 대전제: 모든 인간은 죽는다.
> • 소전제: 소크라테스는 인간이다.
> • 결론: 따라서 소크라테스는 죽는다.
>
> 대전제와 소전제가 참이라면, 결론도 반드시 참이 된다. 이는 연역 추론의 특징 중 하나이다.

＋ 플러스 연역 논증에서 참

전제가 참일 때 결론이 반드시 참이 되는 연역 논증을 타당한 논증이라 하고, 이때 전제까지 참이라면 건전한 논증이라 부른다.

＋ 플러스

연역 추론에서는 전제가 결론에 결정적인 단서를 제공하므로 전제가 참이 아니면 아무리 정당한 논증 과정을 거치더라도 결론은 참이 될 수 없다. 전제가 참이면 결론도 참이다.

2 연역법(삼단 논법)의 종류

(1) 정언 삼단 논법

세 가지 정언 명제(성질 명제)로 구성된 간접 추리이다. 이 세 가지 명제 가운데 두 개는 전제이고, 나머지 한 개는 결론이다. 반드시 세 개의 명사(개념)로만 구성된다. 전제가 단정적으로 이루어진 형식이어야 한다. (논증을 구성하는 명제들이 모두 정연 명제이어야 한다는 뜻)

P은 M이다. (전제 1. 대전제)
S는 M이다. (전제 2. 소전제)
∴ S는 P다. (결론)

- M: 대개념(대명사): 결론의 술어부
- S: 소개념(소명사): 결론의 주어부
- M: 매개념(중명사): 소개념과 대개념의 매개
- 소전제: 소개념을 포함한 전제
- 대전제: 대개념을 포함한 전제

➕ 플러스 '주연'이란?

'주연'은 한 개념 전체를 언급하는 말이다. 개념이 적용되는 범위가 전체일 때 이를 '주연되다'라고 한다. 대상 집합의 전체를 언급하고 그 명사를 '주연'으로 칭한다. 가령 "모든 사람은 식물이 아니다"라는 명제는 '모든 사람'을 전칭 명제로 삼고 있기 때문에 주연이 된 것이다. '식물이 아니다'에서 식물이 아닌 것이 식물 전체 범위를 대상으로 삼고 있기 때문에 주연된 것이다.

1) 정언 명제의 조건

① 논증에 네 개 이상의 개념이 등장해서는 안 된다.
② 매개념(M)은 적어도 한 곳 이상에서 주연되어야 한다.
③ 결론에서 주연된 개념은 전제에서도 주연되어야 한다.
④ 전제가 두 개 모두 부정이어서는 안 된다.
⑤ 한 전제가 부정이면 결론도 부정이어야 한다.
⑥ 두 전제가 전칭 명제면 결론도 전칭 명제여야 한다.

2) 정언 명제의 예시

대전제	전제 1	모든 사람은 심장이 있다	'사람' (대개념) P
소전제	전제 2	어떤 생물은 심장이 없다 (부정 명제)	'생물' (소개념) S
결론		어떤 생물은 사람이 아니다 (부정 명제)	'심장' (매개념) M

① 논증에 네 개 이상의 개념이 등장해서는 안 된다.
→ S, P, M 모두 세 개의 개념이 등장하기 때문에 첫 번째 조건 만족

② 매개념(M)은 적어도 한 곳 이상에서 주연되어야 한다.
→ 매개념인 '심장'(M)이 소전제에서 "어떤 생물(S)은 심장(M)이 없다"로 주연되고 있으므로 두 번째 조건 만족

③ 결론에서 주연된 개념은 전제에서도 주연되어야 한다.
→ 결론에서 주연된 대개념인 "어떤 생물은 사람이 아니다"는 전제인 P(대개념 '사람')와 S(소개념 '생물')에서 이미 주연되었으므로 세 번째 조건 만족

④ 전제가 두 개 모두 부정이어서는 안 된다.
→ 전제에서 부정 명제는 전제 2만 존재하기 때문에 네 번째 조건 만족

⑤ 한 전제가 부정이면 결론도 부정이어야 한다.
→ 전제 2가 부정 명제이고 결론도 부정 명제이기 때문에 다섯 번째 조건 만족

➕ 플러스 전칭 명제, 특칭 명제

'전칭 명제' 또는 '전칭 판단'이라고도 한다. 전칭명제는 일반적인 대상을 가리키는 명사구로, '사람', '것', '동물' 등을 가리킨다. "모든 소들은 동물이다" 혹은 일반화해서 "모든 X는 S이다"로 표현된다. 예를 들어, '사람들이', '그것들이'와 같이 복수형으로 사용된다. 특칭명제는 특정한 대상을 가리키는 명사구로, "그 사람", "이 동물"과 같이 특정한 대상을 가리킨다.

⑥ 두 전제가 전칭 명제면 결론도 전칭 명제여야 한다.

→ 대전제인 "모든 사람은 심장이 있다"는 전칭 명제이다. 전칭 명제는 하나만 존재하기 때문에 여서 번째 조건 만족

∴ 이 논증은 모든 조건을 만족하는 타당한 정언삼단논법이다.

예제 | 따라잡기

16. 다음 글의 밑줄 친 결론을 이끌어내기 위해 추가해야 할 것은? 2025 개편 예시문항

> 문학을 좋아하는 사람은 모두 자연의 아름다움을 좋아하는 사람이다. 자연의 아름다움을 좋아하는 어떤 사람은 예술을 좋아하는 사람이다. 따라서 예술을 좋아하는 어떤 사람은 문학을 좋아하는 사람이다.

① 자연의 아름다움을 좋아하는 사람은 모두 문학을 좋아하는 사람이다.
② 문학을 좋아하는 어떤 사람은 자연의 아름다움을 좋아하는 사람이다.
③ 예술을 좋아하는 어떤 사람은 자연의 아름다움을 좋아하는 사람이다.
④ 예술을 좋아하지만 문학을 좋아하지 않는 사람은 모두 자연의 아름다움을 좋아하는 사람이다.

---

(2) 가언 삼단 논법

가언적 판단을 전제로 하는 삼단 논법이다. 대전제가 가언 명제(조건)로 되고, 소전제가 대전제의 전건이나 후건을 긍정 또는 부정함으로써 결론을 얻는 형식이다. "A가 B라면 C는 D다. A는 B다. 고로 C는 D다."라는 방식의 논법이다.

① 전건 긍정으로 후건 긍정

만일 p이면 q이다. ⇨ p이다. ⇨ ∴ q이다. (전건 긍정으로 후건 긍정)

> 겨울이 오면(전건) 눈이 내린다.(후건)
> ⇨ 겨울이다.(전건 긍정)
> ⇨ 그러므로 눈이 내릴 것이다.(후건 긍정)

② 후건 부정으로 전건 부정

만일 p이면 q이다. ⇨ q가 아니다. ⇨ ∴ p가 아니다.

> 겨울이 오면 눈이 내린다.
> ⇨ 눈이 내리지 않았다.(후건 부정)
> ⇨ 그러므로 겨울이 오지 않았다.(전건 부정)

(3) 선언 삼단 논법

대전제가 선언 명제(판단)로 되어 있고, 소전제는 이 선언 판단의 일부 선언지로 구성되어 있는 형식이다.

p 또는 q이다. ⇨ p가 아니다. ⇨ ∴ q이다.

> 영주는 등산을 갔거나 낚시를 갔다.
> ⇨ 영주는 낚시를 가지 않았다.
> ⇨ 영주는 등산을 갔다.

➕ 플러스

선언지가 서로 배타적이면 선언 삼단 논법은 소전제의 긍정, 부정에 관계없이 항상 타당하다.

⑷ 딜레마 논법(양도 추론)

대전제는 두 개의 가언 명제로, 소전제는 하나의 선언 명제로 이루어진 형식이다.

> • 대전제: 만일 네가 거짓말을 하면, 신이 미워할 것이다. (가언1)
> • 대전제: 만일 네가 거짓말을 하지 않으면, 사람들이 미워할 것이다. (가언2)
> • 소전제: 너는 거짓말을 하거나, 거짓말을 하지 않을 것이다. (선언)
> • 결론: 그러므로 너는 미움을 받을 것이다.

딜레마 논법의 대전제는 항상 참이 되어야 한다. 그러나 가언2의 거짓말을 하지 않아도 미워하지 않을 사람이 있을 것이므로 이 전제는 잘못되었다.

기출 | 따라잡기

17. 다음 중 논리적 과정이 틀린 것은?　　　　　2005. 국가직 7급

> ⑺ 탁자는 물건을 올려놓는 기구이다.
> ⑻ ㉠ 모든 새는 난다.
> 　　㉡ 타조는 새다.
> 　　㉢ 그러므로 타조는 난다.
> ⑼ ㉠ 전자파와 신체의 관계
> 　　㉡ 장기간의 전자오락, 컴퓨터, 핸드폰 사용 금지
> 　　㉢ 피해 사례: 백내장, 뇌신경 세포 손상, 기형아 출산 우려
> 　　㉣ 전자 제품을 침실에 두거나 몸에 지니지 말 것
> ⑽ 개요 작성을 할 경우 환경오염의 원인으로
> 　　㉠ 수질오염
> 　　㉡ 토양오염
> 　　㉢ 공장 매연을 들 수 있다.

① ⑺는 탁자에 대한 정의로 피정의항과 정의항이 대등하지 못하므로 잘못된 정의이다.
② ⑻는 3단 논법의 연역적 추리로, 오류를 보이는데 이는 대전제에 모순이 있기 때문이다.
③ ⑼의 자료를 바탕으로 주제를 작성할 때, '전자파의 유형과 피해'라 할 수 있다.
④ ⑽ 주제인 환경오염의 원인에 대해 주요 논점이 같은 등위로 짜여지지 않아 올바른 개요 작성으로 보기 어렵다.

18. (가)~(마)에 대한 설명으로 적절하지 않은 것은?　　　　2022. 국회직 8급

(가) '테라포밍'은 지구가 아닌 다른 외계의 천체 환경을 인간이 살 수 있도록 변화시키는 것을 말하는데 현재까지 최적의 후보로 꼽히는 행성은 바로 화성이다. 화성은 육안으로도 붉은 빛이 선명하기에 '火(불 화)' 자를 써서 화성(火星)이라고 부르며, 서양에서는 정열적인 전쟁의 신이기도 한 '마르스'와 함께 '레드 플래닛', 즉 '붉은 행성'으로도 일컬어진다. 화성이 이처럼 붉은 이유는 표면의 토양에 철과 산소의 화합물인 산화철이 많이 포함돼 있기 때문인데, 녹슨 쇠가 불그스름해지는 것과 같은 원리로 보면 된다. 그렇다면 이런 녹슨 행성인 화성을 왜 '테라포밍' 1순위로 선정했을까? 또한 어떤 과정을 통해서 이 화성을 인간이 살 수 있는 푸른별로 바꿀 수 있을까?

(나) 영화 「레드 플래닛」을 보면 이런 '테라포밍'의 계획이 잘 나타나 있다. 21세기 초, 자원 고갈과 생태계 오염 등으로 지구의 환경이 점점 악화되자, 화성을 새로운 인류의 터전으로 바꾸기 위해서 이끼 종자를 가득 담은 무인 로켓이 화성으로 발사된다. 이끼가 번식해 화성 표면을 덮으면 그들이 배출하는 산소가 모여 궁극적으로는 인간이 호흡할 수 있는 대기층이 형성되기 때문이다. 그로부터 500여 년 후, 마침내 화성에 도착한 선발대는 희박하기는 하지만 화성의 공기가 사람이 숨 쉴 수 있을 정도로 바뀌었음을 알게 된다.

(다) 그렇다면 영화가 아닌 현실에서 화성을 변화시키는 일은 가능할까? 시간이 걸리고 힘든 일이지만 가능성은 있다. 화성의 극지방에는 '극관'이라고 부르는 드라이아이스로 추정되는 하얀 막 같은 것이 존재하는데, 이것을 녹여 화성에 공기를 공급한다는 것이다. 극관에 검은 물질을 덮어 햇빛을 잘 흡수하게 만든 후 온도가 상승하면 극관이 자연스럽게 녹을 수 있도록 하는 방법인 것이다. 이 검은 물질을 자기 복제가 가능한 것으로 만들면 소량을 뿌려도 시간이 지나면서 극관 전체를 덮게 될 것이다.

(라) 자기 복제가 가능한 검은 물질이 바로 「레드 플래닛」에 나오는 이끼이다. 유전 공학에 의해 화성처럼 혹독한 환경에서도 성공적으로 번식할 수 있는, 지의류 같은 이끼의 변종을 만들어 내어 화성의 극관 지역에 투하한다. 그들이 뿌리를 내리고 성공적으로 번식할 경우 서서히 태양광선 흡수량이 많아지고 극관은 점점 녹게 될 것이다. 그러나 이런 방법을 택하더라도 인간이 직접 호흡하며 돌아다니게 될 때까지는 최소 몇 백 년의 시간이 걸릴 것이다.

(마) 지금은 거의 불가능하다고 여겨지는 일들이지만 인류는 언제나 불가능한 일들을 불굴의 의지로 해결해 왔다. 화성 탐사선이 발사되고 반세기가 안 된 오늘날 인류는 화성을 지구 환경으로 만들 꿈을 꾸고 있다. 최소 몇 백 년이 걸릴 수도 있는 이 '테라포밍'도 언젠가는 인류의 도전 앞에 무릎을 꿇게 될 것이 분명하다. 그래서 아주 먼 훗날 우리의 후손들은 화성을 볼 때, 붉게 빛나는 별이 아니라 지구와 같은 초록색으로 반짝이는 화성을 볼 수 있게 될지도 모른다. 그렇다면 그때에는 화성을 '녹성(綠星)' 또는 '초록별'이라 이름을 바꿔 부르게 되지 않을까?

① (가): 대상의 특성을 설명하고 화제를 제시하고 있다.
② (나): 예를 통해 화제에 대한 이해를 돕고 있다.
③ (다): 화제를 현실화할 수 있는 방법을 제시하고 있다.
④ (라): 귀납을 통해 화제의 실현 가능성을 증명하고 있다.
⑤ (마): 화제에 대한 긍정적 전망으로 글을 마무리하고 있다.

제3절 귀납 추론(歸納 推論)

1 귀납 추론의 개념

귀납(歸納, induction)은 개별적인 특수한 사실이나 현상에서 그러한 사례들이 포함되는 일반적인 결론을 이끌어내는 추리의 방법이다. 귀납이라는 말은 '이끌려가다'는 뜻을 지닌 라틴어 'inductio, inducere'에서 비롯되었다. 곧 귀납은 개개의 구체적인 사실이나 현상에 대한 관찰로서 얻어진 인식을 그 유(類) 전체에 대한 일반적인 인식으로 이끌어가는 절차이며, 인간의 다양한 경험, 실천, 실험 등의 결과를 일반화하는 사고 방식이다.

2 귀납 추론의 종류

(1) 일반화

많은 수효의 구체적인 사례에 비추어 같은 종류의 나머지 사례도 같을 것이라는 결론을 내리는 방법이다.

> 공자 · 맹자 · 소크라테스 · 아리스토텔레스는 죽었다. ----------------------- 개별적인 사실
> 공자 · 맹자 · 소크라테스 · 아리스토텔레스는 사람이다. ---------------------------- 공통점
> 그러므로 모든 사람은 반드시 죽는다. ------------------------ 결론(일반적 원리의 도출)

(2) 통계적 귀납 추론

어떤 집합의 구성 요소 중 일부를 관찰하고 그것을 근거로 하여 그 집합 전체에 대해서 결론을 내리는 방식이다.

> 폭력 만화는 어린이에게 해롭다. ⇨ 폭력 DVD는 어린이에게 해롭다.……
> ∴ 따라서 모든 폭력물은 어린이에게 해롭다.

(3) 완전 귀납 추론

관찰하고자 하는 집합의 전체 원소를 빠짐 없이 관찰함으로써 그 공통점을 결론으로 이끌어내는 방식이다.

> 제자가 밤새 땅콩의 껍질을 다 벗겨 보고 나서야 스승에게 가서 땅콩은 모두 속꺼풀이 있다고 말했다.

(4) 인과적 귀납 추론

관찰한 대상의 일부 현상들이 지닌 인과 관계를 인식하여 그 원인이나 결과를 이끌어 내는 방식이다. ➡ 일치법, 차이법, 일치·차이 병용법, 잉여법

> 여름에 들에서 일하면 몸이 더워지고 땀이 난다. 그런데 겨울에도 산비탈을 오르면 몸이 더워지고 땀이 난다. 몸이 더워지면 체온을 일정하게 유지하기 위해서 땀이 나는 것이다. 그러므로 몸이 더워지면, 땀이 난다고 봐야 한다.

3 귀납 추론의 한계

귀납은 연역과는 달리 사실적 지식을 확장해 준다는 특징을 가지고 있지만, 전제가 결론의 필연성을 논리적으로 확립해 주지 못한다는 한계를 지닌다. 귀납적 추리는 근본적으로 관찰과 실험에서 얻은 부분적이고 특수한 사례를 근거로 전체에 적용시키는 이른바 '귀납적 비약'을 통해 이루어진다. 따라서 귀납에서 얻어진 결론은 필연적인 것이 아니라 단지 일정한 개연성을 지닌 일반적 명제 내지는 가설에 지나지 않는다.

➕ 플러스 '연역 추론'과 '귀납 추론'의 차이점

연역 추론은 논리적인 필연성을 중시하는 형식 논리로 전제가 참이면 필연적으로 그 결론도 참임에 반해, 귀납 추론은 구체적인 사실에 바탕을 둔 확률적인 사고 과정으로 전제와 결론 사이에 논리적 필연성이 없다.

기출 따라잡기

※ 다음 글을 읽고 물음에 답하시오. [19~22]   2013. 수능

논증은 크게 연역과 귀납으로 나뉜다. 전제가 참이면 결론이 확실히 참인 연역 논증은 결론에서 지식이 확장되는 것처럼 보이지만, 실제로는 전제에 이미 포함된 결론을 다른 방식으로 확인하는 것일 뿐이다. 반면 귀납 논증은 전제들이 모두 참이라고 해도 결론이 확실히 참이 되는 것은 아니지만 우리의 지식을 확장해 준다는 장점이 있다. 여러 귀납 논증 중에서 가장 널리 ⓐ쓰이는 것은 수많은 사례들을 관찰한 다음에 그것을 일반화하는 것이다. ㉠우리는 수많은 까마귀를 관찰한 후에 우리가 관찰하지 않은 까마귀까지 포함하는 '모든 까마귀는 검다.'라는 새로운 지식을 얻게 되는 것이다.

철학자들은 과학자들이 귀납을 이용하기 때문에 과학적 지식에 신뢰를 보낼 수 있다고 생각했다. 그러나 모든 귀납에는 논리적인 문제가 있다. 수많은 까마귀를 관찰한 사례에 근거해서 '모든 까마귀는 검다.'라는 지식을 정당화하는 것은 합리적으로 보이지만, 아무리 치밀하게 관찰하여도 아직 관찰되지 않은 까마귀 중에서 검지 않은 까마귀가 ⓑ있을 수 있기 때문이다.

포퍼는 귀납의 논리적 문제는 도저히 해결할 수 없지만, 귀납이 아닌 연역만으로 과학을 할 수 있는 방법이 있으므로 과학적 지식은 정당화될 수 있다고 주장한다. 어떤 지식이 반증 사례 때문에 거짓이 된다고 추론하는 것은 순전히 연역적인데, 과학은 이 반증에 의해 발전하기 때문이다. 다음 논증을 보자.

(ㄱ) 모든 까마귀가 검다면 어떤 까마귀는 검어야 한다.
(ㄴ) 어떤 까마귀는 검지 않다.
_____
(ㄷ) 따라서 모든 까마귀가 다 검은 것은 아니다.

'모든 까마귀는 검다.'라는 지식은 귀납에 의해서 참임을 ⓒ보여 줄 수는 없지만, 이 논증에서처럼 전제 (ㄴ)이 참임이 밝혀진다면 확실히 거짓임을 보여 줄 수 있다. 그러나 아직 (ㄴ)이 참인지 밝혀지지 않았다면 그 지식을 거짓이라고 말할 수 없다.

포퍼에 따르면, 지금 우리가 받아들이는 과학적 지식들은 이런 반증의 시도로부터 잘 ⓓ견뎌 온 것들이다. 참신하고 대담한 가설을 제시하고 그것이 거짓이라는 증거를 제시하려는 노력을 진행해서, 실제로 반증이 되면 실패한 과학적 지식이 되지만 수많은 반증의 시도로부터 끝까지 살아남으면 성공적인 과학적 지식이 되는 것이다. 그런데 포퍼는 반증 가능성이 ⓔ없는 지식, 곧 아무리 반증을 해 보려 해도 경험적인 반증이 아예 불가능한 지식은 과학적 지식이 될 수 없다고 비판한다. 가령 '관찰할 수 없고 찾아낼 수 없는 힘이 항상 존재한다.'처럼 경험적으로 반박할 수 있는 사례를 생각할 수 없는 주장이 그것이다.

19. 이 글을 통해 알 수 있는 것은?

① 연역 논증은 결론에서 지식의 확장이 일어난다.

② 귀납 논증은 전제가 참이면 결론은 항상 참이다.

③ 치밀하게 관찰한 후 도출된 귀납의 결론은 확실히 참이다.

④ 과학적 지식은 새로운 지식이라는 점에서 연역의 결과이다.

⑤ 전제에 없는 새로운 지식이 귀납의 논리적인 문제를 낳는다.

20. 이 글로 미루어 볼 때, 포퍼의 견해를 표현한 것으로 가장 적절한 것은?

① 충분한 관찰에 근거한 지식은 반증 없이 정당화할 수 있음을 인정하라.

② 과감하게 가설을 세우고 그것이 거짓임을 증명하려고 시도하라.

③ 실패한 지식이 곧 성공적인 지식임을 명심하라.

④ 수많은 반증의 시도에 일일이 대응하지 말라.

⑤ 과학적 지식을 귀납 논증으로 정당화하라.

21. 이 글의 (ㄱ)~(ㄷ)과 〈보기〉에 대한 설명으로 적절하지 않은 것은?

> **보기**
>
> ㉠은 다음과 같은 논증으로 표현할 수 있다.
>
> > (가) 내가 오늘 관찰한 까마귀는 모두 검다.
> > 내가 어제 관찰한 까마귀는 모두 검다.
> > 내가 그저께 관찰한 까마귀는 모두 검다.
> > ⋮
>
> (나) 따라서 모든 까마귀는 검다.

① (가)가 확실히 참이어도 검지 않은 까마귀가 내일 관찰된다면 (나)는 거짓이 된다.

② (나)과 (가)가 참임을 밝히는 작업은 모두 경험적이다.

③ '모든 까마귀는 검다.'는 (나)만으로 거짓임이 밝혀지지만 (가)만으로는 참임을 밝힐 수 없다.

④ (ㄱ), (ㄴ)에서 (ㄷ)이 도출되는 것이나 (가)에서 (나)가 도출되는 것은 모두 지식이 확장되는 것이다.

⑤ 포퍼에 따르면 ㉠의 '모든 까마귀가 검다.'가 과학적 지식임은 (가)~(나)의 논증이 아니라 (ㄱ)~(ㄷ)의 논증을 통해 증명된다.

22. 문맥상 ⓐ~ⓔ를 바꿔 쓰기에 적절하지 않은 것은?

① ⓐ 사용(使用)되는

② ⓑ 실재(實在)할

③ ⓒ 입증(立證)할

④ ⓓ 인내(忍耐)해

⑤ ⓔ 전무(全無)한

제**4**절 유비 추론(類比推論)

1 유비 추론의 개념

언어학에서는 유추(類推)라고도 한다. 유사(類似)를 기초로 하여 수행하는 추리. 즉 일반적으로는 'A는 b, c, d, e이다'와 'B는 b, c, d이다'에서 'B도 e이다'라는 형태의 추리이다. 예를 들면 "지구에는 생물이 있다"와 "화성은 여러 점에서 지구와 유사하다"에서 "화성에도 생물이 있을 것이다"라는 추리가 유추에 해당한다. 과학 연구에서는 이러한 추리가 대단한 역할을 하고 있다.

지구[A]와 화성[B]은 비슷한 점이 많다. 둘은 태양계의 혹성으로, 태양으로부터의 거리가 비슷하고, 태양을 중심으로 공전, 자전하고 있는 점이 같다. ⇨ 유사점과 공통점

그런데 지구에는 물과 공기가 있고, 생물이 있다. ------------------ 사례[A]에서 확인되는 점

그러므로 화성에도 물과 공기가 있고, 생물이 존재할 가능성이 있다. -- 사례[B]에서 예상되는 점

2 유비 추론의 특징

① 유비추론은 특정 상황 속에서 여러 개의 정보 중 일부만을 가지고서도 그것만으로 알 수 없는 나머지 부분까지도 미루어 짐작할 수 있다는 장점이 있다. 그러나 한편으로는 추측이기 때문에 잘못된 판단을 내릴 위험성이 있고, 실제로는 존재하지 않는 가상의 인물이나 사건을 만들어낼 수도 있으며, 선입견에 사로잡힐 우려가 있다는 단점이 있다.

② 유비추론은 기존 지식과의 연결고리를 형성하기 위한 수단으로 활용될 수 있다. 가령 학생에게 역사 수업을 하면서 조선시대 왕인 세종대왕에 대해 설명하면서 중국 명나라와의 관계를 언급한다면, 이것은 곧 고려시대 때 원나라와의 관계를 떠올리게 함으로써 당시 시대상황을 이해하도록 유도하는 효과를 가져올 수 있다.

③ 유비추론은 상대방의 의견을 반박하거나 자신의 주장을 강화하는 데 이용될 수 있다. 특히 토론 과정에서 반대 측 입장을 가진 사람이 찬성 측의 견해를 비판할 때 주로 쓰인다. 먼저 제시된 자료를 보고 나서 반론을 제기하는데, 이때 앞에서 말한 바와 같이 첫 번째 문단에서처럼 자기주장에만 부합되는 조건을 내세울 수 있으므로 주의해야 한다.

④ 유비추론은 가설검증과도 연관지을 수 있다. 과학자들은 실험을 통해 검증되지 않은 이론을 증명하기 위해 많은 노력을 기울인다. 하지만 그러한 연구 결과가 나오기까지는 수많은 시행착오를 겪어야 하는데, 그런 면에서 유비추론은 매우 유용한 도구라 할 수 있다. 왜냐하면 이미 알고 있는 배경지식을 토대로 새로운 아이디어를 도출했기 때문에 실패 확률이 적기 때문이다.

기출 | 따라잡기

23. 다음 글과 같은 방식으로 논리를 전개한 것은?　　　　　　　　　2015. 국가직 9급

> 진리가 사상의 체계에 있어 제일의 덕이듯이 정의는 사회적 제도에 있어 제일의 덕이다. 하나의 이론은 그것이 아무리 멋지고 간명한 것이라 하더라도 만약 참되지 않다면 거부되거나 수정되어야 한다. 이와 마찬가지로 법과 제도는 그것이 아무리 효율적으로 잘 정비되어 있다고 하더라도 만약 정의롭지 않다면 개혁되거나 폐기되어야 한다.

① 의지의 자유가 없는 사람에게는 책임을 물을 수 없다. 그런데 인간에게는 책임을 물을 수 있다. 그러므로 인간의 의지는 자유롭다고 보아야 한다.

② 여자는 생각하는 것이 남자와 다른 데가 있다. 남자는 미래를 생각하지만 여자는 현재의 상태를 더 소중하게 여긴다. 남자가 모험, 사업, 성 문제를 중심으로 생각한다면 여자는 가정, 사랑, 안정성에 비중을 두어 생각한다.

③ 우리 강아지는 배를 문질러 주면 등을 바닥에 대고 누워버려. 그리고 정말 기분 좋은 듯한 표정을 짓지. 그런데 내 친구 강아지도 그렇더라고. 아마 모든 강아지가 그런 속성을 가지고 있는 것 같아.

④ 인생은 여행과 같다. 간혹 험난한 길을 만나기도 하고, 예상치 않은 일을 당하기도 한다. 우연히 누군가를 만나고 그들과 관계를 맺기도 한다. 여행을 끝내고 집으로 돌아왔을 때 편안함을 느끼는 것처럼 생을 끝내고 죽음을 맞이할 때 우리는 더없이 편안해질 것이다.

제 5 절 변증법

1 개념

현실을 동적으로 파악하여 서로 모순·대립되는 둘 이상의 논점을 지양·통합함으로써 좀 더 높은 차원의 결론을 유도하는 방법을 말한다.

2 방법

두개의 대립되는 개념 A[正]와 B[反]가 있을 때, A가 성립하면 B가 성립하지 못하고, B가 성립하면 A가 성립하지 못할 때, A, B를 모두 버리고 새로운 개념[合]을 이끌어 내는 것이다.

다독은 박(博)하나 정(精)하지 못하다.	[正]
⇨ 정독은 정(精)하나 박(博)하지 못하다.	[反]
⇨ 독서는 정(精)하면서 박(博)해야 한다.	[合]

추론 방식의 도해

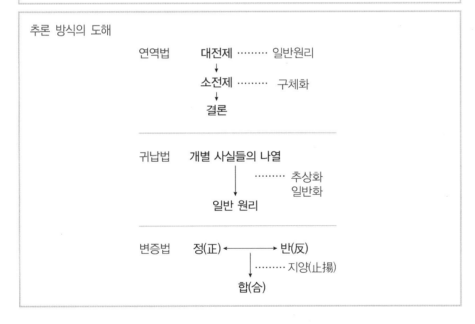

PART 05

논리와 추론 편

기출 따라잡기

24. 개발주의자와 환경 보호론자가 토론을 할 경우, 다음의 내용을 결론으로 제시할 때 추론의 방식으로 옳은 것은? 2004. 경남

이러한 지구 환경의 위기에 대비하여 1992년 6월, 브라질 리우에서 개최된 환경과 개발에 관한 유엔 회의에서는, '환경적으로 건전하고 지속 가능성 개발(ESSD)'만이 인류가 나아가야 할 방향임을 천명하게 되었다. 앞으로 선정 위주의 개발 정책은 국제 사회에서 용납되지 않을 것이며, '환경 보전과 조화를 이루는 개발', 즉 환경적으로 건전하고 지속 가능한 개발의 실현이 21세기에 인류가 추구해야 할 과제인 것이다.

① 변증법
② 귀납법
③ 연역법
④ 삼단 논법
⑤ 유비 추론

25. 다음 글의 괄호 안에 들어갈 알맞은 용어는? 1999. 법원직

우리의 작업은 많은 논쟁의 과정을 겪어야 할 것이며, 제창과 부정, 그리고 종합의 ( )적 연구를 거듭해야 할 것이다. 이 자리에서 필자가 지도할 수 있는 것도 그러한 논쟁을 위한 말문을 여는 일을 넘어서는 어렵다.

① 귀납법
② 연역법
③ 변증법
④ 추리와 상상

※ 다음 글을 읽고 물음에 답하시오. [26~31]

2021. 수능

(가) ㉠정립-반정립-종합. 변증법의 논리적 구조를 일컫는 말이다. 변증법에 따라 철학적 논증을 수행한 인물로는 단연 헤겔이 거명된다. 변증법은 대등한 위상을 지니는 세 범주의 병렬이 아니라, 대립적인 두 범주가 조화로운 통일을 이루어 가는 수렴적 상향성을 구조적 특징으로 한다. 헤겔에게서 변증법은 논증의 방식임을 넘어, 논증 대상 자체의 존재 방식이기도 하다. 즉 세계의 근원적 질서인 '이념'의 내적구조도, 이념이 시·공간적 현실로서 드러나는 방식도 변증법적이기에, 이념과 현실은 하나의 체계를 이루며, 이 두 차원의 원리를 밝히는 철학적 논증도 변증법적 체계성을 ⓐ지녀야 한다.

헤겔은 미학도 철저히 변증법적으로 구성된 체계 안에서 다루고자 한다. 그에게서 미학의 대상인 예술은 종교, 철학과 마찬가지로 '절대정신'의 한 형태이다. 절대정신은 절대적 진리인 '이념'을 인식하는 인간정신의 영역을 ⓑ가리킨다. 예술·종교·철학은 절대적 진리를 동일한 내용으로 하며, 다만 인식 형식의 차이에 따라 구분된다. 절대정신의 세 형태에 각각 대응하는 형식은 직관·표상·사유이다. '직관'은 주어진 물질적 대상을 감각적으로 지각하는 지성이고, '표상'은 물질적 대상의 유무와 무관하게 내면에서 심상을 떠올리는 지성이며, '사유'는 대상을 개념을 통해 파악하는 순수한 논리적 지성이다. 이에 세 형태는 각각 '직관하는 절대정신', '표상하는 절대정신', '사유하는 절대정신'으로 규정된다. 헤겔에 따르면 직관의 외면성과 표상의 내면성은 사유에서 종합되고, 이에 맞춰 예술의 객관성과 종교의 주관성은 철학에서 종합된다.

형식 간의 차이로 인해 내용의 인식 수준에는 중대한 차이가 발생한다. 헤겔에게서 절대정신의 내용인 절대적 진리는 본질적으로 논리적이고 이성적인 것이다. 이러한 내용을 예술은 직관하고 종교는 표상하며 철학은 사유하기에, 이 세 형태 간에는 단계적 등급이 매겨진다. 즉 예술은 초보 단계의, 종교는 성장 단계의, 철학은 완숙 단계의 절대정신이다. 이에 따라 ㉡예술-종교-철학 순의 진행에서 명실상부한 절대정신은 최고의 지성에 의거하는 것, 즉 철학뿐이며, 예술이 절대정신으로 기능할 수 있는 것은 인류의 보편적 지성이 미발달된 머나먼 과거로 한정된다.

(나) 변증법의 매력은 '종합'에 있다. 종합의 범주는 두 대립적 범주 중 하나의 일방적 승리로 ⓒ끝나도 안 되고, 두 범주의 고유한 본질적 규정이 소멸되는 중화 상태로 나타나도 안 된다. 종합은 양자의 본질적 규정이 유기적 조화를 이루어 질적으로 고양된 최상의 범주가 생성됨으로써 성립하는 것이다.

헤겔이 강조한 변증법의 탁월성도 바로 이것이다. 그러기에 변증법의 원칙에 최적화된 엄밀하고도 정합적인 학문 체계를 조탁하는 것이 바로 그의 철학적 기획이 아니었던가. 그런데 그가 내놓은 성과물들은 과연 그 기획을 어떤 흠결도 없이 완수한 것으로 평가될 수 있을까? 미학에 관한 한 '그렇다'는 답변은 쉽지 않을 것이다. 지성의 형식을 직관-표상-사유 순으로 구성하고 이에 맞춰 절대정신을 예술-종교-철학 순으로 편성한 전략은 외관상으로는 변증법 모델에 따른 전형적 구성으로 보인다. 그러나 실질적 내용을 ⓓ보면 직관으로부터 사유에 이르는 과정에서는 외면성이 점차 지워지고 내면성이 점증적으로 강화·완성되고 있음이, 예술로부터 철학에 이르는 과정에서는 객관성이 점차 지워지고 주관성이 점증적으로 강화·완성되고 있음이 확연히 드러날 뿐, 진정한 변증법적 종합은 ⓔ이루어지지 않는다. 직관의 외면성 및 예술의 객관성의 본질은 무엇보다도 감각적 지각성인데, 이러한 핵심 요소가 그가 말하는 종합의 단계에서는 완전히 소거되고 만다.

변증법에 충실하려면 헤겔은 철학에서 성취된 완전한 주관성이 재객관화되는 단계의 절대정신을 추가했어야 할 것이다. 예술은 '철학 이후'의 자리를 차지할 수 있는 유력한 후보이다. 실제로 많은 예술 작품은 '사유'를 매개로 해서만 설명되지 않는가. 게다가 이는 누구보다도 풍부한 예술적 체험을 한 헤겔 스스로가 잘 알고 있지 않은가. 이 때문에 방법과 철학 체계 간의 이러한 불일치는 더욱 아쉬움을 준다.

26. (가)와 (나)에 대한 설명으로 가장 적절한 것은?

① (가)와 (나)는 모두 특정한 철학적 방법에 기반한 체계를 바탕으로 예술의 상대적 위상을 제시하고 있다.

② (가)와 (나)는 모두 특정한 철학적 방법에 대한 상반된 평가를 바탕으로 더 설득력 있는 미학 이론을 모색하고 있다.

③ (가)와 달리 (나)는 특정한 철학적 방법의 시대적 한계를 지적하고 이에 맞서는 혁신적 방법을 제안하고 있다.

④ (가)와 달리 (나)는 특정한 철학적 방법에서 파생된 미학 이론을 바탕으로 예술 장르를 범주적으로 유형화하고 있다.

⑤ (나)와 달리 (가)는 특정한 철학적 방법의 통시적인 변화 과정을 적용하여 철학사를 단계적으로 설명하고 있다.

27. (가)에서 알 수 있는 헤겔의 생각으로 적절하지 않은 것은?

① 예술·종교·철학 간에는 인식 내용의 동일성과 인식 형식의 상이성이 존재한다.

② 세계의 근원적 질서와 시·공간적 현실은 하나의 변증법적 체계를 이룬다.

③ 절대정신의 세 가지 형태는 지성의 세 가지 형식이 인식하는 대상이다.

④ 변증법은 철학적 논증의 방법이자 논증 대상의 존재 방식이다.

⑤ 절대정신의 내용은 본질적으로 논리적이고 이성적인 것이다.

28. (가)에 따라 '직관·표상·사유'의 개념을 적용한 것으로 적절하지 않은 것은?

① 먼 타향에서 밤하늘의 별들을 바라보는 것은 직관을 통해, 같은 곳에서 고향의 하늘을 상기하는 것은 표상을 통해 이루어지겠군.

② 타임머신을 타고 미래로 가는 자신의 모습을 상상하는 것과, 그 후 판타지 영화의 장면을 떠올려 보는 것은 모두 표상을 통해 이루어지겠군.

③ 초현실적 세계가 묘사된 그림을 보는 것은 직관을 통해, 그 작품을 상상력 개념에 의거한 이론에 따라 분석하는 것은 사유를 통해 이루어지겠군.

④ 예술의 새로운 개념을 설정하는 것은 사유를 통해, 이를 바탕으로 새로운 감각을 일깨우는 작품의 창작을 기획하는 것은 직관을 통해 이루어지겠군.

⑤ 도덕적 배려의 대상을 생물학적 상이성 개념에 따라 규정하는 것과, 이에 맞서 감수성 소유 여부를 새로운 기준으로 제시하는 것은 모두 사유를 통해 이루어지겠군.

29. (나)의 글쓴이의 관점에서 ㉠과 ㉡에 대한 헤겔의 이론을 분석한 것으로 적절하지 않은 것은?

① ㉠과 ㉡ 모두에서 첫 번째와 두 번째의 범주는 서로 대립한다.

② ㉠과 ㉡ 모두에서 두 번째와 세 번째 범주 간에는 수준상의 차이가 존재한다.

③ ㉠과 달리 ㉡에서는 범주 간 이행에서 첫 번째 범주의 특성이 갈수록 강해진다.

④ ㉡과 달리 ㉠에서는 세 번째 범주에서 첫 번째와 두 번째 범주의 조화로운 통일이 이루어진다.

⑤ ㉡과 달리 ㉠에서는 범주 간 이행에서 수렴적 상향성이 드러난다.

30. 〈보기〉는 헤겔과 (나)의 글쓴이가 나누는 가상의 대화의 일부이다. ㉮에 들어갈 내용으로 가장 적절한 것은?

> **보기**
>
> 헤겔: 괴테와 실러의 문학 작품을 읽을 때 놓치지 않아야 할 점이 있네. 이 두 천재도 인생의 완숙기에 이르러서야 비로소 최고의 지성적 통찰을 진정한 예술미로 승화시킬 수 있었네. 그에 비해 초기의 작품들은 미적으로 세련되지 못해 결코 수준급이라 할 수 없었는데, 이는 그들이 아직 지적으로 미성숙했기 때문이었네.
>
> (나)의 글쓴이: 방금 그 말씀과 선생님의 기본 논증 방법을 연결하면 (㉮)는 말이 됩니다.

① 이론에서는 대립적 범주들의 종합을 이루어야 하는 세 번째 단계가 현실에서는 그 범주들을 중화한다

② 이론에서는 외면성에 대응하는 예술이 현실에서는 내면성을 바탕으로 하는 절대정신일 수 있다

③ 이론에서는 반정립 단계에 위치하는 예술이 현실에서는 정립 단계에 있는 것으로 나타난다

④ 이론에서는 객관성을 본질로 하는 예술이 현실에서는 객관성이 사라진 주관성을 지닌다

⑤ 이론에서는 절대정신으로 규정되는 예술이 현실에서는 진리의 인식을 수행할 수 없다

31. 문맥상 ⓐ～ⓔ와 바꾸어 쓰기에 가장 적절한 것은?

① ⓐ: 소지(所持)하여야

② ⓑ: 포착(捕捉)한다

③ ⓒ: 귀결(歸結)되어도

④ ⓓ: 간주(看做)하면

⑤ ⓔ: 결성(結成)되지

➕ **플러스** | 연역, 귀납, 유비 추리 적용하기

다음 글의 내용을 적용한 것으로 가장 적절한 것은?

> 연역논증은 전제를 통해 결론이 참이라는 사실을 100% 보장하려는 논증인데, 이 가운데 결론의 참을 100% 보장하는 논증을 '타당한 논증'이라 한다. 반면 귀납논증은 전제를 통해 결론을 개연적으로 뒷받침하려는 논증이다. 귀납논증 중에는 뒷받침하는 정도가 강한 것도 있고 약한 것도 있다. 귀납논증은 형식의 측면에서도 여러 가지로 분류될 수 있는데, 이 중 우리가 자주 쓰는 귀납논증은 다음과 같은 것이다.
>
> • 보편적 일반화: 유형 I에 속하는 n개의 개체를 조사해 보니 이들 모두에서 속성 P를 발견하였다. 따라서 유형 I에 속하는 모든 개체들은 속성 P를 가질 것이다.
>
> • 통계적 일반화: 유형 I에 속하는 n개의 개체를 조사해 보니 이들 가운데 m개에서 속성 P를 발견하였다. 따라서 유형 I에 속하는 모든 개체 중 m/n이 속성 P를 가질 것이다. 단, m/n은 0보다 크고 1보다 작다.
>
> • 통계적 삼단논법: 유형 I에 속하는 개체 중 m/n에서 속성 P를 발견하였다. 개체 α는 유형 I에 속한다. 따라서 개체 α는 속성 P를 가질 것이다. 단, m/n은 0보다 크고 1보다 작다.
>
> • 유비추론: 유형 I에 속하는 개체 α가 속성 P1, P2, P3를 갖고, 유형 II에 속하는 개체 β도 똑같이 속성 P1, P2, P3를 갖는다. 개체 α가 속성 P4를 가진다는 사실이 발견되었다. 따라서 개체 β는 속성 P4를 가질 것이다.

① '우리나라 공무원 중 여행과 음악을 모두 좋아하는 이들의 비율은 전체의 80%를 넘지 않는다. 따라서 우리나라 공무원 중 여행을 좋아하는 이들의 비율은 전체의 80%를 넘지 않을 것이다.'는 타당한 논증으로 분류된다.

② '우리나라 전체 공무원 중 100명을 조사해 보니 이들은 업무의 70% 이상을 효과적으로 수행하고 있다. 따라서 우리나라 전체 공무원들은 업무의 70% 이상을 효과적으로 수행하고 있을 것이다.'는 보편적 일반화로 분류된다.

③ '우리나라 공무원 중 30%가 운동을 좋아한다. 따라서 우리나라 20대 공무원 중 30%는 운동을 좋아할 것이다.'는 통계적 일반화로 분류된다.

④ '해외연수를 다녀온 공무원의 95%가 정부 정책을 지지한다. 공무원 갑은 정부 정책을 지지하고 있다. 따라서 갑은 해외연수를 다녀왔을 것이다.'는 통계적 삼단논법으로 분류된다.

⑤ '임신과 출산으로 태어난 을과 그를 복제하여 만든 병은 유전자와 신경 구조가 똑같다. 따라서 을과 병은 둘 다 80세 이상 살 것이다.'는 유비추론으로 분류된다.

- 출처: 사이버국가고시센터, 2022년 PSAT 국가직 7급 모의평가 언어 논리 20번 -

[정답] ②

[풀이] ② 보편적 일반화와 함께 보자. 전제에서 언급한 '우리나라 전체 공무원'은 '유형 I'이고, '100명'은 'n개', '업무의 70% 이상을 효과적으로 수행'은 '속성 P'이다. 또한 결론에서 언급한 '우리나라 전체 공무원'은 '유형 I', '업무의 70% 이상을 효과적으로 수행'은 '속성 P'이다. 〈보기〉에 제시된 전제와 결론의 귀납논증 형식이 보편적 일반화와 일치하므로 보기의 내용은 옳다.

[오답] ① '타당한 논증'은 〈보기〉에서 언급했다. ①에서 전제는 '우리나라 공무원 중 여행과 음악을 모두 좋아하는 이들의 비율은 전체의 80%를 넘지 않는다.'이고 결론은 '따라서 우리나라 공무원 중 여행을 좋아하는 이들의 비율은 전체의 80%를 넘지 않을 것이다.'이다. '타당한 논증'이 되기 위해서는 전제를 통해 결론이 참이라는 사실을 100% 보장해야 하는데, 반례가 존재한다면 결론이 참이라는 사실을 100% 보장할 수 없다. 만약 우리나라 공무원 중 여행을 좋아하는 이들의 비율은 전체의 100%이고, 음악을 좋아하는 이들의 비율은 전체의 80%라고 한다면, 전제는 성립된다. 하지만 결론은 성립될 수 없다. 따라서 보기의 명제는 타당한 논증이 아니다.

③ 전제에서 제시된 '우리나라 공무원'은 '유형 I', '운동을 좋아함'은 '속성 P'이다. 통계적 일반화에 따르면 유형 I에 속하는 n개의 개체를 조사하고 이들 중 m개에서 속성 p를 발견하여, 이를 결론을 뒷받침하기 위한 전제로 사용해야 한다. 하지만 〈보기〉의 전제에서는 '우리나라 공무원 중 30%'라고 했을 뿐 우리나라 공무원 중 몇 명을 조사하여 이들 중 몇 개의 '운동을 좋아함'이라는 속성을 발견했는지 알 수 없다. 그리고 결론에서 제시된 '우리나라 20대 공무원'은 전제에서 제시된 '우리나라 공무원'과 다르다. 다른 유형이 제시된 것이다. 〈보기〉에서 제시된 전제와 결론의 귀납논증 형식이 통계적 일반화와 일치하지 않으므로 보기의 내용은 옳지 않다.

④ 전제에서 제시된 '해외연수를 다녀온 공무원'은 '유형 I', '95%'는 'm/n', '정부정책 지지'는 '속성 P', '공무원 갑'은 '개체 α'에 대응된다. 하지만 '공무원 갑은 정부 정책을 지지하고 있다'는 부분은 통계적 삼단논법과 다르다. 통계적 삼단논법에 따르면 '공무원 갑은 해외연수를 다녀왔다(유형 I)가 되어야 한다. 또한 결론 역시 통계적 삼단논법과 일치하지 않는다. 통계적 삼단논법에 따르면 '따라서 갑은 해외연수를 다녀왔을 것이다'가 아니라 '따라서 갑은 정부 정책을 지지하고 있다'가 되어야 한다. 〈보기〉에서 제시된 전제와 결론의 귀납논증 형식이 통계적 삼단논법과 일치하지 않으므로 보기의 내용은 옳지 않다.

⑤ 전제에서 제시된 '임신과 출산으로 태어남'은 '유형 I', '복제하여 만듦'은 '유형 II', '을'은 '개체 α', '병'은 '개체 β', '유전자와 신경 구조'는 '속성 P1, P2, P3'에 대응된다. 유비추론에 따르면 개체 α가 속성 P4를 가진다는 사실이 발견되었다는 전제가 뒷받침되어, 개체 β는 속성 P4를 가질 것이라는 결론이 추론된다. 하지만 보기에서는 을과 병이 유전자와 신경 구조가 똑같다는 전제 후에 을과 병이 둘 다 80세 이상 살 것이라는 결론을 추론할 수 있다. 만약 을이 80세 이상 살았다는 속성이 발견되었다는 전제가 뒷받침되어, 병이 80세 이상 살 것이라는 결론이 추론된다면 유비추론이라고 할 수 있겠지만, 〈보기〉는 그렇지 않으므로 유비추론이라고 분류할 수 없다. 결국 ⑤의 내용은 옳지 않다.

추론의 오류

제**1**절 형식적 오류

추리의 과정에서 반드시 따라야 할 논리적 규칙을 준수하지 않아서 생기는 오류를 뜻한다.

1 전건 부정의 오류

전건을 부정하여 후건 부정의 결론을 도출하는 부당한 추리 형식.
만일 p이면 q이다. ⇨ p가 아니다. ⇨ ∴ q가 아니다. (×)

- 근면하면 성공한다. ⇨ 인호는 근면하지 못 하다. ⇨ 그러므로 인호는 성공하지 못 할 것이다.
- 경제가 발전하면 살기가 좋아진다. ⇨ 경제가 발전하지 않았다. ⇨ 그러므로 살기가 좋아지지 않았다.
- 연기가 나는 곳에는 반드시 불이 있다. ⇨ 그러므로 그 지하실에는 불이 없다고 보아야 한다. ⇨ 왜냐하면 그 지하실에서는 연기가 나지 않으니까.

2 후건 긍정의 오류

후건을 긍정하여 전건 긍정의 결론을 도출하는 부당한 추리 형식.
만일 p이면 q이다. ⇨ q이다. ⇨ ∴ p이다. (×)

- 비가 오면 땅이 젖는다. ⇨ 땅이 젖었다. ⇨ 그러므로 비가 왔다.
- 철수는 인본주의자임에 틀림없어. ⇨ 인본주의자는 모두 남의 자유를 존중하는데, 철수도 남의 자유를 존중하거든.
  ➔ "인본주의자라면 모두 남의 자유를 존중한다. ⇨ 철수는 남의 자유를 존중한다. ⇨ 그러므로 철수는 인본주의자임에 틀림없다."의 형태이므로 '후건 긍정의 오류'이다.

3 선언지 긍정의 오류

포괄적 의미의 '또는'과 배타적 의미의 '또는'을 혼동한 결과 생긴 부당한 추리 형식으로 선언적으로 제시한, 배타성 없는 전제의 어느 한 부분이 다른 부분과 배타적인 것이라고 생각하는 데서 생기는 오류이다.

- 그녀는 미인이거나 현명한 여인이다. ⇨ 그녀는 미인이다. ⇨ 그러므로 그녀는 현명한 여인이 아니다.
- 곰은 미련한 동물이든지 위험한 동물이다. ⇨ 곰은 미련한 동물이다. ⇨ 그러므로 곰은 위험한 동물이 아니다.
  ➔ 곰은 미련하면서도 위험할 수 있기 때문에 여기서의 '–든지'는 포괄적 의미로 쓰인 것인데도 배타적 의미로 혼동한 데서 오류가 발생하였다.
- 그는 진보주의자든지 보수주의자일 것이다. ⇨ 그는 진보주의자가 아니다. ⇨ 그러므로 그는 보수주의자이다.
  ➔ 진보와 보수의 중간에는 개방이 있는데, 그가 개방주의자일 가능성이 완전히 배제되고 있다.

➕ 플러스 딜레마 논법(양도추리)의 오류
2개의 전제와 선언지 명제를 바탕으로 결론을 이끌어 내는 추론 방식에서 모든 경우의 선언지를 고려하지 못하여 생기는 오류이다.

제 2 절 비형식적 오류

논리적 규칙을 준수하였음에도 논증의 전개 과정에서 생기는 오류를 뜻한다.

1 심리적 오류

논리에 대해 적합한 자료를 근거로 삼지 않고 심리적인 면에 기대어 상대방을 설득하려고 할 때 범하는 오류이다.

(1) 동정(연민)에 호소하는 오류

상대방의 동정심이나 연민의 정에 호소해서 자신의 주장을 받아들이도록 하는 오류이다.

- 일찍이 고아가 된 저는 잘 살아 보려고 노력했지만, 고아라면 색안경을 끼고 바라보는 이 사회의 차가운 시선은 저를 거부하였습니다. 그나마 단란했던 가정은 아내의 돌연한 가출로 깨어지고 어린 자식은 배가 고파 울고 있습니다. 선생님! 저는 어디 취직할 곳도 없습니다. 한 번만 도와주십시오.
- 죄 없는 많은 생명이 죽어 가고 있습니다. 우리 모두 헌혈에 동참합시다.
- 죄가 밉지, 사람이 미운가요. 선처를 부탁합니다.
- 스크루지 씨, 저는 확실히 봉급 인상을 받아야만 합니다. 저는 당신이 제게 주는 봉급으로는 저의 가족을 먹여 살릴 수가 없습니다. 그리고 저의 막내 아들인 톰이 목발 없이 걸을 수 있으려면 수술을 받아야 합니다.
- 선생님, 제가 잘못한 것은 알지만요, 딱 한 번만 봐 주세요. 벌 받느라고 집에 늦게 가면 부모님께서 걱정하신단 말예요.
- 처음부터 없었던 이리 떼에 맞서기 위해 마을은 단결했고 그 결과 마을은 항상 편안 했어. 그런데 이제 이리 떼가 존재하지 않는다는 것을 마을 사람들이 안다면 마을에는 큰 불상사기 일어날 거야. 또한 사람들이 그동안 거짓말을 해 온 나를 용서하겠니? 아마 그들은 날 그냥 두지 않을 거야.
- 판사님, 이 피고인은 단칸방에 살면서 노부모를 모시고 세 명의 자식을 키우고 있습니다. 그리고 피고인은 매일 막노동을 해서 생계를 유지하고 있습니다. 이런 불쌍한 처지를 참작하시어 피고인을 무죄 석방해 주십시오.

기출 따라잡기

32. 〈보기〉의 오류로 알맞은 것은?

2005. 경기도 9급

보기

스크루지 사장님, 제 남편의 월급을 올려주시는 것은 마땅합니다. 사장님이 주시는 월급으로는 도저히 제 아이들을 키울 수가 없습니다. 게다가 저의 막내아들 팀이 지팡이 없이 걷기 위해서는 꼭 수술을 해야 합니다.

① 부적절한 권위에의 호소
② 선결문제 요구의 오류
③ 연민에의 호소
④ 성급한 일반화의 오류

(2) 공포(힘·위력·증오)에 호소하는 오류

정당한 논리에 의존하지 않고 상대방을 윽박지르거나, 공포·위협·근심·불안·
지위나 학벌, 강압적인 수단을 동원하여 자신의 주장을 받아들이게 하는 오류이다.

➜ 직접 협박하는 경우

- 이 안건이 받아들여지지 않는다면 차후에 일어나는 모든 사태의 책임은 귀측에 있음을 분명히 밝혀 두는 바입니다.
- "졸업생"이라는 영화를 보면 고등학교 졸업반 학생들이 천방지축 날뛰며 심지어는 여선생에게 대들기까지 한다. 새로 부임해 온 남선생은 첫 수업 시간에 제멋대로 날뛰는 이 학생들에게 아무 말도 하지 않고 웃통을 벗는다. 그는 힘으로 뭉쳐진 것 같은 우람한 육체미를 과시했다. 학생들은 모두 조용해졌다.
- 나의 의견을 따라라. 나에게 동조하지 않는 사람은 누구든 내가 잡아 넣어 버릴 거니까.
- 당신이 내 청혼을 거절하면, 제 부하들이 당신의 집을 그냥 두지 않을 것입니다.
- 대통령을 비난하면, 국가 원수 모독죄로 체포된다.
- 떠들지 마! 시끄럽게 굴면 가만 안 둬.
- 오늘 청소 시간에 청소 열심히 하거라. 만약 깨끗하게 하지 않으면 다른 반보다 한 시간 늦게 종례할 거야.

(3) 원천 봉쇄의 오류(우물에 독 뿌리기)

자신의 주장에 대한 상대편의 반론이 제기될 수 있는 여지를 봉쇄함으로써 반론의 제기 자체를 불가능하게 하여 자신의 주장을 정당화시키려 할 때 나타나는 오류이다.

➜ 간접 협박하는 경우

- 조국 통일에 대한 정부의 입장을 거부하는 사람은 조국 통일을 가로막는 사람이다.
- 내가 '인간은 타락하였다.'고 할 때 나에게 동의하지 않는 자들은 자신들이 이미 타락하였다는 것을 증명하고 있는 것이다.
- 나의 주장은 정의에 입각한 것입니다. 따라서 나의 주장에 반대하는 것은 불의에 손드는 것입니다.
- 얘, 누리야. 지금이 벌써 아홉 시다. 착한 아이가 되고 싶으면 이제 네 방에 가서 자야하지 않겠니?
- 나는 부처이다. 무릇 돼지의 눈에는 돼지만 보이고 사람의 눈에는 사람이 보이며 부처의 눈에는 부처가 보인다고 했잖아.
- 나의 행동은 이웃과 더불어 살려는 양심적인 행동이다. 나의 행동을 비판하는 자는 이웃의 존재를 거부하는 독선적인 사람이다.
- 학습 분위기 조성을 위한 이 방안에 반대를 할 경우, 우리들은 모두 대학 입시에 실패할 것입니다. 만일 이러한 불상사가 일어나게 된다면 그에 대한 책임은 반대한 급우들이 모두 져야 할 것입니다.
- 밥을 많이 먹어야 한다. 밥을 많이 먹지 않으면 착한 사람이 되지 못한다.
- 대통령은 국민이 뽑은 대표이다. 따라서 대통령을 비판하는 것은 국민을 비판하는 것이다.
- 제정신을 가진 사람이라면 우리의 제안을 반대할 수는 없을 것입니다.
- 수남이와 혈액형이 같은 급우들은 모두 헌혈에 동참해야 합니다. 헌혈만이 병마와 싸우고 있는 수남이를 살리는 인간적인 처사입니다. 비인간적인 사람이 아니라면 모두 헌혈에 동참하리라고 저는 믿습니다.

(4) 대중(여론, 군중, 다수)에 호소하는 오류

숫자의 많음, 대중 심리, 인기도, 유행 등을 근거로 자신의 주장을 받아들이도록 하는 오류이다.

- ○○ 화장품은 세계의 여성이 애용하고 있습니다. 아름다운 여성의 필수품, ○○ 화장품을 소개합니다.
- 이 책은 아주 가치 있는 내용을 담고 있음에 틀림없다. 이 책을 사서 읽지 않은 이가 없을 정도이니까.
- 내가 공연히 남을 비방한 일이 없음은 하늘이 알고 땅이 안다. 표현의 자유를 제한하려는 사람은 다음과 같은 부류의 사람들이다. 그들은 세계의 흐름에 무감각한 사람, 낡은 인습적 편견에 사로잡힌 사람, 자기만이 진정한 우국지사라고 여기는, 정말로 아집으로 똘똘 뭉친 사람들이다. 그들이 우리가 말 못하는 벙어리로 있기를 원하고 있다는 것은 자명하다.
- 세계인이 널리 애용하는 비누. 이것을 쓰고부터는 세계와 함께 어깨를 나란히 할 수 있었습니다.
- 이 자동차는 작년에 자동차 선진국인 미국에서 판매고 1위를 기록하였다. 그러므로 세계에서 가장 우수한 자동차임에 틀림없다.
- 이번 국회 의원 선거에 대해서 이런 말을 해도 될지 모르지만, 의회의 활동이 두드러진 이웃 나라들을 보면 대부분의 의원이 여성이다. 그러므로 우리도 이번 선거에서 여성 의원을 배출해야 한다.
- 우리 지역의 대다수 주민들은 원자력 발전소의 건설이 지역 경제의 발전에 도움이 된다고 생각하고 있다. 그러므로 소수의 반대자들에게 신경 쓸 것 없이 원자력 발전소의 건설을 추진해야 한다.
- 죽은 자와의 대화도 가능해. 많은 사람들이 저 세상에서 온 소리를 들었다고 주장하였으며, 또 수많은 사람들이 그것을 사실이라고 말하고 있거든.
- 아무리 말해도 네 생각이 옳단 말이지? 지나가는 사람 붙잡고 한번 물어 봐. 열이면 열 모두 네가 틀렸다고 할 테니.
- 이 차는 아무나 탈 수 있는 차가 아닙니다. 우리 한국인 가운데 1%만이 탈 수 있습니다.
- 최근 조사 결과 이 세탁기는 우리 나라 가장 주부의 80%가 사용하고 있는 것으로 나타났습니다. 그러니 이 세탁기 성능이 뛰어남이 분명합니다. 자, 여러분. 주저하지 마시고 이 세탁기를 구입하십시오.
- 올해의 특선작. 유오성. 장동건 주연의 '친구'. 700만 관객 동원으로 전국을 강타하고 있는 한국 영화의 결정판 '친구'를 지금 곧 상영관에서 만나십시오.
- 이 소설은 예술적 가치가 높은 작품임에 틀림없어. 출판된 지 한 달 만에 벌써 30만 부나 팔렸으니까.

(5) 부적합한 권위에 호소하는 오류(극장의 우상)

전통과 권위 또는 옛 사람들의 격언이나 명저 등을 근거로 하여 자신의 주장에 정당성을 부여할 때, 또는 오늘 날과 같이 전문화된 사회에서 특정한 분야의 권위자나 전문가의 말을 비전문 분야에도 그대로 적용하는 데서 나타나는 오류이다.

- 이 화장품이 얼마나 좋은 화장품인 줄 아니? 그 유명한 ○○○란 여자 탤런트도 언제나 이 화장품만 쓴다는 말 들어 봤지?
- 이번에 발생한 정치 문제를 해결하기 위하여 우리는 아인슈타인의 견해를 받아들여야만 한다. 왜냐하면 그는 노벨상 수상자이기 때문이다.
- 이성 간의 사랑은 동성 간의 우정보다 저속해. 옛 성인들은 남성 간의 우정을 귀하게 여겼으니까!
- 거의 모든 정치학자들은 교육에 있어서 가장 중요한 것은 교육 환경이라고 주장한다. 그러므로 우리도 교육 환경을 개선해야 할 것이다.

기출 │ 따라잡기

33. 다음 예문과 같은 유형의 논리적 오류가 나타난 것은? 2017. 서울시 9급

> 이 식당은 요즘 SNS에서 굉장히 뜨고 있어. 그러니까 엄청 맛있을 거야.

① 이 식당 음식을 꼭 먹어보도록 해. 만나는 사람들마다 이 집 이야기를 하는 걸 보니 맛이 괜찮은가 봐.

② 누구도 이 식당이 맛없다고 말한 사람은 없어. 그러니까 엄청 맛있는 집이란 소리지.

③ 여기는 유명한 개그맨이 맛있다고 한 식당이니까 당연히 맛있겠지. 그러니까 꼭 여기서 먹어야 해.

④ 이번에는 이 식당에서 밥을 먹자. 내가 얼마나 여기서 먹어 보고 싶었는지 몰라. 꼭 한번 오게 되기를 간절히 바랐어.

- 맹장염에 걸린 정수는 자기가 죽는 한이 있더라고 부모의 허락 없이는 자신의 몸에 칼을 댈 수 없다고 수술을 거부하였다. 공자님께서 '신체발부(身體髮膚)는 수지부모(受之父母)라 불감훼상(不敢毀傷)이 효지시야(孝之始也)라.'고 말씀하셨으므로 수술을 하는 것은 부모님께 불효를 하는 것이라고 생각하였기 때문이다.
- 판소리의 대가인 박동진 옹은, '김홍도의 그림이야말로 우리 정서가 담긴 최대의 걸작품'이라고 평가 하셨습니다.
- 세계적인 지휘자 정명훈 씨는 무대에 오르기 전에 꼭 우유를 한 잔씩 마시는 습관이 있는데, 우유를 마시면 긴장이 풀어지기 때문이래. 우리도 긴장을 풀기 위해 시험 전에 우유를 마시자.

기출 | 따라잡기

34. 다음 중 B가 범하고 있는 논리 상의 오류는?   2001. 법원직

A: 철학 박사 김 아무개 교수에 따르면 사형 제도를 폐지하는 것은 인간 생명의 존엄성을 추구하는 고귀한 정신이라고 합니다.
B: 그는 이혼한 경력이 있는 사람으로서 그의 의견은 믿을 만한 것이 못 됩니다.

① 합성의 오류
② 은밀한 재정의의 오류
③ 인신공격의 오류
④ 성급한 일반화의 오류

(6) 인신공격의 오류

상대방의 인품, 성격, 과거의 행적 등을 비난하고 공격함으로써 자신의 주장을 정당화시키려 할 때 생기는 오류이다.

- 니체의 초인(超人) 철학은 무의미하다. 왜냐하면 그는 정신 병원에서 삶을 끝마쳤기 때문이다.
- 소크라테스의 인생 철학은 음미할 가치가 없다. 왜냐하면 그는 마누라한테 꼼짝 못한 공처가가 아닌가.
- 여러분들은 지금 제 이론이 설득력 없다고들 말씀하시지만, 무조건 공격만 하실 일이 아닙니다. 여러분들 중 누가 이만한 이론이라도 제시한 적이 있습니까?
- 자신의 가족도 제대로 돌보지 못하는 주제에 사회 정의를 부르짖는 한심한 친구 같으니라구.
- 영화 배우 '안생긴'씨가 앞장서서 벌이고 있는 도덕성 회복 운동은 우리 사회에서 아무런 도움이 되지 않는다. 그는 젊은 시절에 스캔들에 휘말린 적이 많기 때문이다.
- 제 맘에 들지 않는다고 덮어놓고 같은 한 인간을 인간이 아니라고 매도하지 말게. 그런 생각이야말로 비인간적이라네. 그런 생각을 하는 자네 같은 비인간적 사람들 때문에 우리 사회가 이 모양 이 꼴이네.
- 김 의원은 우루과이 라운드를 극복하고 복지 농촌을 건설하기 위하여 농어촌 발전 위원회를 구성하고 새로운 농어촌 개발 촉진법을 입법 상정하였다. 그러나 동료 의원들은 김 의원이 상정한 새로운 법안을 무시하였다. 그것은 그가 젊은 시절 고향을 버리고 상경하여 도시에서 국회의원이 되었기 때문이다.
- 베이컨의 철학은 믿을 수가 없다. 그는 뇌물을 받은 혐의로 대법관의 관직을 내놓은 사람이기 때문이다.

(7) 피장 파장의 오류(역공격의 오류)

자신을 비판하는 바가 상대방에게도 역시 적용될 수 있음을 내세워 상대방을 공격함으로써 벗어나고자 할 때 생기는 오류이다.

- 오빠: 얘, 영희야! 너 왜 이래? 무슨 공책을 이렇게 낭비하니? 학용품을 좀 아껴 쓰란 말이야.
  영희: 오빠 뭐 잘했다고 그래? 오빠 더하더라 뭐. 오빠 연필 끝까지 썼어? 볼펜도 다 안 쓰고 버렸잖아.
- 아버지는 제게 거짓말을 한다 나무라셨지만, 지난 번에 제게 한 약속도 지키지 않으셨잖아요. 아버지는 거짓말을 하지 말라고 하시면서 왜 거짓말을 하시는데요?
- 엄마 게가 아들 게에게 옆으로 기어다니지 말라고 하자, 아들 게가 말했다. "엄마가 나를 가르치려면 엄마부터 똑바로 걸어다니세요."

- 이번 선거에서 상대편은 내가 불법적으로 자금을 조달했다고 비난했다. 이 비난에 대하여 나는 상대방도 불법적으로 자금 조달을 했다는 것을 알리고 싶다.
- 왜 나한테만 공부 않는다고 야단이야. 형은 뭐 항상 공부만 해?

⑻ 정황에 호소하는 오류

상대방의 직업, 직책, 신분, 직위, 종교, 혈연, 지연, 인종 등 그 사람이 처한 개인적인 상황을 근거로 하여 상대방을 비난하고 공격함으로써 자신의 주장을 정당화시키려 할 때 생기는 오류이다.

- 정부 정책에 대한 김 의원의 비판은 들어보나마나이다. 그는 야당인 한국당 의원이 아닌가?
- 노동자라면, 으레 노동 시간을 단축하자고 주장하기 마련 아닌가?
- 프로 야구 선수의 연봉 상한제를 철폐해야 한다는 김종범의 주장은 객관성이 결여된 주장이다. 그는 프로 야구 선수이므로 당연히 그와 같이 주장할 것이다.
- 상희야! 생물학과에 진학하겠다는 너의 입장을 충분히 이해할 수 있단다. 그렇지만 너의 부모님께서는 의과 대학이 아니면 안 된다고 하시니 어쩌겠니. 나의 생각도 너의 부모님의 생각과 같단다. 그러니 너도 마음을 바꾸도록 해라.
- 이혼에 찬성하는 사람이 이혼을 반대하는 신부의 말에 "당신은 결혼도 안 했으면서 어떻게 다른 사람에게 이혼을 하지 말라고 말할 수 있습니까?"라고 반박했다.
- 너도 줄곧 도시에서만 살았잖아. 그런데 어떻게 농촌을 안다고 말할 수 있니?
- 얘, 빨리 일어나! 아니, 고등학교 2학년이나 돼 가지고 일요일이라고 이렇게 늦잠을 자도 되는 거니?
- 얘! 공부 좀 해라. 코 앞에 시험이 닥쳤는데도 계속 텔레비전만 보고 있을 거냐?

⑼ 사적 관계에 호소하는 오류

개인적인 친분 관계를 내세워 자신의 논지를 받아들이게 하는 오류이다.

- 우리 사이에 그런 것쯤은 믿고 살아야 되지 않겠어?
- 아니, 내가 그렇게 야단맞고 있는데도 가만히 지켜 보고만 있어도 되는 거야? 네가 친구라면 내가 잘못했더라도 날 위해 변명이라도 해 주어야 할 거 아냐.
- 넌 나하고 제일 친한 친구잖아. 네가 날 도와 주지 않는다면 난 누굴 믿고 이 세상을 살아가란 말이니?
- 우리 업소 관할 구청장이 우리 학교 선배야. 그러므로, 우리가 심야 영업을 해도 별 탈이 없을 것이다.

⑽ 쾌락 · 유머에 호소하는 오류

사람의 감정이나 쾌락, 재미 등을 내세워 논지를 받아들이게 하는 오류

- 인류가 원숭이로부터 진화해왔다고 하시는데, 그렇다면 당신네 조상은 원숭이입니까? (깔깔깔)
- 여러분, 식자우환(識字憂患)이라고 하지 않았습니까. 오늘부터 우리 반은 운동만 열심히 하는 것이 좋겠습니다. (깔깔깔)

35. 다음 중 〈보기〉와 같은 오류는?

2004. 법원직

보기

"갑돌이는 책을 보지 않고도 좋은 점수를 받았다. 그러므로 책을 보지 않는 사람은 모두 좋은 점수를 받을 것이다."

① 철학자들은 모두 세상 돌아가는 일에는 무관심해. 어제 철학 교수인 A 씨를 만났는데, 그 사람은 도대체 요즘 세상사에 관해서는 깜깜 무소식이더군

② 오늘날, 우리는 조상들보다 수명이 훨씬 길어졌다. 분명히 우리는 건강을 지키기 위해서 노력을 해 온 헌신적인 의사들에게 빚을 지고 있다.

③ 신은 존재한다. 왜냐하면 아무도 존재하지 않는다고 증명해 보인 적이 없으니까.

④ 도둑질이나 강도 범죄가 엄청나게 빠른 속도로 증가하고 있다. 결론은 명백하다. 우리는 사형제도를 재도입하여야 한다.

36. 〈보기〉와 동일한 성격의 오류를 범한 것은?

2011. 국회직 9급

보기

철수는 저번 중간고사 성적이 영희보다 더 높았다. 그러므로 철수가 영희보다 공부를 더 잘하는 학생이라고 할 수 있다

① 오늘 집단 식중독에 걸린 학생들 중 아침에 우유를 먹은 학생들이 일부 있는 것을 보면 우유가 설사의 원인이라고 할 수 있다.

② 그 사람은 과거에 범죄를 저지른 적이 있으므로 그가 하는 말은 모두 믿을 수 없다.

③ 우주에 외계인은 존재하지 않는다. 왜냐하면 아직까지 내 앞에 나타나지 않았기 때문이다.

④ 여자가 남자보다 언어 표현력이 뛰어나다. 그러므로 영희가 철수보다 언어로 표현하는 능력이 더 좋다고 할 수 있다.

⑤ 이번에 나온 김철수 감독의 신작은 매우 많은 사람들이 관람했으므로 좋은 영화라고 할 수 있다.

(11) 아첨에 호소하는 오류

아첨에 의하여 논지를 받아들이게 하는 오류이다.

- 야, 네가 나가서 항의해봐. 너만큼 똑똑한 사람이 아니면 누가 그걸 항의하니?
- 너만큼 마음이 착한 친구를 이제야 만나게 되다니 너무 아쉬워. 지난주에 빌려 간 책을 영수에게 빌려 주었는데, 괜찮겠지?

2 자료적 오류

주장과 전제 또는 논거가 되는 자료를 잘못 판단함으로써 발생하는 오류이다.

(1) 성급한 일반화의 오류

객관성이 결여된 정보나 사례 및 불충분한 통계 자료 등 특수한 사례를 근거로 하여 일반적인 법칙을 성급하게 이끌어 내는 경우에 발생하는 오류이다. 불충분 통계량의 오류, 편의 통계량의 오류

- 얼마 전에 자식이 자신의 부모를 살해한 사건이 있었다. 이러한 사실로 볼 때, 자식은 부모에게 있어서는 원수 같은 존재라고 할 수 있다.
- 미인박명(美人薄命)
- 하나를 보면 열을 안다고, 너 지금 하는 행동을 보니 형편없는 애로구나.
- 경수는 어제 약속보다 1시간이나 늦게 왔다. 이로 보아 그는 결코 신용할 수 없는 사람이다.
- 김 씨와 박 씨는 모두 한국인이다. 그 두 사람은 모두 곱슬머리이다. 따라서 한국인은 모두 곱슬머리이다.
- 아시아의 이 나라는 매우 가난한 나라다. 그 옆의 나라도 매우 가난하다. 그러므로 아시아에는 가난한 나라뿐이다.
- 군사 분계선을 둘러보고, 한반도는 자연이 잘 보존된 지역이라는 결론을 내렸다.
- 인간의 자유를 박탈하는 것은 잘못이 없어. 범죄자와 정신 병자들을 가두어 두는 것은 적절하고도 필요한 조치이니까.
- 그들은 제가 마치 뛰어난 웅변가나 되는 것처럼 말하였습니다. 다만, 그것은 어느 모로 보나 제가 대단한 웅변가가 아니라는 사실로 하여 충분히 반박될 것입니다. 이 점으로 보아 그들을 완전히 거짓말쟁이라고 하지 않을 수 없습니다.
- 복동이는 하루에 잠을 10시간이나 자고도 대학에 들어 갔다. 그러므로 누구든지 대학에 들어가기 위해서는 하루에 잠을 10시간은 자야 한다.
- ○○은행의 지점장이 금융 실명제를 어겨서 물의를 빚고 있는 것으로 보아, 은행들은 대개 금융 실명제를 반대한다는 것을 알 수 있다.
- 너 오늘 지각했구나. 요 녀석, 너 지각 대장이지?
- 오늘 낮, 한 어린이가 놀이터에서 돈뭉치를 든 가방을 주워 파출소에 신고했습니다. 한편 김모 씨라는 어른은 자신이 경영하는 가게에서 손님이 떨어뜨리고 간 지갑에서 백만 원짜리 수표 세 장을 사용하였다가 쇠고랑을 찼습니다. 돈을 앞에 놓고 벌어진 이 대조적인 행위를 통해서 어른들의 도덕적 타락이 심각한 지경에 이르렀다는 결론에 도달하게 됩니다.
- '바비도'는 기독교인이다. 그는 얼마 전에 기독교를 비방하는 한 종교 연구가를 살해했다. 누구든 기독교를 비방하면 기독교 신자에 의해 살해당할 것이다.
- 대통령의 인기가 대단해. 어제 방송국에서 대통령의 고향에서 여론조사한 결과를 발표했는데 국민의 90% 이상이 지지한다고 하더라.
- 우리 나라 사람은 음식점에 가면 음식을 빨리 해 달라고 독촉하고, 운전할 때 앞차가 조금만 늦게 가도 경적을 울려 대잖아. 이런 것을 보면 우리 민족은 성질이 급한 민족임에 틀림없어.

(2) 우연의 오류

일반적 법칙이나 이론을 특수한 사례에 그대로 적용함으로써 나타나는 오류이다.

> • 요즘 애들은 통 버릇이 없어요. 우리 아이도 남들로부터 버릇없이 군다는 말을 듣는데, 댁네 아이도 그렇겠지요?
> • 당신은 어제 산 것을 오늘 먹는다. 당신은 어제 생고기를 샀다. 그러므로 당신은 오늘 생고기를 먹는다.
> • 그는 항상 웃는 사람이니까 5·18에도 웃고 있었을 거야.
> • 거짓말을 하는 것은 죄악이다. 그러므로 의사가 환자에게 거짓말을 하는 것은 당연히 죄악이다.

(3) 원칙 혼동의 오류

상황에 따라 적용되어야 할 원칙이 다른데도 이를 혼동해서 생기는 오류이다.

> • 우리 나라의 형법에는 사람을 죽이면 사형에 처한다고 되어 있다. 그러므로 사형수를 처형한 형 집행인도 사형에 처해야 한다.
> • 백지장도 맞들면 나은 법이고, 또한 서로 돕고 사는 것은 우리의 전통 미덕이다. 그러니 공무원 채용 시험에서 서로 도와 가면서 문제를 풀자.
> • 모든 사람은 표현의 자유를 가졌다. 그러므로 판사도 자신의 정치적인 견해를 법정에서 마음대로 말할 수 있다.
> • 빌린 물건은 주인이 달라고 하면 언제든지 돌려 주어야 하는 법 아닌가. 그러니 그 친구가 화가 나서 자기 아내를 죽이려는 걸 알았지만 난들 어떻게 하겠나. 자기 칼을 돌려 달라니 돌려 줄 수 밖에.
> • 우리 보관소야 손님이 물건을 맡겨 놓으면 맡아 두는 곳 아닙니까? 그게 도둑질한 물건이라도 손님이 맡겨 놓아서 맡아 둔 건데 왜 죄 없는 나를 붙잡아 가는 겁니까?
> • 남을 때리면 법에 의해 처벌을 받아야 한다. 그러므로 올림픽에서 금메달을 획득한 권투 선수도 처벌을 받아야 한다.

(4) 거짓 원인의 오류(원인 오판의 오류)

자연 현상을 설명하는 인과율에서 시간상의 선후 관계만 있을 뿐 인과의 필연성이 결여되어 있음에도 불구하고, 시간상 먼저 발생한 사건을 뒤에 일어난 사건의 원인으로 보거나, 뒤에 일어난 사건을 앞의 사건의 결과로 보는 오류이다.

➜ 잘못된 인과 관계의 오류, 선후 인과의 오류, 공통 원인의 오류, 다수 원인의 오류[인과 관계를 잘못 파악하여 생긴 오류]

> • 오늘 내가 교통 사고를 당한 것은 아침에 안경 쓴 여자를 첫 손님으로 태웠기 때문이다.
> • 내가 운전 면허 시험에 떨어진 것은 순전히 어머니 때문이야. 어머니 생신이라 어쩔 수 없이 아침에 미역국을 먹고 시험에 응시했거든.
> • 까마귀 날자 배 떨어진다.
> • 너 어제 희랑 데이트했지? 네가 빵집에 들어간 지 10분쯤 뒤에 희가 그리로 들어가는 것을 내가 봤는데?
> • 이번 경기는 꼭 이겨야 되거든. 그러니 너는 중계 방송을 봐선 안돼. 네가 중계 방송을 보면 꼭 지더라.
> • 그 축구 선수는 절대로 머리를 깎지 않는다. 왜냐하면 그는 머리카락에서 기량이 나온다고 생각하기 때문이다.

기출 | 따라잡기

37. 다음에 해당되는 오류의 유형은 무엇인가? 2006. 전북 9급

> 백지장도 맞들면 낫다. 따라서 수능 시험에서도 서로 도와가며 문제를 풀어야 한다.

① 인과 혼동의 오류
② 애매어의 오류
③ 성급한 일반화의 오류
④ 잘못된 유비추리
⑤ 원칙 혼동의 오류

- 우리 조상들은 가뭄이 들면 기우제를 지내야 비가 온다고 믿었다!
- 까치가 우는 것을 보니 반가운 손님이 오려나 보다.
- 철수는 대학 입시를 앞두고 친구들과 기도원에 간 덕분에 자기가 소망하는 대학에 합격할 수 있었다고 자랑하였다.
- 그는 자기 호주머니에 토끼 다리를 넣어 두었기 때문에 경주에서 우승한 것이 당연하다고 생각했다.
- 감기에 걸렸니? 그럼 독한 술을 한 잔 마신 뒤 잠을 자 봐. 우리 아빠가 감기에 걸리셨을 때 독한 술을 마시고서 자고 일어났더니 감기가 나은 적이 있어.
- 번개가 잦으면 천둥이 울린다. 그러므로 번개는 천둥의 원인이다.
- 간이 나빠 눈에 황달이 생기고 얼굴이 까맣게 되었다. 얼굴이 까만 것은 눈에 황달이 왔기 때문이다.
- 돼지 꿈을 꾸면 횡재수가 있다.
- 백일 기도를 올렸더니 큰아들이 대학에 합격했다. 이제 작은아들도 공부는 비록 못하지만 백일 기도만 올리면 대학 합격은 문제 없을 것이다.
- 장수 마을에 가서 장수의 비결을 알아 보았더니 열심히 일하더란 것이다. 우리 마을 사람들은 하루도 쉬지 않고 열심히 일하니까 장수할 것이다.
- 한 가정의 생활비 중 50% 넘게 사교육비로 지출하는 게 우리나라요, 한 나라에서 40조 원에 달하는 돈이 사교육비로 든다는 것이 우리의 현실이다. 따라서 한 가정의 생활비 중에서 사교육비가 차지하는 비중을 줄여야만 우리의 교육이 선진화될 수 있다.

(5) 인과 혼동(因果混同)의 오류

어떤 사실의 원인을 결과로 여기거나 결과를 원인으로 파악하는 오류이다.

- 성공한 사람의 부인은 값비싼 옷을 입고 다닌다. 따라서 여자가 남편의 성공을 돕는 최선의 비결은 값비싼 옷을 사서 입는 것이다.
- 부자인 철희는 자가용을 타고 다닌다. 나도 부자가 되기 위하여 자가용을 몰고 다니기로 했다.
- 출세한 사람들은 골프장엘 자주 간다. 출세하기 위해서는 골프를 쳐야 한다.
- 온도계가 영하 20도를 가리키고 있구나. 그러니까 이렇게 춥지. 오늘밤부터 온도계를 치워 버려야겠어.

(6) 잘못된 유추의 오류

부당하게 적용된 유추에 의해 잘못된 결론을 이끌어 내는 오류이다. 즉, 일부분이 비슷하다고 해서 나머지도 비슷할 것이라고 생각하는 오류이다.

- 영순이는 얼굴도 희고, 안경도 끼었는데 공부를 잘한다. 미라도 얼굴이 희고 안경을 끼었다. 그러므로 미라도 공부를 잘할 것이다.
- 모든 유기체는 탄생과 성장과 사멸의 과정을 거친다. 따라서 모든 유기체처럼 우리의 문명도 멸망하고야 말 것이다.
- 누리가 얼마 전에 혼자 서울 대공원에 놀러 갔다가 불량배들한테 돈 뺏긴 거 알지? 그런데 오늘 샘이도 혼자 서울 대공원에 놀러 간다지 뭐니. 틀림없이 샘이도 불량배 만나서 돈 뺏기고 올 거야.
- 법률가가 일을 할 때에는 마음대로 법률 서적을 참고할 수 있다. 누구에게나 책을 참고할 권리가 있는 것이다. 따라서 학생이 시험을 볼 때에 책을 마음대로 볼 수 있어야 한다.

19세기 영국의 한 정치가는 착실하고 부지런한 농부는 모두 적어도 한두 마리의 젖소를 소유하고 있다는 것을 알게 되었다. 대신 젖소를 못 가진 농부들은 게으르고 언제나 술에 취해 있는 게 보통이었다. 그래서 이 정치가는 게으른 농부들을 부지런하게 만들기 위해서 그들에게 젖소를 한 마리씩 주자고 제안하였다.

① 특수한 사례를 일반화하여 전체에 적용하고 있다.
② 원인이 되는 사실과 결과가 되는 사실을 혼동하고 있다.
③ 우선 적용할 원칙과 나중 적용할 원칙을 착각하고 있다.
④ 지엽적인 공통점을 바탕으로 두 대상을 유추하고 있다.

- 1864년 미국에서의 남북 전쟁 결과 노예가 해방되었다. 그리고 러시아에서는 농노가 해방되었다. 그리고 우리 나라에서는 진주 민란이 일어났다. 이런 사실에서 보건대 진주 민란을 통해 우리의 노예 제도도 소멸되었다고 할 수 있다.
- 컴퓨터와 사람은 유사한 점이 많아. 그러니 컴퓨터도 사람처럼 감정을 느낄 거야.
- 오래된 술일수록 맛도 좋고 향기도 진하듯이, 지식도 오래된 지식이라야 더 가치가 있다.
- 藥(약)과 樂(악)은 글자 생김새부터가 유사하다. 그러므로 약과 음악은 그 기원이 비슷하다.

(7) 순환 논증(循環論證)의 오류(선결 문제 요구의 오류)

참이 증명되지 않은 전제에서 결론을 도출하거나, 전제와 결론이 순환적으로 서로의 논거가 될 때 나타나는 오류이다.

- 철수는 모범적인 학생이야. 왜냐구? 모범상을 받았으니까. 교장 선생님은 철수가 모범생이니까 모범상을 수여하셨잖아.
- 신은 존재한다. 왜냐하면, 성서가 그렇게 말하고 있기 때문이다. 성경이 우리에게 말하는 바는 반드시 참이어야 한다는 것을 우리는 안다. 왜냐하면 그것은 신의 계시 언어이기 때문이다.
- 그 정치인은 우리의 좋은 친구임에 틀림없다. 그가 우리에게 직접 그렇게 말했으니까. 그리고 그 좋은 친구가 우리에게 거짓말을 할 리 없을 테니까.
- 배운 사람은 그렇게 상스러운 말을 쓰지 않는다. 왜냐하면 천한 말을 사용하는 사람은 제대로 교육을 받았다고 말할 수 없기 때문이다.
- 모든 사람에게 표현의 자유를 무제한 허용하는 것은 언제나 국가 전체에 이익이 된다. 왜냐하면 개개인이 자신의 감정과 의사를 표현할 자유를 완전하게 누리는 것은 공동체의 이익을 증진시키기 때문이다.
- 철수는 불량한 학생이다. 학생과에서 징계를 받았으니까. 학생과에서는 그가 불량 학생이기 때문에 징계했다.
- 그녀는 품행이 방정하지 못하다. 그녀는 바람기가 다분하다. 그녀가 바람기가 있다는 것은 그녀의 품행이 방정하지 못한 데서 나온 말이다.
- 술을 마시면 왜 사람들은 취하는가? 술은 사람을 취하게 하는 성분을 지니고 있기 때문이다.
- 훌륭한 덕을 갖춘 사람은 고급 승용차를 타고 다닌다. 그러므로 고급 승용차를 타고 다니는 사람은 훌륭한 덕을 갖춘 사람이다.

(8) 부적절한 결론의 오류

주어진 전제에 대하여 잘못된 결론을 내리는 오류이다.

우리가 시험해 본 결과 문제의 약은 아무런 의학적 가치가 없는 것으로 판정이 났다. 더군다나 그 약이 치유시킨다는 증세는 말할 것도 없고. 그러므로 우리는 그 약이 성공적으로 판매될 수 없고 상업적으로 실패할 것이라고 결론을 내렸다.

기출 | 따라잡기

39. 다음 중 오류가 없는 문장은?
2003. 서울시 7급

① 예로부터 유유상종이라 했으니 그 사귀는 사람을 보면 그 사람의 됨됨이를 확실히 알 수 있다.
② 종교는 사람들이 믿고 실천하는 것이다. 공산주의자들은 마르크스-레닌주의를 믿고 실천한다. 그러므로 공산주의자들은 종교를 믿는다.
③ 성서의 글은 모두 하느님의 말씀이다. 성서가 하느님의 말씀인 것은 성서에 쓰여 있기 때문이다. 그러므로 성서가 하느님의 말씀인 것은 의심할 여지가 없다.
④ 최근의 여론 조사에서 남북 교류를 민간 차원에서 시작하는 것이 바람직하다는 의견이 76%였다. 그러므로 온 국민이 그것을 찬성한 것이나 마찬가지이다.
⑤ 모든 보건 시설은 국민의 건강을 증진한다. 모든 국민의 건강 증진이 국가 번영의 기본이다. 그러므로 일부, 국가 번영의 기본은 보건 시설에 있다.

① 식량을 주면, 옷을 달라고 할 것이고, 그 다음 집을 달라고 할 것이고, 결국 평생직장을 보장하라고 할 것이 틀림없어. 식량 배급은 당장 그만두어야 해.

② 네가 술 한 잔을 마시면, 다시 마시게 되고, 결국 알코올 중독자가 될 거야. 애초부터 술 마실 생각은 하지마라.

③ 아이들에게 부드럽게 말하면, 아이들은 부모를 무서워하지 않게 되고, 그 부모는 아이들을 망치게 될 겁니다. 아이들에게 엄하게 말하는 것을 두려워하지 마세요.

④ 식이요법을 시작하면 영양 부족에 빠지고, 어설픈 식이요법이 알코올 중독에 이르게 한다는 것을 암시해. 식이요법을 시작하지 못하게 막아야 해.

⑼ 논점 일탈(무관한 결론)의 오류

어떤 논점에 관한 결론이 아니라, 이와 관계 없는 새로운 논점을 제시하여 무관한 결론에 이르게 되는 오류이다.

- 누가 잘 했든 잘못했든 그렇게 싸우고만 있을 거야? 그렇게도 할 일이 없으면 차라리 잠이나 자!
- 청소년들은 자신과 남의 차림새에 관심이 많다. 옷에 관심을 갖는 것은 학생 신분에는 어울리지 않아. 게다가 요즘 학생들은 이기적이고 애국심도 부족해.
- 너희들 왜 먹을 것을 가지고 싸우니? 빨리 들어가서 공부나 해!
- 자식들을 엄히 키우지 않으면 안 됩니다. 왜냐 하면, 요즘 세상에 소비 풍조가 만연되어 있기 때문입니다.
- 취한 상태에서 살인을 하여 재판을 받고 있는 알코올 중독자를 위해 변호사가 판사에게 호소한다. "알코올 중독은 매우 심각한 사회 문제입니다. 따라서 마땅히 이러한 사회적 문제를 해결하기 위한 노력이 있어야 할 것입니다."

⑽ 아전인수의 오류(논증 부족의 오류)

자신의 주장에 불리한 논거는 의도적으로 생략하고, 합리화시킬 수 있는 논거만으로 주장에 정당성을 부여할 때 나타나는 오류이다.

- 철수는 자기가 실수한 것은 이야기하지 않고 칭찬 받은 이야기만 하면서 스스로 능력있는 사람이라고 자랑하기에 여념이 없다.
- 이번에 대한신문사에서 한국인의 독서 실태를 파악하기 위하여 대학생 1,000명을 대상으로 독서량을 조사하였다. 그 결과에 의하면 1주당 독서량이 한 권 정도였다. 이를 근거로 하여 대한신문사는 한국인이 책을 많이 읽는 민족이라고 발표하였다.
- 나는 잘하는 것도 많은데 우리 엄마는 늘 나쁜 성적만 가지고 무능하다고 야단을 치신다.

⑾ 자가당착의 오류(비정합성의 오류)

자신의 주장, 전제, 결론 사이의 모순이 나타나는 오류이다.

- 예술가에게는 끊임없이 일어나는 창조적 상상력을 표현할 완전한 자유가 보장되어야 한다. 완전한 표현의 자유만이 위대한 예술품을 창조할 수 있기 때문이다. 물론 체제를 부정하는 작품이나 외설적인 작품들은 제외되어야 한다.
- 모든 인간은 평등하며 자유롭게 살아갈 권리가 있다. 오늘날 우리 사회에는 인간의 존엄성과 자유를 거부하는 세력이 존재하고 있다. 그들이 존재하는 한 우리의 생명과 자유는 유지될 수가 없다. 따라서 그들을 우리 사회로부터 격리시킬 수밖에 없다. 그래야만 우리가 자유를 만끽할 수 있다.
- 신문은 국한문을 혼용해야 한다. 왜냐하면 우리의 언어에는 아직 한자어가 많이 남아 있고, 특히 정치와 경제 영역에서 사용하는 용어는 한자어가 더욱 많이 남아 있기 때문이다. 그리고 신문은 배운 사람이든 배우지 않은 사람이든 가능한 한 많은 사람들이 새로운 소식에 접할 수 있도록 신속 정확하게 보도해야 한다.

⑿ 흑백 논리의 오류

논의의 대상인 두 개념 사이에 존재하는 중간항을 배제하는 데서 오는 오류이다. 즉, 흑색과 백색 사이에는 다양한 색깔이 존재함에도 불구하고 그것들을 무시하고 양 극단으로 구분함으로써 발생하는 오류이다.

- 그녀는 미인이 아니다. 그렇다면 그녀는 추녀인 것이 분명하다.
- 너는 나를 좋아하지 않아. 그래서 너는 나를 미워해.
- 아니, 이 찌개가 차다구요? 당신은 펄펄 끓는 찌개만을 좋아하는군요.
- 현대는 경쟁 사회이다. 이 시대에 내가 살아남기 위해서는 남이 나를 쓰러뜨리기 전에 내가 먼저 남을 쓰러뜨려야 한다.
- 천하에 두 개의 큰 기준이 있으니, 하나는 시비(是非)의 기준이고 하나는 이해(利害)의 기준이다.
- 정보화 시대의 총아인 홀로그래피 기술을 개발하면 선진국이 되겠지만, 개발하지 못한다면 우리나라는 곧바로 후진국으로 전락하고 말 것이다.
- 그 동안 왜 전화 한 번도 안한 거야? 흥, 이제 내가 보기 싫어진 거지? 정말 미워 죽겠어.
- 신의 존재를 믿지 않는다고요? 그럼 당신은 무신론자군요.
- 그녀가 나한테 싫다고 말한 적이 없다. 그러므로 그녀는 나를 좋아한다.

⒀ 의도 확대의 오류

의도하지 않은 결과를 원래 의도가 있었다고 판단하여 생기는 오류이다.

- 선생: 숲은 물의 순환 과정에서 매우 중요한 역할을 하지. 삼림이 우거진 숲에는 낙엽과 표층토가 있어서 많은 물이 저장될 수 있거든. 이곳에 저장되어 있던 물이 증발해서 구름이 되고, 구름은 다시 비가 되어 숲으로 돌아오는 법이야. 그런데 지중해 연안의 도시 에페소스에서는 문명이 번창하면서 이러한 숲이 줄어들게 되었고, 그에 따라 물의 순환이 제대로 이루어지지 못하여 강우량이 줄어들었으며, 기후가 건조해지면서 땅이 점점 메마르게 되자, 에페소스에는 흉년이 거듭되었고, 풍요로웠던 문명의 뿌리가 흔들리기 시작하였지. 게다가, 헐벗은 산의 표층토가 빗물에 씻겨 내려 서서히 바다가 메워지면서, 에페소스의 교역도 사양길로 접어들어 해양 도시로서의 기능도 상실하고 말았던거야. 결국, 사람들이 떠난 에페소스는 폐허로 남게 되었지.
  학생: 에페소스 사람들은 참으로 어리석었다고 하지 않을 수 없네요. 자신들의 문명기반을 파괴하려고 일부러 그렇게 삼림을 베어 내고 밭농사를 하다니요?
- 그는 열심히 책을 산다. 책이 많이 팔리면 출판사가 돈을 번다. 그러므로 그는 출판사의 이익에 상당한 관심을 갖고 있음에 틀림없다.
- 담배 피우면 폐암에 걸려 죽을 확률이 높아진다는 것도 모르니? 아니, 그렇게도 죽고 싶어?
- 당신의 공장에서는 정화되지 않은 폐수를 흘려 보냈고, 그 결과 심한 적조 현상이 발생하였소. 당신은 적조가 그렇게도 좋소. 적조를 발생시키기 위해서 폐수를 그냥 흘려 보내다니.
- 무단 횡단하던 그를 피하려다가 버스가 뒤집혀 많은 사람이 죽었잖아. 그렇기 때문에 그를 살인죄로 구속하는 것이 마땅하다고 생각해.

기출 | 따라잡기

41. 〈보기〉와 같은 유형의 논리적 오류에 해당하는 것은? 2018. 서울시 9급

보기
네가 내게 한 약속을 지키지 않은 것은 곧 나를 사랑하지 않는다는 증거야.

① 항상 보면 이등병들이 말썽이더라.
② 내 부탁을 거절하다니, 넌 나를 싫어하는구나.
③ 김 씨는 참말만 하는 사람이다. 왜냐하면 그는 거짓말을 하지 않는 사람이기 때문이다.
④ 거짓말을 하는 것은 죄악이다. 그러므로 의사가 환자에게 거짓말을 하는 것은 당연히 죄악이다.

PART 05
논리와 추론 편

⒁ 무지에 호소하는 오류

어떤 주장이 참(거짓)임이 증명되지 않았거나 또는 상대방이 무지하거나 자식이 부족하여 자신의 주장에 대하여 반증할 수 없다는 사실에 근거하여 자기의 주장을 정당화하려는 오류이다.

- 신은 존재한다. 신이 존재하지 않는다는 사실을 증명한 사람은 아무도 없다.
- 너의 고양이가 공놀이를 한다고 도저히 믿을 수 없다. 왜냐하면 고양이가 공놀이한다는 것을 들어 보지 못했기 때문이다. 그러므로 너의 고양이도 그것을 못할 것이 확실해.
- 당신은 이 범죄에 연루되지 않았다는 것을 전혀 증명하지 못했다. 그러므로 범인은 바로 당신이다.
- 귀신은 없다. 왜냐하면 귀신이 있다고 증명하는 사람은 없으니까.
- 지옥은 없는 것이 분명하다. 왜냐하면 이 세상에는 아무도 지옥에 가 본 사람이 없기 때문이다.
- 하나님은 존재한다. 하나님은 존재하지 않는다. 사실이 증명되기 전까지는 이 사실은 진리이다.
- 갑: 너 제주도에 가 보았니?

  을: 아니, 제주도에 무엇이 있는지 얘기해 줄 수 있니?

  갑: 그럼, 그곳에는 감귤, 해녀, 하루방 등이 있고 특히 한라산의 깊은 계곡에는 선녀가 살고 있다더라.

  을: 거짓말! 선녀가 어디 있니?

  갑: 너 제주도에 가 봤니? 선녀가 없다는 것을 증명할 수 있니?
- 그 유명한 '페르마의 마지막 정리'는 거짓임이 분명하다. 어떤 수학자도 그것이 참임을 증명하지 못했으니까.

⒂ 복합 질문의 오류

서로 상반된 두 개 이상의 복합적 전제가 들어 있어 긍정도 부정도 할 수 없는 경우에 나타나는 오류이다.

- 자네, 요새는 음주 운전을 하지 않지?
- 저한테 한 표를 던져 살기 좋은 나라를 건설해 보지 않으시겠습니까?
- 철호: 영수야, 너 요즘도 매일 영화 구경 가니?

  영수: 아니, 나는 요즈음 영화 구경 안 가.

  철호: 그래? 요즈음은 안 간다? 이전에는 자주 갔다는 얘기구나.

  영수: 무슨 말이야?
- 아직도 저 친구와 사이가 좋지 않나?
- 당신이 밀수한 물품을 남대문 도깨비 시장에서 팔았지?
- 너 이제부터 동생은 안 때릴 거지?
- 너 어제 내 신발 신고 등산 갔었지?

(16) 합성(결합)의 오류

부분이 참이면 전체도 참이라고 추리할 때 발생하는 오류이다.

- 지금의 대통령, 국무총리, 국회의장 등이 모두 빛고을시 출신이다. 그런 것으로 보아 빛고을시는 우리나라에서 가장 좋은 도시이다.
- 구름은 수증기의 응결체라고 한다. 그런데 원래 수증기의 입자는 너무 작아서 눈에 보이지 않는다. 그러므로 구름은 눈에 보이지 않는다.
- 그 영화에는 인기 배우들이 다수 출연한다며? 그렇다면 그 영화가 대단한 인기를 누려서 흥행도 대성공하겠네.
- 박지성, 이승엽, 김연아 등은 모두 스타 플레이어들이다. 그러므로 이들이 한 팀을 만들면 최강 팀이 될 수 있을 것이다.
- 나트륨이나 염소는 유독성 물질이므로 염화나트륨도 유독성 물질일거야.
- 3과 5는 홀수이다. 그러므로 3과 5의 합인 8도 홀수이다.
- 이 오케스트라의 구성원은 모두 일급 연주가들이므로, 이 오케스트라는 최고입니다.

(17) 분할(분해)의 오류

부분의 합인 전체가 참이면 구성 요소인 부분도 참이라고 추리할 때 발생하는 오류이다.

- 일본은 경제적 부국이 되었다. 그러므로 일본 사람들은 모두 부자이다.
- 그 선수들이 코브라 팀 소속이라면 기량이 그리 뛰어나지 못할 것임에 틀림없다. 코브라 팀은 해마다 꼴찌를 면하지 못하는 팀이니까.
- 이 대학의 교수진은 가장 뛰어나다. 그러므로 이 대학의 교수인 김씨는 가장 뛰어난 교수이다.
- 미국은 자유 민주주의 국가이다. 그들 미국인 모두는 자유의 고귀함을 믿는다.
- 한약은 쓰다. 그러므로 한약 재료는 그 하나 하나가 모두 쓰다.
- 염화나트륨은 독성이 없어. 그러니 나트륨이나 염소도 독성이 없긴 마찬가지.
- 우리 반이 교내 축구 대회에서 우승하였다. 우리 반 학우들은 모두가 공을 잘 찬다.
- 그는 우리 나라 고교 최고의 투수임이 틀림없어. 그의 팀이 이번에 전국 고교 야구 대회에서 우승했으니까.

(18) 순서 혼동의 오류(수레를 말 앞에 놓는 오류)

수레를 말 앞에 놓아 순서가 바뀌었듯이 앞뒤 순서가 바뀌어서 논리적 모순이 일어난 오류이다.

- 꼼짝말고 손 들어!
- 문 닫고 나가!

(19) 발생학적 오류

어떤 사람, 사상, 관행, 제도 등의 원천이 어떤 속성을 가지고 있기 때문에 현재의 그것들이 역시 같은 속성을 가지고 있다고 추론하는 오류이다.

- 왕이 음악을 듣고 크게 기뻐하자, "가야는 망한 나라인데, 그 나라의 음악을 취하는 것은 온당치 못한 일입니다."하고 신하들이 간언하였다.
- 그가 발표한 새로운 이론은 믿을 수가 없어요. 그는 이름도 알려지지 않은 후진국에서 온 학자인데 그런 사람이 제대로 된 이론이 뭔지 알기나 하겠습니까?
- 예술은 원시 제천 의식에서 나왔다. 그러니까 현대의 음악도 제사 목적을 띠고 있다 할 수 있다.
- 그 제안은 급진 좌경 세력들이 한 것이기 때문에 문제가 있다.
- 그 처녀는 명문가의 출신이기 때문에 보나마나 행실이 좋다고 생각한다.
- 국민 의료 보험 제도는 원래 사회주의 국가에서 유래한 것이기 때문에 철폐해야 한다.
- 철수는 수영을 잘 할거야. 왜냐하면 철수의 아버지가 훌륭한 수영 선수였으니까.
- 춤은 원래 이교도의 비밀 의식에서 이교도들이 신을 숭배하는 방식으로 사용되었던 것이기 때문에, '훌륭한 기독교인'은 춤을 추어서는 안 된다.

(20) 허수아비 공격의 오류

상대방이 제시한 원래의 주장을 공격하기 쉽도록 문제성이 있는 주장으로 바꾸어 해석한 후 그의 주장을 공격하는 오류이다.

> 갑: 국가보안법은 국민의 기본권을 부당하게 침해할 소지가 많습니다. 그것을 형법에 통합 하는 것이 마땅합니다.
> 을: 당신의 주장은 공산주의를 수용하자는 얘기입니다. 공산주의가 인류의 역사에 얼마나 해독을 끼쳐온 지 아십니까?

(21) 도박사의 오류

모든 사건은 앞에서 일어난 사건과 독립되어 있다는 확률 이론의 가정을 받아들이지 않는 데서 발생하는 오류이다.

- 이번에 동전을 던지면 앞면이 나올 확률이 높아. 계속 뒷면만 나왔으니까.
- 이번에는 분명히 딸일 것이다. 계속 아들이었으니까.

3 언어적 오류

언어를 잘못 사용하거나 이해하는 데서 빚어지는 오류이다.

(1) 애매어의 오류

해석에 따라 다양한 의미를 지니는 동일어나 애매한 어구의 의미를 혼동하여 발생하는 오류이다. ➔ 애매구의 오류

- 철수는 다리가 부실하여 달리기를 잘하지 못한다. 사람뿐만이 아니다. 한강 다리도 부실하다. 한강 다리도 달리기를 잘하지 못한다.
- 그는 시립 도서관 옆에 산다. 그러니 그는 책과 가까이 지내는 사람이다. 그러므로 그는 매우 학식이 풍부한 사람일 것이다.

- 꼬리가 길면 잡힌다. 쥐는 꼬리가 길다. 그러므로 쥐는 잡힌다.
- 그렇게 쉬운 것도 모르니? 네 머리는 돌이니? 너 같은 녀석은 차라리 박치기 선수가 되어라.
- 죄인은 감옥에 간다. 그런데 목사님께서는 모든 인간은 죄인이라고 하셨어. 그러니 모든 인간은 감옥에 가야 해.
- 저 건물은 높다. 저 산은 낮다. 따라서 저 건물은 저 산보다 높다.

기출 | 따라잡기

42. ㉠~㉣의 예를 추가할 때 가장 적절한 것은?   2018. 국가직 9급

논리학에서 비형식적 오류 유형에는 우연의 오류, 애매어의 오류, 결합의 오류, 분해의 오류 등이 있다. 우선 ㉠우연의 오류란 거의 대부분의 경우에 적용되는 일반적인 원리나 규칙을 우연적인 상황으로 인해 생긴 예외적인 특수한 경우에까지도 무차별적으로 적용할 때 생기는 오류이다. 그 예로 "인간은 이성적인 동물이다. 중증 정신 질환자는 인간이다. 그러므로 중증 정신 질환자는 이성적인 동물이다."를 들 수 있다. ㉡애매어의 오류는 동일한 한 단어가 한 논증에서 맥락마다 서로 다른 의미를 지니는 것으로 사용될 때 생기는 오류를 말한다. "김 씨는 성격이 직선적이다. 직선적인 모든 것들은 길이를 지닌다. 고로 김 씨의 성격은 길이를 지닌다."가 그 예이다. 한편 각각의 원소들이 개별적으로 어떤 성질을 지니고 있다는 내용의 전제로부터 그 원소들을 결합한 집합 전체도 역시 그 성질을 지니고 있다는 결론을 도출하는 경우가 ㉢결합의 오류이고, 반대로 집합이 어떤 성질을 지니고 있다는 내용의 전제로부터 그 집합의 각각의 원소들 역시 개별적으로 그 성질을 지니고 있다는 결론을 도출하는 경우가 ㉣분해의 오류이다. 전자의 예로는 "그 연극단 단원들 하나하나가 다 훌륭하다. 고로 그 연극단은 훌륭하다."를, 후자의 예로는 "그 연극단은 일류급이다. 박 씨는 그 연극단 일원이다. 그러므로 박 씨는 일류급이다."를 들 수 있다.

① ㉠-모든 사람은 죽는다. 소크라테스는 사람이다. 그러므로 소크라테스는 죽는다.
② ㉡-부패하기 쉬운 것들은 냉동 보관해야 한다. 세상은 부패하기 쉽다. 고로 세상은 냉동보관해야 한다.
③ ㉢-미국 아이스하키 선수단이 이번 올림픽에서 금메달을 차지했다. 그러므로 미국 선수 각자는 세계 최고 기량을 갖고 있다.
④ ㉣-그 학생의 논술 시험 답안은 탁월하다. 그의 답안에 있는 문장 하나하나가 탁월하기 때문이다.

(2) 애매문의 오류(문장 모호의 오류)

문법적 구조의 애매함 때문에 어떤 문장의 의미가 두 가지 이상으로 해석되는 오류이다.

- 영희는 어제 삼촌댁에 들러 인사하고 시골로 내려갔다.
- 사람들이 많은 도시를 다니다 보면 재미있는 일이 많이 생긴다.
- 철수가 수일 전에 일을 끝내고 돌아왔다.
- 사랑하는 오빠의 친구를 만났다고? 아니, 넌 오빠를 사랑한다는 말이니?
- 그가 너의 숭배자라고 하는데 너를 숭배하는 자가 있다는 것은 놀라운 일이다.

(3) 은밀한 재정의의 오류

단어의 의미를 자의적으로 재정의(再定意)하여 사용함으로써 생기는 오류이다.

> • 정신이 나가지 않고서야 어떻게 교장 선생님한테 말대꾸를 할 수 있니? 그런 녀석은 정신병자니까 정신 병원에 보내야 돼.
> • 그 친구, 정신병원에 보내야 하지 않아? 요즘 세상에 뇌물을 거부하다니, 미치지 않고서야 그럴 수 있어?
> • 빨간 신호에 그렇게 위험한 길을 건너다니, 그 친구 정신이 나간 게 분명해. 틀림없이 정신병자일 거야. 그러니 빨리 정신 병원에 보내야 되겠어.

(4) 강조의 오류

문장의 일부분을 부당하게 강조하여 본뜻이 변화하면서 나타나는 오류이다.

> • "우리는 우리의 친구들에 대해서 험담을 해서는 안 된다." "그래? 그럼 선생님에 대한 험담은 상관없겠네?"
> • 아버지는 수철에게 '어린애들을 주먹으로 때리면 나쁜 아이'라고 타일렀다. 그날 오후 수철이는 몽둥이로 아이들을 때리고 돌아와 아버지 말씀을 잘 듣는 아이라고 의기양양하게 자랑하였다.
> • 원수를 사랑하라고 했는데, 너는 원수가 아니니 나는 너를 사랑할 수가 없다.
> • 친구에게는 심한 말을 하지 마라. 그런데 너와 나는 친구가 아니다. 그러므로 나는 너에게 심한 말을 해도 된다.
> • 구두 바겐 세일 – 무조건 4,000원(일부 품목 제외)
> • 사장에게서 과장을 찾는 전화가 걸려 왔다. 마침 과장으로부터 매일 꾸중을 듣는 부하 직원이 그 전화를 받았다. 과장을 골탕 먹이고 싶은 부하 직원은 이렇게 말했다. "사장님 잠깐만 기다리십시오. 오늘은 과장님이 자리에 계십니다."

(5) 범주의 오류

서로 다른 범주에 속하는 것을 같은 범주의 것으로 혼동하거나 같은 범주에 속하는 것을 다른 범주로 혼동하는 데서 생기는 오류이다.

> • 교실도 봤고, 운동장도 봤지만, 왜 학교는 안 보여 주는 거야.
> • 아버지, 저는 과학자가 되기보다는 물리학자가 되고 싶습니다.
> • '언어 논리'도 배웠고, '추론'도 배웠으니, 다음은 '논리적 사고'에 대하여 알아보자.
> • 어머니, 아버지, 형, 동생은 본 적이 있지만 니네 가족을 본 적은 없었던 것 같은데.

(6) 사용과 언급을 혼동하는 오류

사용한 말과 언급한 말을 혼동해서 생기는 오류이다. (언급되는 말을 작은 따옴표 안에 넣지 않음으로 생기는 오류)

> 고대사는 성경에 들어 있다. 성경은 두 글자로 된 말이므로, 고대사는 두 글자 안에 들어 있다.

(7) '이다'를 혼동하는 오류

술어적인 '이다'와 동일성의 '이다'를 혼동해서 생기는 오류이다. (일종의 '애매어의 오류'이다.)

- 신은 사랑이다. 그런데 진실한 사랑은 흔치 않으므로, 진실한 신도 흔지 않다.
- 우리 담임선생님의 별명은 정의의 기사야. 정의의 기사를 매일 만나는 기분, 넌 잘 모를 거야.
- "우리 선생님은 호랑이야." / "호랑이한테도 뭐 배울게 있니?"

(8) 정의에 의한 존재 강요의 오류

언어가 존재와 본질적으로 동일한 관계에 있다고 생각하여 없는 존재까지도 있다고 생각하는 오류이다.

이 사진의 물체를 비행접시라 합시다. 그렇다면 지구에 비행접시가 출현하는 게 입증되는 것이 아닌가요?

기출 | 따라잡기

43. 다음 밑줄 친 부분과 같은 논리적 오류를 범하고 있는 것은?   2004. 서울시 9급

저 궁벽(窮僻)한 시골 마을에 사는 자가 오래 전에 서울에 왔다가, 처음으로 만들어서 아직 완전하지 못한 방법을 우연히 얻어듣고는, 기쁘게 돌아가서 시험해 본 다음, 속으로 자신만만하여 말하기를
"천하에 이 방법보다 더 우수한 것이 없다."
하면서 아들과 손자들을 모아 놓고 경계하기를
"서울에서 말하는 소위 기예라는 것을 내가 모두 배워 가지고 왔으니, 지금부터는 서울에서도 다시 더 배울 것이 없다."
한다. 이런 사람이 하는 짓이란 거칠고 나쁘지 않은 것이 없다.

① 이 소설책은 가장 좋은 책이다. 왜냐하면 상반기에 가장 많이 팔린 책이기 때문이다.
② 종교란 본래 인간의 무지에서 비롯된 두려움에서 생겨났다. 따라서 종교는 본질적으로 현실적 두려움을 잊기 위한 도피 수단에 불과하다.
③ 일본인들은 일반적으로 경제적 동물이다. 그러니 네가 사귀고 있는 그 일본인도 무척이나 돈을 중요시하는 사람일 거야.
④ 그러면 그렇지. 오늘 아침에 계단에서 넘어졌으니 오늘 학교 시험을 잘 볼 수 있겠어? 볼 것도 없이 못 볼거야.
⑤ 이렇게 중요한 약속을 지키지 못하는 걸 보니 자네 친구는 도대체 신용이 없는 친구로 볼 수밖에 없군.

44. 다음 중 논리적으로 오류가 없는 것은?   2004. 서울시 9급

① 이 옷은 값이 싸다. 값이 싼 것은 쉽게 떨어진다. 그러므로 이 옷은 쉽게 떨어진다.
② 글을 쓰는 것은 사고력을 기르는 길이다. 우리는 사고력을 길러야 한다. 그러므로 우리는 글을 써야 한다.
③ 우리는 외국에 있는 사람을 잘 모른다. 그런데 친한 친구가 외국에 가 있다. 그러므로 우리는 친한 친구를 잘 모른다.
④ 내가 이것을 주장한다고 해서 내 개인에 이익이 되는 것은 조금도 아닙니다. 다만 더 불쌍한 동포들, 헐벗고 굶주리는 사람들을 돕고자 하는 것입니다.
⑤ 성서의 글은 모두 하나님의 말씀이다. 성서가 하나님의 말씀인 것은 성서에 그렇게 쓰여 있기 때문이다. 그러므로 성서가 하나님의 말씀인 것은 의심할 여지가 없다.

45. 다음 대화에서 두 사람의 의견이 일치되지 않는 이유로 가장 적절한 것은? 2005. 노동부/선관위 9급

> 진숙: 야, 그 사람 정말 쩨쩨하더라. 세상에 어떻게 그럴 수가 있냐?
>
> 기택: 쩨쩨하긴 뭐가 쩨쩨하냐! 그 사람보다 시시하고 신통찮은 사람도 수없이 많다. 그 정도가 쩨쩨하다면 세상에 쩨쩨하지 않은 사람이 있겠니?
>
> 진숙: 그래 너 잘났다. 너 정말 그 사람이 통이 크다고 생각하니?
>
> 기택: 물론 통이 크지는 않지만, 그렇다고 쩨쩨한 것은 분명히 아니야.

① 판단을 내리는 기준이 다르기 때문에

② 서로 인신공격을 가하고 있기 때문에

③ 대상이 처한 정황을 트집 잡기 때문에

④ 일부분을 전체적으로 확장하기 때문에

어휘

▌단원 길잡이

공무원 국어 시험에서 어휘 영역은 학습이 상당히 까다로운 영역이다. 고유어, 한자어, 단위어, 주제별 어휘 등을 정리하고 암기하는 과정이 쉽지 않다. 또한 비문학과 화법 등 읽고 맥락을 파악해야 하는 문제에도 어휘 능력은 중요하기 때문에 절대로 소홀히 할 수 없는 영역이기도 하다. 문법이나 문학에 비해 학습의 범위가 정해져 있는 것이 아니기 때문에 수험생들을 가장 당혹스럽게 만드는 영역이다.

국회직, 군무원, 서울시 등의 시험을 준비하는 수험생들은 어휘의 중요성이 갈수록 중요하다는 것을 알고 있어야 한다. 각각의 요소별로 문항 유형을 중심으로 학습해 두는 것이 좋다. 그러나 국가직과 지방직 시험을 준비하는 수험생들은 암기 형태의 어휘 문제를 출제하지 않는 방향으로 시험 문제가 개편되었다. 어휘 문제가 출제되지 않는 것은 아니다. 문맥의 흐름을 고려하여 가장 적절한 어휘를 선택하는 유형의 문제를 출제한다. 그렇다고 하더라도 국가직과 지방직 시험을 준비하는 수험생이 어휘를 소홀히 하면 안 된다. 비문학, 작문, 화법, 언어 논리 등 읽고 문제를 해결해야 하는 문제에 어휘력은 매우 중요한 요소이다.

1 어휘란 무엇인가

글에 사용된 어휘의 사전적 의미와 문맥적 의미를 파악하는 능력을 평가하는 유형이다. 유사한 단어들의 의미를 구별하여 적절하게 사용하는 능력과 실생활에서 사용되는 어휘의 용례를 통해 어휘의 의미를 파악하는 능력, 그리고 우리말 어휘의 의미를 알고 이를 적절하게 활용할 수 있는 능력을 평가하는 유형이 주로 출제되고 있다. 그러므로 평소에 어휘의 의미를 사전을 통해 분명하게 학습하고, 특히 우리말 어휘의 의미에 대해서 명확히 정리해 두는 습관과 함께 문맥을 통해 어휘의 의미 및 성격을 추측해 보는 연습이 필요하다.

기출 | 따라잡기

1. 〈보기〉를 통해서 알 수 있는 내용으로 가장 적절하지 않은 것은?　　　2012. 법원직 9급

> 나는 서울에서 고등학교를 다니는 학생이다. 며칠 전 제사가 있어서 대구에 있는 할아버지 댁에 갔다. 제사를 준비하면서 할아버지께서 나에게 심부름을 시키셨는데 사투리가 섞여 있어서 잘 알아들을 수가 없었다. 집으로 돌아올 때 할아버지께서 용돈을 듬뿍 주셔서 기분이 좋았다. 그런데 오늘 어머니께서 할아버지가 주신 용돈 중 일부를 달라고 하셨다. 나는 어머니께 그 용돈으로 '문상'을 다 샀기 때문에 남은 돈이 없다고 말씀드렸다. 어머니께서는 '문상'이 무엇이냐고 물으셨고 나는 '문화상품권'을 줄여서 사용하는 말이라고 말씀드렸다. 학교에서 친구들과 이야기할 때 흔히 사용하는 '컴싸'나 '훈남', '생파' 같은 단어들을 부모님과 대화할 때는 설명을 해드려야 해서 불편할 때가 많다.

① 어휘는 세대에 따라서 달라지기도 한다.
② 어휘는 지역에 따라서 달라지기도 한다.
③ 성별에 따라 사용하는 어휘가 달라지기도 한다.
④ 은어나 유행어는 청소년층이 쓰는 경우가 많다.

---

2 의미의 종류

지시적 의미 (사전적 의미)	어휘나 말이 본래의 뜻으로 사용될 때의 의미 예 유리창에 <u>이슬</u>이 맺혀 있다.
문맥적 의미	어휘나 말이 문맥의 흐름 속에서 사전적 의미와 관련하여 갖게 되는 특정한 의미 예 그녀의 눈에 <u>이슬</u>이 맺혀 있다.
전의적 의미	어휘나 말이 문맥 속에서 본래의 의미와는 다른 의미로 사용되는 의미 예 네 눈에는 내가 <u>바지저고리</u>로 보이느냐?
비유적 의미	서로 다른 두 사물 간의 유사성을 바탕으로 하여 이루어지는 의미 예 사람은 <u>자연의 꽃</u>이라고 할 수 있습니다.

➕ 플러스 어휘의 문맥적 의미를 파악하는 방법

(1) 어휘의 사전적 의미를 정리해 본다.
(2) 내용의 흐름과 관련하여 해당 어휘의 의미를 추정해 본다.
(3) 사전적 의미와 추정한 어휘의 의미 사이에 연관 관계가 있는지 확인해 본다.

2. 다음 밑줄 친 부분의 문맥적 의미로 알맞은 것은?　　　　　2003. 선관위 9급

> 일 년에 한두 번 방학 때만 오래간만에 만나는 터이나, 이 두 청년은 입심 자랑이나 하듯이 주고 받는 말끝마다 서로 비꼬는 수작밖에 없지마는, 그래도 한 번도 정말 노해 본 일이 없는 사이다. 중학에서 졸업할 때까지 첫째, 둘째를 <u>겯고틀던</u> 수재이고, 비슷비슷한 가정 사정에서 자랐기 때문에 어린 우정일망정 어느덧 깊은 이해와 동정은 버리려야 버릴 수가 없는 것이었다.

① 사이좋게 나누어 가지던　　　　　② 비틀던
③ 지지 않으려고 다투던　　　　　　④ 만들던

3. 〈보기〉의 밑줄 친 단어의 의미와 가장 가까운 것은?　　　　　2015. 지방교행 9급

> **보기**
> 하루 종일 백화점을 돌아다녀도 <u>마음</u>에 드는 옷을 고르지 못했다.

① 몸은 늙었지만 <u>마음</u>은 아직 청춘이다.
② 안 좋은 일을 <u>마음</u>에 담아 두면 병이 된다.
③ 아이가 공부에는 <u>마음</u>이 없고 노는 데만 정신이 팔렸다.
④ 많이 아는 사람보다는 <u>마음</u>이 어진 사람을 사귀어야 한다.

3 어휘의 의미 변화

(1) 의미 변화의 원인

1) 언어적 원인

항상 한 단어가 다른 특정한 단어와 함께 많은 맥락 속에서 나타나고 그러한 용법이 관습화되어 그 의미가 고정되면, 이른바 기본적 의미 또는 중심적 의미에 변화를 가져오는 수가 있다.

① 전염: 낱말의 형태 또는 통사적인 원인으로 언어의 의미 변화가 일어나는 것

　　㉠ 통사적 전염

　　　　예 별로, 전혀(긍정, 부정 다 쓰임 → 부정에만 쓰인)

　　㉡ 민간 어원적 전염

　　　　예 행주치마('힝즈'를 '행주산성'의 '행주'로 잘못 해석)

② 생략: 단어나 통사적 구성 요소의 일부가 생략되고, 생략된 부분의 의미가 남아 있는 요소에 전이되어 의미 변화가 일어나는 것

　　예 아침밥 → 아침 / 머리카락 → 머리 / 콧물 → 코 / 타이프라이터 → 타이프 / 아파트먼트 → 아파트

2) 역사적 원인

어형(語形)은 변하지 않고, 그것이 지시하는 지시물의 변화에 따라 의미가 달라지는 경우

① 지시물 자체의 변화: 기술이나 습관이 달라짐에 따라 지시물이 변한다.

　　㉠ 지시물의 발달로 명칭과 개념의 연합 관계가 변한 경우

　　　　예 • 배(거룻배, 돛단배) > 발동선 > 증기선 > 핵 잠수함
　　　　　　• 붓: 毛筆 → 연필, 볼펜
　　　　　　• 신: 짚신 → 고무신 → 운동화, 구두

ⓛ 지시물은 소멸되었으나 그 말이 남아 의미가 바뀐 경우

　예 • 대감 – 조선: 정이품 이상 고관의 존칭(소멸)

　　　　　　 현재: 무속의 신, 장관 직위에 있는 관리에 대한 존칭(속어)

　　　• 생원 – 조선: 소과의 종장(終場)에 급제한 사람(소멸)

　　　　　　 현재: 나이 많은 사람을 대접하여 성 뒤에 붙여 부르는 말

　　　• 공주 – 옛날: 임금의 딸(소멸)

　　　　　　 현재: 남의 딸을 높여서 부르는 말

　　　• 감투 – 옛날: 벼슬하던 사람이 머리에 쓰던 것(소멸)

　　　　　　 현재: '벼슬'을 비유한 말

② 지시물에 대한 지식의 변화: 과학적 인지(認知)의 발달로 지시물은 그대로 있고 그에 대한 지식이 바뀌어서 의미가 변한 것이다.

　예 • 하늘(둥근 모양→ 허공), 땅(네모짐→ 둥근 모양)

　　　• 해가 뜨고 진다(지구 고정, 태양 이동→ 지구 자전)

③ 지시물에 대한 정의(情意) 변화: 지시물은 그대로 있고, 이에 대한 감정적 태도가 변함으로써 의미 변화가 발생하는 것이다.

　예 감옥소→ 형무소→ 교도소 / 효도(절대적 윤리→ 절대성 퇴색) / 나일론(좋은 것→ 좋지 않은 것)

3) 사회적 원인

언어와 사회적 계층과의 관계, 사회 구조의 변화에 의해 단어 의미가 변하는 경우

① 사회 계층의 변화에 따라

ⓧ 의미의 특수화 [의미의 축소]

단어	일반 사회	특수 사회
표리(表裏)	안팎	의복의 안감과 겉감(궁중 사회)
출혈(出血)	피가 남	손해(경제 사회)
복음(福音)	기쁜 소식	그리스도의 가르침(기독교 사회)

ⓛ 의미의 일반화 [의미의 확장]

단어	특수 사회	일반 사회
왕	왕정의 최고 책임자(왕조 사회)	1인자(암산왕), 크다(왕거미)
박사	학위(학술계)	많은 것을 두루 아는 사람
도사	도를 닦는 사람(종교계)	전문가, 잘하는 사람
대장	계급(군인 사회)	우두머리, 지도자
사령탑	군함에서 선단을 지휘하는 탑(해군)	감독

② 사회 구조의 변화에 따라 [의미의 이동]

　예 • 양반(동반과 서반 → 문벌이 좋은 사람 → 점잖은 사람)

　　　• 장가가다(장인집에 살러 들어가다 → 결혼)

　　　• 인경(통행 금지를 알리는 종 → 큰 종)

➕ 플러스 '공양'과 '장군'의 의미 변화

• 공양(供養)은 원래 불교 용어로 '부처에게 음식을 바치는 일'이었는데, 일반 사회에서 확대 사용되어 '웃어른을 대접하는 일'의 의미도 갖게 되었다.

• 장군(將軍)은 '군대 사회에서 준장 이상의 계급'을 지칭하는 말이나 일반 사회로 확대되면서 '힘이 세거나 씩씩한 사람'이라는 의미까지도 지니게 되었다.

4) 심리적 원인

감정적 연상이나 금기(禁忌)로 인하여 언어의 의미가 변화하는 경우

① 감정적 원인

　㉠ 관심의 대상이 되는 사물의 의미 영역의 확대

　　예 나일론의 의미 영역의 확대(나일론 참외, 나일론 박수, 나일론국)

　㉡ 관심의 대상이 되는 사물을 다른 사물로 표현

　　예 권총 → 돼지 다리 / 철모 → 바가지 / 계급장 → 갈매기

② 금기(taboo)에 의한 원인

　㉠ 초자연적 존재에 대한 금기　**예** 호랑이 → 산신령 / 구렁이 → 지킴

　㉡ 불쾌한 것에 대한 금기

　　예 홍역 → 손님 / 미치다 → 돌다 / 도둑질 → 손장난 / 천연두 → 마마

　㉢ 미풍 양속에 대한 금기　**예** 사내아이의 성기 → 고추 / 유방 → 가슴 / 섹스 → 사랑

➕ 플러스　기존어(既存語)의 전용으로 인한 의미 변화

새로운 사물의 이름이 필요할 때 단어를 새롭게 만들지 않고, 이미 있는 것을 이용하는 일이 적지 않다. 이런 경우 의미 하나가 추가되는 일도 있고, 본디부터의 의미는 소멸되고 새로운 의미만 남는 수가 있다. 그 결과 의미변화가 발생한다. 의미변화의 본질면에서 볼 때, 본디부터의 의미와 새로 생긴 의미와의 사이에는 무엇인가 상호관계를 맺기 마련이다. 연상의 관계를 벗어나지 않기 때문이다. 연상이론에는 두 가지 구분이 있다.

하나는 의미변화의 현상으로 독립된 개개의 단어와 단어 사이의 연상의 산물이라고 보는 입장이고, 다른 하나는 연상의 장(場)의 이론이다. 후자는 구조의미론의 입장이라 할 수 있다. 연상은 의미변화의 필요조건이요 원천이다.

의미간의 연상에 의해서, 그리고 명칭(언어기호)간의 연상에 의해서 의미변화가 발생하는 것이다. 교활한 사람을 '여우'라 하고, 왕을 '대전(大殿)'이라고 하는 것은 각각 유사와 근접에 의한 의미간의 연상에 의한 것이고, 이른바 민간어원(民間語源)은 명칭간의 유사에 의한 연상에 의한 것이다.

기출 │ 따라잡기

4. ㉠~㉢의 사례로 적절하지 않은 것은?　　　　2022. 국가직 9급

　단어의 의미가 변화하는 양상은 다양하다. 첫째, "아침 먹고 또 공부하자."에서 '아침'은 본래의 의미인 '하루 중의 이른 시간'을 가리키지 않고 '아침에 먹는 밥'이라는 의미로 쓰인다. '밥'의 의미가 '아침'에 포함되어서 '아침'만으로도 '아침밥'의 의미를 표현하게 된 것으로, ㉠두 개의 단어가 긴밀한 관계여서 한쪽이 다른 한쪽의 의미까지 포함하는 의미로 변화하게 된 경우이다. 둘째, '바가지'는 원래 박의 껍데기를 반으로 갈라 썼던 물건을 가리켰는데, 오늘날에는 흔히 플라스틱 바가지를 가리킨다. 이것은 ㉡언어 표현은 그대로인데 시대의 변화에 따라 지시 대상 자체가 바뀌어서 의미 변화가 발생한 경우이다. 셋째, '묘수'는 본래 바둑에서 만들어진 용어이지만 일상적인 언어생활에서도 '쉽게 생각해 내기 어려운 좋은 방안'이라는 의미로 사용된다. 이는 ㉢특수한 영역에서 사용되던 말이 일반화되면서 단어의 의미가 변화한 경우에 해당한다. 넷째, 호랑이를 두려워하던 시절에 사람들은 '호랑이'라는 이름을 직접 부르기 꺼려서 '산신령'이라고 부르기도 했는데, 이는 ㉣심리적인 이유로 특정 표현을 피하려다 보니 그것을 대신하는 단어의 의미에 변화가 생긴 경우이다.

① ㉠: '아이들의 코 묻은 돈'에서 '코'는 '콧물'의 의미로 쓰인다.

② ㉡: '수세미'는 원래 식물의 이름이었지만 오늘날에는 '그릇을 씻는 데 쓰는 물건'이라는 의미로 쓰인다.

③ ㉢: '배꼽'은 일반적으로 '탯줄이 떨어지면서 배의 한가운데에 생긴 자리'를 가리키지만 바둑에서는 '바둑판의 한가운데'라는 의미로 쓰인다.

④ ㉣: 무서운 전염병인 '천연두'를 꺼려서 '손님'이라고 불렀다.

① '겨레'는 근대국어에서 '친족'을 뜻하였는데 오늘날에는 '민족'을 뜻하여 의미가 확대되었다.

② '얼굴'은 중세국어에서 '형체'를 뜻하였는데 오늘날에는 '안면'을 뜻하여 의미가 축소되었다.

③ '어리다'는 중세국어에서 '어리석다'를 뜻하였는데 오늘날에는 '나이가 적다'를 뜻하여 의미가 상승하였다.

④ '계집'은 중세국어에서 '여자'를 뜻하였는데 오늘날에는 '여자를 낮잡아 이르는 말'로 의미가 하락하였다.

(2) 의미 변화의 종류

1) 의미의 확장

어떤 사물이나 관념을 가리키는 단어의 의미 영역이 넓어짐. 의미의 일반화

예
- 지갑 ┌ 원뜻: 종이로 만든 갑(匣)
      └ 확장: 가죽, 옷감, 비닐 등으로 만든 갑(匣)
- 겨레 ┌ 원뜻: 종친(宗親)
      └ 확장: 동포, 민족
- 선생 ┌ 원뜻: 성균관의 교무 직원
      └ 확장: 학생을 가르치는 사람, 다른 사람에 대한 존칭
- 먹다 ┌ 원뜻: 음식물을 씹어 삼키다.
      └ 확장: 마시다, 피우다, 품다
- 다리 ┌ 원뜻: 사람이나 동물의 다리만 지칭
      └ 확장: 책상, 안경다리 등 무생물에까지 적용
- 방석 ┌ 원뜻: 네모난 모양의 깔개
      └ 확장: 네모난 모양뿐만 아니라 둥근 깔개도 포함
- 목숨 ┌ 원뜻: 목구멍으로 드나드는 숨
      └ 확장: 생명
- 왕초 ┌ 원뜻: 거지의 두목
      └ 확장: 깡패의 두목, 직장의 상사, 모임의 우두머리
- 머리 ┌ 원뜻: 사람의 머리
      └ 확장: 무생물까지 확대되어 사용(말머리, 책상머리, 뱃머리 등)

2) 의미의 축소

어떤 대상이나 관념을 나타내는 단어의 의미 영역이 좁아짐. 의미의 전문화·특수화

예
- 중생 ┌ 원뜻: 생명이 있는 모든 것
      ├ 축소: 사람만을 지칭함
      └ '짐승'도 '즘싱'에서 나온 말로 '생명이 있는 모든 것'의 의미에서 '동물'을 지칭하는 말로 축소됨.
- 계집 ┌ 원뜻: 여성을 가리키는 일반적인 말
      └ 축소: 여성의 낮춤말로만 쓰임
- 놈 ┌ 원뜻: 남자를 가리키는 일반적인 말
     └ 축소: 남자의 낮춤말로만 쓰임
- 미인 ┌ 원뜻: 남녀를 불문하고 재덕(才德)이 뛰어난 사람
      └ 축소: 용모가 매우 아름다운 여자만을 뜻하는 말
- 학자 ┌ 원뜻: 학자는 천자문을 배우는 아이를 포함해 학문을 하는 모든 사람
      └ 축소: 전문적 지식을 가지고 학문을 연구하는 사람
- 공갈 ┌ 원뜻: 남을 무섭게 으르고 위협하는 행위
      └ 축소: 거짓말

3) 의미의 이동

단어의 의미 영역이 확장되거나 축소되는 일이 없이 다른 의미로 변함

예
- **주책**
  - 원뜻: 일정한 생각
  - 이동: 일정한 생각이나 줏대가 없이 되는 대로 하는 행동
- **어리다**
  - 원뜻: 어리석다
  - 이동: 나이가 적다
- **어엿브다**
  - 원뜻: 불쌍하다
  - 이동: 예쁘다
- **젊다(졈다)**
  - 원뜻: 나이가 어리다
  - 이동: 혈기가 한창 왕성하다
- **인정(人情)**
  - 원뜻: 뇌물
  - 이동: 사람의 따뜻한 감정
- **방송(放送)**
  - 원뜻: 석방
  - 이동: 라디오나 텔레비전의 프로그램을 전파에 실어 송출
- **내외(內外)**
  - 원뜻: 안과 밖
  - 이동: 부부(夫婦)
- **수작(酬酌)**
  - 원뜻: 술잔을 주고 받다
  - 이동: 대화를 주고받다
- **감투**
  - 원뜻: 벼슬아치가 쓰는 모자
  - 이동: 벼슬

6. 국어의 어휘 의미 변화에 대한 다음의 진술 중 올바르지 못한 것은?

2014. 서울시 9급

① '다리(脚)'가 사람이나 짐승의 다리만 가리켰으나 현대에는 '책상'에도 쓰인다.

② '짐승'은 '衆生'에서 온 말로 생물 전체를 가리켰으나 지금은 사람을 제외한 동물을 가리킨다.

③ '사랑하다'는 '생각하다'라는 의미가 있었으나 지금은 이 의미가 없다.

④ '어여쁘다'는 '조그맣다'라는 뜻이었으나 지금은 '아름답다'의 의미이다.

⑤ '어리다'는 '어리석다'의 뜻이었다가 지금은 '나이가 적다'의 의미로 쓰인다.

7. 〈보기〉의 어휘들은 통시적으로 변화된 양상을 보여 준다. 이들에 대한 설명으로 가장 옳지 않은 것은?

2019. 서울시 7급 추가채용

보기
(가) 놈: '사람평칭' → '남자의 비칭'
(나) 겨레: '종친, 친척'
　　　　　 → '민족, 동족'
(다) 아침밥 > 아침
(라) 맛비 > 장맛비

① (가)는 시대의 변화에 따라 의미가 축소된 예이다.

② (나)는 시대의 변화에 따라 의미가 확대된 예이다.

③ (다)는 형태의 일부가 생략된 후 나머지에 전체 의미가 잔류한 예이다.

④ (라)는 형태의 일부가 덧붙여진 후에도 전체 의미가 변하지 않은 예이다.

PART 06　어휘 편

제 **2** 절 어휘의 종류

1 일반어와 특수어

단어 A가 다른 단어 B의 지시 내용을 포괄하고 있을 때, A를 일반어, B를 특수어라 한다. 일반어와 특수어의 구분은 절대적인 것은 아니며, 의미의 상대적 관계에 의해 결정된다.

    ① 일반어(一般語): 특수어보다 상위 개념. 포괄적, 추상적

    ② 특수어(特殊語): 일반어보다 하위 개념. 개별적, 구체적

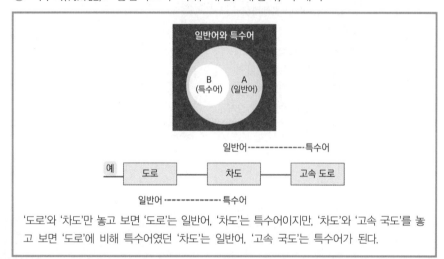

'도로'와 '차도'만 놓고 보면 '도로'는 일반어, '차도'는 특수어이지만, '차도'와 '고속 국도'를 놓고 보면 '도로'에 비해 특수어였던 '차도'는 일반어, '고속 국도'는 특수어가 된다.

2 추상어와 구체어

단어가 가리키는 의미 중에는 형상을 갖추고 있어 우리가 감각 기관으로 직접 인식할 수 있는 것도 있지만, 어떤 형상 없이 관념에 의해서만 존재하는 것도 있다.

    ① 추상어(抽象語): 감각적으로 인식할 수 없는 관념적인 뜻을 가리키는 단어.

        예 평화, 증오

    ② 구체어(具體語): 감각적으로 인식할 수 있는 대상을 가리키는 단어

        예 집, 연필

➕ 플러스 추상어를 구체어로 활용한 예

冬至(동지)ㅅ돌 기나긴 밤을 한 허리를 버혀 내여,
春風(춘풍) 니불 아릭 서리서리 너헛다가
어론님 오신 날 밤이여든 구뷔구뷔 펴리라.

                                                  – 황진이의 시조 –

→ '밤'은 시간이라는 추상적 개념의 단어이다. 이 말을 '버혀', '너헛다가', '펴리라'와 같이 구체어로 활용하여 표현하고 있다.(관념을 구체화한 표현)

3 고유어와 외래어

① 고유어(固有語): 순수한 우리말. 정서적인 글에 많이 사용된다.

② 외래어(外來語): 외국어가 국어 속에 들어와서 국어처럼 쓰이는 말. 차용어(借用語). 한자어가 대부분이다.

기출 | 따라잡기

8. 한자어 없이 고유어로만 구성된 문장은?　　　　　　　　2018. 서울시 9급 특별채용

① 그의 모습을 보자 모골이 송연해졌다.

② 도대체가 무슨 일인지 가늠이 안 된다.

③ 나는 생각에 생각을 거듭하여 매사에 임한다.

④ 그 노래를 들으니 불현듯 어릴 적이 떠오른다.

9. 밑줄 친 부분을 고유어로 바꿀 때 적절한 것은?　　　　　　　　2018. 국가직 7급

① 소기의 목적을 달성하기 위해 노력합시다. → 바라는

② 우리는 연 3%의 연체 이자를 납부합니다. → 에누리를

③ 부서의 현재 상황을 상신하여 주시기 바랍니다. → 헤아려

④ 오늘 경기가 취소되었으니 양지하시기 바랍니다. → 알려 주시기

➕ 플러스　고유어와 한자어

(1) 고유어로 착각하는 한자어들
　예 소위(所謂)
　　　도대체(都大體)
　　　대관절(大關節)
　　　심지어(甚至於)
　　　어차피(於此彼)
　　　별안간(瞥眼間)

(2) 한자어를 고유어로 바꿔 쓰기
　• 급기야(及其也) → 마침내
　• 부득이(不得已) → 마지못해
　• 미상불(未嘗不)
　　　→ 아닌게 아니라
　• 하여간(何如間) → 어쨌든
　• 소위(所謂) → 이른바

1 어휘 간의 의미 관계 파악하기

어휘 간의 관계를 묻는 문제는 해당 어휘와 관계가 있는 어휘를 이해하고 정확하게 활용할 수 있는지를 평가하는 유형이다. 해당 어휘의 동의어와 유의어, 다의어, 동음이의어, 반의어, 그리고 상·하의어 등의 이해를 바탕으로 이를 적절하게 활용하여 어휘를 구사하고 의미를 파악할 수 있는지를 평가하므로 평소에 접하는 어휘와 관계가 있는 어휘를 정리해 두면 어휘 간의 관계를 파악하는데 도움이 될 수 있다.

2 표준국어대사전

'표준국어대사전'은 국립국어원에서 편찬했고, 51만 개가 넘는 대한민국 표준어가 등재된 한국 최대의 국어사전이다. 표준어 규정, 한글 맞춤법 등의 어문 규정을 준수하여 국립국어원에서 발행한 국어 대사전이다. 책으로는 1999년에 초판본이 나왔으며, 2008년에 개정판이 나오면서 현재는 인터넷으로 제공되고 있다. 2019년 3월에 새 서비스 화면으로 개편하면서 저작권을 국민 모두에게 개방하여 사전의 전체 내용을 누구나 자유롭게 이용할 수 있도록 하였다.

어휘와 문법을 공부하는 수험생이라면 표준국어대사전을 이용해야 한다. 사전에 등재되어 찾을 수 있는 단어를 표제어라고 한다. 표제어의 정확한 정의는 '사전 따위의 표제 항목에 넣어 알기 쉽게 풀이해 놓은 말'이다. 사전에는 표제어 외에 각 단어의 뜻, 품사, 표준발음 등을 설명하고 있다. 이를 통해 각 단어의 의미 관계 등을 파악할 수 있다.

(1) 중심 의미와 주변 의미

① **중심 의미**: 관습적으로 인정되는 가장 기본적인 의미

② **주변 의미**: 상황이나 문맥에 따라 뜻이 확장되어 쓰임

예 • 길 ① 학교 가는 길은 포장도로다. (왕래, 통행하는 곳) ──── 중심 의미
　　　② 오는 길에 만났다. (도중)
　　　③ 먼 길을 떠났다. (여정)
　　　④ 살자니 그 길밖에 없다. (방법, 수단)
　　　⑤ 자식으로서의 길 (도리) ── 주변 의미
　　　⑥ 주어진 길을 걸어가겠다. (인생의 운명)
　　　⑦ 그 길에 통달한 사람 (방면, 분야)

기출 | 따라잡기

10. 밑줄 친 말의 문맥적 의미가 같은 것은?　　2017. 국가직 9급

> 고장 난 시계를 <u>고치다</u>.

① 부엌을 입식으로 <u>고치다</u>.
② 상호를 순 우리말로 <u>고치다</u>.
③ 정비소에서 자동차를 <u>고치다</u>.
④ 국민 생활에 불편을 주는 낡은 법을 <u>고치다</u>.

11. 밑줄 친 ㉠, ㉡에 해당하는 예로 옳은 것은?　　2022. 국회직 9급

> 어휘는 ㉠물리적 공간과 관련된 중심적 의미를 지니는 것이 ㉡추상화되어 주변적 의미도 지니게 되는 경우가 있다.

① ㉠ 물은 <u>낮은</u> 지대로 흐른다.
　㉡ 환경에 대한 관심도가 <u>낮다</u>.
② ㉠ 내 <u>좁은</u> 소견을 말씀드렸다.
　㉡ 마음이 <u>좁아서는</u> 곤란하다.
③ ㉠ 우리는 <u>넓은</u> 공터에 모였다.
　㉡ 우리집 마당은 꽤 <u>넓다</u>.
④ ㉠ 그녀는 성공할 가능성이 <u>크다</u>.
　㉡ 힘든 만큼 기쁨도 <u>큰</u> 법이다.
⑤ ㉠ 형의 말은 거의 사실에 <u>가깝다</u>.
　㉡ 집결 장소는 <u>가까운</u> 곳이다.

- 발　① 발을 다치다. (신체의 일부분) ——————— 중심 의미
　　　② 책상의 발이 길다. (다리) ┐
　　　③ 발이 넓다. (교제의 범위) ┤
　　　④ 발을 끊다. (관계, 인연) ├─ 주변 의미
　　　⑤ 발이 빠르다. (걸음) ┘

- 손　① 손을 씻었다. (신체의 일부분) ——————— 중심 의미
　　　② 그의 손에 놀아나다. (수완) ┐
　　　③ 그의 손이 가야 한다. (기술) ┤
　　　④ 손을 끊다. (교제) ├─ 주변 의미
　　　⑤ 손이 부족하다. (노동력) ┘

(2) 다의어와 동음이의어

① 다의어(多義語): 한 단어에 여러 개의 의미가 결합되어 있는 관계

> **➕ 플러스 다의어의 중심적 의미와 주변적 의미**
>
> (1) 중심적 의미: 가장 기본적이고 핵심적인 의미
> 　예 그리다: 연필, 붓 따위로 어떤 사물의 모양을 그와 닮게 선이나 색으로 나타내다. '그림을 <u>그리다</u>'
> (2) 주변적 의미: 중심적 의미에서 확장되어 사용된 의미
> 　예 그리다: 생각, 현상 따위를 말이나 글. 음악 등으로 나타내다. 어떤 모양을 일정하게 나타내거나 어떤 표정을 짓다. 상상하거나 회상하다. 등 '이순신 장군의 일대기를 <u>그린</u> 영화', '화살이 포물선을 <u>그리며</u> 날아간다.'

② 동음이의어(同音異議語): 소리는 같으나 그 의미는 다른 어휘, 다의어와는 다름
　예 다리 1: 사람이나 동물의 몸통 아래 붙어 있는 신체의 부분. 서고 걷고 뛰는 일 따위를 맡아 한다. '<u>다리</u>를 다치다'
　　　다리 2: 물을 건너거나 또는 한편의 높은 곳에서 다른 편의 높은 곳으로 건너다닐 수 있도록 만든 시설물. '<u>다리</u>를 건너다'

> **➕ 플러스 동음이의어와 다의어의 차이**
>
> • 동음이의어: 소리는 같지만 의미적으로 관련이 없는 단어이다. 사전에 다른 표제어로 실린다.
> 　예 국립국어원 표준국어대사전에 실린 동음이의어 '배'
> 　배01 「명사」
> 　1. 『의학』 사람이나 동물의 몸에서 위장, 창자, 콩팥 따위의 내장이 들어 있는 곳으로 가슴과 엉덩이 사이의 부위
> 　2. 『동물』 절족동물. 특히 곤충에서 머리와 가슴이 아닌 부분. 여러 마디로 되어 있으며 숨구멍, 항문 따위가 있다.
> 　배02 「명사」
> 　사람이나 짐 따위를 싣고 물 위로 떠다니도록 나무나 쇠로 만든 물건. 모양과 쓰임에 따라 보트, 나룻배, 기선(汽船), 군함(軍艦), 화물선, 여객선, 유조선 따위로 나눈다. ≒선박02(船舶)
> 　1. 선척02(船隻). 주선03(舟船)
> 　배03 「명사」
> 　배나무의 열매 ≒생리02(生梨). 이자08(梨子) 〔〈비〈두시-초〕

PART 06 어휘 편

12. 밑줄 친 말과 같은 의미로 쓰인 것은?
　　　　　　　　　2007. 국가직 7급

> 일상생활 속에서 우리는 심신이 지치고 육체가 피로해지는 경험을 자주 한다. 홀로 한가하게 자신을 돌보고 휴식을 취할 수 있는 방학은 일종의 보너스다. 이 한가한 틈을 <u>타서</u> 잠깐 동안이나마 일상에서 떠나 사람과 일을 잊고, 풀과 나무와 하늘과 바람과 더불어 호흡하고 느끼고 노래한다면 정신은 한층 풍요로워질 것이다.

① 그는 나무를 잘 <u>탄다</u>.
② 어둠을 <u>타고</u> 도망쳤다
③ <u>타는</u> 듯한 색채를 그린다.
④ 비가 오지 않아 밀이 <u>탄다</u>.

13. 밑줄 친 단어의 의미 관계가 〈보기〉의 ㉠, ㉡과 유사한 것은?
　　　　　　　　　2016. 기상직 9급

> **보기**
> • 민수는 점심을 많이 먹어서 ㉠배가 불렀다.
> • 바다를 향해 힘차게 나아가는 ㉡배를 보아라.

① 철수는 다방면으로 <u>발</u>이 넓다.
　그는 <u>발</u>을 재촉하며 걸었다.
② 고향으로 가는 <u>길</u>이 수월했다.
　그 문제는 풀어낼 <u>길</u>이 없다.
③ 심한 운동을 해서 <u>다리</u>에 쉬가 났다.
　영희는 아슬아슬하게 <u>다리</u>를 건넜다.
④ 그는 <u>손</u>을 힘껏 뻗어 물건을 집었다.
　이번 일은 <u>손</u>이 부족하여 힘이 든다.

제3절 어휘들의 의미 관계　357

- 다의어: 소리가 같고, 중심적 의미에서 파생된 의미를 지니고 있기 때문에 의미도 서로 밀접한 관련이 있다. 사전에 같은 표제어 밑에 다른 번호로 실린다.

  예 국립국어원 표준국어대사전에 실린 다의어 '먹다'

  > 먹다02 [-따] [먹어, 먹으니, 먹는[멍-]] 「동사」
  > [1] […을]
  > 1. 음식 따위를 입을 통하여 배 속에 들여보내다.
  > 2. 담배나 아편 따위를 피우다.
  > 3. 연기나 가스 따위를 들이마시다.
  > 4. 어떤 마음이나 감정을 품다.
  > 5. 일정한 나이에 이르거나 나이를 더하다.
  > 6. 겁, 충격 따위를 느끼게 된다.
  > 7. 욕, 핀잔 따위를 듣거나 당하다.~

  한편, 원래는 다의어 관계였으나 오랜 시간이 지나 그 어원이 언중들에게 잊어지면서 지금은 동음이의어처럼 여겨지는 단어도 있을 수 있다.

3 단어들의 의미 관계

(1) 동의(同義) 관계

두 개 이상의 단어가 소리는 다르나 의미가 같은 관계로 이같이 동의 관계에 있는 단어를 이음동의어(異音同義語)라 한다.

예 책방 – 서점 / 속옷 – 내의 / 죽다 – 숨지다 / 범 – 호랑이 / 허파 – 폐(肺) / 태양(太陽) – 해

(2) 이의(異義) 관계

소리는 같으나 의미가 다른 단어의 관계로 동음이의어(同音異議語)라고 한다.

예 • 배(복부) – 배(과일) – 배(선박)
  • 말(言) – 말(斗) – 말(馬)
  • 쓰다(用) – 쓰다(書) – 쓰다(苦)

(3) 유의(類義) 관계

두 개 이상의 단어가 소리는 다르나 의미가 비슷하다. 지시 대상과 용법이 다르기 때문에 교체 사용이 불가능하다.

예 • 꼬리 – 꽁지('꼬리'는 길짐승에, '꽁지'는 날짐승에만 쓰여 교체 사용이 불가능하다.)
  • 밥 – 맘마 / 얼굴 – 낯 / 집 – 댁 / 소변 – 오줌 / 샛별 – 금성 / 변소 – 화장실 / 오른손 – 바른손

(4) 반의(反義)관계

한 쌍의 단어가 서로 반대되는 의미를 가지며, 막연한 대상을 대조적으로 표현하여 의미를 분명히 구분해 주는 기능을 한다.

	연소(年少)	남성
소년	+	+
소녀	+	−

소년과 소녀는 '연소'라는 자질은 공유하면서, '남성'이라는 자질은 공유하지 않기 때문에 반의어이다.

기출 │ 따라잡기

14. 다음에 해당하는 사례로 적절하지 않은 것은? 2019. 지방직 9급

대립쌍을 이루는 단어들이 일정한 방향성을 이루고 있다.

① 성공(成功) : 실패(失敗)
② 시상(施賞) : 수상(受賞)
③ 판매(販賣) : 구매(購買)
④ 공격(攻擊) : 방어(防禦)

15. 밑줄 친 부분의 의미 관계가 나머지 셋과 다른 것은? 2015. 국가직 9급

① 세 시간이 흐르도록 분분했던 의견들이 마침내 하나로 합치하였다.
② 아무리 논리적 사고라 하더라도 거기에는 비판이 따르게 마련이다.
③ 사회적 지위가 높은 사람이 보여주는 겸손은 가끔 오만으로 비칠 수도 있다.
④ 결미에 제시된 결론이 모두에서 진술한 내용과 관련을 맺는다면 좀 더 긴밀한 구성이 될 것이다.

	연소(年少)	남성
할아버지	–	+
소녀	+	–

그러나 위와 같이 할아버지와 소녀는 '연소'라는 자질과 '남성'이라는 자질 중 어느 것도 공유하지 않기 때문에 반의어가 아니다. 반의 관계는 다시 다음과 같이 세분화할 수 있다.

① **모순 관계**: 두 단어를 모두 부정하면 모순이 일어나는 대립 관계, 즉 중간항이 없는 대립 관계를 말한다.

> 예 남자 : 여자 ('남자도 아니고, 여자도 아니다'라는 진술은 모순)
>
> 있다 : 없다 / 움직이다 : 정지하다 / 유죄 : 무죄 / 엄마 : 아빠 / 삶 : 죽음

② **반대 관계**: 두 단어를 모두 부정해도 모순이 일어나지 않는 대립 관계, 즉 중간항이 허용되는 대립 관계를 말한다.

> 예 크다 : 작다 ('크지도 않고, 작지도 않다'는 진술이 가능)
>
> 뜨겁다 : 차갑다 / 적 : 동지

③ **상대 관계**: 상대 관계는 서로 관계되는 두 실체를 떼어서는 생각할 수 없는 대립 관계를 말한다.

> 예 어버이 : 자식 (어버이 없이는 자식이 존재할 수 없고, 자식 없이는 어버이 역시 존재할 수 없음.)
>
> 스승 : 제자 / 남편 : 아내

(5) 상하(下義) 관계

서로 의미가 포함되거나 포함하는 두 단어들의 관계로 상의어는 여러 개의 하의어를 가질 수 있다.

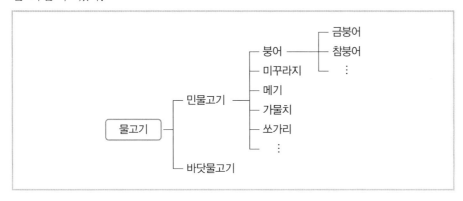

예제 | 따라잡기

16. 문맥상 ㉠의 의미와 가장 가까운 것은? 2025 개편 예시문항

> 고소설에는 돌아가야 할 곳으로서의 원점이 존재한다. 그것은 영웅소설에서라면 중세의 인륜이 원형대로 보존된 세계이고, 가정소설에서라면 가장을 중심으로 가족 구성원들이 평화롭게 공존하는 가정이다. 고소설에서 주인공은 적대자에 의해 원점에서 분리되어 고난을 겪는다. 그들의 목표는 상실한 원점을 회복하는 것, 즉 그곳에서 향유했던 이상적 상태로 ㉠돌아가는 것이다.

① 전쟁은 연합군의 승리로 돌아갔다.
② 사과가 한 사람 앞에 두 개씩 돌아간다.
③ 그는 잃어버린 동심으로 돌아가고 싶었다.
④ 그녀는 자금이 잘 돌아가지 않는다며 걱정했다.

가다 (자동사)

① 이곳에서 저곳으로 옮아 움직이다. 예 학교에 가다.

② (있던 자리를) 떠나다. 예 나 보기가 역겨워 가실 때에는 말없이 고이 보내 드리오리다.

③ (직업 · 학업 · 복무 따위로 해서) 몸 둘 곳을 옮기다. 예 군대에 가다.

④ (정보 · 기별 · 소식 따위가) 전하여지다. 예 기별이 가다.

⑤ (어떤 지경이나 처지에) 이르다. 예 사람들은 어려운 지경에 가서야 잘못을 깨닫는다.

⑥ 몫으로 돌아가다. 예 나한테는 세 개가 왔는데, 너에게는 다섯 개가 갔구나.

⑦ (시간 · 세월 · 계절 따위가) 지나다. 예 가을이 가고 봄이 오다.

⑧ (어느 시기 · 지경까지) 이어지다. 견디다. 예 이 구두라면 3년은 가겠지.

⑨ (금 · 얼굴 · 구김살 · 주름 따위 말에 이어 쓰이어) 생기다. 예 금이 간 유리.

⑩ (맛 · 입맛 · 음식 이름 따위 말에 이어 쓰이어) 상하다. 변하다.
　　 예 김치 맛이 갔다.

⑪ (눈길 · 짐작 · 관심 따위 말에 이어 쓰이어) 그 방향으로 돌려지다.
　　 예 자꾸 눈길이 가다.

⑫ (차례나 등급 따위가) 그만한 정도가 되다. 예 둘째 가라면 서러워하는 실력자라네.

가리다 (타동사)

① 보이지 않게 막다. 예 앞을 가리다.

② 골라내다. 예 불량품을 가려내다.

③ 낯선 사람을 싫어하다. 예 낯을 가리다.

④ 셈을 따져 밝히다. 예 셈을 가리다.

⑤ 머리를 대강 빗다.

⑥ 음식을 한쪽으로 치중되게 먹다. 예 음식을 가리다.

⑦ 분별, 구별하다. 예 밤낮을 가리지 않다.

⑧ 어린애가 똥이나 오줌을 함부로 싸지 않고 눌 곳에 누게 되다.

⑨ 곡식, 땔나무 등의 단을 쌓아 더미를 짓다.

갈다¹ (타동사)

먼젓것 대신에 새것으로 바꾸다.

갈다²

① 물건을 닳게 하기 위하여 다른 것을 대고 문지르다. 예 먹을 갈다.

② 숫돌 같은 데다 문질러서 날이 서게 하다. 예 칼을 갈다.

③ 맷돌로 가루를 만들다. 예 녹두를 갈다.

④ 문질러서 광채를 내다. 예 옥도 갈아야 보배다.

⑤ 노력하여 더욱 훌륭하게 하다. 예 갈고 닦은 솜씨

기출 따라잡기

17. 다음의 '기르다'와 같은 의미로 쓰인 것은? 2022. 간호직 8급

인내심을 <u>기르다</u>.

① 그녀는 아이를 잘 <u>기른다</u>.
② 그는 취미로 화초를 <u>기르고</u> 있다.
③ 병을 <u>기르면</u> 치료하기 점점 어렵다.
④ 나는 체력을 <u>기르기</u> 위해 매일 운동한다.

갈다³

① 쟁기 따위로 흙을 파 뒤집다.

② 경작(耕作)하다. 예 뒷밭에 보리를 갈았다.

같다 (형용사)

① 다르지 아니하다. 예 그와 나는 고향이 같다.

② (변동이나 변화가 없이) 한결같다. 예 그가 어머니 섬기는 정성은 10년이 하루 같다네.

③ (조사가 붙지 않은 체언에 바로 이어지거나, '-ㄴ(은·는) 것', 또는 'ㄹ(을·를) 것'에 이어져) 추측이나 불확실한 단정을 나타냄. 예 내일이면 다 마칠 것 같다.

④ (서술성이 없는 관형사형 '같은'의 꼴로 쓰이어) 관형사 '한'의 뜻을 나타냄.
예 같은 배를 타고 가는 나그네들

⑤ ('같은'의 꼴로 쓰이어) 비교·비유의 뜻을 나타냄. 예 성인 같은 인품.

⑥ ('같은'의 꼴로, 명사 사이에 끼이어) 어떤 기준을 나타냄.
예 어디, 사람 같은 사람이라야 상대를 하지.

⑦ ('같으면', '같다면'의 꼴로 쓰이어) 조건이나 가정을 나타냄.
예 그런 상황에서 너 같으면 어떻게 하겠니?

⑧ ('같으니라고은의 꼴로 쓰이어) 혼잣말투로 남을 욕하거나, 손아랫사람을 꾸 짖는 뜻으로 명사에 붙여 쓰는 말. 예 철없는 사람 같으니라고!

⑨ ('같은' 꼴로 체언 뒤에 쓰여) 그런 부류에 속한다는 뜻을 나타내는 말,
예 여행을 할 때엔 반드시 신분증 같은 것을 가지고 다녀야 한다.

걸다¹ (타동사)

① 물건을 걸쳐 놓거나 드리워지게 하다. 예 목도리를 목에 걸다.

② 문이 열리지 않도록 쇠·못·고리 따위를 꽂거나 지르다. 잠그다. 예 자물쇠를 걸다.

③ 이용할 수 있도록 차려 놓다. 예 냄비를 걸다.

④ 계약이나 내기의 조건으로 내놓다. 담보로 맡기다. 예 승부에 금품을 걸다.

⑤ 의논이나 토의의 내용으로 삼다. 예 문제를 전체 토의에 걸다.

⑥ 기대나 희망을 가지다. 예 국가의 장래를 청소년에게 걸다.

⑦ 상대편에게 영향이 미치는 행동을 하다. 예 싸움을 걸다.

⑧ 기계 따위에 올려 작업이 되게 하다. 예 인쇄물을 윤전기에 걸다.

⑨ 기계 따위가 작동되도록 하다. 예 자동차의 시동을 걸다.

걸다² (형용사)

① 흙에 영양분이 많다. 예 밭이 걸어서 곡식이 잘 된다.

② 차려 놓은 음식이 푸짐하다. 예 잔칫상이 걸다.

③ 말솜씨가 험하다. 예 그의 말은 언제나 걸다.

기출 따라잡기

18. 다음에 대한 설명으로 적절하지 않은 것은? 2023. 지역인재 9급

- 곱다¹ 이익을 보려다 도리어 손해를 입게 되다.
- 곱다² 모양, 생김새, 행동거지 따위가 산뜻하고 아름답다.
- 곱다³ 손가락이나 발가락이 얼어서 감각이 없고 놀리기가 어렵다.

① '곱다¹'은 동사이고, '곱다²'와 '곱다³'은 형용사이다.

② '곱다¹'은 규칙 용언이고 '곱다²'와 '곱다³'은 불규칙 용언이다.

③ '곱다¹'은 '주식에 손을 대었다가 도리어 곱고 말았다.'처럼 쓸 수 있다.

④ '곱다²'의 반대말은 '밉다'이다.

굳다¹ (자동사)

① 오그라들어 **뻣뻣**하여지다. 예 팔다리가 굳다.

② 버릇이 되다. 예 말버릇이 굳어 버리다.

③ (무른 것이) 단단해지다. 예 비 온 뒤에 땅이 굳어진다.

④ 돈 따위가 헤프게 없어지지 아니하고 계속 남다. 예 돈이 굳다.

굳다² (형용사)

① (무르지 않고) 단단하다. 예 시멘트가 굳다.

② 뜻이 흔들리거나 바뀌지 않다. 예 의지가 굳다.

③ 튼튼하고 단단하다. 예 방문을 굳게 잠그다.

④ 표정이 딱딱하다. 예 잔뜩 긴장한 굳은 얼굴

길¹ (명사)

① 사람이 다닐 수 있도록 만들어진 곳. 예 길이 시원하게 뚫리다.

② 항로(航路). 예 배로 가는 길.

③ 도중(途中). 〔주로 '-은(는) 길에', '-(은(는) 길이다.'의 꼴로 쓰임.〕
예 퇴근하는 길에 가게에 들렀다.

④ 시간이나 공간을 거치는 과정. 예 우리 민족이 걸어온 길.

⑤ 목표로 하는 방향. 예 경제 성장에의 길.

⑥ 방법이나 수단. 〔주로 '-은(는)/-을 길'의 꼴로 쓰임.〕 예 타협할 길이 없다.

⑦ 사람으로서 해야 할 도리. 예 자식으로서의 길

⑧ 여정(旅程). 예 미국 방문 길

⑨ 방면이나 분야. 예 그 길의 전문가

길² (명사)

① (짐승을 잘 가르쳐서) 부리기 좋게 된 버릇. 예 야생마는 길을 들이기가 어렵다.

② 물건에 손질을 잘하여 생기는 윤기 예 그 집 장독은 길이 잘 나 있다.

③ 어떤 일에 익숙해진 솜씨

꾀다¹ (자동사)

① 벌레 같은 것이 수없이 모여들어 들끓다. 예 파리가 꾀다.

② '꼬이다'의 준말. 일이 제대로 풀리지 아니하다.

꾀다² (타동사)

달콤한 말이나 그럴듯한 것으로 남을 속여 제게 이롭게 끌다.

예 유괴범들이 사탕을 주어 아이를 꾀다.

기출 따라잡기

19. 〈보기〉에서 밑줄 친 어휘의 의미가 유사한 것끼리 묶인 것은?

2021. 국회직 8급

보기

ㄱ. 농촌 생활에 제법 길이 들었다.
ㄴ. 그 먼 길을 뚫고 고향으로 돌아가겠다고?
ㄷ. 길이 많이 막혀서 대중교통을 이용하는 편이 빠르다.
ㄹ. 서랍은 길이 들지 않아 잘 열리지 않았다.
ㅁ. 통나무 굵기가 한 아름이 넘고, 길이는 열 길이 넘었다.

① (ㄱ, ㄴ), (ㄷ, ㄹ, ㅁ)
② (ㄱ, ㄷ), (ㄴ, ㄹ, ㅁ)
③ (ㄱ, ㄷ), (ㄴ, ㄹ), (ㅁ)
④ (ㄱ, ㄹ), (ㄴ, ㄷ), (ㅁ)
⑤ (ㄱ, ㄹ), (ㄴ, ㅁ), (ㄷ)

나가다 (자동사)

① 안에서 밖으로 움직이다.

② 딸렸던 조직이나 직장에서 물러나다.

③ 해지어 찢어지다. 예 구두창이 나가다.

④ 진출하다. 예 대회에 나가다.

⑤ 값 또는 무게 따위가 어느 정도에 이르다.

⑥ 물건이나 돈 따위가 지급되다. 예 집세가 나가다.

⑦ 팔리다. 예 잘 나가는 제품

⑧ 잡지, 신문 따위가 출간되다.

⑨ 정전으로 불 따위가 꺼지다.

⑩ 의식이나 정신 따위가 없어지다. 예 정신 나간 사람

나누다 (타동사)

① 하나를 둘 이상으로 가르다. 예 사과를 세 조각으로 나누다.

② 여러 가지가 섞인 것을 구분하여 분류하다.

예 토론을 하다 보면 자기편과 상대편을 나눌 수 있다.

③ 나눗셈을 하다. 예 20을 5로 나누면 4가 된다.

④ 몫을 분배하다. 예 이익금을 모두에게 공정하게 나누어야 불만이 생기지 않는다.

⑤ 음식 따위를 함께 먹거나 갈라 먹다. 예 우리 차라도 한 잔 나누면서 이야기를 합시다.

⑥ 말이나 이야기, 인사 따위를 주고받다.

예 고향 친구와 이야기를 나누는 일은 언제나 즐겁다.

⑦ 즐거움이나 고통, 고생 따위를 함께 하다. 예 그들은 슬픔과 기쁨을 함께 나누며 산다.

⑧ 같은 핏줄을 타고나다. 예 나는 그와 피를 나눈 형제이다.

나다¹ (자동사)

① 태어나다. 출생하다. 예 이 세상에 나서 처음 보는 광경.

② 자라다. 겉으로 나오다. 예 새싹이 나다. / 콧등에 땀이 송송 나다.

③ 발생하다. 예 화재가 나다. / 야단이 났다.

④ (뛰어난 사람이) 나오다. 예 우리 고장에서 학자가 많이 났다.

⑤ (감정·심리·심경 등에) 어떤 변화가 일어나다. 예 화가 나다. / 생각이 나다.

⑥ (능률·기세·성과 따위가) 오르다. 예 능률이 나다. / 신바람이 나다.

⑦ 생산되다. 산출되다. 예 이 지방에서는 고추가 많이 난다.

⑧ 빈자리가 생기다. 예 곧 자리가 나니, 조금만 기다려라.

⑨ 구하던 대상이 나타나다. 예 취직 자리가 나다.

⑩ 결과나 결말이 지다. 예 끝장이 나다.

⑪ 알려지다. 유명해지다. 예 이름이 나다. / 소문이 나다.

⑫ (신문·잡지 따위에) 실리다. 예 신문에 이름이 나다.

⑬ 나이를 나타내는 말과 함께 쓰이어, 그 나이가 되다. 예 세 살 난 아이.

기출 따라잡기

20. ㉠의 문맥적 의미와 가장 가까운 것은? 2020. 소방직

문화의 특성도 인간의 성격도 크게 나누어 보면 '심근성(深根性)'과 '천근성(淺根性)'으로 ㉠나누어 볼 수 있다. 심근성의 문화는 이념이나 정통에 깊이 뿌리를 박고 있는 대륙형 문화이며, 천근성의 문화는 이식과 수용·적응이 잘되는 해양성 섬 문화이다. 소나무 가지는 한번 꺾이고 부러지면 재생 불가능이지만 버들은 아무데서나 새 가지가 돋는다. 이렇게 고지식하고 융통성이 없는 깐깐한 소나무 문화와는 달리 버드나무는 뿌리가 얕으므로 오히려 덕을 본다.

① 우리는 그 문제에 대해서 의견을 나누었으나 결론을 내지는 못했다.

② 학생들은 청군과 백군으로 나누어 편을 갈랐다.

③ 형제란 한 부모의 피를 나눈 사람들이다.

④ 이 사과를 세 조각으로 나누자.

기출 | 따라잡기

21. 밑줄 친 ㉠, ㉡에 해당하는 예로 옳은 것은? 2022. 국회직 9급

어휘는 ㉠물리적 공간과 관련된 중심적 의미를 지니는 것이 ㉡추상화되어 주변적 의미도 지니게 되는 경우가 있다.

① ㉠: 물은 <u>낮은</u> 지대로 흐른다.
　㉡: 환경에 대한 관심도가 <u>낮다</u>.
② ㉠: 내 <u>좁은</u> 소견을 말씀드렸다.
　㉡: 마음이 <u>좁아서는</u> 곤란하다.
③ ㉠: 우리는 <u>넓은</u> 공터에 모였다.
　㉡: 우리집 마당은 꽤 <u>넓다</u>.
④ ㉠: 그녀는 성공할 가능성이 <u>크다</u>.
　㉡: 힘든 만큼 기쁨도 <u>큰</u> 법이다.
⑤ ㉠: 형의 말은 거의 사실에 <u>가깝다</u>.
　㉡: 집결 장소는 <u>가까운</u> 곳이다.

나다² (타동사)

① 지내다. 보내다. 예 겨울을 나다.
② 딴살림을 차리다. 예 장가를 들어 살림을 나다.

남다 (자동사)

① 다 쓰지 않거나 정해진 수준에 이르지 않아 나머지가 있게 되다.
　예 시험 문제가 쉬워서 시간이 남는다.
② 들인 밑천이나 제 값어치보다 얻는 것이 많다. 또는 이익을 보다.
　예 장사는 이익이 남아야 한다.
③ ('-면' 성분이 함께 쓰여) 나눗셈에서 나누어 떨어지지 않고 나머지가 얼마 있게 되다. 예 5를 2로 나누면 1이 남는다.
④ 【…에】 다른 사람과 함께 떠나지 않고 있던 그대로 있다.
　예 우리는 이곳에 남아서 뒷정리를 하고 가자.
⑤ 【…에/에게】 잊혀지지 않거나 뒤에까지 전하다.
　예 그의 첫인상이 나에게 오래도록 남았다.
⑥ 【…에/에게】 …으로 어떤 상황의 결과로 생긴 사물이나 상태 따위가 다른 사람이나 장소에 있게 되다. 예 그 문제는 아직도 우리들에게는 수수께끼로 남아 있다.

놓다 (타동사)

① 잡은 것을 도로 풀어 주다.
② 일정한 자리에 두다. 예 가방은 책상 위에 놓아라.
③ 걱정이나 시름 따위를 풀어 없애다. 예 한시름 놓다.
④ 불을 지르다.
⑤ 주사나 침 같은 것을 몸에 찌르다.
⑥ 실로 무늬나 수 따위를 꾸미어 만들다.
⑧ 집이나 돈 등을 세나 이자를 붙여 남에게 빌려 주다. 예 전세를 놓다.
⑨ 있는 힘을 다하다. 예 목을 놓아 울다.
⑩ 시설하거나 가설하다. 예 전화를 놓다.
⑪ 말을 낮추어 하다. 예 말씀을 놓다.
⑫ 겁주거나 방해하는 말을 하다. 예 엄포를 놓다.
⑬ 문제의 대상으로 삼다. 예 이 문제를 놓고 토론을 하였다.

눅다 (형용사)

① 반죽 따위가 무르다.
② 춥던 날씨가 풀리다. 예 추위가 한결 눅어지다.
③ 값이 싸다. 예 시세가 눅다.
④ 습기를 받아 부드럽다.
⑤ 성질이 느긋하다. 예 딱딱해 보이지만, 사귀어 보면 그렇게 눅을 수가 없다.

눈¹ (명사)

① 빛의 자극을 받아 물체를 볼 수 있는 감각 기관.

예 눈이 초롱초롱하다. / 눈을 부라리다.

② 시력(視力). 예 눈이 좋다. / 눈이 나빠 안경을 쓴다.

③ 사물을 보고 판단하는 힘. 예 그는 보는 눈이 정확하다.

④ ('눈으로' 꼴로 쓰여) 무엇을 보는 표정이나 태도. 예 의심하는 눈으로 보다.

⑤ 사람의 눈길. 예 다른 사람의 눈을 의식하다. / 사람들의 눈이 무서운 줄 알아라.

⑥ 태풍에서, 중심을 이루는 부분. 예 태풍의 눈.

눈² (명사)

자·저울 따위에 수(數)나 양(量)을 헤아리게 새긴 금. 눈금.

예 저울의 무게를 가리키는 눈이 얼마인지 보아라.

눈³ (명사)

① 그물 따위에서 코와 코를 이어 이룬 구멍.

③ 바둑판에서 가로줄과 세로줄이 만나는 점.

눈:⁴ (동사)

대기 중의 수증기가 찬 기운을 만나 얼어서 땅 위로 떨어지는 얼음의 결정체.

예 눈 쌓인 겨울 산이 하얗다.

눈⁵ (명사)

새로 막 터져 돋아나려는 초목의 싹. 꽃눈. 예 눈이 트다.

다루다 (타동사)

① 일거리를 처리하다. 예 무역 업무를 다루다. / 이 병원은 피부병만을 다루고 있다.

② 어떤 물건을 사고 파는 일을 하다. 예 이 상점은 주로 전자 제품만을 다룬다.

③ 기계나 기구 따위를 사용하다. 예 악기를 다루다. / 그는 공장에서 기계를 다룬다.

④ 가죽 따위를 매만져서 부드럽게 하다.

예 짐승의 가죽을 다루어서 옷 따위를 만드는 일은 주로 여자들이 맡아 하였다.

⑤ 어떤 물건이나 일거리 따위를 어떤 성격을 가진 대상 혹은 어떤 방법으로 취급하다.

예 농부들은 농산물을 자식처럼 다룬다. / 요즘 아이들은 학용품을 소홀히 다루는 경향이 있다.

⑥ 사람이나 짐승 따위를 부리거나 상대하다.

예 아이들을 너무 엄격하게 다루면 오히려 역효과가 날 수 있다.

⑦ 어떤 것을 소재나 대상으로 삼다. 예 그는 다음 소설에서 이념 문제를 주제로 다룰 예정이다.

대다¹ (자동사)

정한 시간에 가 닿다. 예 간신히 기차 시간에 대다.

기출 | 따라잡기

22. 밑줄 친 단어가 다의어로 묶인 것은? 2020. 국가직 7급

① 그는 의심하는 눈으로 나를 쳐다보았다.

봄이 오니 나뭇가지에 눈이 튼다.

② 얘가 글씨를 또박또박 잘 쓴다.

어른에게는 존댓말을 써야 한다.

③ 어머니가 아끼시던 화초가 죽었다.

아저씨의 거칠던 성질이 요즈음은 많이 죽었다.

④ 폭풍우가 치는 바람에 배가 출항하지 못한다.

나무가 가지를 많이 쳐서 제법 무성하다.

대다² (타동사)

① 서로 닿게 하다. 예 귀에 수화기를 대다.

② 비교하다. 예 키를 대어 보다.

③ 연결되게 하다. 예 전화를 대어 주다.

④ 서로 연결짓거나 마주보게 하다. 예 그 사람을 대어 주오.

⑤ 의지하다. 예 벽에 등을 대다.

⑥ 도착시키다. 예 차를 현관에 대라.

⑦ 물을 흘려서 어느 곳으로 들어가게 하다. 예 논에 물을 대다.

⑧ 돈이나 물건 같은 것을 주어서 뒤를 보살펴 주다.

⑨ 공급하다. 예 가게에 물건을 대다.

⑩ 사실대로 말하여 일러주다. 예 증거를 대다.

⑪ 구실을 붙이거나 성화를 부리다. 예 핑계를 대다.

되다¹ (자동사)

① 이루어지다. 예 다 된 밥에 재 뿌리기

② 어떤 신분이나 상태에 놓이다. 예 부자가 되다.

③ 어떠한 때가 돌아오다. 예 가을이 되다.

④ 덕이나 조건을 갖추다. 예 그 사람은 됐어.

⑤ 변하다. 예 노랗게 되다.

⑥ 괜찮다. 예 이 물 먹어도 되니?

⑦ 자라다. 예 벼가 잘 되다.

⑧ 구성하다. 예 젊은 선수로 된 팀일수록 노련미가 부족하다.

⑨ 가능하다. 예 될 수 있는 대로 자료를 많이 모을 필요가 있다.

⑩ 결과를 가져오다. 예 헛수고가 되다.

되다² (형용사)

① 물기가 적어 빡빡하다.

② 몹시 캥겨 팽팽하다. 예 줄을 너무 되게 맸다.

③ 힘에 벅차다. 예 일이 되거든 쉬어가며 해라.

되다³ (타동사)

말이나 되 등으로 분량을 헤아리다. 예 쌀을 말로 되어 팔다.

들다¹ (자동사)

① 음식의 맛이 알맞게 되다.

② 안으로 향해 가거나 오다. 예 잠자리에 들다.

③ (물이) 옮거나 배다. 예 붉은 물이 곱게 들다.
　　어떤 영향을 입다. 예 서양물이 들다.

④ 소용되다. 예 경비가 많이 들다.

⑤ 지각이나 의식이 생기다. 예 철이 들다.

⑥ 마음에 꼭 맞다. 예 마음에 들다.

⑦ 병이 생기다.

⑧ 도둑 등이 침입하다.

⑨ 시중이나 주선을 해 주다. 예 역성을 들다.

⑩ 해나 광선이 어느 테두리 안에 미치다. 예 처마 밑에 해가 들다.

들다²

비가 개고 날이 좋아지다. 예 날이 들면 출발하자.

들다³

쇠붙이 연장의 날이 날카로워 물건을 잘 베다. 예 칼이 잘 들다.

들다⁴

나이가 웬만큼 되다. 예 나이가 들어 보이는군.

들다⁵

① 손에 가지다. 예 가방을 들다.

② 위로 치켜올리다. 예 손을 들다.

③ 놓여 있던 것을 집어 위로 올리다. 예 책상을 들어 나르다.

④ 어떠한 사실이나 증거, 보기 등을 끌어대거나 내세우다. 예 예를 들다.

들다⁶

음식을 먹다. 예 점심을 들다.

떼다¹ (타동사)

① 붙였던 것을 떨어지게 하다.

② 두 쪽 사이를 멀어지게 하다. 예 이간질하여 형제의 정을 떼다.

③ 봉한 것을 뜯다.

④ 먹던 것을 못 먹게 하다. 예 젖을 떼다.

⑤ 전체에서 한 부분을 덜어내다. 예 월급에서 1%를 떼다.

⑥ 관계하던 것을 그만두다. 예 그 일에서 손을 떼다.

⑦ 배우던 것을 끝내다. 예 천자문을 떼다.

⑧ 말문을 열다. 예 입을 떼다.

⑨ 걸음을 옮기어 놓다.

떼다²

빌려 준 것을 받을 수 없게 되다. 예 꾸어 준 돈을 떼었다.

뜨다¹ (자동사)

① 공중이나 물의 표면에 있다.

② 해, 달, 별 등이 솟아오르다.

뜨다²

착 달라붙지 않고 사이가 벌어지다. 예 장판이 뜨다.

뜨다³

물기 있는 물건이 제 몸의 훈김으로 썩기 시작하다. 예 메주가 뜨다.

뜨다⁴ (타동사)

① 자리를 비우다.

② 거처를 멀리 옮기다. 예 고향을 뜨다.

③ 죽다.

뜨다⁵

① 큰 덩어리에서 조각을 내다. 예 얼음장을 뜨다.

② 담긴 물건을 퍼내거나 덜어내다.

③ 고기를 얇게 저미다.

④ 피륙에서 옷감이 될 만큼 끊어 내다. 예 한복 한 벌 감을 뜨다.

⑤ 숟가락으로 음식을 조금 먹다. 예 죽을 한두 술 뜨다 말았다.

뜨다⁶

① 감았던 눈을 벌리다.

② 시력을 회복하다. 예 심 봉사가 눈을 뜨다.

뜨다⁷

① 그물 등을 얽거나 실로 짜서 만들다.

② 한 땀 한 땀 바느질하다. 예 터진 데를 한두 바늘 뜨다.

뜨다⁸

무엇을 본떠서 똑같게 하다.

뜨다⁹ (형용사)

① 느리고 더디다. 예 걸음이 뜨다.

② 입이 무겁다. 예 원래 말수가 뜬 사람이야.

마음 (명사)

① 사람이 본래부터 지닌 성격이나 품성.

　　예 많이 아는 사람보다는 마음이 어진 사람을 사귀어야 한다.

② 사람이 다른 사람이나 사물에 대하여 감정이나 의지, 생각 따위를 느끼거나 일으키는 작용이나 태도. 예 몸은 늙었지만 마음은 청춘이다.

③ 사람의 생각이나 감정, 기억 따위가 생기거나 자리 잡는 공간이나 위치.

　　예 안 좋은 일을 마음에 담아 두면 병이 된다.

④ 사람이 어떤 일에 대하여 가지는 관심. 예 오늘은 날이 추워 도서관에 갈 마음이 없다.

⑤ 사람이 사물의 옳고 그름이나 좋음을 판단하는 심리나 심성의 바탕.

　　예 그는 자신의 마음에 비추어 한 치의 부끄러움도 없는 삶을 살았다.

⑥ 이성이나 타인에 대한 사랑이나 호의(好意)의 감정.

　　예 너 저 사람에게 마음이 있는 모양이구나.

⑦ 사람이 어떤 일을 생각하는 힘. 예 마음을 집중해서 공부해라.

마르다 (자동사)

① 물기가 다 날아가서 없어지다. 예 날씨가 맑아 빨래가 잘 마른다.

② 입이나 목구멍에 물기가 적어져 갈증이 나다.

　　예 뜨거운 태양 아래서 달리기를 했더니 목이 몹시 마르다.

③ 살이 빠져 야위다. 예 공부를 하느라 몸이 많이 말랐다.

④ 강이나 우물 따위의 물이 줄어 없어지다. 예 가뭄에도 우물은 마르지 않는다.

⑤ 돈이나 물건 따위가 다 쓰여 없어지다. 예 돈이 마르다. 씨가 마르다.

⑥ 감정이나 열정 따위가 없어지다. 예 애정이 마르다.

말¹ (명사)

① 사람의 생각이나 느낌 따위를 표현하고 전달하는 데 쓰는 음성 기호, 곧 사람이 생각이나 느낌 따위를 목구멍을 통하여 조직적으로 나타내는 소리

　　예 멀리 떨어져 있어서 말이 제대로 안 들린다.

② 음성 기호로 생각이나 느낌을 표현하고 전달하는 행위, 또는 그런 결과물.

　　예 고운 말과 바른 말

③ 일정한 주제나 줄거리를 가진 이야기. 예 말을 건네다.

④ 단어, 구, 문장 따위를 통틀어 이르는 말. 예 내 사전에 불가능이란 말은 없다.

⑤ 소문이나 풍문 따위를 이르는 말. 예 널 두고 말이 많으니 조심해라.

⑥ '-(으)라는/ -다는 말이다' 구성으로 쓰여) 다시 강조하거나 확인하는 뜻을 나타내는 말. 예 나보고 이런 것을 먹으란 말이냐.

⑦ ('-으니/-기에 말이지' 구성으로 쓰여) '망정이지'의 뜻을 나타내는 말.

　　예 집에서 조금 일찍 나왔으니 말이지 하마터면 차를 놓칠 뻔했다.

⑧ ('-을 말이면', '-을 말로는', '-을 말로야' 구성으로 쓰여) '-을 것 같으면'의 뜻을 나타내는 말. 예 자네가 장가들 말이면 내게 미리 귀띔을 했어야지.

⑨ '-어(아)야 말이지' 구성으로 쓰여) 어떤 행위가 잘 이루어지지 않음을 탄식하는 말. **예** 차를 사고 싶은데 돈이 있어야 말이지.

⑩ (주로 '말이냐', '말이야' 꼴로 명사 뒤에 쓰여) 앞에서 언급한 사실을 강조하여 말하는 뜻을 나타내는 말 **예** 돈이라니. 며칠 전에 네가 내게 준 돈 말이냐?

⑪ (주로 '말이야', '말이죠', '말이지', '말인데' 꼴로 쓰여) 어감을 고르게 할 때 쓰는 군말. 상대편의 주의를 끌거나 말을 다짐하는 뜻을 나타낸다.

　　예 그런데 말이야. / 하지만 말이죠.

말² (명사)

톱질을 하거나 먹줄을 그을 때 밑에 받치는 나무.

예 자를 나무 밑에 말을 대고 자르도록 해라.

말³ (명사)

① 장기짝의 하나. 앞뒤에 '말 마(馬)'자가 새겨져 있으며 '날 일(日)'자로만 나아감.

　　예 나는 장기에서 말 하나로 차 두 개를 잡아 승기를 잡았다.

② 윷이나 고누 따위에서 쓰는 패.

말⁴ (명사)

십이지에서 '오(午)'를 상징적으로 나타내는 말

말⁵

말과의 포유 동물 **예** 말을 타고 들판을 달리다.

말⁶

① 물 속에 나는 은화식물을 통틀어 이르는 말.

② 가랫과의 다년생 수초(水草). **예** 말은 물고기의 보금자리 역할을 한다.

말⁷ (명사)

곡식이나 액체 따위를 되는 데 쓰이는 원통 모양의 나무 그릇. **예** 쌀을 말로 되다.

말⁸ (의존 명사)

곡식이나 액체 따위의 용량의 단위 **예** 쌀 한 말

맞다¹ (자동사)

① 어긋나거나 틀리지 않다.

② 어울리다. **예** 분에 맞는 생활

③ 마음이나 입맛에 들다.

④ 물건과 물건이 틈이 없이 서로 닿다.

⑤ 합치하다. 예 장단이 맞다.

⑥ 손해가 되지 않다. 예 수지가 맞다.

⑦ 겨눈 것이 목표에 똑바로 가 닿다.

⑧ 서로 통하다. 예 마음에 맞는 친구

맞다² (타동사)

① 오는 사람을 기다려 받아들이다. 예 손님을 맞다.

② 어떤 때나 상태가 됨을 겪다. 예 생일을 맞다.

③ 남편, 아내, 사위, 며느리 등을 얻다.

④ 내리는 비나 눈 등을 몸에 받다.

⑤ 때리는 매나 총알 같은 것을 그대로 받다.

⑥ 주사, 침 따위의 놓음을 당하다.

⑦ 평가를 받다. 예 100점을 맞다.

맞다³ (형용사)

① 틀림이 없다. 예 해답이 맞다.

② 알맞다. 예 그 계획은 실정에 맞다.

맵다 (형용사)

① (고추나 겨자와 같이) 맛이 알알하다. 예 빨간 고추를 먹으면 매우 맵다.

② 몹시 춥다. 예 해가 서쪽으로 기울어지며 냇가로 매운 바람이 불어온다.

③ (연기 따위가 눈이나 코를) 자극하여 아리다.

　　예 주인댁이 불을 때느라고 매운 연기가 난다.

④ 성질이 매우 사납거나 독하다. 예 어머니는 매운 시집살이를 하셨다.

⑤ 결기가 있고 야무지다. 예 저 녀석은 하는 일마다 맵게 잘 처리해서 마음에 든다.

맺다 (타동사)

① 끄나풀, 실 따위를 얽어서 매듭지게 하다.

② 끝을 맺다.

③ 서로 인연을 이루거나 짓다. 예 사돈 관계를 맺다.

④ 나무나 풀이 열매를 이루다.

⑤ 결속하다. 예 협정을 맺다.

머리 (명사)

① 눈, 코, 입, 귀, 머리카락이 있는, 사람의 목 위의 부분.

　　예 그는 아무 말 없이 머리를 아래로 숙였다.

② 사람의 머리카락이 있는 부분.

③ 동물의 눈, 코, 입 따위가 있는 부분.

④ '머리털'의 준말. 예 봄이 되면 어쩐지 머리가 잘 빠진다.

⑤ 사물을 판단하는 능력. 예 그는 머리가 영리하고 우수한 소년이었다.

⑥ 생각이나 기억 예 그는 아무리 생각해도 좋은 방법이 머리에 떠오르지 않았다.

⑦ 어떤 물체의 윗부분 예 저만치에서 돌의 머리만 보였다.

⑧ 앞과 뒤가 있는 물건의 앞부분 예 그는 달려오는 차 머리에 치었다.

⑨ 어떤 일의 앞부분 예 이 노래의 머리 부분은 좀 우울하다.

⑩ 어떤 집단의 우두머리 예 구성원의 머리가 되려면 용기와 지혜가 필요하다.

먹다¹ (자동사)

① 일부 날이 있는 도구와 함께 쓰이어, 잘 들거나 잘 갈리거나 하다.
예 대패가 잘 먹다.

② 벌레가 갉거나 하여 헐어 들어가다. 예 벌레가 먹은 과일

③ (물감이나 화장품 따위가) 잘 배어들거나 고르게 퍼지다. 예 물감(기름)이 잘 먹다.

④ 말의 효과가 있다. 예 말이 잘 먹어 들어가다.

⑤ (어떤 일에 돈이나 물자 또는 노력이) 들다. 예 재료를 많이 먹다.

먹다² (타동사)

① 음식물을 입에 넣고 씹어서 삼키다. 예 밥을 먹다.

② 음식을 마시거나 빨아서, 씹지 않고 삼키다. 예 젖을 먹다.

③ (연기 등을) 들이마시다. 예 담배를 먹다.

④ (어떤 등급을) 차지하다. 예 달리기에서 일 등을 먹다.

⑤ (생각이나 느낌 등을) 품다. 예 겁을 먹다. / 그렇게 할 마음을 먹다.

⑥ (어떤 나이에) 이르다. 예 아홉 살 먹은 아이

⑦ (꾸지람이나 욕을) 듣다. 예 욕을 먹다.

⑧ (남의 것을) 제 것으로 삼다. 예 공금을 먹다.

⑨ 구기 시합 등에서, 상대편에게 득점을 하게 하다. 예 우리 편이 두 골을 먹었다.

⑩ 농사를 지어 추수하다. 예 이 논배미에서 석 섬은 먹는다네.

⑪ 천이나 종이가 기름이나 물감 따위를 빨아들이다. 예 종이가 물을 먹다.

물리다¹ (자동사)

싫증이 나다. 예 너무 자주 먹어서 냉면에는 물렸다.

물리다² (타동사)

푹 익혀서 무르게 하다. 예 감자를 푹 물린 뒤 꺼내다.

물리다³

① 시기를 늦추어 뒤로 미루다. 예 날짜를 하루 물리다.

② 다른 쪽으로 옮기어 놓다. 예 차례를 물리다.

③ 재물, 지위 따위를 남에게 내려 주다. 예 가보를 대대로 물려주다.

④ 자리를 치우려고 거기에 놓인 물건을 집어내다. 예 옆으로 상을 물려라.

물리다⁴ (자동사)

'물다'의 피동형. 예 독사에게 다리를 물리다.

바람¹ (명사)

① 기압의 변화로 일어나는 대기의 흐름. 예 바람이 불다.

② 어떤 기구를 써서 일으키는 공기의 바람. 예 선풍기의 바람이 너무 세다.

③ (공이나 타이어 따위에 들어 있는) 공기. 예 바람이 빠진 축구공

④ (어떤 대상이나 이성에) 마음이 끌리어 들뜬 상태. 예 바람이 나다. / 바람을 피우다.

⑤ 지나치게 부풀려 하는 말이나 행동. 예 제발 바람 좀 작작 불어라.

⑥ 사회적으로 널리 퍼지고 있는 일시적인 유행.

　　예 투기 바람이 불다. / 교육계에 새 바람이 불다.

바람² (명사)

바라는 일. 소망. 염원. 예 남북 통일은 우리 겨레 모두의 바람이다.

바람³ (의존 명사)

① (용언의 어미 '-ㄴ은'·'-는' 뒤에서 '바람에'의 꼴로 쓰이어) 원인이나 근거를 뜻함 예 급히 서두는 바람에 서류를 놓고 왔다.

② (일부 명사 뒤에 '바람으로'의 꼴로 쓰이어) 으레 갖추어야 할 것을 제대로 갖추지 아니한 차림새임을 뜻함 예 셔츠 바람으로 손님을 맞다.

바람⁴ (의존 명사)

실이나 노끈 따위의 한 발 가량 되는 길이 예 한 바람의 노끈

바르다¹ (타동사)

① 풀칠한 종이나 헝겊 따위를 다른 물건의 표면에 고루 붙이다.

　　예 아이들 방에 벽지를 발랐다.

② 차지게 이긴 흙 따위를 다른 물체의 표면에 고르게 덧붙이다.

　　예 흙을 벽에 바르다.

③ 물이나 풀, 약, 화장품 따위를 물체의 표면에 문질러 묻히다.

　　예 도자기에 유약을 바르다.

바르다² (타동사)

① 껍질을 벗기어 속에 들어 있는 알맹이를 집어내다. 예 밤을 바르다. / 씨를 바르다.

② 한데 어울려 있는 것 속에서 필요한 것(필요하지 않은 것)만 골라내다.

　　예 생선 가시를 발라서 버리다.

바르다³ (자동사)

① 겉으로 보기에 비뚤어지거나 굽은 데가 없다. 예 선을 바르게 긋다. / 길이 바르다.

② 말이나 행동 따위가 사회적인 규범이나 사리에 어긋나지 아니하고 들어맞다.
예 예의가 바르다.

③ 사실과 어긋남이 없다. 예 숨기지 말고 바르게 대답하시오.

④ 그늘이 지지 아니하고 햇볕이 잘 들다.
예 기르던 병아리가 죽자 아이들은 양지가 바른 곳에 묻어 주었다.

발¹ (명사)

① (사람이나 짐승의 다리에서) 발목뼈 아래의 부분 예 발에 꼭 맞는 신

② 가구 따위의 밑을 받쳐 균형을 잡고 있는, 짧게 도드라진 부분 예 장롱의 발

③ 걸음. 발걸음. 예 발이 빠른 선수

④ 한시(漢詩)의 시구 끝에 다는 운자(韻字) 예 발을 달다.

⑤ 〔의존 명사적 용법〕 예 서너 발을 물러서다.

발:² (명사)

가늘게 쪼갠 대오리나 갈대 같은 것으로 엮어 무엇을 가리는 데 쓰는 물건
예 문에 발을 걸다.

발:³ (명사)

① 피륙의 날과 씨의 굵고 가는 정도 예 발이 고운 모시.

② 국수 따위의 가락의 굵고 가는 정도 예 발이 굵은 국수.

발:⁴ (명사)

전에 없던, 새로 생겨난 좋지 못한 버릇이나 예 예 잔소리가 아주 발이 되겠다.

발:⁵ (의존 명사)

길이를 잴 때, 두 팔을 펴서 벌린 길이 예 두 발 둘레의 고목

밟다 (타동사)

① 발을 땅에 대고 디디다. 예 남극 대륙을 밟다.

② 물건 위에 발을 올려 놓고 누르다. 예 발을 밟다.

③ 남의 발자국을 따라서 좇아가다. 예 혐의자의 뒤를 밟다.

④ 예전 사람이 한 대로 행하다. 예 선배들의 전철(前轍)을 밟다.

⑤ 일의 순서를 거치어 행하다. 예 절차를 밟다.

버리다 (타동사)

① 쓰지 못할 것을 없애거나 처치하다. 예 쓰레기를 버리다.

② 사람이 자기 목숨을 어떤 일을 위하여 더 이상 이어지지 않게 하다.
예 조국을 위해 목숨을 버리다.

③ 어떤 생각이나 태도, 버릇 따위를 없애다. 예 욕심을 버리다.

④ 주의하여 돌보지 않고 망치게 하다. 예 그는 술을 너무 많이 마셔 몸을 버렸다.

⑤ 관계를 맺었던 사람이나 대상을 다시 만나거나 찾지 않을 생각으로 관계를
끊거나 배반하고 떠나다. 예 고향을 버리고 도시로 가다.

벌어지다 (자동사)

① 갈라져 틈이 생기다. 예 벽의 틈이 벌어지다.

② (인간 관계가) 버성기게 되다. 예 둘의 사이가 벌어지다.

③ (눈앞에) 펼쳐지다. 예 눈앞에 벌어진 초원

④ (어떤 일이) 일어나다. 예 수해 복구 사업이 벌어지다.

⑤ 가로 벋거나 퍼지다. 예 남자의 키는 작달막하나 가슴은 딱 벌어졌다.

보다¹ (타동사)

① (시각으로) 사물의 모양을 알다. 예 날아가는 새를 보다.

② (시각으로) 즐기거나 감상하다. 예 영화를 보다.

③ 대상의 내용이나 상태 등을 알려고 살피다. 예 선을 보다. / 맛을 보다.

④ (일 따위를) 맡아서 하다. 예 친목회의 일을 보다.

⑤ 맡아서 관리하거나 지키다. 예 아이를 보다. / 집을 보다.

⑥ (어떤 행사나 격식 따위를) 치르거나 겪다. 예 시험을 보다.

⑦ 자손이 생기거나 며느리나 사위를 맞이하다. 예 손자를 보다.

⑧ (궂은일이나 좋은 일을) 맞이하거나 당하다. 예 욕을 보다. / 재미를 보다.

⑨ 마무리를 짓다. 예 결과를 보다.

⑩ 평가하다. 그렇게 여기다. 예 좋지 않게 보다. / 만만히 볼 상대가 아니다.

⑪ 고려하다. 생각하다. 예 사정을 보다.

⑫ 물건을 사거나 팔러 가다. 예 시장을 보다.

⑬ (음식상 따위를) 차리다. 예 손님이 오셨으니 상을 좀 보아라.

⑭ (볼일이 있어) 만나다. 예 자네를 보러 왔지.

보다² (보조 동사)

동사의 어미 '-아', '-어' 뒤에 쓰이어, 시험삼아 함을 나타냄
예 돌다리고 두드려 보고 건너라.

보다³ (보조 형용사)

용언의 어미 '-ㄴ가'·'-는가'·'-ㄹ까'·'-을까'·'-나' 등의 뒤에 쓰이어, 짐작
이나 막연한 의향을 나타냄 예 아마 해낼 자신이 있는가 보다.

부치다¹ (자동사)

　힘이 모자라다. 예 힘에 부치는 일

부치다² (타동사)

　① 남을 시켜 편지, 물건 등을 보내다. 예 짐을 부치다.
　② 다른 곳, 기회에 넘기어 맡기다. 예 공판(公判)에 부치다.
　③ 어떤 처리를 하기로 하다. 예 불문(不問)에 부치다.
　④ 심정을 의탁하다. 예 기러기에 부쳐 외로움을 노래하다.
　⑤ 몸, 식사를 어느 곳에 의탁하고 있다. 예 고모 댁에서 몸을 부치고 있다.

부치다³

　논밭을 다루어 농사를 짓다.

부치다⁴

　기름 친 번철 등에 빈대떡, 전(煎) 등을 익혀 만들다.

부치다⁵

　부채 등을 흔들어 바람을 일으키다.

새기다¹ (타동사)

　① 글씨, 그림 또는 어떤 형상을 나무, 돌 등에 파다. 예 도장을 새기다.
　② 마음 속에 깊이 간직하다. 예 약속을 마음에 꼭 새기다.

새기다²

　① 말이나 글의 뜻을 알기 쉽게 풀이하다. 예 논어의 뜻을 새기다.
　② 번역하다. 예 한문을 새기다.

새기다³

　소, 양 따위의 반추 동물(한번 삼킨 먹이를 다시 입 속으로 되올려 씹어서 삼키는 동물)이 먹은 것을 되내어 씹다.

생각 (명사)

　① (머리를 써서) 궁리함. 사고(思考). 예 생각을 짜내다.
　② 가늠하여 헤아리거나 판단함 예 앞뒤 생각 없이 한 말이다.
　③ 마음이 쏠림. 바라는 마음. 관심. 욕심. 예 술 생각이 간절하다.
　④ 무엇을 이루거나 하려고 마음먹음 예 그만둘 생각이다.
　⑤ 어떤 사물에 대해 가지는 견해 예 케케묵은 생각.
　⑥ 느끼어 일어나는 마음 예 부끄러운 생각.
　⑦ (새로운 것 또는 잊고 있던 것이) 머리에 떠오름. 깨달음. 예 좋은 생각이 떠오르다.

⑧ (지난 일을) 돌이켜 봄 또는 떠올려 봄. 추억. 기억 **예** 고향 생각. / 생각을 더듬다.

⑨ (앞날의 일을) 머릿속에 그려 봄, 또는 내다봄. 상상. 예측

　　예 10년 후의 네 모습을 생각해 봐.

⑩ 그리거나 그리워하는 마음. 아끼거나 염려하는 마음 **예** 어머님 생각.

⑪ 마음을 써 줌, 또는 헤아려 주는 마음. 고려. 배려. **예** 한 번 더 생각해 주시오.

⑫ 그렇게 여김. 간주(看做) **예** 오지 않으면 포기한 것으로 생각하겠다.

서다¹ (자동사)

① 위를 향하여 곧은 자세가 되다. **예** 담 밖에 서서 안을 넘어다보다.

② 일어서다. **예** 늙은이가 무릎을 짚고 가까스로 서다.

③ 움직이던 것이 멈추다. **예** 완행 열차는 역마다 선다.

④ 꼿꼿이 위로 뻗다. **예** 머리털이 쭈뼛 서다.

⑤ 건립(建立)되다. **예** 새 건물이 서다.

⑥ (연장 따위의) 날이 날카롭게 되다. **예** 칼날이 서다.

⑦ 점(占)하다. 위치를 잡다. 어떤 지위에 오르다. **예** 우위에 서다. / 대표자 자리에 서다.

⑧ (무지개 · 핏발 따위가) 줄이 서서 길게 나타나다(생기다).

　　예 비 갠 하늘에 무지개가 서다.

⑨ (씨름판이나 시장 따위가) 열리다. 판이 벌어지다. **예** 5일마다 장이 서다.

⑩ 뱃속에 아이가 생기다. **예** 아이가 서나 보다.

⑪ (나라나 기관 따위가) 창건되다. 설립되다. **예** 산골에도 학교가 서다.

⑫ 상품의 값이 매겨지다. **예** 금이 서다.

⑬ 명령 · 규칙 · 기강 · 위엄 등이 제대로 시행되다(유지되다 · 관통되다).

　　예 교통 질서가 서다. / 위신이 서다.

⑭ 이치 · 논리 따위가 맞다. 일관성이 있다. **예** 논리가 서다. / 말발이 서지 않다.

⑮ 수립되다. 결정되다. **예** 계획이 서다. / 결심이 서다.

서다² (타동사)

어떤 일을 맡아보거나 책임을 지다. **예** 보증을 서다. / 중매를 서다.

세다¹ (자동사)

머리털이 희어지다.

세다² (타동사)

수효를 계산하다. **예** 돈을 세다.

세다³ (형용사)

① 힘이 많다.

② 마음이 굳세다. **예** 고집이 세다.

③ 세력이 크다. 세차다.

기출 | 따라잡기

23. 밑줄 친 단어가 다의어 관계로 묶인 것은? 2022. 지방직 7급

① 무를 강판에 <u>갈아</u> 즙을 내었다. 고장 난 전등을 새것으로 <u>갈아</u> 끼웠다.

② 안개에 <u>가려서</u> 앞이 잘 안 보인다. 음식을 <u>가리지</u> 말고 골고루 먹어야 한다.

③ 긴장이 되면 입술이 바짝바짝 <u>탄다</u>. 벽난로에서 장작불이 활활 <u>타고</u> 있다.

④ 이 경기에서 <u>지면</u> 결승 진출이 좌절된다. 모닥불이 <u>지면</u> 한기가 느껴지기 시작한다.

④ 궂은 일이 자주 일어나 좋지 않다. 예 팔자가 세다.

⑤ 딱딱하고 뻣뻣하다. 예 풀기가 세다.

⑥ 주량이 많다.

속 (명사)

① 깊숙한 곳. 안. 내부 예 주머니 속에 손을 넣고 걷지 마라.

② 사물의 중심을 이루는 부분 예 말은 그럴듯하나 속이 없다.

③ 사람의 몸에서 배의 안 또는 위장 예 속이 매스껍다.

④ 마음가짐. 심성(心性) 예 속이 검다. / 속이 꽉 찬 사람

⑤ 철이 든 생각 예 아직도 속을 차리지 못하다.

⑥ 생각 예 남의 속도 모른다.

⑦ (어떤 상태가) 죽 이어지는 상태 예 무관심 속에 악화되어 가는 주변 환경.

손 (명사)

① 사람의 팔목 아래, 손바닥·손등·손가락으로 이루어진 부분 예 물건을 손에 쥐다.

② 손가락 예 손을 꼽아 기다리다.

③ 도움이 될 힘이나 기술·수완 예 죽고 사는 것이 의사의 손에 달렸다.

④ 일손. 품. 노동력 예 많은 손이 필요한 토목 공사

⑤ 사귀는 관계. 교제 예 그와는 이제 손을 끊겠다.

⑥ 잔꾀, 나쁜 수완 예 그의 손에 놀아나다.

⑦ 재물을 다루는 규모. 씀씀이 예 손이 크다.

⑧ 알맞은 기회나 시기 예 손을 놓치지 말고 제때에 팔아라.

⑨ 거치는 경로(사람) 예 조기 한 마리도 여러 손을 거쳐 우리 밥상에 오른다.

⑩ 필요한 조처 예 손을 보다. / 이번 일은 어떻게 손을 쓸 수가 없다.

싸다¹ (타동사)

① 보자기나 종이 등으로 물건을 안에 넣고 보이지 않게 한다.

② 둘레를 가리거나 막다. 예 경호원들이 겹겹이 싸고 있다.

싸다² (형용사)

① 입이 가볍다.

② 걸음이 재다. 예 싸게 걷다.

③ 물레 같은 것이 재빠르게 돈다. 예 싸게도 돈다.

④ 물건값이 보통보다 적다.

⑤ 지은 죄에 대해서 받은 벌이 마땅하거나 오히려 적다. 예 그 사람은 욕을 먹어도 싸다.

쓰다¹ (타동사)

① 붓, 펜 등으로 글씨를 이루다.

② 글을 짓다.

기출 | 따라잡기

24. 다의어와 동음이의어의 차이를 고려할 때, 밑줄 친 단어 중 그 관계가 나머지 셋과 다른 것은?

2014. 경찰직 9급(2차)

① 어머니는 문 밖에서 손을 기다리신다.

② 결국 모든 유산이 형의 손에 들어갔다.

③ 철수는 비누로 손을 깨끗이 씻었다.

④ 나는 이 일에서 완전히 손을 떼겠다.

기출 | 따라잡기

25. ㉠의 단어와 의미가 같은 것은?

2021. 국가직 9급

친구에게 줄 선물을 예쁜 포장지에 ㉠싼다.

① 사람들이 안채를 겹겹이 싸고 있다.

② 사람들은 봇짐을 싸고 산길로 향한다.

③ 아이는 몇 권의 책을 싼 보퉁이를 들고 있다.

④ 내일 학교에 가려면 책가방을 미리 싸 두어라.

③ 모자 등을 머리에 얹다.

④ 우산 등을 받쳐들다.

쓰다²

① 사람을 두어 부리다. 예 일꾼을 쓰다.

② 정신을 기울이다. 예 머리를 좀 써라.

③ 힘이나 기술을 발휘하다.

④ 돈을 들이거나 없애다. 예 돈을 흥청망청 쓰다.

⑤ 연장, 원료를 사용해서 물건을 만들다. 예 설탕을 적게 썼군요.

⑥ 약을 먹이거나 바르다.

쓰다³

묏자리를 잡아서 시체를 묻다. 예 명당 자리에 묘를 쓰다.

쓰다⁴ (형용사)

① 맛이 소태와 같다.

② 입맛이 없다.

③ 마음이 언짢다.

안다 (타동사)

① 두 팔로 끼어서 가슴에 붙이다. 예 아기를 안다.

② 앞으로 다가오는 것을 몸으로 바로 받다. 예 바람을 안고 달리다.

③ 남의 일을 떠맡다. 예 친구의 은행 빚을 안다.

④ 생각이나 감정 따위를 지니다. 예 기쁨을 안고 돌아오다.

⑤ 날짐승이 알을 품다. 예 둥우리에는 암탉이 알을 안고 있다.

오르다 (자동사)

① 낮은 데서 높은 데로, 아래에서 위로 움직여 가다. 예 계단을 오르다.

② 기록에 적히다. 예 호적에 오르다.

③ (자동차 따위의 탈것에) 타다. 예 가마에 오르다.

④ (어떤 지위나 정도·상태 등이) 보다 높아지다. 예 2학기에는 성적이 올랐다.

⑤ 좋은 결과로 되다. 예 하반기 실적이 오르다.

⑥ (물가·가치·수·양 등이) 비싸지다. 높아지다. 많아지다. 예 물가가 오르다.

⑦ (높은 지위에) 앉다. 예 장관 자리에 오르다.

⑧ (상 위에 음식이) 차려지다. 예 귀한 음식이 잔칫상에 오르다.

⑨ (기세나 열기 따위가) 한결 더하여지다. 예 혈압이 오르다.

⑩ (화나 분기가) 치밀다. 예 약이 오르다.

⑪ (이름·사진·화제 따위가) 실리다. 거론되다. 예 의제에 오르다. / 화제에 오르다.

⑫ (살이나 살갗이) 늘거나 윤이 나다. 예 얼굴에 기름기가 오르다.

PART 06 어휘 편

기출 따라잡기

26. 〈보기〉와 같은 의미 관계로 짝지어진 것은? 2020. 경찰직 1차

보기

㉠ 힘을 <u>쓰다</u>.

㉡ 모자를 <u>쓰다</u>.

① 친구와 같이 윷을 <u>놀았다</u>.
철수가 놀고 있는 우리에게 방해를 <u>놀았다</u>.

② 친구들과 공을 차면서 <u>놀았다</u>.
싱크대의 나사가 헐거워져서 <u>논다</u>.

③ 그 사람이 곗돈을 <u>먹고</u> 달아났다고 한다.
그 일은 나이를 <u>먹고</u> 할 일이 아니다.

④ 귀가 <u>먹어서</u> 잘 들리지 않는다.
마음을 <u>먹어서</u> 이렇게 하는 것이다.

기출 따라잡기

27. 밑줄 친 단어가 다의어 관계인 것은? 2014. 사회복지직 9급

① 이 방은 볕이 잘 <u>들어</u> 늘 따뜻하다.
형사는 목격자의 증언을 증거로 <u>들었다</u>.

② 난초의 향내가 거실에 가득 <u>차</u> 있었다.
그는 손목에 <u>찬</u> 시계를 자꾸 들여다보았다.

③ 운동을 하지 못해서 군살이 <u>올랐다</u>.
아이가 갑자기 열이 <u>올라</u> 해열제를 먹였다.

④ 그는 조그마한 수첩에 일기를 <u>써</u> 왔다.
대부분의 사람이 문서 작성에 컴퓨터를 <u>쓴다</u>.

⑬ (때나 기름 따위가) 묻거나 칠해지다. 예 까맣게 때가 오르다.

⑭ (약 기운·술기운 따위가) 몸에 퍼지다. 예 술이 오르다.

⑮ (어디를 목적으로 삼아) 떠나다. 예 이민 길에 오르다.

옮기다 (타동사)

① 본디 있던 자리에서 다른 자리로 바꾸어 놓게 하다. 예 책상을 창가로 옮기다.

② (병균 따위를) 남에게 전염시키게 하다. 예 독감을 옮기다.

③ (남에게서 들은 말을 다른 사람에게) 그대로 전하게 하다. 예 소문을 옮기다.

④ 발걸음을 한 걸음 한 걸음 떼어놓다. 예 집으로 발걸음을 옮기다.

⑤ (관심이나 시선 등을) 이제까지의 대상에서 다른 대상에로 돌리다.
   예 다른 사업으로 관심을 옮기다.

⑥ (어떠한 일을 다음 단계로) 밀고 나아가다. 예 오랜 구상을 실행에 옮기다.

⑦ (거처 따위를) 본디 머물던 곳에서 다른 데로 바꾸다. 예 숙소를 다른 데로 옮기다.

⑧ (어떤 나라의 말을 다른 나라 말로) 바꾸어 나타내다. 번역하다.
   예 한문으로 된 고전들을 우리말로 옮기다.

⑨ 식물을 자라던 자리에서 다른 자리로 가져다 심다.
   예 나무를 양지바른 데로 옮겨 심다.

이르다¹ (자동사)

① 어떤 장소에 닿다.

② 일정 시간에 미치다. 예 그 문제가 오늘에 이르러서야 해결되었다.

이르다² (타동사)

① 미리 알려 주다.

② 알아듣거나 깨닫게 말하다. 예 내가 알아듣도록 이를 테니 걱정 말게.

③ 고자질하다.

이르다³ (형용사)

시간이 대중 잡은 때보다 앞서다. 예 이른 아침

일다¹ (자동사)

① 없었던 것이 처음으로 생기다. 예 유행이 일다.

② 약하거나 희미한 것이 성해지다. 예 불이 일다.

③ 몸이나 물건 등이 저절로 위로 향하여 움직이다. 예 거품이 일다.

④ 형세의 힘이 두드러지게 나타나다. 예 가운(家運)이 일다.

일다² (타동사)

① 곡식을 물 속에 넣어 모래나 티끌을 가려내다. 예 쌀을 일다.

② 물건을 물 속에 넣어 쓸 것만 고르다. 예 사금(砂金)을 일다.

기출 따라잡기

28. 다음은 다의어 '알다'의 뜻풀이 중 일부이다. ㉠~㉣의 예로 적절하지 않은 것은?
2024. 국가직 9급

> ㉠ 어떤 일을 할 능력이나 소양이 있다.
> ㉡ 다른 사람과 사귐이 있거나 인연이 있다.
> ㉢ 어떤 일에 대하여 관여하거나 관심을 가지다.
> ㉣ 어떤 일을 어떻게 할지 스스로 정하거나 판단하다.

① ㉠: 그 외교관은 무려 7개 국어를 할 줄 안다.

② ㉡: 이 두 사람은 서로 알고 지낸 지 오래이다.

③ ㉢: 그 사람이 무엇을 하든 내가 알 바 아니다.

④ ㉣: 나는 그 팀이 이번 경기에서 질 줄 알았다.

일어나다 (자동사)

① 누웠다가 앉거나, 앉았다가 서다. 예 얼마나 컸는지 어디 일어나 보아라.

② 잠에서 깨어 몸을 일으키다. 예 아침 일찍 일어나다.

③ 몸과 마음을 모아 나서다. 분기(奮起) 예 일어나라, 학도들이여!

④ (없던 현상이) 생겨나다. 발생하다. 예 전쟁이 일어나다.

⑤ (약하거나 희미하던 것이) 한창 성하게 되다. 예 가세(家勢)가 일어나다.

⑥ (불이 붙기) 시작하다. 예 장작에 불이 일어나다.

⑦ 완쾌하다. 예 오랜 투병 끝에 병석에서 일어나다.

입 (명사)

① 입술에서 목구멍에 이르는 부분으로, 음식물을 받아들이고, 소리를 내는 신체의 기관 예 과자를 입에 넣다.

② (사람의) 두 입술 부분 예 꼭 다문 입.

③ 말재간이나 말버릇을 이르는 말 예 입이 재다.

④ 흔히 식구를 비유하여 이르는 말 예 집에서 기다리는 입이 한둘이 아니다.

⑤ (의존 명사적 용법) 한 번에 먹을 만한 음식물의 분량을 세는 단위 예 사과를 한 입 베어먹다.

입다 (타동사)

① 옷을 몸에 꿰다. 예 한복을 입다.

② 손해를 받거나 누명 따위를 뒤집어쓰다. 예 피해를 입다.

③ (은혜나 도움 따위를) 받다. 예 은혜를 입다.

잡다[1] (타동사)

① 손 따위로 움켜잡고 놓지 않다.

② 집 또는 직장, 가질 물건, 목표 등을 정하다.
예 이번 시험 성적을 30점 올리는 것으로 잡다.

③ 결점을 집어내다. 예 트집을 잡다.

④ 어떤 내용을 대강 적어 두거나 증거 따위를 장악하다. 예 실마리를 잡다.

⑤ 붙잡다. 예 범인을 잡다.

⑥ 전파, 암호 따위를 알아내다.

잡다[2]

① 마음으로 요량하다. 예 시간이 얼마나 걸릴지 잡아 보아라.

② 어림하여 셈하다. 예 대강 마지기당 벼 한 섬으로 잡다.

잡다[3]

① 동물을 죽이다. 예 잔치에 쓸 소를 잡다.

② 남을 모해하여 구렁에 넣다. 예 사람 잡을 소릴랑 하지 마시오.

③ 노한 마음이나 방탕한 마음을 가라앉히다. 예 마음 잡고 공부하기로 하다.

잡다⁴

　의복에 주름을 내다. 🔳 치마의 주름을 잡다.

재다¹ (타동사)

　① 물건의 길이를 자로 헤아리다.
　② 일의 앞뒤를 헤아리다. 🔳 그는 일의 앞뒤를 재기만 하고 실행을 못한다.

재다²

　① '쟁이다'의 준말 🔳 고기에 양념을 재다.
　② 총에 탄환이나 화약을 넣다.

재다³ (형용사)

　① 동작이 날쌔고 빠르다. 🔳 걸음이 재다.
　② 물건이 쉽사리 더러워지다. 🔳 솥이 재다.
　③ 입을 가볍게 놀리다. 🔳 그녀는 입이 너무 재다.

주다 (타동사)

　① (어떤 것을) 갖거나 누리거나, 또는 하도록 남에게 건네다. 🔳 일거리를 주다.
　② 이익이나 손해를 보게 하다. 🔳 이익을 주다. / 피해를 주다.
　③ 마음이나 정신을 기울이거나 드러내 보이다. 🔳 마음을 주다.
　④ 눈길을 일정한 쪽으로 보내다. 🔳 시선을 주다.
　⑤ 감았던 줄이나 실 따위를 더 풀려 가게 하다. 🔳 닻을 주다.
　⑥ 주사나 침 따위를 놓다. 🔳 손등에 침을 주다.
　⑦ 못 따위를 박다. 🔳 못을 주다.

차리다 (타동사)

　① 장만하여 갖추다. 🔳 밥상을 차리다.
　② 실수가 없도록 체면이나 정신을 가다듬다. 🔳 정신을 차리다.
　③ 옷이나 격식에 맞게 갖추어 꾸미다. 🔳 화려하게 차리다.
　④ 필요한 것을 갖추어 벌이다. 🔳 신혼 살림을 차리다.

찾다 (타동사)

　① (숨었거나 어디 있는지 모르는 것을) 뒤지거나 두루 살펴서 발견해 내다.
　　🔳 범인을 찾다.
　② (모르는 사실·지식 따위를) 알아내거나 밝혀 내다. 🔳 글의 핵심을 찾다.
　③ (잃거나 없어진 것을) 도로 챙기게 되거나 가지게 되다. 🔳 잃었던 책을 찾다.
　④ (빼앗기거나 빌려 주거나, 맡겼던 것을) 도로 얻어내다. 🔳 은행에 예금한 돈을 찾다.
　⑤ 방문하다. 가서 만나다. 🔳 집주인을 찾아 사정을 이야기하다.
　⑥ 요구하다. 청구하다. 🔳 술을 찾다.

치다¹ (자동사)

바람, 눈보라, 번개 등이 세차게 움직이다.

치다² (타동사)

① 손, 물건을 가지고 목적물을 때리다. 예 망치로 못을 치다.

② 소리를 내기 위해 무엇을 때리거나 두드리다. 예 피아노를 치다.

③ 떡 등을 떡메로 두드리다.

④ 카드나 화투 따위로 놀이를 하다.

⑤ 적을 공격하다. 예 적군의 뒤에서 치다.

⑥ 손, 발, 동물의 꼬리 등을 흔들다. 예 손사래를 치다.

⑦ 식물의 잎이나 가지를 베어 내다.

⑧ 날게 썰어 채를 만들다. 예 오이채를 치다.

⑨ 칼을 날려 목을 베다.

⑩ 목표를 이루다. 예 히트를 치다.

치다³

① 연필 등으로 점이나 줄을 표시하거나 그리다.

② 전진, 전보를 송신하다.

③ 모르는 일을 알아내기 위해 점괘를 찾아보다.

④ 무엇을 가르치거나 겪다. 예 시험을 치다.

치다⁴

① 휘장, 그물 따위를 펴서 벌이거나 늘이다.

② 벽을 만들거나 담을 쌓아 가리다.

③ 소리를 기세 있게 내다. 예 큰소리를 치다.

④ 어떤 행동을 힘주어 하거나 저지르다. 예 도망을 치다.

⑤ 헛기세를 뽐내다. 예 공갈을 치다.

타다¹ (타동사)

① 불씨나 높은 열로 불이 붙어 빈지거나 불꽃이 일어나다.

예 벽난로에서 장작이 활활 타고 있었다.

② 피부가 햇볕을 오래 쬐어 검은색으로 변하다. 예 땡볕에 얼굴이 새까맣게 탔다.

③ 뜨거운 열을 받아 검은색으로 변할 정도로 지나치게 익다.

예 다른 일을 하는 사이에 밥이 타 버렸다.

④ 몹시 애가 쓰이거나 걱정이 되어 조바심이 나고 답답하다.

예 그리움으로 속이 타다.

⑤ 물기가 없어 바싹 마르다. 예 오랜 가뭄으로 농작물이 다 타 버렸다.

> 그는 집에 갈 때 자동차를 ㉠타지
> 않고 걸어서 간다.

① 그는 남들과는 다른 비범한 재능
을 <u>타고</u> 태어났다.
② 그는 가야금을 발가락으로 탈 줄
아는 재주가 있다.
③ 그는 어릴 적부터 남들 앞에 서
면 부끄럼을 잘 <u>탔다</u>.
④ 그는 감시가 소홀한 야밤을 <u>타서</u>
먼 곳으로 갔다.

**30. 밑줄 친 의미가 나머지 셋과 다
른 것은?**   2021. 서울시 9급

① 연이 바람을 <u>타고</u> 하늘로 올라간다.
② 부동산 경기를 <u>타고</u> 건축 붐이
일었다.
③ 착한 일을 한 덕분에 방송을 <u>타
게</u> 됐다.
④ 그녀는 아버지의 음악적 소질을
<u>타고</u> 태어났다.

타다² (타동사)

① 탈 것이나 짐승의 등 따위에 몸을 얹다. 예 비행기에 타다. / 자동차를 타다.
② 도로, 줄, 산, 나무, 바위 따위를 밟고 오르거나 그것을 따라 지나가다.
  예 원숭이는 나무를 잘 탄다. / 바위를 타는 솜씨로 보아 저 사람은 암벽 등반가인가 보다.
③ 어떤 조건이나, 시간, 기회 등을 이용하다. 예 아이들은 밤을 타 닭서리를 하였다.
④ 바람이나 물결, 전파 따위에 실려 퍼지다. 예 연이 바람을 타고 하늘로 올라간다.
⑤ 바닥이 미끄러운 곳에서 어떤 기구를 이용하여 달리다.
  예 썰매를 타려면 꼭 장갑을 끼어야 한다.
⑥ 그네나 시소 따위의 놀이 기구에 몸을 싣고 앞뒤로 또는 원을 그리며 움직이다.
  예 구경은 그만 하고 신나는 놀이 기구를 타러 가자.

타다³ (타동사)

다량의 액체에 소량의 액체나 가루 따위를 넣어 섞다.

예 커피를 타다. / 미숫가루를 물에 타서 마신다.

타다⁴ (타동사)

① 몫으로 주는 돈이나 물건 따위를 받다.
  예 회사에서 월급을 타다. 부모님에게 책값을 타서 쓰다.
② 복이나 재주, 운명 따위를 선천적으로 지니다.
  예 운명을 잘 타고 태어났는지 하는 일마다 운수대통이다.

타다⁵ (동사)

① 박 따위를 톱 같은 기구를 써서 밀었다 당겼다 하여 갈라지게 하다.
  예 톱으로 박을 타다.
② 줄이나 골을 내어 두 쪽으로 나누다. 예 흙을 파서 골을 탄 다음 씨를 뿌렸다.
③ 콩, 팥 따위를 맷돌에 갈아서 알알이 쪼개다.

타다⁶ (타동사)

악기의 줄을 퉁기거나 건반을 눌러 소리를 내다. 예 가야금을 타다. / 풍금을 타다.

타다⁷ (타동사)

① 먼지나 때 따위가 쉽게 달라붙는 성질을 가지다. 예 이 옷은 때를 잘 탄다.
② 몸에 독한 기운 따위의 자극을 쉽게 받다. 예 옻을 타다.
③ 부끄럼이나 노여움 따위의 감정이나 간지럼 따위의 육체적 느낌을 쉽게 느끼다.
  예 노여움을 타다. / 간지럼을 타다. / 부끄럼을 타다.
④ 계절이나 기후의 영향을 쉽게 받다. 예 계절을 타다. / 추위를 타다.

펴다 (타동사)

① 개킨 것을 젖히거나 벌려 놓다. 깔다. 예 방에 이불을 펴다.

② 굽은 것을 곧게 펴다. 예 허리를 펴다. / 구부러지진 철사를 펴다.

③ 덮였거나 접힌 것을 벌리다. 예 책을 펴다. / 우산을 펴다.

④ 오므리거나 오므라든 것을 벌리다. 예 어깨를 펴고 걷다.

⑤ 구김살이나 주름살을 반반하게 하다. 예 이마의 주름살을 펴다.

⑥ 꾸리거나 싼 것을 풀다. 헤치다. 예 선물 꾸러미를 펴 보다.

⑦ 마음이나 감정 따위를 얽매임 없이 자유롭게 가지거나 드러내다.

　예 기를 펴다. / 뜻을 펴다.

⑧ 힘이나 세력(勢力) 따위가 미치는 범위를 넓히다. 예 세력을 북방으로 펴다.

⑨ 세상에 널리 알리거나 두루 베풀다. 예 법령을 펴다. / 선정(善政)을 펴다.

⑩ 어떤 일이나 조직 따위를 벌이거나 늘이다. 예 수사망을 펴다.

풀다 (타동사)

① 묶이거나 감기거나 얽히거나 합쳐진 것 따위를 그렇지 아니한 상태로 되게 하다. 예 보따리를 풀다. / 신발 끈을 풀다.

② 어떤 감정이나 분노 따위를 누그러뜨리다.

　예 분을 풀다. / 그가 사과해서 화를 풀기로 했다.

③ 마음에 맺혀 있거나 품고 있는 것을 이루다. 예 소원을 풀다. / 평생의 한을 풀다.

④ 모르거나 복잡한 문제 따위를 알아내거나 해결하다.

　예 궁금증을 풀다. / 수학 문제를 풀다.

⑤ 금지되거나 제한된 것을 할 수 있도록 터놓다. 예 구금을 풀다. / 통행 금지를 풀다.

⑥ 피로나 독기 따위를 없어지게 하다.

　예 여행을 다녀오느라 힘들었을 텐데 푹 쉬면서 피로를 풀도록 하여라.

⑦ 사람을 동원하다. 예 사람을 풀어 수소문하다.

⑧ 콧물을 밖으로 나오게 하다. 예 코를 풀다.

⑨ 꿈, 이름, 점괘 따위를 판단하여 내다. 예 꿈을 풀어 주다.

⑩ 어려운 것을 알기 쉽게 바꾸다.

　예 어려운 말은 알아들을 수 있게 풀어서 이야기하겠습니다.

⑪ 긴장된 분위기나 표정 따위를 부드럽게 하다.

　예 막내도 자기가 잘못했다고 하니 그만 얼굴 푸세요.

⑫ 액체에 다른 액체나 가루 따위를 섞다. 예 팔팔 끓는 물에 된장을 풀다.

험하다 (형용사)

① 땅의 생긴 형세가 발붙이기 어렵다. 예 험한 산악 지대

② 생김새가 험상궂다. 예 눈빛이 험해지다.

③ 움직이는 형세가 위태롭다. 예 험한 분위기

④ 말이나 행동 따위가 막되다. 예 험한 말은 쓰지 마세요.

⑤ 먹는 것이나 입는 것이 조악하거나 수준 이하이다. 예 험한 일도 마다 않고 열심히 살다.

기출 따라잡기

31. 다음에 제시된 단어의 의미에 맞게 쓴 문장으로 적절하지 않은 것은?
2021. 지방직 7급

단어	의미	문장
풀다	모르거나 복잡한 문제 따위를 알아내거나 해결하다.	㉠
	어려운 것을 알기 쉽게 바꾸다.	㉡
	긴장된 분위기나 표정 따위를 부드럽게 하다.	㉢
	금지되거나 제한된 것을 할 수 있도록 터놓다.	㉣

① ㉠: 나는 형이 낸 수수께끼를 풀다가 결국 포기하고 말았다.

② ㉡: 선생님은 난해한 말을 알아들을 수 있게 풀어 설명하셨다.

③ ㉢: 막내도 잘못을 뉘우치니, 아버지도 그만 얼굴을 푸세요.

④ ㉣: 경찰을 풀어서 행방불명자를 백방으로 찾으려 하였다.

32. 밑줄 친 단어와 의미가 같은 것은?
2021. 국회직 9급

　그 녀석은 생긴 품이 제 아버지를 닮았다.

① 허름한 옷을 입은 여인의 품에는 두어 살 가량 난 애가 안겨 있었다.

② 겨울옷은 품이 넉넉해야 다른 옷을 껴입을 수 있다.

③ 이 마을의 모든 머슴들은 품 갚기를 함으로써 일을 줄여 나가고 싶어 한다.

④ 옷 입는 품을 보면 그 사람을 알 수 있다.

⑤ 어머니는 이 집 저 집에 품을 팔아 우리 가족의 생계를 꾸려 나가셨다.

흐르다 (자동사)

① 물 따위가 낮은 곳으로 내려가다. 예 시냇물이 강으로 흐르다.

② 눈물이 눈에서 나오다. 예 눈에서 눈물이 흐르다.

③ (공중이나 물 위에) 떠서 미끄러지듯 움직이다. 예 하늘에 흐르는 흰 구름

④ 시간이나 세월이 지나가다. 예 그와 헤어진 지 십 년이 흘렀다.

⑤ 어느 방향으로 쏠리다. 예 인정에만 흐르면 안 된다.

⑥ 새어서 빠지거나 떨어지다. 예 꽃병 아래로 물이 흐른다.

⑦ 가득 차서 넘쳐 쏟아지다. 예 욕탕에 물이 넘쳐흐른다.

⑧ 어떤 범위 안에 번져서 점점 퍼지다. 예 방 안 가득히 흐르는 노랫소리.

⑨ 어떤 상태나 현상·기운 따위가 겉으로 드러나다. 예 얼굴에 열정이 흐르다.

1 중의적 표현

두 가지 이상의 의미로 해석되는 표현이다. 의미가 명료하지 않고 모호하기 때문에 바람직한 표현이 아니다.

(1) **어휘적 중의성**: 한 단어가 둘 이상의 의미를 가져 그 해석이 모호한 것으로 주로 이의어나 다의어에 의해서 발생한다.

예 할아버지께서 <u>돌아가셨다.</u>
- 해석 1) 운명하셨다.
- 해석 2) 원래 있던 곳으로 다시 가셨다.
- 해석 3) 먼 쪽으로 둘러서 가셨다.

(2) **구조적 중의성**: 한 문장이 구조적인 이유로 두 가지 의미로 해석 가능한 것

① 비교 구문

예 승재는 나보다 축구를 더 좋아한다.
- 해석 1) '승재는' 다음에 끊어 읽을 경우 ⇨ 승재는 나와 축구를 좋아하는데, 축구를 더 좋아한다.
- 해석 2) '나보다' 다음에 끊어 읽을 경우 ⇨ 승재와 나는 축구를 좋아하는데, 승재가 더 좋아한다.

② 접속 조사

예 나는 영태와 돌이를 만났다. (때렸다. 보았다 ……)
- 해석 1) '나는' 다음에 끊어 읽을 경우 ⇨ 나 혼자서 영태와 돌이 둘을 만났다.
- 해석 2) '영태와' 다음에 끊어 읽을 경우 ⇨ 나는 영태와 함께 돌이를 만났다.

③ 관형어, 관형절의 수식 범위

예 • 그 소설가는 순수한 마음을 가진 어린이와 철학자를 작품의 주인공으로 삼았다.
- 해석 1) '가진' 다음에 끊어 읽을 경우 ⇨ '순수한 마음을 가진'이 '어린이와 철학자' 모두 수식
- 해석 2) '어린이와' 다음에 끊어 읽을 경우 ⇨ '순수한 마음을 가진'이 '어린이'만 수식
• 키가 큰 누나의 친구가 온다.
- 해석 1) '키가 큰' 다음에 끊어 읽을 경우 ⇨ '키가 큰'이 '친구' 모두 수식
- 해석 2) '누나의' 다음에 끊어 읽을 경우 ⇨ '키가 큰'이 '누나'를 수식

④ 부사어의 한정 범위

예 오늘같이 흐리지 않은 날에는 한라산의 정상이 보인다.
- 해석 1) '오늘같이' 다음에 끊어 읽을 경우 ⇨ 오늘은 흐리지 않기 때문에 한라산의 정상이 보인다.
- 해석 2) '흐리지' 다음에 끊어 읽을 경우 ⇨ 오늘은 흐리기 때문에 한라산의 정상이 보이지 않는다. (오늘 보다 덜 흐린 날에는 한라산의 정상이 보인다.)

기출 따라잡기

33. 다음 중 단어의 쓰임이 ㉠과 같은 것은? 2009. 법원직

> 북한에서는 말을 다듬는다고 하여 한자어를 몰아내고 눈에 ㉠선 고유어를 많이 만들어 오히려 언어 생활에 혼란을 일으켰다는 평가도 없지 않으나, 그 정신만은 존중할 필요가 있다.

① 그의 행동은 <u>선</u> 수박의 꼭지를 도린 것이다.
② 너의 생각은 합리적이기보다는 다분히 <u>설다</u>.
③ 어제 잠이 <u>설었던</u> 탓인지 하루 내내 힘이 없다.
④ 오랜만에 찾아온 집이라서 대문부터 <u>설게</u> 느껴졌다.

34. 다음 문장들은 두 가지 이상의 의미로 해석될 수 있는 모호한 문장들이다. 모호성의 이유가 나머지 넷과 다른 것은? 2014. 서울시 9급

① 내가 지난번에 만난 친구의 동생이 오늘 결혼을 한다고 한다.
② 그 연속극은 가정에 충실한 주부와 남편에게 불쾌감을 주었다.
③ 나는 국어 선생님과 교장 선생님을 찾아뵈었다.
④ 아내는 남편보다 아들을 더 좋아했다.
⑤ 그 배는 보기가 아주 좋았다.

⑤ 기타

> 예 내가 보고 싶은 사람이 많다.
> ┌ 해석 1) 내가 많은 사람을 보고 싶어한다.
> └ 해석 2) 나를 보고 싶어하는 사람이 많다.

(3) **은유적 중의성**: 은유적 표현이 두 가지 의미로 해석 가능한 문장

> 예 김 선생님은 호랑이다.
> ┌ 해석 1) 연극에서 호랑이의 역할을 맡았다.(배역)
> ├ 해석 2) 호랑이처럼 무섭다.(성격)
> └ 해석 3) 호랑이처럼 생겼다.(생김새)

(4) **중의성의 제거**: 어순의 조절, 쉼표(,)의 사용, 동의어의 사용

2 관용적 표현

두 개 이상의 단어가 특수한 하나의 의미로 굳어져서 쓰이는 표현으로 마음대로 바꿀 수 없다.

(1) **관용구**: 둘 이상의 단어가 이어져 특정한 관습적 의미로 사용되는 어구

> 예 • 관식이는 발이 넓다.
> ┌ 사실적 표현: 발의 폭이 넓다.
> └ 관용적 표현: 사교적이어서 아는 사람이 많다.
> • 그 집 며느리는 손이 커서 한 접시 주문하면 두 접시 준다. (인심이 후하고 넉넉하다)
> • 그 여자는 눈이 높아 마흔 아홉인데 아직 미혼이다. (자기 분수 이상의 것만 찾는다)

(2) **속담**: 예로부터 민간에서 전해오는 말로 비유적·상징적인 의미를 지닌 간결한 표현

> 예 • 낫 놓고 기역자도 모른다. (아주 무식하다)
> • 누워서 떡 먹기 (아주 쉽다)

(3) **격언**: 사리에 맞아 교훈이 될 만한 말

> 예 제자는 스승의 그림자도 밟지 않는다.

(4) **고사 성어**: 유래를 가지고 있는 숙어적 표현

> 예 함흥차사 (심부름 가서 소식이 없거나 더딜 때 쓰는 말: 이성계와 태종의 고사)

3 잉여적 표현

말을 하거나 글을 쓸 때, 의미가 중복되어 있거나, 의미상 불필요한 말

> 예 여성 자매, 불법 살인, 역전 앞, 입소해 들어가다, 마지막 끝마무리, 낙엽이 떨어지다.

기출 따라잡기

35. 밑줄 친 관용 표현의 쓰임이 적절하지 않은 것은? 2010. 국가직 7급

① 저래 뱄도 속이 살아서 그 사람은 곧잘 바른 소리를 한다.
② 그는 속이 마른 사람이니까 내가 사죄를 하면 용서해 줄 것이다.
③ 아무에게나 그렇게 속을 주고 다니니까 오히려 당하는 수가 있으니 조심해라.
④ 남들은 대학에 못 가서 속이 달아 있는데, 그 대학에 붙고도 안 간다고 하니 어찌된 일인지 모르겠다.

36. 다음 중 의미의 중복이 없는 것은?
2010. 서울시 9급

① 과반수가 넘는 찬성으로 안건이 가결되었다.
② 미리 예습하는 것이 좋을 것 같다.
③ 그때 당시에는 모두가 힘들었습니다.
④ 어려운 난관을 뚫고 마침내 시험에 합격했다.
⑤ 그날 이후 우리는 돈독한 사이가 되었다.

정답 및 해설

_____

• 기출 및 예제 따라잡기

정답 및 해설

Part 01 | 문법 편

1 ④

풀이 '사랑'이나 '진리'와 같은 보편적 개념일지라도 각 사회마다 기표가 다르다. '사랑(한국어), 러브(영어), 아모르(프랑스어)' 등 자의적으로 만들어진 기표이므로 형식(소리)가 다를 수밖에 없다.

2 ②

풀이 모든 언어는 항상 고정 불변하는 것이 아니라 시대와 환경에 따라 생성, 변화, 소멸한다. 이렇게 언어가 개인의 일방적 의도가 아닌, 시간의 경과에 따라 변하는 것을 '언어의 역사성'이라고 한다. 언어의 역사성은 어휘의 측면에서 두드러지게 나타나고 통사적(문법적)인 측면에서 가장 약하게 나타난다.

3 ③

풀이 '언어의 분절성(分節性)'과 관련된 내용이다. 예를 들어, '어제―오늘―내일', '이마―뺨―턱' 등이 있다.

4 ④

풀이 지령적 기능은 청자의 변화를 목적으로 한다. 따라서 소비자의 설득을 목적으로 하는 광고 문구는 지령적 기능의 대표적인 예이다.

5 ③

풀이 점순이가 '나'에 대해 관심을 갖고 건네는 말이므로 친교적 기능에 해당한다. 이때, 밑줄의 정보 자체는 중요하지 않다.

6 ②

풀이 ①과 같은 특성을 '삼지적 상관속'이라 한다.
②의 경우 조사와 어미가 발달하였다는 설명은 맞지만, 한국어는 굴절어가 아닌 첨가어(교착어)이다.

7 ④

풀이 ④의 경우 한국어의 관형사는 체언을 수식하는 기능만 하기 때문에 틀린 설명이다.

오답

②와 같은 구성을 '주격 중출문' 혹은 '이중 주어 구문'이라 하며, 한국어에는 '그는 키가 크다.', '그녀는 마음이 착하다.' 등과 같은 문장 구성이 흔하다.
③의 경우 한국어는 수식어가 피수식어 앞에 오므로 옳은 설명이다.

8 ④

풀이 몽골어는 국어와 같은 알타이어족이기 때문에 몽골로부터 유입된 우리말도 있다. 예를 들어, '보라매, 가라말' 등은 몽골에서 들어온 말이다.

오답

① 세계기록문화유산으로 지정된 것은 '한글'이 아니라 '훈민정음'이다.
② 언어는 자의적이기 때문에 동물의 소리를 완벽하게 적을 수 없다.
③ 우리말의 로마자는 표준 발음법에 따라 적는 것을 원칙으로 한다.

9 ①

풀이 '하늘, 바람'은 고유어이지만 '심지어, 어차피, 주전자'는 한자어이다.
• 심지어(甚至於): [부사] 더욱 심하다 못하여 나중에는.
• 어차피(於此彼): [부사] 이렇게 하든지 저렇게 하든지. 또는 이렇게 되든지 저렇게 되든지.
• 주전자(酒煎子): [명사] 물이나 술 따위를 데우거나 담아서 따르게 만든 그릇.

오답

② 학교(學校), 공장(工場), 도로(道路), 자전거(自轉車), 자동차(自動車).
③ 고무(프랑스어), 담배(포르투갈어), 가방(<kaban<kabas / 일본어), 빵(포르투갈어), 냄비(なべ(nabe). 일본어).
④ 비어(卑語/鄙語): 점잖지 못하고 천한 말. 대상을 낮추거나 낮잡는 뜻으로 이르는 말.

10 ②

풀이 '입말'은 '글말'에 비해 비교적 빠른 속도로 바뀐다고 했기 때문에 ㉠은 '동태성(動 움직일 통, 態 모양 태, 性 성품 성)'의 특징을, ㉡은 비교적 서서히 변화한다고 했으므로 '정태성(靜 고요할 정, 態 모양 태, 性 성품 성)'의 특징을 가진다고 할 수 있다.

11 ③

풀이 ㈐는 세 가지 정보(고운 말, 바른말, 쉬운 말)를 모두 담고 있는 정리 단락이므로 맨 마지막에 와야 한다. 또한 '이렇게 볼 때'라는 표지를 통해서도 정리 단락임을 추론할 수 있다. 나머지 문단들은 '고운 말[=㈎] → 바른말[=㈑] → 쉬운 말[=㈓]'의 순서대로 오면 된다.

12 ⑤

풀이 우리말을 표기할 때, 끝소리(받침)로 쓸 수 있는 자음들은 아주 많지만 발음을 할 때는 'ㄱ, ㄴ, ㄷ, ㄹ, ㅁ, ㅂ, ㅇ'의 일곱 개 중 하나로만 소리가 난다. 즉, 음절의 끝에 이 일곱 개 이외의 자음이 오면, 음가(音價)대로 발음하는 것이 아니라 이 일곱 자음 중 하나로 바뀌어 소리가 나는 것이다. 이것을 '음절의 끝소리 규칙'이라고 한다.

13 ①

풀이 ㉠은 감각어를 비유적으로 사용한다는 설명이므로 감각어가 비유적인 표현이 아니라 단순히 감각어로만 사용된 ①이 정답이다.

14 ④

풀이 화용론(話用論)은 말하는 이, 듣는 이, 시간, 장소 따위로 구성되는 맥락과 관련하여 문장의 의미를 체계적으로 분석하려는 의미론의 한 분야이다. 영어는 'have(~을 가지고 있다)'로 표현하는 소유 중심의 언어이고, 국어는 '~이 있다'로 표현하는 존재 중심의 언어이다.

오답
① 파열음과 파찰음이 '평음(平音. 예사소리)-경음(硬音. 된소리)-유기음(有氣音. 거센소리)'의 3항 대립을 보인다.
② 조사와 어미가 발달한 교착어(膠着語)(=첨가어. 添加語)의 특성을 보인다.
③ 현대 국어는 음절 초에 둘 이상의 자음이 함께 올 수 없다. 'ㄲ, ㄸ, ㅃ'은 된소리로, 자음이 하나이다.

15 ②

풀이 국어의 형태적 특징은 교착어, 첨가어와 관련된 내용이 나와야 한다. 따라서 동사와 형용사는 모두 어미가 변화한다는 점에서 활용이 유사하다고 할 수 있다. 참고로, 형용사는 동사와 달리 활용에 제한이 있지만 '형태적' 특징을 강조한 유형을 고려해 '유사하다'고 할 수 있다.

오답
나머지는 모두 국어의 통사적 특징에 해당한다.

16 ③

풀이 《훈몽자회》에서 제시하고 있는 자음의 순서는 현행 한글 맞춤법의 자음의 순서와는 약간 다르다.

17 ③

풀이 '개울 → 갸름하다 → 게 → 겨울 → 까다' 순이 맞다.

참고

국어사전에 수록된 표제어의 배열은 자모의 배열순에 따른다.
• 초성(初聲): ㄱ ㄲ ㄴ ㄷ ㄸ ㄹ ㅁ ㅂ ㅃ ㅅ ㅆ ㅇ ㅈ ㅉ ㅊ ㅋ ㅌ ㅍ ㅎ
• 중성(中聲): ㅏ ㅐ ㅑ ㅒ ㅓ ㅔ ㅕ ㅖ ㅗ ㅘ ㅙ ㅚ ㅛ ㅜ ㅝ ㅞ ㅟ ㅠ ㅡ ㅢ ㅣ
• 종성(終聲): ㄱ ㄲ ㄳ ㄴ ㄵ ㄶ ㄷ ㄹ ㄺ ㄻ ㄼ ㄽ ㄾ ㄿ ㅀ ㅁ ㅂ ㅄ ㅅ ㅆ ㅇ ㅈ ㅊ ㅋ ㅌ ㅍ ㅎ

18 ④

풀이 '괴롭다 → 교실 → 구름 → 귀엽다'가 순서에 적절하다.

오답
① 두다 → 뒤뜰 → 뒤켠 → 따뜻하다(○).
② 냠냠 → 넘기다 → 네모 → 늴리리(○).
③ 앳되다 → 얇다 → 에누리 → 여름(○).

19 ④

풀이 창조적 사용의 특성은 언어와 언어가 아닌 것을 구별하는 요소이다.

20 ③

풀이 '동생'(ㄷㅗㅇㅅㅐㅇ), '미나리'(ㅁㅣㄴㅏㄹㅣ), '궁궐'(ㄱㅜㅇㄱㅝㄹ)은 6개의 음운이다. 그러나 '국화'(구콰 → ㄱㅜㅋㅘ)는 4개의 음운이다. 이때, 주의해야 할 것은 표기가 아니라 발음을 기준으로 음운의 개수를 센다는 점이다. 즉, '국화'의 음운은 'ㄱㅜㄱㅎㅘ'처럼 5개가 아니라 실제 발음이 된 대로 'ㄱㅜㅋㅘ'처럼 4개라는 것이다.

21 ①

풀이 음운은 소리의 최소 단위이므로 발음으로 개수를 정하며, 첫소리의 'ㅇ'은 음운의 개수에 포함되지 않는다. 따라서 '[깨고 나라 갇따]'의 음운은 'ㄲ, ㅐ / ㄱ, ㅗ / ㄴ, ㅏ / ㄹ, ㅏ / ㄱ, ㅏ, ㄷ / ㄸ, ㅏ'의 13개이다. 참고로, '[총아리 창을]'의 음운은 'ㅊ, ㅗ, ㅇ / ㅏ / ㄹ, ㅣ / ㅊ, ㅏ, ㅇ / ㅡ, ㄹ'의 11개이다.

22 ①

풀이 'ㄴ, ㅁ, ㅇ'은 비음(鼻音)에 해당된다. '비음(鼻音)'은 입 안의 통로를 막고 코로 공기를 내보내면서 내는 소리이다. 참고로, 유음(流音)은 자음 'ㄹ'에 해당한다. '유음(流音)'은 혀끝을 잇몸에 가볍게 대었다가 떼거나, 잇몸에 댄 채 공기를 그 양옆으로 흘려보내면서 내는 소리이다.

23 ③

풀이 조음 위치에 따른 자음의 특성을 묻는 문제이다. '부고'의 'ㅂ'은 양순음이고, 'ㄱ'은 연구개음이다. 따라서 [+양순음], [-치조음](=[+연구개음)이라고 한 ③이 적절하다.

오답
① 가로: [-경구개음](=+연구개음), [-후음](=+치조음)
② 미비: [-경구개음](=+양순음), [-후음](=+양순음)
④ 효과: [+후음], [+연구개음]

24 ⑤

풀이 혀의 높이에 따라 모음을 구분하는 것은 '고모음, 중모음, 저모음'이다. 참고로, 양성 모음과 음성 모음은 '음색이나 어감의 성질'에 따른 체계이다.

25 ①

풀이 국어 모음의 체계 중 혀의 위치가 가장 높은 것은 고모음으로, 'ㅣ, ㅟ, ㅡ, ㅜ'가 있다. 따라서 '위, 수, 그'에 해당한다.

오답
② 중모음
③ '개, 라'는 저모음, '네'는 중모음.
④ '이'는 고모음, '베'는 중모음, '가'는 저모음.

26 ②

풀이 소리의 장단은 모음에만 해당된다. 모음은 발음의 지속 시간의 길이로 단모음과 장모음으로 분류할 수 있다. 단모음(短母音)은 모음 소리의 지속 시간이 짧은 모음을 말한다. 반대로 모음 소리의 지속 시간이 긴 것은 장모음(長母音)이라고 한다.

오답
① 국어의 비분절 음운에는 장단과 억양이 있다. 중세국어에서는 소리의 높낮이인 성조를 음운으로 보았지만, 현대 국어에서는 소리의 길이만을 사전에서 비분절 음운으로 표기하고 있다.
③ 비분절 음운은 소리의 길이나 억양처럼 의미 변별의 기능은 있지만, 소리마디의 경계가 뚜렷하게 나누어지지 않는다.
④ 국어에서는 단어의 첫 음절에서만 긴 소리가 나타나는 것을 원칙으로 한다. 그러나 본래 장음으로 발음되던 단어도 둘째 음절 이하에 오면 짧게 발음된다. 예를 들어 긴소리로 발음되는 '말:[言]'이 '존대'와 결합하여 '존댓말'이 되면 '말:[言]'은 짧은 소리로 발음한다.

27 ②

풀이 'ⓐ 굳이[구지](구개음화), ⓔ 무릎[무릅](음절의 끝소리 규칙), ⓢ 있지[읻찌](음절의 끝소리 규칙, 경음화)'는 모두 '대치(= 교체)'에 해당한다.

오답
끊더라[끈터라](축약), ⓒ 뒷일[뒨닐](첨가), ⓜ 배꼽(도치), ⓑ 싫어도[시러도](탈락), ⓞ 잡히다[자피다](축약).

28 ①

풀이 ①은 음절의 끝소리 규칙이 아니라 연음(連音) 현상일 뿐이다.

29 ③

풀이 '꽃망울'은 '[꼳망울](음절의 끝소리 규칙) → [꼰망울](비음화)'가 모두 나타나는 사례이다.

오답
① '덮개[덥깨]'는 음절의 끝소리 규칙과 된소리되기가 나타난 경우이다.
② '문고리[문꼬리]'는 사잇소리현상이다.
④ '광한루[광:할루]'는 유음화가 나타난 경우이다.

30 ④

풀이 ④ '집비둘기'는 발음이 [집삐둘기]로 나는 된소리되기 현상이다. 따라서 ⓛ '표현 효과의 원리'에 해당한다. 하지만 나머지는 모두 ⓖ '경제성의 원리'에 해당하므로 변동의 원인이 이질적이다.

오답
① '맏누이[만누이]'는 음운의 동화 중 자음동화에 해당한다.
② '굳히다[구치다]'는 음운의 축약이며, 동시에 음운의 동화 중 구개음화에 해당한다.
③ '잡히다[자피다]'는 음운의 축약 중 자음축약에 해당한다.

31 ①

풀이 '부엌일'은 [부억일](교체) → [부억닐](첨가) → [부엉닐](교체)로 음운의 변동이 나타난다. 따라서 '부엌일'을 발음할 때에 음절의 끝소리 규칙, 'ㄴ' 첨가, 비음화가 일어나므로 '부엌일'에 일어나는 음운 변동은 ㉠교체와 ㉡첨가로 유형화할 수 있다.

32 ①

풀이 '장대비'는 [장때비]로만 발음한다. 사이시옷이 없기 때문에 '대'를 [땐](X)으로 발음할 수 없으며 '비'도 [비]로만 발음한다. 나머지는 모두 올바른 발음이다.

33 ②

풀이 '굳이[구지]'는 'ㄷ, ㅌ'이 'ㅣ' 모음을 만나 'ㅈ, ㅊ'으로 변하는 구개음화이므로 '음운의 탈락'이 아니라 '음운의 교체(交替)'에 해당한다. 한 음운이 다른 음운으로 바뀐 경우이다.

34 ③

풀이 '많다'는 [만:타]로 발음한다. 어간 '많-'의 받침 'ㅎ'이 어미 '-다'의 'ㄷ'과 만나 [ㅌ]으로 발음하여 자음이 축약한다.

오답
① 음절 끝소리 규칙에 따라 'ㅈ'을 대표음인 'ㄷ'으로 교체하여 발음한다.
② 된소리되기에 따라 'ㄷ'을 'ㄸ'으로 교체하여 발음한다.
④ '나뭇잎'은 교체가 3번 일어난다. [나묻입]('ㅅ'과 'ㅍ' 모두 음절 끝소리 규칙, 교체)−[나묻닙]('ㄴ' 첨가, 첨가)−[나문닙](비음화, 교체)

35 ①

풀이 자음군 단순화는 음절 말의 겹받침 가운데 하나가 탈락하고 하나만 발음되는 현상으로, 어말이나 자음 앞에서 나타난다. 예를 들어, 닭[닥], 값[갑], 읊다[읍따], 읽고[일꼬], 밝게[발:께] 등이 있다. 하지만 모음으로 시작하는 문법 형태소가 결합할 때는 탈락이 이루어지는 것이 아니라 연음(連音)된다. 예를 들어, '넋이[넉씨], 앉아[안자], 닭을[달글]' 등은 자음이 탈락하는 것이 아니라 뒤엣것만을 뒤 음절 첫소리로 옮겨 발음한다.

오답
② 꽃잎[꼰닙], 들일[들닐 → 들릴], 물약[물냑 → 물략] 등.
③ '유기음화(有氣音化)'는 거센소리되기 현상, 자음 축약에 해당한다. 예 국화[구콰], 맏형[마텽], 잡히다[자피다] 등.
④ 신라[실라], 칼날[칼랄], 광한루[광할루] 등.

36 ①

오답
①은 '어간(語幹)'으로, 어간은 혼자서 올 수 없는 의존 형태소이면서 실질적인 의미를 지닌 형태소이다.
②는 '어미(語尾)'
③은 '명사(名詞)'이므로 자립 형태소이자 실질 형태소이다.
④는 '조사(助辭)'이므로 의존 형태소이자 형식 형태소이다.

37 ④

풀이 형태소는 의미의 최소 단위이다. <보기>의 형태소는 '떡, 볶, 이, 를, 팔, ㄹ, 사람, 은, 어서, 가, 아'의 11개이다. 이때, '팔'은 '팔(어간)＋ㄹ(관형사형 어미)'의 형태소가 2개이며, '가'는 '가(어간)＋아(어미)'의 형태소가 2개이다. 용언의 어미는 탈락되더라도 형태소는 원형대로 수를 세야 한다.

38 ①

풀이 '아버지'는 단일어이다. '값어치'는 어근 '값'과 '그 값에 해당하는 분량'의 뜻인 접미사 '-어치'가 결합한 파생어이다. '덮밥'은 어근 '덮-'과 어근 '밥'이 결합한 합성어이다.

오답
'바가지'는 어근 '박'과 접미사 '-아지'가 결합한 파생어이다. '곧잘'은 '곧잘'은 어근인 부사 '곧'과 어근인 부사 '잘'이 결합한 합성어이다. '마중'은 어근 '맞-'과 접미사 '-웅'이 결합한 파생어이다.

39 ③

풀이 '강기침'은 '마른기침'을 일상적으로 이르는 말이다. 이때의 '강-'은 고유어 접두사이며, '마른' 또는 '물기가 없는'의 뜻을 더하는 접두사이다. 예를 들어, '강모, 강서리' 등이 있다.

오답
나머지는 모두 한자 접두사 '강(强)-'이다.
① 강염기(强鹽基)[강념기]: <화학> 수용액에서 수산화 이온과 양이온으로 완전히 해리되는 염기. 수산화 칼륨, 수산화 나트륨 따위가 이에 속한다.
② 강타자(强打者): <운동> 야구에서, 타격이 강한 타자.
④ 강행군(强行軍): ㉠ 어떤 일을 짧은 시간 안에 끝내려고 무리하게 함. ㉡ <군사> 무릅쓰고 보통 행군보다 멀리 또는 빨리 행군함. 또는 그런 행군.

참고
• 강추위: 눈도 오지 않고 바람도 불지 않으면서 몹시 매운 추위.
• 강추위(强--): 눈이 오고 매운바람이 부는 심한 추위.

40 ①

풀이 '개고기'는 '개＋고기'로 이루어진 합성어이다. 나머지 선택지의 '개'는 '야생의, 변변치못한, 쓸데없는'의 뜻을 가진 접두사로 파생어를 형성한다.

41 ①

풀이 '도시락'은 단일어이다.

오답

② '-님'은 '높임'의 뜻을 더하는 접미사이다. '선생님'은 복합어이며 파생어이다.

③ '날-'은 '말리거나 익히거나 가공하지 않은'의 뜻을 더하는 접두사이다. '날고기'는 복합어이며 파생어이다.

④ '밤'과 '나무'는 각각 명사이며 어근이다. '밤나무'는 복합어이며 합성어이다.

42 ②

풀이 '-하다', '-치', '되-', '들이-'는 모두 접사이다.

• '-치': '값'의 뜻을 더하는 접미사

　예 기대치, 최고치, 평균치

• '들이-': '몹시', '마구', '갑자기'의 뜻을 더하는 접두사

　예 들이갈기다, 들이꽂다, 들이닥치다

오답

① '강추위'의 '강-', '날강도'의 '날-', '짓누르다'의 '짓-'은 접두사이므로 이들은 파생어이다. '온갖'은 통시적으로 '온＋갖'으로 분석되는데, 이때의 '온'은 현재의 관형사 '온'에 해당하며, '갖'은 '가지'인 합성어이다.

③ '끝내'의 '-내', '참꽃'의 '참-', '한겨울'의 '한-'은 접사이므로 이들은 파생어이다. '게을러빠지다'는 합성어이다. 참고로 '-내'는 기간의 뜻인 접미사이다. '봄내, 여름내, 저녁내, 마침내, 끝내'는 모두 파생어이다.

④ '들개'의 '들-', '움직이다'의 '-이다', '한낮'의 '한-'은 접사이므로 이들은 파생어이다. '어느덧'은 관형사 '어느'와 시간의 뜻인 '덧'의 결합인 합성어이다. 참고로 '움직이다'의 '-이다'는 동사를 만드는 접미사이지 서술격 조사가 아니다.)

⑤ '들쑤시다'의 '들-', '마음껏'의 '-껏', '불호령'의 '불-'은 모두 접사이므로 이들은 파생어이다. '여남은'은 수사 '열(十)'과 동사 '남-(餘)'이 결합하여 만들어진 합성어이다.

43 ⑤

풀이 '많이'의 '-이', '알짜'는 '알-', '돋보기'는 '-기', '철렁거리다'는 '-거리다'가 접사이며 ⑤는 모두 파생어이다. 참고로 '돋보기'는 '도두보다'의 준말인 '돋보다'의 '돋보-'가 어근이며 '-기'가 접미사인 파생어이다. 표준국어대사전에도 '돋보-기'로 어근과 접사

를 구별하고 있다. 그리고 '알짜'의 뜻은 '여럿 가운데 가장 중요하거나 훌륭한 물건' 또는 '실속이 있거나 표본이 되는 것'이 뜻인 명사이며 단어이다. 여기서 접두사 '알-'은 '진짜, 알짜'의 뜻을 더한다. '알짜'는 '알-'이 접두사인 파생어이다.

오답

① '굳세다'는 합성어이며 나머지는 모두 파생어이다.

② '어린이'는 합성어이며, 여기서 '이'는 '사람'의 뜻을 나타내는 어근이다. 나머지는 모두 파생어이다.

③ '접칼'은 합성어이며 나머지는 파생어이다.

④ '어녹다'는 '얼다가 녹다'의 뜻이며 합성이다. 나머지는 모두 파생어이다. 참고로 '여닫이'는 '열다'와 '닫다'가 결합한 '여닫-'에 접미사 '-이'가 붙은 파생어이며 표준국어대사전에도 '여닫-이'로 등재된 말이다.

44 ②

풀이 '낯섦'은 형용사 '낯설다'에 명사형 전성어미 '-ㅁ'이 들어간 경우이다. 따라서 접미사가 붙은 파생어도 아니고 품사를 바꾸지도 않았다.

오답

나머지는 모두 '-기, -추-, -답다'의 접미사가 붙어 품사가 바뀐 경우이다.

① 보다(동사) → 보기(명사)

③ 낮다(형용사) → 낮추다(동사)

④ 꽃(명사) → 꽃답다(형용사)

참고

접미사가 붙어 자동사가 타동사로 바뀌는 경우는 '숨기다, 웃기다, 남기다' 등이 있다.

45 ④

풀이 '어린이(관형어＋명사), 가져오다(어간＋어미＋동사)'는 우리말의 어순이나 문장 구조와 일치하는 통사적 합성어이다.

오답

① '흔들바위(부사＋명사), 곶감(어간＋명사)'은 모두 비통사적 합성어이다. 이때 '곶감'의 '곶-'은 '꽂다'의 옛말 '곶다'에서 유래했다.

② '새언니(관형사＋명사)'는 통사적 합성어, '척척박사(부사＋명사)'는 비통사적합성어이다.

③ '길짐승(관형어＋명사)'은 통사적 합성어, '높푸르다(어간＋어간)'는 비통사적 합성어이다. 참고로, '길짐승'의 '길'은 '기다'의 어간에 관형사형 어미 '-ㄹ'이 붙은 경우이다.

46 ④

풀이 '알부자'의 '알-'은 '진짜, 알짜'의 뜻을 더하는 접두사이다. 그리고 '부자(富者)'는 명사이다. 따라서 '알부자'는 파생어이다. '알-'이 결합하는 파생어로는 '알가난', '알건달', '알거지' 등이 있다.

오답

① '슬픔'이 '1) 슬픈 마음이나 느낌. 2) 정신적 고통이 지속되는 일.'의 뜻이면 명사이다. ㉠은 1)과 2)의 뜻이 모두 있으므로 '슬픔'이 명사로 쓰인 것이다. 그렇다면 '슬픔'은 형용사 용언 어간 '슬프-'에 명사형 접미사 '-ㅁ'이 결합하여 명사로 파생된 단어이다.

② '휘감았다'는 '마구' 또는 '매우 심하게'의 뜻을 더하는 접두사인 '휘-', 동사 용언 어간 '감-', 과거 시제 선어말 어미 '-었-', 어말 어미 '-다'로 이루어진 파생어이다.

③ '새해'는 관형사 '새'와 명사 '해'가 결합하여 만들어진 합성어이다. 관형사는 일반적으로 체언을 수식하므로 관형사 '새'와 명사 '해'의 결합으로 이루어진 합성어는 통사적 합성어이다.

참고

'알-'은 '겉을 덮어 싼 것이나 딸린 것을 다 제거한'의 뜻을 더하는 접두사로 쓰여 '알감, 알몸, 알바늘' 등의 파생어를 만들기도 한다. 그리고 '작은'의 뜻을 더하는 접두사로 쓰여 '알밤, 알토란' 등의 파생어를 만들기도 한다.

47 ④

풀이 비통사적 합성어는 국어의 문장구성방식에 어긋나는 방식으로 만들어진 합성어를 말한다. '덮밥'은 덮(어간)+밥(명사)의 구성으로서 어간 뒤에 관형사형 어미가 생략된 구성, '부슬비'는 '부슬(부사)+비(명사)'로 수식관계가 어긋난 구성, '높푸르다'는 '높(어간)+푸르다(용언)'의 구성으로서, 연결 어미가 생략된 비통사적 합성어에 해당한다.

오답

① 구(句)란 둘 이상의 단어가 모여 절이나 문장의 일부분을 이루는 토막을 말한다. 그러나 '우리나라', '우리말', '우리글'은 합성어로서, 한 단어이다. '우리 동네', '우리 학교', '우리 집'은 합성어가 아니므로 띄어 써야 하고, 둘 이상의 단어가 모인 것이므로 구(句)에 해당한다.

② 접사와 어근의 결합으로 이루어진 것은 합성어가 아니라 파생어이다. 합성어는 어근과 어근의 결합으로 이루어진다.

③ 두 단어나 어근이 병렬 관계, 곧 본래의 의미를 가지고 대등한 자격으로 연결되는 합성어를 대등 합성어라 한다. '앞뒤'는 '앞과 뒤'의 병렬적 의미이므로 대등 합성어이다. 그러나 '손수건'은 두 단어나 어근이 유속 관계, 곧 서로 주종 관계로 연결되는 유속(종속) 합성어이고, '춘추(春秋)'는 '봄과 가을'이라는 본래의 의미가 아닌 나이의 높임말로서, 두 단어나 어

근이 융합 관계, 곧 각각의 뜻이 없어지고 하나의 새로운 뜻을 나타내는 융합 합성어이다.

48 ③

풀이 종속 합성어를 묻고 있다. '돌다리'가 '돌로 된 다리'라는 뜻으로 수식 관계에 있듯이 '책가방' 역시 '책을 넣어 다니는 가방'을 의미한다. 그 외에도 '마차(馬車)' 등도 가능하다.

오답

①, ② 대등 합성어.

④ 융합 합성어.

49 ②

풀이 '흰머리'는 희-(용언 '희다'의 어간)+-ㄴ(관형사형 어미)+머리로 구성된 단어이다. 여기서 '흰'은 용언의 관형사형이기 때문에 '흰머리'는 용언의 관형사형과 명사가 결합한 합성명사이다.

오답

① '큰아버지' 맏이가 되는 형 또는 아버지의 형을 이르거나 부르는 말이다. '큰'이 '아버지'를 수식하는 종속합성어이다.

③ '늙은이'는 '나이를 먹다'의 뜻인 어휘 '늙다'와 '사람'을 뜻하는 어휘 '이'가 결합해 이루어진 단어이다.

④ '먹거리'는 먹-(용언 어간)+거리(명사)가 결합한 말이며, 어간 '먹-' 뒤에 어미를 생략한 비통사적 합성어이다.

50 ①

풀이 '지우개'와 '새파랗다'는 모두 파생어이다. '지우개'는 어근 '지우-'와 접미사 '-개'의 결합으로 이루어진 파생어이다. 참고로 '-개'는 '그러한 행위를 하는 간단한 도구'의 뜻을 더하는 접미사이다. '새파랗다'는 접두사 '새-'와 어근 '파랗다'의 결합으로 이루어진 파생어이다.

오답

② '조각배'는 어근 '조각'과 어근 '배'가 결합으로 이루어진 합성어이다. '드높이다'는 어근 '높-'에 접두사 '드-'와 사동 접미사 '-이-'가 결합한 파생어이다.

③ '짓밟다'는 접두사 '짓-'과 어근 '밟다'로의 결합으로 이루어진 파생어이다. '저녁노을'은 어근 '저녁'과 어근 '노을'의 결합으로 이루어진 합성어이다.

④ '풋사과'는 접두사 '풋-'과 어근 '사과'의 결합으로 이루어진 파생어이다. '돌아가다'는 어근 '돌-'과 어근 '가-'가 연결어미 '-아-'로 결합한 합성어이다.

51 ①

풀이 ①은 명사가 '타율, 한(限), 독보적, 기록'의 4개이다. 여기서 '한(限)'은 '~하는 한'의 형태로 쓰이는 의존 명사이고, '독보적'은 조사와 연결되어 있기 때문에 명사가 된다.

오답
② '상자, 것'의 2개이다. 참고로, '정돈되다'는 동사이다.
③ '친구, 외(外), 사람'의 3개이다. 참고로, '항상(恒常)'은 부사이다.
④ '모퉁이, 얼굴, 이'의 3개이다.

52 ②

풀이 '한, 뿐'이 명사이다. '가능한 한'의 '한(限)'은 '조건'의 뜻을 나타내는 명사이며, '웃을 뿐'의 '뿐'은 관형어의 꾸밈을 받는 의존 명사이다.

오답
'친구를 만남으로써'의 '만남'은 '만나서, 만나고, 만나니' 등으로 활용되기 때문에 동사이다. 참고로, '만남을 주선하다'의 형태는 명사이다. 또한, '나를 보기 위해'의 '보기'도 '보다, 보고, 보는'으로 활용되는 동사이다. 만약 '보기를 읽고 ~'의 '보기'라면 명사가 된다.

53 ③

풀이 ③의 '들'은 그 문장의 주어가 복수임을 나타내는 보조사인 ⓒ이다. 여기서 '다'는 '남거나 빠진 것이 없이 모두'의 뜻인 부사이며 '다들'은 '모두들'의 뜻이 된다.

오답
① ㉠은 명사 '공책, 신문, 지갑'의 뒤에 쓰여 이 사물들을 나열한 의존명사이다.
② ⓒ은 시간적 선후관계를 나타내는 연결 어미 '-아서' 뒤체 붙은 보조사이다.
④ ⓒ은 반갑게 맞아들일 때 사용하는 부사 '어서'에 붙은 보조사이고, ㉢은 대명사 '그' 뒤에 붙어 복수의 뜻을 더하는 접미사이다.

54 ①

풀이 ①의 '당신'은 앞에서 이미 말하였거나 나온 바 있는 사람을 도로 가리키는 3인칭 대명사이다. 참고로, '당신'은 듣는 이를 가리키는 2인칭 대명사로 쓰이기도 한다.

오답
나머지는 모두 명사이다. '학교'는 자립 명사, '리(理)', '두름'은 의존 명사이다.

55 ④

풀이 미지칭, 부정칭, 재귀칭 대명사는 보통 인칭 대명사로 쓰이지만, 사물을 대신하여 스는 지시 대명사의 경우에도 미지칭 대명사를 사용한다. ㉢의 '어디'는 지시 대명사이자 미지칭 대명사이다. 그러나 가리키는 대상은 '천재성'이 아니라 '(천재성이 나타나기 시작한) 시기, 장소'이다.

56 ②

풀이 ②에서 '할아버지'를 이르는 '당신'은 3인칭 재귀 대명사 '자기'를 높여 이르는 말이다. '당신'은 보통 2인칭 대명사로 사용되지만, ③과 같이 3인칭 대명사로도 쓰인다. 참고로 재귀 대명사는 앞에 한 번 나온 명사를 다시 가리킬 때 쓰이는 인칭 대명사를 말한다.

57 ③

풀이 종결어미 뒤에 붙는 '요'는 청자에게 존대의 뜻을 나타내는 보조사이다.

58 ②

풀이 밑줄 친 부분은 모두 격조사 자리에 쓰인 보조사이다. 따라서 이들 보조사를 격조사로 바꾸어 보면 문장 성분을 쉽게 구별할 수 있다. ②는 '마음(이) 날아갈 것 같다'와 같이 주격 조사가 들어가는 것이 자연스러우므로 문장 성분은 주어이다. 나머지 ①, ③, ④는 모두 문장에서 목적어로 쓰였다.

오답
① 밥도(밥을) 안 먹다.
③ 물만(물을) 주었다.
④ 고향의 사투리까지(사투리를) 싫어하다.

59 ③

풀이 ③에서 '과'는 둘 이상의 사물이나 사람을 같은 자격으로 이어 주는 접속 조사이다. 이때 '과'는 경우에 따라 생략이 가능하며, 생략된 자리에는 쉼표를 찍는다. '과'를 생략할 수 있는 이유는 '수학'과 '영어'가 대등한 열거 대상이기 때문이며, 따라서 이 문장에서 '수학'이나 '영어' 중 하나를 생략해도 '좋아하다'라는 서술어와 목적어의 호응에는 문제가 없다.

오답
①의 '과'는 다른 것과 비교하거나 기준으로 삼는 대상임을 나타내는 격 조사이다. 이때는 '뜬구름과'가 서술어 '같다'에 대해 필수 부사어이다.
②의 '하고'는 구어체로 '일 따위를 함께 함'을 나타내는 동반 부사격 조사이다. 이때 '영수하고'가 '친하다'에 대해 필수 부사어이다.
④의 조사 '와'가 단순히 '나와 그 친구'에 쓰였다면 '나'와 '그 친구'를 접속하는 접속 조사이다. 그러나 부사어 '서로'와 서술어

'의지하다'로 인해 동반 부사어를 만드는 격 조사(동반 부사격 조사)이다. 가령 '그와 그녀가 함께 놀았다.'의 문장에서 '함께'라는 말에 의해 '그와 그녀'는 '동반'의 행동을 해야만 한다. 이럴 경우 '그와'는 '놀았다'를 수식하는 동반 부사격 조사가 되는 것이다.

60 ④

[풀이] ④의 '는'은 '나'라는 체언 뒤에 붙는 보조사이다. 참고로 '~거칠 것 없는'의 '는'은 어간 뒤에 붙는 어미이다. ①~③은 모두 부사격 조사이다.

61 ①

[풀이] '머무르다'는 '도중에 멈추거나 일시적으로 어떤 곳에 묵다.' 또는 '더 나아가지 못하고 일정한 수준이나 범위에 그치다.'의 뜻이며 품사는 동사이다. 나머지는 모두 형용사이다.

62 ④

[풀이] 밑줄 친 '크다, 않다, 늙다'는 모두 동사이다. '크다'가 '자라다'의 의미일 때는 동사이다. 참고로, '건물이 크다'는 형용사이다. 그리고 '않다'는 본용언에 따라 품사가 결정되는 보조용언이다. '중시하다'가 동사이므로 이때의 '않다' 역시 동사가 된다. 마지막으로, '늙다'는 언제나 동사이며, '젊다'는 형용사이다.

63 ③

[풀이] '움직이다'는 목적어가 없는 '자동사'와 목적어가 있는 '타동사'의 기능을 모두 가지고 있는 동사이다. '문이 움직이다.', '문을 움직이다.' 모두 가능하다. 그 이외에 '멈추다, 다치다' 등도 자동사와 타동사의 기능이 모두 있는 동사이다.

[오답]
①과 ④는 타동사. ②는 자동사

64 ②

[풀이] 'ⓒ흐드러지다, ⓔ충만하다, ⓜ없는'은 성질이나 상태의 형용사이다. 현재형('-ㄴ다', '-는다'), 명령형('-라'), 청유형('-자'), 관형사형('-는')이 안 되는 형용사이다. 이때, '없다'는 '없는'이 되지만 '없는다'가 안 되므로 형용사이다.

[오답]
'ⓛ찍은, ⓒ설레는'은 동사이다. '찍은'은 '찍는'이 가능하므로 동사이다.

65 ⑤

[풀이] 본용언(본동사, 본형용사)은 어휘적 의미가 뚜렷하며 자립성을 가져, 단독으로 문장의 서술어가 될 수 있는 용언을 말한다. 그리고 보조 용언은 자립성이 없거나 약하여 단독으로 문장의

서술어가 될 수 없는 용언이다. 보조 용언은 본용언에 기대어 쓰이면서 그 말의 문법적 의미를 돕는 기능을 수행한다. 이 문장에서 본동사는 '만나다'이고 '하다'는 보조 동사이다.

[오답]
ⓐ '만나다'의 주체가 '동생'이 될 수 있고 '어떤 사람'이 될 수 있다.
ⓑ '동생'이 '만나다'의 주체일 경우 '동생이 어떤 사람을 만나다'의 문장이 성립된다.
ⓒ '어떤 사람'이 '만나다'의 주체일 경우 '어떤 사람이 동생을 만나다'의 문장이 성립되며, 여기서 '동생'은 서술어의 대상인 목적어이다.
ⓓ '부정칭(不定稱)'은 정해지지 아니한 사람, 물건, 방향, 장소 따위를 가리키는 대명사이다. 보통 '아무'나 '아무개'를 쓰며 여기서 '어떤'도 부정칭 대명사이다.

66 ④

[풀이] '보다'는 본용언으로 쓸 경우 품사는 동사이다. 그러나 보조 용언으로 쓸 경우 보조 동사이기도 하고 보조 형용사이기도 하다. ④는 동사나 형용사, '이다' 뒤에서 '-은가/는가/나 보다' 구성으로 쓰여, 앞말이 뜻하는 행동이나 상태를 추측하거나 어렴풋이 인식하고 있음을 나타내는 말인 보조 형용사이다.

[예] 열차가 도착했나 <u>보다</u>. / 그 사람이 인기가 많은가 <u>보다</u>.
나머지는 모두 보조 동사이다.

[오답]
① 어떤 행동을 시험 삼아 함을 나타내는 말인 보조 동사.
② 앞말이 뜻하는 행동을 하는 과정에서 뒷말이 뜻하는 사실을 새로 깨닫게 되거나, 뒷말이 뜻하는 상태로 됨을 나타내는 말인 보조 동사.
③ 어떤 일을 경험함을 나타내는 말인 보조 동사.

67 ④

[풀이] 동사 '잠그다'의 활용형인 '잠가야'는 어간의 'ㅡ'가 탈락하는 규칙 활용 용언이다. 'ㅡ' 탈락 규칙 활용은 어간의 모음 'ㅡ'가 '-아/-어'로 시작되는 어미나 과거 시제 선어말 어미 '-았-/-었-' 앞에서 규칙적으로 탈락한다.

[오답]
① '흐르다': 'ㄹ' 불규칙 활용하는 용언.
② '파랗다': 'ㅎ' 불규칙 활용하는 용언.
③ '이르다': '러' 불규칙 활용하는 용언.

68 ④

[풀이] '치르다'는 어간 '치르-'의 'ㅡ'가 탈락하는 규칙 활용의 양상을 보인다. 나머지 선택지 '거르다, 다르다, 모르다'는 어간의 '르' 불규칙 용언으로, 어미 '-어/아'가 결합하면 각각 '걸러, 달라, 몰라'로 활용한다.

69 ③

풀이 '좋다'는 '좋고, 좋아, 좋으니'로 어간과 어미의 형태가 변하지 않아 규칙적으로 활용하는 양상을 보이는 규칙 용언이다. 발음이 일어날 때 어간 '좋-'의 끝소리 'ㅎ'은 다른 음과 만나면 축약하거나 탈락하는 양상을 보여 발음상의 변화가 생길 지라도 표기에서는 탈락되지 않으므로, 이를 불규칙 활용으로 생각할 수 없다.

오답
① 퍼 (푸+어 ⇨ 퍼): 어간의 끝소리 'ㅜ'가 탈락되는 '우' 불규칙 용언이다.
② 하여 (하+어 ⇨ 하여): 어미 '아'가 '여'로 바뀌는 '여' 불규칙 용언이다.
④ 실어 (싣+어 ⇨ 실어): 어간의 끝소리 'ㄷ'이 모음 앞에서 'ㄹ'로 바뀌는 'ㄷ' 불규칙 용언이다.
⑤ 이르다 (이르+어 ⇨ 이르러): 어미 '어'가 '러'로 바뀌는 '러' 불규칙 용언이다.

70 ①

풀이 '노랗다'는 'ㅎ' 불규칙 활용 단어이기 때문에 '노랗-'에 어미 '니'를 붙인 활용은 '노라니'가 맞다.
예 노랗다―(노랗네)노라네, (노랗은)노란, (노랗으니)노라니, (노랗아)노래, (노랗아지다)노래지다

오답
② '싣다'는 '실어', '싣는'처럼 모음 앞에서만 'ㄷ'이 'ㄹ'로 바뀌는 불규칙 활용 양상을 보이므로 '실고'가 아니라 '싣고'로 바꿔야 한다.
③ '커다랗다'는 '커다래', '커다라니', '커다랗고' 등으로 활용되므로 '커다랬습니다'가 아닌 '커다랗습니다'(또는 과거형으로 '커다랬습니다')라고 활용하는 것이 맞다.
④ 밥을 '푸다'는 '퍼', '푸니'로 활용된다. 여기서는 '밥을 펐다'가 맞다.

71 ④

풀이 ④는 '나와 생각이 다르다'는 문장의 '다르다'가 '다른'으로 활용한 경우이다. 여기서 '다르다'는 형용사이며, '다른'은 형용사의 활용형이기 때문에 품사는 형용사이다. 나머지는 모두 뒤의 명사를 수식하는 관형사이다. 참고로 품사가 관형사인 '다른'은 서술성이 없으며 문장의 서술어가 되지 못하며 기본형으로 쓸 수 없다.

72 ①

풀이 '무슨'은 '예상 밖의 못마땅한 일을 강조할 때 쓰는 말'인 관형사이고, '모든'은 '빠짐이나 남김이 없이 전부의'의 뜻인 관형사이다. '빠른'과 '아름다운'은 형용사이고 관형어이지만 관형사는 아니다.

73 ③

풀이 제시된 '가급적'은 '빠른'을 수식하므로 부사에 속한다.
③의 '어서'는 '다녀오너라'를 수식하는 부사이다.

오답
① '장엄한'은 형용사 어간 '장엄하-'의 관형사형이다.
② '헌'은 명사 '옷'을 수식하는 '관형사'이다.
④ '춤'은 동사 어간 '추-'에 명사 파생 접미사 '-(으)ㅁ'이 결합한 파생 명사이다.

74 ①

풀이 ① '대로'는 의존 명사. ② '같이', ③ '더러', ④ '없이', ⑤ '실컷'은 모두 부사이다.

75 ④

풀이 '늙다'는 동사이므로 형용사가 될 수 없다. 참고로, '젊다'는 형용사이다.

오답
① '뿐'이 체언 뒤나 조사끼리 올 때는 조사이므로 붙여 쓰고, 관형어의 꾸밈을 받으면 의존명사이다.
② '늦다'가 상태일 때는 형용사, '정해진 때보다 지나다'의 의미일 때는 동사이다.
③ '같이'가 '함께'라는 뜻으로 용언을 꾸며 주면 부사, 체언 뒤에 오면 조사이다.

76 ③

풀이 전체의 내용 중 ⓒ이 문장의 개념을 설명하는 핵심 내용이므로 두괄식 구성에 의해 첫 번째로 나와야 하고, ㉠에서 문장을 구성하는 어절을 설명하므로 두 번째로 나와야 한다. 이어서 ⓒ과 ㉣에서 구체화하고 있는데 ⓒ은 '어절과 문장 성분의 관계'를 설명하고 ㉣에서 '구와 문장의 차이'로 이어지고 있다. 따라서 글의 순서는 'ⓒ-㉠-ⓒ-㉣'이 되어야 한다.

77 ②

풀이 의문사 '누가'가 사용되었다. 질문 자체에서 행위의 주체가 누구인지를 물어 보고 있으므로, 주어가 생략된 대답을 할 수 없다.

오답
④ '누구를'을 물어봤으므로 목적어를 생략할 수 없다.

78 ③

풀이 ③은 주어이고, 나머지는 부사어이다. '정부에서'의 '에서'는 단체를 나타내는 명사 뒤에 붙어 앞말이 주어임을 나타내는 주격 조사이다. 나머지는 모두 서술어를 수식하는 부사어이며, 이때의 '에서, 에'는 모두 부사격 조사이다.

79 ③

풀이 정답을 제외한 나머지는 모두 두 자리 서술어이다. '여기다' 혹은 '여기고 있다'라는 서술어는 '누가 누구를 무엇으로 여기다'의 구성을 갖는 세 자리 서술어이다.

80 ②

풀이 ②는 세 자리 서술어이고, 나머지는 모두 두 자리 서술어이다. '주다'는 '주어, 목적어, 필수 부사어'가 필요한 세 자리 서술어이다.

오답
①은 '주어와 보어', ③, ④는 '주어와 목적어'가 필요한 두 자리 서술어이다.

81 ③

풀이 '주성분'은 '주어, 목적어, 보어, 서술어'이다. ③의 '미연에'는 '방지하다'를 꾸며 주는 부사어이므로 주성분이 아니다.

오답
① '맹물만(=을)'은 목적어, ② '사실도(=이)'는 보어, ④ '정부에서(=가)'는 주어이다.

82 ①

풀이 <보기>는 관형어에 대한 설명으로 모두 적절하다. 예를 들면 ⓒ은 '시골 풍경'의 '시골'은 명사이지만 '풍경'을 꾸며 주는 관형어이다. 그리고 ⓒ은 관형사형 어미 '-ㄴ, -는, -ㄹ, -던'이 붙어 관형어가 되는 경우이다. ⓔ에서 '의'는 관형격 조사이다.

83 ④

풀이 ⓔ '다행히도'의 문장 성분은 부사어이다. '다행히도~즐거웠다'처럼 용언(서술어)을 수식하고 있다. 참고로, 독립어는 '아이고!, 어머나!'처럼 문장의 맨 앞에 놓여 독립적으로 사용되는 문장성분이다.

오답
① '아름다운'이 '꽃'을 꾸며 주고 있으므로 관형어이다.
② '가득'은 '안고'를 꾸며 주는 부사어이다.
③ '비가'는 문장의 주어이다.

84 ④

풀이 '을/를'을 넣어 말이 되는지를 판단해 보면 어렵지 않게 목적어를 찾을 수 있다. ④의 '일반에게'는 목적어가 아닌 부사어이다.

85 ②

풀이 ⓒ에서 '엄마와'는 부사어이지만 '체언+조사'의 구성으로 이루어져 있고 생략하면 명확하게 의미전달이 되지 않는 필수적 부사어이다.

오답
① ㄱ에서 '아이가 아니다'는 '주어+보어+서술어'의 관계로 된 홑문장이다. ⓒ '사랑한다'는 주어와 목적어를 필요로 하는 2자리 서술어이다. ⓔ '보내다'는 주어와 목적어와 부사어를 필수적으로 요구하는 3자리 서술어로서 필수부사어와 목적어의 위치는 바뀔 수 있다.

86 ③

풀이 ③은 긍정(예), 부정(아니요)의 대답을 요구하는 판정 의문문이지만, 나머지는 답변을 요구하지 않고 강한 긍정을 내포하고 있는 수사 의문문이다.

87 ④

풀이 제시문은 신문 기사의 표제어이므로 간접 명령문을 사용해야 한다. 간접 명령문은 직접 명령문의 어미 '-아라/어라'와 구별하며, '-(으)라'를 붙인다. 따라서 ④의 '쌓아라'는 '쌓으라'로 고쳐야 한다.

88 ②

풀이 '밥 좀 먹읍시다.'는 '내가 밥을 먹겠다.'는 뜻이므로 화자만 행하기를 바라는 청유문에 해당한다.

오답
① '조용히 좀 하자'는 청자만 행하기를 바라는 청유문이다.

89 ②

풀이 '-아/어 있다'는 사건이나 행위가 완료된 후, 그러한 상태가 지속되고 있음을 나타내고, '-고 있다'는 사건이나 동작이 진행, 지속, 반복됨을 나타낸다. <보기>는 앉아 있는 사건의 지속이고, ②는 모자를 쓴 사건의 지속으로 같다.

오답
①, ③, ④는 가가이 핵독이 진행됨을 나타낸다.

90 ②

풀이 ②는 현재 시제이고, 나머지는 과거 시제이다. '아름다운'의 '-ㄴ'은 앞말이 관형어 구실을 하게 하고 현재의 상태를 나타내는 어미이다.

오답
나머지 '-었-', '-은'은 과거 시제를 나타내는 어미이다.

91 ②

풀이 ②에서는 청자인 '할아버지'를 중심으로 하여 높임이 결정되었기 때문에, '어머니'가 낮추어 표현되었다. 이렇듯 가족지간이나 사제지간에서 청자를 중심으로 높임을 결정하는 것이 압존법이다.

오답

①, ⑤는 주체 높임. ③은 상대 높임. ④는 객체 높임.

92 ④

풀이 '도우신다'는 주체인 '할아버지'를 높이고, '모시고'는 객체인 '선생님'을 높이며, '들었어요'는 청자인 '할머니'를 높이고 있다.

93 ③

풀이 '직접존경'과 '간접존경'은 각각 '직접높임'과 '간접높임'으로 사용하는 문법 용어이다. 간접높임은 주체 높임과 관련이 있으며 보통 주체높임 선어말 어미 '-시-'를 사용한다. 존경의 '대상'이나 긴밀한 관련을 가지는 '인물' 또는 '사물'을 높이는 표현을 간접존경(간접높임)이라고 한다. 제시문에서 '용돈'은 사물이지만 '할머니'와 긴밀한 관련을 가지는 사물이기 때문에 '없으시다'로 간접존경을 사용했다. ①은 '자식'을 '있으시다'로, ②는 '다리'를 '아프셔서'로, ④는 '수염'을 '많으셨다'로 높이고 있다. 그러나 ③의 '염려하신다고'는 '아버지'를 높이기 위한 직접존경(직접높임) 표현이다. 간접존경과 관련이 없다.

94 ②

풀이 ②는 '어머니'라고 하는 객체를 높이기 위해 '드리다'라는 용언을 쓴 객체 높임법이다.

95 ⑤

풀이 '아저씨 ~ 가시지요'는 아주 높임에 해당하는 '합쇼체'의 청유법이다. 참고로, '해요체'는 '가세요(가셔요)'라고 표현한다.

오답

① '온다, 오냐?, 와라' 등은 해라체이다.
② '오지, 와. 와?' 등은 해체이다. 뒤에 '-요'를 붙여 보면 안다.
③ '가세, 가네, 가나?, 가게' 등은 하게체이다.
④ '반갑구려, 반갑소, 가오, 가시오' 등은 하오체이다.

96 ④

풀이 ㈐와 ㈐를 제외한 나머지 '잡수시다, 편찮으시다, 돌아가시다, 계시다'는 모두 주체 높임의 어휘이다.

97 ①

풀이 '새 옷'의 '새'는 체언을 꾸며 주며 활용하지 않는 관형사이다. 그리고 '할아버지께 드렸다'의 '할아버지께'는 반드시 필요한 필수적 부사어이며, '드렸다'는 객체를 높이는 서술어이다. 참고로, 객체를 높이는 서술어는 '주다(드리다), 묻다(여쭈다, 여쭙다), 보다(뵈다, 뵙다), 데리다(모시다)'가 있다.

오답

② '아버지와'는 필수적 부사어이고 '옛'은 관형사이지만, 객체를 높이는 서술어는 없다.
③ '모시고'는 객체를 높이는 서술어이다. '시장에'는 생략이 불가능한 필수적 부사어이다. 그러나 이 문장에는 관형사가 없다.
④ '무슨'은 관형사이다.

98 ④

풀이 ㉣은 부정소를 사용하지 않아도 부정의 의미를 내포하는 경우이므로 수사의문문인 '제가 어찌 그 일을 할 수 있겠습니까?'가 나와야 한다. 참고로, ④는 '제가 그 일을 하겠다.'라는 의미이므로, 부정소를 사용하였더라도 의미상 긍정인 ㉤에 해당한다.

오답

① 부정 부사인 '안, 못'이나 부정 서술어인 '아니하다, 못하다, 말다, 아니다'를 사용한 경우이다.
② '비(非), 무(無), 불(不), 미(未), 몰(沒)' 등 부정접두사를 사용한 경우이다.
③ '모르다, 없다' 등을 사용한 경우이다.
   • 학교에 가지 말자. (청유문)

99 ②

풀이 이 문장은 사동의 의미를 넣어 '성공시켰다'로 쓸 수 있다. '-시키다'가 사동의 뜻을 더하고 목적하는 바를 이루게 한다는 뜻으로 해석이 되는 '성공시키다'는 올바른 표현이다.

오답

① 아군이 적의 공격을 격퇴한 뜻의 문장이므로 '격퇴하다'로 구쳐야 한다.
③, ④ '연결하다'와 '소개하다'가 '정(情)을 맺다'의 뜻으로 추상적인 의미인 경우는 '연결시키다'나 '소개시키다'와 같이 '-시키다'를 사용할 수 없다.

100 ②

풀이 ②는 피동사이고('잡-'＋피동 접미사 '-히-'), 나머지는 모두 사동 접미사가 붙은 사동사이다.

오답

① 먹다 → 먹이다 ③ 웃다 → 웃기다 ④ 끓다 → 끓이다

101 ③

풀이 ③은 모두 중의적인 문장이다. 주격 조사 '가'가 있든 없든 여전히 중의성을 띤다. 어순을 바꾸거나 쉼표를 붙이면 중의성이 해소된다.

오답

① 부당한 공유를 타당하게 고쳤다.

② 이중의 피동인 '불려졌다'를 타당하게 고쳤다.

④ 무정명사 '나무'에는 '에게'가 아니라 '에'를 써야 한다.

102 ①

풀이 '비가 오는'이 '소리'를 꾸며 주는 관형절이다. 문장 성분이 결여된 것이 없는 동격 관형절이다.

오답

나머지는 성분의 일부가 생략된 관계 관형절이다. ②는 '(양복을) 맞춘', ③은 '(지갑을) 주운', ④는 '(사람을) 만났던'에서 목적어가 생략되었다.

103 ④

풀이 ⓛ은 관형절을 안은 문장이다. 안긴 문장인 '내가 노래를 모르다.'에서 목적어인 '노래를'이 전체 문장에서 '노래를'로 관계 맺은 관계 관형절이다.

오답

㉠은 '그 사람이 '그 사람이 정직하다.'가 명사절이 되어 안긴 문장이다. 안긴 문장의 서술어인 '정직하다'는 생략되지 않고 '정직함'으로 활용되어 나타나 있다. ⓛ은 관형절이다. 그리고 ㉠과 ⓛ에는 서술절이 없다.

104 ③

풀이 ③은 주어 '돌잔치가'와 서술어 '있어'가 한 번만 호응하는 홑문장이다. 나머지는 모두 겹문장이며 안은 문장이다.

오답

① 관형절을 안은 문장('꽃이 예쁘다')

② 관형절을 안은 문장('일이 그렇다'), 인용절을 안은 문장('누가 그런 일을 한다')

④ 명사절을 안은 문장('봄이 오다')

105 ③

풀이 '주성분'은 '주어, 목적어, 보어, 서술어'이다. ③ '아이들이 놀다 간'은 관형절이 관형어로 쓰인 경우이므로 주성분이 아니라 부속성분에 해당한다.

오답

① 서술절 '교정이 넓다'가 서술어로 쓰인 문장.

② 명사절 '비가 오기'가 목적어로 쓰인 문장.

④ 명사절 '대화가 어디로 튈지(를)'이 목적어로 쓰인 문장. 이때 '-ㄹ지'는 특이하지만 '-ㅁ', '-기'와 같은 명사절에 해당한다. 일반적으로 '-ㄹ지'는 학교문법에서는 거의 다루지 않지만 국어 임용고사에서는 '명사절'로 다루고 있는 경우이다.

106 ③

풀이 ㉢의 '-고'는 어떤 물음 표현이 뒤 절로 올 것을 생략하고 문장을 끝맺음으로써 물음, 부정(否定), 빈정거림, 항의 따위의 뜻을 나타내는 종결 어미이다. 그리고 ㉣의 '-고'는 본용언('하고')과 보조용언('있니')을 연결하는 보조적 연결어미이다.

오답

㉠의 '-고'는 문장을 대등하게 이어주는 대등적 연결 어미이다. ㉠이 쓰인 문장은 대등하게 이어진 문장이다.

ⓛ의 '-고'는 앞 절의 동작이 이루어진 그대로 지속되는 가운데 뒤 절의 동작이 일어남을 나타내는 종속적 연결 어미. 종속적 연결 어미이다. ⓛ이 쓰인 문장은 종속적으로 이어진 문장이다.

107 ①

풀이 '나는 밥을 먹고 학교에 갔다.'는 종속적으로 이어진 문장이다. 내용상 '나는 밥을 먹은 후(先) 학교에 갔다(後).'이므로 앞 절이 뒤 절을 꾸며 주고 있다. 이 문장의 '-고'는 앞 절의 동작이 이루어진 그대로 지속되는 가운데 뒤 절의 동작이 일어남을 나타내는 종속적 연결 어미이다. 예를 들어, '어머니는 나를 업고 병원까지 달려가셨다.', '언니는 오늘 새 옷을 입고 출근했다.' 역시 종속적으로 이어진 문장이 된다.

오답

④ 'A했는데 B했다.'는 종속적으로 이어진 문장이다.

참고

'나는 밥을 먹었고, 친구는 빵을 먹었다.'라는 문장이었다면 대등하게 이어진 문장이다.

108 ④

풀이 '구결문'은 한문 문장을 그대로 두고 필요한 곳에 구결(입겿)을 단다고 했으므로 '구결문'은 구결(입겿)이 없어도 문장의 의미를 파악할 수 있다. 참고로, 이 글은 <한자를 빌려 우리말을 표기하는 네 가지 유형>을 주제로 하고 있다.

오답

① '서기체 표기'는 문법 형태소를 반영하지 않았다.

② '이두체 표기'는 문법 형태소가 표기되었다.

③ '향찰체 표기'는 국어 문장의 어순에 따라 어휘가 배열된다.

109 ②

풀이 ㉠은 '혁거세라는 고유 명사를 '불구내'라고 음차한 방식으로, ㉢의 '가(可)', ㉣의 '라(羅)'를 음차한 경우와 같다. 하지만 ㉡'入'은 '들 입'이며, '들'로 읽으므로 훈차한 방식에 해당한다.

오답

㉮ 赫居世王 盖鄕言也 或作 弗矩內王 言光明理世也(혁거세왕 개향언야 혹작불구내왕 언광명리세야): 혁거세왕은 필경 향언일 것이다. 혹은 불구내왕이라고도 하니 밝게 세상을 다스린다는 뜻이다.

㉯ 東京明期月良(동경명기월량) / 夜入伊遊行如何(야입이유행여가) / 入良沙寢矣見昆(입량사침의견곤) / 脚烏伊四是良羅(각오이사시량라): 싀ᄫᆞᆯ 볼긔 ᄃᆞ래 밤 드리 노니다가 / 드러ᅀᅡ 자리 보곤 가ᄅᆞ리 네히어라.(= 동경 밝은 달밤에 밤 늦도록 놀고 지내다가 들어와 내 자리를 보니 다리가 넷이로구나.)

110 ③

풀이 <보기>는 중세국어의 특징을 설명하고 있다.

111 ④

풀이 '황소'의 '황'은 한자가 아니다. '황소'의 어원은 '한쇼'이며, '큰 수소'를 뜻하는 고유어이다.

오답

② 음의 높낮이를 나타내는 성조(聲調)가 중세국어에는 존재했고, 현대국어에는 경상 방언, 함경 방언 등에 흔적이 남아 있다.

③ 매의 일종인 '보라, 송골', 무수리(하급 여자) 등도 몽골어에서 온 말이다.

112 ①

풀이 <보기>에서 단모음들의 조음 위치가 변화하지는 않았다. 가령 'ㅣ, ㅡ, ㅜ'는 모두 고모음이며 'ㅣ'의 경우 전설모음으로만 발음하고 있다.

오답

② 15세기에는 후설 저모음인 아래아 'ㆍ'가 있었으나 19세기 초부터는 사라졌다.

③ 15세기와 비교하여 19세기는 'ㅔ, ㅐ'가 늘어났고, 현재는 'ㅟ, ㅚ'가 늘어났다.

④ 아래아인 'ㆍ'는 19세기부터 음소가 사라졌다.

⑤ 본래 이중모음이었던 'ㅔ, ㅐ, ㅟ, ㅚ'는 19세기를 거쳐 현재 단모음화가 되었다.

113 ②

풀이 1997년 유네스코에서 세계 기록 유산으로 지정한 것은 《훈민정음 해례본(=훈민정음)》으로, 문자가 아니라 책이다.

오답

④ '치두음(齒頭音)'은 혀끝을 윗니 뒤에 가까이 하고 내는 치음이고, '정치음(正齒音)'은 혀를 말아 아래 잇몸에 가까이 하고 내는 치음의 하나이다. 우리 음운에는 없고 중국어에 있다. 《훈민정음 해례본》에는 포함되어 있지 않고 《훈민정음 언해본》에는 중국어의 다른 두 잇소리를 표시하기 위해 'ㅅ, ㅆ, ㅈ, ㅉ, ㅊ'의 왼쪽과 오른쪽 획의 길이를 다르게 한 글자가 포함되어 있다.

114 ③

풀이 ㉢은 '가획(加劃)의 원리'이다. '가획'은 원래 글자에 획을 더하는 것을 말한다. 참고로, '병서(竝書)'는 초성자 두 글자 또는 세 글자를 가로로 나란히 쓰는 것을 말하며, 각자 병서 'ㄲ, ㄸ' 따위와 합용 병서 'ㄼ, ㅴ' 등이 있다.

115 ④

풀이 연서법(連書法)은 '이어쓰기'이며, 순음(脣音) 아래에 'ㅇ'을 이어서 순경음을 만들어 쓸 수 있다는 규정이다. 'ㅸ, ㆄ, ㅹ, ㅱ'이 있다.

오답

① 'ㄱ'은 혀뿌리가 목구멍을 막는 모양을 본떴다. 참고로, 혀가 윗잇몸에 붙는 모양을 본뜬 것은 'ㄴ'이다.

② 가획자는 'ㅋ, ㄷ, ㅌ, ㅂ, ㅍ, ㅈ, ㅊ, ㆆ, ㅎ'(9개)으로, 기본자에 추가된 음성적 특성을 나타내기 위해 획을 더하여 만들었다.

③ 훈민정음은 초성 17자와 중성 11자를 합하여 총 28자로 이루어져 있다.

116 ④

풀이 자음에서 발음되는 순간의 조음 기관을 상형한 것은 기본자이다. 'ㆁ(옛이응)'은 이체자이고, 'ㆆ(여린히읗)'은 가획자이다. 참고로 자음의 기본자는 'ㄱ, ㄴ, ㅁ, ㅅ, ㅇ'이다.

오답

① 기본자와 가획자는 같은 모양을 상형했다. 그러나 가획자는 기본자에 추가된 음성적 특성을 나타내기 위해 획을 더하여 만들었다.

② 입술소리인 순음(脣音)은 'ㅁ'이 기본자이며 'ㅂ'과 'ㅍ'으로 가획할수록 소리가 세진다.

③ 이체자는 'ㆁ(옛이응), ㄹ(반설음), ㅿ(반치음)'으로 기본자에서 가획하여 만든 것이 아니라 새로운 모양으로 만들었다.

117 ③

풀이 《훈몽자회》에서 초성에만 쓰는 자음은 'ㅋ, ㅌ, ㅍ, ㅈ, ㅊ, ㅿ, ㅇ, ㆆ'으로 8자이다.

참고

《훈몽자회》의 '범례'의 끝에 '언문자모(諺文字母)'라 하여, 그 당시의 한글 체계와 용법에 대한 간단한 설명이 붙어 있다. 그 내용 가운데 '속 소위 반절 27자(俗所謂反切二十七字)'를 설명했고, 이 27자를 초성종성통용팔자(初聲終聲通用八字), 초성독용팔자(初聲獨用八字), 중성독용십일자(中聲獨用十一字)로 나누었다.
- 초성종성통용팔자(初聲終聲通用八字): 'ㄱ, ㄴ, ㄷ, ㄹ, ㅁ, ㅂ, ㅅ, ㆁ'의 8자.
- 초성독용팔자(初聲獨用八字): 'ㅋ, ㅌ, ㅍ, ㅈ, ㅊ, ㅿ, ㅇ, ㆆ'의 8자.
- 중성독용십일자(中聲獨用十一字): 'ㅏ, ㅑ, ㅓ, ㅕ, ㅗ, ㅛ, ㅜ, ㅠ, ㅡ, ㅣ, ㆍ'의 11자.

118 ③

풀이 훈민정음 문자의 운용법 중 '병서(竝書)'의 원리에 해당한다. 옆으로 나란히 쓰는 방식이며, 각자 병서와 합용 병서가 있다. 그 당시로는 'ᄀᆞᆯᄫᅡ쓰기'라고 했다.

오답

① 상형, ② 가획, ④ 연서.

119 ③

풀이 세 개의 자음을 연달아 소리 낼 수 있느냐 없느냐는 본문의 내용과 관계가 없다. ③은 과학적인 훈민정음의 글자 원리와 관련된 내용이 아니다.

오답

① 소리의 위치나 특성이 비슷한 글자들은 모양도 유사하다고 하는 변별적 자질과 관련이 있다.

120 ①

풀이 표음주의 표기의 체계는 연철과 8종성법을 사용한다는 것이 그 특징이다. ②와 ④는 8종성법의 사용을, ③과 ⑤는 연철을 보여준다. 그러나 ①의 '곶'은 8종성 이외의 종성을 사용하고 있으므로 표음주의 표기가 아니라, 표의주의 표기를 보여주고 있다.

121 ⑥

풀이 훈민정음 창제 시에는 띄어쓰기를 하지 않았다. 띄어쓰기는 최초의 민간 신문인 <독립신문>(1896)부터 시작되었고, <한글맞춤법통일안>(1933)부터 규범화되었다.

122 ①

풀이 국어의 한자음을 바로잡기 위해 세종이 편찬하도록 한 책으로, 《동국정운(東國正韻)》이 정답이다.

123 ④

오답

① 방점 자체가 임진왜란 이후에 없어졌다.
② 한글로 국문소설이 나오는 등, 한글을 많이 사용하게 되었다.
③ 모음조화 현상이 근대 국어 시기에는 많이 파괴된다. 모음조화가 엄격히 지켜진 시기는 조선 전기였다.

124 ③

풀이 닐오리이다: 니르-('이르다'의 옛말. 모음으로 시작하는 어미 앞에서는 '닐-'로 변형되어 나타남.)+-오-(의도 선어말어미)+-리-(추측의 기능을 갖고 있는 선어말어미)+-이-+-다
이 경우는 상대높임(=청자높임) 선어말어미가 사용된 것이다. 현대국어로 해석하면 '이르겠습니다'가 된다. 이 문제는 고전문법에서 '객체높임선어말어미'가 'ᄉᆞᆸ,ᄌᆞᆸ,ᄉᆞᆸ'이라는 것만 알아도 풀 수 있다.

오답

나머지는 공손법으로 쓰인 선어말어미들이다. 이것은 화자의 행위를 낮추는 것이 아니라 청자의 입장에서 공손함을 보임으로써 상대적으로 화자보다 청자를 높여주는 기능을 하게 되는 중세국어 특유의 높임표현들이다.

① 그리ᅀᆞ와: 그리-+-ᅀᆞ오-(공손 선어말어미 '-ᅀᆞᆸ-'의 변형형태. 모음어미 '아/어'가 연결되는 경우 순경음이 '오/우'로 변형되어 쓰이기도 했음)+-아(어미): 내 임을 그리워해서
② 듣ᄌᆞᄫᅳ면: 듣-+-ᄌᆞᆸ-(공손 선어말어미. 앞말의 받침이 'ㄷ, ㅈ, ㅊ'이 오는 경우에만 사용)+-ᄋᆞ면(어미): 석가여래의 이름을 들으면
④ 닙ᄉᆞᄫᅡ: 닙-+-ᄉᆞᆸ-(공손 선어말어미, 앞말의 받침이 'ㄱ, ㅂ, ㅅ, ㆆ'이 오는 경우에만 사용)+-아(어미): 부처의 은혜를 입어서
⑤ 묻ᄌᆞ오ᄃᆡ: 묻-+-ᄌᆞᆸ(공손 선어말어미)+오ᄃᆡ(어미. 현대국어로 넘어오면서 어미 '-되'로 바뀌었음): 화상(스님)께 묻되

125 ③

풀이 주격 조사 '가'는 중세국어 전기에는 없었고, 17세기 근대국어에 나타났다. 중세국어 전기의 주격 조사는 '이'가 있었다.

126 ②

풀이 '숫불빗'에서 '불'은 중세의 '블'이 '불'로 원순 모음화 된 표기이다.

오답

① '의'는 현대 국어에서는 관형격 조사로 쓰이나, 지문의 '그믐밤의'에서는 부사격 조사 '에'로 사용되었다.

③ '붉기', '통낭ᄒ기' 등에서 명사형 어미 '-기'가 사용됨을 알 수 있다.

④ '믈밋츨'에서 혼철 표기가 발견된다.

127 ④
풀이 ㉠, ㉢은 모음 아래이므로 'ㅣ', ㉡은 자음 아래이므로 '이'가 들어가야 한다. 참고로, '불휘 기픈 남ᄀᆞᆫ'의 '불휘'는 'ㅣ'모음 아래에서 주격 조사 '이'가 생략된 경우이다.

128 ①
풀이 제시문의 밑줄 친 '에'는 비교의 의미를 지닌 부사격 조사로, 현재에는 이러한 비교의 의미는 사라지고, '와/과'가 이를 대신하고 있다. ①이 '와/과'가 비교의 의미로 사용된 문장이다. ②의 '와'는 동반의 의미를 지닌 부사격 조사이다.

129 ④
풀이 '알외시니'는 '알리시니'라는 뜻이며, '알-(어근)＋-오-(사동접미사)＋-이-(사동접미사)＋-시-(주체높임 선어말어미)＋-니(종결어미)'로 분석된다. 따라서 '-외-'는 두 개의 사동이 결합한 접미사로 기능한다. 비슷한 예로, <소학언해> 중 '몸을 셰워'가 '셔-＋-이-＋-우-＋-다'처럼 이중의 사동으로 분석되는 경우가 있다. 참고로, 현대 국어에도 '재우다, 세우다, 채우다' 등이 있다.

오답

① '솔ᄫᅳ리'는 '아뢸 사람(이)'를 뜻하며, 이때 '-이'는 '사람'을 뜻하는 의존 명사이다. 이때, 주격 조사 '이'는 'ㅣ' 모음 다음이므로 탈락한다. '솗-(동사 어간 '아뢰다')＋-ᄋᆞ-(매개 모음)＋-ㄹ-(관형사형 어미)＋-이-(의존 명사)＋(주격 조사 '이' 생략)'

② 높임 선어말어미는 '-시-'일 뿐 '-아시-'가 아니다. '뵈아-(동사 어간. 뵈아다 > 재촉하다)＋-시-(주체높임 선어말어미)＋-니(종결어미)'

③ '하디'는 '많지만'을 뜻하므로 이유가 아니라 역접의 연결 어미이다. '하-(형용사 어간)＋-디(연결어미. 대립적인 사실을 연결하는 어미. -디 > -되)'

130 ④
풀이 'ᄒ시ᄂᆞ니'의 '-이'는 반말의 의문형 종결어미이다. 'ᄒ쇼셔체(=하십시오체=아주 높임)'의 의문형은 '-잇가, -잇고'로 나타난다. 따라서 ④번 예문은 의문사 '므슴'이 있으므로 'ᄒ쇼셔체'의 의문형 종결어미가 'ᄒ시나잇고'로 나타나야 한다.

131 ②
풀이 '스ᄆᆞᆺ다'는 현재는 사용하지 않는 사어(死語)이다.

132 ④
풀이 ④의 내용은 확인할 수 없다.

오답

① '사ᄅᆞᆷ마다 ᄒᆡ여 수ᄫᅵ 니겨 날로 ᄡᅮ메 便뼌安ᅙᅡᆫ킈 ᄒ고져 홇ᄯᆞᄅᆞ미니라'의 구절에서 확인할 수 있다.

② '어린 百ᄇᆡᆨ姓셩이 니르고져 홇배 이셔도 ᄆᆞ촘내 제 ᄠᅳ들 시러 펴디 몯홇 노미 하니라'의 구절에서 확인할 수 있다.

③ '새로 스믈여듧 字ᄍᆞᆼᄅᆞᆯ 밍ᄀᆞ노니'의 구절에서 확인할 수 있다.

133 ②
풀이 '어엿비'는 고어에서는 '불쌍히'의 의미였으나, 현대에는 '예쁘게'의 의미로, '노미'는 고어에서는 낮춤의 뜻 없이 모든 사람을 지칭하는 말이었으나, 현대에는 낮춤의 의미로만 사용된다.

134 ⑤
풀이 '쑤메'는 '(글씨를) 쓰다'의 의미가 아니라 '사용하다[用]'의 의미이다.

135 ②
풀이 제시문은 용비어천가 제2장으로 <근심장(根深章)>이라 불리는 것이다. 왕들의 경각심을 불러일으키는 내용은 없다.
②의 진술은 마지막 125장 <무망장(毋忘章)>이라 불리는 결사의 내용에 해당한다.

오답

① 한자로 된 시어를 찾아볼 수 없을 정도로 고유어가 매우 빈번히 사용되었다.

③ '뿌리 깊은 나무 = 기초가 튼튼한 나라, 샘이 깊은 물 = 근원이 깊은 나라'와 같이 고도의 비유와 상징이 사용되었다.

④ 1절과 2절이 같은 내용을 담고 있는 대구를 이루고 있다.

136 ①
풀이 ㉠ '골히다'는 '가리다, 고르다, 선택하다'라는 뜻이다. 홍랑의 시조 '묏버들 골히 꺾어 보내노라 님에게'를 떠올리면 알 수 있다. 그리고 ㉡ '일어시놀'은 '이루어지다'라는 뜻이다.

참고 <용비어천가>(8장)

• 주제: 천명에 의한 이 태조의 탄생.

137 ④

[풀이] 산힝은 [산힝 > 사닝 > 사냥]으로 변해온 말로 사냥[狩獵]의 假借(가차)자이다.

[오답]
② 현재 사용하지 않는 자음[ㅿ,ㆁ]과 모음[ㆍ]이 사용되었다.
③ 용언의 활용형이 소리나는 대로 표기하는 이어적기가 적용되었다.

---

1 ①

[풀이] '거시기'는 표준어이다. '이름이 얼른 생각나지 않거나 바로 말하기 곤란한 사람 또는 사물'을 가리키는 대명사이며, '하려는 말이 얼른 생각나지 않거나 바로 말하기가 거북할 때 쓰는 군소리'를 뜻하는 감탄사이다. 그리고 '수탕나귀'는 거센소리로 축약되어 소리대로 적은 예이며, '오십시오'는 [오십씨요]로 소리 나기도 하지만 적을 때는 '오십시오'로 적는다.

[오답]
② '천장'이 맞는 표기이다.
③ '위층'이 맞는 표기이다.
④ '쌍룡(雙龍)'이 맞는 표기이다.
⑤ '멍게, 개수(個數)'가 맞는 표기이다.

2 ①

[풀이] '딱다구리'(×) → '딱따구리'(○). 'ㄱ, ㅂ' 받침 뒤에서 나는 된소리는, 같은 음절이나 비슷한 음절이 겹쳐 나는 경우가 아니면 된소리로 적지 아니한다. 나머지는 모두 맞춤법이 부합하는 단어이다.

3 ④

[풀이] 'ㄷ' 소리로 나는 받침이란, 음절 끝소리로 발음될 때 [ㄷ]으로 실현되는 'ㅅ, ㅆ, ㅈ, ㅊ, ㅌ' 등을 말한다. 이 받침들은 단어의 끝이나 자음 앞에서는 모두 [ㄷ]으로 발음된다. '훗일'은 한자어 '후(後)'와 우리말 '일'이 결합한 합성어로서, 뒷말의 첫소리 앞에서 'ㄴ' 소리가 덧나 [훈:닐]로 발음하므로 사이시옷을 받치어 표기한 것이다. '훗'의 받침을 'ㄷ'으로 발음한 후에 비음화한 것이 아니라 사잇소리에 따라 'ㄴ'이 첨가된 것이다. '훗일'의 'ㅅ'은 사이시옷 표기이다. 참고로 한글 맞춤법 제7항과 관련된 사례는 '덧저고리, 돗자리, 엇셈, 웃어른, 핫옷, 무릇, 사뭇, 얼핏, 자칫하면, 뭇[衆], 옛, 첫, 헛'이 있다.

4 ①

[오답]
② 닐찍하다, 지낄이디, 없에디, 기끼였다
③ 연이율, 서오릉, 가정란(家庭欄), 공염불(空念佛)
④ 액세서리, 초콜릿, 바겐세일, 뷔페

5 ②

[풀이] '닐리리[닐리리], 남존여비[남존녀비], 혜택[혜:택/헤:택]'이 올바른 표기이며 발음이다.

6 ④

풀이 '방끗'은 '방긋'의 센말로, '입을 예쁘게 약간 벌리며 소리 없이 가볍게 한 번 웃는 모양'을 의미한다.

오답
① → 입학률(○).
② → 어린이난(○).
③ → 체하였다(○).
⑤ → 껍질째(○).

7 ②

풀이 맞춤법 문제이다. '구름양'(○)이 올바른 표기이다. '量'이 고유어 '구름'과 결합하면 '구름양'이 되는 것은 '양'이 하나의 독립적인 단어로 인식되기 때문이다. 한자와 결합하면 '운량(雲量)'처럼 '량'으로 적는다. '이슬양'과 '노량(露量)'도 마찬가지 이유로 각각 '양'과 '량'으로 적는다.(맞춤법 제11항)

오답
① '성장률'(○), ③ '회계연도'(○), ⑤ '싹둑'(○)

8 ①

풀이 ① 반듯이(기울거나 굽지 아니하고 바르게), 수나비(수컷나비), 에두르다(에워서 둘러막다)

오답
② 푸주간 → 푸줏간
③ 등교길 → 등굣길
④ 거적떼기 → 거적때기

9 ②

풀이 한글 맞춤법 제15항 규정에 따라 종결형의 '-오'는 '요'로 소리가 나더라도 '오'로 적는다.

10 ①

풀이 종결형에서 사용되는 어미 '-오'는 '요'로 소리 나는 경우가 있더라도 그 원형을 밝혀 '오'로 적는다. 참고로, 연결형에서 사용되는 '이요'는 '이요'로 적는다.

11 ③

풀이 '바깥'은 '밖'에서 온 명사이지만 품사가 바뀐 경우가 아니므로 적절하지 않다.

오답
① 마개: 동사 '막다'에 접미사 '-애'가 와서 명사로 바뀐 경우이다.
② 너무: 동사 '넘다'에 접미사 '-우'가 와서 부사로 바뀐 경우이다.

④ 무덤: 동사 '묻다'에 접미사 '-엄'이 와서 명사로 바뀐 경우이다.

12 ①

풀이 '무녀리'는 한 태에 낳은 여러 마리 새끼 가운데 가장 먼저 나온 새끼 또는 말이나 행동이 좀 모자란 듯이 보이는 사람을 비유적으로 이르는 말이다.

13 ②

풀이 '(국수가) 불은'의 기본형은 '붇다'이다. 'ㄷ' 불규칙 용언이므로 'ㄹ'로 활용한 것이다. '붇고, 붇는, 불어, 불었다' 등으로 활용된다. 비슷한 예로, '밥이 눋다' 역시 '눌은, 눌어, 눌었다, 눋는, 눋고' 등으로 활용이 된다.

오답
① '갈다'는 'ㄹ' 탈락 용언이므로 '가니, 가는, 갈고, 갈았다' 등으로 활용한다.
③ '(~에게) 이르다'는 '르' 불규칙 용언이므로 '일러, 일렀고, 일렀다' 등으로 활용된다. 참고로, '(목적지에) 이르다'는 '이르러'로 활용하는 '러' 불규칙 용언이다.
④ '들르다'는 '으' 탈락 용언이므로 '들러, 들러서, 들렀다'로 활용한다.

14 ②

풀이 실큼하다: 「형용사」 싫은 생각이 있다.

15 ①, ④

풀이 복수 정답이다. ①과 ④는 모두 표준어이다.

오답
② 생일이 돌아온 횟수를 세는 단위는 '돌'이다.
③ '살쾡이', '끄나풀'이 표준어이다.

16 ④

오답 ① 백분율, ② 더욱이, ③ 통틀어

17 ②

풀이 접사 '-째'는 '그대로', 또는 '전부'의 뜻이며 접사이기 때문에 앞말에 붙여 쓴다. 이 경우 '통채'(X)는 잘못된 표기이다. 참고로 '이미 있는 상태 그대로 있다'의 뜻인 의존 명사 '채'가 있으나 접미사 '-째'와 다른 말이기 때문에 구별해서 써야 한다.
예 옷을 입은 채로 물에 들어간다.

① '날, 세월 따위가 매우 오래다.'의 뜻인 '허구하다'는 '허구한'(○)으로 활용한다. 허구헌(×)

③ 한글 맞춤법 제40항에 붙임 3에 따라 '하마터면'(○)이 맞다. 하마트면(×)

④ '기다란 물건의 한 군데가 패어 들어가 오목하다'는 뜻의 단어는 '잘록하다'(○)이다. '잘록하게'(○)가 올바른 표기이다. 잘룩하게(×)

18 ②

① '싯퍼렇다'(×) → '시퍼렇다'(○)

③ '새퍼렇다'(×) → '새파랗다'(○)

④ '시하얗다'(×) → '새하얗다'(○)

19 ④

풀이 '핏기'는 합성어이며 'ㅅ'은 사이시옷 표기이다. 그러나 '기(氣: 기운 기)'는 한자이며, '핏기'는 우리말 '피'와 한자 '기'가 결합한 말이며 사잇소리에 따라 [핃끼/피끼]로 발음한다. 나머지는 모두 순우리말로 된 합성어이며 각각 ① [배낄/밷낄], ② [이짜국/읻짜국], ③ [재떠미/잴떠미]로 발음한다.

20 ②

풀이 '마구간'은 [마:구깐]으로 발음하여 된소리가 나지만 한자어로 이루어진 말인 '마구간(馬廏間)'이므로 사이시옷을 쓸 수 없다. '마구간'으로 적어야 한다. '인삿말'은 한자어 '인사(人事)'와 고유어 '말'의 합성어이지만, [인사말]로 발음하기 때문에 사잇소리가 일어나지 않는다. 사잇소리가 일어나지 않는 말은 사이시옷을 쓸 이유가 없으므로 '인사말'로 적어야 한다.

① 붕엇빵(×) → 붕어빵(○): 된소리로 시작하는 '빵' 앞에는 사이시옷을 적지 않는다.

③ 백짓장(×) → 백지장(○): '백지장(白紙張)'는 한자어이므로 사이시옷을 적지 않는다.

④ 머릿털(×) → 머리털(○): 거센소리로 시작하는 '털' 앞에는 사이시옷을 적지 않는다.

21 ③

풀이 '툇간(退間), 횟수(回數)'로 써야 한다. 본디 한자어와 한자어 사이에는 사이시옷을 적지 않는 것이 원칙(=②)이지만 예외 6가지가 있다.

예외) 곳간(庫間), 셋방(貰房), 횟수(回數), 숫자(數字), 찻간(車間), 툇간(退間)

① 'ㅎ종성체언'은 'ㄱ', 'ㄷ', 'ㅂ' 앞에서 'ㅎ'이 덧붙어 'ㅋ', 'ㅌ', 'ㅍ'이 되는 단어이다. '살코기, 수탉, 수퇘지, 머리카락, 안팎' 등

④ 한글 맞춤법 제31항에 보면 '두 말이 어울릴 적에 'ㅂ' 소리나 'ㅎ' 소리가 덧나는 것은 소리대로 적는다.'라고 나와 있다. '댑싸리(=대ㅂ싸리), 좁쌀(=조ㅂ쌀)' 등

⑤ '나뭇가지, 나룻배, 냇가' 등

22 ④

풀이 '부싯돌'은 [부시똘/부싣똘]로 발음하며 뒷말의 첫소리인 '돌'을 [똘]로 발음한다. '빗물'은 [빈물]로 발음하며 뒷말의 첫소리인 '물'의 'ㅁ' 앞에서 'ㄴ' 소리가 덧난다. '훗일'은 '후'와 '일'이 결합한 합성어이다. [훈:닐]로 발음하며 'ㄴㄴ' 소리가 덧난다.

① '웃어른'은 [우더른]으로 발음한다. '웃-'은 접두사이며 '웃어른'은 파생어이다. '웃'의 'ㅅ'은 사이시옷이 아니다. '웃-'이 하나의 접사이다.

② '덧저고리'의 '덧-'은 '겹쳐 신는'의 뜻인 접두사이다. '덧저고리'는 파생어이다. '덧저고리'를 [덛쩌고리]리로 발음하지만 '저'를 [쩌]로 발음하는 것은 사잇소리에 의한 된소리가 아니다.

③ '돗자리'는 '돗'과 '자리'가 결합한 합성어이다. '돗'의 'ㅅ'은 사이시옷과 관련이 없다. '돗'은 현재 거의 쓰이지 않는 말이지만 '돗바늘', '돗틀'과 같은 말에서는 '돗'을 쓴다.

⑤ '도리깻열'은 [도리깬녈]로 발음하여 ⓒ의 사례이다.

23 ②

풀이 체언('기러기')에 호격 조사('야')가 붙은 '기러기야'는 '기럭아'로 적을 수 있다.

① 어간의 끝음절 '하'가 아주 준 경우이므로 '거북지'로 적어야 한다.

③ '쓰레기'는 조사를 넣어 부를 수 없는 대상이므로 준말이 성립되지 않는다.

④ '그렇잖은'이 적절한 표현이다.

24 ③

풀이 '죄여'는 틀린 표기이며 '쇠어(=소녀)'로 고쳐야 안다. 침고로, ④의 '되라'는 되어라(=돼라)'가 아니라 '되다'에 명령을 나타내는 '-라'가 결합한 말이므로 적절하다.

25 ③

풀이 '만만잖다'는 틀리고 '만만찮다'가 맞다. '만만찮다'는 '만만하지 않다'가 줄어든 것으로, '-하지' 뒤에 '않-'이 어울려 '-찮-'으로 표기한 경우이다. 예를 들어, '대단찮다, 괴이찮다, 가당찮다' 등이 있다. 참고로, 'ㄱ, ㅂ, ㅅ' 등의 안울림소리 자음이 앞에 올 때에는 '-하지'의 '-하'가 탈락해 '생각지 않다, 섭섭지 않다, 깨끗지 않다' 등으로 적는다.

오답
① '숟가락'은 '술＋가락'의 결합으로 이루어진 합성어이다.
② '적잖다'는 '적지 않다'가 줄어들어 '-잖-'이 된 경우이다.
④ '말끔케'는 '말끔하게'의 준말이다.

26 ①

풀이 '뒤에 두다' 또는 '뒤에 남겨 놓고 떠나다'의 뜻인 '뒤로하다'는 하나의 단어이므로 붙여 쓴다. '뒤로하고'로 붙여 써야 한다.

오답
② '한쪽'은 붙여 쓴다.
③ '그'는 명사 '밖'을 꾸미는 관형사이므로 '그∨밖에'로 띄어 쓴다. 의존 명사 '등'은 띄어 쓴다.
④ '성안'은 붙여 쓴다. 또한 '집이나 건물을 지었거나 지을 자리'를 뜻하는 '터'는 명사이므로 띄어 쓴다.
⑤ 길이의 단위인 '미터'는 의존 명사이므로 띄어 쓴다. 또한 '그 수를 넘음'의 뜻을 더하는 접미사 '-여'는 붙여 쓴다.

27 ④

풀이 '법하다'는 '앞말이 뜻하는 상황이 실제 있거나 발생할 가능성이 있음을 나타내는 말'인 보조 형용사이므로 붙여 쓴다.

오답
① '일'이 '어려운'의 수식을 받고 있으므로 여기서 '일'은 '事'의 뜻이기 때문에 '일∨하다'로 띄어 쓴다.
② '떠난∨지'의 '지'와 '어떤 일이 있었던 때로부터 지금까지의 동안'의 뜻인 의존 명사이기 때문에 띄어 쓴다. 또한 '사흘∨만에'의 '만'은 '앞말이 가리키는 동안이나 거리'를 뜻하는 의존 명사이므로 띄어 쓴다.
③ '큰'은 '집'을 수식하는 '크다'의 관형사형이므로 '큰∨집'으로 띄어 쓴다. 참고로 맏이가 사는 집이거나 종가(宗家)인 경우는 '큰집'으로 하나의 단어가 된다. '한'은 의존 명사 '채'를 수식하는 수 관형사이므로 '한∨채'로 띄어 쓴다.

28 ④

풀이 '들어하다'(×) 하나의 단어가 아니다. 본용언인 '들어'와 보조 용언인 '하다'를 띄어 써야 한다. '-아/-어 하다'가 구(句)에 결합하는 경우에는 띄어 쓴다. '마음에 들어했나'(×)는 '마음에 들다'라는 구에 '하다'가 결합한 표현이다. 이런 경우 '-아/-어 하다'를 뒷말에 붙여 쓰면, 구 전체에 '-아/-어 하다'가 결합한 것이라는 사실을 제대로 나타낼 수가 없다. 따라서 이처럼 구에 결합한 경우에는 아래와 같이 띄어서 쓴다. '마음에 들어 했다'(○)

예 먹고 싶어 하다.(○) / 먹고 싶어하다.(×)
　　마음에 들어 하다.(○) / 마음에 들어하다.(×)
　　내키지 않아 하다.(○) / 내키지 않아하다.(×)

오답
① '법하다'는 보조 용언이다. '될 법하다'로 띄어 써야 하지만 '될법하다'로 붙여 쓸 수 있다.
② '듯하다'는 보조 용언이기 때문에 붙여 쓰지만 '듯도'의 '도'와 같이 조사가 붙은 말인 경우 '듯도 하다'로 띄어 쓴다.
③ '기억해둘'의 '둘'과 '만하다'는 모두 보조 용언이다. 보조 용언이 반복되는 경우 앞의 보조 용언만을 붙여 쓸 수 있다. 따라서 '기억해 둘 만하다'(○)와 '기억해둘 만하다'(○)로 모두 쓸 수 있다.
⑤ '떠내려가'의 기본형은 '떠내려가다'이며, 이 말은 '뜨다'와 '내려가다'의 합성 용언이다. 앞말이 합성 용언이면 뒤의 '버리다'와 같은 보조 용언은 띄어 써야만 한다. '떠내려가 버렸다'(○)가 올바른 표현이다.

29 ③

풀이 '년, 월, 일'과 같이 단위를 나타내는 말은 띄어 쓰는 것이 원칙이고, 순서를 나타내는 경우나 숫자와 어울리어 쓰이는 경우에는 붙여 쓰는 것이 허용이다. 따라서 '이천십팔∨년(의존명사)∨삼∨월∨이십사∨일'이 원칙이고, '이천십팔년∨삼월∨이십사일'처럼 붙여 쓸 수 있다.

오답
① 본용언과 보조 용언이므로 '꺼져∨간다'와 '꺼져간다'로 모두 쓴다.
② 성명 이외의 고유 명사는 단어별로 띄어 씀을 원칙으로 하되, 단위별로 띄어 쓸 수 있다. 따라서 '한국∨대학교∨사범∨대학'이 원칙이고, '한국대학교∨사범대학'이 허용에 해당한다.

30 ②

풀이 'ㅅ'으로 끝난 어간을 활용하여 부사어를 만들 때는 항상 접사 '-이'를 붙인다. '깨끗이, 느긋이, 따뜻이, 지긋이, 기웃이, 다붓이' 등

오답
① '번번히'는 '울퉁불퉁한 데가 없이 펀펀하고 번듯하게'이고, '번번이'는 '매 때마다'이다. 의미상 '번번이'가 바른 표현이다.
③ '곰곰이'(○)
④ '딱히'(○)

31 ④

풀이 ④의 '맞추다'는 '어떤 기준이나 정도에 어긋나지 아니하게 하다'의 의미로 바르게 쓰였다.

오답

① 맞히다: '맞다(자연 현상에 따라 내리는 눈, 비 따위의 닿음을 받다)'의 사동사.
② 맞히다: '맞다(문제에 대한 답이 틀리지 아니하다)'의 사동사.
③ 맞히다: '맞다(쏘거나 던지거나 한 물체가 어떤 물체에 닿다)'의 사동사.

32 ①

풀이 가늠: 목표나 기준에 맞고 안 맞음을 헤아려 봄.
갈음: 다른 것으로 바꾸어 대신함.
가름: 따로따로 나누는 일

33 ①

풀이 한글 맞춤법 57항의 단어들이다. 체로 술을 '밭친다'가 적절하다. '밭치다'는 '밭다'를 강조하는 말로, '거르기 위해 따로 받아내다'라는 뜻이다. 특히 '술'과 관련해서 예로 나오기 때문에 '술을 밭친다'라고 묶어서 외워두어야 한다. 참고로, '받치다'는 '책받침, 옷을 받쳐 입다, 감정이 받치다' 등으로 쓰인다.

오답

③ 갈음하다: 바꾸어 대신하다 / 가름: 가르다
④ 늘이다: 늘게 하다(길이) / 늘리다: 늘게 하다(수, 양, 기간)

34 ②

풀이 '덮혀서'는 틀리고, '덮여서'가 맞다. 기본형은 '덮이다'이다.

35 ②

풀이 ②는 '조건, 이유, 구실 따위를 딸리게 하다.'의 뜻이며 '붙다'의 사동인 '붙이다'를 써야 한다. '조건을 붙여'로 고쳐야 한다.
예 계약에 조건을 붙이다. 그는 자기가 하는 일에 대해 이유를 꼭 붙여야 직성이 풀린다. 나머지는 '부치다'가 적절한 표기이다.

36 ④

풀이 ④ '설레는'(O). '설레이다'는 불필요한 사동 표현으로 기본형은 '설레다'이다.

37 ③

풀이 마음을 '졸이다'가 옳은 표현이다.

오답

① '걷혔다'(O), ② '걷잡을'(O), ④ '절이고'(O)

38 ①

풀이 '하나에 백 원씩 쳐주마.'가 맞다. 이때 '쳐주다'는 '셈을 맞추어 주다' 또는 '인정하여 주다'는 의미이다.

오답

② (기분이) 처지다: 감정 혹은 기분 따위가 바닥으로 잠겨 가라앉다.
③ (쓰레기를) 처대다: 함부로 불에 대어서 살라 버리다.
④ 처박히다: '처박다'의 피동.

39 ①

풀이 '큰일을 치르다'가 맞다. '치르다'는 '무슨 일을 겪어 내다'는 의미이며, '치러, 치렀더니, 치렀다' 등으로 활용하는 'ㅡ' 탈락 용언이다. 참고로, '치루다'는 말은 없다.

오답

② '라면이 붇다'의 기본형에서 활용하면 '불어, 불었다, 불으면'이 된다. '붇다'는 '물에 젖어서 부피가 커지다.'는 의미이다.

40 ②

풀이 표준어는 방언을 사용할 때 생기는 분리 현상을 예방하여 원활한 의사소통이 이루어질 수 있도록 하는 통일의 기능을 한다.

41 ③

풀이 ① '살쾡이/삵', '털어먹다'
② '셋째', '애달프다'
④ '광주리', '강낭콩'

42 ①

풀이 알아맞히다(O), 알아맞추다(X)

오답

② '취업률', ③ '수놈', ④ '막으려야'

43 ③

풀이 '머무를'은 '머무르다'의 활용으로 적절하다. 참고로, 준말인 '머물다'의 활용은 '머물'이다.

오답

① '순서가 열두 번째가 되는 차례. 또는 그런 차례의'를 뜻하는 수사는 '열두째'가 맞다. 참고로, '열둘째'는 '맨 앞에서부터 세어 모두 열두 개째가 됨'을 이르는 명사이며, '이것이 오늘 채점하는 열둘째 답안지이다.'의 형태로 쓰인다.
② '떨어먹다'는 틀리고, '털어먹다'가 맞다.
④ '숫병아리'는 틀리고, '수평아리'가 맞다.

44 ①

풀이 ① 반듯이(기울거나 굽지 아니하고 바르게), 수나비(수컷나비), 에두르다(에워서 둘러막다)

오답
② 푸주간 → 푸줏간
③ 등교길 → 등굣길
④ 거적떼기 → 거적때기

45 ④

오답
① 깡총깡총 → 깡충깡충
② 아니꼬와 → 아니꼬워
③ 네째 → 넷째, 아둥바둥 → 아등바등

46 ②

오답
① 상치쌈 → 상추쌈
③ 지리한 → 지루한
④ '-구료 → -구려'이므로 '주구료 → 주구려'로 고쳐야 옳다.
⑤ '바래다 → 바라다'이므로 '바래우 → 바라우'로 고쳐야 옳다.

47 ①

풀이 '간절한 바람'은 맞춤법에 맞다. '바라다'는 '생각이나 바람대로 어떤 일이나 상태가 이루어지거나 그렇게 되었으면 하고 생각하다.'는 의미이며. '바람, 바랐다, 바라고, 바라는' 등으로 활용한다. 참고로, '볕이나 습기를 받아 색이 변하다.'는 의미는 '바래다, 바랬다, 바램'이 맞다.

오답
② → 안팎. ③ → 막역한. ④ → 게시판.

48 ⑤

오답
① 새앙쥐 → 생쥐
② 강남콩 → 강낭콩
③ 봉숭화 → 봉숭아(=봉선화)
④ 윗어른 → 웃어른

49 정답 없음

풀이 ①이 정답인 문제였으나 2016년 개정이 되어 '까탈스럽다'와 '까다롭다'가 모두 표준어이다. 기존 표준어 '까다롭다' 외에 '까탈스럽다'가 별도 표준어로 지정되었다.

오답
② 귀이개(○) / 귀후비개(✕)
③ 되뇌다(○) / 되뇌이다(✕)
④ 내로라하다(○) / 내노라하다(✕)

50 ①

풀이 표준어 규정 제16항에 따라 본말인 '머무르다'와 준말인 '머물다'는 모두 표준어이다. 하지만 준말 뒤에 모음 어미가 연결될 때에는 준말의 활용형을 인정하지 않으므로 ①의 '머물었다'(X)는 잘못된 표기이다. '머무르다'의 어간 '머무르-'에 모음 어미가 오면 '르'가 모음 어미 앞에서 'ㄹㄹ'로 바뀌는 '르' 불규칙 활용을 하므로 '머물렀다'(O)가 올바른 표기이다.

51 ③

풀이 '귀고리'는 표준어이지만 '귀거리'는 표준어가 아니다. '귀고리-귀걸이'가 맞다. '장식품'의 뜻은 '귀고리'와 '귀걸이'가 모두 사용 가능하지만, '귀마개'나 '안경'에는 '귀걸이'만 가능하다.

52 ③

오답
① 왔을껄 → 왔을걸
② 학생이대 → 학생이데
④ 좋았든지 → 좋았던지

53 ③

풀이 준말과 본말의 올바른 표기를 묻고 있다. '꼬이다'의 준말은 '꾀다'이다.

54 ③

풀이 '웃프다'는 '웃기다'와 '슬프다'가 결합한 신조어로 표준어는 아니다.

오답
① '두리뭉실하다'와 '두루뭉술하다'는 복수 표준어이다.
② 예전에는 '우뢰(雨雷)'를 쓰기도 했지만 지금은 '우레'만 표준어로 쓴다.
④ '애달프다'만 표준어이다.

55 ①

[풀이] '쿵더쿵, 허우대, 선두리(=물방개), 뚱뚱이'는 모두 표준어이다.

[오답]

② '풀소'는 틀리고, '푿소'가 맞다.

③ '틈틈히'는 틀리고, '틈틈이'가 맞다. 참고로, '맨숭맨숭'은 '맨송맨송'의 추가된 표준어이다.

④ '행내기'는 틀리고, '보통내기'가 맞다.

⑤ '구두주걱'은 틀리고, '구둣주걱'이 맞다.

56 ①

[풀이] '콧망울'이 아니라 '콧방울'이 표준어이다. '콧방울'은 '코끝 양쪽으로 둥글게 방울처럼 내민 부분'을 뜻한다.

[오답]

② 이때의 '눈초리'는 '눈꼬리'와 같은 말로, '귀 쪽으로 가늘게 좁혀진 눈의 가장자리'를 뜻한다.

③ 이때의 '귓밥'은 '귓불'과 같은 말로, '귓바퀴의 아래쪽에 붙어 있는 살'을 뜻한다. 참고로, '귀지'의 비표준어인 '귓밥'과는 다르다.

57 ⑤

[풀이] '사람의 성질이나 행동, 생김새 따위가 빈틈이 없이 꽤 단단하고 굳세다'는 뜻의 말은 '야무지다'(○)가 표준어이고 '야물딱지다'(×)는 표준어가 아니다. 나머지는 모두 복수 표준어이다.

58 ①

[풀이] '어림잡다'는 '대강 짐작으로 헤아려 보다.'는 뜻으로, '어림치다'와 복수 표준어이다. '어림재다'는 표준어가 아니다.

[오답]

나머지는 모두 표준어 26항에 있는 복수 표준어이다.

59 ①

[풀이] '가뭄'과 '가물'은 복수 표준어이다.

[오답]

② 숫평아리 → 수평아리

③ 담쟁이덩쿨 → '담쟁이넝쿨' 혹은 '담쟁이덩굴'

④ 윗어른 → 웃어른

60 ③

[풀이] '진즉(趁卽)(=진작)'은 표준어이다.

[오답]

① → 희한(稀罕)한(○)

② → 착잡(錯雜)하기(○)

④ → 흉측(凶測)스러운(○)

61 ④

[풀이] '넝쿨, 덩굴'은 복수 표준어이나, '덩쿨'은 비표준어이다.

62 ③

[풀이] '엔간하면'이 맞고, '엥간하면'은 틀리다. '엔간하다'는 '대중으로 보아 정도가 표준에 꽤 가깝다.'는 뜻의 형용사이다.

[오답]

① '까짓것'은 맞고, '까짓껏'은 틀리다. '까짓것'은 '별것 아닌 것'을 뜻하는 명사 또는 맨 앞에 쓰여 '까짓'을 뜻하는 감탄사이다.

② '같잖은'은 '같지 않다'의 준말인 '같잖다'에서 온 형용사이다. '하는 짓이나 꼴이 제격에 맞지 않고 눈꼴사납다.' 또는 '말하거나 생각할 거리도 못 되다.'는 뜻이다.

④ '(하늘이) 끄물끄물하다'는 맞고, '(하늘이) 꾸물꾸물하다'는 틀리다. '날씨가 활짝 개지 않고 몹시 흐려지다.'는 뜻의 동사이며, '그물그물하다'보다 센 느낌을 준다. 참고로, '매우 자꾸 느리게 움직이다.', '굼뜨고 게으르게 행동하다.'는 뜻의 단어는 '꾸물꾸물하다'이다.

63 ⑤

[풀이] 표준 발음은 현대 서울말을 기준으로 하고 있으나, 현대 서울말이라 하더라도 화자에 따라 여러 가지 다른 형태의 발음이 존재하는 것이 사실이다. 표준 발음법에서는 이와 같은 사실을 고려하여, 국어의 '전통성'과 '합리성'에 따라 표준 발음을 정하고 있다.

64 ①

[풀이] '의' 발음은 모두 네 가지 원칙이 있다.

(1) 자음+'ㅢ'=[ㅣ](○) [예] 희망[히망], 틔우다[티우다]

(2) 모음+첫음절 'ㅢ'=[ㅢ](○) [예] 의사[의사], 의심[의심]

(3) 모음+둘째음절 이하 'ㅢ'=[ㅢ](○), [ㅣ](△)

　　[예] 강의(講義)[강:의](○), [강:이](△)

　　[예] 회의(會議)[회:의](○), [훼:이](△)

(4) 관형격 조사 'ㅢ'=[ㅢ](○), [ㅔ](△)

　　[예] 친구의[친구의](○), [친구에](△)

'민주주의의 의의'는 여러 가지의 발음이 가능하다. 그러나 '의의'에서 모음으로 시작하는 첫음절은 반드시 [의]로만 읽어야 하기 때문에 ①은 적절하지 않다.

65 ①

[풀이] 자음을 첫소리로 가지고 있는 음절의 'ㅢ'는 [ㅣ]로 발음해야 하므로, '닁큼'은 [닝큼]으로 발음해야 한다.

66 ③

풀이 '맑다'는 '맑다[막따], 맑아[말가], 맑으니[말그니], 맑고[말꼬], 맑지[막찌]'로 발음한다.

오답

① '굵다[국:따]', ② '넓다[널따]', ④ '얇다[얄:따]'로 발음한다.

67 ④

풀이 '않은'은 모음으로 시작된 어미와 결합된 경우이므로 'ㅎ'이 탈락되어 [아는]으로 발음된다. 참고로, '않는'은 [안는]으로 발음된다.

68 ③

풀이 '협의'는 [혀븨]로 발음함을 원칙으로 하고, [혀비]로 발음함을 허용한다. 받침이 '의'와 결합되어 나타나는 음절에서는 연음시켜 본음대로 발음함이 원칙이며 [ㅣ]로 발음함도 인정한다. 예를 들어, '성의(誠意)'는 [성의]를 원칙으로 하고, [성이]로 발음함을 허용한다.

오답

① → [일께] ② → [바틀] ④ → [막찌만]

69 ③

풀이 'ㄹㄱ'은 'ㄱ' 앞에서 [ㄹ]로 발음되므로 '맑게'는 [말께]로 발음되며, 'ㄹㅂ'은 대표음이 [ㄹ]이므로 '넓다'는 [널따]로 발음하여야 한다. 또한 '맛있다'는 [마딛따]와 [마싣따] 모두를 표준 발음으로 인정하고 있다. ㉠의 '맑다'는 [막따]로, ㉢의 '값을'은 [갑쓸]로, ㉣의 '밟다'는 [밥:따]로 발음해야 하며, ㉤의 '흙만'은 [흥만]으로, ㉥의 '젖먹이'는 [전머기]로 발음해야 한다.

70 ①

풀이 '늑막염'의 표준 발음은 [능망념]이다.

71 ②

풀이 '결막염'은 'ㄴ' 첨가가 나타나는 경우이므로 [결망념]으로 발음하고, 조사 '이'가 붙으면 연음이 되어 [결망녀미]로 발음한다. 비슷한 예로 '늑막염[능망념], 장염[장:념]' 등이 있다.

오답

① [널씀니다](○)
③ [송:벼려늘](○)
④ [혐녀카여](○)

72 ②

풀이 '와중(渦中)'은 '흐르는 물이 소용돌이치는 가운데'의 뜻이며 시끄럽고 복잡한 일이나 사건이 벌어지는 상황에 쓰는 말이다.

오답

① 반증(反證)은 반대되는 증거를 뜻하므로 '방증(傍證)'으로 바꾸어야 한다.
③ 애환(哀歡)은 슬픔과 기쁨을 아울러 이르는 말이므로 '비애(悲哀)'나 '슬픔'이라는 단어로 바꾸는 것이 적절하다.
④ 타산지석(他山之石)은 남의 실패를 교훈으로 삼는 것이므로 성공의 경우에는 사용할 수 없다. 따라서 '귀감(龜鑑)'이라는 말로 바꾸어야 한다.

73 ③

풀이 '체중이 줄다'는 어휘 사용이 적절하다. '줄다'는 '㉠물체의 길이나 넓이, 부피 따위가 본디보다 작아지다. ㉡수나 분량이 본디보다 적어지다. ㉢힘이나 세력 따위가 본디보다 못하게 되다.'는 의미의 동사이다.

오답

① '월등(越等)하다'는 '다른 것과 견주어서 수준이 정도 이상으로 뛰어나다.'는 의미이므로 부정적인 의미의 '열세(劣勢)'와 함께 쓰이지 않는다. 참고로, ①은 '현격(懸隔)한, 현저(顯著)한' 등으로 고칠 수 있다.
② '탓'은 '주로 부정적인 현상이 생겨난 까닭이나 원인'을 가리키는 의미로, 긍정적 의미에 쓰이지 않는다. 참고로, ②는 '덕분, 때문' 등으로 고칠 수 있다.
④ '~안전을 보호하다'가 어색하다. '안전(安全)'은 '위험이 생기거나 사고가 날 염려가 없는 상태'를 의미하는데, '위험이나 곤란 따위가 미치지 아니하도록 잘 보살펴 돌본다'는 '보호(保護)'와 함께 오는 것은 적절하지 않다. 따라서 '~안전을 지키다' 또는 '~안전을 위하다', '~주민을 안전하게 보호하기 위해' 등으로 고쳐야 한다.

74 ①

풀이

ㄴ: '뒤치다꺼리하다'는 '뒤에서 일을 보살펴서 도와주다' 또는 '일이 끝난 뒤에 뒤끝을 정리하다'의 뜻이다. '네 뒤치다꺼리를 해야 하니?'로 썼기 때문에 올바른 표현이다.
ㄱ: '하락세(下落勢)'는 '물가나 시세 따위가 떨어지는 추세'의 뜻이다. 그리고 '치닫다'는 '위쪽으로 달리다'. '힘차고 빠르게 나아가다', '생각, 감정 따위가 치밀어 오르다'의 뜻이다. '떨어지다'의 뜻인 '하락세'와 '위로 달리다'의 뜻인 '치닫다'가 호응하지 않고 있다.

ㄷ: '담배를 피우다'가 올바른 표현이다. '어떤 물질에 불을 붙여 연기를 빨아들이었다가 내보내다'의 의미로 쓰이는 표준어는 '피우다'이다. 같은 맥락에서 쓰이는 '피다'는 '피우다'의 잘못된 표현이다. '담배를 피울 수 없습니다'로 고쳐야 한다.

ㄹ: '걸맞다'는 형용사이므로 '-는'과 결합할 수 없다. 올바른 활용형은 '걸맞은'이다.

ㅁ: '꽃에게'의 '에게'는 사람이나 동물 따위를 나타내는 체언 뒤에 붙이는 격 조사이다. 일반적인 체언에 두루 붙이는 '에'를 써야 한다. '꽃에'로 고쳐야 한다.

75 ③

풀이 '빌미'는 재앙이나 탈 따위가 생기는 원인을 지칭하는 말이므로 부정적인 어감을 갖는다. 따라서 '그 사람은 그 사건이 계기가 되어 출세가도를 달리게 되었다.'라고 고쳐야 훨씬 더 자연스러운 문장이 된다.

76 ④

풀이 '갑절'은 '두 배'를 의미하는 단어인데, 수 관형사를 동반하지 못한다. 따라서 '이번에 적절하게 잘 투자해서 몇 곱절이나 이익이 났다.'라고 써야 한다.

77 ④

오답

① '무릅쓰다'는 '힘들고 어려운 일을 참고 견디다.' 또는 '뒤집어서 머리에 덮어쓰다.'는 뜻의 단어이다. '생명'과 '무릅쓰다'는 의미가 어울리지 않는다. 이 문장은 '죽음을 무릅쓰고'로 고쳐야 하며, '무릅쓰다'는 '부끄러움을 무릅쓰고', '어려움을 무릅쓰고'와 같이 써야 올바르다.

② '고민'은 간접 높임의 대상이다. '계시다'는 '아버지'를 높이는 표현이기 때문에 '고민'이 높임의 대상이 되도록 '고민이 있으신가요?'로 고쳐야 한다.

③ '보여지다'는 이중 피동의 표현이다. 피동사 '보이다'에 피동의 뜻을 나타내는 '-어지다'를 중복 사용한 표현이다. '보인다'로 고쳐야 한다.

78 ④

풀이 '후텁지근하다'와 '후덥지근하다'가 복수 표준어이다. ④는 어법상 잘못된 부분이 없다.

오답

① 헤매이던 → 헤매던

② 그 곳 → 그곳, 내노라하는 → 내로라하는

③ 칠흙같이 → 칠흑같이. '칠흑(漆黑)'은 옻칠처럼 검고 광택이 있는 빛깔을 가리키는 말이다.

79 ④

풀이 ④ '대강'이나 '얼추' 정도가 쓰여야 한다.

오답

① 거리낌 없이 마구, ② 계속하여 줄곧, ③ 사무칠 정도로 매우

80 ④

오답

① '행복하다'가 형용사이므로 명령형이 불가능하다. "선생님, 행복하시길 바랍니다."로 고쳐야 한다.

② 오늘은 햇볕이 따뜻하다.

③ 비가 세차게 내리면서 바람까지 불었습니다.

81 ④

오답

① 말겠다고 → 않겠다고

② '얼마나'는 의문의 뜻을 지닌 부사이기 때문에 그 뒤에 의문형 어미가 와야 한다. 따라서 "눈물 젖은 빵을 먹어 본 사람들만이 쌀 한 톨이 얼마나 귀중한지를 안다." 또는 "눈물 젖은 빵을 먹어 본 사람들만이 쌀 한 톨이 얼마나 귀중한가를 안다."와 같이 의문형 어미 '-ㄴ지, -ㄴ가'로 바꾸어야 올바른 문장이 된다.

③ 틀리다 → 다르다

⑤ 소음과 제동력을 높이기 위해 → 소음을 줄이고 제동력을 높이기 위해

82 ③

풀이 '이 그림은 아버지가 그린 그림이다.'는 하나의 뜻이다. 하지만 '이 그림은 아버지의 그림이다.'는 문장은 세 가지의 뜻으로 해석되어 중의적인 문장이 된다. '아버지가 그린 그림, 아버지가 가지고 있는 그림, 아버지를 그린 그림'의 뜻이 된다.

오답

① '웃으면서 들어오는' 주체가 '아가'인지 '엄마'인지 모호하다.

② '귤과 토마토 합쳐서 두 개'인지, '귤과 토마토 각각 두 개'인지, '귤 하나와 토마토 두 개'인지 세 가지로 해석되는 모호한 문장이다.

④ 축구를 좋아하는 것이 '정도'인지 '대상'인지 모호하다.

83 ④

풀이 사과와 배를 한 개와 두 개를 먹었기 때문에 의미가 중의적이지 않다.

오답

① 부정 표현으로 인해 문장의 의미가 모호해진 경우이다. 사람들이 아무도 오지 않은 것인지, 일부의 사람들만 온 것인지 의미가 모호하다.

② '귀여운'이 영수인지 동생인지 분명하지 않다.
③ 비교 대상이 무엇인지 분명하지 않아 문장의 의미가 모호해
진 경우이다. 즉, '나'와 비교되는 대상이 '그'인지 '축구'인지
가 분명하지 않다.

84 ①
풀이 주어가 '해결책은'이므로 이에 호응하는 서술어는 '~이다'
이다.

85 ④
풀이 '나를 좋아하는 것보다'라고 대상으로 한정했기 때문에 의
미가 명확하다. 만약, '아버지는 나보다 신문을 더 좋아한다.'라고
했다면 중의적인 문장이 된다.
오답
① '보고 싶은'의 주체가 '선생님'인지 '학생'인지 모호하다.
② 찾아다닌 주체가 '나'인지 '나와 반장이 함께'인지 모호하다.
③ '수많은'이 꾸며 주는 말이 '사람'인지 '노력'인지 모호하다.

86 ③
풀이 주어와 서술어의 호응이 적절하다. '당부(當付)하다'는 '말
로 단단히 부탁하다'는 뜻이며, '~이(가) ~에게 ~을 ~도록'의 형
태로 쓰인다.
오답
① '어제'가 꾸며 주는 말이 '서울에 온'인지 '먹었다'인지 모호
하다.
② 주술 불일치이다. '무엇보다 중요한 것은 서류가 전부는 아니
라는 점(것)입니다.'로 고쳐야 한다.
④ 병렬 구문에서 서술어 불필요하게 생략된 문장이다. '바람
과'에 해당하는 서술어가 필요하다. '바람이 불고 눈이 오는'
으로 고쳐야 한다.

87 ③
풀이 주술의 호응이 적절한 문장이다. '정부에서는'은 '정부가'로
바꿀 수 있는 주어이다.
오답
① '이 매장은'으로 고쳐야 한다.
② '본 행사가'로 고쳐야 한다.
④ '이용자들이'로 고쳐야 한다.

88 ③
오답
① '~에 의해'(×) → '~의 가르침으로'(○)
'그에게 있어서'(×) → '그에게'(○)
② '계획을 가지고 있다'(×) → '계획이 있다'(○)
'시간을 필요로 한다'(×) → '시간이 필요하다'(○)
④ '아무리 강조해도 지나치지 않는다'(×) → '매우 중요하다'(○)
'~에 대한 ~의 솔직한 해명이 있었다'(×) → '~에 대해서 ~
께서 솔직하게 해명하셨다'(○)

89 ④
풀이 ④는 어법에 맞는 자연스러운 문장이다. '독서는 삶의 방편
이다.', '독서는 평생의 반려자이다.'로 나눌 수 있기 때문에 호응
이 자연스럽다.
오답
① → 교장 선생님의 말씀이 있으시겠습니다. (○)
② → 모두 흥에 겨워 춤을 추고 노래를 부르고 있다. (○)
③ → 축배를 들며 함께 우승의 기쁨을 나누었다.(○) 또는 샴페
인을 터뜨리며 함께 우승의 기쁨을 나누었다. (○)

90 ③
오답 ① 앞뒤가 대등적으로 이어진 문장이기 때문에 병렬 관계
를 고려하여야 한다. 따라서 '사고가 난 지 10년이 지난 현재도
방사선 물질의 존재와 주변 지하수의 오염으로 사고 지역 30km
내에서의 재거주는 아직도 어려운 상태이다.'라고 고쳐야 한다.
② 앞 문장이 능동이면 뒤의 문장도 능동으로 표현해야 한다.
④ 뒷문장의 주어를 보충해야 한다.

91 ①
풀이 ①은 전체적으로 이어진 문장이며, 주어와 서술어가 각각
들어 있는 문장이므로 어법에 맞다.
오답
② 서술어가 잘못 생략된 문장이므로 '작성 내용을 정정하거나'
로 고쳐야 한다.
③ 이중의 피동이므로 '보여집니다'를 '보입니다'로 고쳐야 한다.
④ 주어가 잘못 생략된 문장이므로 '그는 단 하루도'로 고쳐야
한다.

92 ②

풀이 '대등 구조' 표현을 사용해야 한다. ⓛ은 조사 '와/과'로 연결했기 때문에 대등한 문장이다. 그러나 '언어생활의 확립'은 '관형어(언어생활의)'와 '체언(확립)'의 형식인 표현이고, '국어 생활을 향상'은 '목적어(국어 생활을)'와 '체언(향상)'의 표현이기 때문에 대등한 구조가 형성되지 못했다. 고친 문장도 '언어생활을(목적어)'와 '확립(체언)', '국어 생활의(관형어)'와 '향상(체언)'의 구조이기 때문에 대등한 구조가 형성되지 못했다. '언어생활의 확립과 일상적인 국어 생활의 향상을 위해' 또는 '언어생활을 확립하고 일상적인 국어 생활을 향상하기 위해'로 고치면 올바른 표현이다.

오답

① '안내(案內)'는 '어떤 내용을 소개하여 알려 줌.'을 뜻하는 말이기 때문에 '알림'의 표현이 중복되었다. '참석 안내' 또는 '참석 알림'으로 써야 올바른 표현이다.

③ ⓒ이 속한 문장의 주어는 '본원은'이다. '본원은'은 피동 표현인 '제공되고'와 호응하지 않는다. 능동 표현인 '제공하다'를 써야 한다. '(본원은) 표준 정보를 제공하고 있습니다'로 써야 자연스럽다.

④ ⓔ의 서술어는 '개선하여'이다. 앞의 표현과 '표준 용어 체계를'이 '개선하여'와 호응한다면 문제가 없다. 그러나 '표준 용어 체계'는 개선의 대상이 아니다. '개선하여'와 호응하는 성분이 들어가야 한다. '의약품 용어를'을 넣어 자연스러운 문장으로 고쳐야 한다.

93 ③

풀이 ⓒ은 문장 성분의 접속이 대등하지 않다. '국가 정책 수립'은 서술어가 없이 명사로만 나열된 나열되어 있고, '국제 협약을 체결하다'는 목적어(국제 협약을)와 서술어(체결하다)의 구성으로 이루어져 있다. 접속 조사 '과'의 앞뒤가 대등하지 않게 결합한 문장이다. '국가 정책을 수립하고 국제 협약을 체결하기 위해' 또는 '국가 정책 수립과 국제 협약 체결을 위해'로 수정해야 한다.

1 ④

풀이 이 글은 주제가 처음에 드러나는 두괄식 구성을 취하고 있다. 사회가 발달하면서 '화법과 작문의 윤리'에 대한 관심이 커지고 있음을 지적했다. 그리고 화법과 작문의 윤리를 지켜야 하는 이유를 구체적인 예를 들어 설명했다.

2 ③

풀이 '제출(提出)'은 '문안(文案)이나 의견, 법안(法案) 따위를 냄.'이며, '생략(省略)'은 '전체에서 일부를 줄이거나 뺌.'이다. 인용의 출처를 밝혀 제출하는 경우라면 '제출'을 사용할 수 있다. 그러나 일반적으로 '(출처를) 밝히다.'의 뜻이라면 '어떠한 의사를 말이나 글로 나타내어 보임. 검사나 검열 따위를 위하여 물품을 내어 보임.'의 뜻인 '제시(提示)'가 적절하다.

오답

① '깨질 수 있으므로'와 호응하려면 '노력해야 한다'로 고쳐야 한다.

② '그런데'는 앞의 내용과 상반되는 내용을 나타내거나, 앞의 내용을 다른 방향으로 전환할 때 사용하는 접속 부사이다. 둘째 문단은 앞에서 언급한 화법과 작문의 윤리를 지키기 위한 구체적인 행동이므로 '어떤 일에 앞서서'의 뜻인 부사 '우선'이 적절하다.

④ 여기서 '지키다'는 '규정, 약속, 법, 예의 따위를 어기지 아니하고 그대로 실행하다.'의 뜻이고 '준수(遵守)하다'는 '전례나 규칙, 명령 따위를 그대로 좇아서 지키다.'의 뜻이므로 이 둘은 중복된다.

3 ④

풀이 제시문의 실험은 학생과 교수가 공감하는 수업이 긍정적인 변화를 가져온 결과를 제시하고 있다. 따라서 ④ '공감하는 듣기의 중요성'이 제목으로 가장 적절하다.

오답

①, ② 제시문은 교수들이나 학생들 각각 사이에서 일어나는 의사소통이 아니라, 교수와 학생 사이에서 일어나는 의사소통을 다루고 있다.

③ 제시문은 언어적 메시지가 아니라 '주의를 집중하며 듣기, 긍정적인 반응을 하며 듣기' 등 비언어적 메시지의 중요성에 대해 주로 이야기하고 있다.

4 ③

풀이 화자의 의도를 더 잘 전달하는 것은 간접 발화가 아니라 직접 발화이므로 ③은 적절하지 않다.

5 ③

풀이 발화 의도를 고려하여 직접 발화(표면적 발화)와 간접 발화(이면적 발화)의 차이를 밝혀야 한다. 대화의 상황에서 상대방이 전달하려는 본래의 뜻을 이해하지 못하면 대화에 어려움이 발생한다. ③은 김포공항의 방향을 물어보는 것이므로 표면적 발화의 질문에 맞게 김포공항의 방향을 알려주면 된다.

오답

나머지는 모두 간접 발화이므로 대화의 맥락에 따라 의미를 파악해야 한다.

① 돈 가진 것 있냐고 물어보았으나 실제로는 돈을 빌려 달라는 의도이다.
② 방이 더운 것이 아니라 창문을 열어 달라는 의도이다.
④ 과제를 열심히 해 오라는 의도이다.

6 ③

풀이 사람의 '지각과 생각'은 '프레임'이라는 안경을 쓰고 세상을 본다. 글의 마지막에서 사람이 프레임의 지배를 받지 않는다는 것은 진실이 아닐 것이라며 비판했다. 따라서 '프레임'을 극복해야 할 대상이라고 추론할 수 없다.

오답

① '어떤 프레임의 지배도 받지 않고 세상을 있는 그대로, 객관적으로 본다고 주장한다면, 그 주장은 진실이 아닐 것이다.'에서 알 수 있다.
② 인간은 프레임을 통해 세상을 바라본다. 프레임이란 안경은 인간이 세상을 바라볼 때 객관적이 아닌 주관적 즉 어떤 편향성을 가지게 할 것이다.
④ "사람의 '지각과 생각'은 항상 어떤 맥락, 관점 혹은 어떤 평가 기준이나 가정에서 일어난다. 이러한 맥락, 관점, 평가 기준, 가정을 프레임이라고 한다."라는 내용에서 확인할 수 있다.

7 ①

풀이 '유대감'은 서로 감정이 밀접하게 연결된 공통된 느낌의 긍정적인 표현이다. 백 팀장의 말에서 유대감이 드러나지 않는다. 백 팀장은 워크숍 내용을 공유하려는 자신의 바람을 직접적으로 전달하였다.

오답

② 고 대리는 사내 게시판에 영상을 공개하는 것은 부담스러워하며 타 부서와 비교될 것 같다는 이유를 명시적으로 밝혔다.
③ 임 대리는 '저도 팀장님 말씀대로 정보를 공유한다는 취지는 좋다고 생각해요.'라며 백 팀장의 의견에 공감을 표현하였다.
④ 임 대리는 '팀원들 의견을 먼저 들어 보고, 잘된 것만 시범적으로 한두 개 올리는 것이 어떨까요?'라고 의문문을 사용하여 자신의 의견을 간접적으로 드러내고 있다.

8 ②

풀이 발표를 할 때에는 발음, 속도, 성량, 어조의 변화 등의 반언어적 표현을 두루 고려하면서 동시에 비언어적 표현을 효과적으로 활용할 수 있어야 한다.

9 ③

풀이 B가 두 번째 담화에서 '코로나 시기에 이전과 동일한 사업적 효과가 있을지 궁금하다'라고 의문을 제기한 것은 고객의 답변을 완곡한 거절 의사로 보았기 때문이다.

오답

① A는 제안을 승낙한 것으로 이해했지만 B는 완곡한 거절로 이해하였다.
② 동일한 사업적 효과가 있을지 궁금하다는 표현을 부정적 평가로 판단한 사람은 B이다.
④ A는 표정, 몸짓, 박수와 같은 비언어적 표현과 부드러운 목소리 같은 반언어적 표현을 판단의 근거로 삼기는 했으나 제안서에 대한 승낙이라고 생각하였다.

10 ②

풀이 ②는 '우리'가 청자를 포함한 여러 사람을 가리키는 1인칭 대명사로 사용되었고, 나머지는 모두 '우리'가 청자를 제외한 여러 사람을 가리키는 1인칭 대명사로 사용되었다.

11 ④

풀이 수빈의 대답에서 정아의 말을 자신의 처지로 바꾸어 의미를 재구성하는 부분은 찾을 수 없다.

오답

① "팀장님 질문에 대답을 못했구나."라고 수빈이 정아의 말을 반복해 주는 것은 정아의 말에 주의 집중하고 있음을 보여주는 것이다.
② "정말? 무슨 일이 있었는지 자세히 말해 봐."라는 수빈의 말을 통해, 수빈이 정아가 계속 말을 할 수 있도록 격려하고 있음을 알 수 있다.
③ "처음 하는 프레젠테이션이라 정아 씨가 긴장을 많이 했나 보다."라는 수빈의 말은 정아의 혼란스러운 감정을 스스로 정리하게끔 도와주는 말이라고 볼 수 있다.

12 ①

풀이 '애꿎다'가 맞는 표기이다. 나머지 '눈곱, 뚝배기, 자투리'는 모두 맞는 표기이다.

13 ④

[풀이] ④는 '말씀'이라는 단어가 낮춤말로 쓰인 경우이다. '말씀'은 높임말로도 쓰이고, 낮춤말로도 쓰이는 특이한 단어이다. 이 예문은 할아버지께 자신의 말을 낮추어서 사용하는 경우이므로 타당하다.

[오답]

① → 철수야, 선생님께서 너 교무실로 오라셔.(= 오라고 하셔.) (○)

② → 선생님, 저는 김해 김가(哥)입니다.(○) 상대방에게 자신의 성을 말할 때는 'ㅇ가'라고 해야 하고, 자신의 집안을 말할 때는 'ㅇ씨'라고 해야 한다.

[참고] '씨(성)'와 '본관'의 문장 표현

주로 문집이나 비문 따위의 문어에 쓰일 때에는 '씨는 김이고, 본관은 김해이다.'라고 사용할 수 있다.

③ → 전부 합쳐서 6만 9천 원 되겠습니다.(= 입니다.)(○)

14 ②

[풀이] '과장님은 지금 자리에 안 계십니다.'는 높임법의 사용이 적절하다. 참고로, 전화를 받는 사람도 높이는 상황이므로 '과장님께서는'이라고 극존칭을 쓰지 않는다.

[오답]

① '많이 참석해 주시기 바랍니다.'가 적절하지 않다. '많이'가 아니라 '꼭' 또는 '부디'로 고쳐야 한다.

③ '품절입니다'로 고쳐야 한다. 과도하게 '-시-'를 붙이지 않아야 한다.

④ '저희나라'가 아니라 '우리나라'로 고쳐야 한다.

15 ③

[풀이] 압존법과 관련된 언어 예절이다. 남편을 시부모, 형, 손위 사람에게 말할 때는 "아범(아비)이 아직 안 들어왔습니다." 또는 "그이가 어머님(어머니)께 말씀드린다고 했습니다."와 같이 낮추어 말해야 한다. 참고로, 시부모에게 말하는 '남편'의 지칭어는 '그 사람, 아비, 아범'이 있다.

[오답]

① 자기를 소개할 때 직함을 먼저 넣어 '~ 과장 전우치입니다'라고 해야 한다. 그리고 '자문을 구하다'는 틀린 표현이고, '자문하다, 조언을 구하다' 등으로 고쳐야 한다. '자문(諮問)'이란 전문가나 전문가들로 이루어진 기구에 의견을 묻는 것을 뜻하므로 '~에게 ~을 자문하다'의 형태로 써야한다.

② 최근 많이 오용되는 과잉 높임이다. '~침대에 누우실게요', '앉으실게요' 등은 모두 잘못된 표현이다. '~ 침대에 누우십시오.(누우시겠습니까?, 누우세요. 누워 주시기 바랍니다.)' 등으로 고쳐야 한다.

④ '저희나라'는 무조건 틀리고 '우리나라'로 써야 한다.

16 ③

[풀이] 전화할 때 통화가 끝났으면 '예, 알겠습니다.', 또는 '그럼, 안녕히 계십시오.'라고 하는 것이 적절한 인사이다. '들어가세요.' 혹은 '그럼, 끊으세요.'라는 인사도 많이 하지만, 이 말은 명령형이고, 일부 지방 사람들만 주로 쓰며, 상스러운 느낌을 줄 수 있기 때문에 적절하지 않다.

[오답]

나머지는 모두 표준 언어 예절에 적절하다.

17 ④

[풀이] 중간에서 다른 사람을 소개할 때는 친소 관계를 따져 자기와 가까운 사람을 먼저 소개한다. 따라서 "선생님, 저의 어머니이십니다."가 적절하다.

[오답]

① 자신의 본관을 소개할 때는 'ㅇ가'라고 하고, 남의 성을 말할 때는 'ㅇ씨'라고 한다.

② 자신을 '부인(夫人)'이라고 높이지 않는다. '아내(=집사람=안사람=처)'가 적절하다.

③ 시청자가 더 높임의 대상이므로 '모시겠습니다'라고 하지 않고 '소개하겠습니다'로 고쳐야 한다.

18 ③

[풀이] 직장에서는 압존법이 적용되지 않는다. 직장에서는 나이보다 직급이 중심이 되기 때문에 자신보다 직급이 높으면 '-시-'를 붙여야 한다. 과장보다 전무가 높지만 과장을 높여서 '과장님', '나가셨습니다'로 말하는 것은 올바른 높임 표현이다.

[오답]

① 살아계신 남의 아버지를 이르는 말은 '춘부장(椿府丈), 춘장(椿丈), 춘당(椿堂)'이다. '선고(先考)'는 남에게 돌아가신 자기 아버지를 이르는 말이다. '선고'와 같은 말로는 '선대인(先大人), 선고장(先考丈), 선장(先丈)' 등이 있다.

② 물건(커피)에 '-시-'를 높이지 않으므로 '나왔습니다'로 고쳐야 한다.

④ 과잉 높임의 문제점이다. '주사 맞으십시오'로 고쳐야 한다.

19 ④

[풀이] 손위 시누이라면 '형님'이라 부르며 손아래 시누이라면 '아가씨'라고 불러야 한다. '고모'는 그 대상을 자녀들에게 하는 말이므로 적절하지 않다.

20 ③

[풀이] ③의 '선친(先親), 선고(先考)'는 돌아가신 자기 아버지이다. 돌아가신 남의 아버지는 '선대인(先大人)=선고장(先考丈)=선장(先丈)'이다.

21 ④

풀이 결혼한 시동생을 이르거나 부르는 말은 '서방님'이다. '도련님'은 미혼인 시동생을 이르는 말이다.

22 ①

풀이 아내의 여동생의 남편에게는 '동서, ○ 서방'이라고 불러야 한다. 참고로, '자부(子婦)'는 아들의 아내를 이르는 말이다.

23 ③

풀이 직급이 있는 사람을 다른 회사의 그 사람과 같은 직급의 사람이나 그 아래 사람에게 말할 때는 자기보다 직급이 낮더라도 "(부장이 다른 회사 평사원에게) 김 과장 은행에 가셨습니다."처럼 '―시―'를 넣어야 한다.

24 ②

풀이 직장 상사의 남편을 해당 직장 상사에게 지칭할 때는 '바깥어른, ○ 선생님, 과장님'이라고 한다. 참고로, '사부님(師夫–)'은 '윗사람의 남편'을 높여 이르는 말이다.

25 ②

풀이 당숙(堂叔)은 5촌, 고모·백부·숙부는 3촌, 외종형은 4촌이다.

26 ②

풀이 적극적인 듣기 중 '반영하기'는 상대의 생각을 수용하고 이해하고 있는 표현 방법이다. <보기>에서 아이는 시험이 중요하므로 치과에 가고 싶지 않다는 생각을 말하고 있다. 엄마가 치료보다 시험에 집중하고 싶다고 말을 한 것은 아이의 생각을 수용하고 이해한 것이다.

오답
①과 ④는 아이의 생각을 수용하지 않았으므로 반영하기와 관련이 없다. ③은 아이의 말을 잘못 이해한 경우이다.

27 ③

풀이 대화에서 다정이가 보고서를 가지고 오지 않아서 문제가 발생했다. 이때 갑자기 학생2가 학생1에게 문제의 책임을 언급하여 인물 사이에 갈등이 발생했다. 학생2는 대화의 맥락을 고려하지 않고 학생1에게 책임을 물었으므로 의사소통에 장애가 일어나게 된 것이다.

오답
① 교사는 권위적인 태도를 보이지 않았다.
② 학생1은 변명을 늘어놓지 않았다. 책임의 원인이 다정이라는 것을 밝히기 위해 회의의 결정 사항을 언급하고 있다.

④ 학생3은 문제의 원인인 다정이를 찾기 위해 전화 연락을 하겠다고 말했으므로 본질과 관계가 있는 발화이다.

28 ②

풀이 약속 시간에 늦게 도착한 김 대리에게 이 부장은 괜찮다고 하면서 오히려 시간 가는 줄 모르고 즐겁게 있었다고 말했다. 상대방이 듣기 싫어하는 말을 하는 것보다 상대방이 듣기 좋아하는 말을 하도록 예의를 갖춰 말하며 상대에게 부담이 되는 표현을 최소화하고 있다. 또한 대화의 원리 중 요령의 격률은 상대방에게 부담이 되는 표현은 최소화하고 상대방에게 이익이 되는 표현은 극대화하는 것으로, 늦게 도착한 김 대리에게 이 부장이 오히려 좋은 말을 하는 것은 요령의 격률에 해당된다. '공손성의 원리' 중 '요령의 격률'에서 말하는 '부담'은 화자가 무언가 요청을 하였을 때 상대방이 느끼는 '부담'을 최소화하여 주는 방식이다. 해당 표현은 공손성의 원리에서 요령의 격률로 볼 수 있다. 그러나 잘못을 저지른 상대방에 대한 비방을 최소화한다는 면에서 '찬동의 격률'로 보아야 한다는 논란이 생길 수 있다.

오답
① '동의의 격률'에 대한 설명이다.
③ '관용의 격률'에 대한 설명이다.
④ '찬동의 격률'에 대한 설명이다.

29 ③

풀이 ⓒ은 '관용의 격률'에 해당된다. B가 '네 목소리가 작아서 내용이 잘 안 들렸다'고 말하는 것은 문제를 상대방의 탓으로 돌리는 것이므로 관용의 격률에 어긋난다. "내가 귀가 안 좋아서 잘 못 들었는데 조금만 더 크게 말해 줄래?"로 고쳐 말한다면 관용의 격률에 부합한 올바른 말하기이다.

오답
① 겸양의 격률: 상대방에게 자신을 낮추어 겸손하게 말한 '겸양의 격률'로 적절하다.
② 요령의 격률: 상대방의 처지를 고려하여 상대방이 부담을 갖지 않게 말한 '요령의 격률'로 적절하다.
④ 동의의 격률: B가 경희의 취향을 모르니 책을 선물하는 것은 어떠냐며 자신의 의견을 말하고 있다. '동의의 격률'로 적절하다.

30 ①

풀이 손님이 주인을 칭찬하고 있으므로 공손성의 원리 중 상대방에 대한 비난을 최소화하고 칭찬의 표현을 최대화한다는 찬동의 원리에 해당한다.

31 ④

풀이 '겸양(謙讓)의 격률(格率)'은 자신을 낮추어 말하는 것을 말한다. ④는 상대방의 칭찬을 그대로 받아들이기보다는 스스로 부족함이 많다고 말함으로써 겸손하게 대답하고 있으므로 겸양의 격률로 구성되어 있다.

오답 ① 요령의 격률 ② 동의의 격률 ③ 관용의 격률

32 ③

풀이 대화의 격률 중에서 공손성의 원리를 이해하고 있어야 한다. 두 번째 내용이 더 인상적이었다는 정수의 말에 지민은 "그랬구나. 하긴 아이스크림 매출 증가에~설득력이 있었어."라며 정수의 견해를 존중하고 있다. 또한 "초두 효과의 효용성도 크지 않을까"라며 자신의 의견을 제시하고 있다. 대화의 원리 중 공손성의 원리에서 '동의의 격률'을 지킨 사례이다.

33 ④

풀이 홍성일의 네 번째 말에 따르면 그는 돌아다니면서 물건을 팔고 있다. 홍성일은 싱싱한 생선을 사서 바가지 씌우지 않고 팔아 단골을 확보했다.

오답 ① 면담자는 생선 상인인 홍성일과 박영자가 손님과 겪었던 이야기를 물어보고 있다.
② 박영자는 손님들이 물건을 사 주면 기분이 좋다고 했다.
③ 홍성일은 면담의 마지막에서 우리를 기다리는 사람들이 있다는 사실을 깨달을 때 참 보람이 있다고 느낀다고 했다.

34 ④

풀이 ㉣은 상대의 말을 이해했는지 점검하기 위한 질문이 아니다. 홍성일이 장사를 하면서 보람을 느꼈던 정보를 얻기 위한 질문이다.

오답 ① 면담자는 홍성일의 커피를 타 놓고 기다리던 장면을 이해하기 위해 질문을 했다.
② 면담자는 홍성일이 단골을 얻기 위해 어떠한 노력을 기울였는지 알기 위해 실문을 했다.
③ 면담자는 홍성일이 생선을 팔면서 손님들과 어떤 기분을 느꼈는지 알기 위해 질문을 했다.

35 ④

풀이 기자와의 대담에서 작가는 자신이 작품을 쓰면서 취재에 상당한 시간을 할애한 이유를 밝히고 있다. 취재에 많은 시간을 할애했다는 것은 취재를 중요하게 여겼다는 것이므로 ④가 기자의 질문으로 적절하다.

36 ①

풀이 '을'의 발언에 주목해야 한다. 갑은 마스크를 착용하는 것을 당연한 일로 규정한다. 병은 개인의 자유를 언급하지만 그래도 공동체를 위해 마스크를 착용할 것을 강조하고 있다. 하지만 을은 다르다. 을이 마스크 착용하는 것을 거부하는 것은 아니다. 그러나 을은 마스크 착용을 거부하는 사람들의 이유를 파악하고 문화적 차원의 접근도 필요하다는 것을 주장한다. 을이 ①의 사람이다.

오답 ② 갑이 두 번째 발언에서 질문을 던지기는 했으나 화제를 전환하지는 않았다.
③ 이 대화에서 마스크 착용을 반대하는 사람은 없다. 병이 첫째 발언에서 을의 생각에 호응하기는 하지만 이는 찬반 입장과 관련이 없다. 병은 두 번째 발언에서도 알 수 있듯이 마스크 착용하는 행위를 지지하고 있다.
④ 사례의 공통점을 종합하는 의견은 없다.

37 ④

풀이 제시문은 최일남의 소설 <흐르는 북>의 일부이다. 성규는 북에 대한 열정을 지니고 있는 민 노인을 이해하고 자신이 속한 탈춤 동아리 공연에서 북을 쳐달라고 민 노인에게 부탁하고 있다. 일이 끝난 후에 받게 될 혜택을 제시하고 있지는 않다.

오답 ① 성규는 할아버지에게 '자신의 체면'을 내세우면서 협조를 부탁하고 있다.
② 1문단의 서술을 볼 때, '민 노인의 아들'은 자신의 체면을 더 중시하고 있음('아버지는 왜 체면을 판판이 우그러뜨리냐는 게 항변의 줄거리였다.')을 알 수 있다.
③ 성규와의 대화에서 '애비는 애비대로 내 북 때문에 제 체면이 깎인다는 판에'와 같이 말한 것을 볼 때, 민 노인은 아들 내외의 속내를 파악하고 있음을 확인할 수 있다.

38 ①

풀이 진숙과 기태는 '쩨쩨하다'의 기준을 서로 다르게 잡기 때문에 '그 사람은 쩨쩨하다.'라는 명제에 대해 서로 다르게 접근하고 있다.

39 ④

풀이 학생 대표는 소음이나 교통사고 등의 문제 때문에 주민들의 학교 체육 시설 이용을 제한하도록 주장했다. 이 의견에 주민 대표는 일부 동의하며 오전 9시 이전까지 이용할 것을 새롭게 제안했다. 학교장은 주민 대표의 제안에 찬성했고, 이 학교장의 제안에 주민 대표도 찬성을 했다. 제시된 대화에서 각 발표자는 상대의 의견을 반박하고 있지 않다.

① 학교장은 주민들이 체육 시설 이용 시간을 잘 준수하는 것을 조건으로 주민 대표의 의견을 수용하고 있다.

② '오전 9시 이전까지는 체육 시설 이용을 허용하면 어떨까요?'에서 확인할 수 있다.

③ 학생 대표는 오후 5시 이후에 학교 체육 시설을 이용할 것을 주장했다. 주민 대표는 새로운 의견을 제시하기 위해 '그런데 많은 주민들이 아침에 운동하기를 선호하니'라고 하며 근거를 먼저 밝히고 있다.

40 ④

상대방은 '강 교수'이다. 진행자가 상대방이 설명한 내용을 뒷받침할 수 있는 자신의 경험을 예시로 든 내용은 없다.

① 강 교수가 네 번째 발언에서 통계 수치와 연구결과를 제시하였고, 이에 대해 진행자는 '그러니까 속도를 10km/h 낮출 때~시간이라는 말씀이군요.'라며 하며 자기 나름대로 풀어 설명하였다.

② 진행자의 마지막 발언에서 '이번의 제한 속도 조정 정책은 훌륭한 정책이라는 것이군요. 맞습니까?'는 견해를 요약하고 자신이 이해한 바가 맞는지를 확인하고 있다.

③ '이견(異見)'은 어떠한 의견에 대한 다른 의견을 뜻하는 말이다. 진행자는 세 번째 발언에서 '그런데 일각에서는 ~라며 이 정책에 반대합니다. 이에 대해 말씀해 주시겠어요?' 이견을 소개하고 그에 대한 강 교수의 의견을 요청하고 있다.

41 ②

'갑'은 현대 사회가 계급사회가 아니라는 의견에 의문을 품고 있다. 또한 마지막 발언에서 '갑'은 경제적 측면에서 현대 사회를 계급사회로 보고 있다. '을'은 현대 사회도 '귀속지위가 성취지위를 결정'한다고 보고 있으며, 현대 사회도 계급사회라고 주장하고 있다.

① 갑과 을은 모두 현대 사회가 계급사회인 것에 동의하고 있다. 갑이 을의 주장 중 일부는 반박한다는 설명은 잘못되었다..

③ 갑은 현대 사회를 계급사회로 보고 있다. 그러나 병은 현대 사회를 계급사회로 보지 않고 있다. 갑과 병은 서로 다른 결론을 도출하고 있다.

④ 갑과 을은 현대 사회가 계급사회인 것에 동의한다. 그러나 병은 현대 사회를 계급사회로 보지 않고 있다. 병의 주장은 갑과 을의 주장 모두와 대립한다.

42 ④

말하기의 유형에 대한 문제이다. ④에서 제시한 '찬반 입장을 나누어' 말하는 방식은 토의가 아닌 토론을 가리킨다. 토의와 토론은 모두 두 사람 이상이 참여하는 집단적 말하기의 방식이지만, 토론은 찬반으로 나뉘어 의견을 개진하고 토의는 그렇지 않다는 데에서 결정적인 차이를 지닌다.

① 제시문은 "전문가가 참여한다는 점, 청중과 질의·응답 시간을 갖는다는 점"을 ㉠, ㉡의 공통점으로 제시하고 있다.

② 제시문은, 토의의 목적을 '최선의 해결안을 얻는 것'이라고 제시하고 있다. 따라서 '최선의 해결안을 얻기 위함'은 토의에 해당하는 ㉠, ㉡의 목적과도 부합한다.

③ ㉡ 심포지엄에서는 "토의 문제의 하위 주제에 대해 서로 다른 관점에서 연설이나 강연의 형식으로 10분 정도 발표한다."는 진술로 알 수 있다.

43 ③

사회자의 진행, 전문가의 발표, 공동의 결론 등은 패널(panel) 토의 방식이 적합하다.

44 ①

'징병제도는 유지해야 한다.'는 긍정 평서문이며, 찬성과 반대의 대립이 '유지해야 한다.'와 '유지하지 않아야 한다.'로 분명하게 나타난다. 또한 쟁점이 '징병제도의 유지'하나이며, 찬성이나 반대 어느 한 편에 유리하게 작용하는 정서적 표현이 없으므로 제시된 조건에 가장 잘 맞는 토론 논제이다.

② '~없다'는 긍정 평서문이어야 한다는 조건에 위배된다.

③ '야만적인 두발 제한을 폐지해야 한다.'는 '~해야 한다'라는 종결 표현을 활용한 긍정 평서문이고, '폐지해야 한다'와 '폐지하지 않아야 한다.'로 찬반 대립이 나타나며 쟁점이 '두발 제한 폐지' 하나이다. 그러나 '야만적인'이라는 단어는 '두발 제한 폐지'를 긍정하는 편에 유리하게 작용하는 정서적 표현이므로 제시된 조건에 부합하지 않는다.

④ 내신 제도 개혁과 논술 시험 개혁이라는 쟁점 두 가지를 제시했다.

45 ②

토론은 논제에 대해 찬성과 반대를 주장하면서 변증법적 결론을 이끌고자 하는 말하기 방식이다. 찬성과 반대 양론으로 나뉘어 자신의 생각이 맞는다고 주장하므로 사회자의 역할이 매우 중요하다. ②는 사회자의 역할로 올바르다.

① 논제는 사전에 정해져 있어야 한다. 그래야 사전에 토론자들이 자신의 주장이 타당함을 입증하기 위한 토론 자료를 준비할 수 있기 때문이다.
③ 대안을 제시하는 것은 토론자들이 행할 일이다.
④ 사회자는 토론자들의 주장과 논거를 비판해서는 안 된다.

46 ④

반대 신문은 '예, 아니오'로 답할 폐쇄형 질문이어야 한다. ④는 국민들의 과세 부담을 질문했기 때문에 찬성 측은 '예, 아니오'로 답할 수 있다. 또한 반대 신문은 찬성 측의 허점이나 오류를 짚어야 한다. ④는 국민들의 과세 부담을 상대의 허점으로 지적하고 있다.

나머지는 반대 신문이라고 볼 수 없다. ①은 효과적인 대안을 질문하고 있으며, ②는 건강세 도입의 경제성과 효율성을 찬성 측에게 질문하고 있다. ③은 세금 사용의 용도를 질문하고 있다.

47 ①

토론은 어떤 의견이나 제안에 대해 찬성과 반대의 뚜렷한 의견 대립을 가지는 사람들이 논리적으로 상대방을 설득하는 논의의 한 형태이다. '사형 제도는 폐지해야 하는가?'의 논제는 찬성(폐지해야 한다)과 반대(폐지하면 안 된다)의 대립이 발생하는 토론의 주제로 적절하다. 나머지는 찬성과 반대의 대립이 불가능하므로 토론의 주제로 볼 수 없다.

48 ②

발표자는 교통사고 사례와 예방법을 안내하기 위해 '작년 한 해 우리 학교 학생들을 대상으로 조사한 교통사고 피해 통계에 따르면'이라고 하여 실제 조사 내용을 제시하고 있다. 발표에서 실제 조사 내용을 근거로 주장할 경우 발표 내용에 신뢰도를 높일 수 있다.

① 발표에서 교통사고가 발생하는 원인은 길을 걸으면서 스마트폰을 보는 것으로 진석하고 있다. 원인을 하나로 지적했기 때문에 다양하지 않다. 또한 해결책으로 스마트폰을 보지 말아야 할 것을 언급했으나 구체적이지는 않다.
③ 도입부에 사례를 제시하지 않았다. 도입부에서 발표자는 자신을 소개하고, 앞으로 발표할 내용을 알리고 있다.
④ 청자가 학생인 점을 고려하여 '우리 학교 학생들'을 대상으로 조사를 했으나, 청자가 관심 있는 정보를 제공했다고 볼 근거가 없다.

49 ④

학생 대표는 소음이나 교통사고 등의 문제 때문에 주민들의 학교 체육 시설 이용을 제한하도록 주장했다. 이 의견에 주민 대표는 일부 동의하며 오전 9시 이전까지 이용할 것을 새롭게 제안했다. 학교장은 주민 대표의 제안에 찬성했고, 이 학교장의 제안에 주민 대표도 찬성을 했다. 제시된 대화에서 각 발표자는 상대의 의견을 반박하고 있지 않다.

① 학교장은 주민들이 체육 시설 이용 시간을 잘 준수하는 것을 조건으로 주민 대표의 의견을 수용하고 있다.
② '오전 9시 이전까지는 체육 시설 이용을 허용하면 어떨까요?'에서 확인할 수 있다.
③ 학생 대표는 오후 5시 이후에 학교 체육 시설을 이용할 것을 주장했다. 주민 대표는 새로운 의견을 제시하기 위해 '그런데 많은 주민들이 아침에 운동하기를 선호하니'라고 하며 근거를 먼저 밝히고 있다.

50 ②

제시문에 인용된 자료는 '올림픽 헌장'이라는 권위 있는 자료이다. 권위 있는 자료를 인용하여 '올림픽 휴전 결의안'의 초안 승인에 대한 설득력을 높이고 있다.

① 남북 선수단의 사례를 제시하였지만 글의 내용과 반대되는 사례로 볼 수 없다.
③ 설의적 표현을 사용하지 않았다.
④ 공신력은 공적인 신뢰를 받을 만한 능력을 뜻하는 말이다. 연설자 자신의 공신력을 강조한 내용은 제시되지 않았다.

1 ③

[풀이] 빈칸 뒤 '글을 쓸 때 독자의 수준에 비해 너무 어려운 개념과 전문용어를 사용한다면 독자가 글을 이해하기 어렵게 된다.'의 내용으로 정답을 알 수 있다. 필자가 글의 메시지를 독자에게 효과적으로 전달하기 위해서는 예상 독자가 누구인지 분석해야 한다. 예상 독자의 수준에 맞게 글을 써야 내용을 효과적으로 전달할 수 있다.

2 ①

[풀이] <보기>의 글은 '비언어적 의사소통의 측면'에 대한 도입 부분으로, 화제를 제시하며 앞으로 글의 방향을 소개하고 있으므로 글의 서론 부분에 와야 한다.

[오답]
④ 글의 내용 중 예시가 일부 들어 있지만 그렇다고 해서 '예시 부분'에 들어가야 하는 성격의 글은 아니다.

3 ④

[풀이] 전체 글은 '관용구'를 설명하고 있는데 ④는 '전통 문화'를 언급하고 있으므로 통일성에 어긋난다. 나머지는 모두 고칠 필요가 없다.

4 ③

[풀이] 첫째 문단의 첫 문장에서 '말을 하고 글을 쓰는 표현 행위는 사고 활동과 분리해서 생각할 수 없다'고 했다. 그리고 첫째 문단의 마지막 문장에서 '이처럼 사고와 표현 활동은 지속적으로 상호 작용을 하게 된다'고 했다. 이 내용을 바탕으로 둘째 문단은 첫째 문단의 마지막 문장의 내용을 이어가면서, 둘째 문단의 마지막 문장인 '이렇게 사고력과 표현력은 상호 협력의 밀접한 연관을 맺고 있다.'로 끝날 수 있는 내용이어야 한다. 따라서 ㉠에는 ③의 내용이 적절하다.

5 ②

[풀이] 도입 단계에는 발표의 주제와 목적을 먼저 말함으로써 방향을 명확하게 제시해야 한다. 그리고 정리 단계에서는 핵심 내용을 반복 강조해 주제를 각인(刻印)시키며 마무리해야 한다.

6 ①

[풀이] 남녀평등 문제의 중요성이 앞으로 별 의미를 갖지 못할 것이라는 내용을 주제로 쓴 글이다. ㉠이 이 글의 주제이고, 나머지는 주제를 뒷받침하는 근거이다.

7 ①

[풀이] <자료 1>은 이혼 사건을 결혼 기간별로 분류한 결과 26년 이상 함께 살았던 부부의 이혼이 전체의 19%를 차지하고 있음을 보여 주고 있다. <자료 2>는 우리 사회의 심각한 고령화 현상을 보여 주고 있고, <자료 3>은 고령화로 인해 신혼부부보다 노인 인구의 이혼 사례가 급증하고 있음을 보여 주고 있다. 이로 볼 때, <보기>의 자료 세 가지는 모두 고령화가 급속히 진행되면서 황혼 이혼이 급증하고 있음을 보여 주고 있으므로 표제는 고령화 사회의 부정적 측면을 언급한 내용이 적절할 것이고, 부제는 황혼 이혼의 증가 문제가 적절할 것이다.

8 ①

[풀이] ①은 '이는 딱딱하고 혀는 부드럽다'는 대립적 속성과 대조, 음식과 부모님의 관계에 대한 유추, 마지막으로 아이가 잘 자랄 수 있는 가치를 간접적으로 드러내었다.

[오답]
②는 유추와 가치의 요소가 없다.
③은 유추와 대조가 없다.
④는 유추가 없다.

9 ②

[풀이] '전기문(傳記文)'은 인물의 삶을 사실에 근거하여 기록한 글이며, 문학성이 있다. 전기문이 객관적으로 서술하는 글이라고 해서 문학성을 전혀 가지지 않는다고 볼 수는 없다.

10 ③

[풀이] <보기 1>의 자료를 분석하면 ㉠은 장애인 복지 수준이 개선되지 않는 원인 중에서 의식적 측면에 해당하고, ㉡은 현황에 해당하며, ㉢은 장애인 복지 수준이 개선되지 않는 원인 중에서 제도적 측면에 해당한다. 또 ㉣은 대책 중에서 제도적 차원에 해당하고, ㉤은 대책 중에서 의식적 차원의 대책에 해당한다. 그러므로 <보기 2>의 조건에 따라 <보기 1>의 자료를 배열할 경우, '㉡ - ㉠ - ㉢ - ㉤ - ㉣'의 순서가 된다.

11 ②

[풀이] 주제가 '출산율 증가를 정부와 관련 단체의 노력'이라면 현재 출산을 앞두고 있는 산모나 직장 여성을 예상 독자로 설정하는 것은 적절하지 않다. ㉡은 '출산 관련 업무와 관련된 부처와 관련 단체 종사자'로 고쳐야 타당하다.

12 ①

[풀이] 검사의 수사와 기소라는 법률 행위를 하는 전문적이고 복합적인 사법관이다. 그러나 우리의 사고방식을 이를 구체적이고 단순한 개념인 '싸움/전쟁'으로 바꿔 이해한다. 은유적 사고는 목

표영역인 추상적이고 복합적인 개념을 근원영역이라 불리는 구체적이고 단순한 개념으로 이해하려는 사고방식이다.

오답

② 은유적 표현이 발생하는 이유는 추상적이고 복합적인 개념을 은유적으로 이해하려는 사고방식 때문이다.

③ 검사의 '법률 행위'를 '싸움/전쟁'으로 이해하는 것은 은유적 사고의 사례이다. 사람들은 은유적으로 이해하려는 경향이 있다는 설명은 맞지만, 사람들이 '싸움/전쟁'으로 이해하려는 것은 아니다.

④, ⑤ 근원영역인 구체적이고 단순한 개념으로 추상적이고 복잡한 개념인 목표영역을 이해하려는 것이 은유적 사고이다.

13 ②

풀이 '정보 보고서 작성의 기본 원칙'은 결국 글쓰기에 있어 조건이자 개요이다. ②의 '전문적이고 자세한 설명'은 원칙에 부합하지 않는다. 보고서 원칙 (5)에 의하면 '단어의 경제적 사용'이라고 했으므로 오히려 쉽고 간단한 단어를 사용해야 한다.

14 ①

풀이 물리적 원인과 '의사결정 구조'와는 관계가 없다. '비효율적인 신호 체계' 정도로 고쳐야 한다.

15 ③

풀이 개요의 항목 표기가 이상하다. 서론이 'I', 결론이 'IV'라면 'II'와 'III'이 본론일 것이다. 개요에 본론이 표기되지 않았지만 지침에는 본론을 언급하기 때문에 일부분 혼란을 감안하고 문제를 풀어가야 한다. 두 번째 지침을 고려하여 ⓒ은 'II－2'와 대응되도록 개요를 작성해야 한다. 'II－2'에서 사회복지 담당 공무원의 인력 부족을 문제로 언급했다. 그러나 공무원의 직무 만족도는 인력 부족과 직접적으로 관련이 없다. 사회복지 담당 공무원의 인력을 확충하기 위한 방안을 주된 내용으로 ⓒ을 작성해야 한다.

오답

① 첫째 지침을 고려한다면 ㉠은 문제 제기 내용으로 개요를 작성해야 한다. 제목이 복지 사각지대의 원인과 해소 방안이기 때문에 ①은 올바른 내용이다.

② 'II－2'에서 사회복지 담당 공무원의 인력이 부족함을 문제의 원인으로 밝혔다. 또한 'III－1'에서 사회적 변화를 반영하여 기존 복지 제도의 미비점을 보완하도록 해결 방안을 제시했다. 따라서 ⓒ에는 사회적 변화와 기존 복지 제도의 한계를 문제로 언급할 수 있다.

④ 세 번째 지침을 고려하여 ㉣에는 기대 효과의 내용으로 개요를 작성해야 한다. 복지 사각지대를 없애는 것은 결국 복지 혜택의 범위를 확장하는 것이다. 이를 통해 사회 안전망이 강화되는 것을 기대 효과로 볼 수 있다.

16 ④

풀이 '온라인 신청서 접수'와 '시청 누리집에 신청서 업로드'는 모두 온라인 방식의 동일한 신청 방식이다. 현장 접수나 우편 접수 등을 제시하여 접수 방식을 다양하게 마련해야 한다.

오답

① '△△시'를 반복하였기 때문에 이를 삭제하고 간결하게 쓴 제목이다.

② '제고(提高)'는 '수준이나 정도 따위를 끌어올림.'이다. '지역 브랜드 홍보'는 지역 기업을 중심에 둔 표현이다. 지역민의 취업이 주된 목적인 박람회기 때문에 '지역 브랜드 홍보'보다는 취업률을 끌어올리는 '취업률 제고'가 올바른 표현이다.

③ '센터 활동 보고'는 행사와 관련이 없다. '일자리 홍보'가 행사로 적합하다.

17 ③

풀이 식품의약국이 노화를 질병으로 보았다면 노화를 멈추는 약은 승인받을 수 '있어야' 한다. ⓒ은 잘못된 문장이다. 만약 노화를 질병으로 보지 '않았다'면 노화를 멈추는 약은 승인받을 수 '없었을' 것이다. 따라서 ③은 올바로 고친 문장이다.

오답

① ㉠은 올바른 표현이다. 수명을 늘릴 수 있는 방법을 찾는 것이 중요하기 때문에 ㉠과 같이 죽음의 시간을 기다리는 것은 기존 발상으로 보더라도 글의 흐름에 어긋난다.

② ②와 같이 고치면 오히려 노화를 촉진하는 잘못된 방법이다. ⓒ이 올바른 표현이니 고칠 필요가 없다.

④ 노화가 더디게 진행되는 사람들의 유전자 자료에는 노화를 지연시키는 생리적 특징을 추출할 수 있다. 노화를 촉진한다는 ④는 잘못된 내용이다 ㉣이 올바른 표현이니 고칠 필요가 없다.

18 ④

풀이 컴퓨터 판매량을 늘리기 위한 인프라가 구축되어 있지 않다는 내용은 인터넷 범죄 증가와 관련이 없다. 또한 컴퓨터 보안 프로그램 개발과도 관련이 없다.

오답

① 인터넷 범죄를 처벌하는 규정이 지나치게 복잡하여 관련 규정이 신속하게 제정되지 않는 것은 인터넷 범죄가 증가하는 국가적 원인과 관련이 있다.

② 인터넷 사용 시 백신 프로그램을 중요하게 생각하지 않아 백신 프로그램을 설치하지 않는 것은 인터넷 범죄가 증가하는 개인적인 원인과 관련이 있다.

③ 개인 정보가 범죄에 이용되지 않을 것이라는 안이한 생각은 인터넷 범죄가 증가하는 개인적 원인과 관련이 있다.

19 ③

[풀이] '제고(提高)'의 뜻은 '수준이나 정도 따위를 끌어올림'이다. Ⅲ-1은 불량 제품을 회수하여 신제품으로 교환하는 일이고, Ⅲ-2는 시스템 최신화와 관리 인력 충원을 언급했다. 이들은 모두 문제를 해결할 방안이기 때문에 ⓒ에는 문제점을 언급하는 ③의 내용이 들어갈 수 없다. '고객 불만 파악 및 해결 방안'이 적절하다.

[오답]

① 청소기가 소음이 심하고 흡입력이 부족하면 고객의 불만과 관련이 있다.

② Ⅱ-1, Ⅱ-2의 내용으로 볼 때 ⓛ에는 고객 불만 발생의 원인이 들어가야 한다.

④ Ⅳ-1은 고객의 불만을 해결했을 때의 기대 효과이고, Ⅳ-2는 회사의 향후 과제에 해당하므로, ④는 적절하다.

20 ③

[풀이] ③은 본문의 네 번째 문장 '인터넷으로 물건을 사고 팔 수 있고, 텔레비전 홈쇼핑을 통해서도 다양한 물건을 구매할 수가 있다.'의 내용과 반대되는 문장이어서 빈칸에 들어갈 수 없다. 지문의 빈칸에 들어갈 내용을 순서대로 배열하라는 문제가 아니므로 나머지 선택항들은 빈칸 아무 데나 집어넣어도 상관이 없다.

21 ②

[풀이] 비평하는 글은 시사 현안이나 문학, 미술, 음악, 영화 등 다양한 대상의 내용과 구성 등을 분석하고 평가하는 글이다. 비평하는 글을 쓸 때는 자신의 관점을 일관성 있게 유지하기 위하여 필자의 관점을 바꿀 수 없다. 글쓰기를 준비하는 과정에서 다양한 관점을 자료를 수집할 수는 있으나 글의 단계마다 관점을 바꿀 수는 없다.

Part 05 | 논리와 추론 편

1 ⑤

[풀이] 시어는 정서적인 부분에 호소하기 때문에 '내포적 의미'가 중시되고, 산문은 줄거리 전달이 중심이 되기 때문에 '외면적 의미'가 두드러진다.

2 ③

[풀이] <보기>의 '악기─바이올린'은 일반어와 특수어의 관계이다. ③의 '태양'과 '지구'는 동위 관계에 있는 단어이다. 상위 개념과 하위 개념의 관계가 되기 위해서는 '태양계─지구'가 되어야 한다.

3 ④

[풀이] '과일'과 '사과'는 동위 개념의 관계이다.
①, ②, ③ 상하 관계 ④ 동위 관계

4 ③

[풀이] ③에서는 언뜻 보기에는 '새해'를 '눈시울'로 표현하여 추상어를 구체어로 표현한 것처럼 보인다. 하지만 '눈시울'은 '새해'를 구체적으로 표현한 것이 아니라, 새해를 맞이하며 바깥의 정경을 바라보는 시적 화자의 눈[마음]을 가리키는 것이다. 즉, '새해 아침을 맞이하는 시적 화자의 순수하고 진지한 마음'을 의미하는 것이다. 결국 '눈시울'이 '새해'를 비유적으로 표현한 것이 아니기 때문에 ③은 틀린 설명이 된다. ⑤의 경우, 시적 화자의 눈(시울)에서는 화자의 정화된 순수한 마음이 눈물로 화(化)하여 하늘에 이르고, 이는 눈(순수의 얼음꽃)이 되어 지상으로 내리고 있는 것이므로, 대구(더 정확하게는 대응)를 이루고 있는 것으로 생각할 수 있다.

5 ④

[풀이] 개념 간의 상호 관계를 알아내는 문제이다. '새로운 이론'과 '새로운 패러다임'의 관계는 문맥으로 보아 새로운 이론들 중 여러 학자들에 의해 인정된 것만 새로운 패러다임이 되므로 승인 관계이다. 답지 중 후보자들 중 유권자에 의해 인정된 사람만 당선자가 되므로 이들의 관계도 역시 승인 관계이다. 장미와 꽃은 하위 개념과 상위 개념의 관계이고, 물고기와 강은 담는 것과 담기는 것의 관계이며, 악어새와 악어는 상보 관계이다. 또 어머니와 아버지는 동위 관계이다.

6 ③

풀이 제시문은 중간항이 없는 '모순 관계'에 대한 설명이다.

오답

'남성−여성', '맞다−틀리다'는 '모순 관계', '부모−자식'은 '상대 관계', 나머지는 중간항이 있는 '반대 관계'이다.

7 ①

풀이 <보기>는 사건이나 문제에 대해 좋고 나쁨의 정도를 따져서 가치에 대한 판단을 제시하는 가치명제에 대한 예시이다.

오답

②의 경우는 당위명제 또는 정책명제에 대한 설명이다.

③의 경우는 사실명제에 대한 설명이다.

④의 경우에 해당하는 명제는 없다.

8 ②

풀이 ②는 명제 P와 Q가 IF … THEN으로 연결된 사례이다. 이 경우 P는 '파리가 새라면'이고, Q는 '지구는 둥글다'이다. 지문에서 P → Q는 P가 참이고 Q가 거짓이면 거짓이고 나머지 경우에는 모두 참이 된다고 설명했다. 여기서 파리는 새가 아니라 곤충이기 때문에 P는 거짓이고, 지구는 둥글기 때문에 Q는 참이다. 지문에서는 P가 참이고 Q가 거짓인 경우만 거짓이 되기 때문에 ②는 <보기>를 잘못 이해한 문장이다. 참고로 P와 Q의 순서를 바꿔서 '지구가 둥글다면(P) 파리는 새(Q).'로 고친다면 P가 참이고 Q가 거짓인 거짓 명제가 된다.

오답

① 모든 명제는 참이든지 거짓이든지 둘 중 하나여야 한다고 언급했다. '모기는 생물이면서 무생물이다'는 참이면서 거짓인 명제가 된다.

③ 명제 P와 Q가 OR로 연결되는 P∨Q는 P와 Q 둘 중 적어도 하나가 참이기만 하면 참이 된다. 개가 동물인 것은 참이고, 컴퓨터가 동물인 것은 거짓이다.

④ 명제 P와 Q가 AND로 연결되는 P∧Q는 P와 Q가 모두 참일 때에만 참이다. 늑대는 새가 아니기 때문에 참이고, 파리는 곤충이기 때문에 참이다

9 ④

풀이 빈칸의 내용을 추론해야 하는 문제이다. (가)의 내용 앞에서, 실험 참가자들은 패스 횟수를 세는 데 집중하느라 고릴라 복장의 사람을 보지 못했다. 실험은 보지 못했음을 알 수 있다. 실험 참가자들이 가장 중요하다고 생각하는 것은 패스 횟수를 세는 일이었기 때문에 고릴라 복장의 사람이 지나가는 상황을 인지하지 못했다. 이 실험을 오토바이 운전자의 옷에 적용한다면, 오토바이 운전자가 시각적으로 밝은색 옷을 입을 경우 이를 바라보

는 자동차 운전자가 오토바이 운전자를 더 쉽게 알아볼 수 있다는 결론을 내릴 수 있다. 그러나 모든 자동차 운전자가 밝은색 옷을 입은 오토바이 운전자를 다 알아보는 것은 아니라고 했으니, 바라보는 행위는 인지의 '필요조건'일 수는 있어도, '충분조건'일 수는 없다는 결론을 내릴 수 있다.

10 ④

풀이 '개념 명확', '되풀이 금지', '긍정 진술', '묘사 및 해석이 아닌 규정'의 조건을 지킨. 정의이다.

오답

① 개념이 드러나지 않으며, 부정적 진술이며, 피정의항을 해석하였다.

② 피정의항인 '입헌 정치'의 '정치'가 정의항에서 되풀이되었다.

③ 피정의항을 묘사한 문장에 불과하다.

11 ①

풀이 <보기>의 문장은 비유적 표현으로 되어있어 정의로서는 부적절하다. ①도 '석유'를 '식량'에 잘못 비유한 정의이다. ②는 순환적 진술, ③은 정의항이 너무 포괄적이며, ④는 지나치게 좁은 면만을 강조했다.

12 ④

풀이 1 언어 논리 문제이다. 제시된 선택지에서 정답을 찾아야 하는 문제이다. 선택지보다 더 많은 결론을 추론할 수 있으나 제시된 선택지에서 '반드시 참'이 되는 결론만을 찾으면 된다. 첫째 진술에서 오 주무관이 회의에 참석하면 박 주무관도 회의에 참석한다고 했으므로, 이를 반대로 보면 공 주무관이 회의에 참석하지 않으면 박 주무관도 회의에 참석하지 않는다. 제시문에는 모두 네 명의 주무관이 등장한다. 첫째 진술과 둘째 진술을 묶어 추론하면, 오 주무관이 회의에 참석하면 홍 주무관도 회의에 참석한다는 결론을 내릴 수 있다. 따라서 홍 주무관이 회의에 참석하지 않으면 오 주무관도 회의에 참석하지 않는다는 결론은 참이다. 언어 논리 이론에서 '명제의 역, 이, 대우'를 적용한 문제이다.

풀이 2 명제 논리를 기호화한 풀이

• 오 주무관이 회의에 참석하면, 박 주무관도 참석한다.

⇒ 오 주무관 → 박 주무관 / 대우: ~박 주무관 → ~오 주무관

• 박 주무관이 회의에 참석하면, 홍 주무관도 참석한다.

⇒ 박 주무관 → 홍 주무관 / 대우: ~홍 주무관 → ~박 주무관

• 홍 주무관이 회의에 참석하지 않으면, 공 주무관도 참석하지 않는다.

⇒ ~홍 주무관 → ~공 주무관 / 대우: 공 주무관 → 홍 주무관

① '공 주무관 → 홍 주무관'에 의해 공 주무관이 회의에 참석하면, 홍 주무관 역시 회의에 참석하지만, 박 주무관 역시 참석

하는지 알 수 없다. '오 주무관 → 박 주무관'에 의해 박 주무
관이 참석하려면 오 주무관이 참석해야 한다. ①은 참이 아
니다.

② '오 주무관 → 박 주무관', '박 주무관 → 홍 주무관'에 의해
'오 주무관 → 박 주무관 → 홍 주무관'이 성립된다. 오 주무
관이 회의에 참석하면, 홍 주무관 역시 참석한다. ②는 참이
아니다.

③ '~박 주무관 → ~오 주무관'에 의해 박 주무관이 회의에 참석
하지 않으면, 오 주무관 역시 회의에 참석하지 않는다. 하지
만 공 주무관의 참석 여부는 알 수 없다. ③은 참이 아니다.

④ '~홍 주무관 → ~박 주무관', '~박 주무관 → ~오 주무관'에
의해 '~홍 주무관 → ~박 주무관 → ~오 주무관'이 성립된다.
홍 주무관이 회의에 참석하지 않으면, 오 주무관도 참석하지
않는다. 따라서 ④는 옳다.

13 ①

[풀이] 연역 추론이자 정언3단논법을 적용한 문제이다. ㈎와 ㈏를
대전제와 소전제라면 이를 통해 결론을 도출할 수 있어야 한다.
또한 같은 시험에서 '대우 명제'를 이해해야 하는 문제이기도 하
다. ㈏는 "일자리 문제에 관심이 없는 사람은 모두 공직에 관심이
없는 사람이다."로 바꿀 수 있다. 이 명제를 ㈎와 함께 전제로 삼
아 결론을 내린다면 "노인복지 문제에 관심이 있는 사람 중 일부
는 공직에 관심이 있는 사람이 아니다."라고 결론을 내릴 수 있다.

[오답]

㈎와 ㈏를 통해 알 수 있는 결론을 모두 도출해야 오답을 정리
할 수 있다. ㈎는 '일부'에 주목해야 한다. '노인복지 문제에 관심
이 있는 사람' 중 '일부'는 '일자리 문제에 관심이 없다'이기 때문
에 나머지 사람은 '일자리 문제에 관심이 있다'로 파악할 수 있
다. 따라서 '노인복지 문제에 관심이 있는 사람'으로 내릴 수 있
는 결론은 첫째 일자리 문제에 관심이 없는 사람, 둘째 일자리
문제에 관심이 있는 사람을 얻을 수 있다. 그리고 ㈏를 역으로
바꾸면 '일자리 문제에 관심이 있는 사람'은 모두 '공직에 관심이
있는 사람'이 된다. 따라서 ㈏에 적용하면 첫째 일자리 문제에
관심이 없는 사람은 공직에 관심이 없는 사람, 둘째 일자리 문제
에 관심이 있는 사람은 공직에 관심이 있는 사람으로 각각 결론
을 내릴 수 있다

노인복지 문제에 관심이 있는 사람	→	일자리 문제에 관심이 없는 사람 = 공직에 관심이 없는 사람
		일자리 문제에 관심이 있는 사람 = 공직에 관심이 있는 사람 ②, ③

②, ③ '노인복지 문제에 관심이 있는 사람이다'로 고쳐야 올바
른 결론이다.

④ 잘못된 추론이다. 일자리 문제에 관심이 있는 사람이라면 노
인복지 문제에 관심이 있고, 모두 공직에 관심이 있는 사람이
올바른 결론이다.

[밴다이어그램 풀이]

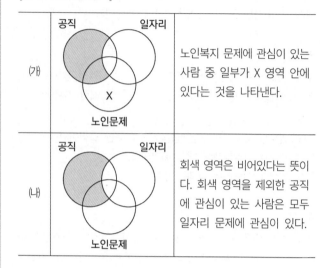

(가)	노인복지 문제에 관심이 있는 사람 중 일부가 X 영역 안에 있다는 것을 나타낸다.
(나)	회색 영역은 비어있다는 뜻이 다. 회색 영역을 제외한 공직 에 관심이 있는 사람은 모두 일자리 문제에 관심이 있다.

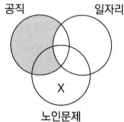

정답 ①의 결론이다. 노인복지 문제에 관심이 있는 사람 중 일부
가 X 영역 안에 있다면 그들은 공직에 관심 있는 사람이라고 말
할 수 없다. 따라서 ①의 내용은 두 전제의 결론이 된다.

14 ③

[풀이] 이 문제의 경우, ㈎의 보기를 읽고, 이것의 대우 명제인
"사과 가격이 상승하지 않으면, 사과 수확량이 감소하지 않는다"
를 추론할 수 있다면, 선택지 가운데 ②가 참임을 알 수 있다.
④의 선택지 역시 같은 식으로 추론하였을 때, 적절한 결론임을
알 수 있다. 그러나 이 문제는 단순히 논리적인 사고를 할 수 있
느냐의 여부가 중요한 것이 아니라, 하나의 추론의 결과물과 다
른 추론을 연결할 것을 요구한다. 그 예가 ③과 ⑤의 선택지이
다. ⑤가 적절함을 알기 위해서는 ㈎의 대우 명제와 ㈐의 명제를
연결할 수 있어야 한다. 즉, "사과 가격이 상승하지 않으면 사과
수확량이 감소하지 않을 것이다"와, 그리고 "사과 수확량이 감소
하지 않으면 사과주스 가격이 상승하지 않는다"의 추론을 연결
할 수 있어야 하기 때문이다. 마찬가지로 일반 선택지가 적절함
을 알기 위해서는 ㈐의 대우 명제와 ㈎의 명제를 연결시킬 수
있어야 한다. 즉, "사과 주스의 가격이 상승하면 사과 수확량이

감소한다"와 "사과 수확량이 감소하면 사과 가격이 상승한다"를 연결하여 추론하여야 한다. 그러나, ③은 이러한 연결을 통해서 얻어지는 결론이 아니므로 부적절하다.

15 ④

[풀이] 이 문제는 텍스트를 이해하고 있는지를 확인하고, 이해에 근거하여 논리적 추론을 할 수 있는지를 측정하고 있다. 이 문제를 풀기 위해서는 본문 중 "한순간을 곧바로 포착해 버리잖아?" 와 "어두운 실내를 벗어나 자연 가운데로 캔버스를 들고"라는 문장에 초점을 맞추면 된다. 비록 본문에는 빈칸에 들어갈 단어가 제시되어 있지 않아서 추론에 어려움이 있다. 그러나 위에서 지적한 두 문장을 읽어보면, ⓐ에 들어갈 단어가 '사진'이고 ⓑ에 들어갈 단어가 '풍경화'라는 것을 알 수 있다.

16 ①

[풀이] 결론을 이끌어내기 위해 '추가'해야 할 것은 '전제'이다. 밑줄 친 부분을 결론으로 보았을 때 이 결론을 위해 추가해야 할 '전제'를 찾아야 한다. 조건은 두 개이다. '문학을 좋아하는 사람' 을 '문학'으로, '자연의 아름다움을 좋아하는 사람'을 '자연'으로, '예술을 좋아하는 사람'을 '예술'로 기호화하면,

ㄱ	문학 자연	문학을 좋아하는 사람은 모두 자연의 아름다움을 좋아하는 사람이다. (회색은 비어있다.)
ㄴ	문학 자연 예술	자연의 아름다움을 좋아하는 어떤 사람은 예술을 좋아하는 사람이다. (자연의 아름다움을 좋아하는 모두가 예술을 좋아하는 사람이 아니라 일부 '어떤' 사람이기 때문에 X로 표시했다.)
결론	문학 자연 예술	예술을 좋아하는 어떤 사람은 문학을 좋아하는 사람이다. (예술을 좋아하는 어떤 사람은 문학을 좋아하는 사람이기 때문에 X가 결론이 된다.)

먼저 ㄱ에서 검은색 영역이 지워지는 전제가 추가되어야 결론이 도출된다.

전제에서 '문학을 좋아하는 사람은 모두 자연의 아름다움을 좋아하는 사람이다'라고 했다. <보기>의 내용이 참이라면 결국 문학을 좋아하는 사람과 자연의 아름다움을 좋아하는 사람은 모두 같다. 밴다이어그램과 같이 문학과 자연의 교집합으로 표현할 수 있다.

그렇다면 아래의 기호에서 가운데 X 영역만 남는다. 그리고 결론 '예술을 좋아하는 어떤 사람은 문학을 좋아하는 사람이다'가 도출된다. 따라서 ①의 내용은 옳다.

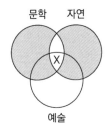

17 ③

[풀이] ㈎에는 전자파의 유형에 대한 언급이 없다.

18 ④

[풀이] 화성을 테라포밍할 가능성을 연역을 통해 증명했다. ㈐에서 화성의 드라이아이스를 검은 물질로 덮어 녹이면 공기를 공급할 수 있다고 설명했다. ㈑는 이를 구체적으로 실현할 방법을 연역으로 증명했다. 지의류 같은 이끼가 검은 물질 역할을 할 수 있다(대전제). 이끼는 혹독한 환경에서도 번식할 수 있다(소전제). 이끼가 번식하여 드라이아이스는 녹게 된다(결론).

[오답]

① 테라포밍의 대상인 '화성'의 특성을 설명하고, 화성이 테라포밍의 대상인 이유와 화성을 푸른 별로 바꿀 수 있는지를 화제로 제시했다.

② 영화 「레드 플래닛」을 예로 들어 '테라포밍'에 대한 이해를 돕고 있다.

③ 현실에서 화성을 테라포밍을 할 방법으로, 화성의 '극관'을 녹이는 방법을 제시하고 있다.

④ 화성을 테라포밍하는 일이 가능할 것을 언급했다.

19 ⑤

풀이 1문단에서 귀납 논증은 전제가 모두 참이라고 해도 결론이 확실히 참이 되지 않는다고 언급하고 있고, 2문단에서는 그 이유를 귀납 논증에 의한 결론이 지금까지 관찰되지 않은 사실에 의해 부정될 수 있기 때문이라고 설명하고 있다. 따라서 귀납 논증은 전제에 없는 새로운 지식의 출현 가능성이라는 논리적인 문제를 내재하고 있다고 할 수 있다.

오답

① 1문단에서 연역 논증은 결론에서 지식이 확장되는 것처럼 보이지만, 실제로는 전제에 이미 포함된 결론을 다른 방식으로 확인하는 것이라고 언급하고 있다.

② 1문단에서 귀납 논증은 전제들이 모두 참이라고 해도 결론이 확실히 참이 되는 것은 아니라고 언급하고 있다.

③ 2문단에서 귀납 논증은 아무리 치밀하게 관찰하여도 아직 관찰되지 않은 사실에 의해 부정될 수 있음을 언급하고 있다.

④ 1문단에서 새로운 지식을 도출하는 것은 귀납 논증이라고 설명하고 있다.

20 ②

풀이 2문단에서 과학은 반증에 의해 발전된다고 언급한 것과, 4문단에서 지금 우리가 받아들이는 과학적 지식은 반증의 시도로부터 잘 견뎌 온 것들이라고 언급하고 있다. 이를 통해 포퍼는 과학적 지식으로 인정받기 위해서는 적극적으로 가설을 세우고 그것이 거짓임을 증명하는 반증의 과정을 극복해야 한다고 생각하고 있음을 알 수 있다.

오답

① 귀납 논증은 치밀한 관찰을 통해 결론을 도출했더라도 거짓일 수 있으므로 반증의 과정을 반드시 거쳐야 정당화될 수 있다고 주장하고 있으므로 적절하지 않다.

③ 성공적인 지식은 수많은 반증의 시도로부터 끝까지 살아남은 지식을 의미한다고 주장하고 있으므로 적절하지 않다.

④ 과학적 지식은 반증을 통해 완성되는 것이므로 반증을 회피하는 것은 포퍼의 생각과 다른 견해이다.

⑤ 귀납 논증에 의해 도출되는 과학적 지식은 연역 논증에 의한 반증을 극복해야 성공적인 지식이 되는 것이므로 과학적 지식을 귀납 논증으로 정당화하라는 진술은 적절하지 않다.

21 ④

풀이 (ㄱ), (ㄴ)에서 (ㄷ)이 도출되는 과정은 연역 논증이고, (개)에서 (내)를 도출하는 과정은 귀납 논증이다. 그런데 1문단에서 연역 논증은 지식이 확장되는 것이 아니라 전제에 이미 포함된 결론을 다른 방식으로 확인하는 것이고, 귀납 논증은 지식이 확장되는 것이라고 언급하고 있다. 이를 통해 (ㄱ), (ㄴ)에서 (ㄷ)을 도출하는 연역 논증이 지식을 확장하는 과정은 아님을 알 수 있다.

오답

① 귀납 논증은 전제인 (개가 참이어도 이와 다른 새로운 사실의 존재 여하에 따라 결론인 (내가 거짓이 될 수 있다.

② (ㄴ)과 (개는 관찰한 사실에 의거한다는 점에서 경험적이라고 할 수 있다.

③ '모든 까마귀는 검다'라는 지식은 (ㄴ)이 성립한다면 거짓임이 밝혀지지만, (개와 같은 전제가 아무리 많이 쌓인다 해도 또 그렇지 않은 사례가 발견될 수 있으므로 그것만으로는 결론이 참이 된다는 것을 밝힐 수 없다.

⑤ '모든 까마귀는 검다'라는 과학적 지식은 (ㄱ)~(ㄷ)과 같은 연역 논증을 통해서 증명될 수 있다.

22 ④

풀이 '인내'는 '괴로움이나 어려움을 참고 견딤'의 의미이므로 '지식'을 주어로 한 문맥에는 어울리지 않는다. ④는 반증들을 잘 참아낸다는 의미보다는 반증을 적극적으로 잘 '방어해' 낸다는 의미에 가깝다고 할 수 있다.

오답

① '사용'은 '일정한 목적이나 기능에 맞게 씀'의 의미이므로 적절하다.

② '실재'는 '실제로 존재함'의 의미이므로 적절하다.

③ '입증'은 '어떤 증거 따위를 내세워 증명함'의 의미이므로 적절하다.

⑤ '전무'는 '전혀 없음'의 의미이므로 적절하다.

23 ④

풀이 참되지 않은 이론은 거부되어야 하듯이 법과 제도도 정의롭지 않으면 안 된다는 것이 이 글의 핵심이다. 유추의 방법이 적용된 글이다. 인생을 여행에 비유한 ④가 적절하다.

오답

① 연역추론, ② 대조, ③ 귀납추론

24 ①

풀이 정(正)을 '개발'로 반(反)을 '환경 보호'로 보았을 때, '환경 보전과 조화를 이루는 개발'은 합(合)에 해당한다.

25 ③

풀이 제창(正) → 부정(反) → 종합(合)은 정(正) → 반(反) → 합(合)의 변증법적 전개가 옳다.

26 ①

풀이 (가)는 변증법에 기반한 헤겔의 미학에서 예술이 초보 단계의 절대정신으로 평가되고 있음을 설명하고 있다. 한편 (나)는 정립—반정립—종합이라는 변증법의 체계에 충실하고자 할 때 예술이 철학 이후의 자리를 차지할 수 있다고 보고 있다. (가)에서는 예술을 철학보다 인식 수준이 낮은 절대정신으로 보고, (나)에서는 예술이 철학 이후의 자리를 차지할 수 있는 것으로 보고 있으므로 (가)와 (나)는 모두 변증법에 기반한 체계를 바탕으로 예술의 상대적 위상을 제시하고 있다고 할 수 있다.

27 ③

풀이 2문단에서 절대정신의 세 가지 형태로 예술·종교·철학을 제시하고, 각각은 절대적 진리를 동일한 내용으로 하며 인식 형식의 차이에 따라 구분된다고 하였다. 이때 예술·종교·철학에 각각 대응하는 형식은 직관·표상·사유라는 지성이라고 하였다. 절대정신의 세 가지 형태인 예술·종교·철학이 각각 직관·표상·사유라는 인식 형식에 의해 구분되는 것이지, 이러한 지성의 세 가지 형식의 인식 대상이 각각 예술, 종교, 철학인 것은 아니다.

28 ④

풀이 (가)에서 직관은 주어진 물질적 대상을 감각적으로 지각하는 지성이고, 표상은 물질적 대상의 유무와 무관하게 내면에서 심상을 떠올리는 지성이며, 사유는 대상을 개념을 통해 파악하는 순수한 논리적 지성이라고 하였다. 예술의 새로운 개념을 설정하는 것은 대상을 개념을 통해 파악하는 것이므로 사유를 통해 이루어지는 것이 맞지만, 새로운 감각을 일깨우는 작품의 창작을 기획하는 것은 물질적 대상을 감각적으로 지각하는 것이 아니므로 직관을 통해 이루어지는 것이 아니다.

29 ③

풀이 (나)의 글쓴이는 헤겔이 절대정신을 예술—종교—철학 순으로 편성한 것은 외관상으로 변증법 모델에 따른 전형적 구성으로 볼 수 있지만, 실질적으로는 이를 진정한 변증법적 종합이라고 볼 수 없다고 말하고 있다. 직관으로부터 사유에 이르는 과정에서 직관의 외면성이 점차 지워지고 예술로부터 철학에 이르는 과정에서 예술의 객관성이 점차 지워지고 있을 뿐, 진정한 변증법적 종합은 이루어지지 않는다는 것이다. 즉 (나)의 글쓴이는 ㉠의 논리적 구조에서와 달리 ㉡에서는 범주 간 이행에서 첫 번째 범주의 특성이 갈수록 약해진다고 본 것이다.

30 ②

풀이 (나)의 글쓴이는 실제로 많은 예술 작품이 사유를 매개로 해서만 설명된다고 말하면서 헤겔의 미학에서 드러나는 방법과 철학 체계 간의 불일치에 대해 아쉬움을 표현하고 있다. 그러므로 <보기>에서 헤겔이 최고의 지성적 통찰을 진정한 예술미로 승화시킬 수 있다고 말한 것과 관련하여 (나)의 글쓴이가 이론적으로는 예술이 직관의 외면성에 대응하더라도 현실에서는 내면성을 바탕으로 하는 절대정신일 수 있다고 말하는 것은 적절하다.

31 ③

풀이 '귀결되다'는 '어떤 결말이나 결과에 이르게 되다.'라는 뜻으로 '일이 다 이루어지다.'라는 뜻의 ⓒ와 바꾸어 쓰기에 적절하다.

32 ③

풀이 동정과 연민의 감정을 불러 일으켜 자신의 주장을 관철시키려는 태도

33 ①

풀이 추론의 오류를 밝혀내는 문제이다. 예문은 온라인상의 인기를 근거로 특정 식당의 음식이 맛있다고 판단한 것이므로 '대중에 호소하는 오류'에 해당한다. ① 역시 그 식당에 관한 이야기를 하는 사람이 많다는 것을 근거로 그 식당을 평가한 것이므로 대중에 호소하는 오류이다.

[오답]

② 이 식당의 음식이 맛없다고 말한 사람이 없다는 것을 근거로 이 식당의 음식이 맛있다고 판단한 것이므로 '무지에 호소하는 오류'에 해당한다.
③ 개그맨의 평가를 근거로 식당 음식의 맛을 판단하고 있으므로 '부적합한 권위에 호소하는 오류'에 해당한다.
④ 개인적인 감정을 강조하여 상대방이 자신의 주장을 받아들이도록 요구하고 있으므로 '연민(동정)에 호소하는 오류'에 해당한다.

34 ③

풀이 사형 제도 폐지에 대한 의견과 이혼한 경력은 아무런 연관이 없음에도 불구하고, 김 교수의 약점을 인신공격하는 오류를 범하고 있다.

35 ①

풀이 <보기>에서 갑돌이가 좋은 점수를 받은 것은 여러 가지가 있을 수 있으나 이를 '책을 보지 않은 것'에서만 찾고자 하는 것은 성급한 일반화의 오류이다. ① 역시 A 씨의 사례만을 통해 결론을 도출하는 성급한 일반화의 오류이다.

36 ①

풀이 <보기>는 성급한 일반화의 오류이다.

오답

② 인신공격의 오류, ③ 무지의 오류, ④ 분할의 오류, ⑤ 군중에 호소하는 오류

37 ⑤

풀이 글의 내용은 원칙을 혼동한 오류에 해당된다.

38 ②

풀이 정치가는 '인과 혼동의 오류'를 범하고 있다. 착실하고 부지런한 농부이기 때문에 젖소를 보유하고 있는 것이지, 젖소를 보유한다고 해서 부지런한 농부가 되는 것은 아니다. 원인과 결과를 혼동한 오류이다.

오답

① 성급한 일반화의 오류

③ 원칙 혼동의 오류(=우연의 오류)

④ 잘못된 유추의 오류

39 ⑤

풀이 ① 속담에 대한 맹신

② 범주의 오류

③ 순환 논증의 오류

④ 성급한 일반화의 오류

40 ④

풀이 ④는 논점 일탈의 오류(무관한 결론의 오류)이다. 어떤 논점에 관한 결론이 아니라, 이와 관계없는 새로운 논점을 제시하여 무관한 결론에 이르게 되는 오류를 논점 일탈의 오류라고 한다. 식이요법을 시작하는 것과 영양 부족에 빠지는 것은 관련이 없다. 또한 어설픈 식이요법이 알코올 중독에 빠지게 한다는 것은 논점에서 일탈한 결론이다.

오답

나머지는 확대의 오류이다.

41 ②

풀이 <보기>의 내용은 약속을 지키지 않으면 곧 사랑하지 않는 것이라고 단정한다. 다른 여러 경우가 있을 수 있는 것을 극단적인 두 경우만 있는 것으로 파악하는 흑백 논리(흑백 사고)의 오류에 해당한다. ②의 경우에도 부탁을 거절한 다른 이유가 있을 수 있으나 '나를 싫어한다'로 단정하였으므로 흑백 논리의 오류이다.

오답

① 몇 가지 특수한 일부의 사례로 일반화된 결론에 성급하게 결론을 내리는 '성급한 일반화의 오류'이다.

③ 전제와 결론이 순환적으로 서로의 논거가 될 때 나타나는 '순환 논증의 오류'이다. 선결문제(요구)의 오류, 또는 순환논리의 오류라고도 한다.

④ 법칙이나 원칙을 모든 경우에 적용할 수 있는 것처럼 생각하고, 적용할 수 없는 우연적인 상황, 즉 예외적인 상황에까지 적용하는 '원칙 혼동의 오류(우연의 오류)'이다.

42 ②

풀이 ㉡에서 '부패(腐敗)'라는 동일한 한 단어가 논증에서 맥락마다 서로 다른 의미를 지니고 있다. 따라서 '애매어의 오류'를 범하고 있다.

오답

① 삼단 논법, ③ 분해의 오류, ④ 결합의 오류

43 ⑤

풀이 성급한 일반화의 오류

오답

① 대중(군중)에의 호소의 오류

② 발생학적 오류

③ 분할의 오류

④ 잘못된 인과 관계의 오류

44 ②

오답

① '싸다'의 의미를 은밀하게 재정의한 오류

③ 분할의 오류

④ 동정에 호소하는 오류

⑤ 순환 논증의 오류

45 ①

풀이 한 사람의 행위를 두고 서로 다른 평가를 하고 있는 것은 가치판단의 기준이 다르기 때문이다.

Part 06 | 어휘 편

1 ③

풀이 '문상', '컴싸', '생파'는 젊은 세대가 사용하는 말이므로 세대에 따라 달라진 말로 볼 수 있다. 할아버지의 사투리는 지역에 따라 달라진 말로 볼 수 있다. '문상', '컴싸', '생파'는 학생들이 친구들과 이야기할 때 사용하는 말이므로 은어이며 유행어로 볼 수 있다. 이 글에는 성별에 따라 달리 사용하는 어휘가 없다.

2 ③

풀이 견고틀다: 시비나 승부를 다툴 때에, 서로 지지 않으려고 버티어 겨루다.

3 ③

풀이 <보기>에서 '마음'과 관련된 부분의 문맥을 간추린 표현은 '마음에 드는 옷'이다. 이것을 문장으로 만들면 '옷이 마음에 들다'가 된다. 여기서 '마음에 들다'는 만족스럽다는 긍정의 의미이다. 따라서 ③의 '~에 마음이 있다/없다'가 만족, 충족, 긍정의 의미를 가지고 있다는 점에서 가장 유사하다. 사전적으로는 '사람이 어떤 일에 대하여 가지는 관심'이라는 뜻이다.

오답
① 사람이 다른 사람이나 사물에 대하여 감정이나 의지, 생각 따위를 느끼거나 일으키는 작용이나 태도.
② 사람의 생각, 감정, 기억 따위가 생기거나 자리 잡는 공간이나 위치.
④ 사람이 본래부터 지닌 성격이나 품성.

4 ③

풀이 ⓒ은 특수한 영역에서 사용되던 말이 일반화되면서 단어의 의미가 변한 경우이고 '묘수'를 예로 들었다. ③의 '배꼽'이 '탯줄이 떨어지면서 배의 한가운데에 생긴 자리'일 경우는 일반적인 의미이지만 '바둑판의 한가운데'는 특수한 영역에서 쓰이는 경우이다. 이는 일상적으로 사용되는 말이 특정 분야에서 의미가 특수하게 변한 예이다.

오답
①에서 '코'는 '포유류의 얼굴 중앙에 튀어나온 부분(신체의 일부분)'을 의미하는 '코'가 '콧구멍에서 흘러나오는 액체.'를 의미하는 '콧물'의 의미까지 포함한 경우이므로 적절한 예시이다.
② '수세미'는 과거에는 설거지를 위해 그릇을 씻는 데 쓰는 물건을 만드는 재료였으나 오늘날에는 설거지할 때 그릇을 씻는 데 쓰는 물건 자체를 가리키는 말로 변하였다. 따라서 ⓛ의 예시로 적절하다.

④ '호랑이'가 두려워 '산신령'으로 완곡하게 부른 것이나, '천연두'를 꺼려서 '손님'이라고 부른 것은 모두 심리적인 이유로 특정 표현을 피하려는 '심리적 원인'이다.

5 ③

풀이 '어리다'는 의미가 이동한 사례이다.

6 ④

풀이 '어여쁘다'는 '불쌍하다'라는 뜻이었으나 지금은 '아름답다'의 뜻으로, 의미가 이동한 경우이다.

7 ④

풀이 '맛비'는 '장마'의 옛말이다. 장마는 여름철에 여러 날을 계속해서 비가 내리는 현상이나 날씨 또는 그 비를 말한다. '장맛비'는 장마 때에 오는 비를 말하는 것이다. 따라서 의미가 변화한 예이다.

오답
① '놈'은 '사람'의 옛말로 쓰였지만 현재에는 남자를 낮잡아 이르는 말로 변화하였다. 따라서 의미가 축소된 경우라 할 수 있다.
② '겨레'는 옛날에는 '종친, 친척'으로 한정되었으나 현대에는 '민족, 동족'으로 그 의미가 확대되었다.
③ 현대에는 '아침 먹었어?'와 같이 아침밥이라 하지 않아도 '아침'으로 전체 의미가 통하므로 일부가 생략된 후 나머지에 전체 의미가 잔류한 예라 할 수 있다.

8 ④

풀이 '노래, 불현듯, 적' 등은 모두 고유어이다. 이때 '적'은 '그 동작이 진행되거나 그 상태가 나타나 있는 때, 또는 지나간 어떤 때'를 뜻하는 의존 명사이다.

오답
① '모골(毛骨), 송연(悚然)(두려울 송, 그러할 연)'이 한자어이다. '모골송연(毛骨悚然)'은 아주 끔찍한 일을 당하거나 볼 때, 두려워 몸이나 털이 곤두선다는 말이다.
② '도대체(都大體)'가 한자어이다. '유감스럽게도 전혀'를 뜻한다.
③ '매사(每事)'가 한자어이다. '하나하나의 모든 일'을 뜻한다.

9 ①

풀이 '소기(所期)(바 소, 기약할 기)'는 주로 '소기의' 꼴로 쓰여 '기대한 바'라는 뜻이다. '소기의 성과를 거두다.', '소기의 목적을 달성하다.'와 같이 사용한다.

오답
② '이자(利子)'는 남에게 돈을 빌려 쓴 대가로 치르는 일정한 비율의 돈이다. '에누리'와는 어울리지 않는다. '이익'이라는 뜻의 '길미'로 바꿔 쓸 수 있다. 참고로, '에누리'는 '㉠물건값을 받을 값보다 더 많이 부르는 일. 또는 그 물건값. ㉡값을 깎는 일. ㉢실제보다 더 보태거나 깎아서 말하는 일'을 뜻한다.
③ '상신(上申)(위 상, 알릴 신)하다'는 윗사람이나 관청 등에 일에 대한 의견이나 사정 따위를 말이나 글로 보고하는 것을 이르는 말이다. '알리다'로 바꿔 쓸 수 있다.
④ 양지(諒知)(살펴 알 양, 알 지)하다는 '살피어 알다'는 뜻이다. '살피다'로 바꿔 쓸 수 있다.

10 ③

풀이 제시문과 ③의 '고치다'는 '고장이 나거나 못 쓰게 된 물건을 손질하여 제대로 되게 하다.'는 뜻이다.

오답
① 본디의 것을 손질하여 다른 것이 되게 하다.
②, ④ 이름, 제도 따위를 바꾸다.

11 ①

풀이 ㉠은 '아래에서 위까지의 높이가 기준이 되는 대상이나 보통 정도에 미치지 못하는 상태에 있다.'의 물리적인 뜻이며, ㉡은 '품위, 능력, 품질 따위가 바라는 기준보다 못하거나 보통 정도에 미치지 못하는 상태에 있다.'의 추상적인 뜻이다.

오답
② 모두 '마음 쓰는 것이 너그럽지 못하다.'의 추상적인 뜻이다.
③ 모두 '면이나 바닥 따위의 면적이 크다.'의 물리적인 공간의 뜻이다.
④ 각각 '일의 규모, 범위, 정도, 힘 따위가 대단하거나 강하다.'와 '가능성 따위가 많다.'의 뜻이며 추상적인 뜻이다.
⑤ ㉠은 '성질이나 특성이 기준이 되는 것과 비슷하다.'의 추상적인 뜻이며, ㉡은 '어느 한 곳에서 다른 곳까지의 거리가 짧다.'의 물리적인 공간의 뜻이다.

12 ②

풀이 제시된 '타다'의 의미는 '어떤 조건이나 시간, 기회 등을 이용하다.'라는 뜻으로 같은 의미로 사용된 문장은 ②이다.

오답
①의 '타다'는 '도로, 줄, 산, 나무, 바위 따위를 밟고 오르거나 그것을 따라 지나가다.'라는 의미이다.

③의 '타다'는 '불씨나 높은 열로 불이 붙어 번지거나 불꽃이 일어나다.'라는 의미이다.
④의 '타다'는 '물기가 없어 바싹 마르다.'의 의미이다.

13 ③

풀이 <보기>의 '배'는 소리는 같지만 의미가 다른 '동음이의 관계'이다. ㉠은 신체의 '배'이고, ㉡은 물 위에 떠다니는 '배'이다. ③번 역시 신체의 '다리'와 건너는 '다리'의 의미가 다른 '동음이의 관계'이다.

오답
나머지는 모두 중심 의미에서 주변 의미로 확장된 '다의 관계'이다.
① '발이 넓다'의 '발'은 '활동하는 범위'를 뜻한다.
② '길'은 각각 '노정(路程)'과 '방법'을 뜻한다.
④ '손이 부족하다'는 '일손'을 뜻한다.

14 ①

풀이 제시된 문장은 '방향 반의어'에 대한 설명이다. 방향 반의어는 어떤 기준점을 중심으로 하여, 맞선 방향으로의 움직임 등을 나타내는 대립적인 언어쌍을 말한다. '올라가다 : 내려가다', '전진하다 : 후퇴하다' 등에 해당한다. 그런데 ①의 '성공:실패'는 상호 배타적인 관계를 갖는 '상보 반의어'에 해당한다. 흔히 '모순 관계'라고도 한다.

오답
'시상(=주다) : 수상(=받다)', '판매(=팔다) : 구매(=사다)', '공격 : 방어' 모두 방향 반의어에 해당한다.

15 ②

풀이 ②를 제외한 나머지는 모두 반의 관계이다. ②는 '사고에도 비판이 따른다'는 것일 뿐 반의 관계가 아니다.

16 ③

풀이 ㉠과 ③은 '원래의 있던 곳으로 다시 가거나 다시 그 상태가 되다.'의 뜻이며, '아버지는 고향에 돌아가시는 게 꿈이다.', '그는 가족이 있는 곳으로 돌아갔다.'와 같이 쓴다.

오답
① 일이나 형편이 어떤 상태로 끝을 맺다.
   예 지금까지의 노력이 수포로 돌아갔다.
② 차례나 몫, 승리, 비난 따위가 개인이나 단체, 기구, 조직 따위의 차지가 되다. 예 실패의 책임은 사장에게 돌아갔다.
④ 돈이나 물건 따위의 유통이 원활하다.
   예 원자재가 잘 돌아가지 않는지 공산품 구하기가 어렵다.

17 ④

풀이 보기와 ④는 '기르다-「4」'의 '육체나 정신을 단련하여 더 강하게 만들다.'이다.

오답

① 기르다-「2」: 아이를 보살펴 키우다.
② 기르다-「1」: 동식물을 보살펴 자라게 하다.
③ 기르다-「7」: 병을 제때에 치료하지 않고 증세가 나빠지도록 내버려 두다.

18 ②

풀이 '곱다¹'과 '곱다³'은 '곱아, 곱으니'로 활용하는 규칙 용언이고, '곱다²'는 '고와, 고우니'로 활용하는 불규칙 용언이다. 참고로 '곱다¹'은 '그는 큰돈을 벌겠다고 주식에 손을 대었다가 도리어 곱고 말았다.'와 같이 쓰며, '곱다³'은 '추위에 손가락이 곱아 일을 할 수가 없다.'와 같이 쓴다.

19 ④

풀이 사전의 표제어 순서로 정리하면 다음과 같다.

길²	ㄱ, ㄹ	어떤 일에 익숙하게 된 솜씨.
길¹	ㄴ	걷거나 탈것을 타고 어느 곳으로 가는 노정(路程).
	ㄷ	사람이나 동물 또는 자동차 따위가 지나갈 수 있게 땅 위에 낸 일정한 너비의 공간.
길⁶	ㅁ	길이의 단위. 사람의 키 정도의 길이.

20 ②

풀이 지문의 '나누다'는 '나누다 「2」'의 '여러 가지가 섞인 것을 구분하여 분류하다.'이다. 쉽게 말해 기준에 의해 종류별로 나눈 것이므로 ②가 적절하다.

오답

① 말이나 이야기, 인사 따위를 주고받다.
③ 같은 핏줄을 타고나다.
④ 하나를 둘 이상으로 가르다.

21 ①

풀이 ㉠은 '아래에서 위까지의 높이가 기준이 되는 대상이나 보통 정도에 미치지 못하는 상태에 있다.'의 물리적인 뜻이며, ㉡은 '품위, 능력, 품질 따위가 바라는 기준보다 못하거나 보통 정도에 미치지 못하는 상태에 있다.'의 추상적인 뜻이다.

오답

② 모두 '마음 쓰는 것이 너그럽지 못하다.'의 추상적인 뜻이다.

③ 모두 '면이나 바닥 따위의 면적이 크다.'의 물리적인 공간의 뜻이다.
④ 각각 '일의 규모, 범위, 정도, 힘 따위가 대단하거나 강하다.'와 '가능성 따위가 많다.'의 뜻이며 추상적인 뜻이다.
⑤ ㉠은 '성질이나 특성이 기준이 되는 것과 비슷하다.'의 추상적인 뜻이며, ㉡은 '어느 한 곳에서 다른 곳까지의 거리가 짧다.'의 물리적인 공간의 뜻이다.

22 ③

풀이 다의어(多義語)는 소리가 같고, 중심적 의미에서 파생된 의미를 지니고 있기 때문에 의미도 서로 밀접한 관련이 있는 단어를 이르는 말이다. 다의어는 사전에 같은 표제어 밑에 다른 번호로 실린다. ③의 '죽다'는 서로 의미가 관련이 있는 다의어다. '화초가 죽다'는 '생명이 없어지거나 끊어지다'이고, '성질이 죽다'는 '성질이나 기운 따위가 꺾이다'는 뜻이다. 나머지는 모두 동음이의(同音異義) 관계이다.

오답

① '의심하는 눈으로'에서 '눈'은 '무엇을 보는 표정이나 태도'의 뜻이다. '나뭇가지에 눈이 튼다.의 '눈'은 '새로 막 터져 돋아나려는 초목의 싹'의 뜻이다.
② '글씨를 또박또박 잘 쓴다.'에서 '쓰다'는 '붓, 펜, 연필과 같이 선을 그을 수 있는 도구로 종이 따위에 획을 그어서 일정한 글자의 모양이 이루어지게 하다'의 뜻이다. '존댓말을 써야 한다.'에서의 '쓰다'는 '어떤 말이나 언어를 사용하다'의 뜻이다.
④ '폭풍우가 치는 바람에'의 '치다'는 '바람이 세차게 불거나 비, 눈 따위가 세차게 뿌리다'의 뜻이다. '나무가 가지를 많이 쳐서'의 '치다'는 '식물이 가지나 뿌리를 밖으로 돋아 나오게 하다'의 뜻이다.

23 ③

풀이 '입술이 탄다'에서 '타다'는 '물기가 없어 바싹 마르다'의 뜻이며, '장작불이 타고 있다.'에서 '타다'는 '불씨나 높은 열로 불이 붙어 번지거나 불꽃이 일어나다'의 뜻으로 사용되었다. 이 둘은 다의어 관계에 해당된다. 나머지는 모두 의미적 연관성이 없는 동음이의어이다.

• 타다:「1」 불씨나 높은 열로 불이 붙어 번지거나 불꽃이 일어나다. 「5」 물기가 없어 바싹 마르다.

오답

① '무를 강판에 갈아'에서 '갈다'는 '잘게 부수기 위하여 단단한 물건에 대고 문지르거나 단단한 물건 사이에 넣어 으깨다'라는 뜻이고, '고장 난 전등을 새것으로 갈아 끼웠다.'의 '갈다'는 '이미 있는 사물을 다른 것으로 바꾸다'의 뜻이다. 이 둘은 동음이의어 관계이다.

② '안개에 가려서'의 '가리다'는 '보이거나 통하지 못하도록 막히다'라는 뜻이고, '음식을 가리지 말고'의 '가리다'는 '음식을 골라서 먹다'라는 뜻이다.

④ '이 경기에서 지면'의 '지다'는 '내기나 시합, 싸움 따위에서 재주나 힘을 겨루어 상대에게 꺾이다'의 뜻이고, '모닥불이 지면'의 '지다'는 '불이 타 버려 사위어 없어지거나 빛이 희미하여지다'의 뜻이다.

24 ①
풀이 ①의 '손'은 '다른 곳에서 찾아온 사람[客]'을 의미한다. 나머지 '손[手]'과는 동음이의어이다.

오답
나머지는 유의어이다.
② 어떤 사람의 영향력이나 권한이 미치는 범위.
③ 사람의 팔목 끝에 달린 부분.
④ '손을 떼다': 하던 일을 그만두다.

25 ③
풀이 밑줄 친 ㉠의 '싸다'는 '싸다 1'이며 '물건을 안에 넣고 보이지 않게 씌워 가리거나 둘러 말다.'이다. ③과 같은 뜻이다.

오답
① 어떤 물체의 주위를 가리거나 막다.
②, ④ 어떤 물건을 다른 곳으로 옮기기 위해 좋게 상자나 가방 따위에 넣거나 종이나 천, 끈 따위를 이용해서 꾸리다.

26 ④
풀이 ㉠은 '힘이나 노력 따위를 들이다.'의 뜻인 '쓰다'이고, ㉡은 '모자 따위를 머리에 얹어 덮다.'의 뜻인 '쓰다'이므로 표기와 발음이 같을 뿐 의미는 서로 관련이 없는 동음이의어(同音異議語)이다. ④는 '귀나 코가 막혀서 제 기능을 하지 못하게 되다.'의 뜻인 '먹다'와 '어떤 마음이나 감정을 품다.'의 뜻인 '먹다'가 동음이의어이다.

오답
① '윷을 놀다'의 '놀다'(놀다1-1)는 '놀이를 하다'이고, '방해를 놀다'의 '놀다'(놀다4-3)는 '작용이나 역할을 하다'이다. 사전에 모두 '놀다1'에 포함된 단어이므로 이 둘은 다의어이다. 참고로 '방해를 놀다'의 '놀다'는 '(방해와 관련된 명사와 함께 쓰여) 작용이나 역할을 하다.'의 뜻이며 '방해를 놀다', '훼방을 놀다'로 쓴다. 이 경우 '상대에게 어떤 행동을 하다'의 뜻인 '놓다'를 써서 '방해를 놓다'로 쓰는 것도 가능하다.
② '공을 차면서 놀았다'는 '놀이를 하다'이고, '나사가 놀다'는 '고정되어 있던 것이 헐거워 이리저리 움직이다'의 '놀다'이다. 이 둘도 '놀다1'에 포함된 단어이므로 이 둘은 다의어이

다. 참고로 지금까지의 '놀다1'과 동음이의 관계인 '놀다'는 '드물어서 구하기 어렵다'의 뜻인 '놀다'가 있으며, "실직을 해서 돈이 놀다보니 고기를 못 먹었다.'와 같이 쓸 수 있다.

③ 여기서 '먹다'는 '음식을 먹다'가 중심 의미인 '먹다1'이다. '곗돈을 먹다'는 '뇌물을 받아 가지다'이며, '나이를 먹다'는 '나이를 더하다'의 '먹다'이다. 이 둘은 다의 관계이다. 참고로 '귀가 먹다'의 '먹다'는 앞의 '먹다'와 동음이의 관계이다.

27 ③
풀이 '오르다'는 다의어(多義語)이다. '군살이 오르다'는 '몸 등에 살이 많아지다'는 뜻이며, '열이 오르다'는 '값이나 수치, 온도, 성적 등이 이전보다 많아지다'는 뜻이다.

오답
나머지는 소리는 같고 의미가 다른 동음이의어(同音異義語)이다. 동음이의어는 표제어가 다르고, 다의어는 표제어가 같다.

28 ④
풀이 다의어의 문맥적 의미를 파악하는 문제이다.
④의 '알다'는 '어떠한 사실에 대하여 그러하다고 믿거나 생각하다'의 뜻이며 ③과 관련이 없다. ㉣의 예로는 '네 일은 네가 알아서 해라.', '이 문제는 자네가 알아서 처리해 주게.'

29 ④
풀이 <보기>의 '타다'는 '이용하다'는 뜻이며, ④와 의미가 유사한 다의 관계에 있다. 나머지는 모두 동음이의어이므로 적절하지 않다.

오답
① 선천적으로 지니다.
② 악기로 소리를 내다.
③ 감정이나 느낌을 느끼다.

30 ④
풀이 ④의 '타다'는 '복이나 재주, 운명 따위를 선천적으로 지니다.'의 뜻이다. 나머지와 동음이의 관계이다.

오답
모두 다의 관계이다. ①, ③ 바람이나 물결, 전파 따위에 실려 퍼지다. ② 어떤 조건이나 시간, 기회 등을 이용하다.

31 ④
풀이 '경찰을 풀어서'의 '풀다'는 '사람을 동원하다.'는 뜻으로 '수색을 하기 위하여 병졸을 풀다.' 또는 '사람을 풀어 수소문을 하다.'로 쓴다. ㉣에 적합한 '풀다'의 예문은 '구금을 풀다.', '통금을 풀다.'가 있다.

32 ④

[풀이] 제시된 문장과 ④의 '품'은 행동이나 말씨에서 드러나는 태도나 됨됨이를 뜻하는 단어이다. 의존 명사이며 '품새'와 같은 말이다.

[예] 말하는 품이 어른 같다. / 그 아이는 조숙해서 동생을 돌보는 품이 어른 같다.

[오답]
① 두 팔을 벌려서 안을 때의 가슴.
② 윗옷의 겨드랑이 밑의 가슴과 등을 두르는 부분의 넓이.
③ 어떤 일에 드는 힘이나 수고. '품을 갚다'는 '남에게 받은 품을 돌려주기 위하여 상대에게 품을 제공하다.'는 뜻의 관용구이다.
⑤ 삯을 받고 하는 일.

33 ④

[풀이] 주어진 내용은 언중들에게 익숙하지 못한 고유어를 많이 만들어 내어 언어생활에 혼란을 일으켰다는 의미이므로, 보기에 제시된 '설다'는 '익숙하지 못하다.'의 뜻으로 사용되었다.

[오답]
①의 '설다'는 '열매, 밥, 술 따위가 제대로 익지 아니하다.'의 의미로 사용되었다.
②의 '설다'는 '빈틈이 있고 서투르다.'의 의미로 사용되었다.
③의 '설다'는 '잠이 모자라거나 깊이 들지 아니하다.'의 뜻으로 사용되었다.

34 ⑤

[풀이] ⑤는 '어휘적 중의성'이다. '배'가 '사람의 배'인지, '타는 배'인지, '먹는 배'인지 구별이 안 되는 경우이므로 동음이의어의 모호성이다.

[오답]
나머지는 모두 '구조적 중의성'이다. 한 문장에서 문장 성분의 수식 구조 때문에 둘 이상의 의미로 해석되는 경우이므로 수식의 모호성에 해당한다.

35 ②

[오답]
① '속이 살다': 겉으로는 수그러진 듯하나 속에는 반항하는 마음이 있다.
② '속이 마르다': 성격이 꼬장꼬장하다. 생각하는 것이 답답하고, 너그럽지 못하다.
③ '속을 주다': 마음속에 있는 것을 숨김없이 드러내어 보이다. (=속을 터놓다)
④ '속이 달다': 안타깝거나 조마조마하여 마음이 몹시 조급해진다.

36 ⑤

[오답]
① '과반수'라는 단어에 '넘다'의 의미가 포함되어 있으므로 잉여적 표현이다.
② '예습'이라는 단어에 '미리'의 의미가 포함되어 있으므로 잉여적 표현이다.
③ '당시'라는 단어는 '그때'라는 뜻이므로 잉여적 표현이다.
④ '난관'이라는 단어에 '어려운'이라는 의미가 포함되어 있으므로 잉여적 표현이다.

2025 공무원 | 군무원 신유형 기본서

정호국어
문법과 사고·추론

6판 1쇄   2024년 9월 10일

편저자_ 문정호
발행인_ 원석주
발행처_ 하이앤북
주소_ 서울시 영등포구 영등포로 347 베스트타워 11층
고객센터_ 02-6332-6700
팩스_ 02-841-6897
출판등록_ 2018년 4월 30일 제2018-000066호
홈페이지_ army.daebanggosi.com

ISBN_ 979-11-6533-496-3

정가_ 24,000원